T・S・ブレイバー 編著
Todd S. Braver
清水寛之＋金城 光＋松田崇志 訳

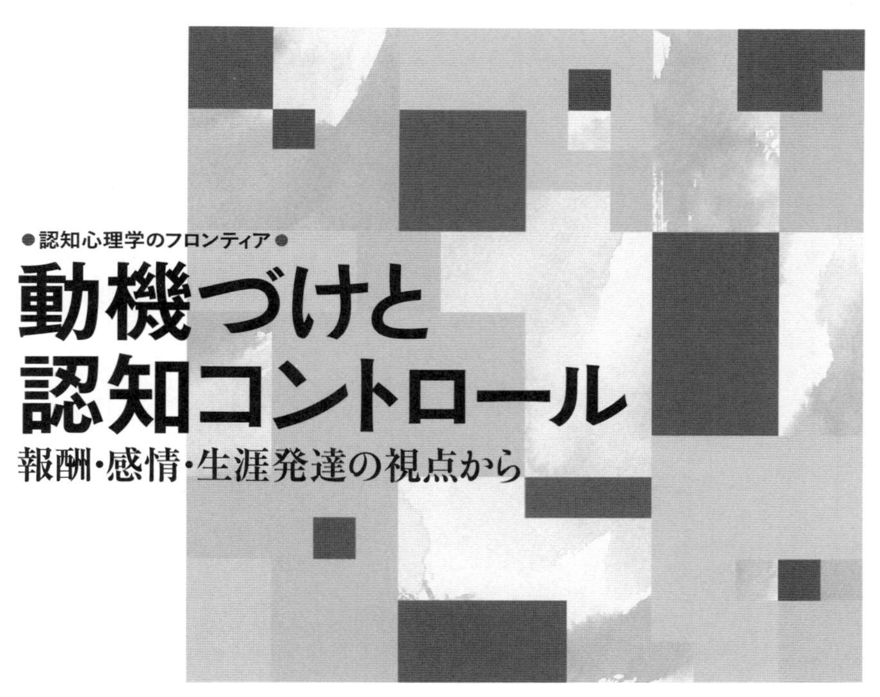

●認知心理学のフロンティア●

動機づけと認知コントロール

報酬・感情・生涯発達の視点から

Frontiers of Cognitive Psychology

Motivation and Cognitive Control

北大路書房

Frontiers of Cognitive Psychology

MOTIVATION AND COGNITIVE CONTROL

authored/edited by Todd S. Braver

日本語版『動機づけと認知コントロール』の読者のみなさんへ

このたび，私が原著編者として2016年に Psychology Press（Routledge 社の一部門）から出版した“Motivation and Cognitive Control”の日本語版が清水寛之教授（神戸学院大学），金城光教授（明治学院大学），および松田崇志助教（ルーテル学院大学）の手によって刊行されました。私は，このことをたいへん光栄に存じ，翻訳のご努力に心から敬意を表します。

日本の読者のみなさんは，本書の刊行によって，心理学と神経科学において急速に発展している研究分野の現状を日本語で理解することができます。本書の各章の執筆者は，いずれも国際的に著名な研究者であり，さまざまな研究の視点と独自の研究手法に基づいて，動機づけと認知コントロールとの相互作用に関する先進的な研究に取り組んでいます。

本書は，数多くの多様な研究を幅広く取り扱っていますが，大きく３つの部分に分かれています。第Ⅰ部では，報酬の動機づけが広範囲にわたって認知プロセスと神経システムにどのように影響を及ぼすのか，また，それらの相互作用が生じるメカニズムについて検討しています。第Ⅱ部では，動機づけと感情との関係に焦点をあて，ポジティブな動機づけ信号による影響だけでなく嫌悪的な動機づけ信号の影響についても取り上げています。最後に，第Ⅲ部では，生涯発達の視点に立って，動機づけと認知コントロールとの相互作用が発達や加齢によってどのように変化するのかについて検討しています。日本の学生や研究者が，本書のなかで，この分野における最先端の研究知見について欠くことのできない最新の研究文献が紹介されていると感じていただければ幸いです。

本書を通じて多くの学びと喜びが訪れますように。

T. S. ブレイバー（原著編者）

推薦文

ケント・バーリッジ（Kent Berridge）

ミシガン大学・心理学・神経科学担当ジェームズ・オールズ記念講座上級教授（James Olds Collegiate Professor of Psychology and Neuroscience, University of Michigan）

本書のなかで非常に優秀な心理学者たちが「動機づけが認知に影響していること」と「認知が動機づけを調整していること」に関するさまざまな問題に取り組んでいる。全編を通して，本書は，動機づけと認知との相互作用に関心をもつすべての人たちにとって包括的なハンドブックになっている。

マイケル・J・フランク（Michael J. Frank）

博士，ブラウン大学・神経計算認知科学准教授（Ph. D., Associate Professor, Laboratory for Neural Computation and Cognition, Brown University）

動機づけと認知は，通常はそれぞれ個別的に研究されているが，両者が複雑に絡み合っていることを無視できないことが多い。本書は，さまざまな心理現象や構成概念，神経メカニズムにおける動機づけと認知との相互作用に関する実験的証拠を示している。それらは第一線で活躍する研究者から，著しい発展を遂げつつある，この研究分野に対して提供されたものである。

マシュー・ボトヴィニク（Matthew Botvinick）

医師・博士，プリンストン大学・プリンストン神経科学研究所・心理学科教授（M. D., Ph. D., Professor of Psychology and Neuroscience, Princeton Neuroscience Institute and Department of Psychology, Princeton University）

動機づけに関する話題は，最近では，認知コントロールに関する研究において注目の的になっている。編者のBraverは，動機づけと認知コントロールという2大トピックの重複部分に取り組んでいる代表的な研究者であり，本書において学際的視点をもつさまざまな専門家の取り組みを1つにまとめあげている。彼らは，多様ではあるが互いに相補的な視点を持ち寄り，認知と動機づけのインターフェースを取り上げている。各章の執筆者たちは，それらを合わせて，今日の研究の現状を明らかにし，将来の研究の指針を示している。

ルイズ・ペッソア（Luiz Pessoa）

メリーランド大学カレッジパーク校・心理学科教授，メリーランド神経画像センター主任研究員（Professor of Psychology and Director of the Maryland Neuroimaging Center, University of Maryland, College Park）

本書は，動機づけと認知コントロールに関する研究を編集した力作である。本書は幅広い範囲にわたる研究トピックを取り上げ，視覚や注意における動機づけの役割の研究をはじめ，認知や自己調整に対する動機づけの重要性に関する広範な理論化について解説している。かつて，認知研究者は動機づけを無視し，またその逆に，動機づけの研究者は認知を無視するという時代があった。現在は，もはやそのような時代ではない。それぞれの執筆者による全17章から構成された本書は，動機づけと認知の相互依存性の解明を目標とする研究者にとって，すぐれた解説書となっている。

動機づけと認知コントロール

認知心理学のフロンティア・シリーズ

人間は必ずしも，すべての能力を傾けて認知課題に取り組むとは限らない。課題への取り組みがよくない事態が生じると，個人がきちんと動機づけられていなかったのだろうと説明されることが多い。しかしながら，このことから次のような疑問が浮かび上がってくる。動機づけは，なぜ，どのようにして認知処理との間で，そして，認知処理を調整するコントロールプロセスとの間で相互作用をもち，それらに対してどのような影響を及ぼすのだろうか。それらの相互作用を支える基礎的なメカニズムはどうなっているのだろうか。動機づけは，歴史的にも心理学や神経科学の研究において重要な構成概念であると考えられてきた。しかしながら，最近になって，動機づけと認知との相互作用の性質に関する問題，とくに動機づけがコントロールプロセスや目標指向行動に対してどのような影響を及ぼすのかという問題を取り上げる研究が急増し，動機づけはあらためて多くの注目を集めている。

本書には，こうした活気にあふれ，広がりのある研究分野における最新の研究成果が収められている。執筆者たちは，いずれも国際的に著名な研究者であり，学界を代表する先進的な研究に取り組んでいる人たちである。さらに，執筆者たちは，認知心理学・神経科学，動物学習，社会・感情・人格の心理学，発達研究・生涯発達研究・加齢研究など，さまざまな研究の視点に立ち，それぞれの研究の伝統を受け継いでいる。本書は，動機づけと認知コントロールとの関係について現在までに明らかにされた研究成果をまとめ，学生と研究者の両方にとって欠くことのできない重要な研究文献としての役割を果たしている。

Todd S. Braver（Ph. D.）は，米国セントルイス市にあるワシントン大学において1998年から心理学，神経科学，放射線科学の教授を務めている。教育歴としては，1992年にカリフォルニア大学サンディエゴ校から認知科学の修士号を，1997年にカーネギーメロン大学から認知神経心理学の博士号を取得した。Braver 博士は，（同僚の Deanna Barch 博士とともに）ワシントン大学の認知コントロール・精神病理学センターの主任研究員でもある。研究面では，収束的認知神経科学的方法（convergent cognitive neuroscience method）を用いて認知コントロールプロセスの神経メカニズムの解明を進めている。とりわけ，高次認知機能，情動，動機づけ，パーソナリティ，および加齢に関する前頭前皮質とそれに関連する脳神経システムの機能に注目して研究を行っている。Braver 博士は，「サイエンス（Science）」「ネイチャー（Nature）」「米国科学アカデミー紀要（PNAS）」「ニューロン（Neuron）」「ネイチャー神経科学（Nature Neuroscience）」といった，この分野での一流の学術雑誌において100編以上の査読付き論文を著している。アメリカ国立衛生研究所（NIH）（アメリカ国立精神衛生研究所（NIMH），アメリカ国立加齢研究所（NIA），アメリカ国立薬物乱用研究所（NIDA））から継続して研究資金を得ており，これまでに獲得した研究助成金の総額は1200万ドル（およそ12億円）を超える。マギーガン若手研究優秀賞（McGuigan Young Investigator）やアメリカ心理学協会研究者賞（APS Fellow），アメリカ国立精神衛生研究所賞（NIMH MERIT）をはじめ，多くの栄誉ある賞が授与されている。

認知心理学のフロンティア

FRONTIERS OF COGNITIVE PSYCHOLOGY

【シリーズ・エディター】

Nelson Cowan, University of Missouri-Columbia
David A. Balota, Washington University in St. Louis

「認知心理学のフロンティア」(Frontiers of Cognitive Psychology)は，認知心理学書籍の新しいシリーズである。本シリーズは，最新の実証的，理論的そして実践的問題を包括的かつ最新の状態でレビューすることによって，各領域における専門的な研究をまとめることを目的としている。各巻は，認知心理学の従来のコア領域，あるいは将来新しいコア領域として現れてくると考えられる領域に焦点を当てており，発達心理学や神経科学，進化心理学，司法心理学，社会心理学，健康科学などの多分野にわたるさまざまな視点を紹介している。

【シリーズ既刊】

Working Memory: The Connected Intelligence, Tracy Packiam Alloway & Ross G. Alloway (Eds.)
Neuroeconomics and Decision Making, Valerie F. Reyna & Evan Wilhelms (Eds.)
Motivation and Cognitive Control, Todd S. Braver (Ed.)
Big Data in Cognitive Science, Michael N. Jones (Ed.)

【シリーズ近刊予定】

New Methods in Cognitive Psychology, Daniel H. Spieler & Eric Schumacher (Eds.)

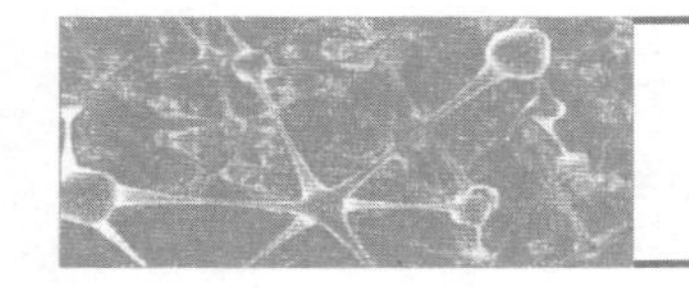

目　次

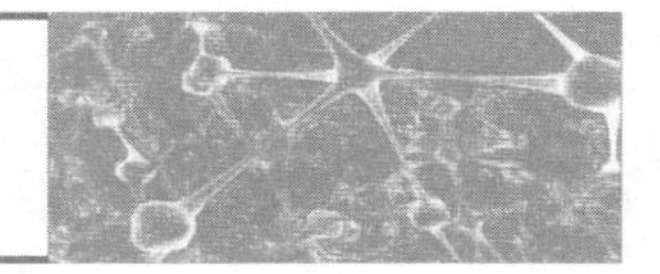

第 1 章

動機づけと認知コントロール

序　論

Todd S. Braver

〈ケース 1〉

実　験　者：では，この実験課題についてどう思われましたか。

実験参加者：いやあ，がんばりましたよ。でも，2つか3つ，まちがえました。それがずいぶんくやしかったです。もう一度やらせてもらえませんか。今度はもっとよくできると思います。

〈ケース 2〉

実　験　者：すみませんが，あなたは実験中に反応するとき，コンピュータ画面をあまり見ておられなかったように思います。反応ボタンをでたらめに押していたようです。

実験参加者：まあ，そうですね。授業単位を取るために，この実験に参加しただけで，とても退屈でした。実験中は，しばらくぼおっとしていたと思います。

この２つのケースにおいて動機づけの高い実験参加者と低い実験参加者とがきわめて対照的であることは，人間を対象とする実験的研究を行う研究者の間では非常によく知られた事実である。実際のところ，この種のやりとりは至るところで見受けられ，ほんのささいな出来事のように思われる。認知研究では従来，実験参加者の動機づけをノイズや測定誤差の原因の１つと捉え，研究者はその影響を最小限にとどめようと試みてきた。１つの標準的なアプローチとして，動機づけのコントロールは，実験中の活動に関する教示（たとえば，「できるだけすばやく，かつ正確に反応してください」）を実験参加者に与えるだけで十分であると仮定する。この仮定は，さまざまな批判に耐え得る。なぜなら，実際に，ほとんどの実験参加者は教示を与えられただけで，非常に困難な実験課題にも意欲的に取り組み，首尾よく高い成績を収めるからである。その一方で，フィードバックやその他の誘因（とくに現金による謝礼のような具体物）など，制約条件を加えることによって課題成績に大きな影響が現れることもよく知られている。これはあたりまえのことのようだが，教育現場やビジネスの世界，その他さまざまな状況のもとで，誘因や成績フィードバックが広く用いられていることの基礎になっている（Bettinger, 2012; Bonner & Sprinkle, 2002; Fryer, 2011; Garbers & Konradt, 2014; Smith & Walker, 1993）。しかしながら，そうした実際場面でのようすを見てみると，次のような疑問が浮かびあがってくる。実験参加者の動機づけが認知課題成績に大きく影響するならば，そうした影響はなぜ，どのように生じるのだろうか。

この疑問は，私自身の関心事であると同時に，現在取り組んでいる研究テーマであり，本書を著す原動力でもある。具体的にいえば，本書は次のような考え方に基づいて著された。すなわち，認知（とくに認知処理を調整するコントロールプロセス）の解明をめざす研究の進展は，動機づけと認知との相互作用の性質を明らかにする研究の進展に大いに依存している。本書はこうした研究の最新状況をざっと概観する。第1章では，序論として，動機づけと認知との相互作用に関する研究のなかで扱われている重要な研究テーマと複雑さについて取り上げる。そして，第2章以降の各章では，それぞれの著者が立つ視点や，そこで用いられているさまざまなアプローチをまとめて紹介する。

1節　動機づけと認知コントロール

この10年ほどで，認知心理学と認知神経科学の分野において動機づけの影響に対する関心が急速に高まってきた。そうした研究では，認知課題の成績に対する動機づけの影響を最小限に抑えようとするのではなく，動機づけの要因を操作したり，動機づけに関連した個人差を評価したりすることで，動機づけの影響を直接調べるための実験計画が用いられている。それらの研究は，課題成績に及ぼす誘因の効果を調べる産業組織心理学の研究や行動経済学の研究ともかなり異なっている（Bonner & Sprinkle, 2002; Garbers & Konradt, 2014; Smith & Walker, 1993）。とくに，第1の研究目標は，ある特定の動機づけの操作が課題成績に影響を及ぼすかどうかを明らかにすることではなく，むしろ，現代の認知心理学と認知神経科学の方法論を利用して，認知課題成績のどのような構成要素が動機づけの影響を受け，そうした構成要素が特定の認知プロセスや神経メカニズムとどのようにつながっているのかを正しく理解することにある。

こうした研究努力に基づいて，認知プロセスのなかでも，とくに動機づけ誘因によって促進効果の現れるプロセスがある（ワーキングメモリでの積極的な情報維持，課題切り替え，選択的注意，反応抑制，エピソード記憶の符号化，意思決定などを含む）ということがしだいに明らかになってきた（Locke & Braver, 2010; Maddox & Markman, 2010; Pessoa, 2009; Pessoa & Engelmann, 2010; Shohamy & Adcock, 2010）。これらの研究知見は，本書のなかでも多くの著者によって的確に論評されている。やはり，多くの研究に共通しているのは，研究テーマが動機づけと認知コントロールとの間にとりわけ強い関係があることが強調されているという点である。当該研究分野において最初に注目を集めた研究が報告されて以来，このことはいくつかの研究をざっと概観するだけでも明らかである。たとえば，霊長類の行動神経生理学における１つの画期的な研究では，報酬誘因の手がかりを与えるとワーキングメモリが選択的に鋭敏化される（背外側前頭前皮質（dorsolateral prefrontal cortex）のニューロンにおいて標的刺激に関連した活性化が進む）ことが見いだされ，これがコントロールを促進するメカニズムの一種であると示唆された（Leon & Shadlen, 1999）。Ｎバック課題（人間の認知神経科学におけるワーキングメモリと認知コントロールの典型的課題）を用いた別の研究から，動機づけの価値における媒介変数の増加が外側前頭前皮質に影響を及ぼし，それと同一の部位が認知コントロールの要求における媒介変数の増加によって調節されることが示されている（Pochon et al., 2002）。最後に，課題切り替えに関する認知研究では，報酬誘因を加えることによって，予備的なコントロールの割合が高くなり，課題切り替えコストが低減することが見いだされた（Nieuwenhuis & Monsell, 2002）。

動機づけと認知コントロールとが潜在的に特殊な関係であることは，実験的研究の１つの重要な特徴であるだけでなく，多くの研究知見を理論的に説明する際にも注目されている（Botvinick & Braver, 2015; Pessoa, 2009; Sarter, Gehring, & Kozak, 2006）。この関係は直観的なものである。なぜなら，認知コントロールは，内的に維持された課題目標に基づいて思考と行為を調整する一連のプロセスであると定義されることが多いからである。このように，動機づけ信号は，課題目標の選択，活性化，および強度レベルを偏らせる際の優先順位づけの役割を担っていると考えるのが自然である。さらに，コントロールの調整は，重要な一種の媒介手段として働く。その媒介手段によって動機づけは広範な認知処理や行動遂行の指標に影響を及ぼす。たとえば，私は共同研究者とともに，動機づけ信号が先行性の認知コントロールを（潜在的には代謝の点でも）計算コストの高いコントロールへの移行へと駆り立てることを示した。そこでは（外側前頭前皮質における）目標関連情報は継続して維持され，注意や知覚，行為のシステムの目標指向的バイアスを最適化するように利用される（Braver, 2012; Braver, Gray, & Burgess, 2007; Jimura, Locke, & Braver, 2010; Locke & Braver, 2008）。別の説明では，動機づけプロセスは一般的な処理資源（processing resource）の配分変更を通して（Pessoa, 2009），あるいは注意努力の消費を増大させることによって（Sarter et al., 2006），認知コントロールの調整の役割を果たしているという点が強調されている。

2節　広範な視点

認知心理学と認知神経科学の研究は，動機づけと認知コントロールとの相互作用の性質について，１つの魅力的で有益な視点を提供している。しかしながら，そうした視点は唯一無二のものではない。実際，心理学と神経科学における他の研究領域においても，動機づけに焦点をあてた研究はこれまでに長年行われてきた。たとえば，伝統的な動物学習や行動神経科学の領域では，これに関連した実験パラダイムとともに誘因学習のメカニズムに関する膨大な実験データが蓄積されている。とくに，パブロフ型の誘因学習と道具的誘因学習との区別に焦点をあてた研究が数多くなされてきた。さらに，習慣的行動コントロールと目標指向的行動コントロールとの道具的区別（それぞれ動機づけ操作の分離可能な効果を示す）に注目した研究もなされてきた（Dickinson & Balleine, 2002）。これらの概念的な区別は，強化学習計算理論に反映されている。強化学習計算理論は，刺激と行為の報酬価値（つまり，報酬予測エラー）を学習するための特殊なメカニズムを仮定している（Sutton & Barto, 1998）。強化学習理論は，とくに意思決定の領域において，計算論的神経科学と認知神経科学を結ぶ非常に影響力の強い接点となってきている（Daw & Shohamy, 2008; Niv, 2009）。

これに関連する別の領域として社会心理学，感情心理学，および人格心理学は，これまで長い歴史を通じて，行動に及ぼす動機づけの影響を検討してきた。この分野では，伝統的に信念や動機（つまり，個人がもともと魅力的であると認めた誘因の集合）といった個人特性のような性質（McClelland, 1987）や，要求された結果の誘因的価値を修正する（たとえば，到達できる可能性や期待を変更することで修正する）状況的変数（Heckhausen, 1977），動機づけと感情との互恵的な関係（Buck, 1985; Carver, 2006; Carver & Scheier, 1990）に強い関心が示されている。これは，認知神経科学的な理論構成との潜在的な接点を示唆するものであるが，動機づけの影響に対する媒介変数として目標の表象の役割が強調されているという点である（Bargh,

Gollwitzer, & Oettingen, 2010; Elliot & Fryer, 2008)。しかしながら，本書では，目標がどのように選択されるかに影響する動機づけ要因と，目標がどのように追求されるかに影響する動機づけ要因とを明確に区別する（Gollwitzer, 2012)。実際，最近の研究では，動機づけ要因は意識的な気づきとは別に，目標選択と目標追求を調節することが示唆されている。こうした示唆により，研究者は，閾下での間接的な動機づけ操作を盛んに行うようになった（Custers & Aarts, 2010)。

最後に，心理学と神経科学における第3の領域は，加齢と発達に関する研究領域であり，近年ますます，動機づけに焦点をあてた視点によって大きく影響されている。加齢研究では，年齢に関連した認知能力の低下が動機づけ要因によって顕著に調節されるという事実について，最近広く認識されるようになった（Nielsen & Mather, 2011)。とくに，動機づけの再優先化（reprioritization）に明確な焦点をあてた研究がなされている。そうした研究では，高齢者は，ポジティブ感情と結びつき，自己関連性が高く，獲得や成長よりも維持や能力低下予防に重点を置いた行動目標を強調し，選択することが示されている（Carstensen & Mikels, 2005; Hess, 2014)。一方，発達研究では，認知的な動機づけ神経回路と感情的な動機づけ神経回路とでは成熟曲線がどのように異なるのかという問題が重視されてきた。そのなかでも，青年期において食欲目標（appetitive goal）と報酬誘因手がかりへの過剰感受性が顕著であることに焦点があてられてきた（Luciana & Collins, 2012; Somerville & Casey, 2010)。こうした発達研究は，認知神経科学における実験課題や実験計画，動機づけの操作と同様のものが用いられているという点で，認知神経科学の研究と密接につながっている。

3節　本書の必要性

本書を出版しようとした最初の動機は，認知心理学と認知科学において動機づけのプロセスに多大な関心が寄せられているにもかかわらず，研究論文の間に依然として大きな隔たりがあるという認識に基づいている。とくに，これまでに蓄積された研究結果を単に寄せ集めるだけでなく，それらを適切に統合し，動物学習の伝統や，社会心理学・感情心理学・人格心理学，加齢研究・発達研究の知見に基づいて，広範な視点に立って動機づけと認知との相互作用を位置づけたいという強い要望があった。私と共同研究者は，動機づけと認知コントロールに関する研究文献を総合して数多くの論評を行ってきた。そのなかで，広範な視点を相互に結びつけるよう試みてきた（Botvinick & Braver, 2015; Chiew & Braver, 2011; Krug & Braver, 2014; Locke & Braver, 2010)。しかし，そうした要望は，ごく限られた人数の著者によって単一の論文のかたちでなし得る範囲を超えていた。このズレを埋めるための最初の第一歩は，

MOMCAI（Mechanisms of Motivation-Cognition-Aging Interaction）という，2013年５月にワシントンDCで国立加齢研究所（National Institute on Aging: NIA）が開催した小さな学会であった。その名が示すように，MOMCAIは，前述のようなさまざまな研究分野で動機づけと認知との相互作用の問題に取り組んでいる研究者や学生を一堂に集めた。この集まりは，大きな成功を収め，非常に生産的で，学術専門誌『認知・感情・行動の神経科学（Cognitive, Affective, and Behavioral Neuroscience)』（CABN）の特集号（第14巻第２号，2014年６月）の刊行へとつながった。この特集号には，多くの学会参加者による論文が掲載され，複数の著者による導入論文が大きな特徴となっていた（Braver et al., 2014)。その論文のなかで，当該研究領域における主要な研究テーマ，用語の定義，概念の区別，未解決の問題などが数多く示された。

MOMCAIの成果をもとに出版された著作物は大きく貢献したと考えられるが，それでもなお，研究知見の間にある溝が完全に埋め尽くされたわけではない。具体的には，この研究分野における優秀な研究者のなかで，MOMCAIに出席しなかった人たちや上記の特集号にかかわらなかった人たちがいる。また，同様に，特集号の著者のなかにも，学術雑誌の論文様式や学会の聴衆に関連した制約から，論文に書ききれなかった部分があった。これに対して，書籍や章の執筆様式は，制約が少ないという利点がある。たとえば，より総合的な論評を展開したり，特定の重要な理論的枠組みや理論モデルに注目したりすることができる。このように，私たちの初期の議論やMOMCAIの学会，CABNの特集号に始まった研究努力が実を結び，動機づけと認知との相互作用に関する研究の現状を本書がかなり包括的に示したことに対して，私はたいへん満足している。さらに，本書の各章の著者は，広い範囲にわたってさまざまな研究分野の視点を提供し，それらの研究視点から有用な研究知見を専門的な見地からきちんと概観し，章によっては新たな革新的な理論モデルや理論統合を提唱することで，これまでの研究努力を大いに前進させた。最後に，本書は，動機づけと認知との相互作用に関する研究の進展に注目したすぐれた取り組みであるというだけでなく，理論の統合や研究分野の連携に関連して残されたいくつかの重要な問題にも果敢に挑戦している。

4節　重要な研究テーマと本書の構成

本書が取り扱う範囲は広く，数多くの互いに深く関連しあった研究テーマや研究上の疑問や論点を含んでいる。それらの疑問や論点は，本書のなかで特定の章を超えて，さまざまな視点から検討されている。しかしながら，本書の取り扱う問題は，大きく３つの異なる部分に大まかに構造化できる。第Ⅰ部では，報酬誘因に注目し，報酬誘因が一定範囲の認知プロセスと神経系に対してどのような影響を及ぼすのかを取り上げる。中心的な研究テーマの１つは，こうした報酬による影響をどのように理論的に構造化するのかというものである。とくに，この第Ⅰ部の章は，報酬動機づけと他の構成概念（たとえば，注意や強化学習）との関係に焦点をあてる。また，報酬動機づけが認知コントロールをどのように調節しているかについてさまざまなメカニズムが考えられることにも注目する。第Ⅱ部では，動機づけと感情との関係について，より詳細に検討することに重点を置き，さらに，ポジティブ信号だけでなく，嫌悪信号についても注目する。ここでの中心的な研究テーマの１つは，認知コントロールが認知的努力を必要とし，嫌悪フィードバック信号（たとえば，成績エラーや反応葛藤，疲労）と結びついているかもしれないという問題である。したがって，この第Ⅱ部での章は，さまざまな視点から，次のような考え方を検討する。すなわち，コントロールが認知課題や成績と結びついたポジティブな動機づけの価値によって克服されるような場合に，そうしたコントロールを回避したり維持したりするために固有のバイアスがあるかもしれないという考え方である。最後の第Ⅲ部では，さらに関心を広げ，認知に及ぼす動機づけの影響が一生涯を通じて変化するのかという問題を検討する。この第Ⅲ部では，中心的な研究テーマは２つある。１つは，青年期が過剰な動機づけの時期にあたり，報酬誘因（文脈によっては認知コントロールに対して競合的または促進的に働く）への感受性が高まるのかというものである。２つめは，高齢期が動機づけ目標の移行期にあたるのかというものである。その移行期では，意思決定における優先性が大きく変化し，とくに認知的努力を要する活動の関与，またはネガティブ感情を導く活動の関与に関係している。次に，これら第Ⅰ～Ⅲ部のそれぞれの章において取り上げられた研究のテーマや問題について，より詳しくみていく。

 １．認知処理と目標指向的行動に及ぼす報酬の影響

現在では，認知課題と刺激報酬価値を操作することによって情報処理が影響を受け，さらには行動成績の特性が影響を受けるということが非常に明確に示されるようになった。しかし，本章の冒頭で述べたように，そうした研究知見から，実際にまさしく，なぜ，どのようにしてそれらの効果が生じるのかという疑問が浮かびあがってくる。言い換えれば，生起メカニズムは何なのか。情報処理の流れが報酬と動機づけ信号によって調整される際，どの時点で影響を受けるのか。

検討すべき明確な問題の１つは，動機づけ信号が感覚知覚処理の流れのなかで非常に早い段階で処理に影響するのか，あるいは，そうではなく，動機づけ信号の効果が処理のあとの段階（たとえば，高次認知プロセスや運動プロセス）でのみ観察される

のか，である。そのような問題を検討する際に，知覚研究者にとっては視覚系の神経回路構成が興味深い研究対象の1つとなっており，視覚の初期段階で報酬信号が処理に影響するかどうかが調べられている。第2章では，Rothkirch & Sterzer がまさにこの問題に取り組んでいる。彼らは，説得力のある証拠を示して，刺激呈示後に報酬が非常にすばやく視覚処理に影響を及ぼし，視覚的階層（visual hierarchy）の最下層レベルにおいて報酬の影響が認められるという考え方を支持している。Rothkirch & Sterzer が取り上げた数多くの研究結果は，報酬と連合した刺激が神経感受性の増大と結びついており，視知覚機能の向上を図る手段となっていることを示唆している。彼らの主張によれば，これらの研究結果は，動機づけの顕著性が高い刺激が優先的に選択されて後続の処理を向上させるという注意選択メカニズムによって最もうまく説明できる。

動機づけと注意との関係は，まだ十分に解明されていない重要な研究テーマである。実際のところ，動機づけと認知との相互作用に関する研究領域において中核的な問題の1つは，動機づけと注意という2つの構成概念が分離可能であるかどうか，分離可能ならばどのようにすれば分離できるのか，というものである。動機づけと注意に関する研究において両者が概念的に類似しており，実験的に混同されているということは，これまでもしばしば指摘されてきた（Maunsell, 2004; Pessoa & Engelmann, 2010）。こうした概念の類似性に対する1つの解釈は，動機づけの効果が認知的な処理や行動に現れる際に，注意が媒介経路として働いているというものである。Rothkirch & Sterzer は，この問題を詳細に取り上げ，実験研究に用いられている方略と概念の混同の問題が検討されなければならないとしている。とくに，彼らは，自身の実験室で最近行われた研究の結果について考察している。そのなかで，脳の部位によって明らかな解離があるために，報酬手がかり呈示の効果が注意とは独立している場合や，注意に強く依存している場合，注意効果に続く（つまり，注意効果に加算的である）場合があることが示された。これに関係して，第2章では，関連のある脳の回路と経路についてふれている。そうした回路や経路によって，報酬信号は視覚野で処理に直接影響するか，あるいは，トップダウン型の注意結合を経て間接的に処理に影響する。

注意選択に及ぼす報酬の効果に関連した最も顕著な現象の1つは，そうした効果が長く持続し，報酬が呈示されたあと現前から報酬がなくなっている状況であっても続くというものである。このような現象が何を意味するのかということについては，最初に Rothkirch & Sterzer が第2章で説明し，そのあと Anderson & Sali が第3章でさらに議論を発展させる。これらの章での中心的な研究テーマは，注意に及ぼす報酬の効果と動機づけの効果との分離に関する問題である。具体的に，Anderson &

Sali は，自らの最近の研究結果について議論している。その研究結果では，注意選択と注意捕捉の効果は，特定の刺激と結びついた遂行誘因（performance incentive）の一般的な動機づけの性質を実際には反映していないということが見事に明確に示されている。その代わりに，この章の著者らは，報酬が予測に基づいた連合学習メカニズムを駆動する際に特殊な役割を果たしているという考え方を紹介している。その際，そうしたメカニズムは，自動的に働き，認知コントロールやその時点での課題目標とはまったく独立していると考えられている。

この研究テーマは，Krebs et al. によって第 4 章でさらに展開され，別の視点と対照されている。ここでは，著者らが**刺激報酬連合**（stimulus-reward association: SRA）パラダイムと呼んでいるものと，動機づけと認知との相互作用に関する研究のなかで標準的に用いられている**金銭誘因遅延**（monetary incentive delay: MID）課題の構造をもつものとに明確に区別されていることが重要である。著者の考え方によれば，この重要な区別は，2 つのパラダイムの時間構造の違いが関係している。金銭誘因遅延パラダイムでは，報酬価値は課題試行（または課題ブロック）の最初に手がかりとして与えられる。一方，刺激報酬連合パラダイムでは，報酬価値は標的そのものとして，つまり，反応時に手がかりとして与えられる。したがって，金銭誘因遅延課題では報酬手がかりは予備的処理を促進するような位置に置かれているのに対して，刺激報酬連合パラダイムでは報酬の効果は反応的または自動的であるといえる。

Krebs et al. によって議論された刺激報酬連合パラダイムと Anderson & Sali によって検討されたパラダイムとは非常に類似していながら，両者の相違点は大きい。Anderson & Sali は，注意捕捉効果が後続の試行を調節し，報酬が与えられた試行段階のあとも持続することに注目している。これに対して，Krebs et al. は，報酬手がかりの存在がどのようにしてその時点での試行において急速に処理を調節するのかを検討している。彼らは，刺激報酬連合パラダイムを用いた彼らの最近の研究について論評し，報酬効果が刺激に特定的（すなわち，価値に駆動された注意捕捉効果と同様）であるだけでなく，反応性の認知コントロールも促進することを示している。報酬効果は，前頭頭頂の同一の脳部位が関与しており，一般的には金銭誘因遅延型のパラダイムにおいて予備的な（先行性の）処理に影響していると考えられる。著者らは，今後の研究にとって重要ないくつかの示唆を与えている。そのなかで，自動的な学習（たとえば，ボトムアップ）の促進を導く報酬パラダイムと，急速で反応性または先行性・持続性を伴うような認知コントロールに影響する報酬パラダイムとの間の条件や区別が明らかにされている。

報酬が認知コントロールに影響することの基礎に，どのような神経メカニズムが働いているかについて，研究論文の間でいくつかの一般的な合意が形成されているように思われる。Delgado et al. は第5章のなかで，この種の研究論文を見事に要約して概観し，皮質－線条体経路の役割を強調している。具体的に，彼らは，認知処理がうまく配分されるよう適切にバイアスをかけるために，どのようにして刺激報酬価値が線条体によって符号化され，前頭前皮質へと信号が送られるのか，という問題に着目している。このことに加えて，Delgado et al. によって指摘された重要な点は，認知に及ぼす報酬の効果が動機づけ状態に影響する他の要因に大いに依存しているということである。とりわけ，彼らはストレスや抑うつの効果について議論している。ストレスや抑うつの効果は，前頭線条体システムが報酬を処理し，進行中の認知を調節するのを変更するようである。ストレスの例は，とくに興味深い。ストレスは，高次のコントロール要求と結びついた認知プロセス（たとえば，ワーキングメモリ）に対して，促進効果と抑制効果の両方を生み出す。Delgado et al. は，自身の最近の研究結果を取り上げ，報酬に対する線条体の反応を調節する際に，こうしたいくつかのストレスの複合効果が現れることを示している。

そのあとの Notebaert & Braem による章（第6章）では，さらに，報酬が認知コントロールにいかに影響するかという複雑な問題に取り組んでいる。彼らは，Berridge の研究（Berridge & Robinson, 2003）に大いに触発され，新しい概念分類を提唱している。その分類のなかで，報酬は，学習要素，感情要素，および動機づけ要素に区別されている。Notebaert & Braem は，これらの要素がそれぞれ認知コントロールの異なる側面に影響を及ぼしていることを示唆している。学習要素は，過去に報酬を受けた行動を強力なものにすることによって**活用**（exploitation）を増進する。感情要素は，課題切り替えや認知的柔軟性を促進することで**探索**（exploration）を向上させる。これとは対照的に，動機づけ要素は予期的コントロールに影響を及ぼし，予備的で目標指向的な処理の促進を導く。この新しい分類は，次のような事柄を強調したという点で大きな貢献を果たしている。すなわち，報酬のスケジュール作成や報酬手がかりの呈示，報酬の提供といった一見ささいな実験操作は，実際には認知コントロールの実行や観察される課題成績に非常に大きな影響を及ぼしているのである。著者は，研究論文の間のさまざまな不一致や交錯した知見に対してうまく整合性をもたせるのに，この効果は役立つ可能性が高いと示唆している。

認知課題の成績に及ぼす動機づけ要因の影響を解明するために，1つの質的に異なる概念的枠組みが第7章で de Wit & Dickinson によって展開されている。この概念的枠組みは，動機づけが目標指向的コントロールにどのような影響を及ぼすかを理解する際に，観念運動理論（ideomotor theory）と行為－結果の連合の役割を強調している。観念運動理論（Elsner & Hommel, 2001; Shin, Proctor, & Capaldi, 2010）によれば，行為と，行為が生み出す効果（または結果）との間に道具的で双方向性の連合が形成される。そのため，効果または結果の表象が活性化されることによってそれを生み出す関連行為の関与が誘発される。de Wit & Dickinson は，行為の効果に関する感覚知覚的表象に加えて，特定の結果に連合した動機づけ誘因の価値も状況に応じて行為を誘発することを示唆している。

de Wit & Dickinson は，数多くの実験的現象を論評し，動機づけによって駆動された目標指向的コントロールのメカニズムが観念運動理論と一致すること（たとえば，結果と特定のパブロフ型道具的転移（Pavlovian instrumental transfer: PIT）との一致や，刺激－行為結果の一致性など）を支持する根拠を示している。しかしながら，この著者らが取り上げた別のもう１つの実験的現象である「結果の再評価」（飽和や条件性嫌悪などの動機づけの操作によって結果の価値が変化すること）は，動機づけの変数を説明するためには単純な観念運動の説明にはいくつかの不備があることを示唆している。de Wit & Dickinson の第７章は，次のような点で重要な貢献を果たしている。すなわち，目標指向的行動の解明に最も適合した理論的枠組みは何であるか（つまり，観念運動理論）を検討し，動機づけの影響（結果の再評価やパブロフ型道具的転移など）のもとで，すでにきちんと確立した実験的検討を行うことによって認知的処理と認知コントロールの研究が促進されることを示唆した。

2．認知的自己調整の感情の源泉と動機づけの源泉

認知コントロールにおける最も特徴的な側面の１つは，認知コントロールが努力を要するプロセスであると主観的に経験されることである。高次の認知コントロールを含む実験課題は，難易度や要求水準が高いと知覚されることが多い。そのため，集中力のレベルが高く，注意が最適に焦点化され，処理資源が積極的に活用されるのでなければ課題成績はよくならない（Kahneman, 1973）。実際，心理学において長く伝統的に，難易度の高い認知的処理は多くのエネルギーを消費する活動であるとみなされ，十分に価値のある結果と結びついていると思えなければ，先送りされたり，回避されたりしてしまう（Baumeister, Bratslavsky, Muraven, & Tice, 1998; Brehm & Self, 1989; Hull, 1943; Kruglanski et al., 2012; Taylor, 1981）。こうした見方は，感情と動機づけにおいて，いつ認知コントロールを開始し，維持し，調節し，とりやめるかについての信号を送る際に自己調整が重要な役割を果たしていることを示唆している。

Marien, Aarts, & Custers は第８章で，議論をこうした視点にうまく切り替えて，de Wit & Dickinson による前章からの橋渡しの役割を果たしている。さらに，彼らは，動機づけ信号だけでなく感情信号にも反応して認知コントロールが動員されることに注目している。de Wit & Dickinson と同様，Marien et al. も観念運動理論の重要性を述べ，結果の表象が活性化されることにより，行為と目標指向的行動が誘発され，結果の達成に向かって方向づけられるというメカニズムを示している。彼らは，このことに加えて，複雑で抽象的な認知的目標や社会的目標を活性化する際にも行為結果の連合が用いられることを強調している。しかしながら，この第 8 章の重要な研究テーマは，認知コントロールプロセスを動員するために，ポジティブ感情や報酬信号と行為結果の表象との関係が，これらの信号に動機づけの意義を含めることにあるというものである。とりわけ，強く望んだ結果を達成することが求められたときに，そうである。彼らは，結果の価値に関する実験操作が認知コントロールに対して効果を及ぼすという研究結果について考察している。そうした効果は，単に標準的な金銭報酬誘因が使用される場合だけでなく，非誘因的感情手がかり（行為の結果と結びついたポジティブな感情価をもつ絵画や単語など）が用いられた場合でも認められる。

報酬手がかりがポジティブな感情価をもっているが非誘因的であるという場合であっても，認知コントロールに影響を及ぼすという研究結果がある。この研究結果は，ポジティブ感情と報酬動機づけとの関係について重要な論点を提供する。実際，理論家たちはこれまで，ポジティブ感情と報酬動機づけとの関係について実にさまざまな考え方を示してきたが，それらはいずれも動機づけと認知コントロールとの相互作用に関する研究と関連している（Chiew & Braver, 2011）。たとえば，すでに述べたように，Notebaert & Braem は第 6 章で，予期的コントロール機能が報酬動機づけによって調節されるのに比べて，ポジティブ感情が探索プロセスを促進する際には，ポジティブ感情が認知コントロールに対して著しい影響を及ぼすことを示唆している。理論家のなかには，認知への感情の影響はそれと連合した動機づけの衝動によって媒介されることを示唆する者もいる（Buck, 1985; Laming, 2000）。したがって，ポジティブ感情は接近動機づけを生み出すのに対して，ネガティブ感情は回避動機づけを生み出す。

こうした視点は，Gable et al. が第 9 章のなかで取り上げている。具体的に，Gable et al. によれば，認知処理と認知コントロールに対して影響を及ぼすのは，感情価よりもむしろ動機づけの強度と方向性である。この主要な理論的枠組みは**認知範囲**（cognitive scope）の 1 つである。このなかで，動機づけの強度が高い感情状態は，目標達成に近づくために注意や他の認知プロセスの範囲を狭めると考えられている。それに対して，強度の低い目標達成後の動機づけ状態は，それとは逆の効果を示し，認知範囲の拡張を導く。Gable et al. の理論的枠組みにおいて重要なのは，動機づけと感情がさまざまな認知領域において効果を及ぼすのかという観点から，動機づけと感情との間の乖離について注目したという点である。

興味深いことに，Gable et al. もまた，報酬誘因を用いた実験操作に関して独自の視点をもっている。彼らの研究では，報酬誘因に関する操作は，目標達成前の高接近の動機づけと目標達成後の低接近の動機づけのどちらであるかによって分離される。彼らはそのような操作を，報酬手がかりが試行開始時点よりも先に呈示されるか，あるいは試行成績のフィードバックとして呈示されるかによって実現している。この種の操作は，Krebs et al. による第４章と Notebaert & Braem による第６章で提唱された説明とは対照的である。すなわち，Gable et al. によれば，認知的効果の違いを引き起こしているのは，連合学習のプロセスよりもむしろ動機づけ状態の強度である。これらのさまざまな説明が両立し得るのか，あるいは矛盾しているのかは明らかではないが，彼らは，さまざまな動機づけと認知の関係に関するパラダイムをより詳細に統合し，組織的に検証する必要があることを強調している。

Dreisbach & Fischer による第10章では，議論の中心は，動機づけの高い感情状態の一般的な認知的結果から，認知的経験と反応葛藤と結びついた特定の感情・動機づけの性質へと移る。Dreisbach & Fischer によれば，反応葛藤そのものは嫌悪的なものとして登録され，それ自体，一種の自己調整メカニズムとして認知コントロールの順応を引き起こす。彼らは，最近のデータを要約して，この仮説を支持している。すなわち，反応葛藤の経験はそのあとの中立刺激に対するネガティブな評価や回避行動を誘発することが示された。さらに，反応葛藤の経験は，嫌悪的でネガティブな反応の自律神経の指標と結びついていることも示された。彼らの理論的枠組みによれば，葛藤解決に成功するときの期待値に関連して反応葛藤を検出し，認知コントロールを調節するのは前帯状皮質（anterior cingulate cortex: ACC）であり，反応葛藤の嫌悪的な感情経験を登録するのは前部島皮質（anterior insular cortex: AIC）であり，両者は潜在的に重要な役割を果たしている。

反応葛藤が嫌悪的動機づけであるという考え方のもう１つの重要な次元は，葛藤が認知コントロールを高めるのか，あるいは回避行動やコントロールのとりやめ（非関与）につながるのかという潜在的な変動性を示唆しているという点である。この研究テーマは，Saunders & Inzlicht の執筆による第11章においてさらに詳しく検討される。Saunders & Inzlicht は，Dreisbach & Fischer と同様に，次のように主張している。すなわち，葛藤経験は，前帯状皮質で登録されたネガティブ感情反応を生み出し，そのあと，この感情状態を中和するために嫌悪的な動機づけの動因をもたらす。しかしながら，彼らはまた，嫌悪動機づけの動因が自己コントロールの可変的な結果であるとも主張している。最初に葛藤が経験されると，その結果は**感情的警報**（affective alarm）信号となって，活力を増大させ，一般的には努力を要するコントロール（effortful control）の向上に反映される。彼らは根拠を示しながら，そうしたコントロール効果に含まれる活力の程度が，経験されたネガティブ感情反応の強さによって媒介されるのではないかと考察している。

この章の著者らは，自己コントロールの変動性におけるもう１つの重要な次元として，葛藤の経験が繰り返されたり，延長されたりするかどうかが関係していると述べている。そのような場合，自己コントロールの結果，活力よりもむしろ疲労が残り，嫌悪的動機づけが認知的非関与や，より快適な活動（たとえば，余暇活動）に向かう動因を生み出すことになる。努力を要するコントロールへの関与が延長されることの嫌悪的結果については，Holroyd et al. による第12章でも主な議論の対象になっている。ただし，ここでの中心的な議論は，Saunders & Inzlicht の第11章で展開された内容とは異なり，努力を要するコントロールの維持や回避について，動機づけによる説明よりもむしろ新陳代謝や生物物理学による説明が述べられている。Holroyd et al. は，神経組織における有毒老廃物の蓄積によってコントロールの関与のコストが説明できるとしている。具体的には，この第12章で展開される新しい理論的説明とは，認知コントロールを長く経験したことによる認知的疲労感が間質液（interstitial fluid）でのベータアミロイド（beta-amyloid）の蓄積をもたらすというものである。この説明に従うと，そのような状況の下では，防御メカニズムが働き，脳の組織や機能が長期的な損傷を受けないように，認知コントロールがとりやめになる可能性が高い。

Holroyd は，それまでの章の著者と同様に，その説明のなかで，努力を要するコントロールの調整とベータアミロイドの蓄積の両方に対して前帯状皮質が主要な役割を果たしていると考えている。さらに，前帯状皮質は，受け取れると推定される報酬と，継続的なコントロールの関与による老廃物の蓄積のコストとの間にトレードオフが生じるので，いわば損得勘定を計算していると考えられている（Holroyd & Yeung, 2012; Shenhav, Botvinick, & Cohen, 2013）。以上のように，この説明では，コントロール関与が本来は負の効用があるのに対して，動機づけ誘因が相殺機能を果たしていると解釈している。

３．認知的動機づけにおける年齢に関連した変化

動機づけの性質と目標が個人の生涯を通じて変化することは明らかである。しかし，なぜそうした変化が起こるのか，あるいは，そうした変化がどのように認知的処理の変化をもたらすのかについては，まだ解明されていない。このことに対する１つの見方は，次のようなものである。動機づけの性質の変化は，神経認知能力が変化した結果である。そうした神経認知能力の変化は，成人期以前の発達プロセスまたは成熟プロセスの変化から生じるものと，加齢に伴う通常の能力低下や能力減退から生じるもののどちらかである（Cacioppo, Berntson, Bechara, Tranel, & Hawkley, 2011）。も

う１つの別の見方は，進化的な見方であり，異なる年齢期ごとに結びついた進化的経験的制約条件によって動機づけの性質の移行が適応的な制約を受けると仮定する。たとえば，進化圧（evolutionary pressure）によって，青年期の動機づけはリスクを冒し，報酬や探索を求める方向にバイアスがかかり，そのことで独立性や配偶者選択，新たな社会的役割の取得が促進される（Steinberg, 2008）。その逆に，年齢を経るに従って個人の将来の残り時間は減っていき，社会情動的な結びつきを維持することや（Carstensen, Isaacowitz, & Charles, 1999），未来指向のプロセスや新たな学習に依存するよりもすでに獲得した技能や習慣の活用によって認知資源を浪費しないこと（Baltes, 1997）を念頭に置いた目標が適応的に優先されていく。

これらの両方の見方は，第Ⅲ部を構成する各章で示される。これらの見方が統合され，相乗作用をもつことの見事な具体例は，「十代の脳（teen brain）」に着目した，Casey & Galván による第13章のなかで示されている。この章は，主として神経認知的視点をとり，非バランスモデルを用いることによって，大脳辺縁系皮質下回路（limbic subcortical circuitry）が前頭前野のコントロール回路（prefrontal control circuit）よりも早く成熟し，青年期の行動に強い影響を及ぼすことを明らかにしている。この章の著者はこのモデルを支持する証拠について考察している。とくに，最近の研究結果では，青年期に報酬感受性が高まり，腹側線条体の報酬部位が過剰に活性化することが示されている。このことは，２つのシステムが競合したときに，報酬感受性が認知コントロールの機能を低下させることを示している。ただし，別の最近の研究結果では，若者にとってそれらのシステムの報酬動機づけが高い価値をもつときには認知コントロール機能が強く促進されることがあるという興味深い可能性が示唆されている。この章の著者らは最終的に，進化的な見方を採用し，これらの発達パターンによって若者はその年齢期と結びついた固有の環境的要求に対応することが可能になるとしている。しかし，青年期が延長されると，現代の西欧社会の社会的制約によって適応的でなくなることも示唆されている。

このことと密接に関連した視点は，Li & Eppinger によるそのあとの第14章で取り上げられており，さらに全生涯にわたって拡張されている。具体的に，著者らは神経認知的変化に対する自己調整的適応の１つのプロセスとして加齢と発達を理論化しようとしている。言い換えれば，個人が意思決定や選択のプロセスに関与するのは，それらのプロセスが発達的な要因によって制約を受けるだけでなく，発達プロセスそのものを形成するのに役立つからでもある。この第14章ではとくに，ドーパミン神経伝達システムにおける生涯発達変化が動機づけと認知との相互作用の変化の主要な担い手であるという点に焦点をあてている。Casey & Galván と同じく，この章の著者らも，このシステムにおいて前頭前皮質の標的に比べて腹側線条体の標的は成熟が早く，それによって青年期での報酬の過剰反応性がもたらされると示唆している。その逆に，高齢期では報酬要因による認知コントロール機能の調節が変化してくるが，その際に皮質ドーパミン受容体の退化が主要な原因の１つになっていると仮定されている。

この第14章がもう１つ注目しているのは，意思決定においてモデルフリーの（習慣的な）方略とモデルベースの（目標指向的な）方略とを区別している点であり，両者はそれぞれ，腹側線条体と前頭前野コントロールシステムに別々に依存していると考えられている（Daw, Niv, & Dayan, 2005）。意思決定は，青年期において線条体に基づいたモデルフリーの方略（model-free strategy）へとバイアスがかかる。これに対して，高齢期では，前頭前野機能における低下がモデルベースの方略（model-based strategy）から離れていくバイアスを生み出すのかもしれない。この著者らは，彼らの実験室で行われた最近の実験的研究やコンピュータシミュレーションの研究を取り上げ，これらの仮説を最初に支持した。Maddox et al. も，第15章で，動機づけと認知との相互作用を調べるための１つの主要な手段として意思決定パラダイムがあると強調している。とくに，Maddox et al. によれば，モデルベースの意思決定は状態依存的で，動機づけと認知コントロールの相互作用に大いに依存しており，それによって結果の価値を最大化するような将来の状況の内的モデルが展開していく。逆に，モデルに依らない意思決定は，報酬に基づいており，直接的な報酬や罰の回避と結びついた行為の習慣的・手続き的な学習に依存している。

Maddox et al. は，Li & Eppinger の主張（第14章）と一致して，年齢に関連した前頭前野の機能低下が原因となって高齢者が習慣的な処理方略やモデルフリーの意思決定を選好するという見方を示している。しかしながら，Maddox et al. が採用した独自の，より一般的な視点は，**３要因調整一致理論**（three-factor regulatory match framework）というものである。具体的に，彼らは次のように主張している。学習や意思決定の方略のタイプ（習慣的でモデルフリーの方略と，コントロールされたモデルベースの方略）は，どちらが課題環境に最適であるかという点だけでなく，実験参加者が全体的に接近動機づけまたは回避動機づけの指向をもっているかどうか，そのことが課題の強化構造（局在的な動機づけ）と一致しているかどうかという点を考えることが重要である。彼らは，この調整一致という理論的枠組みを用いた最近の研究を取り上げ，さまざまな動機づけのもとで生じる意思決定の年齢差について明らかにしようとしている。Maddox et al. の研究結果のいくつかは私たちの直観に反しているが，彼らのアプローチは重要で，動機づけと認知の相互作用に関する研究論文のなかで広く利用できることが示唆される。

Hess & Smith による第16章では，年齢に関連した自己調整と意思決定とは異なる形式が提唱されている。この章の著者らは，健常加齢が認知的関与に対する感受性の増大に結びついていることを示している。このことは，認知コントロールにコストがかかるときに認知資源を保存するための一種の適応反応であると考えられている。こうした見方に従うと，認知的に負荷の高い活動に関与することは，コストが高くなると，関与の機会が低減されるという，いわば損得に関する意思決定のプロセスを反映している。高齢者は，認知的に負荷の高い活動に関与するためには，高いコストを経験するだけでなく，損得の比率が高くなることが必要であると仮定される。Hess & Smith は，生理指標の1つとして心臓収縮時の血圧に注目し，認知課題成績に費やされた努力の測度を調べることによって，この理論的枠組みが有用であると主張している。彼らは最近の研究を取り上げ，高齢者では若年者に比べて課題難易度に関係なく，常に努力の支出レベルが高いことを示唆している。さらに，認知コストの主観的知覚における年齢に関連した変化はそうした活動への内発的動機づけの変化に関連しているという研究結果も示されている。Hess & Smith の視点によって得られた貴重な洞察は，動機づけ要因は，これまで通常は見落とされていたが，年齢に関連した認知的変化の決定要因として重要であるかもしれないということである。

認知加齢に関してもう1つ見落とされることの多かった視点は，高齢者の課題成績の程度が社会情動的目標の変化を反映しているというものである。第17章で Vicaria & Isaacowitz は，**社会情動的選択性理論**（socioemotional selectivity theory: SST）という理論的枠組みを用いている。この理論は，高齢者にとって人生の残りの時間が少なくなることによりポジティブな情動に結びついた目標が優先されるようになると仮定している。この社会情動的選択性理論に関連した重要な予測と現象は，**ポジティブ性バイアス**（positivity bias）である。これは，高齢者において，ネガティブな感情価をもつ情報よりもポジティブな感情価をもつ情報に対して処理や記憶へのバイアスが示されることである（Carstensen & Mikels, 2005)。Vicaria & Isaacowitz は，視線追跡（eye tracking）の研究を通してこの問題を直接検討している。この方法により，ポジティブ性バイアスが本当に視覚的注意のバイアスを反映しているのかどうか，そして，ポジティブな感情状態を促進するような目標指向的なものかどうかが明確になる。彼らは，自らの研究結果を考察し，高齢者におけるポジティブ性バイアスが情動調整方略を反映しており（すなわち，実験開始前にネガティブ気分のときにポジティブ性バイアスは最も顕著に現れる)，認知コントロールの能力と信念によって調節される（すなわち，情動的に調整しようとする意図が強いときに高次のコントロールがなされる）ことを示している。

5節　要約と結論

動機づけと認知の相互作用の性質やメカニズムを直接取り上げた科学的な研究は，現在，急速に発展しつつあるとはいえ，まだ若く，十分に成熟しているとは言いがたい。しかしながら，こうした特徴こそが新しい研究に向かって心が弾むような活気ある研究分野を生み出すのである。研究者は現在，さまざまな視点や学問的伝統に立脚して，動機づけと認知の相互作用について検討している。それには，認知神経科学やコンピュータ神経科学，システム神経科学のみならず，社会心理学や感情心理学，パーソナリティ心理学，さらには加齢研究や発達研究，生涯研究などが含まれている。これらの伝統的な研究分野における研究者間の交流は始まったばかりである。しかしながら，本書の重要な目標の1つは，何にもましてこれまで以上に，相互交流や共同研究のために議論を重ね，展望することにある。実際，私は，次のように考えている。すなわち，これら独自の研究分野のそれぞれにおいて蓄積されたさまざまなアプローチや方法や研究知見が最大限に活用されることで，この動機づけと認知の相互作用に関する研究領域での進展はすでに組み込まれた研究や学際的研究から大いに加速するだろう。

本書は3部から構成されており，動機づけと認知コントロールに関する理論的研究と実験的研究の最新状況を反映しているだけでなく，今後の共同研究や研究統合が必要とされる領域において挑戦すべき問題や複雑な問題は何であるかを明らかにしている。第I部では，認知的処理を調節するために報酬（や罰）を誘因として用いる研究は数多くの重要な問題についてさらに進展が図られなければならないことを示す。そうした問題として，動機づけと注意との区別や共通部分にかかわるメカニズム（第2，3章），報酬に誘発された連合学習（第3，4，6，15章），認知コントロールに及ぼす報酬手がかりのタイミングの効果（第4，6，9章），ストレスのような動機づけの影響を調節する機能（第5章），目標指向的コントロールや動機づけ要因を識別するために最適なパラダイム（第7，8，14，15章）があげられる。第II部では，動機づけと感情との関係を検討するために，ポジティブ感情と接近動機づけを用いること（第8，9章），ネガティブ感情と嫌悪動機づけを用いることが示されている。この第II部では，感情と動機づけを調節する際に葛藤がどのような役割を果たしているのか（第10，11章），どの程度の認知的努力であれば動機づけとして役立つのか（第12，16章）といった問題を明らかにしようとする研究を紹介している。最後の第III部では，動機づけと認知の相互作用への生涯的アプローチを図ることの必要性と利点が述べられ，大脳辺縁系と前頭前野コントロールシステムとの間のバランス関係（第13，14

章）や，モデルベースの意思決定とモデルフリーの意思決定とのトレードオフ関係（第14，15章），認知的努力と社会情動的目標における動機づけ面と行動面での変化の効果（第16，17章），についても検討されている。

全体として，本書は，動機づけと認知コントロールに関する研究の最新状況を広く取り上げて概観するように編集された。本書のねらいは，いくつかの本質的な論点や取り組みについて紹介することにある。それと同時に，この研究領域で行われている最先端の研究を具体的に示す。本書の出版計画は，この研究領域での核心となる問題をしっかり概説し，統合的な研究視点と急速に蓄積されつつある研究知見を示したいという強い希望のもとに始まった。私はこの目標が達成されたと確信している。読者の方々が興味をもって本書を読み進み，本章の後に続く16の章から，私と同じように多くのことを学びとっていただきたい。

第 I 部

認知処理と目標指向的行動に及ぼす報酬の影響

第2章
視覚情報処理における動機づけの役割

Marcus Rothkirch
Philip Sterzer

1節　はじめに

動機づけの概念は，観察可能な行動のレベルでの複雑な活動を説明し予測するために（たとえば意思決定や学習の文脈において），一般に使われる。動機づけによって行動が好ましい反応選択のほうに偏ったり，好ましくない反応選択を避けるほうに偏ったりすることに議論の余地はない。しかし，感覚入力の選択と処理や，行動の準備と開始，この間のどの段階でこのような動機づけの影響が生じるのかは明確ではない。長年にわたり，視覚システムが環境の受動的な記録器と考えられていた一方で，動機づけは主に行動反応と関連づけられていた。このような見方は，「ニュールック（New Look）心理学」の名のもとに包括される研究アプローチの出現で著しく変化した。ニュールック時代では，知覚と動機づけの間のこれまでの厳密な区別は疑問視され，知覚は活動的で，構成的で，推論的なプロセスであり，環境における個人の必要性や刺激の価値に依存するという（当時としては）革新的な結論を導いた（Bruner & Goodman, 1947; Gilchrist & Nesberg, 1952; McClelland & Atkinson, 1948など）。しかし，この趨勢への活力と情熱は，方法論や概念に関する痛烈な批判によってまもなく衰え（Prentice, 1958），それゆえにその後数十年にわたってさらに探究されることはなかった。

最近になって，さまざまな脳のシステム間の相互作用が徐々に関心を集めてきている。このような展開に伴い，動機づけが基本的な感覚に関連する（たとえば，視覚情報処理に関連する）脳のメカニズムに影響を及ぼすかについての疑問が再び注目されるようになってきた。視覚システムについての知識が進歩したことと，脳の活動中に神経活動を測定できる新しい神経画像技術が利用できるようになったことで，動機づけが視覚情報処理をどのように調整するかを研究するための望ましい条件が整ってきた。「動機づけ」には複数の定義と操作方法が存在するが（Braver et al., 2014），以下の節では，誘因的価値（incentive value）（すなわち，期待した結果が食物や金銭のような一次的もしくは二次的な強化子に関連している）という意味での動機づけに主に注目する。したがって，この章で中心となる疑問は，視覚的処理（visual processing）や注意選択についての神経信号や行動指標が，視覚刺激に関連する報酬価値や罰の価値とどのように共変動するか，ということである。

2節　視覚処理への動機づけの初期の影響と後期の影響

動機づけが知覚にどのように影響するかを理解するための重要な疑問は，情報処理のどの段階で動機づけが影響するのか，である。たとえば，報酬は初期の視覚プロセスには影響せずに反応傾向を誘発するというように，報酬は情報処理階層の後期の段階でのみバイアスを生み出すかもしれない。あるいは，報酬は初期の感覚レベルで影響を及ぼし，入力段階ですでに神経応答（neural response）を調節しているかもしれない。視知覚の機能的構成についての古典的な考え方は，初期プロセスは単に低次の知覚的特徴によってのみ駆動され，高次の認知的な影響には感化されないことを仮定している（Pylyshyn, 1999; Raftopoulos, 2001）。このことは，ある刺激の空間的方向，色，形のような視覚的特徴は最初に処理され，その後の後知覚的段階（post-perceptual step）において初めて，刺激に付与された動機づけの関連の程度が処理され行動反応を導くことを意味する。

しかし，動機づけが後知覚的段階のみに影響するという見解に疑問を投げかける多くの証拠がある。たとえばある研究では，実験参加者は各試行でサッケードの知覚的判断を含む知覚的弁別課題を行った（Liston & Stone, 2008）。２段階の手続きで，まず実験参加者は２つの刺激のうち，より明るい刺激のほうをすばやく見る（サッケードする）ように指示された。続いて，先程すばやく見た標的刺激と新しいテスト刺激の明るさを比較する知覚判断を手入力で行った。さまざまな標的刺激の呈示位置は，金銭報酬の異なる確率と関連していた。この不均一な報酬スケジュールによって，サッケードは左右のいずれかの標的に偏った。参加者全般にわたって，この報酬に誘引されたサッケードの偏りは，後続の手入力反応をする際に，サッケード反応をした標的の知覚された明るさの変化と相関関係があった。言い換えれば，報酬によって生じた眼球運動の偏りは関連する視覚刺激の知覚的変化と密接に関連していた。これは，後知覚レベルでの影響ではなく，入力された視覚情報の処理に動機づけが影響することを示す。同じように，視覚入力があいまいなときには，動機づけは望ましくない内容よりも望ましい内容をより頻繁に認識するように，視覚的経験の内容を偏らせる（Dunning & Balcetis, 2013）。まとめると，これらの結果は，動機づけが運動の出力段階ではなく，知覚段階に影響していることを示している。

行動実験に加えて，神経画像処理を含めたヒトの神経生理学的研究は，いつ，どこで動機づけに関連する神経信号が生じるかを調べることによって，どの段階で動機づけの影響が生じるかを特定するのに役立つ。発展段階にある研究では，Schuler & Bear（2006）がラットの第一次視覚野（V1）の神経細胞の反応を記録した。ラットが液体の報酬を得るまでの時間間隔は左目か右目への視覚刺激によって示された。興味深いことに，V1の神経細胞の活動は報酬への期待時間によって調整されており，実際の視覚刺激を超えて持続した（図2-1）。つまり，これらの神経細胞は単純な特徴検出器として反応するのではなく，動機づけに関連する結果を得るまでの期待された時間的遅延に応じて，反応傾向を変化させたのである。

すでにV1のレベルでみられる，このような報酬に誘発された適応性は，報酬に関連する刺激の視知覚を向上するので，動機づけに関連する入力に対する神経細胞の感度を増すのに有利に働くかもしれないと考えられてきた（Van Ooyen & Roelfsema, 2006）。ヒトでの研究結果はこの見解を裏づける。すなわち，視覚刺激の報酬価値はV1での神経応答の振幅を調整し，この領域での重要な報酬価値に関連する視覚的特徴に対する調節を鋭敏にする（Serences, 2008; Serences & Saproo, 2010）。このように，好ましい結果との秩序だった規則正しい関係は，すでに初期段階で視覚野での視覚刺激表象に影響する。これは，高い価値と低い価値の刺激の弁別を高めるのに役立っているのかもしれない。しかし，V1での報酬信号は刺激－結果の学習に関連するこのようなプロセスに限定されない。報酬のフィードバックは，後続試行での刺激に関連するV1の活動を増やし，向上した成績に対応している（Weil et al., 2010）。これらの結果は，視覚処理の初期の皮質段階での神経活動が，視覚入力の動機づけとの関連性によってすでに調節されていることを示す。これは，V1を純粋な特徴処理器とした従来の見解とは矛盾する。

視覚処理階層の最も低次のレベルにおけるこのような動機づけと関連する信号と一致して，脳波（electroencephalography: EEG）と脳磁図（magnetoencephalography: MEG）の研究が，動機づけの初期の影響に対する一貫した証拠を早くから提供して

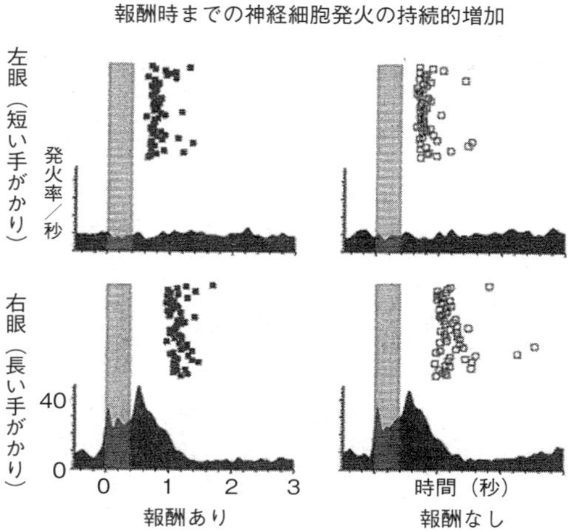

◆図2-1　第一次視覚野の神経応答の報酬による調節

ラットの左眼か右眼が視覚的に刺激され，液体の報酬が得られるまでの時間を示す。図は初期段階の視覚野における神経細胞発火率のヒストグラムを示す。灰色の棒は視覚的報酬手がかりの実際の時間を示す。黒四角は報酬を受け取った時間を示す。神経細胞の活動は期待された報酬のタイミングと相関関係があり，報酬までの長期潜時を予期させる手がかりは，実際の視覚手がかりを超えて持続する神経応答を引き起こす（下図）。対照的に，短い報酬潜時の予期はそのような神経応答を引き起こさない（上図）。白四角によって示されているように，同様の反応傾向は報酬のない試行でも認められた。これは，V1の神経細胞の活動が報酬の受け取りではなく，視覚刺激と次にやってくる報酬への期待との関連を反映していることを示す。Schuler, M. G. & Bear, M. F., 2006, Reward timing in the primary visual cortex. *Science, 311* (5767), 1606-1609.

きた。事象関連電位（event-related potentials: ERP）や事象関連脳磁場（event-related magnetic fields: ERF）の振幅は，刺激開始後100〜200ミリ秒の早い段階で刺激と関連する動機づけ価値によってそれぞれ調節される（Apitz & Bunzeck, 2012; Baines, Ruz, Rao, Dension, & Nobre, 2011; Kiss, Driver, & Eimer, 2009; Tallon-Baudry, Meyniel, & Bourgeois-Gironde, 2011）。この初期の報酬関連の視覚信号の増幅は，動機づけに関連する標的刺激の注意選択の効率がよくなることをおそらく反映しているに違いない。このことは，視覚探索課題における報酬関連のEEGの信号の増加と行動成績との間の相関関係によって示されている（Kiss et al., 2009）。ERPとERFの報酬による調節は，300〜400ミリ秒の間の後期の時間窓においても観察されてきた。これは，より深い学習と記憶のプロセスに関連づけられるかもしれない（Apitz & Bunzeck, 2012; Baines et al., 2011: Frankó, Seitz, Vogels, 2010; Kiss et al., 2009）。

3節　課題関連刺激に対する注意選択の動機づけによる促進

動機づけの初期の神経信号は，高い価値に関連づけられた刺激に対し適切な行動反応をすばやく準備できるようにするために，動機づけに関連する視覚情報が効果的に処理されていることを示す。視覚入力の処理は次に，空間的注意の配分に依存する。脳の処理資源の制約から，限られた時間においてすべての視覚刺激が複雑な視覚的分析を受けるわけではない。環境中の視覚情報は多様なので，無数の視覚刺激が皮質での処理資源にアクセスするために競合する。つまり，視覚システムはこの競合を解決しなければならない。このために，脳資源は他の刺激を犠牲にして特定の視覚刺激に配分される。このプロセスは注意選択として知られている。このことから，行動に関連する視覚刺激の同定と注意選択が，注意した刺激に対して十分な処理を開始する前に，行動反応のすばやい効果的な準備に影響することは明らかである。視覚刺激の基盤となる注意選択については2つのメカニズムが説明されてきた。第1に，注意選択はボトムアップ式に刺激の特徴によって駆動される。たとえば，知覚的に顕著な刺激は（たとえば，その色や空間の方向ゆえに）好んで選択される。第2に，個人の注意選択の意図や期待から生じるトップダウン処理が注意選択をコントロールする（Awh, Armstrong, & Moore, 2006; Corbetta & Shulman, 2002; Desimone & Duncan, 1995; Itti & Koch, 2001）。最近の見解では，ボトムアップ処理とトップダウン処理の混合によって「優先順位地図（priority map）」が作成される。勝者がすべてを得る方式で，最も優先順位が高い項目が最も選ばれやすく，より詳細な処理の対象となる（Fecteau & Munoz, 2006）。その結果，注意は選択された標的に対する知覚的感度を高め，各場所への注意の方向づけ（眼球運動の準備など）を促進する（Awh et al., 2006; Pessoa, Kastner, & Ungerleider, 2003）。

視覚刺激が行動と関連する側面の1つに，個人にとっての動機づけの重要性がある。このことは，潜在的な標的刺激に備わった動機づけの顕著性に，注意選択が順応することを示す。実際，金銭報酬予期や報酬結果と刺激とが規則的に関係する場合，短い反応時間や向上した検出正答率に見られるように，注意選択を促進する（Engelmann, & Pessoa, 2007; Kristjánsson, Sigurjónsdóttir, & Driver, 2010）。頻度の低い標的に対して典型的に観察される検出率の低下さえも，報酬によって埋め合わせられる（Navalpakkam, Koch, & Perona, 2009）。視覚的注意への動機づけの影響は至るところに存在し，幅広い範囲で継続する。たとえば，報酬は，その他の形式の注意配分（たとえば，物体に対する注意）を覆すことができる（Shomstein & Johnson, 2013）。

1つの刺激そのものとだけではなく，特定の刺激群と報酬との関係性も，視覚探索中の注意選択を促進する（Y.-C. Tseng & Lleras, 2013；結果についての別の説明として Schalgbauer, Geyer, Müller, & Zehetleitner, 2014を参照）。同じような促進効果は，顕在的注意（すなわち，眼球が標的刺激のほうへ動く時）に対しても観察されてきた。たとえば，金銭報酬によってサッケードの潜時とサッケードの方向の誤りのどちらも減少する（Jazbec et al., 2006; Milstein & Dorris, 2007, 2011; Ross, Layon, Viswanathan, Manoach, & Barton, 2011）。より大きなレベルでは，たとえば振幅の変化のようなサッケードの媒介変数が，金銭的強化に影響を受ける（Paeye & Madelain, 2011）。視覚的注意への動機づけのポジティブな影響について多くの証拠が得られているのとは対照的に，ネガティブな動機づけの関連性の影響についてはほとんど知られていない。実験計画において誤答反応に対する金銭的な罰を含めた数少ない研究では，より程度は少ないけれどもポジティブな強化と同様の注意の促進効果を示した（Engelmann & Pessoa, 2007; Jazbec et al., 2006; Ross et al., 2011）。一般に，報酬は罰よりも注意を引くのに効果的かもしれない。なぜなら，報酬は動機づけのネガティブな効果を取り除くこともできるからである（Hu, Padmala, & Pessoa, 2013）。

神経画像研究は，視覚的注意に対して，動機づけがこのような強力な行動的影響を及ぼす神経基盤を解明することに役立ってきた。注意の移動を必要とする課題に報酬を追加すると，報酬予期と報酬の受け取りに典型的に関連する脳領域がかかわってくる（Knutson & Cooper, 2005）。たとえば，中脳や前頭前皮質，大脳基底核である（Pessoa & Engelmann, 2010）。最も重要なのは，注意のトップダウン制御に決定的に関与する脳領域，何よりもまず前頭－側頭部が，金銭報酬が得られる試行において（Engelmann, Damaraju, Padmala, & Pessoa, 2009; Padmala, Pessoa, 2011; Small et al., 2005），あるいは食料に関連する標的刺激が空腹状態にある観察者に呈示されたときに（Mohanty, Gitelman, Small, & Mesulam, 2008），活動の増加を示したことである。これらの脳領域の報酬に関連する活動増加は，先に述べた注意選択への動機づけの行動的影響の神経基盤をおそらく示している。なぜなら，注意移動の行動指標は前頭－側頭領域の神経応答と相関しているからである。まとめると，行動的証拠と神経的証拠は，動機づけが注意選択を偏らせることができることを示す。このように注意作用を高めることは個人の生物学的適応に重要な役割を果たすだろう。とくに潜在的な報酬は一時的かもしれないので，注意作用を高めることは利益を最大限にし，迅速で正確な反応がとくに重要となる（Montagunini & Chelazzi, 2005; Sarter, Gehring, & Kozak, 2006）。

4節　過去の報酬による視覚的注意の調節

報酬の受け取りが特定の刺激の選択に規則正しく関連する状況，あるいは観察者の課題成績に依存するような状況では，報酬価値は現在の課題の成功と関連する。このように，成績の向上（Engelmann & Pessoa, 2007; Navalpakkam et al., 2009など）や報酬関連の視覚刺激への神経応答強化（Kiss et al., 2009など）は，おそらく注意資源の活動を反映している。このことは，動機づけに関連する視覚入力処理での利得（gain）がトップダウンの注意選択に関連するという従来の見解と一致することを意味する。しかし，もし動機づけに関連する入力の優先的な処理が，主としてトップダウン制御の動きと独立して進むとすれば，視覚刺激に対する行動的・神経的反応は課題とは無関係な動機づけの関連性によって調節されるはずである。動機づけ関連性のこのような特別な状況は，短期的な動機づけの影響と持続的な動機づけの影響のおのおのを調査した2つの異なる研究の流れのなかで，実際に証明されてきた。

1．注意選択への動機づけの短期的な影響

動機づけの関連性が視覚的注意の配分にどのような影響を与えるかを研究するために採用された1つのアプローチが，試行間プライミング（inter-trial priming）である（Hillstrom, 2000; May, Kane, & Hasher, 1995）。この現象は，前試行での刺激の選択が現試行の刺激選択に与える影響を意味する。ポジティブプライミングは，現在選択されている標的の特徴が前試行の標的の特徴に一致しているときに生じ，一般に反応時間は短くなる。逆にネガティブプライミングは，現在の標的が前試行では無視するように指示された妨害刺激の特徴と一致しているときに生じ，反応時間は長くなる。視覚探索における報酬の配給によって，このような試行間プライミング効果は強力に調節される。複数の試行にわたって標的が同じ特徴によって定義されるとき，前試行で高い報酬が得られた場合には，ポジティブプライミングに関連した反応時間の恩恵はより大きい（Della Libera & Chelazzi, 2006; Hickey, Chelazzi, & Theeuwes, 2010, 2011; Hickey & van Zoest, 2013; Kristjánsson et al., 2010）。しかし，もし前試行で妨害刺激と関連した特徴が現在の試行の標的と関連する特徴になった場合は，先の試行で高い報酬を手にしたときに，反応時間は劇的に遅くなる。同じように，眼球運動の軌跡は，前試行の標的刺激（その選択に対して高い報酬が与えられていた）と重要な特徴が重なる妨害刺激のほうに，より強く逸れる（Hickey & van Zoest, 2012）。さらに，妨害刺激を無視するように明確に教示されているにもかかわらず，

実験参加者の視線が前試行の高い報酬を引きずって関連のない妨害刺激に引き寄せられたことを，この研究の著者らは報告している。同じように，別の研究でも，妨害刺激へ眼球を向けると金銭の損失による罰が与えられるという場合でも，以前に報酬があった場所に呈示された妨害刺激によって眼球運動が捕捉されたことが報告された（Camara, Manohar, & Husain, 2013）。注意すべきは，これまでに述べた研究では，ある試行の報酬フィードバックは後続の試行の課題とまったく関連しないように，得られた報酬量が試行間でランダム化されていたということである。とくに，過去の報酬の注意の移動への影響は，実際の課題の目標に対して逆効果であるときでさえ，注意が動機づけに関連する刺激へ自動的に向けられることを示す。これは，視覚的注意への動機づけの関連性の影響が，報酬が得られる実際の状況を超えて持続可能であることを意味する。

2．注意選択への動機づけの持続的な影響

試行間プライミングでは，ある試行での金銭的結果が，後続試行での標的選択と妨害抑制の効果を調節する。それゆえ試行間プライミングは，視覚的特徴への動機づけ価値の特性が次の試行に響くという意味で，注意選択への動機づけの短期的影響を明らかにする。このような試行から試行への影響を超えて，動機づけは視覚的注意の配置に対してより広範囲にわたる結果ももたらす。

研究の途上ではあるが，Raymond & O'Brien（2009）は，刺激と金銭的結果との規則正しい関係が，金銭的な強化がもはや与えられなくなった新しい状況下でまったく同じ刺激が呈示されたとき，視覚処理を偏らせることを示した（図2-2a）。彼らの実験は２つの連続した課題から構成されていた。まず，実験参加者は金銭的な利得と損失を含む道具的学習（instrumental learning）を行った。この実験の顔刺激は，利得あるいは損失の可能性の高低のいずれかと関連づけられた。実験の第２部では，これらの刺激が再認課題の文脈で再度呈示された。ここでは，各試行で抽象的な刺激の呈示のすぐあとに，これらの刺激が呈示された。一般に，速い速度で連続する２つの刺激呈示は「注意の瞬き」を引き起こし，２つめの刺激はしばしば意識的に知覚されない（Raymond, Shapiro, & Arnell, 1992）。しかし，最初の学習課題で高い確率で報酬と結びつけられた顔刺激は，実験参加者によって再認された。重要なことは，実験のこの段階では金銭的な報酬はなかったので，現在の文脈では動機づけ価値が課題には関連していなかったことである。

同じような動機づけの長期的効果は顕在的な注意の移動で観察された（Rothkirch, Ostendorf, Sax, & Sterzer, 2013；図2-2b を参照）。このように，観察された知見は，

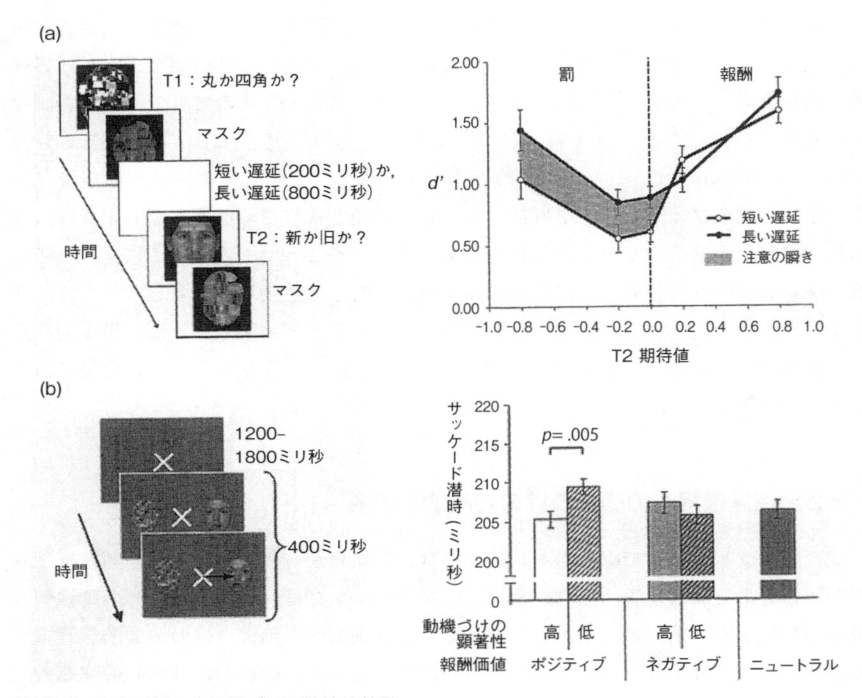

図2-2　注意選択への動機づけの持続的効果

(a) Raymond & O'Brien (2009) の実験デザインと結果。実験参加者は先の課題で報酬か罰かのいずれかに関係づけられた顔について再認課題を行う（左図）。再認課題では，顔刺激は高速で呈示される一連の刺激の中に埋め込まれており，実験参加者は顔を前の課題で見たか否かを判断しなければならない。顔刺激の前には長短のいずれかの間隔があり（800ミリ秒か200ミリ秒），十分に注意できる条件と注意が制限された条件のいずれかになる。右図は，2種類の間隔条件での再認成績が，前の課題で顔に関連づけられた金銭的価値に影響されることを示す。x軸の値は以前の課題で金銭報酬（正の値）か罰（負の値）のどちらに顔が関連づけられていたかを示す。この課題中には報酬が配分されなかったにもかかわらず，再認成績は過去の報酬と罰の値によって調節された。最も重要なことは，2つの刺激の高速連続呈示は一般には2つめの刺激の再認を損なうが（いわゆる注意の瞬き効果。右図の灰色の部分），このような成績の低下が先に報酬があった刺激では見られないことである。Raymond & O'Brien (2009)

(b) Rothkirch et al. (2013) の実験デザインと結果。実験参加者は単純な眼球運動課題を課される（左図）。そこでは，顔刺激は先の課題でさまざまな報酬か罰の値に関連づけられた顔刺激に対して，サッケードを向けなければならなかった（黒い矢印で示す）。この課題段階では報酬や罰はもはや与えられなかったにもかかわらず，以前に高い値，もしくは低い値で罰を与えられた顔と比較して，以前に高い値，もしくは低い値で報酬が与えられた顔（右図）に対しより速く選択的に生じた。Rothkirch, Ostendorf, Sax, & Sterzer (2013)

視覚処理への継続的な動機づけの影響を反映している。この研究では，先ほどのRaymond & O'Brien（2009）のように，参加者が金銭的利得と損失を伴う学習課題を最初に行った。この後，単純なサッケード眼球運動を必要とする標的刺激の選択課題を行った。この課題では２つの刺激が同時に呈示され，そのうちの１つは先の学習課題からの刺激であった。重要なのは，この課題では金銭的な報酬や罰が関与せず，先に学習された刺激の動機づけ価値は現在の課題遂行にはまったく関連がなかった。それにもかかわらず，先の学習で低い価値として学習した刺激よりも高い価値として学習した刺激に対して，サッケードの反応時間が速かった。

視覚的注意への持続的な動機づけの影響をさらに支持するものとして，現在の課題の文脈では関連しないにもかかわらず，以前の報酬との関連性が注意資源を左右するだけでなく，拘束することを示す研究がある（Pool, Brosch, Deplanque, & Sandr, 2014; Rutherford, O'Brien, & Raymond, 2010）。驚くべきことに，Seitz, Kim, & Watanabe（2009）の研究で示されているように，このような持続的な動機づけ効果には，刺激とその動機づけの価値との間の意識的な関連は必要ないようである。この実験では，渇水状態におかれた実験参加者が，特定方向の格子刺激の呈示と飲み物の報酬が関連づけられた長い訓練段階を経験する。重要なのは，これらの刺激は，刺激が見えないように両眼間抑制（interocular suppression）を用いて実験参加者に気づかれないように呈示されていた（Lin & He, 2009）。しかし，後続のテスト段階で，実験参加者が強化子なしで先ほどとまったく同じ刺激セットで方向検出課題を行ったところ，先ほど報酬があった刺激に対してのみ検出成績が向上した。

先に議論したように，ある試行で動機づけられた好ましい結果が後続試行の視覚的注意への有益な影響を引き起こすのみならず，以前に報酬に関連していた標的が現在の課題では無視すべき妨害刺激となったときに，課題に関連する標的への反応を妨害することもできる。このような妨害の影響は，動機づけによって長期にわたって生じるのだろうか。金銭的な強化子と関連した訓練段階と，さらなる強化がない後続のテスト段階からなる一連の研究では報酬に関連した持続的な妨害効果について，実際に多くの証拠がある。現在の文脈でまったく同じ刺激が課題に無関連な妨害刺激として呈示されたとき，金銭的な報酬によって以前に視覚刺激に関連づけられた動機づけ価値は，視覚的注意を調節する。以前に高いポジティブな価値に関連づけられた課題に関連のない妨害刺激は，価値の低い妨害刺激よりも，標的刺激の視覚探索を遅くする（Anderson, Laurent, & Yantis, 2011a, 2011b, 2012; Failing & Theeuwes, 2014; Wang, Yu, & Zhou, 2013）。さらに，眼球運動は低い価値よりも高い価値の妨害刺激に対して頻繁に向けられる（Andeson & Yantis, 2012; Theeuwes & Belopolsky, 2012）。このことは，現在の課題では，その刺激は課題に関連しない，あるいは金銭的な利得につながらないにもかかわらず，以前に金銭報酬と関連づけられた刺激によって不随意的に注意が捕捉されることを示す。興味深いことに，視覚刺激と報酬の結びつきは刺激の動機づけ価値への持続的な変化を強いるため，訓練フェーズの後でさらなる強化がなくなってからも，動機づけに関連する妨害刺激の影響が数週間や数か月にわたって観察される（Anderson & Yantis, 2013; Della LIbera & Chelazzi, 2009）。

刺激－報酬関係の目を見張るような長期的な効果にもかかわらず，罰についての長期的な結果はあまりよくわかっていない。いくつかの研究では，持続的な動機づけ効果は以前に報酬が与えられた刺激に限られていた。ところが，金銭的な罰は注意選択に対するいかなる持続的な効果も引き起こさなかった（Raymond & O'Brien, 2009; Rothkirch et al., 2013; Rutherford et al., 2010；図2-2を参照）。対照的に，金銭的な損失ではなく電気ショックの場合は，先述したような以前の報酬に関連した影響と匹敵するくらいに，注意への持続的影響を引き起こす（Schmidt, Belopolsky, Theeuwes, 2014）。おそらく，金銭報酬や痛みの刺激と比較すると，金銭的罰は価値に基づく注意の影響を引き起こすのにあまり効果的ではないのだろう（Wang et al., 2013）。

まとめると，動機づけ価値が付与された刺激に対する自動的なバイアスに関して，これらの結果は有力な証拠を提供する。重要なのは，知覚的に際立った刺激（低次の知覚的特徴のために他の刺激と比べると目につきやすい刺激）によって引き起こされる，よく知られた注意の捕捉効果と同じように，以前に報酬と関連した刺激は無意識に注意を捕捉するということである（Theeuwes, 1994; Yantis & Jonides, 1984）。このことは，動機づけが視覚処理に決定的な影響を与えることができることをも意味する。現在の課題に関連しないが動機づけ価値に関連づけられた項目に対して，注意が自動的に引きつけられるとき，現在の課題には関連するが動機づけ価値が低い刺激の視覚処理が遅くなる（Krebs, Boehler, Egner, & Woldorff, 2011）。このように，注意の動機づけバイアスは，動機づけが付与された刺激が現在の文脈では強化される結果と関連がないだけでなく課題に関連しないときにも生じるため，トップダウン制御とはおおむね独立している。このような動機づけバイアスは，注意が２つの要因（刺激によって駆動されるボトムアップの影響と内因性のトップダウンの影響）で駆動されると主張する注意選択についての従来の知見では説明できない。それゆえ，注意選択を駆動するさらなる要因として動機づけの顕著性を考えるべきであるという意見もある（Anderson, 2013）。この意見によると，動機づけの顕著性は，この刺激があたかも知覚的に目立つかのように視覚刺激の優先順位を上げる。しかしながら，ここでの重要な疑問は，動機づけに関連する刺激に対する処理資源の自動的な関与が，学習した価値のみによるのか，それともその他に関連する要因によるのか，ということである。

最も重要なのは，刺激に関連づけられた報酬価値の学習が選択バイアスを引き起こすことが以前から示されていることである（Awh, Belopolsky, & Theeuwes, 2012）。この意見に従うと報酬の低い刺激と比べて，報酬の高い刺激は，学習時により頻繁に選択される。この選択の不均衡が新しい文脈で注意を導き，先の文脈でより頻繁に選択された刺激に対する選好を引き起こすのかもしれない。実際，以前の刺激選択バイアスによって引き起こされた注意効果は，報酬に無関係な文脈でも観察されてきた（Hutchinson & Turk-Browne, 2012; C. -H. Tseng, Gobell, & Sperling, 2004）。どうやらこのようなメカニズムは，刺激価値にとくに関係しないようである。それゆえ，ボトムアップとトップダウンの影響とともに，注意バイアスの付加的な原因として所与の刺激がどのように選択されてきたかを考慮することが重要である。しかしながら，報酬関連妨害効果を研究してきたいくつかの先行研究における統制実験は，報酬に関連した注意バイアスに対する刺激選択の履歴が重要な役割を果たすことに対して疑問を投げかける（Anderson, 2013; Anderson et al., 2011a, 2011b; Qi, Zeng, Ding, & Li, 2013）。これらの実験では，訓練フェーズで報酬フィードバックがなかった。その結果，学習時に呈示された刺激は，後続の視覚探索課題で妨害効果をもたらさなかった。最後に，注意への持続的な動機づけ効果は，価値の学習や刺激選択の単なる結果ではないことも議論されている（Chelazzi, Perlato, Santandrea, & Della Libera, 2013）。以前に報酬を与えられた刺激への注意の選好はむしろ，価値と選択の間の相互作用の結果かもしれない。つまり，報酬は刺激と特定の行動の結びつきを強化するのかもしれない。言い換えると，まったく同じ刺激の選択が以前に報酬をもたらしたときに，刺激の注意選択は促進される。逆に，刺激を無視することによって得られた報酬は，将来妨害刺激として呈示されたときに，同じ刺激を無視する能力を向上させるだろう。刺激価値と行動反応との相互作用が持続的な注意効果をどのように誘発するかについては詳細に解明されなければならないが，最近の研究ではこれらの２つの要因は複雑な関係であるとする見方が支持されている（Della Libera & Chelazzi, 2009; Della Libera, Perlato, & Chelazzi, 2011; Lee & Shomstein, 2014）。

３．注意選択への持続的な動機づけの影響の神経基盤

神経プロセスの研究によって，動機づけの持続的な影響の基礎となるメカニズムについてのさらなる洞察が得られる。しかしながら，関連する脳機能の研究はいまだに初期の段階である。なぜなら，神経レベルでの先の刺激－報酬関係の持続効果を研究

するために，神経生理学的な技術，あるいは神経画像技術がこれまでほとんど利用されてこなかったからだ。fMRI 研究では，Rothkirch, Schmack, Schlagenhauf, & Sterzer（2012）が動機づけの持続的な効果の神経基盤を研究した。先述した行動研究と同様に（Raymond & O'Brien, 2009; Rothkirch et al., 2013），実験参加者は金銭的な利得や損失を伴う顔刺激を用いた道具的学習課題を行った。学習課題終了後，fMRI スキャンとともに第 2 の課題を行った。ここでは，金銭的な結果を伴わずに顔刺激が再び呈示された。課題は，注意を顔のほうに向けて顔刺激の性別を識別するか，注意を顔からそらして周囲にある 2 本の棒刺激の方向を弁別することだった。実験のこの部分で，先の報酬と罰の連合についての神経上の痕跡が眼窩前頭皮質（orbitofrontal cortex: OFC）で観察された。興味深いことに，OFC の 2 か所の違う領域で 2 つの異なる反応傾向を示した。

内側眼窩前頭皮質（内側 OFC）では，**動機づけ顕著性**（motivational salience）との相関関係が認められた。動機づけ顕著性は刺激の強さを反映し，刺激によって引き起こされた覚醒と関連する（Lang & Davis, 2006）。内側 OFC の反応傾向は，たとえば，以前に高い報酬と関連づけられた刺激と以前に強い罰と関連づけられた刺激に対する神経応答の増加によって特徴づけられた。この効果は，さらなる強化は行われなかったにもかかわらず，すべての実験を通して安定していた。対照的に，外側 OFC での反応は，刺激の**動機づけ価値**（motivational value）と共変した（Rangel, Cameraer, & Montague, 2008）。つまり，外側 OFC は，以前に高い報酬を与えられた刺激に対する最も強い反応と，以前に強い罰を与えられた刺激に対する最も弱い反応を示した。興味深いのは，内側 OFC での活動に比べ，動機づけ価値の神経的な影響は実験が進むにつれて落ち着いてくることである。

OFC が感覚刺激の評価に重要な役割を果たし，価値に基づく意思決定や快楽の喜びの経験の基盤を形成することは広く受け入れられている（Grabenhorst & Rolls, 2011; Lebreton, Jorge, Michel, Thirion, & Pessiglione, 2009; O'Doherty, Kringelbach, Rolls, Hornak, & Andrew, 2001）。けれどもこれらの知見は，OFC がより基本的な視覚や注意機能にも関与し，動機づけに関連した刺激に対する自動的な注意バイアスにおそらく介在していることも示唆している。この見解は，現時点では動機づけに関連している刺激に対する注意の移動の速さが，OFC の神経活動と相関関係があるという結果とも一致する（Mohanty et al., 2008）。このように考えると，OFC が以前に報酬と関連づけられた刺激の注意選択にも関与しているであろうと推測することは理にかなっている。この解釈は，OFC が初期段階で視覚刺激処理にかかわるとする意見に合致する。Barrett & Bar（2009）は，動機づけ情報処理が刺激の視覚的特徴処理に深く介在することを提唱した。この見解によると，過去に遭遇した際に関連づけられた快や不快の経験は，特定の視覚刺激と一緒に保存され，将来同じ刺激にさらされたときには常に再活性化される。この文脈では，このように保存された動機づけの表象に基づき，OFC は感情予測におそらく重要な役割を果たす（Summerfield et al., 2006）。OFC と視覚野との間に強力な構造的，機能的関連があるとすれば（Carmichael & Price, 1995; Chaumon, Kveraga, Barrett & Bar, 2013），とくに動機づけに関連する刺激に対して，OFC は低次の視覚的特徴の処理を誘導するだろう。視覚情報処理は，100ミリ秒以内に OFC に到達する視覚信号とともに，高速のフィードフォワードスイープ（feed-forward sweep）と再起プロセスのカスケードに依存すると考えられている（Lamme & Roelfsema, 2000）。連続処理のステップは，刺激表象の継続的な修正を促し，OFC によってもたらされた動機づけられた情報を統合し，それゆえ，顕著な，あるいは好ましい物へ視覚処理が偏るのだろう（Shenhav, Barrett, & Bar, 2013）。

内側 OFC や外側 OFC で観察された２つのまったく違う反応傾向（Rothkirch et al., 2012）は，おそらく異なる行動機能を支える２種類の動機づけの次元を反映する。同様に，Gottilieb（2012）は情報選択に対する異なる注意システム（「行動のための注意」システムと「選好のための注意」システム）を説明した。行動のための注意システムは，動機づけの顕著性の表象に関与し，将来の行動のための情報獲得に重要な役割を果たす。反対に，選好のための注意システムは，動機づけ価値と類似した反応傾向があり，注意を好ましいものへ導く。それゆえ，動機づけの顕著性と価値の両方の表象は，たとえば注意の誘導のために重要であり，文脈や要求される行動に依存するだろう。

最近の脳波研究によって，注意配分への動機づけの持続的な影響についてのさらなる神経活動の証拠が提供された（Qi et al., 2013）。著者らは，前もって金銭報酬に関連づけられた妨害刺激の影響を調べた。このような課題に無関連な妨害刺激は，現在の報酬の引き取り（current delivery of reward）に関連する視覚探索課題でも観察されてきた，標的選択の電気生理学的指標を引き出した（Kiss et al., 2009）。この発見は，前もって報酬に関連づけられた刺激は，現在の文脈で報酬に関連した刺激と同じプロセスをある程度は活性化するかもしれないことを示唆している。

5節　動機づけと注意の関係

これまでに概観した研究から，動機づけの要因が視覚的処理と視覚刺激への注意の配置に対して，広範囲にわたる重大な影響を及ぼすということはまちがいないだろう。ここで生じる重要な疑問は，視覚処理への動機づけや注意の影響が互いにどのように関連しているかということである（この点についての包括的な総説は，Pessoa & Engelmann, 2010を参照）。動機づけは注意とまったく同じプロセスを足場とするので，動機づけの影響には注意が介在する。これは，動機づけの影響が注意資源の利用可能性に依存していることを意味する。あるいは，動機づけと注意は並行して行動に影響を与えるのかもしれない。この状況では，動機づけは注意の能力と独立して行動に影響を及ぼすことになる。動機づけと注意は2つの異なる概念を代表するが，両者はよく混同される。おのおのの代替可能な説明を考慮することなしに，神経信号は動機づけか注意のいずれかに，しばしば一方的に関連づけられてきた。Maunsell（2004）は，とくに動物を対象とした研究で，報酬の随伴性の操作が，動機づけと注意の両方に影響を与えることを指摘した。つまり，注意を操作するつもりの課題構成は，動機づけに関連する課題構成とよく似ているが，結果は注意か動機づけの文脈の一方で解釈されることが多い。

注意と動機づけの影響の違いを示す研究はこれまでにも報告されている。それらの研究は報酬のプロセスは注意とは独立していることを示唆している。たとえば，空間的注意を導く手がかり刺激の後に，報酬に関連づけられた標的が呈示されるEEGの研究では，知覚的プロセスを反映する初期のEEGの信号が，注意と動機づけの独立した影響を示す（Baines et al., 2011）。同じように，Serences & Saproo（2010）は，現在の課題では選択されておらず注意も向けられていない刺激に対し，視覚野において好みの刺激への反応曲線の鋭い偏りを発見した。しかし，この結果は動機づけ効果が注意から独立していることへの決定的な証拠と考えることはできない，と議論されてきた（Chelazzi et al., 2013）。なぜなら，方略的な課題に関連するコントロールとは関係なく，価値のある刺激に対して注意が向くからである。対照的に，サルのV1活動の記録では，神経応答のタイミングと強さに関連して，注意と動機づけは同じような影響を生み出した。これによって，著者らは動機づけと注意は重複する，あるいは，もしかすると同一の神経メカニズムが関与していると結論づけた（Stănişor, van der Togt, Pennartz, & Roelfsema, 2013）。

方法論の観点からは，動機づけの情報処理が注意資源と独立していると結論づけるためには，注意を必要とする課題が用いられる際に，注意が向けられない項目の処理に対して余分の注意資源が残されていないようにしておかなければならない（Pessoa, 2005）。そうでなければ，先に引用した注意の手がかりを使った研究のように，処理資源は現在の注意の焦点となっていない項目にも利用可能かもしれないからである。さらに，報酬情報処理はある場所では注意と独立して進むかもしれないし，他の場所では注意に依存しているかもしれないので，動機づけと注意は脳で領域特有の影響を引き起こすだろう。この可能性についての結論は，前に述べた研究からは得

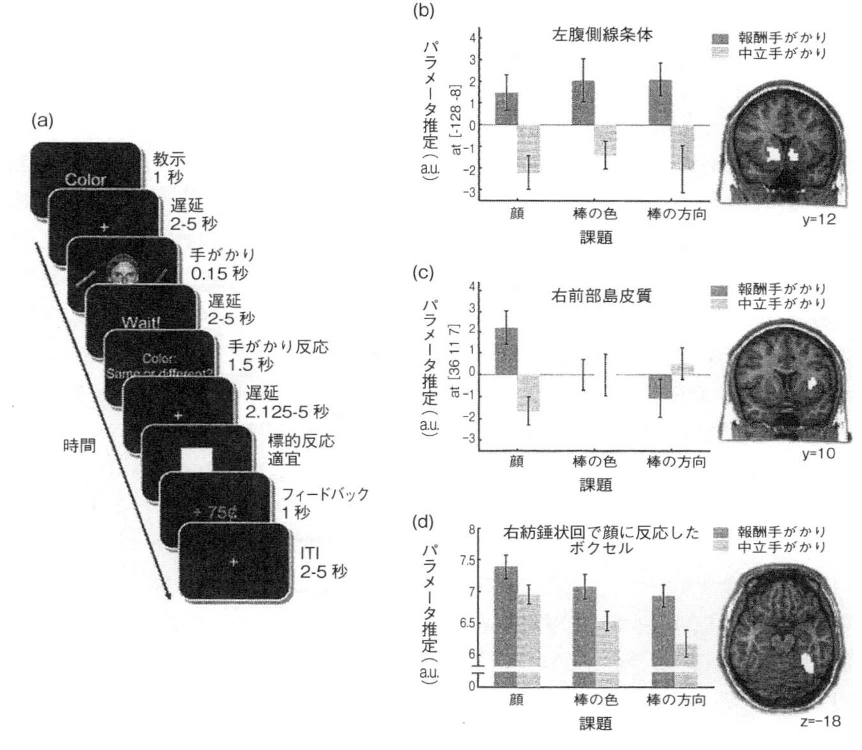

◆図2-3　注意による報酬手がかりへの神経応答の調節
(a) この fMRI 研究では，実験参加者は反応時間の課題を行う。実験では，報酬が得られるかどうかを示す視覚刺激（顔刺激）が先に呈示される。報酬手がかりと同時に実験参加者はある課題を行う。課題は，報酬手がかりの処理に利用できる注意資源の程度を操作しており難易度が変化する。
(b-d) パネル b-d は注意に依存した報酬処理に関連して，さまざまな脳領域で観察された異なる反応傾向を示す。3つの異なる脳領域で，各条件に対する神経応答を示す3つの図では，課題の難易度は左から右へ媒介変数ごとに増加する。(b) 腹側線条体における注意とは独立した報酬処理。(c) 右前部島皮質における注意に依存した報酬処理。(d) 高次の視覚皮質の顔処理の領域における，注意と報酬の加算的影響。Rothkirch, Schmack, Deserno, Darmohray, & Sterzer (2014)

られなかった。なぜなら，それらは初期の視覚野での神経応答にとくに焦点をあてていたからである。

Rothkirch et al. (2014) による fMRI を用いた研究では，実験参加者は，その試行で報酬が得られるかを示す顔手がかりの後に反応課題を行った（図2-3a)。この報酬手がかりの呈示の間，報酬価値の処理に利用できる注意資源の程度は，複数の試行にわたってランダムに混ぜられた3種類の二次課題によって組織的に操作された。二次課題の１つでは，注意は明確に報酬手がかりに向けられた。その他の二次課題では，実験参加者は周囲にある2本の棒刺激の色や方向をおのおの比べなければならなかった。これら2つの課題では難易度が変化するために，実験参加者の注意が，報酬の手がかりから逸れる程度が違っていた。さらに，棒の方向課題の難易度は実験参加者の成績に合わせて一貫してむずかしくなるように維持されていた。それゆえ，他の2つの二次課題に比べると報酬手がかりに対する注意資源の利用は少ないが，利用可能な注意資源の活用が必要とされた。

その実験では報酬手がかりによって伝達された動機づけの情報処理に対する注意の影響に関して，3種類の反応傾向が観察された。第1に，腹側線条体と中脳領域の報酬処理は注意による影響を受けなかった（図2-3b）。第2に，前部島皮質での報酬関連反応は利用可能な注意資源によって強力に調節された（図2-3c）。先行研究と一致して（Craig, 2009; Stezer & Kleinschmidt, 2010），この知見は，前部島皮質（ここは感覚と感情情報の統合のための中心である）が，動機づけとの関連性に関係した感覚刺激の気づきに介在し，さらなる処理を促進するために意味のある刺激に対する気づきを伝搬することを示唆する。第3に，視覚システムのなかで顔に反応する部分において，動機づけと注意の加算的な影響を示した（図2-3d）。これは，より高次なレベルの視覚領域での信号に対して，動機づけと注意は独立して貢献することを示し，視覚処理資源をめぐって競合する現在の課題要求と折り合いをつける視覚システムの能力も反映しているのかもしれない。興味深いことに，実験参加者の行動成績は潜在的な報酬予期の時点で促進された。このような報酬による促進効果は要求レベルの高い注意条件では損なわれなかった。このことは，注意と独立して報酬が弁別成績を向上することを示した先行研究と一致する（Baldassi & Simoncini, 2011）。要するにこれらの知見は，報酬情報処理におけるさまざまな皮質や皮質下の部位における明確に異なる役割を示している。要求レベルの高い課題によって報酬に関連づけられた刺激から注意が逸れる状況で，脳は2つの矛盾する関心事を処理しなければならない。すなわち，現在の課題をうまく完了するために注意が必要とされる一方，これまで詳細に議論したように，本来備わっている動機づけ顕著性のために報酬関連刺激が注意を引くからである。神経活動で観察された違いは，注意（あるいは，意識；Pessiglione et al., 2007）が存在しないときでさえ，報酬関連刺激への応答性を維持するために，まとまった脳領域が動機づけの情報処理に長期にわたって関与することを示唆する。対照的に，その他の脳領域の仕事は，価値のある結果をもたらさないかもしれないが，現在の課題で必要なことをうまく遂行できるように請け負うことである。

6節　動機づけの関連性についての情報は視覚領域にどのように到達するのか

強化信号は脳の多くの場所で観察することができるが（Vickery, Chun, & Lee, 2011），それらはドーパミン作動系中脳神経細胞の活動に決定的に依存している（Cohen, Haesler, Vong, Lowell, & Uchida, 2012; Schultz, 1998）。腹側線条体とともに，中脳は皮質下の報酬ネットワークの中核を形成し，報酬によって生じる神経の影響と行動の影響の基盤となる（Schultz, 2002）。これまで述べてきたように，視覚刺激の動機づけとの関連性は，視覚領域の神経応答にも影響する。このことは，報酬情報は視覚野の神経細胞に伝わること，そして報酬情報は個々人が見た視覚刺激と動機づけとの関連性に神経応答傾向を適合させることを意味する。報酬信号が視覚領域に到達する際に経由すると考えられる２つの経路がある。報酬情報は，中脳と腹側線条体から視覚野へ直接伝えられるか，前頭前皮質領域を巻き込んで間接的に伝えられるかのいずれかである（Haber & Knutson, 2010; O'Doherty, 2004）。

後頭葉は中脳（Takada & Hattori, 1987; Törk & Turner, 1981）と腹側線条体（Bigl, Woolf, & Butcher, 1982）から直接投射を受ける（receive projections）。それは，皮質下の報酬中枢から視覚領域に報酬信号を直接伝送する基盤である。しかしながら，このような直接のつながりは他の皮質領域への中脳や線条体の投射に比べるとかなり貧弱である（Oades & Halliday, 1987）。それゆえ，中脳や腹側線条体での神経細胞が神経調節物質（neuromodulator）の拡散放射を通して視覚野での神経活動に影響を及ぼす可能性が高い。ドーパミン（Schultz, 2002）とアセチルコリン（Mesulam, 2004）の２つの神経調節システムがあり，動機づけに関連する顕著な出来事と報酬学習の処理に関連している。この知見は，視覚野の神経応答がドーパミン（Arsenault, Nelissen, Jarraya, & Vanduffel, 2013; Tan, 2009）とアセチルコリン（Chubykin, Roach, Bear, & Shuler, 2013; Pinto et al., 2013; Silver, Shenhav, & D'Esposito, 2008）の放出によって調節されていることを示す最近の研究によって裏づけられている。

第２の，より間接的な経路は，前頭前野から視覚領域に走るトップダウンのつながりを経て，視覚刺激に関連した動機づけの情報を伝える。このようなトップダウンのつながりは感覚情報処理への高次の認知操作の強力な影響の基盤となる（Gilbert & Li, 2013; Gilbert & Sigman, 2007; Muckli & Petro, 2013）。たとえば，個人があらかじめもっていた期待は，前頭前野と視覚領域の間の機能的なつながりの強さを調節する（Rahnev, Lau, & de Lange, 2011; Schmack et al., 2013）。このことは，将来の報酬予期での視覚的反応の形成に対しても重要な役割を果たすだろう。前頭前野での活動による視覚野の神経信号に対する直接的な証拠には，サルの研究がある。その研究は，前頭前野の活動の薬理学的操作によって視覚領域での刺激の処理が変化することを示した（Noudoost & Moore, 2011）。報酬処理の文脈におけるこのようなトップダウンの重要性は，サルの高次の視覚領域の一部である前頭前野と嗅皮質の間のつながりを遮断すると報酬学習が無効になるという知見によって，さらに明らかにされている（Clark, Bouret, Young, Murray, & Richmond, 2013）。

報酬情報は単独で直接的に，あるいは間接的に視覚野へ伝えられるという点を考えると，先に説明した２つの経路は相互に排他的であるとみなされるべきではない。むしろ，神経調節の影響とトップダウンのつながりは補完的に，あるいは並列的に活動するようである。しかし，現在わかっていることからは，これらの２つの経路の個々の貢献とおのおのの特定の役割について推測できるだけである。たとえば，視覚野への皮質下の報酬構造の直接の影響は，トップダウンのつながりによって生じる影響を増やすことに主に役立つという，あまり重要ではない役割のみを果たしているのかもしれない（Pessoa & Engelmann, 2010）。この文脈で，トップダウン調節の主要な側面は，高次から低次の脳領域へ注意信号を伝搬することであることを強調しておきたい。けれども，先に詳細を述べたように，視覚野の神経応答への影響は少なくともある程度は注意とは独立している。したがって，視覚野の強化信号は神経調節物質の拡散放射に主に依存し，前頭前野からのトップダウン信号にはあまり依存していないと推測される（Seitz & Watanabe, 2005と比較のこと）。もう１つの可能性は，神経調節の信号とトップダウンの信号は視覚野における報酬の影響を引き起こすための明らかに異なる機能を果たすというものである。神経調節物質は，現時点での結果（outcome）がより広範なレベルで期待しているよりも良いか悪いかを示す。一方，トップダウンのつながりを経て伝えられる注意信号は，個々の現在の反応に関与する神経細胞間の強さを強めることによって特異性（specificity）を確保する。それゆえ，これら２つの信号の相互作用は，動機づけに関連する情報の効率的な視覚野への伝搬の基礎を形作る（Roelfsema, van Ooyen, & Watanabe, 2010）。しかしながら，視覚領域の報酬に関連づけられた神経信号は，さまざまな文脈で観察されている。視覚処理は，次にやってくる報酬への予期（Rothkirch et al., 2014; Shuler & Bear, 2006），視覚刺激の学習された価値（Serences, 2008），報酬のフィードバック（Weil et al., 2010）によって影響される。ここで説明した経路の相対的な貢献は，遂行する課題の複雑さと困難さ，ならびに報酬スケジュールといった文脈条件に依存する可能性がある。

7節　結論と展望

動機づけは，感覚情報処理の非常に基本的なレベルに影響することによって，複雑な心的操作に作用するのみならず，行動のバイアスももたらす。感覚処理では，動機づけの点で重要な刺激への選好はトップダウンの注意制御の必要性はなく，かなり自動的に進行する。このような自動的な動機づけバイアスに基づいて，脳は特定の項目に注目し，その結果より詳細に処理するかどうかを決定する貴重な計算時間をむだにせずに，動機づけに関連する刺激にすばやく処理資源を振り向けるようである。この観点から，基本的な刺激の特徴処理に特化していると従来は考えられていた感覚脳領域にも，動機づけ信号が関連すると考えるべきであろう。このような考えから，視覚処理の知識と経済学的な意思決定の神経メカニズムについての知識は統合されるべきであると提唱されてきた。なぜならそれらは共通のメカニズムに依存しているかもしれないからである（Clark, 2013; Summerfield & Tsetsos, 2012）。したがって，個々人の機能とウェルビーイングにとっての動機づけ情報の恐ろしいほどの重要性をふまえると，動機づけプロセスの一般的な枠組みの構築は双方の領域にとって利益をもたらすだろう。なぜなら，個々人の機能とウェルビーイングは，低次の感覚情報処理段階でさえ，動機づけ要因の大きな影響を受けるからだ。

ここ数年で知覚や注意への動機づけの影響についての私たちの理解はかなり深まっているが，以下に述べるように，これまでにまだほんの少ししかわかっていないこともある。

・動機づけに関連づけられた刺激に対する自動的なバイアスのコストは何か

動機づけ価値は高いが今は課題に関係ない刺激に対する自動的なバイアスは，課題に関連する項目の処理を遅らせるリスクを生む。このように不利益な結果を生むのに，なぜこの種のバイアスが存在するのだろうか。Changizi & Hall（2001）による議論に従うと，このようなバイアスは潜在的な結果の重要性を考慮することが有益であることを示しているのかもしれない。刺激に対する現在の動機づけの関連性を深く分析するには追加の処理時間が必要となる。そのことは，簡単に手に入る報酬に関連した刺激を見逃すリスクを伴うかもしれない。このような自動的なバイアスは現在の課題に関連する刺激の処理を遅くするが，本物の報酬を逃すコストは，報酬結果にはもはや関連のない刺激の自動的な優先性よりも大きいかもしれない。

・動機づけは注意を喚起するその他の影響とどのように相互作用するのか

先に議論したように，刺激の動機づけ関連性は，刺激が知覚的に顕著でなくても，課題に関連しなくても，注意を引くことができる。それは，動機づけが，注意へのボトムアップとトップダウンの影響を完全に覆す可能性を意味するのだろうか。理想的には，知覚的顕著性は動機づけ価値に対してトレードオフされるべきである。なぜなら，知覚的に顕著な刺激は簡単に検出できるが動機づけ価値は低いかもしれないし，動機づけに関連づけられた項目は検出がむずかしいかもしれないからである。実際，注意選択は刺激の知覚的，そして報酬的特徴の統合によって導かれる（Navalpakkam, Koch, Rangel, & Perona, 2010; Stankevich & Geng, 2014）。さらに，速い反応は主にボトムアップの影響によって駆動され，より後期の時間窓では報酬の影響とトップダウン制御が影響力をもつというように，特定の時間窓は報酬に対して異なる感受性があるようである（Bucker & Theeuwes, 2014; Markowitz, Shewcraft, Wong, & Pesaran, 2011）。

・動機づけは自然な環境で視覚情報の処理にどのように影響するのか

実験室の設定は，特定の変数や条件を分離することを目的にしているので，自然環境のごく一部しか反映していないことは明らかである。実験室実験では，報酬や罰の結果（outcome）は，一度の手指の反応，あるいは眼球反応に対してもたらされることが多い。一方自然場面では，望ましい結果を得るためには，たいてい連続する反応が要求される（Land, Mennie, & Rusted, 1999）。複数の注意移動を含むこれらの途中段階では即座の報酬をもたらさないが，最終的な報酬となる結果と結びついているので，内発的な価値があるだろう（Tatler, Hayhoe, Land, & Ballard, 2011）。ここで重要な点は，このような注意の移動が情報収集によって不確実性を減らしており，それゆえ項目への効果的な注視は，その情報価値を通してすでに強化されているだろうということである（Collins, 2012; Madelain, Paeye, & Wallma, 2011）。

第3章

注意に対する報酬の影響

動機づけを超えて

Brian A. Anderson
Anthony W. Sali

私たちの知覚体験は，選択的注意に強く影響されている。一般的な視空間環境は，さまざまに変化していく色，形，大きさの対象物が豊かであり，そうした豊かさは脳の表象容量をはるかに超えている。この脳の表象能力の限界は，意思決定や記憶貯蔵のような容量の限られた認知プロセスにアクセスする際に対象間の競合を引き起こす。注意は，どの刺激がこれらの認知プロセスにアクセスするかについて，生命体が選択するメカニズムであり，私たちの精神生活内に表象される情報を決定している（Desimone & Duncan, 1995）。

注意選択は，物理的に顕著性の高い刺激（すなわち，周囲の環境との間で特徴の対比の強い刺激；Itti & Koch, 2001; Theeuwes, 1992, 2010; Yantis & Jonides, 1984）に有利なバイアスがかかっているが，観察者の目標状態は注意によってどのような刺激が選択されるかを強く調節することができる。次の標的刺激がどの位置に現れるかを予測させる手がかりがあらかじめ与えられたとき，注意は特定の位置に向けられる（Posner, 1980など）。また，このような特定の位置に対する自発的な注意の焦点化は，ディスプレイ上の別の位置に現れる物理的に顕著性の高い刺激の妨害効果を大幅に低減する（Yantis & Johnston, 1990）。観察者が探索すべき標的刺激とその他の刺激とを区別する視覚的特徴が何であるかを事前にわかっているときは，標的刺激を識別する特徴をもつ刺激だけが注意を引く（Folk, Remington, & Johnston, 1992; Anderson & Folk, 2010, 2012; Eimer & Kiss, 2008, 2010; Folk & Remington, 1998も参照）。顕著性が高くても課題とは関連しない刺激は，標的刺激を定義する特徴が予期できない場合に最も強く注意を引き，注意の目標指向的コントロールを困難にする（Bacon & Egeth, 1994; Folk & Anderson, 2010）。

目標指向的な注意と動機づけが関連しているという考えは，直観に基づくものである。目標状態を設定し，維持することは，なんらかの意志を含んだ認知プロセスを反映している。同一の視覚的場面であっても，さまざまな意図に応じて明確に異なる注意配分パターンが生み出される（Yarbus, 1967）。実験心理学では，動機づけはあたりまえのものとして扱われることが多い。実験参加者に課題の教示が与えられるとき，実験者は実験参加者が特定の認知課題を遂行するうえでそれらの教示に従うよう十分に動機づけられているだろうと仮定している。そのような動機づけは，主に実験参加者が自身の能力を十分に発揮したい，実験者を満足させたい，自らの時間に対する補償（一般的には授業科目単位や一定の金額；Miranda & Palmer, 2014を参照）を正当化したい，といった願望に基づいている。しかしながら，そのような内発的動機づけが認知にとって重要であると同様に，外的報酬もまた目標指向的な注意処理において強力な調節的役割を果たしている。以下の節では，私たちはこの役割に関する証拠のいくつかを論評する。

1節　外的報酬が注意を調節するという証拠

視覚的探索で特定の標的刺激を同定することが金銭のような外的報酬を用いて動機づけられたとき，報酬が与えられる標的刺激は，報酬が少なかったり，報酬がなかったりした場合の標的刺激よりも速く見つけられる（Kiss, Driver, & Eimer, 2009; Kristjansson, Sigurjonsdottir, & Driver, 2010など）。また，事象関連電位（event-related potential: ERP）を用いて測定すると，高い報酬と連合した標的刺激は，視覚野において強い信号を引き起こす。このことは視覚処理に対して報酬に動機づけられたバイアスがかかることを示唆している（Kiss et al., 2009; Kristjansson et al., 2010; Serences, 2008）。金銭的価値と物理的顕著性の両方（すなわち，標的刺激が制限時間内でどのくらい見つかりやすく，それによって，どの程度の報酬が得られるか）が異なる複数の標的刺激を含む複雑な報酬構造をもつ状況であっても，さまざまな標的刺激に対する注意の優先順位は全体的な報酬の獲得を最適化するような方法で分配される（Navalpakkam, Koch, Rangel, & Perona, 2010）。知覚的感受性もまた報酬結果と連合した刺激特徴に対して高くなり（Serences & Saproo, 2010），価値の高い刺激の処理は，課題とは無関連な刺激からの干渉に対して頑健である（Krebs, Boehler, Egner, & Woldorff, 2011; Krebs, Boehler, & Woldorff, 2010）。

注意（より一般的には認知コントロール）に対する動機づけの効果は，情報処理の一時的調節と持続的調節の両方を反映している。特定の文脈の特定の試行で報酬が得られるとき，この誘因は大幅に課題遂行能力を高める。この能力の向上は，前頭－頭頂皮質の注意ネットワークの神経活動の持続的な増加によって媒介される（Locke & Braver, 2008; Pessoa & Engelmann, 2010）。このような動機づけの持続的な効果は，報酬を得ることができない試行にまで及ぶ（Jimura, Locke, & Braver, 2010）。こうした動機づけの持続的な影響は，前述の報酬と関連した効果と同様（Kiss et al., 2009; Kristjaansson et al., 2010; Serences, 2008），報酬に関連した刺激や課題によって誘発される一時的な信号調節と関係している（Jimura et al., 2010; Pessoa & Engelmann, 2010）。まとめると，これらの知見は，個人が認知コントロールの準備状態を調節することによって外的報酬誘因に反応し，高価値と連合した刺激と課題に関連した刺激の両方の処理にバイアスをかけることを示唆している。

報酬と連合した刺激に対する注意バイアスは持続し，報酬がもはや得られなくなった消去期間にまで及ぶ。ある研究では，訓練段階において，顔刺激と変化する報酬量が連合され，無報酬テスト段階において，顔刺激は注意の瞬き課題における２つの標的刺激のうちの２つめ（T2）として機能した。注意の瞬きは事前に大きな報酬と連合した顔に対して小さくなり，選択的な処理を示す（Raymond & O'Brien, 2009）。刺激と報酬の複雑な随伴性を利用した別の研究では，実験参加者は２つの重ね合わされた形状のうちの一方を正しく報告することにより金銭報酬を受け取った。ある特定の形状が標的刺激または妨害刺激のいずれかとして呈示されたときには高い報酬が予測された。実験参加者は何日にもわたって複数回の実験セッションでこれらの随伴性を経験した後，同様の課題を報酬のフィードバックなしで行った。その結果，この無報酬セッションの間，標的刺激として高い報酬が予測される形状を選択し，妨害刺激として高い報酬が予測される形状を選択しないように，注意にバイアスがかかることが示された（Della Libera & Chelazzi, 2009）。

2節　価値駆動型注意：目標と価値が葛藤している場合

これまでのところ，外的報酬によって提供される誘因が注意や認知に多大な効果を及ぼすことが示されてきた。動機づけのメカニズムは，こうした影響のある部分に介在している可能性が高い。とくに，特定の文脈で報酬が得られるということに基づいた情報処理の持続的な調節の場合にはその可能性が高い（Jimura et al., 2010; Locke & Braver, 2008; Pessoa & Engelmann, 2010）。しかし，報酬の経験自体が，動機づけ要因とは独立して，注意プロセスを調節するという可能性も考えられる。たとえば，連合報酬学習（associative reward learning）は，報酬を予想する刺激を選択するよう，意図せずに自動的に注意にバイアスをかけるかもしれない。このことは，次のような重要な疑問を提起する。報酬に関連した刺激に対する注意バイアスは，報酬誘因によって引き起こされる動機づけ状態の結果を反映しているのか。それとも，そうした注意バイアスは，自動的で学習に依存した異なる認知プロセスを反映しているのか。

前述の先行研究は，報酬構造が進行中の課題要求と一致していたため，この疑問に答えるには適していない。報酬がその時点で選択を動機づけるために利用可能だったのかもしれない。あるいは，報酬の連合が単純に解除されただけで，以前に報酬と連合した刺激がまだ標的刺激として呈示されており，新しい注意の優先順位を採用するための誘因がほとんどなかったのかもしれない。そのような条件の下では，報酬あるいは報酬に結びついた目標状態が注意を調節しているかどうかを知ることは困難である（Maunsell, 2004）。注意を調節する際に，学習された価値が直接的な役割を担うということについて，より説得力のある証拠が次のような事例から得られている。すなわち，以前に報酬と連合した刺激に注意を向けることが進行中の課題に設定された特定の目標と矛盾するときでさえ，そのような刺激は注意を引くのである。

私たちは，一連の研究を通して，以前に報酬と連合した刺激が，課題と無関連のときでさえ，無意識に注意を捕捉するかどうかを検討してきた（総説に関しては Anderson, 2013を参照）。実験参加者は典型的な実験のなかで，最初に，ある試行で赤色か緑色のいずれかの色で定義された標的刺激（どちらの色も出現頻度は同じ）に対する視覚探索を行った。それぞれの試行において，6つの○から構成される探索配列が呈示され，そのうちの1つが標的刺激である（図3-1a を参照）。標的刺激が正しく同定されるたびに，この実験の終了後に支払われる予定のその時点での合計金額に，少額の金額が加算されていく。2つの標的色のうちの1つは，もう1つよりも大きな報酬結果と連合している。具体的には，1つの標的色の後には正試行の80％で比較的高い報酬が，残りの20％の試行で比較的低い報酬が与えられるようになっており，もう1つの標的色に関しては，これらの随伴性は逆転した。

訓練段階が終了した後に，実験参加者はテスト段階と呼ばれる2つめの課題にとりかかった。テスト段階では，標的刺激は特定の形状をもつ刺激として定義された。すなわち，複数の○のなかの◇，あるいは複数の◇のなかの○のいずれかが標的刺激として定義された（図3-1b を参照）。ここで重要なことは，実験参加者にとって，もはやこの時点では色は課題とは無関連であり，形状の色は無視すべきであると告げられているという点である。テスト段階では報酬は与えられない。それゆえ，テスト段階では，以前の報酬連合と進行中の課題に設定された特定の目標とは一致していない。

この一連の研究から得られた主要な結果は，以前に報酬と連合した刺激が自動的に

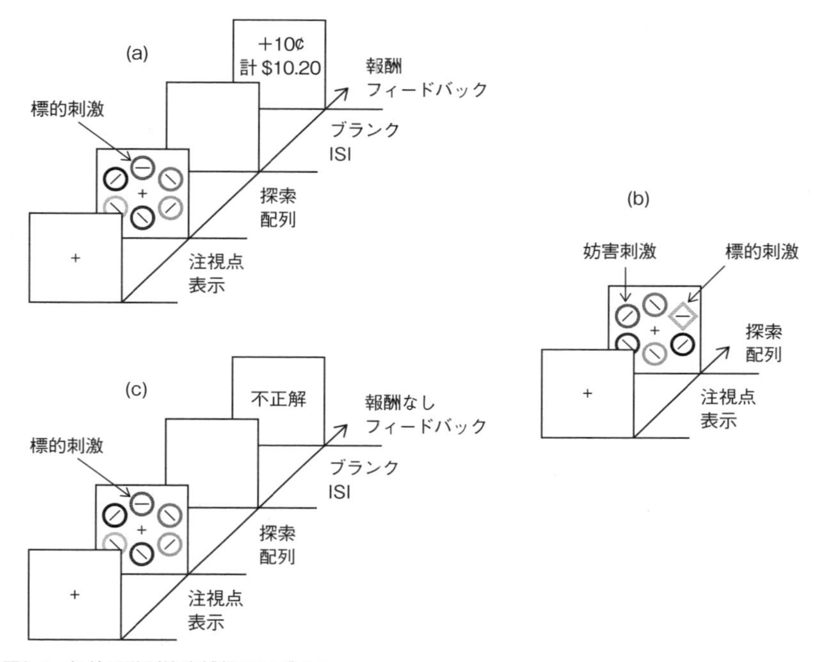

図3-1　価値駆動型注意捕捉パラダイム

(a) 訓練段階の試行例。実験参加者は赤色または緑色の標的刺激を別の色の非標的刺激の○の中から探し，標的刺激の中にあるバーの方向が垂直か水平かを報告した。正反応の後には，小額の金銭が合計金額に加えられるというフィードバックが与えられた。それぞれの試行で得られる報酬の大きさは標的刺激の色により変化し，ある色ではより頻繁に高い報酬が得られ，もう１つの色では比較的低い報酬が頻繁に得られるようになっていた。

(b) テスト段階の試行例。実験参加者は◇の中から○，または○の中から◇のように唯一の形状を探し，標的刺激の中にあるバーの方向に関する訓練時と同様の同定判断を行った。この形状の色は課題とは無関連であり，実験参加者にはそのように告げられていた。金銭による報酬フィードバックは与えられなかった。試行の下位セットでは，非標的刺激の形状の１つ（価値の高い妨害刺激とよばれる）が事前に報酬と連合した標的刺激の色で表示された。

(c) 報酬フィードバックがなく，赤色や緑色の標的刺激を探す訓練段階の試行例。Anderson, (2013)

注意を捕捉するというものである。非標的刺激が以前に報酬と連合した色で表示されたとき，テスト段階での形状で定義された標的刺激は報告が遅くなる。この注意バイアスは，以前の試行では価値の高かった色についてとくに顕著であった（Anderson, Laurent, & Yantis, 2011a, 2011b; Anderson & Yantis, 2013；報酬と連合される特徴として色ではなく方向を使用した，類似した研究知見に関しては，Laurent, Hall, Anderson, & Yantis, in press を参照)。眼球位置や空間に特定した刺激処理（復帰抑制や空間手がかり）を測定したところ，この妨害は，妨害刺激の非空間的な原因

（フィルタリングコストなど；Treisman, Kahneman, & Burkell, 1983を参照）を反映したものというよりも，むしろ妨害刺激に対して特異的に注意が向けられることにかかわっていることが確認された（Anderson et al., 2011b; Anderson & Yantis, 2012; Failing & Theeuwes, 2014; Theeuwes & Belopolsky, 2012）。この価値に基づく注意バイアスは，学習された動機づけ文脈を超えて，異なる実験課題で呈示されたときでさえ，以前に報酬と連合した色に対して観察される（Anderson, Laurent, & Yantis, 2012）。

前述の注意バイアスは実際には外的報酬とはほとんど関係なく，知覚が動機づけられることのより一般的な結果を反映しているのかもしれない。この実験計画では，訓練段階（実験によっては，240試行から1008試行も続けられた）は赤色と緑色の刺激を意図的に探索するのに費やされた。もしテスト段階でこれらの色の刺激を選択するバイアスが単に持続する動機づけまたは目標状態を反映しているだけならば，似たようなバイアスは外的報酬がない別の同等の訓練の後でも観察されるはずである。この予想に反して，私たちは報酬フィードバックが除外された以外は同じ条件の訓練手続きの後に，事前の標的色である妨害刺激が，無意識に注意を捕捉しないことを示してきた（図3-1c を参照；Anderson et al., 2011a, 2011b, 2012, 2014；また Failing & Theeuwes, 2014; Qi, Zeng, Ding, & Li, 2013; Wang, Yu, & Zhou, 2013も参照）。

3節　報酬に基づく動機づけと価値駆動型注意の分離

以前に報酬と連合した刺激に注意を向けることが進行中の課題の特定の目標と矛盾するときでさえ，そのような刺激が無意識に空間的注意を捕捉するという実験結果から，注意のコントロールにおいて報酬学習が直接的な役割を果たすという考え方が支持される。しかし，価値駆動型注意に関する動機づけに基づく説明もまた依然として支持される。個人が特定の刺激を見つけると外的報酬が得られるだろうという見込みによって強く動機づけられているとき，その刺激を選択するという目標は持続的な認知状態に発展するかもしれない。前述の報酬型訓練と無報酬型訓練の後で注意バイアスに差異が生じたことは，単に程度の問題なのかもしれない。つまり，実験参加者は外的報酬がなければ，目標の維持を可能にするように十分に動機づけられていなかったのである。なぜ事前の価値の高い刺激が価値の低い刺激よりも強く注意を捕捉するのかという点に関しても同じことがいえる。そのような説明によれば，価値駆動型注意バイアスは，学習された刺激と報酬の連合自体の結果ではなく，特定の目標状態を強化する外的報酬の結果である。こうした動機づけに基づく説明から２つの重要な予測ができる。①外的報酬を使用した目標状態の強化は注意バイアスを引き起こす。②

学習の間に，報酬と連合した刺激を選択するような明確な動機づけがない場合には，価値駆動型注意バイアスは生じない。

この節では，私たちはこれら２つの予測のそれぞれに対する反証となる実験結果を示す。標的刺激が報酬結果を予測するのに役立たないとき，報酬誘因は注意バイアスを生じさせず，高い報酬を予測する刺激は，たとえそれが学習中に課題と無関連であった（それゆえ，実験参加者は実際にはそれを無視するよう動機づけられている）としても，注意を捕捉するだろう。それゆえ，目標状態は価値駆動型注意バイアスを生み出すことなく強化され，価値駆動型注意バイアスは対応する目標状態の強化がなくとも生じる。これらの知見は，外的報酬に基づく動機づけと価値駆動型注意バイアスを区別し，注意のコントロールにおいて，学習された刺激と報酬の連合が固有の役割を担っていることを支持している。

1．価値駆動型注意がない場合の報酬に基づく動機づけ

私たちの最近の研究では，標的刺激を定義する特徴が一意的に報酬を予測しないとき，報酬誘因を用いて視覚的探索を動機づけることが，それらの特徴に対する後続の注意バイアスを生じさせるかどうかを直接検討した（Sali, Anderson, & Yantis, 2014）。４つの実験が行われ，そのなかで，実験参加者には色で定義された標的刺激を正しく同定するたびに金銭報酬が与えられた（Anderson et al., 2011a, 2011b など）。重要なことは，それぞれの試行における報酬の額を決定する方法が変化したという点である。ある実験では，試行ごとの報酬の大きさは予測不可能で，標的色とは完全に無関連であり，別の実験では，報酬の大きさは正試行ごとに常に同じであった（すなわち，標的色とは独立していた）。それゆえ，標的刺激を正しく同定することは金銭報酬によって動機づけられていたが，標的刺激の特徴自体はどのくらいの報酬が得られるのかに関する独自の情報を提供しなかった。このことは，先に述べた価値駆動型捕捉を示すすべての実験と対照的である。前節の実験では，異なる標的色は異なる報酬量と連合していたので，色の情報なしには報酬は予測できなかった。

標的刺激の特徴と報酬量との関係が予測できない場合，事前の標的色の刺激は，訓練中には明確な報酬誘因があるにもかかわらず，後続のテスト段階では価値駆動型注意捕捉の証拠を示さなかった（Sali et al., 2014）。それに続く実験は，特定の色の標的刺激をどのくらいすばやく報告したかに関連して実験参加者に報酬を与えることにより，報酬誘因が価値駆動型注意捕捉を生じさせるかどうかに関するさらに強力な検討を行った。これらの条件下では，特定の色にすばやく注意を向けるという目標がかなり強くかつ直接的に強化されるが，標的刺激の色自体からはどの程度の報酬を受け取れるかを予測できない（標的色はすべての試行で同じであった）。これらの明確な誘因は特定の標的色の探索と直接的に結びつけられているにもかかわらず，後続のテスト段階では，その色に対応する注意バイアスに関する証拠は得られなかった（Sali et al., 2014）。これらの実験において捕捉がみられないという結果は，訓練中に，ある標的色から高報酬が予測され，別の色から低報酬が予測されるという典型的な条件の下で行われる価値駆動型注意捕捉とは大いに異なっていた（Sali et al., 2014）。

ここで説明された実験は，価値駆動型注意バイアスが外的報酬の使用による目標状態の強化に単純化できるわけではないという確かな証拠を提供している。特定の視覚的探索目標の維持と実行とに明確に結びついた強力な報酬誘因を提供することだけでは，探索される刺激に注意を向けるバイアスを生み出すのには不十分であるが，標的刺激の特徴が実際に報酬を予測するという別の同様の状況では，頑健なバイアスを生み出す。このような証拠は視覚的特徴と報酬の結果の連合報酬学習が注意の優先順位を変更するという考え方を支持している。

2．報酬に基づく動機づけがない場合の価値駆動型注意

先に説明した実験から，報酬誘因によって動機づけが与えられるだけでは報酬をもたらす刺激に対する注意バイアスが生じるには不十分であることが明らかにされた。しかし，そのような動機づけは依然として価値駆動型注意の必要な構成要素であるかもしれない。なぜならこれは，価値駆動型注意捕捉に関するこれまでの研究結果のすべてにおいて，実験参加者は常に報酬と連合した刺激に対して注意を向けるよう報酬により動機づけられていたからである。しかし，意図や予測的特徴と結びついた顕在的な目標がない状態でも（Turk-Browne, Jungé, & Scholl, 2005; Zhao, Al-Aidroos, & Turk-Browne, 2013），刺激間の予測的関係性が潜在的に学習され，注意を導くことができる（Chun & Jiang, 1998）。価値駆動型注意についての連合報酬学習による説明を支持する強力な証拠がある。それは，実験参加者が（標的刺激またはそれ以外として）以前に報酬と連合した刺激に注意を向けるよう報酬によって動機づけられておらず，価値駆動型注意とそれに対応する視覚的探索目標とが切り離されている場合でもそのような刺激が無意識に注意を捕捉する。

Le Pelly と共同研究者たち（Le Pelley, Pearson, Griffiths, & Beesley, in press; Pearson, Donkin, Tran, Most, & Le Pelley, in press）は，巧妙な実験計画を用いて，実験参加者が無視すれば常に報酬が得られるよう動機づけられた，報酬と連合した刺激によって，価値駆動型の注意捕捉を示した。その実験では，ある色の妨害刺激が呈示されたときは，別の色の妨害刺激が呈示されたときに比べて，報酬が大きかったた

め，課題と無関連な色の妨害刺激の存在が，形で定義された標的刺激を正しく同定したときの報酬量を予測した。それゆえ，特定の色は異なる量の報酬を予測したが，実験参加者は実際にはこれらの色に注意を向けても報酬は与えられなかった。実際に，実験の１つでは，実験参加者が妨害刺激に固執したときに，報酬は明確に取り除かれた。このような妨害刺激の色に注意を向けることに対する阻害要因があるにもかかわらず，より高い報酬を予測する色はより強く注意を捕捉した（Le Pelley et al., in press; Pearson et al., in press）。Bucker, Belopolsky, & Theeuwes（in press）は，似たような実験計画を用いて，標的刺激の選択に際して，眼球運動の停留位置が，高い報酬を予測する近傍の妨害刺激によってバイアスを受けることを発見した。これらの知見は，報酬を予測する刺激に注意を向けるという目標が強化されないときや注意バイアスが報酬の獲得に逆効果であるときでさえも，それらの刺激が自動的に注意を集めることを証明している。

価値駆動型注意バイアスと事前の探索目標の分離に対するさらなる証拠は，報酬が与えられる訓練中に，標的刺激を探索し報告するという課題に報酬と連合した特徴が偶発的に付随するという研究から得られる。Failing & Theeuwes（2014）は，実験参加者が「Ｓ」と「Ｐ」という文字を他の文字のなかから探索するという訓練を行い，標的文字であるかどうかを同定し報告するという課題と色が組み合わされた。しかし，文字の色は，正反応に対して報酬が与えられる確率を予測した。このような色と報酬の偶発的な関係にもかかわらず，価値の高い色は後続のテスト段階において無意識に注意を捕捉した（Failing & Theeuwes, 2014）。

4節　報酬が注意にバイアスをかけるというさらなる証拠

これまで述べてきた研究知見は，刺激と報酬との学習された連合が注意のコントロールに直接的な役割を果たしているという考え方を強く支持している。注意に対する事前報酬の効果は，動機づけのメカニズムだけでは十分な説明にはならず，報酬の経験そのものによって報酬を予測する刺激特徴に注意が向けられるというメカニズムを想定しなければならないことを示唆している。ここでは，私たちはこの考えに関する別の証拠資料を検討し，より完全な価値駆動型注意の説明を提供する。

価値駆動型注意が報酬学習の自動的な結果を反映するのであれば，価値駆動型注意捕捉の個人差は実行機能の問題を反映するはずである。進行中の行動をうまくコントロールできないほど，習慣的な選択バイアスに打ち勝つことはより困難になっていくだろう。反対に，もし価値駆動型注意捕捉が目標指向的な行動の結果を少しでも反映しているならば，その逆が正しいはずである。つまり，学習中の選択に対するコントロールが正確であるほど，強化を維持するより強いバイアスを生み出すはずである。以前に高い価値であった刺激が視覚的探索に干渉する程度により測定されるような，価値駆動型注意捕捉の個人差の相関は，前者の予測を支持する傾向にある。より大きな価値駆動型注意捕捉は，より強い衝動性（Anderson et al., 2011b）と視覚的ワーキングメモリ課題の遂行成績の悪化（Anderson et al., 2011b; Anderson & Yantis, 2012）と関連している。

価値駆動型注意捕捉の基礎にある報酬学習は，本来は大部分が潜在的であり連合的であると考えられる。強制選択による測定で，実験参加者が刺激と報酬との間の随伴性を正しく報告できないときでさえ，学習された価値が注意選択に対して強力な効果をもたらすことが観察されてきた（Anderson, in press a, b; Anderson, Faulkner, Rilee, Yantis, & Marvel, 2013; Theeuwes & Beloposky, 2012）。さらに，特定の刺激の特徴が，特定の場所（Anderson, in press a）や文脈（Anderson, in press b）のなかで呈示されたときでしか報酬が予測されない場合，価値駆動型注意捕捉は，特徴と場所（または文脈）の組み合わせが事前に報酬を与えられたものと一致するときに限定される。そのような限定性は，目標の持続を前提とする説明よりも，報酬を伴う視覚経験が注意を調節することを前提とする説明のほうがより自然にあてはまる。この場合，非常に複雑で文脈に限定的である必要がある。

価値駆動型注意捕捉は，現在の探索の標的刺激の選択が金銭報酬に動機づけられている場合でも頑健である。前節で説明した Le Pelley と共同研究者たちによる研究（Le Pelley et al., in press; Pearson et al., in press）では，形状で定義される標的刺激の正しい報告に随伴して報酬がもたらされたとしても，高報酬が予測される色によって注意が捕捉されることが観察された（Bucker et al., in press を参照）。同様に，現在の報酬の予測と現在の課題が色とは無関連であったとしても，現時点で予期される報酬が最も高いときに，以前に報酬と連合した色による注意捕捉は最大となる（Anderson, Laurent, & Yantis, 2013）。それゆえ，現在の報酬誘因は，事前に報酬を与えられた特徴が注意を引く力を阻害できないだけでなく，実際には，報酬の利用可能性が，その時点では課題と無関連な報酬履歴が選択にバイアスをかける程度を大きくする。これらのことは，動機づけと関連した認知システムが，価値駆動型注意がどこに向けられるかを決めるわけではないというさらなる証拠を提供している。価値駆動型注意の神経系との相関はこの区分を裏づけており，目標随伴的な注意コントロールとは関連せず，習慣的選択と一致している線条体内の皮質下の信号の偏りを示唆している（Anderson et al., 2014）。

報酬が注意のバイアスにおいて直接的な役割を果たしているという考えに対する似たような証拠は，それぞれの試行において，すばやく正確な反応に対して高報酬または低報酬がランダムに与えられるというプライミング研究から得られている。ある特定の試行における報酬が高いとき，その試行の標的刺激の特徴は強く促進され，妨害刺激は抑制される（Della Libera & Chelazzi, 2006; Hickey, Chelazzi, & Theeuwes, 2010a, 2010b）。ある特定の試行に対する報酬が低いとき，プライミング効果はほとんど観察されなかった（Della Libera & Chelazzi, 2006; Hickey et al., 2010a, 2010b）。このような報酬に調節されたプライミングと動機づけの関係性はあまり明確ではない。報酬に調節されたプライミングの原因となる報酬フィードバックは，実験参加者が標的刺激の選択という目標指向的行動を行った後に与えられるので，ある特定の試行での標的刺激の特徴は常に予測不可能である。報酬に調節されたプライミングは，実験参加者が先行していない特徴に対して自発的に探索を行おうとするときでさえ生じ（Hickey et al., 2010a），価値駆動型注意捕捉のように，報酬に調節されたプライミングが対立する目標に対しても頑健であることを証明している。しかし，報酬によって調節されたプライミングは標的刺激の特徴に対してのみ生じ，報酬と同時に起こる課題と無関連な特徴（すなわち，妨害刺激の特徴；Hickey, Chelazzi, & Theeuwes, 2011）では生じない。このことは，本章で説明してきた価値駆動型注意捕捉のより純粋な連合的な性質とは対照的である。報酬によって調節されたプライミングはまた，報酬反応性（すなわち，個人がいかに報酬を受けることにより強く影響されるか；Hickey et al., 2010b）ではなく，行動活性化システム（すなわち，個人がいかに報酬を追求するよう動機づけられているか）という駆動要素における個人差によってよりうまく説明される。それゆえ，報酬に調節されたプライミングは明らかに無意識に注意にバイアスをかけるが，複雑な認知プロセスを反映しており，報酬を与えられる刺激の自発的な選択がそのバイアスを生み出すのに果たす役割を理解するためには，さらなる研究が必要である。

5節　価値駆動型注意：動機づけられた認知の意義

特定の刺激の選択と効率的処理を動機づけるために報酬誘因が与えられるとき，報酬が与えられる刺激に対して選好的な処理が生じる。少なくとも一定程度までは，そのような選好的な処理は，自発的な認知コントロールのメカニズムを反映している。その際，報酬誘因は，課題目標の表象や実行との間で相互に影響を及ぼしあう。しかし，注意や認知コントロールにおける動機づけの役割が重視されてきたため，報酬フィードバックが連合学習を通して認知プロセスを調節する可能性はほとんど重視されてこなかった。この章では，私たちは動機づけとは独立した注意処理に対する報酬の影響を支持する証拠を論評してきた。報酬と連合した刺激の自動的な選択は，その刺激を選択させるような誘因の存在がなくても生じ（Bucker et al., in press; Le Pelley et al., in press; Pearson et al., in press），報酬誘因の存在は，刺激と報酬との間に予測される関係がない場合には持続的な選択バイアスを生じさせない（Sali et al., 2014）。これらの研究知見は，報酬が以前に考えられていたよりもはるかに人間の認知において直接的な役割を果たしていることを示している。

学習を通じて刺激が報酬と連合されるならば，刺激が課題と無関連なときや報酬が課題遂行を動機づけるのにもはや利用可能ではないときでさえ，その刺激は自動的に注意を捕捉するだろう（Anderson et al., 2011a, 2011b; Anderson & Yantis, 2012など）。このような方法で，事前の報酬誘因を取り除き，無関連な妨害刺激として報酬と連合した刺激を呈示することにより，価値駆動型注意の無意識的性質について強く主張できる。しかし，報酬誘因が選択を動機づけるとき，報酬の影響や（報酬により動機づけられるような）目標指向的処理の影響を明確にすることはできない（Maunsell, 2004）。私たちが提案しているのは，報酬誘因が存在する多くの条件のもとで，一般に，動機づけられた認知によるものと考えられているものが，実際には，報酬そのものによるより自動的な影響と動機づけの影響の両方を反映しているのではないかということである。

価値駆動型注意は報酬誘因による動機づけとは切り離すことができるが，実験参加者がある特定の報酬と連合した刺激を選択することを避けるよう動機づけられているときの選択バイアスでさえ（Le Pelley et al., in press），この注意バイアスは報酬自体に結びついた動機づけ状態によって調節されるかもしれない。この関係性の直接的な証拠は，視覚刺激とチョコレートの匂いとの連合に関する研究から得られる（Pool, Brosch, Delplanque, & Sander, 2014）。著者たちは，チョコレートを好きだと報告した個人がチョコレートと連合した視覚刺激に自動的に注意を向けるが，これと同様のバイアスはチョコレートを好きではないと報告した人では観察されないことを明らかにしている。重要なことは，チョコレートを好きだと報告した個人がチョコレートに飽きているとき，チョコレートと連合した刺激はもはや注意を捕捉しないということである。それゆえ，ある刺激と連合した特定の報酬の価値が低下しているとき，それはもはや自動的接近（すなわち，注意捕捉）の注意の指標とはならない。このことは，価値駆動型注意が誘因の顕著性（incentive salience）のうちの，手がかりが引き金となる希求要素（wanting component）と関連しているという考え方と一致している（Berridge, 2012; Berridge & Robinson, 1998）。

私たちが説明しているように，注意に対する報酬の自動的な影響は学習や動機づけられた認知において重要な役割を果たしているかもしれない。報酬と連合した刺激に対して優先的に注意を向けることにより，生命体はそれらの刺激と報酬との関係についてよりうまく学習できるだろう。そのような自動的な注意によって，報酬をもたらす刺激の役割に気づかないという可能性は低くなるだろう。いったん特定の刺激と報酬の関係が正しく理解されれば，報酬と連合した刺激による信号に対してより効率的に反応するように目標と行為が調整される。そして，その目標と行為は動機づけられた認知の土台を提供する。

また，私たちが説明する注意に及ぼす報酬の自動的な影響は，特定の精神病理学的な認知コントロールの失敗がどのように特徴づけられるかについての示唆を与える。たとえば，依存は，薬物という報酬を求める強い欲求により特徴づけられる。抑うつはしばしば報酬を求める欲求の鈍化により特徴づけられる。強迫性障害は，特定の刺激に対して特定の方法で対応したいという抗えない動機づけを含んでいる（地面のひび割れを踏むことを極端に避ける，鍵をかけたことを確認するためにドアノブを何度もチェックする，など）。これらの異常に動機づけられた行動は，動機づけられた認知状態の具体化と維持に関するメカニズムの異常を反映しているかもしれない。他方，報酬が自動的に情報処理を導く方法の異常も部分的には反映しているかもしれない。このような考え方と一致して，価値駆動型注意バイアスは，問題となっているのが薬物報酬ではなく金銭報酬であったとしても，薬物依存患者において顕著に認められる（Anderson et al., 2013）。反対に，抑うつ症状は，報酬訓練中は課題遂行レベルが同じでも，価値駆動型注意バイアスが鈍化することと関連している（Anderson, Leal, Hall, Yassa, & Yantis, 2014）。注意システムが報酬によってどのくらい強くバイアスをかけられるかについてのこのようなズレは，動機づけられた行動に影響を及ぼし，知覚や認知において，報酬に関連した情報に与える重みづけの程度を変えるかもしれない。

以上をまとめると，報酬誘因の存在は，行動や情報処理を動機づけるだけでなく，刺激選択に直接影響を与えるようなバイアスを生じさせる。そのような価値駆動型注意は連合報酬学習の影響を反映しており，外的報酬と結びついた動機づけ要因とは独立して認知に影響する。それゆえ，動機づけられた認知を完全に理解するためには，報酬誘因が目標指向的な認知コントロールとどのように相互作用するかに加えて，報酬自体が情報処理をどのように調節するかが説明されなければならない。

第4章　刺激と報酬の連合についての試行内効果

Ruth M. Krebs
Jens-Max Hopf
Carsten N. Boehler

1節　はじめに

動機づけ（主として，報酬に誘発された動機づけ）が人間の認知機能や運動機能の全般にわたってきわめて多大な影響を及ぼしていることは，心理学の研究では古くから認識されてきた。その一方で，最近の一連の研究では，特定の認知操作への動機づけの影響がみられることが報告されている。強化学習の原理に従って特定の行為の頻度が増加するというだけでなく，視覚的注意から認知コントロール，記憶の形成に至るまでのさまざまな領域において報酬の見込みが課題成績を促進することが示されている（Adcock et al., 2006; Braver et al., 2014; Chelazzi et al., 2013; Engelmann et al., 2009; Krebs et al., 2011, 2012; Locke & Braver, 2008; Padmala & Pessoa, 2011; Pessoa & Engelmann, 2010; Schmidt et al., 2012）。これらの研究のほとんどは（すべてではないが），今日までに，ブロック計画による金銭誘因遅延（monetary-incentive delay: MID）課題やその一部を変形した課題を用いて報酬の効果を明らかにしている。そうした課題では，1つの手がかりによって，その後に与えられる課題の報酬の見込みが示される。本章では，このような実験パラダイムについて一般的な説明から始める。そのあと，最近の一連の研究に焦点をあてる。それらの研究では，標的刺激呈示前手がかりを与えずに，1試行ごとに報酬見込みを標的刺激の特徴に直接関連づけることで報酬見込みを操作するという手続きが用いられている。

金銭誘因遅延課題は，人間の報酬効果の神経基盤に関する研究では古典的な実験課題であるが（Knutson et al., 2000, 2001），もともとは人間以外の霊長類を対象とする研究から着想を得たものである（Schulz, 2001; Schulz et al., 1997）。マカク（サルの一種）に関する数多くの研究において，動物が**一次報酬**（primary reward）を受け取ったとき，中脳にあるドーパミン作動性ニューロンの**一過性活動**（phasic activity）が高まることが観察されている。ここで重要なのは，学習段階のあと，報酬（手がかり）が確実に予測される条件性刺激に対しても，これと同様の神経応答が観察されることも報告されているということである。この報酬予期的反応は，報酬価値を反映しているだけでなく，それと同時に，予想された報酬を得るために必要な行動プロセスや心理プロセスに活力を与える活性化信号も表している（Berridge, 2007; Robbins & Everitt, 2007; Salamone, 2009）。金銭誘因遅延課題では，一般に，人間の実験参加者は特定の視覚的手がかりが報酬を示す（多くの場合，謝礼金が支払われる）ことをあらかじめ知らされている。そのため，通常は（常にそうとは限らないが），動物研究で一般に行われている条件づけ段階が割愛される。動物研究の場合と同じく，報酬を予測させる手がかりは，思いがけない報酬結果と同様にドーパミン作動系活動を引き起こすと仮定されている。その一方で，手がかりによって確実に予測される結果は，そのような反応を誘発しないか，あるいはもはや誘発できないものになる（Knutson & Cooper, 2005; Pagnoni et al., 2002）。

重要なことに，ドーパミン作動反応は，数多くの点でその後の神経処理に対して影響力をもっているようである。それには，全体的で明示的な信号が広範囲にわたって皮質部位や皮質下部位に投射される場合から，特定の神経計算処理に局在的な影響が及ぼされる場合までさまざまなものが含まれている（Braver et al., 2014）。すでに示唆されたように，金銭誘因遅延課題は，もとは単純な標的検出課題であったが（Knutson et al., 2000, 2001），最近では，それ以外の視覚的注意（Engelmann & Pessoa, 2007; Krebs et al., 2012）からさまざまな認知コントロール機能（Padmala & Pessoa, 2011; Schmidt et al., 2012）や記憶符号化（Adcock et al., 2006; Wittmann et al., 2005）といった研究領域にも拡張して用いられている。これらの研究領域や実験課題の間には実質的にかなり大きな違いがあるものの，人間の課題成績に及ぼす報酬手がかりの促進効果はかなり一貫していることが明らかになっている。この考え方は，最近の「何でもできるし，よりよくできる：誘因に基づいた遂行の向上に関する神経基盤（Anything You Can Do, You Can Do Better: Neural Substrates of Incentive-Based Performance Enhancement）」という題目の解説論文（Liljeholm & O'Doherty, 2012）のなかで見事にまとめられている。手がかり呈示パラダイムを用いたさまざまな**機能的磁気共鳴画像法**（functional magnetic-resonance imaging: fMRI）の研究結果から，報酬の有益な効果は先行性のコントロールプロセスの調節に依存し，その後の標的の処理を促進することが示唆されている。したがって，報酬はトップダウン型の予備的処理というかたちでそれぞれの認知機能を媒介するものとして働いているのではないかと考えられている（Chelazzi et al., 2013; Pessoa & Engelmann, 2010）。言い換えれば，手がかりによって伝達される報酬情報は，課題遂行の達成に向けた最適状態を準備するために用いられるのである。そのような報酬の影響を受けると思われるプロセスをいくつかをあげてみると，標的を検出する際の感受性が増す（Engelmann et al., 2009; Engelmann & Pessoa, 2007），課題とは無関係の干渉情報への抑制が高まる（Padmala & Pessoa, 2011），長期記憶への刺激の符号化が促進される（Adcock et al., 2006），などがあげられる。

このようにみてみると，報酬手がかりはさまざまな認知システムに対して予備的に大きな影響を及ぼしているようである。予備的というのは，つまり，それぞれの課題が実際に遂行される前にその影響が現れ，報酬によって誘発された準備の結果として実際の課題遂行が高まることをさしている（Manelis & Reder, 2013も参照）。fMRIは時間分解能が限定されているので，その証拠に加えて，**脳波**（electroencephalography: EEG）を用いた研究から別の証拠も得られている。つまり，EEGを用いた研究から，予備的注意の指標，とくに随伴陰性変動（contingent negative variation: CNV）およびα波のパワー値の変化は，報酬の与えられる試行では，報酬の与えられない試行に比べて，手がかりと報酬との時間間隔のなかで増幅され，実際の予備レベルが後続の課題成績に関係していることが示唆されている（Schevernels et al., 2014; van den Berg et al., 2014）。さらに，最近の研究では，実験参加者が金銭誘因遅延課題を遂行しているときにfMRIとEEGの両方のデータが同時に収集されている。その研究結果によれば，報酬が予期されているときの随伴陰性変動は，皮質下の報酬予期活動とそれに対するトップダウン型の調整との組み合わせによって調節されることが示唆されている（Plichta et al., 2013）。

本章での主要なねらいではないが，これと同様の有益な効果は，ブロック化された報酬の操作を用いた研究でも観察され，一時的準備よりも持続的準備における変化や，両者が組み合わされた変化を引き起こしやすい（Jimura et al., 2010; Kouneiher et al., 2009; Locke & Braver, 2008; Padmala & Pessoa, 2010; Soutschek et al., 2014）。実験計画に違いがあるとはいえ，報酬手がかり呈示の研究とブロック化された報酬の研究の両方の結果から，報酬見込みが課題成績に及ぼす有益な効果は，主として，先行性のトップダウン型のコントロールメカニズムによるものであり，そのメカニズムによって継時的な標的刺激への処理が調節されることが示されている。以下では，そのような先行性のコントロール効果が報酬に関連した試行で異なる効果をもたらさないという一連の実験について考察する。なぜなら，それらの実験では，報酬に関連した試行が与えられることを予測して１試行ごとにそれらに予備的に対応することができないからである。

2節　手がかりのない試行内報酬操作

前述の研究結果を考えると，予備的な先行性のコントロールプロセスは報酬の行動利得が生じるための必要条件であるという結論が得られるかもしれない。このことは，とくにすばやく遂行され，課題実行中に報酬に関連した処理の向上のための時間がほとんど残されていないという課題においては，たしかにそういえるかもしれない。時間的に切り離された予備プロセスを欠くときにも報酬効果が生じるのかどうかという問題は，現実生活では，報酬の利用可能性が信号化・登録される時点と，その情報に対処する必要があると判断される時点とが時間的に切り離されているとは限らないという点で，生態学的にも関連している。最近の１連の研究では，このことを検討するために実験計画によって全体的な先行性のコントロールプロセスが特異な影響を及ぼさないように工夫された別のアプローチが用いられている。具体的には，金銭誘因遅延課題において手がかりが標的刺激に先行して呈示されるのではなく，報酬の利用可能性に関する情報が標的刺激そのものの特徴に関連づけられている（たとえば，標的刺激の色）。このような**刺激と報酬との連合**（stimulus-reward association: SRA）のパラダイムでは，伝統的な金銭誘因遅延課題の構造（手がかり→標的刺激→フィードバック）とは異なり，報酬の利得は金銭誘因遅延課題に比べて，より反応的で自動的なプロセスに依存するようになる。このような違いは，認知コントロールの主要モデルの一つである，Braver とその共同研究者による**コントロールの二重メカニズム**（dual mechanisms of control: DMC）理論ともうまく合致する（Braver et al., 2007, 2012）。このモデルでは，認知コントロールは先行的にも反応的にも柔軟に実行されると仮定されている。このモデルでは，たいていの場合，報酬の動機づけは一般に先行性コントロールを高めることにつながると考えられているが（Jimura et al., 2010），このモデルでの要点の１つは，認知コントロールがさまざまな課題状況に対して柔軟に適応すると考えていることである。この考え方にしたがうならば，とくに課題成績を高めるのに先行性コントロールを容易に用いることができない状況では，反応性コントロールもまた報酬動機づけから恩恵を受けるということが起こり得る。以下では，最初に，２種類の刺激報酬連合パラダイムについて詳しく紹介する。この２種類のうち，一方は葛藤解決を調べるものであり（Krebs et al., 2010），もう一方は反応抑制を調べるものである（Boehler et al., 2012）。これらの実験パラダイムではともに，報酬見込みは，課題に関連した刺激の色によって1試行ごとにランダムに示される。この章の後で，観察される行動面での効果の基礎にある潜在的な神経メカニズムについて，よく知られた金銭誘因遅延課題の操作に関連づけて考察する。

◈（1）報酬を伴うストループ課題

今から取り上げる第1の刺激報酬連合パラダイム（Krebs et al., 2010）は，本質的には，手動反応を伴う通常の色名呼称ストループ課題の一種である（MacLeod, 1991）。各試行において，4色（赤，緑，青，黄）のなかの1つの色で色づけがなされた単語刺激が画面上に呈示される。実験参加者は4つのボタンのうち1つのボタンを押して，単語の文字の色を答えることが求められる。さらに，実験参加者には，実験開始前に，4色のうち2色（赤と緑）についてはすばやく正確に反応すると特別金銭手当が与えられると教示される。通常の色名呼称ストループ課題と同様に，単語刺激の意味は，一致条件（たとえば，「赤」という単語が赤色で書かれている），不一致条件（たとえば，「緑」という単語が赤色で書かれている），中立条件（たとえば，「茶」という単語が赤色で書かれている）のいずれかである。このうち，中立条件がベースライン条件として設定される。ここで，単語刺激の課題に関連した次元（すなわち，文字の色）を報酬の有無と連合させることによって不一致条件での単語の意味は，報酬に関連しているものと関連していないもの（もしも赤色が報酬を伴う文字の色で，青色が報酬を伴わない文字の色である場合には，「赤」と「青」）という2つの異なるタイプに分けることができる。こうした不一致条件における報酬に関連した単語の意味と報酬に関連していない単語の意味は，報酬試行と非報酬試行の両方で呈示され，一致条件と中立条件も同様に設定された。ここで重要なことは，単語の意味が常に課題とは無関連であり，報酬を予測させるものではないという点である。すべての試行において刺激のタイプは，ランダムに混ぜ合わされ，等しい確率で出現するように設定された。このことにより，実験参加者は次の試行で報酬が得られる機会があるのかどうかがわからないので，報酬試行と非報酬試行に対して予備的にかまえることができなかった。このような条件設定を行ったにもかかわらず，行動面での結果から，ストループ課題においてよく観察される促進効果や干渉効果だけでなく，課題に関連した次元において報酬見込みの有益な効果が大きいことが示された（平均して100ミリ秒速くなった）。興味深いことに，関連次元（文字の色）における報酬の促進効果を超えて，不一致条件の試行での無関連次元が報酬に関連していた場合（単語の意味が報酬の伴う色を示す場合）に，干渉効果がさらに大きく認められた。しかしながら，課題に関連した報酬の情報はこの付加的な干渉に対して妨害的に働いたのかもしれない。要するに，これらの実験結果から，標的に先行する手がかりが呈示されず，手がかりによって引き起こされるはずの予備的メカニズムが働いていないにもかかわらず，試行内の報酬情報は標的刺激の処理の仕方を変え得ることが示された。

◈（2）報酬を伴う停止信号課題

私たちは前述の研究知見に触発されて，刺激報酬連合の論理を別の認知コントロール機能，すなわち，反応抑制（すでに始動している反応を制止すること）にも適用した（Boehler et al., 2012）。この機能は，外発的動機づけが働く場面においてとくに興味深い。というのも，反応抑制はこれまで，注意欠如多動性障害や薬物乱用など，数多くのよく知られた神経科学的障害や精神医学的障害とは異なり（Barkley, 1997; Chambers et al., 2009; Ersche et al., 2012），個人のなかで比較的安定した特性であると考えられてきたからである（Cohen & Poldrack, 2008）。さらに，反応抑制は，比較的急速に実行されなければならない（一般的には250ミリ秒以内；詳しくは後述のとおり）。反応抑制は**停止信号課題**（stop-signal task）を用いて研究されることが多い（Verbruggen & Logan, 2008b など）。この課題では実験参加者は，全試行の大半を占める試行において標的刺激に反応することが求められる（たとえば，全試行の80%を進行試行（Go trial）とする）。一方，標的刺激が呈示されたすぐあとに停止の信号が呈示されると（たとえば，全試行の20%を停止試行（Stop trial）とする），実験参加者は必ず反応を制止しなければならない。この停止信号課題を用いることによって，いわゆる**停止信号反応時間**（stop-signal response time: SSRT）を計算すれば，「進行反応」がいったん始動されたあとにいかにすばやくそれを取り消せるかを推定することが可能になる。この停止信号への反応時間は，１人の実験参加者が進行試行においていかにすばやく反応するか，**進行信号への反応開始と停止信号への反応開始との間の時間差**（stimulus-onset asynchrony: SOA）との関係から正しく反応しなかった割合をもとに算出される。通常は，200ミリ秒付近の値を示す（Verbruggen et al., 2013）。

全体的な予備的コントロールプロセスが働かない状況のもとで，すでに始動された反応を抑制するという能力を報酬が調節するかどうかを調べるために，私たちは，この実験パラダイムにおいて停止信号の色を変えることによって報酬情報を実験参加者に与えるという研究を行った（Boehler et al., 2012）。実験計画では，進行信号に加えて，報酬を伴う停止信号の条件と報酬を伴わない停止信号の条件を設けた。これらはさらに，課題成績に基づいて，成功した停止試行と成功しなかった停止試行に分類された。ここで重要な疑問は，一つは，①報酬は反応抑制に影響するのかどうか，とくに速い時間測度において，そうした影響がみられるのかというものである。もう１

つは，②もしもそのような影響があるとしたら，反応を制止することに対して，こうした試行内の刺激反応連合は有利なのか不利なのかという疑問である。もしも後者（試行内刺激反応連合が不利に働く）という結果が得られれば，報酬と反応実行との間の**固く結びついた自然写像**（hardwired natural mapping）が容易には無効化されないという考え方が支持される（Guitart-Masip et al., 2011; Chiu et al., 2014も参照）。これら２つの可能性があるにもかかわらず，実験結果から反応抑制が報酬連合から恩恵を受けることが次の２つの点で示されている。１つは，停止試行での成功が条件間で実質的に等しい場合に停止信号の反応時間が速くなることと，もう１つは，そうでなかった場合でも停止試行での成功によって確認されたという点である。異なる角度から得られたこれら両方の結果に基づいて，古典的な準備による影響または方略による影響が現れないときであっても，実際に報酬情報は反応抑制の実行を促進することがわかる。これまでに，そうした準備による影響や方略による影響は一般に反応抑制に寄与することが示されていた（Chikazoe et al., 2009）。興味深いことに，これらの効果は，きわめて急速に実行される必要があり（停止信号への反応時間の平均は200ミリ秒前後），報酬と反応実行との間の自然写像はここでは関係なく，なんらかのかたちで無効化されることもないようである。

3節　反応性コントロールの寄与の可能性とボトムアップ型のプロセス

前述の行動研究の結果から，刺激の特徴と報酬との直接的連合は，古典的な全体的先行性コントロールがなくても，停止信号課題でもストループ課題でも課題成績を促進すると結論づけることができる。その結果，次のような疑問が浮かびあがってくる。すなわち，こうした試行内効果はどのようにしてもたらされ，どれくらいすばやく生じるのか。もしも前述のような速度であるのならば，重要な疑問は，報酬に関連した利得を得る際にトップダウン型のコントロールメカニズムが一定の役割を果たしているのか，あるいは，そのようなプロセスがなんらかのかたちで回避されるのかどうか，というものである。

反応性コントロールが寄与している可能性を考察する前に，反応性の定義を明らかにしておこう。具体的にここでは，反応性コントロールを反映するとこれまで仮定されてきた課題において，特定の操作の増強が認められた場合に，反応性コントロールの増強を反映したプロセスであるとみなすことにする（Aron, 2011；以下の文献も参照 Braver, 2012; Ridderinkhof et al., 2010; Scherbaum et al., 2011）。したがって，ここでの疑問は次のように言い換えることができる。すなわち，報酬はそれぞれの認知コントロール課題に関与していると仮定されるコントロール機能を急速に増強するのかどうか，あるいは，行動面での利得はこれらのプロセスを調節したり，先んじない方法でもたらされたりするのかどうかという疑問である。このように，反応性のコントロールが，たとえば，課題規則の再検討に関連したプロセスよりもむしろ，それぞれの課題（葛藤解決や反応抑制）を広く実行するようなコントロールプロセスを積極的に増強するかどうかが問題なのである（Braver et al., 2007など）。もしも課題実行中に非報酬試行に比べて報酬試行での活動を増強することが示されれば，そのプロセスは刺激報酬連合課題において反応的に増強されたものとみなすことにする。この考え方は，増強された先行性コントロールは多くの場合，課題実行中に認知コントロールの部位での活動の減少を伴い，結果的に反応性コントロールが弱まるという観察結果と関連している（Chikazoe et al., 2009; Fan et al., 2007; Jimura et al., 2010; Luks et al., 2007; Paxton et al., 2008など）。このことから，もしも刺激報酬連合課題での報酬効果がなんらかのかたちで先行性コントロールによって大きく駆動されたものならば，課題実行中のコントロール部位での神経活動は低下することになる。しかし，先行性コントロールと反応性コントロールとの相互作用の可能性については，相互に独立して影響を及ぼしている可能性とともに，十分に排除できないことを指摘しておかなければならない。

◈（1）試行内の反応性コントロール

前述の定義に基づいて，すでに示した２種類の刺激報酬連合パラダイムにおいて試行内の反応性コントロールが増強されることを示す研究知見が報告されている。報酬を伴うストループ課題を用いた研究（Krebs et al., 2011）と報酬を伴う停止信号パラダイムを用いた研究（Boehler et al., 2014）はともにfMRIの結果を報告しているが，非報酬試行よりも報酬試行においてそれぞれの課題に関連した皮質ネットワークの神経活動が増加する。具体的には，報酬に関連したストループ刺激は背外側の前頭前部および下頭頂部において増強された活動と結びついており，この部位は通常，葛藤処理を含む認知コントロール課題に関与している（Banich et al., 2000; Botvinick et al., 2001; MacDonald et al., 2000; Nee et al., 2007）。私たちは停止信号課題でも，これと同様の分析を行った。この分析ではさらに拡張され，連結分析（論理子「and」に対応する）を用いて，成功した停止試行（結果的に報酬を得た）で生じた報酬調節だけでなく，成功しなかった停止試行（結局は報酬が得られなかった）で生じた報酬調節が明らかにされた。このアプローチでは，成功した課題成績に対するその後のポジティブな評価を反映する報酬調節は除外され，行動面で出力される以前に引き起こされるプロセスに狙いを定めている。成功しなかった試行においても調節は必要とされるが，報酬を伴う停止試行と報酬を伴わない停止試行とを比較することによって抑制に関連したネットワークの中枢部位（背側前帯状皮質・前補足運動野におけるクラスター，および右前島・下前頭回を構成するクラスター）を含むネットワークが明らかになった（総説として Chambers et al., 2009; Swick et al., 2011を参照）。このように，重要な課題に関連したコントロール領域で，報酬を伴うストループ課題と報酬を伴う停止信号課題の両方への関与の増強が認められたことから，報酬試行は実際に反応性コントロールを高めることが示唆される（O'Conner et al., 2014も参照）。

先行的準備と課題実行との関係についてふりかえると，私たちはすでに述べたようにストループ課題を用いて fMRI の結果を示したが（Krebs et al., 2011），この結果と，一種の金銭誘因遅延課題とよく似たストループ課題を用いた研究（Padmala & Pessoa, 2011）の結果とを比較することは興味深い。具体的にいうと，Padmala & Pessoa（2011）は絵刺激と単語刺激との干渉課題を用いた。この課題では，標的刺激呈示前の手がかりからその後の標的刺激呈示試行（課題に関連した絵刺激の上に，課題に関連しない単語ラベルが重ね書きされている）の成績の報酬見込みが予測される。行動面での報酬効果は，私たちの報酬を伴うストループ課題で観察された効果と非常によく似ていた。つまり，干渉的な単語による影響は，手がかりを与えられた報酬試行において小さくなった。さらに，この著者ら（Padmala & Pessoa）は，報酬処理の部位と，手がかりに反応して注意コントロールに関係する前頭部・頭頂部・後頭部のネットワークとの間に**共同活性化**（joint activation）が認められることを報告している。このことは，課題実行中の報酬を伴うストループ課題における fMRI の結果と非常に一致している（Krebs et al., 2011）。Padmala & Pessoa（2011）による金銭誘因遅延課題の文脈でいえば，この活動パターンは，課題に無関連な情報に対して選択的注意によってフィルターをかけるというかたちで，その後の標的刺激に備えるための先行性コントロールであると解釈することができる。ここで重要なことは，こうした増強された先行性コントロールが実際の課題実行中に葛藤に関連した活動を弱めたということである。これにより，報酬に関連した予備的プロセスは課題実行中にその種のプロセスの必要性を軽減することが示唆される。しかし，その一方で，この結果は最近の研究結果とは対照的である。最近の研究では，停止信号課題において金銭誘因遅延課題の要素を取り入れた手法が用いられており，報酬の文脈で反応抑制に及ぼす先行的影響の効果が検討されている（Rosell-Negre et al., 2014）。結果として，報酬の見込みは進行試行の成績を促進しただけでなく，停止試行の成績も促進した。その際，停止信号への反応時間は報酬手がかりが与えられた後のほうが短かった（報酬手がかりは，次の試行が進行試行であるか停止試行であるかの可能性に関係なく，次の試行で報酬が与えられることだけを示していた）。後者の結果，すなわち，報酬の見込みが停止試行の成績を促進したことは，報酬を伴う停止信号パラダイムを用いた私たちの研究結果（Boehler et al., 2012）とよく似ている。前述の Padmala & Pessoa (2011）によるストループ課題の結果とは対照的に，Rosell-Negre et al.（2014）は，報酬手がかりが与えられた後，前頭部と頭頂部のネットワークにおける反応抑制時の神経活動が反応抑制に関与していることを報告している。この研究結果は，報酬を伴う停止信号課題による私たちの研究結果（Boehler et al., 2014）と似ている。ここで注目すべき事柄は，手がかりが与えられる段階での神経応答は，Rosell-Negre et al. による研究では明確に分析されていないことである。

このように，金銭誘因遅延課題による研究と刺激報酬連合パラダイムによる研究との間で，報酬に関連した神経面での効果が広く重なり合っているということから，報酬によって誘発された調節が手がかりに反応して行われる場合と，実際の課題実行中に行われる場合との違いについて多くの興味深い疑問が浮かび上がってくる。この文脈でいえば，前述の２つの研究（Padmala & Pessoa, 2011; Rosell-Negre et al., 2014）の結果は，以下の点で互いに，やや矛盾しているように思われる。先行性コントロールは，ストループ課題を用いた研究（Padmala & Pessoa, 2011）では課題遂行中にコントロールの必要性を低減するのに対して，停止信号課題を用いた研究（Rosell-Negre et al., 2014）ではそれを低減しないように見受けられる。このことは，葛藤課題において実験参加者が，その後の課題が葛藤を引き起こすかどうかに関係なく，課題に関連した刺激次元に注意の焦点化を高めることによって高い課題成績を上げるという事実と関連していると考えられる。そのような注意の焦点化は，前述のような停止信号課題であれば，容易になし得るわけではない。なぜなら，ここでの２つの潜在的課題（停止することと進行すること）は別々の予備的メカニズムを必要とするのに対して，手がかりはその後の試行がどのようなタイプのものであるかに関する情報をもたらさないからである。この種の実験の場合，実際に実験参加者が先行的に抑制の準備を行うと，反応抑制に関連した部位の活動が低減するということを指摘しておかなければならない（Chikazoe et al., 2009)。もしもそうならば，単なる推測にすぎないが，報酬は停止信号課題において有益な効果をもたらすことは十分にありえる。というのも，この課題では，停止も進行もともに報酬を伴うために，一般的な手続き状況が金銭誘因遅延課題である場合であっても，実際にはほとんど反応的コントロールがなされるからである。

◈（２）訓練効果との関係

ここで検討すべき問題の１つは，報酬試行において課題に関連したネットワークの活動が一般的に増強されるのは，報酬試行でさらに増強される一種の基本的な訓練効果を反映しているのかどうかというものである。具体的には，報酬試行はランダムに割りつけられているとはいえ，急激な学習曲線を見れば，報酬試行が練習によって有益な効果をもたらすと考えることもできる。しかし，実験データからこの考え方は支持されないように思われる。第1に，行動実験のデータでは報酬試行で練習によって顕著な結果が得られていない。私たちは，停止信号パラダイムを用いたfMRI研究でこのことを明確に検証した。その際，実験の前半と後半との間で，課題に関連した停止信号への反応時間の促進効果を比較した（Boehler et al., 2014）。停止信号への反応時間は一般に，練習によって実験の後半のほうが短くなるが，この効果は報酬試行では増強されない。私たちは，同じ仕方でストループ課題を用いたfMRI研究の行動データを分析したところ（Krebs et al., 2011），実験の前半に比べて後半では全体の反応時間の促進がみられたが（$p < .01$），報酬による促進効果との間に交互作用はみられなかった（$p > .5$；未公刊データ）。

この問題をきちんと検討するには，より詳細に分析する必要があるが，神経データは顕著な練習効果に反しているように思われる。これまでに，課題に関連したネットワークは認知課題（ストループ課題を含む）での練習量が増加するに従って神経活動が減退することが示されてきた（Beauchamp et al., 2003; Chen et al., 2013など）。報酬試行での練習量が増すと，非報酬試行の場合に比べて，課題に関連した神経活動が平均して低下することにつながる。これと同様に，EEGに関する最近の研究では，停止信号課題での訓練は皮質の（トップダウン型の）反応抑制ネットワークの関与の低下をもたらす（Manuel et al., 2013）。このことは，報酬を伴う停止試行と報酬を伴わない停止試行とを比較した私たちの研究結果とは逆の結果である。さらに，標準的な停止信号課題の範囲を超えて，広く反応抑制の課題をみてみると，そのような課題では（特殊な環境のもとではあるが），刺激と反応抑制との間に自動的な写像の展開が導かれることが示されている（Verbruggen & Logan, 2008a など）。同様に，この効果は，通常は反応抑制に関わる前頭部を迂回して，頭頂部に至る代替経路に依存していることが示唆されている（Manuel et al., 2010；ただし，Lenartowicz et al., 2011も参照）。これも，私たちのデータでは報酬に関連した反応抑制の増強に寄与することを示す結果が出ていない効果の1つであるといえる。これらを考え合わせると，報酬試行と非報酬試行での顕著な練習効果は，刺激報酬連合課題において行動面での有益な効果がもたらされることに関係しなかったと考えられる。両方の実験結果で，非報酬試行に比べて，報酬試行において課題に関連したネットワークが有意に活性化していた。このことは，直近の課題に関係した部位において反応性の関与が増強されることを示している。

◈（3）ボトムアップ型の促進

これから詳しく述べるように，前述の実験結果とは別に，刺激報酬連合パラダイムにおいてなんらかのレベルのボトムアップ型の優先化がなされているという証拠も報告されている。第１に，報酬を伴うストループ課題を用いた実験においてEEGを調べたところ，葛藤処理に結びついた事象関連電位のコンポーネントに先行して，報酬に関連した調節がなされていることが明らかになった（Krebs et al., 2013）。具体的に，私たちは，報酬情報が標的刺激の呈示開始後わずか200ミリ秒ですでに登録され，前頭部と後頭部の事象関連電位の調節に反映されることを見いだしている。これらの効果は，ポジティブな結果と結びついた刺激に反応した調節（Schacht et al., 2012）や，ネガティブな感情価とポジティブな感情価の両方をもつ顕著な情動刺激に反応した調節（Herbert et al., 2006; Kanske, 2012; Stolarova et al., 2006など）に匹敵するものである。さらに，視覚的探索の領域では，報酬見込みは，同じような時間範囲で個々の標的に対する注意定位に関連した後頭部の事象関連電位コンポーネントを調節することが明らかにされてきた（Kiss et al., 2009）。これらの事柄を考え合わせると，報酬を伴うストループ課題において観察される初期の事象関連電位の効果は，顕著な報酬に関連した特徴に関する一種のボトムアップ型の優先化を示しており，そうした刺激の特徴は直接，反応性コントロールプロセスに依存しない仕方で行動面での課題成績を向上させると考えられる。このことに加えて，そのような優先化がボトムアップ型のプロセスを（排他的に）反映するのではなく，報酬に関連した特徴に対して強力に方略的にモニタリングを行うようなトップダウン型のプロセスに関連していることも考えられる（次の項も参照）。しかしながら，そのような影響の性質がどうであれ，指摘しておきたいことは，前述の刺激報酬連合の実験計画において感覚的優先化が（多くの場合，反応性）コントロールプロセスの必要性を軽減せず，報酬試行においてなおもコントロールに関連した活動が示されるということである。そうはいうものの，たとえば，増強された感覚的反応がコントロールプロセスを促進するようなかたちで，それぞれのプロセスが相互作用を及ぼすということは大いに考えられる。第２に，ある種の**自動性**によって報酬情報が処理され，行動に影響を及ぼすという証拠を得ている。この考え方を支持する行動観察の１つとして，報酬を伴うストループ課題において不一致単語によってもたらされた，課題に関連しない報酬情報が有害な効果をもつことをあげることができる（Krebs et al., 2010）。この実験結果に対する最も妥当な説明は，標的刺激の特徴が課題に関連しているかどうかに関係なく，なんらかの獲得された顕著性によって，報酬に連合した色は注意を引くというものである。もしも顕著な（報酬に関連した）特徴が課題目標と一致しており，要求された行動面での反応とも一致しているならば，注意を引くことによって反応促進が図られる。逆に，顕著な特徴が課題要求と相入れないとき（一致しない単語の意味）には成績に対して妨害効果を及ぼすことになる。

さらに，以前に報酬を伴った課題から報酬随伴性を除き，報酬試行に特化した自発的なトップダウン型の関与をいっさい除くことにより，自動性に関する問題を検討することができる。私たちは，報酬を伴うストループ課題の場合に，もはや報酬は与えないとはっきりと教示して延長実験を加えることでこの問題を検討した。このような教示を与えたにもかかわらず，実験参加者は，それまでと同じく報酬色を伴う試行において有意にすばやく反応した。ここでもやはり，いくらか（残りの）増強された低レベルの顕著性や優先化を支持する結果が得られたことになる。私たちは，これと同様の論理を，報酬を伴う停止信号課題にも適用し，延長実験を加えた。その延長実験では，実験参加者は別々の色のついた進行刺激に対してすばやく弁別して反応することが求められた。その色のなかには，以前に，報酬を伴う停止試行と報酬を伴わない停止試行を示すために用いられた色が含まれていた（Boehler et al., 2012）。ストループ課題での延長実験と同様に，実験のこの部分ではなにも報酬が得られず（このことは実験参加者には明示されていた），停止試行もなかった。にもかかわらず，実験の結果，進行試行での反応は，かつて報酬に関連した停止を示す色が用いられた試行では，以前の報酬に関連しない停止を示す色が用いられた試行に比べて遅かった。このことから，報酬の特徴と抑制との間のなんらかの連合は，主課題で獲得されたあと，課題教示と課題文脈が（停止ではなく進行に）変化しても残存することが示唆される。しかしながら，この効果は非常に小さく，私たちはその後の実験でこの効果を再現できなかったことを指摘しておかなければならない（Boehler at al., 2014）。

報酬が感覚的顕著性を増加させるという考え方を支持する証拠の多くは，また別の報酬手続き，すなわち，報酬フィードバックが与えられた後に視覚的注意にバイアスがかけられるという手続きから得られている（Anderson et al., 2011; Chelazzi et al., 2013, 2014; Della Libera & Chelazzi, 2006; Hickey et al., 2010; Yantis et al., 2012）。すでに述べた刺激報酬連合パラダイムとの重要な違いは，報酬信号が偶発的なボトムアップ型の仕方で注意選択を調節していることである。具体的には，報酬は課題が実行された後に信号化され，次試行での報酬を予測させるものではない。したがって，ここでは，いかなる先行性コントロールのメカニズムからの寄与も反応性コントロールのメカニズムからの寄与も除かれている（ただし，Kristjansson et al., 2010を参照）。それにもかかわらず，これらの偶発的報酬信号は成績の利得と損失のような実質的な注意バイアスを引き起こし，以前の標的刺激と現行の標的刺激が１つの特徴を共有しているかどうかに依存している。これと同じようなボトムアップ効果は葛藤コントロール領域でも観察されてきた（Braem et al., 2012; van Steenbergen et al., 2009）。

これらの研究は，**行動適応効果**（behavioral-adaptation effect）の調節機能を報告している。行動適応効果は，通常の場合，偶発的報酬フィードバックによって，一致試行に比べて非一致試行のあとに観察される。これらを考え合わせると，増強された反応性コントロールであると私たちが考えるものに対して感覚的顕著性の変化が果たす寄与を除外することは不可能である。もしもそうであるなら，このことは反応性コントロールを回避するよりもむしろ増強しているように思われる。

◈（４）考え得る付加的な先行効果

私たちはさきほど，金銭誘因遅延型の課題で典型的にみられるように，刺激報酬連合課題の結果は全体的な先行性の予備的コントロールの行為を反映していないと述べた。しかしながら，このことは，いかなる先行性の影響もまったく除外されるということをいっているのではない。そうした影響は，理論的には刺激報酬連合課題（すなわち，全体的準備）において刺激または特徴の一部に対する特定の準備のかたちで現れてくる。特定の準備に関しては，私たちは，予備的効果が反応性コントロールの増強に寄与することを完全に排除することはできない。たとえば，このことは，ある試行に先立って「もしもＸならばＹをせよ」といったルールを特定するような予備的反射に似ている（Verbruggen et al., in press)。あるいは，報酬に関連した刺激特徴に対するトップダウン型の注意バイアス化にも似ている。両者は報酬に関連した特徴に選択的に適用される。しかしながら，ここでも再び，もしもいずれかのメカニズムが，記述されたような刺激報酬連合課題の最中に働いているとしたら，課題実行中に認知コントロールを行う必要性を低減させるとは考えられない。そうした場合，コントロールに関連した部位での活動は報酬試行で減少するのではなく増強されていたのである。

全体的準備に関しては，これまでに詳細に述べてきた実験では，刺激系列を予測不可能にすることで全体的な先行性コントロールのレベルが等しくなるように設定されていた。しかしながら，このことは，一般的な報酬文脈によって**付加的な持続的（先行的）効果**が引き起こされていないということを意味してはいない。そうした効果は，報酬試行の文脈で呈示された非報酬試行の課題成績と，非報酬試行のみが特徴となる対照条件のブロック試行での課題成績とを比較すると，はっきりと現れてくる。このように考えると，ワーキングメモリに及ぼす動機づけの影響に関する研究から，（報酬を気にする）実験参加者が先行性コントロールのモードに変更すると，実際には，混在した非報酬試行で最大の利得がもたらされることが示されている（Jimura et al., 2010)。後者の研究は，関連した出来事とブロックとを混合配置した実験計画が用いられているが，これは，非報酬試行に及ぼす全体的先行的文脈効果を調べるための洗練された方法の１つである。最後に，報酬の一般的な文脈によって行動面での課題成績の偶発的な**事後効果**（aftereffect）が調節される（ときには不利な非報酬試行の状況に対しても）という研究結果もある。要するに，一般的には課題成績は①葛藤適応（Braem et al., 2012）と②行為と効果の結束（Muhle-Karbe & Krebs, 2012）を示すが，報酬試行と非報酬試行を混合すると非報酬試行ではこれらは現れない。こうした文脈効果は，認知資源の持続的で方略的な再配分によって生み出されているのかもしれない。

◈（5）ドーパミンの役割

fMRI も EEG も神経伝達物質の力動性を直接反映するものではないが，刺激報酬連合パラダイムにおけるドーパミンの推定される役割に注目したい。なぜなら，とりわけ刺激報酬連合課題の構成上の理由から，ドーパミンが主要な役割を果たしていると考えられる金銭誘因遅延課題の場合に比べて，神経調節プロセスを展開するのに要する時間がほとんどないからである。金銭誘因遅延課題は，中脳（細胞体がある）と腹側線条体（ドーパミンが放出される）におけるドーパミン作動性の報酬予期反応に関する動物モデルを模して設定されたものである。具体的には，ドーパミンニューロンは，一次報酬を確実に予測させる手がかりに反応して位相活動を増進させ，次に，標的部位において多くのドーパミンが放出される（Schulz, 2001; Wise, 2004）。この反応は，一次報酬そのものによって引き起こされた反応と非常によく似ているため，報酬の欲求価（appetitive value）を反映していると仮定されている。しかしながら，手がかりへのドーパミン反応は，単に報酬価値を反映するだけでなく，報酬を得る際に要求される行動の活性化や心的努力とも関連する（Berridge, 2007; Robbins & Everitt, 2007; Salamone, 2009）。重要なことに，ドーパミン作動性の中脳における神経応答は，実験参加者が要求水準の高い課題または要求水準の低い課題に対して予備的に対応するときには，報酬がなくても引き起こされることがある（Boehler et al., 2011; Krebs et al., 2012も参照）。このことから，ドーパミン作動系はトップダウン型の仕方で動員されていることが示唆される。そして，実際，**機能的結合性**（functional connectivity）に関するデータから，外側前頭前皮質は一次入力部位であり，これによって，金銭誘因遅延課題において手がかりの処理を行っているときのドーパミン作動性中脳の活動が説明される（Ballard et al., 2011）。これらを考え合わせると，手がかりによって固定されたドーパミン反応は価値信号（「私はそれが好きだ」）と活性化信号（「私はそのために働こう」）との融合を反映しているように思われる。

私たちの刺激報酬連合課題の場合，標的刺激の報酬の特徴は，おそらくかなりの程度，報酬予測的手がかりのように処理される。つまり，報酬の配分（すなわち，報奨金）に象徴されるような働きをする。実際のところ，金銭誘因遅延課題と刺激報酬連合課題はともに，ドーパミン作動性ニューロンの主要標的部位の１つである腹側線条体において類似した神経応答を引き起こす（金銭誘因遅延課題：Engelmann et al., 2009; Krebs et al., 2012; Padmala & Pessoa, 2011など；刺激報酬連合課題：Boehler et al., 2014; Krebs et al., 2011など）。これらの反応は，動物モデルと一致して，呈示された手がかり，または標的刺激の初期価値評価を反映する。それらは，手がかりの呈示開始後約50～100ミリ秒でドーパミン作動性ニューロンの高速の位相反応に対応している（Schultz, 2001）。検討すべき残された問題は，ドーパミン作動系が刺激報酬連合パラダイムにおいて，活性化しているトップダウン型の影響を及ぼすのに十分な時間があるのかどうかというものである。このことはさらに，与えられた１つの刺激の報酬価値を表象していることに加えて，仮定された機能のいくつかはおそらく影響を及ぼすのにかなりの時間を要するものと考えられる（Braver et al., 2007）。興味深いことに，腹側線条体は，それにもかかわらず，ストループ課題を刺激報酬連合に変形した課題で課題成績をあげる際に一定の役割を果たしていると考えられる。その課題では，活動レベルは，行動面の利得と相関していた（Krebs et al., 2011）。それとは対照的に，停止信号課題を刺激報酬連合に変形した課題では，線条体が成績の向上に貢献するというよりもむしろ，十中八九，成績の結果を信号伝達していたことを見いだした。なぜなら，線条体は，成功しなかった停止試行において報酬への感受性をまったく示さなかったからである。成功しなかった停止試行も報酬見込みによって発動するが，結局は報酬を得ることはできない。私たちはさらに，同じ課題で，報酬情報が前部前帯状皮質において課題に関連した領野に影響を及ぼしているらしいことを見いだした。この機能は金銭誘因遅延型の課題では，多くの場合，腹側線条体が担っている（Schmidt et al., 2012）。このことから，報酬情報は行動に影響を及ぼす際に，そのような影響が広がるのにどれくらいの時間があるかに基づいて，質的に異なる複数の経路が用いられていることが示唆される。タイミングに関連した，より一般的な事柄として，正確なメカニズムが時には，出来事の系列だけでなく，進行の速度に依存しているのかどうかについて検討する必要があるだろう。定義上は反応性コントロールに関わる課題であっても，十分な時間があれば，先行性コントロールにつながるメカニズムが用いられるかもしれない。そのような柔軟性は，原則として，Braverとその共同研究者によるコントロールの二重メカニズムモデルに適合しているといえるだろう（Braver et al., 2007, 2012）。このモデルによれば，コントロールプロセスの詳細な性質は，目の前の課題に付随する数多くの要因や，実験参加者の群内差や群間差に大いに依存している。

4節　結論と展望

本章では，現在まさしく発展中の一連の研究について述べてきた。具体的には，認知コントロール課題に及ぼす報酬の影響を検討した数多くの研究を取り上げた。ここでの認知コントロール課題は，課題に関連した刺激に報酬を直接結びつけること（刺激報酬連合課題）によって，一般的な報酬手がかり手続き（金銭誘因遅延課題）とは大きく異なったものになっている。それにもかかわらず，報酬は行動面での課題成績に多大な効果を及ぼすが，その一方で，基礎となるメカニズムがまだ十分に特徴づけられてはいない。とくに，報酬連合は課題に関連したコントロールの領野での神経活動の増強につながるという証拠が報告されている。このことは，与えられた1つの試行のなかで報酬連合が実際の反応性コントロールを増強するという考え方を支持する。しかし，それでもなお，より自動的なボトムアップ型のプロセスによって，多くの場合，報酬に関連した特徴の顕著性や優先化を増進させるという意味で，なんらかの寄与がなされているという証拠も示されている。しかしながら，このことによって，課題実行中にコントロール部位の活動を増強する必要性が軽減されるわけではなさそうである。これらのプロセスは，一致協力して課題成績を高めるのに作用しているように思われるが，課題目標に適合しない顕著性の高い特徴へのボトムアップ型の促進は反応性コントロールを混乱させ，結局は課題成績に悪影響を及ぼすことになる。この後者の実験結果は，報酬手がかりによって予備的メカニズムが引き起こされ，有益な効果が生じることと明らかに対照的である。将来の重要な発展研究の1つは，課題に関連した特徴と報酬に関連した特徴との間にある重複次元の役割について体系的に検討を行うことであろう。本章で取りあげた研究では，この重複部分はストループ課題が最も大きい。ストループ課題では，標的刺激の色の一部は報酬に関連しており，したがって，報酬試行は非報酬試行よりも，さまざまな行動的反応と結びついている。一方，停止信号課題では，この重複部分はほとんどなく，報酬試行でも非報酬試行でも停止信号を示す刺激色は同一の反応（つまり，反応抑制）を要求するものである。しかし，課題に関連した刺激は，報酬の利用可能性を伝達するものでもある。将来の研究は，この重複部分をさらに制限し，考え得る報酬に関連した行動利得の反応的性質をより強調する必要があるのかもしれない。さらに，金銭誘因遅延課題と刺激報酬連合課題の結果を考え合わせると，次のような示唆が得られる。すなわち，前者の課題では先行性の予備的コントロールにバランスが偏り，後者の課題では反応性コントロールにバランスが偏っている。したがって，刺激と課題要求が密接に一致しているこの2つの実験パラダイムを直接比較することが重要であり，それによって先行性コントロールと反応性コントロールという２種類のコントロールの関係や潜在的な相互作用が明らかになるだろう。

第5章

認知コントロールへの動機づけの影響

報酬処理の役割

Mauricio R. Delgado
Susan M. Ravizza
Anthony J. Porcelli

1節　はじめに

1匹のネズミがリビングルームの中央で一切れのチーズを見つけたと想像してみよう。チーズは栄養が豊富で空腹を満たすことができるので，ネズミはポジティブな刺激と捉え，消費を目標とする接近行動が誘発される。しかしながら，チーズがリビングルームの中央にあるという状況では，ネズミは危険にさらされるのでチーズは潜在的にネガティブな刺激としても考えられ，結果的に回避行動を促進するかもしれない。どちらの場合においても，行動は適応的であり，生きていくために重要である。このような接近か回避かの決定は，その時点での生体の動機づけの状態（空腹など）と特定の強化子の主観的価値に影響する個体差，これらに由来する情報をもとにリスクや報酬について計算した結果から導き出される。実際，報酬と名のついた刺激は学習を向上させ，接近行動を促進し，ポジティブな情動を誘発する（Robbins & Everitt, 1996; Schultz, 2007）。しかし，神経精神疾患の主な特質である報酬情報処理の障害（これは，たとえば統合失調症（Gold et al., 2012）や抑うつ（Pizzagalli et al., 2009）に顕著な特徴である）は，不適応な意思決定を引き起こし得る。このことは，報酬処理を支える神経メカニズムの理解が必要であることを明確に示す。

この章では，行動を動機づけるポジティブな強化子評価の基礎となる基本的な神経メカニズムについて，最初に概説する。そこでは，報酬関連処理に必須の皮質－線条体のメカニズムに焦点をあてる。次に，ワーキングメモリから選択的注意までの認知コントロールのさまざまな側面に報酬処理がどのように影響を与えるのかについて論じる。また，報酬処理の重要な側面として，皮質－線条体回路，強化子の評価，および後続の意思決定に影響を与える動機づけ状態の影響力についても検討する。このような動機づけの状態は，もしそれが経験したことのある欲求であれば，人を意思決定せずにはいられなくすることができる。とりわけ，行動の促進要因（たとえば，締め切りのストレスは計画を完成に導くことができる）と行動の阻害要因（たとえば，締め切りのストレスは計画からの逃避を引き起こし得る）の両方にかかわる重大なストレスの影響に焦点をあてる。最後に，抑うつに苦しむ人たちではどのように報酬処理が支障をきたすのかを簡潔に論じる。最後に，情動反応と行動を調整するために，認知プロセスは報酬に対する制御をどのように行うのかに焦点をあてた最近の研究をもって締めくくる。

2節　人間の脳における報酬処理

ヒト以外の動物の研究は，報酬処理に関与する潜在的な神経回路を説明する基礎となっている（Middleton & Strick, 2000; Olds & Milner, 1954; Robbins & Everitt, 1966; Schultz, Tremblay & Hollerman, 2000）。さらに最近では，この研究はヒトにまで広げられ（Haber & Knutson, 2010），さまざまな脳の部位の集まりが報酬処理に関与していることを示している。皮質－線条体経路はこの回路の中核的役割を担っており（Balleine, Delgado & Hikosaka, 2007; Middleton & Strick, 2000），本章はこれに焦点をあてる。このような経路は，背外側前頭前皮質（dorsolateral prefrontal cortex: dlPFC）から腹内側前頭前皮質（ventromedial prefrontal cortex: vmPFC）にまたがる前頭前皮質を，線条体と（大脳基底核領域と視床を間接的に経由して）相互に連絡するようにつなぐ。線条体は大脳基底核の入力部分であり，背側コンポーネント（尾状核と被殻）と腹側コンポーネント（側坐核，尾状核と被殻の一部）で構成される。

種々の理論とデータは，報酬処理に関する線条体での機能的な分離を示唆する。このことは，行動に付随する報酬処理で果たす背側線条体（O'Doherty et al., 2004; Tricomi, Delgado & Fiez, 2004）の役割と，行動とは無関係な近い将来の報酬への予期にとって重要である腹側線条体（O'Doherty et al., 2004）の役割とを強調する広く知られた考えによって支持されている。たとえば，背側線条体の活動は，より強い行動の（動機づけの）要求とともに増加し，報酬の強さに伴って減退する。一方，腹側線条体は正反対のパターンを示す（E. M. Miller, Shankar, Knutson & McClure, 2014）。別の理論は，報酬の随伴性の初期の獲得から（腹内側），報酬のより習慣的な表出（背外側）への連鎖を支える，腹内側から背外側への傾斜（gradient）を強調する（Balleine et al., 2007; Daw, Niv, & Dayan, 2005; Voorn, Vanderschuren, Groenewegen, Robbins, & Pennartz, 2004）。報酬学習における vmPFC と線条体の役割を支える際に，これらの組織は中脳（黒質緻密部と腹側被蓋野）のドーパミン作動系の中枢からの調節性入力を受け取る。ドーパミンは教師信号（報酬が予想よりもよければ，または，悪ければ信号を出す予測エラー反応）を提供することによって報酬処理に寄与していると以前から考えられている。その教師信号は，報酬価値の表象についての期待を調整し，関連する神経経路に意思決定の情報を伝える（Schultz, 2007; Schultz, Dayan, & Montague, 1997）。

神経画像法の出現は，一次報酬（食物や飲み物など）に関連するヒト以外の動物の研究結果を裏づけるまとまった結果を生み出し，それらの結果をヒト特有の報酬（金銭のような二次的な強化子など）にまで拡張した。たとえば，線条体の増加した活動は，実験参加者が報酬としての飲み物を予測し，消費する（O'Doherty et al., 2004），あるいは金銭を受け取る（Delgado, Nystrom, Fissell, Noll, & Fiez, 2000; Knutson, Fong, Bennett, Adams, & Hommer, 2003）といった研究において観察される。これは，報酬の種類にかかわりなく線条体における報酬の表象が重複していることを示す。興味深いことに，線条体の活性化は「報酬が得られる」と思われた幅広い刺激に関連すると考えることができる。そして，線条体の活性化は，潜在的な報酬の主観的な価値を表象する役割を強調する，あるいは個人がある特定の対象に一定の望ましさを感じる重要性を強調する（Rangel, Camerer, & Montague, 2008）。これは，これだけに限定されるわけではないけれども絵画（Demos, Heatherton, & Kelley, 2012），音楽（Menon & Levitin, 2005），社会的な刺激（Izuma, saito, & Sadato, 2008; Tamir & Mitchell, 2012），そして内発的な報酬（Murayama, Matsumoto, Izuma, & Matsumoto, 2010）や，コントロールの主観的な感覚（Leotti & Delgado, 2011）までも含んでいる。vmPFC は異なる種類の報酬に対して同様の反応を示し（Chib, Rangel, Shimojo, & O'Doherty, 2009），ネガティブな結果の回避から経験される安堵感のような（Kim, Shimojo, & O'Doherty, 2006）一般的ではない報酬の感覚をも含む。実際に，複数の報酬が線条体と vmPFC を活性化するという知見は，報酬を柔軟に表象するのに役立つ潜在的な報酬回路の存在を強調する（Montague & Berns, 2002）。潜在的な報酬回路は，おそらく意思決定を促進するために共通の物差しで報酬の比較を可能にする「共通通貨」としてコード化しているのだろう（Levy & Glimcher,

2012）。

報酬表象は，特定の報酬の主観的価値の変化を反映して常に更新される。更新は，個人の動機づけの状態（空腹など）と，報酬が知覚される文脈に依存する。報酬の主観的価値と，線条体とvmPFCにおける基盤となる神経活性化は，いくつかの要因に影響される。要因には，限界効用の単純な概念（たとえば，資産レベルに応じて知覚される１ドルの価値が変わる；Tobler, Fletcher, Bullmore, & Schultz, 2007）から，報酬時の仲間の存在（Chein, Albert, O'Brien, Uckert, & Steinberg, 2011; Fareri, Niznikiewicz, Lee, & Delgado, 2012），報酬が将来消費されるときの期待まで含まれる。たとえば，報酬が手に入る時期（今か後か）は，ある項目の評価とその後の意思決定に影響を与える。即座の報酬は腹側線条体に関与する傾向があり（McClure, Laibson, Loewenstein, & Cohen, 2004），衝動的な欲求と関係している（Demos et al., 2012）。他方，より大きな，しかし遅延する報酬の選択は，一般的に認知コントロールと関連している前頭前皮質領域に関与する（E. K. Miller & Cohen, 2001）。重要なのは，報酬の時間的な特徴（即時か長期間か）は，それらの特徴が個人的な主観的価値をどのように変えるかという点から説明されるということである（Kable & Glimcher, 2007）。

3節　認知コントロールへの報酬の影響

正と負の強化子の入手の可能性は，行動に重要な影響を与え，接近反応または回避反応を促進する。したがって，強化子は行動する（あるいは，行動しない）ための動機づけとしてしばしば貢献し，認知コントロールのいくつかの側面に（ワーキングメモリ，反応選択と抑制，課題切り替えと選択的注意を含む）影響を与える。たとえば，ワーキングメモリの働きは，強化がない場合や弱い場合に比べて報酬があった場合に，より速く（Beck, Locke, Savine, Jimura, & Braver, 2010; Krawczyk, Gazzaley, & D'Esposito, 2007），より正確になる（Gilbert & Fiez, 2004）。同様に，報酬の入手可能性は反応の選択と抑制を増進し（Harsay et al., 2011; Locke & Braver, 2008; Wachter, Langu, Liu, Willingham, & Ashe, 2009），課題間の切り替え時により速く，より正確な反応を導く（Aarts et al., 2010; Braem et al., 2013; Capa, Bouquet, Dreher, & Dufour, 2013; Muller et al., 2007）。また，注意の定位ないしは再定位をより効率的にする（Della Libera & Chelazzi, 2009; Engelmann & Pessoa, 2007）。

正の成績フィードバックの形で，金銭ではない強化もまた，認知コントロールを増進する（Ravizza & Delgado, 2014; Ravizza, Goudreau, Delgado, & Ruiz, 2012）。すなわち，フィードバックがない条件に比べて成績フィードバックが存在すると課題切り替えは，より速くなる。興味深いことに，成績フィードバックは正確さに関係しているにもかかわらず，スピードに関するフィードバック効果が観察される。これらの研究では，正答率は非常に高く（90％以上），したがってフィードバックはたいていポジティブ（“正解！”）なものとなる。このように，認知コントロールの向上は，フィードバックの内容よりもむしろその感情価に起因し，（一次報酬，あるいは金銭報酬に比べ）かなり弱い強化子でも観察された。

しかし，個人においては報酬はどのように認知コントロールを増進するのだろうか。報酬は2つの方法で実行機能を高めると考えられている。1つは実行機能に関連するコントロールの組織（structure）の効率を高めることによるもので，もう1つは報酬を最大にするために認知資源の配分を再構成することによる（Pessoa, 2009）。これら2つのメカニズムは，景色や顔に対するワーキングメモリの研究で例証されている。まず，dlPFCのようなコントロール関連の組織は，高い金銭報酬の動機づけがある場合に，より活性化した。次に，認知資源の配分は景色に選択的な皮質領域において観察された。すなわち，景色を覚えるという消極的に見る条件に比べ，報酬が得られる条件で，この領域の活動は増加した。しかし，景色を無視するように指示された場合には，報酬条件における活動は抑制された（Krawczyk et al., 2007）。PFC内のコントロールの組織は，おそらく線条体によって行われる（Hazy, Frank, & O'Reilly, 2007）報酬依存学習（Savin & Triesch, 2014）を通じてより効率的になると考えられている。とくに，線条体は入力される感覚刺激の価値をコード化し，結果的に，これらの刺激の処理に対して資源の配分を優先したり，配分を抑えたりすることを前頭前皮質（prefrontal cortex: PFC）に伝えるだろう（Pessoa, 2009）。この枠組みにおいて，PFCは進行中の認知処理を伴った強化子と関連した感情情報を統合すると考えられている。

認知コントロールの神経画像研究は，報酬と認知プロセスの統合における皮質－線条体経路の重要性を支持している。PFCは，符号化（Krawczyk et al., 2007），保持（Gilbert & Fiez, 2004），検索（Taylor et al., 2004）といったワーキングメモリ課題のすべての段階において報酬に対し鋭敏であることがわかっている。また，一次的または二次的な強化子の利用にかかわらず，PFCは課題遂行が報酬と関連するときにより強い活動を示す（Beck et al., 2010）。PFCの活動は，反応や課題選択を必要とする認知コントロール課題での誘因によって調節されるので，この知見はワーキングメモリ課題に限らない（Kouneiher, Charron, & Koechlin, 2009; Locke & Braver, 2008）。

他の研究では，PFCと線条体をつなぐ経路における強化の影響が検討されてきた。ある研究では，ドーパミントランスポーター遺伝子の多様体（variant）をもった人に対して，課題切り替えにおける強化の影響を評価することによって，線条体ドーパミン経路の遺伝的な違いが検討された（Aarts et al., 2010）。高い線条体内ドーパミン量に関連した多様体遺伝子をもつ人では，切り替えコストへの影響がより大きく，低報酬に比べて高報酬が期待される場合の背側線条体の活動がより顕著であった。さらに，優勢反応を抑制しなければならないアンチ・サッケード課題で行動に報酬が与えられたとき，皮質－線条体経路はより多くの機能的な連結性を示した（Harsay et al., 2011）。きわめて重要なことに，線条体（尾状核）と前頭前皮質（前頭眼野）の間の機能的なつながりは，認知における強化の促進的な影響と関係していた。以上をまとめると，これらの研究は，認知コントロールへの報酬の動機づけの影響に皮質－線条体経路が関与していることを示唆している。

4節　動機づけ要因としての報酬

これまでに述べた研究では，報酬は認知遂行の諸側面を向上させることが示された。要するに，望んだ目標（すなわち，報酬）に到達するために，報酬はよりよい行動を促進する動機づけ要因として作用した。しかしながら，金銭報酬のような外発的誘因は，行動するための個人の内発的誘因を減退させることにも貢献することは記しておくべきだろう（Deci & Ryan, 1985）。事実，この「アンダーマイニング効果（undermining effect）」は，実験参加者を２つの群に分割し，興味深い課題で一方のグループが成績に応じた報酬を受け取れると信じているような実験において観察される。実験後，両群には何をしてもよいという時間が与えられる。重要な発見は，統制群に比べて報酬群は，さらなる報酬がないので課題に従事する時間がより短かったということである。このことから，報酬は課題遂行のための内発的動機づけを減退させることが示唆される。興味深いことに，報酬を期待しなかった実験参加者に比べ，報酬を期待した実験参加者は実験後の課題において皮質－線条体回路における活動の減退を示す。したがって，報酬は，認知課題においてよりよい成績のための動機づけ要因として働き得るものであるが，このような行動の遂行のための内発的動機づけに間接的な影響を与えるかもしれない。

報酬の入手可能性に起因する行動変化は，個人の動機づけの状況によっても左右される。すなわち，ある報酬の入手可能性（たとえば，居間にあるチーズ）と接近行動は，生命体の動機づけ状況（たとえば，ネズミは空腹である）にのみ基づいているかもしれない。当然のことながら，人間の脳内の報酬価値の表象もまた，動機づけの状態とともに変化し得る。たとえば，一次的強化子と対になった条件づけ刺激は，その報酬価値を表象する皮質－線条体回路（眼窩前頭皮質を含む）での活動を引き起こす

(O'Doherty, Deichmann, Critchley, & Dolan, 2002)。実験参加者が報酬に飽きて報酬価値が下がった後は，同じ条件づけ刺激に対する眼窩前頭皮質における活性レベルが下がり，報酬に飽きている実験参加者の現在の動機づけ状況を反映する（Gottfried, O'Doherty, & Dolan, 2003; Valentin, Dickinson, & O'Doherty, 2007)。事実，個人の動機づけ状況の変化は，皮質－線条体回路，入手可能な報酬についての評価，そして後続の意思決定に影響を及ぼし得る。

5節　ストレス：動機づけ要因か抑制要因か

私たちの行動に影響を与えるもう１つのよくある興味深い状態は，ストレスの主観的経験である。常に変化し，しばしば混沌としている環境において人々はさまざまなプレッシャーにさらされるので，ストレスは日常的に経験される強力な動機づけ状態である。また，ストレスはかなり主観的で，人々は異なった反応を示す。これからの議論で明らかになるように，ストレスは幅広い文脈上の要因に依存する認知的な遂行や行動においての，著しい減退や向上と関連している。たとえば，単純な仕事の締め切りは，時には計画の能率的で迅速な完遂を促進するだろう。しかし別の場合では，不安や不適応な行動（たとえば，責任回避やストレスを乗り切るための薬の利用など）を引き起こすネガティブ感情の増加と関連するかもしれない。したがって，ストレスが認知の多くの側面に，とくに実行プロセスおよび報酬処理に影響を及ぼす仕組みを理解することは，ストレスとうまくつきあっていく方法を理解するのに役立つ。

第１に，名高い内分泌科医の Hans Selye は，「ストレスは，身体への種々の要求に対する特別ではない（つまり一般的な）結果である。その影響は精神的ないしは身体的である」としている（Selye, 1936)。ストレスを特別でない一般的な「結果」と定義することによって，Selye は，ストレスによる段階的な生理学的変化の原因はさまざまであるが，それらの生理学的影響は共通しているだろうと説明した。しかしながら，その初期の概念化から何年も経過し，ストレスは少なくとも３つのレベルを含む多次元的な概念であるということが明らかになってきた。①ストレス源または「ストレス要因」，②ストレス要因の処理と経験に対応した主観的意味づけとに関連する神経系，③神経内分泌系，末梢系，および免疫系の相互関係を含むプロセスの出力，の３つである（Levine, 2005)。ストレス要因それ自体は，これまではホメオスタシスへの脅威として説明されており，おそらく一般にはストレス刺激の特性によって分類されている。主に脳幹と関連する全身性ストレス要因（systemic stressor）は，直接的な身体的兆候（たとえば，熱，寒さ，痛み）を表出する。一方，進行性ストレス要因（processive stressor）の特徴は主に心理的であり，ストレス源として分類するためには，前脳辺縁系回路による付加的な解釈が必要となる（Herman & Cullinan, 1997）。加えて重要な分類はストレスが急性（短期間的な暴露）か，慢性（長期間繰り返される暴露）かに関係する。ここでは，主に急性ストレスに焦点をあててみたい。

ストレス要因の種類にかかわらず，ストレスへの暴露は2つの生物学的システムの並列的な活性化と関連する。すなわち，自律神経系の交感神経系（sympathetic branch of the autonomic nervous system: SNS）と視床下部下垂体副腎系（hypothalamic-pituitary-adrenal axis: HPA；総説としては Ulrich-Lai & Herman, 2009）である。しかしながら，活性化のタイミングや強度，ならびに特定の SNS や神経内分泌系の傾向に関して，それらのシステムがストレス要因によって異なる程度は，今後の研究の重要なトピックであることを述べておかなければならない。ストレスによるホメオスタシス崩壊に反応して，SNS は，脳幹や副腎髄質とつながっている上行性カテコールアミン神経細胞に由来するカテコールアミン（catecholamine: CA；アドレナリンやノルアドレナリンなど）を放出することによってすばやく反応する。これは急速な興奮性変化を促進し，生命体がストレス要因に対処できるようにする（すなわち「闘争・逃走」反応；Cannon, 1915）。とりわけ，中枢神経系における CA 放出（すなわち，ノルアドレナリン）は，長期増強作用と類似した方法で海馬のシナプス結合の強化に関与しているかもしれない（学習の文脈における明確化については後節を参照；Katsuki, Izumi, & Zorumski, 1997）。続いて，脳幹からのホメオスタシス崩壊の信号は，視床下部の傍室核への投射を経由した HPA 活性化の引き金となる（すなわち，副腎皮質刺激ホルモン放出因子を放出し，その後に前方脳下垂体から副腎皮質刺激ホルモン放出が続く）。ゆっくりとしたペースで進行する HPA 活性化は，最終的に副腎皮質からグルココルチコイドを放出する。重要なことに，齧歯類（Reul & Kloet, 1985）とヒトを除く霊長類（Patel et al., 2000）との両方の研究によって，グルココルチコイドへの親和性を示す受容体タイプは脳内に異なって分布することが示された（すなわち，主に皮質下および辺縁系領域で表れるミネラルコルチコイドと，同様に分布するが前頭皮質に多く表れるグルココルチコイドである）。

SNS と HPA の活性化を引き起こすことのできるさまざまなストレス誘導技術が，ヒトを対象に実験室内で行われてきた。全身性ストレスの面での代表的な技術には，コールドプレッサーテスト（cold pressor test: CPT；一定時間，手ないしは他の身体の一部を冷水に浸す；たとえば，Lovallo, 1975），上腕包装コールドプレッサーテスト（cold pressor arm wrap: CPAW；ドライフリーザージェルパックを上腕に巻き，CPT と同程度の温度にさらす；たとえば，Porcelli, 2014），熱（痛みはないが脱水症状になるまで温める；たとえば，McMorris et al., 2006），電気ショックへの警戒（Robinson, Overstreet, Charney, Vytal, & Grillon, 2013など）などがある。進行性ストレスに関連した技術の例としては，時間的切迫下における暗算のような認知課題，暗算後に人前でスピーチをさせるトリーア社会ストレス課題（Trier Social Stress Task），嫌悪聴覚刺激（このような刺激は直接身体への脅威を表出しないという点で進行的である；Day, Nebel, Sasse, & Campeau, 2005），そして社会的排除／拒絶（包括的なレビューとして，Dickerson & Kemeny, 2004を参照）があげられる。多くの進行性ストレス要因は社会的評価の脅威と関連している。社会的評価の脅威は，たいてい全身性ストレスのみと関連するコルチゾール反応を超えて，ストレス後に最大限のコルチゾール反応を生み出す重要な要素である（すなわち，SNSの活性化は同程度であるが，社会的評価の要素を伴わない純粋に身体的なストレス要因は，明らかに弱から中程度のコルチゾールの増加となる；Schwabe, Haddad, & Schachinger, 2008）。そこで，Schwabe, Haddad, et al.（2008）は，将来の利用が期待される混合法（社会的評価コールドプレッサーテスト：socially evaluated cold pressor test: SECPT）を開発した。これは，実験者の観察とビデオ撮影の形で，CPTによる暴露と社会的評価脅威を同時に含む。特定のストレス誘導技術またはストレス要因自体が全身性か進行性かということを超えて，いくつかの要因が研究間の変動要因として明らかになってきている。この変動要因がストレス効果に関連する研究間の信頼性の低下に影響しているのかもしれない。これらの要因には，ストレス要因の強度，持続期間，制御不可能性，ストレスに対応する文脈や環境，そしてもちろん個人差（たとえば，性差，ストレス要因の主観的経験）を含む。

6節　ストレス暴露は認知プロセスと報酬回路を調節する

驚くまでもなく，ストレスによって引き起こされる個人の動機づけ状態の変化は，学習や記憶遂行から意思決定に至るまで多くの側面の認知プロセスに影響を与える。学習に関していえば，たとえば急性ストレスを与えることによって条件性反応の獲得が促進されることが，動物研究によって示唆されている。齧歯類における恐怖条件づけパラダイムにおいては，たとえば訓練後（すなわち，条件反応の獲得を示す）に条件性刺激にさらされている間の身すくみ反応の程度は，訓練で与えられるストレス要因の強度に応じて決まる（Cordero, Merino, & Sandi, 1998; Merino, Cordero, & Sandi, 2000）。同じように，瞬目条件づけパラダイムにおいては，強度の強い急性ストレスへの暴露はオスのラットの条件性反応の獲得も促進する（Beylin, Shors, 2003; Shors, Weiss, & Thompson, 1992; Wood & Shors, 1998）。ヒトにおいては，急性の（進行性の）ストレスに対して，ストレスに関連する高いコルチゾール反応を示した男性は，恐怖条件づけ獲得の向上を示した（Zorawski, Blanding, Kuhn, & LaBar,

2006)。加えて，最近の予備的な証拠では，高額の金銭的利得に関連した刺激への腹側線条体反応を急性ストレスが高めるという点から，ヒトにおけるパブロフ条件づけの促進が二次的な強化子（すなわち，金銭）にまで拡張されるかもしれないということが示唆されている。とくに，ストレス関連のコルチゾール増加を示す個人においてその傾向が確認された（Lewis, Porcelli, & Delgado, 2014)。これらの研究や他の研究をふまえると，ストレスを喚起するSNS活性化とCA放出の役割は看過されるべきではないが（Joels, Pu, Wiegert, Oitzl, & Krugers, 2006)，グルココルチコイドがストレス関連の学習効果において重要な役割を果たすということは明らかになってきている（Beylin & Shors, 2003)。

記憶へのストレスの影響というトピックでは，豊富な研究が存在する。先ほど部分的に議論した研究間の要因の違いのために，表面的にはやや一貫性に欠ける。ストレスの影響や記憶想起時のコルチゾール投与（すなわち，記銘し固定した後）の影響に関する幅広い研究は，外因性コルチゾール投与後（Roozendaal, 2002; Tollenaar, Elzinga, Spinhoven, & Everaerd, 2009)，または急性ストレス後（Buchanan, Tranel, & Adolphs, 2006; Kuhlmann, Piel, & Wolf, 2005）に記憶が減退することを示唆する。しかしながら，グルココルチコイドの外因性投与に関連する初期の研究はストレス関連の減退に議論が収束するように思われた一方，実際の関係性はやや複雑そうだ（Lupien & McEwen, 1997)。顕在記憶の符号化より前に急性ストレスにさらされる場合，記憶の減退（Elzinga & Roelofs, 2005; Kirschbaum, Wolf, May, Wippich, & Hellhammer, 1996など)，または記憶の促進（Schwabe, Bohringer, Chatterjee, & Schachinger, 2008; Smeets, Giesbrecht, Jelicic, & Merckelbach, 2007など）のどちらかと関連する。ストレスと符号化との間の時間の長さ（Diamond, Campbell, Park, Halonen, & Zoladz, 2007）や，情報の主観的情動価（Payne et al., 2007）は，符号化におけるストレスの効果を調節するかもしれないことが提案されてきた。他方，一般に学習直後に与えられた急性ストレスが顕在記憶の固定を促進するということについては，研究結果はおおむね一致している（Beckner, Tucker, Delville, & Mohr, 2006; Roozendaal, Okuda, Van der Zee, & McGaugh, 2006; Smeets, Otgaar, Candel, & Wolf, 2008など)。学習の文脈のように，記憶の符号化と固定の促進は，SNS関連のノルアドレナリンとHPA関連のグルココルチコイド放出の両者の共同の活性化が必要かもしれない。そして，扁桃体の基底外側核で両者は一緒に作用し，その後さまざまな辺縁系および前頭領域における脳機能が調節される（たとえば，海馬，尾上核，前頭前皮質など；総説としてはSchwabe, Joels, Roozendaal, Wolf, & Oitzl, 2012)。

種の違いを超えて共通している研究知見は，急性ストレスへの適応がワーキングメモリ機能の変化を引き起こし得るということである。このことはさまざまな動物

（Arnsten, 2000; Arnsten & Goldman-Rakic, 1998など）やヒト（Duncko, Johnson, Merikangas, & Grillon, 2009; Oei, Everaerd, Elzinga, van Well, & Bermond, 2006; Schoofs, Preuss, & Wolf, 2008など）を対象としたストレス関連HPAグルココルチコイド分泌およびSNS関連CA放出（Elzinga & Roelofs, 2005; Roozendaal, McReynolds, & McGaugh, 2004）の双方に関連した研究において観察されている。ワーキングメモリへの急性ストレスの影響の基礎となるメカニズムの解明のためには，さらなる研究が必要である。しかしその一方で，慢性ストレスの文脈において前頭前皮質量の顕著な減少が観察されてきた（Carrion, Weems, Richert, Hoffman, & Reiss, 2010)。急にストレスがかかる条件下では，ワーキングメモリ処理へのストレスの影響は前頭前皮質のCAレベルにおける変動（すなわち，D1におけるドーパミンとα-1受容器におけるノルアドレナリン；Arnsten, 2000）によって部分的に説明されるかもしれない。ドーパミンについては，最適なレベルの刺激は成績を最大限向上させる一方で，過小あるいは過大な刺激がワーキングメモリ減退に関連するというような，逆U字型の量反応関係が観察されてきた（Vijayraghavan, Wang, Birnbaum, Williams, & Arnsten, 2007)。妥当な解釈としては，十分な量の急性ストレスはよりワーキングメモリ成績を促進する。一方，低い，あるいは高いレベルのストレスはワーキングメモリの成績を減退させる。同様のパターンは，ノルエピネフリンに焦点をあてた研究でも観察されてきた（Arnsten & Li, 2005)。要するに，これらの知見は，ワーキングメモリのような実行プロセスへの急性ストレスの影響を明確に示す。つまり，前頭前皮質のCAレベルの変動，およびストレスへの主観的反応の個人差によって，ストレスは動機づけ要因にも阻害要因にもなり得るのである。

ごく最近では，ストレスと認知の研究は意思決定の検証へも向いている（総説としては，Starcke & Brand, 2012)。動物およびヒトで蓄積されてきた研究は，分離可能な神経システムが，慎重でコントロールされた形式の意思決定と習慣的で自動的な形式の意思決定とを支えていることを示す。前者は前頭前領域および背内側線条体領域を介し，後者は背外側線条体領域を介する（Balleine & O'Doherty, 2010; Daw et al., 2005; Evans, 2003; Sloman, 1996)。注意すべきは，他の研究者たちは，単独のシステム（Osman, 2004)，あるいは複数のシステム（Evans, 2008）のアプローチがより適切かもしれないという学説を立てている。しかしながら，二重システムアプローチは有益な理論的構成概念であり，ストレスが上述のシステムに異なる影響を与えているかもしれないという証拠が出始めている。ストレスは，目標指向的な意思決定の形式から，環境変化に敏感でない習慣ベースの意思決定の形式への移行を促進するかもしれないという点で，この解釈は条件づけへのストレスの影響についての先の議論と一致する（Schwabe & Wolf, 2011など)。ヒトにおける最近の研究はこの解釈に収束してきている（Leder, Hausser, & Mojzisch, 2013; Porcelli& Delgado, 2009; Schwabe & Wolf, 2009; Starcke, Wolf, Markowitsch, & Brand, 2008）。慢性ストレスへの暴露は，目標指向的意思決定に対し習慣ベースの意思決定を促進する脳解剖学的に顕著な変化とも関連するかもしれない。たとえば，慢性ストレスにさらされた齧歯類は，背外側線条体の活動（すなわち，習慣的；Dias-Ferreira et al., 2009; Sloman, 1996）の増加とともに，背内側線条体および内側前頭前皮質の顕著な活動（すなわち，目標指向的）の低下を示す。目標指向から習慣的なシステムへの変化を促進するための考えられる１つの理論的なメカニズムは，ストレスに誘発された過剰なCA放出によるものである。ワーキングメモリに関するストレス研究において議論したように，CAの過剰放出は，前頭前皮質に基づくシステムを一時的に「遮断（offline)」するのかもしれない。

ストレス暴露がどのように報酬処理を調節するのかについての検討は，意思決定へのストレスの影響につながる基本的なメカニズムや，ストレス暴露に関連する（あるいは，それによって悪化する）臨床的疾患の解明につながるかもしれない。ヒトの行動研究は，急性ストレス暴露が報酬への感度（Berghorst, Bogdan, Frank, & Pizzagalli, 2013）や応答性（すなわち，環境における報酬関連情報の変化に基づいて将来の行動を適応させる能力；Bogdan & Pizzagalli, 2006）を減退させることを示している。最近の神経画像研究はこのような知見に収束してきている。急性ストレス暴露の後，さまざまな大脳辺縁系領域において広範な非活性化が観察されている（Pruessner et al., 2008）。それは，内側前頭前皮質（Osswaarde et al., 2011）および眼窩前頭皮質（Porcelli, Lewis, & Delgado, 2012）における報酬処理におけるストレスに関連する減退を含む。ストレス下の線条体における報酬関連反応でも，一次的強化子（すなわち，食物；Born et al., 2009）および二次的強化子（金銭；Porcelli et al., 2012）双方に対する反応が低下することが観察されている。

線条体活動におけるこのような低下は，以前に議論されていたパブロフ条件づけでは線条体反応がストレスに関連して増強したという点で矛盾しているように思うかもしれない（Lewis et al., 2014など）が，いくつかの相違点は注目に値する。第１に，線条体の位置が重要である。Porcelli et al.（2012）は線条体のさらに背側部側での活性化低下を観察したが，Lewis et al.（2014）は腹側線条体を検討した。ヒトでみられたより広範な背側線条体の関与は，結果が行動に随伴する場合に起こり得る（O'Doherty et al., 2004; Tricomi et al., 2004）。対照的に，腹側線条体は報酬を予期する手がかりの呈示の際にしばしば動員される（Delgado, 2007; Haber & Knutson, 2010）。これと一致して，自己コントロールへの急性ストレスの影響を検討する最近の研究では，ストレス下の実験参加者では背側よりも腹側線条体において，選択された食物の手がかりの相対的な味についてより強い表象が観察された（Maier, Makwana, & Hare, 2015）。第２に，活性化が関連した特定のプロセスが研究間で異なるということである。線条体活性の減退は，報酬が処理された課題の結果の段階で観察された（Porcelli et al., 2012）。一方，ストレス下の線条体活性化の増加は，潜在的な報酬を予測する条件づけ刺激の呈示期間中に観察された（Lewis et al., 2014）。別の研究は，急性ストレス暴露が，結果（すなわち，「消費」）では線条体報酬反応が減退し，期待や予期の間にはその活動が増進することと関連しているという主張が支持している（Kumar et al., 2014）。

ストレス状況下での皮質－線条体の機能を理解することは，今後の研究にとって有益な非常に関心の高い話題である。とくに，ストレス下の報酬処理における線条体反応パターンの違いはさまざまな疑問を投げかける。たとえば，報酬が知覚された文脈の重要性について（たとえば，仕事のストレス），いつストレスが有益となり得るか（たとえば，ストレスが締め切りに間に合わせるための動機づけとなる），いつ有害となるか（たとえば，ストレスが計画遂行の妨げとなる），そしてこれら回路においてストレスが報酬処理にどのように影響を与えるか，などである。

ストレス下の報酬結果処理中にみられる報酬に関連した脳活動の同様の減退は，研究室でのストレス誘発の手続きがなくても，心的外傷後ストレス障害（Elman et al., 2009）や大うつ病（Pizzagalli et al., 2009）のように，不安や気分障害に悩まされている個人において観察されている。このことは驚くべきことである。とりわけ，慢性ストレスの長期にわたる，かつ有害な影響は，神経可塑性の崩壊に関連しており，病理的な抑うつの助長につながる（Pittenger & Duman, 2008）。次節では，抑うつの際にヒトの報酬回路がどのように影響されるのか，また，動機づけされた行動に対する意味づけについて簡潔に検討する。

7節　抑うつと神経報酬システムの調節障害

約15～20％の人々が一生のうち抑うつを経験するとされている（Kessler, Sharp, & Lewis, 2005; Moussavi et al., 2007）。快感消失（興味や喜びの減退）は抑うつ症状の１つであり，強化子への反応の異常を反映するかもしれない（総説としては，Eshel & Roiser, 2010）。抑うつは，報酬への感度の減退（Pizzagalli et al., 2009）とネガティブフィードバックに対する鋭敏化（Elliott et al., 1996）の両方に関連している。たとえば，抑うつ患者は一度失敗をしてしまうと，その後も失敗を起こしがちである。そのうえ，負のフィードバックへの過敏性は，抑うつが深刻なほど大きくなった。対照的に，抑うつ状態の個人は報酬に対して鈍感になるようである。たとえば，できるだけ速く反応しなければならない反応時間課題において，健康な統制群に対して抑うつの患者は報酬刺激と中性刺激への反応速度があまり違わなかった（Pizzagalli et al., 2009)。

報酬への反応の異常は，ベックうつ尺度（Beck Depression Inventory: BDI）のような尺度によって軽度から中程度の抑うつ症状を示す人でさえ，抑うつ症状に伴って変化することが観察されている。意思決定課題においては，抑うつ症状の深刻さは報酬を最大化しない選択と関連していた（Pizzagalli, Jahn, & O'Shea, 2005)。さらに，フランカー課題において，強いうつ症状を示す人では，課題遂行中のエラー後の調整が低下した（Schroder, Moran, Infantolino, & Moser, 2013)。これらの実験参加者が臨床的疾患と診断されていないことを考えれば，動機づけられた行動において抑うつ症状が引き起こす結果は一般市民の間でも広まっており，大うつ病の患者に限ったことではないということが，これらのデータから示唆される。

強化子によって快楽がわずかに経験されるという場合，認知コントロールの効率に影響が生じるかもしれない（Russo & Nestler, 2013)。この見解と一致して，報酬感受特性の測定で低い成績を示した人たちは，金銭報酬によって認知コントロールがあまり向上しなかった（Jimura, Locke, & Braver, 2010; Locke & Braver, 2008)。加えて，抑うつ症状の重さは，たとえば切り替えコスト（Ravizza & Delgado, 2014）や反応競合を解決する速度（Ravizza et al., 2012）のような認知コントロールへのフィードバックの影響を調節する。つまり，抑うつ症状の強い人は正の成績フィードバックの効果からの恩恵がない。これらの研究においてフィードバックが速さよりも正確さに関するものであったことを考えれば，これは驚くべき影響である。この結果に対して考えられる１つの解釈は，この影響が教示によるものというより，主に動機づけによるものであるということだろう。つまり，正確さに関するフィードバックは反応の速度について教示を与えなかったということである。この課題の正確さは高く，したがってより速い変化の速度は，主に正解であることに関連するポジティブな感情によるものである。抑うつ症状の重い人は，このフィードバックに関連したポジティブな感情によるパフォーマンスの向上を示さなかった。今後の研究のための興味深い問題は，抑うつ期間の認知機能の減退を，純粋な快感情の処理の機能として特徴づけるのがよいのか，感情が進行中の認知機能に統合されていないことによる動機づけ不足の結果として特徴づけるのがよいのかということである。

抑うつは，認知コントロールへの強化子の影響と関連する皮質－線条体経路における異常な組織と機能にも関連している。抑うつ患者の脳画像および検死研究は，脳体積の縮小，低 fMRI BOLD 信号，そしてこの経路に沿った領域（たとえば，側坐核，腹側被蓋野，および内側前頭皮質）でのシナプス密度およびグリア細胞密度の異常を示した（総説としては，Russo & Nestler, 2013）。右被殻と下前頭皮質の異常なネットワーク位相は，抑うつエピソードの数と現在の症状の数にそれぞれ関連していた（Meng et al., 2014）。さらに，大うつ病の情動と認知についての最近のメタ分析は，ポジティブな価値をもつ刺激が処理されている条件において，線条体の活動が低下することを報告している（Diener et al., 2012）。抑うつでない人での症状の程度も，連戦連勝を果たしているときのPFCと線条体の持続的活動と負の相関関係にある（Eryilmaz, Van De Ville, Schwartz, & Vuilleumier, 2014）。このように，皮質－線条体経路は，認知コントロールの動機づけにおける報酬の影響，そして抑うつ症状の神経マーカーである報酬の影響と関係する。

8節　おわりに：報酬処理の認知コントロール

この章では，報酬処理に関与する神経メカニズム，すなわちドーパミン神経細胞によって調節される皮質－線条体システムについて検討してきた。このようなシステムは，報酬の表象の形成から，その主観的価値の学習および算出，そしてその算出結果を意思決定に伝えるための利用，など報酬処理のさまざまな側面に関与している。次に，私たちは報酬の表象が認知コントロールに対してどのように影響するのか，とくに認知成績の向上につながるワーキングメモリのような実行プロセスにどのように影響を及ぼすのかを議論した。さらに，異なった動機づけの状態が報酬の評価だけでなく認知遂行や意思決定にどのように影響し得るのかも議論した。これについては，とくに急性ストレスの議論や，ストレスの高い状態が私たちの報酬の評価や意思決定の方法を変えるメカニズムについての議論によって説明した。最後に，抑うつに悩まされている人では，報酬処理がいかに危険にさらされているかを簡潔に議論した。

本章の議論の大半は，報酬が認知プロセスにどのように影響するのか，そしてその相互作用がどのように適応性があるのか（正確さやパフォーマンスの向上など）を中心に行われた。しかしながら，このような影響は時には不適応行動（リスク探求など）も導き得る。したがって，報酬処理に対して認知コントロールを使うことも有効だろう。たとえば，報酬の主観的価値は，報酬探求行動を促進し責任を回避できる時点で増大するかもしれない。このメカニズムは，以前に議論された時間割引型の実験（temporal discounting types of experiment）で確認することができる（Kable & Glimcher, 2007; McClure et al., 2004）。この種の実験は，皮質－線条体メカニズムが，いかにしてある報酬よりも別の報酬に重きを置くように偏るのか，また意思決定に対していかにして影響を及ぼすのかに注目する。これは，セルフコントロールの低下が主な構成要素となっている薬物依存においてよくみられる問題である。さらに，依存では，皮質－線条体システムは調整が阻害されやすく，金銭のようなより一般的な強化子の価値を低下させる（Everitt & Robbins, 2005; Goldstein et al., 2007）。このように，よりよい意思決定を促進するために，異なった強化子への情動反応に対してコントロールをうまく使えることは必須である。

ごく最近になって，認知コントロールが報酬の表象をどのように変えるのかについて検討され始めた（Delgado, Gillis, & Phelps, 2008; Kober et al., 2010など）。情動反応を調整するために認知方略を用いる能力については，（不安障害の広がりをふまえ）一般的に負の強化子を扱った文献が豊富に存在する。情動調整は，状況や刺激についての初期の評価を変えるために認知プロセスを利用することによって（一般にはdlPFCなどの認知コントロール領域における活動の動員によって），ヒトの情動反応を変化させる（Ochsner & Gross, 2005）。実際，情動調整方略の利用は，しばしば注意プロセスの配置と状況の価値の評価を必要とする（すなわち，正か負の価値の評価；Gross & Thompson, 2007）。

正の強化子を伴った情動調整方略の利用には２つの潜在的な恩恵がある。第１に，報酬の主観的価値の重みづけが強すぎる場合，このような報酬への情動反応をコントロールすることはリスクの高い行動を減らす１つの潜在的な方法となる。認知方略を用いることは，報酬刺激への生理的および主観的な反応を減少させ，線条体の報酬関連活動をより減退させる。その一方で，dlPFCのような皮質領域を活性化する（たとえば，潜在的な報酬と付随する価値の評価；Delgado et al., 2008; Kober et al., 2010）。いくつかの事例では，認知方略の成功はリスクの高い行動の減少につながる（たとえばギャンブルといった，危険な選択肢を選ぶことを減少させる；Martin & Delgado, 2011）。

正の強化子に関連する文脈において情動調整を利用することによる第２の潜在的な恩恵は，ポジティブな情動経験（たとえば，ソーシャルサポートを通してポジティブな側面に着目する）を実際に増やすかもしれないという点である。増加したポジティブな情動は，ストレスのかかる動機づけの状況にうまく対応する能力を向上させることによって，個人に恩恵をもたらすことができる。このアイデアは，あまりポジティブな情動を経験しない傾向にあり，またポジティブな情動が経験されたときに線条体での報酬関連活動を維持することができない，抑うつに悩む個人を対象とした研究によって支持されている（Heller et al., 2009）。ポジティブな気分になれるかもしれない１つの潜在的な方法は，ポジティブな自伝的記憶を思い出すことである。ポジティブな自伝的記憶の想起は，ポジティブな感覚と線条体での関連した活動を増加させる（Speer, Bhanji, & Delgado, 2014）。興味深いことに，BDI（ベックうつ尺度）による測定でより強い抑うつ症状がある人は，このようなポジティブな出来事を思い出すための資源（金銭など）をあきらめたがらない。これは，抑うつに悩む患者はポジティブな自伝的記憶を思い出すことがむずかしい傾向があることを考えれば，驚くにあたらないだろう（Young, Bellgowan, Bodurka, & Drevets, 2013）。

以上をまとめると，ポジティブな価値をもつ情動に関して情動調整方略を柔軟に行うことは，さまざまな臨床的恩恵があるだろう。それは，報酬への情動反応の低下による報酬探求行動を減少させたり，ポジティブな情動を増加させ，ストレスやその他の一時的なネガティブな情動の潜在的な影響に対する緩衝材となることを手助けする。しかしながら，ヒトは報酬表象を柔軟にコントロールするための認知プロセスをどのように利用できるのかという点では，研究は初期段階にとどまっている。適応的な行動を促進するために，どのように動機づけプロセスと認知プロセスが相互作用するのかをより深く理解することは，非常に興味深いトピックであり，まだまだ多くの研究が必要である。

第 6 章

認知コントロールに及ぼす報酬の効果の構造解析

Wim Notebaert
Senne Braem

1節　はじめに

報酬が人間の行動や情報処理をどのように調節するかについて理解することは，数十年にわたって心理学者にとって中心的な課題であった。近年，数多くの研究が，認知コントロールに及ぼす報酬の効果について検討し始めた。それらの研究は，報酬が課題切り替え，競合適応，反応抑制，記憶，視覚的探索，先行性コントロール（proactive control）などを調節することを明らかにした。しかし，これらの結果の方向性はあいまいなままである。これらの研究のほとんどが報酬後の課題遂行上の利得を示しているが，その一方で，他の研究では報酬が情報処理に対して妨害的な効果を及ぼすことを示してきた。たとえば，Hickey, Chelazzi, & Theeuwes（2010）は，報酬を与えられる刺激特徴が逆効果をもたらすものであっても注意を捕捉するということを示した。さらに，報酬に基づく調節が相互に矛盾する研究もある。たとえば，Braem, Verguts, Roggeman, & Notebaert（2012）は，報酬の後に競合適応が増加することを観察したが（Braem, Hickey, Duthoo, & Notebaert, in press; Stürmer, Nigbur, Schacht, & Sommer, 2011も参照），van Steenbergen, Band, & Hommel（2009, 2012）は競合適応が減少することを観察した。現時点で新しい枠組みが必要であることは明らかである。この点は，Chiew & Braver（2011）や Dreisbach & Fischer（2012）による最近の総説においても指摘されている。この章では，私たちは Berridge & Robinson（2003）による提案に基づき，そのような枠組みを提供する。

10年前，Berridge & Robinson（2003）は，報酬を3つの異なる要素に分けることを提案した。つまり，快楽的要素，動機づけ要素，学習要素である。報酬の快楽的要素（または感情的要素）は，人が報酬を受け取ったときに経験する全般的なポジティブ感情を意味する。報酬の動機づけ要素は，良好な課題遂行に対して報酬が約束されているときに人が示す（認知的）努力の増加と関連する。報酬の学習要素は，学習心理学者が**強化**（reinforcement）と呼ぶものをさし，報酬をもたらす行動が観察される可能性を高める。報酬信号が異なる要素から構成されることを認識することは，報酬の複雑な効果を理解するための重要な第一歩であった。さらに，そのことは，報酬に関する研究が感情，動機づけ，認知という現代心理学の主要な3領域を結びつけることを明らかにしている。

私たちは，認知コントロールに対する報酬の効果を理解するために，同様の区別をするべきであると主張する。私たちは探索的コントロール要素，活用的コントロール要素，先行性コントロール要素に分離する。この区別によって，あるパターンが明らかになり始め，報酬の要素のそれぞれと特定の1つの認知コントロール要素を結びつけることができる。私たちは，報酬の快楽的要素が探索的コントロールプロセスを活性化し，学習要素が活用的コントロールプロセスを促進し，動機づけ要素が先行性コントロールプロセスに関与することを主張する。最後に，私たちはこれらの異なる要素とその相互作用を解明し，検討する方法についての暫定的な指針を提案していく。

2節　報酬の構造解析

一般に，心理学者は報酬が単一の概念ではないことに同意しているが，それをどのように解析して説明するかについては意見が一致していないようである。ここでは，私たちは，感情，動機づけ，学習という3つの区別可能な心的要素の点から報酬について検討するという考え（Berridge & Robinson, 2003）に基づいて議論を進めることにする。

感情要素は報酬の**快楽的**側面と呼ばれる。Berridge & Robinson はこの要素を「好意（liking）」要素とも呼んでいる。これは，側座核における GABA 作動性ニューロンにおけるオピオイド神経伝達と関係しており，伝統的な仮定とは対照的に，ドーパミンにより介在される可能性は低い。オピオイド作動薬の微量注入は甘味に対する顔の好意反応を増加させるが（Peciña & Berridge, 2005），ドーパミン作動薬ではこのような変化はみられない（Wyvell & Berridge, 2000）。

報酬信号の感情価は，報酬と連合した，生得的にポジティブな感情を高める信号によって引き起こされる可能性が最も高い。人を対象とした実験研究では，感情価は，一般的に感情を喚起する画像，顔文字（emoticon），笑顔を呈示することによって達成される。ポジティブ感情は報酬を受け取るだけでなく，報酬の予期によっても引き起こされる。

報酬の**動機づけ**（希求）要素は主に，ある手がかりにより，次の試行がうまくできれば報酬がもらえることを実験参加者に告げるときに活性化される。これは手がかり誘発性希求と呼ばれる。また，好みの報酬も求められる。そのため，この2つの要素は同時に活性化されることが多い。しかし，薬理学的操作によってこの2つの要素が区別できることが明らかになった。ドーパミンネットワークの操作は，動機づけられた行動には影響するが，好意反応には影響しなかった（Berridge, 2007）。動機づけ要素は，側座核，扁桃体，前脳基底部および大脳皮質を伴う広範囲なネットワークを含んでいる。この要素はまた依存行動とも関係している（依存の誘因感受性鋭敏化理論；Robinson & Berridge, 2008など）。

さまざまな条件下での実験参加者の感情状態を評価することは，かなり容易である。しかし，その一方で，動機づけの状態を測定することは困難である。動機づけの効果は一般的に，行動の変化をもって「認識」される。たとえば，実験参加者が特定の課題にすばやく反応するとき，または，誤答が少ないとき，それは動機づけの効果であると解釈される。いくつかの研究では，実際の手がかりは呈示されないが，特定の刺激のサブセットに対してのみ報酬が与えられる。それらの研究では，その刺激自体が報酬手がかりとして作用している。たとえば，Krebs, Boehler, & Woldorff（2010）はストループ課題において4つの色のうち2つの色と報酬を連合させた。それゆえ，刺激の色が報酬手がかりとして機能し，実験参加者に課題遂行を向上させるよう動機づける。本書では，Krebs, Hopf, & Boehler が，手がかりに基づく報酬の効果と刺激に基づく報酬の効果の類似点と相違点について説明している。

報酬には**学習**要素も含まれる。これは最初に行動主義者によって取り上げられ，報酬は正の強化子であると解釈されている。正の強化子は，ある行為の後に呈示される刺激であり，その行為が再び起こりやすくなるという効果をもつ（Thorndike の効果の法則；Thorndike, 1911）。いまでも，この原理は「強化学習」という研究領域で生き続けている。それは1世紀も前の理論に触発されたものであるが，機械学習や神経科学という計算モデルの発展に貢献している。強化学習の中心的な考えは，行為主体が報酬を最大化するように行動する方法を学習するというものである。実行される唯一の目標は，報酬の最大化である。その他の計算的アプローチとは対照的に，行為主体は何に対して報酬が与えられるかについては指示されず，どのような行為に報酬が与えられるかを見いださなければならない（相互作用による学習）。強化学習の最も興味深い側面の１つは，探索と活用のバランスである。報酬を最大化するために，行為主体は過去に報酬を与えられた行為を活用しなければならないが，潜在的により高い報酬を見つけるためには，行為主体は環境も探索しなければならない（Sutton & Barto, 1998）。安定性か柔軟性かのバランスは，認知コントロールのきわめて重要な側面として認識されている（Cohen, McClure, & Yu, 2007）。

報酬信号はすべての構成要素を活性化することが多いが，それぞれの構成要素の相対的な重みづけが報酬信号の性質や文脈に依存するという点は強調しておかなければならない。認知コントロールに及ぼす報酬の効果を議論する前に，まず私たちは認知コントロールのさまざまな側面を簡単に紹介していく。

3節　認知コントロールの構造解析

認知コントロールは，広く定義すると，状況に応じて情報処理を適切に調整するために，課題要求の変化を把握するという心的機能である。この機能は，課題切り替え（task switching），適合性課題（congruency task），意思決定，停止信号パラダイム（stop-signal paradigm）などを用いて研究されている。認知コントロールは単一の機能として説明されることが多いが，私たちは，報酬の効果を理解するためには，認知コントロールの異なる形態を切り離していくことが重要であると考えている。環境に合わせて情報処理を最適に適応させ続けるためには，異なる種類の認知プロセスが必要とされる。たとえば，背後でサッカーのワールドカップのテレビ中継が流れている状態で，本の原稿を書いているところを想像してほしい。解説者が声を張り上げているのを聞けば，執筆に集中することはむずかしいだろう。しかし，原稿執筆に強く動機づけられているときは，選択的注意を増大させ，無関連な聴覚情報を無視することができる。このような選択的注意の調整は，安定性を増大させるのに役立ち，代替的な目標の抑制（goal shielding）として説明される。強化学習の用語でいえば，私たちはこの種のプロセスが環境の活用に役立つということができる。しかし，白熱した試合状況を同時に知るために，テレビを意図的につけたままにしておくことも可能である。その場合，認知コントロールプロセスは柔軟性，すなわち探索を増やさなければならない。このことに関して，私たちは反応性（reactive）コントロールプロセスに頼ることができる（解説者の張り上げた声や執筆している本の章の内容に対する反応，など）。しかし，認知コントロールは先を見越した方法で作動することもできる。すなわち，むずかしい段落を予期する，または，ペナルティキックだと確信することにより，私たちは先を見越して状況に応じて注意を変化させることができる。この反応性コントロールと先行性コントロールの区別はBraver（2012）のコントロールの二重メカニズム（dual mechanisms of control: DMC）という枠組みによってうまく理解し把握することができる。

活用（exploitation）は強化学習から取り入れた用語である。それは行為主体が過去に報酬を与えられた行為を繰り返すという行動を説明している。この行動は，選択的注意，干渉抑制，および代替的な目標の抑制などの多くの異なる名で知られる心的機能に利用される。これらの機能はそれぞれ，特定のパラダイムを用いて研究されているが，それらはすべて実験参加者がどのように課題関連情報に焦点をあて，安定性を高めるかを検討している。私たちは競合適応を，この種の認知コントロール行動の典型的な例であると考えている。競合適応は，一般的にサイモン課題やストループ課題，エリクセンのフランカー課題のような適合性課題を用いて研究されている（Eriksen & Eriksen, 1974; Simon & Rudell, 1967; Stroop, 1935）。たとえば，ストループ課題では，実験参加者は，単語の意味を無視し，単語のインクの色を命名しなければならない。この課題では，一致刺激（緑色で書かれた「緑」という文字）は不一致刺激（緑色で書かれた「赤」という文字）よりもすばやく反応される。適合性効果を一致試行と不一致試行の次の試行に対して別々に計算すると，一致試行後よりも不一致試行後において適合性効果が小さくなることが認められる。グラットン効果（Gratton effect; Gabrielle Grattonが初めてこの効果を報告した後から），あるいは一致性連続効果と呼ばれるこのような競合適応のパターンは，おそらく不一致試行における苦労の後の課題への焦点化の増加も反映していると考えられる（Gratton, Coles, & Donchin, 1992）。Verguts & Notebaert（2008, 2009）は，この行動パターンが強化学習の原理に従うため，本研究にとってとくに重要となるこの行動パターンに対して，計算論的な説明を提供している。あまり詳細にはふれないが，そのモデルは，（活性化した）課題と関連した連合を増加させるために，競合の検出を学習信号として使用し，それにより，首尾よく競合を解決する行動を活用する。このモデルは全般的な強化学習の原理に関連し，さまざまな認知コントロールの効果を捉えるために開発されたことに注目してほしい。

一方，**探索**（exploration）は，新しく潜在的に高い報酬を見つけることを目的とする行動である。これは機会を見逃さないように注意しておくことが必要であり，そのため，多くの（無関連な）情報の処理が必要である。認知的な安定性または活用は前述の単一の競合課題において有利であるが，探索モードがより有利である課題切り替え実験のような別のパラダイムにおいては，効率的な課題遂行に干渉することもある（Brown, Reynolds, & Braver, 2007; Goschke, 2000により明らかにされている）。

課題切り替えの研究では，実験参加者に2つの異なる課題目標が与えられる。たとえば，大小と奇数偶数の課題切り替え実験では，実験参加者は緑色で表示されたときには数字の大きさに反応しなければならず（5よりも小さければ左のキーを，5よりも大きければ右のキーを押す），数字が青色であったときは奇数偶数課題に反応しなければならない（奇数は左のキーを，偶数は右のキーを押す）。実験参加者は幅広い注意の焦点を維持し，このことが課題切り替えに対してよりうまく準備をさせることになるので，探索的行動は結果として課題切り替えコストをより小さくするだろう。

活用や探索のように，**予期**（anticipation）は，もう1つの認知コントロール行動である。この心的機能は，反応性コントロールプロセスとは反対の先行性コントロールと呼ばれる。**コントロールの二重メカニズム**モデルでは，反応性コントロールモードと先行性コントロールモードは区別される（Braver, 2012）。反応性コントロールは刺激に対して反応するのに対して，先行性コントロールは刺激の開始を予期する。先行性コントロールは一般的に手がかり呈示パラダイム（cueing paradigm）において検討されるが，期待もまた予期的行動を引き起こす（Duthoo, Abrahamse, Braem, & Notebaert, 2013; Duthoo, De Baene, Wühr, & Notebaert, 2012など）。予期プロセスは活用と探索を誘発できる。たとえば，課題切り替え課題では，同じ課題が繰り返されることを示す課題についての手がかりは安定性を高めるが，課題切り替え手がかりは柔軟性をもたらすだろう。

私たちは，認知コントロールが探索的行動，活用的行動および先行的行動に役立つと提案する。しかし，認知コントロールの多様性が認識されるのはこれが初めてではない。Baddeley & Hitch（1974）はワーキングメモリには3つの構成要素が含まれることを提案した。音韻情報の維持（音韻ループ）と視空間的情報の維持（視空間スケッチパッド）に特化した2つの下位要素に加えて，認知プロセスをコントロールしている中央実行系が仮定されている。このモデルに触発され，Miyake et al.（2000）は，3つの異なる機能として，心的セットの移行，情報の更新，優勢反応のモニタリングと抑制を区別した。とくに，これらのモデルは特定の脳構造の機能的特化を強調し，脳をモジュール的にみる考え方に触発されている。私たちは，特定のコントロール要素や機能ではなく，認知方略に基づく区別を提案する。重要なのは，私たちのアプローチが，Miyake et al.により示された枠組みを再評価するというよりも，補完することだけを目的としていることである。実際，異なる認知コントロール方略における現在の分類を，Miyake et al.により提案された具体的な機能のいくつかを含める，または違った形で採用することができるものとして考えるのが最もよいだろう。たとえば，活用は抑制や情報の更新のような機能を含み，探索は心的セットの切り替えや情報の更新のような機能を含むかもしれない。これらの2つの種類のカテゴリー化を

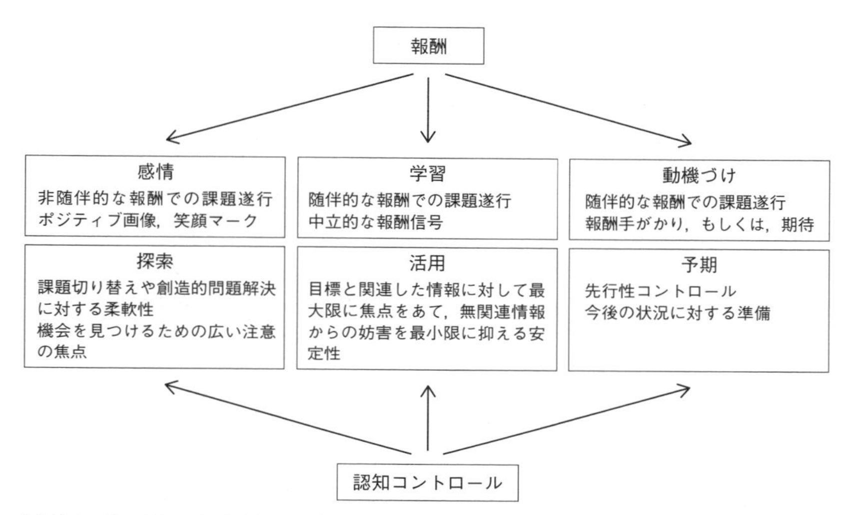

◆図6-1　Berridge & Robinson (2003) によって同定された異なる報酬要素とそれに関連する認知コントロールを示す概観図

区別することは，単一なのか多様なのかという議論でも明らかである。認知コントロールは明らかに特定のコントロール機能の多様性に依存しているが，ほとんどの方略はプロセスの組み合わせを必要としていることが多い。

私たちがここで呈示する枠組みでは，３種類の認知コントロールプロセス，すなわち活用，探索，予期という３つのコントロール要素を区別する。興味深いことに，このように区別すると，これまでに述べてきた報酬の構成要素と自然に一致する。以下では，報酬の動機づけ要素が予期的コントロールプロセスをどのように動員し，快楽的報酬要素が探索的コントロールプロセスをどのように促進し，そして，報酬に基づく学習が活用的コントロールプロセスにどのように依存するかを説明していく（図6-1を参照）。

4節　認知コントロールに対する報酬の効果の構造解析

いくつかの最近の研究では，認知コントロールに対する報酬の影響を検討しようとしてきたが，結果は不明確なままであり，報酬スケジュールのよりすぐれた概念化および分離が必要である（Chiew & Braver, 2011; Dreisbach & Fischer, 2012も参照）。具体的には，報酬スケジュールのブロックレベルの効果に焦点をあてた研究（Locke & Braver, 2008など）もあれば，ある試行で報酬がもらえるかどうかを示す試行に先立つランダムな報酬手がかりの効果を検討した研究（たとえば，Padmala & Pessoa,

2011）もある。あるいは，別の研究では，競合処理に対する項目特定的な報酬の影響が検討されているが（Krebs, Boehler, & Woldorff, 2010など），別の研究グループでは，報酬信号の手がかりは与えられず，課題遂行後に，遂行随伴的（Stürmer et al., 2011など），または，非随伴的（van Steenbergen et al., 2009など）な報酬信号のみが続くという実験計画が使用された。これらの正確な強化スケジュールとは別に，異なる種類の報酬信号もまた使用されてきた。（比較的）抽象的な記号により示される金銭の獲得を使用した研究（Braem et al., 2012, 2014; Krebs, Boehler, & Woldorff, 2010; Hickey et al., 2010; Padmala & Pessoa, 2011; Stürmer, Nigbur, Schacht, & Sommer, 2011など）がある。一方で，生得的に感情に訴える笑顔マークや感情を喚起する画像を使用した研究（Braem, King, et al.,2013; van Steenbergen et al., 2009, 2012など）もある。前者は報酬の動機づけ要素や学習要素を促進し，後者は主に報酬の快楽的側面を活性化すると考えられる。最後に，これらの研究はまた，関心のある行動指標も異なる。主に活用的行動に焦点をあてた研究（van Steenbergen et al., 2009など）がある一方で，探索行動を標的としている研究（Kleinsorge & Rinkenauer, 2012など）や先行的な予期的行動に焦点をあてた研究（Chiew & Braver, 2013など）もある。

これらのすべての実験においてちょっとした違いはたくさんあるが，先ほど紹介した枠組みを用いることにより，これらの実験を大まかに区分できると，私たちは考える。それゆえ，以下では，報酬スケジュール，報酬の種類，および認知パラダイムの違いを強調することにより，これらの研究の実験計画が前述の３つの報酬要素のうちの１つをさまざまな形でどのように研究しようとしているかを示していく。はじめに，私たちは，関連する認知コントロール行動とともに，これらの３つの報酬要素のそれぞれについて順に議論していく（図6-1を参照）。その後，これらを分離する方法に関するいくつかの最初となる指針の概要を説明していく。

1．認知コントロールに及ぼす報酬の快楽効果：探索

報酬信号の快楽的側面は非常に強力であるため，報酬は気分誘導の操作方法として使用されることが多い。ポジティブ感情の効果は多くの研究で検討され，十分に立証されてきた。総説論文において，Ashby, Isen, & Turken（1999）がすでに，創造的問題解決，意思決定，および流暢性課題での課題遂行の向上を示す25編以上の研究に基づき，ポジティブ気分が柔軟性を増加させると結論づけている。この考えに沿って，Dreisbach & Goschke（2004）は，ポジティブ画像により誘導されるポジティブ感情が柔軟性を高め，安定性を低下させることを明らかにした。同様に，van Steenbergen, Band, & Hommel（2009）は，反応に随伴しない方法で与えられる報酬信号として笑顔マークを呈示した。中立試行とは対照的に，（ランダムな）笑顔マークの後の試行は競合適応を示さなかった。これについては，競合適応が安定性を高めること（妨害刺激の干渉の減少）を目的としていることを思い出してほしい。同じ著者らはポジティブ気分誘導がどのように競合適応を減少させるかを証明した（van Steenbergen, Band, & Hommel, 2010; van Steenbergen, Band, Hommel, Rombouts, & Nieuwenhuis, 2015; Kuhbandner & Zehetleitner, 2011も参照）。同様に，報酬が反応に随伴しない方法でもたらされたとき，AX-連続遂行課題（AX type-Continuous Performance Test: AX-CPT）の成績は低下した（Dreisbach, 2006; Chiew & Braver, 2014も参照，ただし，この結果は再現されていない）。これらの研究はポジティブ気分が認知的安定性を犠牲にして，柔軟性を増加させることを示唆している。

報酬信号の快楽的側面は，課題への焦点化を減少させるという逆効果の副作用をもつようである。皮肉なことに，報酬が与えられた行動が繰り返されることを期待して，一般的には報酬は強化子として与えられるが，報酬の快楽的側面はその課題から人を遠ざける。それゆえ，重要な問題は，どのように，そして，なぜこの快楽的要素（より一般的にはポジティブ気分）が探索的行動を引き起こすのかである。従来の説明は，探索とポジティブ感情の両方が同じようにドーパミン作動性ネットワークに依存している，というものである（Ashby et al., 1999；しかし，別の説明では探索においてノルエピネフリンの役割も強調されている；Aston-Jones & Cohen, 2005; Gilzenrat, Nieuwenhuis, Jepma, & Cohen, 2010; Jepma & Nieuwenhuis, 2011）。この類似性はたしかに神経科学的な観点からは興味深いが，なぜポジティブ感情が柔軟性を増加させるのかという問いには答えていないままである。一例として，ポジティブ気分は気分と関連したより多くの思考を活性化させ，結果として，より幅広い考え方を生み出すと仮定されてきた（Seibert & Ellis, 1991）。しかし，柔軟性の向上を，報酬を得るための新しい機会の探索という認知方略とみなすことも可能である。おそらく，ポジティブ気分は新しい報酬を環境内で利用可能にするきっかけとして機能するのだろう。たとえば，Carver（2003）は，物事が必要以上にうまくいっていることを知らせる学習信号としてポジティブ感情が機能することを示唆した。次に，このポジティブ感情は，行為主体が意識を別のものへ移したり，離したり，注意や努力を他の領域に移すことを引き起こす。それが，新しい機会を検出したり，他の目標を満足させる可能性を広げたりする。同様の「逆説的な」説明は，全般的な幸福と（結婚や仕事，スポーツなどにおける）成功との関連性に対して提唱されている。成功は明らかに人を幸せにするが，ポジティブ気分はまた，人を目標に着手させるため，幸福は成功を生み出す（Lyubomirsky, King, & Diener, 2005）。この著者らは，「ポジティブ感情を経験している人は，差し迫った危険から解放され，最近の損失経験に影響されない状態で，まだ達成していない新しい目標を探すために，自身の時間をうまく利用する」と述べている（Lyubomirsky et al., 2005, p. 804）。それゆえ，報酬の快楽的側面の効果が十分に顕著なとき，それは報酬の動機づけ要素や学習要素よりも優位に立ち，それによって課題遂行の成功後の快適な環境を合図し（Carver, 2003; Gable & Harmon-Jones, 2011），より探索的なモードを可能にする。

2．認知コントロールに及ぼす報酬の学習効果：活用

単純な報酬信号（抽象的な手がかりなど）によって，報酬が実験参加者の遂行に随伴してもたらされるとき，報酬の快楽効果は最小化され，学習効果が最大化される。私たちの概念モデルでは両方の要素が認知コントロールに対して対立する効果をもつため，小さな実験上の変動は大きな経験上の変化につながる可能性がある。たとえば，van Steenbergen et al.（2009）は，笑顔という形式でランダムな報酬が与えられた後に競合適応が減少することを観察したが，私たちは試行の25%に対して中立的な報酬信号（+1）をもたらしたときに競合適応の増加を観察した（Braem et al., 2012）。私たちの研究では，報酬は手がかりを与えられず，遅れた試行や不正確な試行では報酬は呈示しないようにし，実験参加者の課題遂行に随伴して呈示された。両方の側面（つまり，遂行随伴性と感情的に中立的な信号）は，感情要素（遂行随伴的な中立信号）と動機づけ要素（手がかりがないフィードバック）を減少させ，学習要素を目立たせるために，意図的に選択された（Braem et al., 2014; Hickey et al., 2010; Stürmer et al., 2011）。

報酬はどのように安定性を高めるのだろうか。私たちは，Verguts & Notebaert（2008, 2009）の結合モデルによる適応のなかで述べられているように，報酬の学習効果が目標と関連した連合を増加するという方法で実行されると考えている。この強化学習モデルでは，ヘッブ型学習信号は脳全体に送信され，認知的葛藤の検出時に，目標と関連した（活性化した）表象と結合が強化されていることを保証している。この一般的な考えは，報酬が与えられる刺激に近接して続く状況に対する反応はその状況自体が再び呈示されたときに起こりやすくなるというEdward Thorndikeによる１世紀前の「効果の法則（law of effect）」（Thorndike, 1911）と似ている。主な違いは，Thorndikeによれば，報酬の後に連合の結合が増すのに対して，Verguts & Notebaert（2008, 2009）によれば，認知的葛藤の後に連合の結合が増すという点である。しかし，ここでは，課題遂行モニタリングに関する計算モデルの近年の発展

(Silvetti, Alexander, Verguts, & Brown, 2014) に合わせて，私たちは，Verguts & Notebaert (2009) のモデルで提唱されている学習信号が，報酬予測誤差 (reward prediction error) あるいは成績予測誤差 (performance prediction error) と同じである（ともに同じ皮質構造（前帯状皮質）によってモニタリングが行われていると考えられる）とここでは一時的に提案する (Alexander & Brown, 2011; Silvetti et al., 2014; Silvetti, Seurinck, & Verguts, 2013)。具体的には，私たちは，葛藤の検出の代わりに，葛藤の解決が活用の合図となる可能性があることを示す。困難な課題条件に対してうまく反応すること（葛藤を解決すること）それ自体が生得的な報酬となり得るという考えは新しいものではない (Alessandri, Darcheville, Delevoye-Turrell, & Zentall, 2008; Satterthwaite et al., 2012など)。実際に，私たちの研究室による最近の研究では，とくに葛藤の処理について，この考えを検討した (Schouppe et al., in press)。実験参加者は葛藤課題の後に，ポジティブ単語とネガティブ単語に対する感情判断課題を行わなければならなかった（実験2）。興味深いことに，一致試行と比較して，不一致試行での正反応は，ネガティブ単語と比較して，ポジティブ単語の評価に対する反応時間において有意な利得をもたらした。この結果は，困難な課題の解決に続く生得的な報酬信号を反映していると解釈された。現在，私たちは認知的葛藤を解決することにより引き起こされるこの生得的な報酬信号が，反応の成功をもたらす連合の活用を動機づけるものでもあると提案する（同様の提案に関しては，Braem et al., 2012; Schouppe et al., in press を参照）。

この考えは，①認知的葛藤とエラーが異なる認知方略を引き起こすという研究知見 (Notebaert & Verguts, 2011; Stürmer et al., 2011) と②競合適応が前の反応の正確性を条件とするという研究知見 (Van der Borght, Braem, & Notebaert, 2014) と一致している。さらに，報酬が競合適応を向上させることを示すにあたり，私たちは報酬を与えないと競合適応がみられないことも示した (Braem et al., 2012)。一貫して，報酬に関するいくつかの研究は，報酬信号が小さい，または，ない場合に，注目している認知コントロールの効果がしばしば消失することを示して証明してきた (Braem et al., 2014; Hickey et al., 2010; Jiang & Xu, 2014; Muhle-Karbe & Krebs, 2012)。これらの研究知見は，報酬のない認知課題における生得的動機づけの役割が過小評価されていた可能性があり (Braem, Coenen, Bombeke, van Bochove, & Notebaert, 2015; Satterthwaite et al., 2012; Schouppe et al., in press; Silvetti et al., 2014)，私たちが主張してきたように，生得的動機づけがそれらの認知コントロールの典型的な指標のいくつかを駆動しているという考えを示唆している。それゆえ，私たちは，正答であることはそれ自体が報酬となり (Satterthwaite et al., 2012)，認知方略の活用を促進すると仮定し，報酬の学習要素と認知的活用が同じ硬貨の表と裏の関係にあると主張する。

一般に，私たちの枠組みの重要な側面は，探索と活用が競合するモードではなく，異なる２つの認知コントロール要素であるというものである。このことは前述のモデル（Brown, Reynolds, & Braver, 2007）とは対照的である。特定の課題状況が，両方の方略が独立的であるか競合的であるかを判断しやすくするということに留意しておくことは，重要である。たとえば，ギャンブリング課題では，探索（代替手段への切り替え）が活用（ある選択への固執）と競合していることは明らかである。しかし，このことは，報酬の快楽効果（探索の増加）が常に課題への焦点化（活用）を低減させることを示唆するものではない。それゆえ，探索と活用の間の相互作用は新しいパラダイムを用いてさらに検討されるべきである（６節を参照）。

3．認知コントロールに及ぼす報酬の動機づけ効果：予期

報酬の動機づけ効果は，実験参加者に次の試行に報酬が懸かっているという手がかりを与えることによって研究されている。これらの手がかりは先行性コントロールプロセスによって予期行動を引き起こす。実験参加者が予期しているものに応じて，先行性コントロールプロセスは，前述のメカニズムによって，安定性もしくは柔軟性のいずれかを高める。たとえば，Padmala & Pessoa（2011）は HOUSE，BLDNG，または XXXXX という単語が印刷された家と建物の画像を呈示し，一致ストループ様試行と不一致ストループ様試行，中立ストループ様試行を作成した。試行は０ドルか20ドルという手がかりの呈示から始まった。高報酬手がかりは干渉（不一致と中立の比較）と促進（一致と中立の比較）の両方を減少させた。

Krebs et al.（2010）は少し異なるアプローチを使用し，色ストループ課題における一部の色にのみ報酬を与え，報酬を与えられた色に対するストループ干渉の減少を観察した。このアプローチを使用すると，報酬情報と課題情報は同時に呈示される。ただし，これが（速い）予期的コントロールを反映しているかどうかは依然として議論の余地がある。課題と関連した特定の刺激の特徴（色）と報酬との間の随伴性は，学習要素も同様に引き起こしていたかもしれない。実際，Krebs et al.（2010）は，報酬を与えられた色と関連する不適切な単語がより大きな干渉を生み出すことも観察しており，このことは報酬の与えられた意味カテゴリーの活性化の増加を示唆している。Krebs, Hopf, & Boehler は本書のなかで，手がかりに基づく予期行動と特徴に基づく予期行動の区別に賛成している。彼らはより多くの研究が必要であると認識しているが，手がかりに基づくプロセスが先行的な性質をもち，特徴に基づくプロセスが反応的な性質であると暫定的に提案している。

これまでに述べてきた結果は，報酬の見込みが目標と関連したプロセスを強化することを示唆している。これらの研究（そして，同様の効果を明らかにしている別の研究も）に基づき，私たちは報酬の動機づけ効果が安定性を高めることを結論づける。しかし，報酬の見込みが柔軟性を高めるという考えを支持する研究もある（課題切り替えコストの減少；Kleinsorge & Rinkenauer, 2012）。さらに，Aarts et al. (2014) の最近の研究は，ドーパミン量の個人差が，約束された報酬の効果を調節することを示した。この目的を達成するために，それぞれの試行の前に，高報酬（15セント）または低報酬（１セント）を得ることができるかどうかを示す第1の手がかりと，一致試行か不一致試行かを示す（情報価値あり），あるいはそのような情報を与えない（情報価値なし）という第2の手がかりが先行する，空間ストループ課題が実施された。報酬は反応随伴的な方法，つまり，すばやい正確な反応に対してのみ与えられた。この課題では，報酬の全体的な効果はなかったが，約束された報酬の効果は個々のドーパミン生成能に依存していた。高いドーパミン生成能をもつ実験参加者に関しては，情報価値なし手がかりの後のストループ効果は高報酬試行において増加したが，情報価値あり手がかりの後のストループ効果は増加しなかった。著者らは，高いドーパミン生成能をもつ実験参加者にとって，高い報酬の見込みがドーパミン作動系を「過剰に働かせ」，課題遂行の向上ではなく，むしろ課題遂行の低下をもたらすのではないかと提案している。このドーパミンの過剰摂取による説明は，パーキンソン病患者におけるドーパミン作動薬の予期せぬ知見のいくつかを説明するためにも用いられてきた（Cools & D'Esposito, 2010; Duthoo et al., 2013など）。

5節　いくつかの決定要因

私たちの概念的枠組みに対して反証を示すことはむずかしいと私たちは認識している。課題の１つは，どの要素が報酬信号により活性化されるかを予測し，それに応じて認知コントロールに対する報酬の具体的な効果を予測することである。報酬のさまざまな要因を解明する体系的な比較（Braem, King, et al., 2013; Chiew & Braver, 2014; Fröber & Dreisbach, 2014）はまだまだ少ないため，報酬のこれらの要素を精力的に検討する研究が必要である（同様の結論に関しては，Braver et al., 2014; Chiew & Braver, 2011; Dreisbach & Fischer, 2012）。私たちはコントロールに対する報酬の効果を決定する２つの重要な要因を同定した。それは，これから詳細に述べていく報酬信号（報酬の顕著性と刺激の持続時間）と報酬スケジュール（手がかりの有無と遂行随伴性）である。

1．報酬信号：報酬の顕著性と刺激の持続時間

以下の例について考えてみよう。ゲームセンターでピンボールゲームをしているところを想像してみてほしい。主要な目標は，できる限り多くの得点をあげるために，両手で２つの「フリッパー」と呼ばれるレバーを動かして，玉を穴に落とさないようにすることである。あなたは，獲得した得点を焦点を狭め，ゲームに集中することを助ける報酬信号として経験する。しかし，副次的な目標やボーナスミッションは得点をより速く最大化することができる。効果音や点滅光により示されるこれらのボーナスミッションの達成や記録の更新は，ポジティブ気分をもたらすまでにあなたをさらに興奮させ，焦点を広げ，注意の散漫性を増加させるかもしれない。同様に，少しの金銭の獲得を示す抽象的な報酬信号は目の前の課題に集中することを助ける（Braem et al., 2012; Jiang & Xu, 2014; Stürmer et al., 2011）一方で，ポジティブ画像や笑顔のような顕著な報酬信号は，ポジティブ気分と探索的な焦点化を導き，課題への焦点化を妨害する（Braem, King, et al., 2013; van Steenbergen et al., 2009, 2012など）が，課題切り替えを促進できる（Dreisbach & Goschke, 2004）。

この解離は必ずしも報酬信号の種類が二分法で分けられるものであることを意味するわけではない。これは連続体の両端を表し，報酬信号が顕著または感情的なものになればなるほど，快楽的要素がより活性化され，その対象にポジティブ気分をもたらし，認知コントロールの探索モードの準備をする。反対に，強化信号がより基本的であり，単にだれかに遂行フィードバックを提供するだけの場合，これらの信号は情報処理連合を強化するためにのみ使用される。

興味深いことに，最近の総説のなかで，Bijleveld, Custers, & Aarts（2012）は，報酬が異なるレベルで処理されることを示唆した。報酬が短期間のみ呈示されるとき，または，報酬信号の完全な処理を行うための時間が足りないとき，報酬は基本的な形でしか処理されず，急速に課題の連合を更新したり，課題遂行を促進したりする。しかし，報酬が完全に処理できるようになると，方略的な決定がなされ，課題遂行に対するその効果は当初の報酬処理のものとは異なってくる。私たちはこの枠組みもまた，これまでに述べてきた区別に適用することができると考えている。時間が短く，報酬信号が基本的なものであるとき（Braem et al., 2013; Stürmer et al., 2011），報酬は主に学習要素を活性化し，結果として，進行中の学習プロセスを迅速に強化する。しかし，試行間間隔が延ばされ（Braem, King, et al., 2013など），報酬が顕著であるとき（Braem, King, et al., 2013; van Steebergen et al., 2009, 2012など），報酬は快楽的要素を活性化し，探索モードを促進し，課題の切り替えにとって不利になる葛藤により誘発される連合の強化を妨害することを助ける。

しかし，これらの報酬信号の種類の違いを検討するためには，体系的な比較が必要である。最近になって，Fröber & Dreisbach（2014）や Chiew & Braver（2014）は，AX-CPT 課題における報酬の快楽的要素から動機づけを切り離すことを目的とする研究を開始した。AX-CPT 課題はそれ自体（反応性コントロールと比較して）先行性コントロールの検討に適している。両方の研究は，遂行随伴的な報酬手がかりが先行性コントロールの増加をもたらすことを明らかにしている。快楽的刺激と密接に一致する条件（遂行に随伴しないポジティブ画像）は，先行性コントロールのわずかな増加（Chiew & Braver, 2014），または減少（Fröber & Dreisbach, 2014）のいずれかをもたらした。

 2．報酬スケジュール：手がかりの存在と遂行随伴性

強化スケジュールを設定して，認知コントロールに及ぼす報酬の影響を検討する際の第１の重要な要因は，潜在的な報酬条件において手がかりが与えられるかどうかである。課題遂行後にしか報酬が与えられない場合，報酬の動機づけ要素または先行性コントロールが活性化されることは考えにくい。これらの理由から，Padmala & Pessoa（2011）や Chiew & Braver（2013, 2014），Fröber & Dreisbach（2014），Kleinsorge & Rinkenauer（2012）などの研究は，主に報酬の動機づけ要素と先行性コントロールを対象としているが，Braem et al.（2012, 2014）や Braem, King, et al.（2013），Stürmer et al.（2011），van Steenbergen et al.（2009, 2012）は，報酬の学習的側面および快楽的側面や，活用的行動および探索的行動に焦点をあてており，ほとんどが動機づけ要素には焦点をあてていないといえるだろう。これらの研究は潜在的に異なるメカニズムを利用しているため，このことを心に留めておくことは重要である。

第２の要因として，報酬のどの要素が影響されるかを予測する際に，遂行随伴性という要因の重要性を，私たちは認識している。私たちの最初の研究では，認知コントロールの快楽的調節を駆動する際の遂行随伴性の重要性を検討することを目的とした。私たちは感情を喚起する画像を遂行に随伴する，または随伴しないかたちでフィードバック信号として使用し，脳と行動の両方に対するこの要因の効果を示した（Braem, King, et al., 2013）。この調節は一般的に私たちの提案を支持しているが，この効果が特定の方向で生じたことは予期しないものであった。随伴条件ではポジティブフィードバックによって柔軟性が促進されたが，非随伴条件ではポジティブ刺激によって安定性が促進された（ネガティブ刺激との比較による）。私たちの提案によれば，とくに，非随伴条件は快楽的要素に負荷をかけるため柔軟性を高めるが，随伴条件は認

知的要素に負荷をかけるため安定性を高めると予測される。しかし，この研究では，私たちは，報酬信号として生得的に感情を喚起する画像（ポジティブ感情を促進するため，探索を促進する）を呈示しただけでなく，より刺激的なネガティブ画像（私たちの調節も駆動するかもしれない）も呈示したことに注目することは重要である。私たちの研究は反応性コントロール（具体的には活用）に焦点をあてたが，Fröber & Dreisbach（2014）による別の研究では，先行性コントロールにおける遂行随伴性の役割が体系的に比較された。そこでは，著者たちは，遂行随伴的な報酬を受ける確率を示す手がかりの後にどのように先行性コントロールが促進され，非随伴的報酬を示す手がかりの後に減少するかを明らかにした。

6節　今後の研究のための指針

私たちは，顕著な報酬がよりポジティブ感情を誘発すると仮定し，**報酬信号の顕著性**が報酬の快楽的要素をどの程度まで誘発するかを決定できるかもしれないという考えを示唆した。このことは認知コントロールの探索モード（または，惰走（coasting）モード；Carver, 2003を参照）を誘発するだろう。この仮説は，感情刺激に対する反応性の個人差を考慮し，感情刺激の顕著性や程度が量的に操作されるパラダイムにおいて，最適に検討することができる。そのような実験計画は，報酬信号があまり顕著でないときに，いかに報酬信号が課題セットの活用を促進するうえで最も効率的であるかを明らかにできるかもしれない（罰信号に対する同様の論拠に関しては，Braem, Duthoo, & Notebaert, 2013）。

さらに，私たちは，**報酬が長く呈示される**と，多くの認知的評価プロセスを引き起こし，結果として，報酬信号のポジティブな評価が生じるという考えを示唆した。一方，短い報酬呈示は遂行に対して基本的な影響のみが可能になり，強化を迅速にする。このことは，報酬信号の呈示時間および報酬と刺激との間の間隔を量的に操作することにより再度検討することができる。

研究者たちは，報酬信号自体を変化させることに加えて，**異なる強化スケジュールと遂行随伴性**を比較することにも取り組むべきである。たとえば，報酬信号の種類を一定にすることによって，予期的コントロールを促進する手がかり信号としてのその使用と活用的コントロールを促進する遂行随伴的なフィードバック信号の使用を比較できる。

最後に，認知コントロールに及ぼす報酬の影響を検討する際に，どの**認知パラダイム**が使用されているかを心にとどめておくことは重要である。たとえば，一致性連続効果（congruency sequence effect）を研究することは必然的に活用的方略（とその調整）に重点を置くこととなる。同様に，課題切り替えに関する研究は探索的行動を促進し，AX-CPT 課題は予期的行動に焦点をあてている。私たちの提案の重要な側面は，探索と活用が競合的なモードではなく，むしろ認知コントロールにおける２つの異なる要素であるということである。しかし，ほとんどの課題において，探索と活用は競合し（ギャンブルなど），１つの要素を別の要素と独立させて検討することを困難にしている。これを解決する方法の１つは，関連する次元が常に同じまま（色）で，行う課題（つまり，フランカー課題やサイモン課題，ストループ課題）を実験参加者が自発的に選択できるように設定することである。このような設定によって，探索（別の課題の自発的な選択）と活用（課題と関連した情報への集中）を個別に検討することができる。

7 節　結論

現在，多くの研究チームが認知コントロールに及ぼす報酬の効果を検討している。これによって，興味深い研究が著しく増加したが，報酬がどのように人間の行動に影響するかについての理解が必ずしも飛躍的に進んだわけではない。明らかに，報酬は多くのさまざまな点で情報処理に影響を与え，実験計画の微妙な違いは結果に大きな差を生み出す可能性がある。近年，研究者たちはこの問題を認識してきており（Braver et al., 2014; Chiew & Braver, 2011; Dreisbach & Fischer, 2012），どの実験要因がこの効果を調整するのに重要であるかを同定するといった観点からの研究が始まった（Braem, King, et al., 2013; Chiew & Braver, 2014; Fröber & Dreisbach, 2014）。しかし，私たちは概念的枠組みもまた必要であると考えている。Berridge & Robinson（2003）の報酬要素の解析に基づき，私たちは３つの認知コントロール要素を解析し，それぞれの報酬要素とコントロール要素を結びつけた。第１に，私たちは報酬の快楽的効果（ポジティブ気分）が主にコントロールの探索的要素に影響すると主張した。具体的には，ポジティブ気分は人が機会や新しい報酬を探索するきっかけとなる。第２に，報酬の学習効果はコントロールの活用要素を促進する。実際，報酬による学習と成功した課題遂行の後の活用は，１つの同じプロセスを反映しているかもしれない。第３に（最後に），報酬の動機づけの側面は，先行性コントロールとも呼ばれる予期的コントロール要素を介して作用し，生命体に来たるべきものに対して準備させる。

第7章 目標指向的行動の観念運動メカニズム

Sanne de Wit
Anthony Dickinson

目標指向的行動（goal-directed behavior）という概念は，たとえば，年金プランに署名する，フィットネス施設に入会する，ダイエットを始めるなど，さまざまな行為を広く包括している。これらの行為には，将来の計画に関連した複雑な認知能力が要求されている。しかしながら，本章では，目標指向的行動のごく限定された部分だけに注目する。このことを，2000年に公開された映画『キャスト・アウェイ（原題：Castaway)』で描かれたエピソードから説明してみよう。この映画は，主役のトム・ハンクス（Tom Hanks）が運送会社フェデックス（FedEx）のシステム・エンジニアとして極東地域で発生した問題を解決するために，テネシー州メンフィスから貨物飛行機に乗せられて太平洋を渡るところから始まる。ドラマは，飛行機が激しい嵐のせいでやむを得ず海上に不時着するという展開を描いている。トム・ハンクスは，熱帯地方の無人島の浜辺に打ち上げられ，たった１人の生存者となった。いくつかの役に立たない貨物以外は何もなかった。幸いなことに，毎日，夜になると，雨が降った。映画のシナリオでは少し改変されているが，彼は雨水を貯めるために，ココナツの葉で小さな貯水池を作った。そして，夜に起きて雨水で喉の渇きをうるおし，飢えをしのぐためにヤシの木から落ちたココナツを集めた。浜辺にある石を使ってココナツを割って果肉を食べたり，ココナツに穴をあけてココナツミルクを飲んだりした。しかし，彼は喉の渇きは雨水でおさまっているので，ココナツは朝食として果肉を食べるほうを好んだ。

彼は，このような状況で最初の数日を生き延びたが，ある朝起きて，夜のうちに雨が降っておらず，貯水池にも雨水が残っていないことに気づいた。ココナツをいくつか集めた頃，昼間の気温が上がってきて猛烈な喉の渇きを覚えた。彼は次のようなジレンマに直面する。ココナツを１つ割って，中の果肉を食べるべきか。しかし，その行為は，ココナツミルクのほとんどを無駄にしてしまう。あるいは，食欲を満たすためにココナツを割る前に，最初に穴をあけてココナツミルクで喉の渇きをうるおすべきか。明らかに合理的で適応的な判断は，食欲を満たすためにココナツを割る前に，穴をあけてココナツミルクで喉の渇きを満たすことである。

1節　目標指向的行動

映画『キャスト・アウェイ』における主人公のジレンマを解決するためには，一種の道具的条件づけ（またはオペラント条件づけ）に基づく行動が必要である。その行動は，行為と結果の因果関係に関する知識とその時点での結果の誘因的価値との相互作用によって行動が媒介されるという意味において，目標指向的であるといえる (Dickinson, 1985)。この種の目標指向的行動と将来の計画立案とを区別する役割を果たすのは，将来の誘因的価値ではなく，その時点での誘因的価値である (Dickinson, 2011)。なぜなら，将来の計画立案における目標の価値は，その時点での動機づけの状態とは結びついていないからである。もしも結果が十分にポジティブな誘因的価値をもつものであれば，その結果は１つの目標として機能し，行為と結果に関する知識によって関連する行為の選択と実行を支援する。映画『キャスト・アウェイ』の主人公のジレンマを解決するためには，主人公はココナツを割ることで果肉は得られるが，ココナツミルクを手に入れるためには穴をあける必要があるということを知っていなければならない。さらに，両方の結果とも誘因的価値をもち，正の強化子としての役割を果たすが，もしも主人公がこのジレンマを解決するには，空腹時であっても喉が渇いたら，相対的な誘因的価値に関してすぐさまココナツミルクのほうに比重を移すべきである。

私たちはなぜ主人公がこのジレンマを解決することに期待するかといえば，このジレンマは，目標指向的行為に関する正統的な分析手法である，いわゆる，**行為結果再評価テスト** (outcome revaluation test) の一種であると考えることができるからである。このテストは次の３つの段階から構成されている。第１に，１つの道具的な行為が特定の結果を得るために学習される。たとえば，果肉を手に入れるために，ココナツを割ることが学習される。ただし，それは，結果の誘因的価値が学習獲得中の誘因的価値から変化する前のことである。第２に，『キャスト・アウェイ』の主人公のジレンマの場合，この誘因的価値の変化は，一次動機づけ状態が飢えから渇きへと移行したことによってもたらされる。つまり，ココナツのミルクに比べて果肉の価値を減じなければならない。最後に，テスト段階として，標的行為（『キャスト・アウェイ』の例でいえば，ココナツを割ること）の価値の移行がなされたあとに，標的行為が実際にどの程度遂行されるかの傾向が評価される。もしもこの行為が目標指向的なものであるならば，行為結果の価値低下後の標的行為の遂行傾向は，ただちに低減するはずである。その結果，『キャスト・アウェイ』の主人公は，ココナツを割るという行為（もはや価値の低下した行為結果である果肉を得ること）よりもココナツに穴をあけるという行為（渇水状態での誘因的価値は維持される）の割合を高くするであろう。ここで，何が問題かといえば，主人公がココナツの果肉の価値の低下した状態で行為結果を経験する前に，ココナツに対してどのような行為を示したかである。もしもテスト段階でココナツを割ることがもはや価値の低下した果肉を得ることにつながるという経験をしていたのなら，この行為が後に低減するのは，価値の低下した行為結果の直接的強化の影響が小さくなり，行為と結果に関する知識の役割についての推論が質的に低下したからであるといえる。

行為結果再評価テストという基準を用いると，ラットでさえも目標指向的行為を示すことが30年以上も前から知られている（Adam & Dickinson, 1981）。しかしながら，この基準によって人間の道具的行動の状態が実験的に評価されたのは，今からわずか10年前のことである。最初の頃のテストでは，成人がチョコレート飲料への反応とトマトジュースへの反応を，それぞれ行為結果の価値が低下する前に行った（Valentin, Dickinson, & O'Doherry, 2007）。『キャスト・アウェイ』の主人公のジレンマのように，一次報酬状態の移行によって行為結果の一方の価値が低下するのではなく，この研究での実験参加者はチョコレート飲料とトマトジュースのどちらかを満足するまで自由に飲むことが許された。そのような特定の飽和処置は，飽きられた行為結果の魅力が選択的に低下することが知られており，Valentin et al.（2007）の研究でも，この効果が観察された。実験参加者は，行為結果が呈示されない消去段階で２つの行為のどちらかを選択する場面が設定されてテストされた。その結果，予想どおり，テスト時においてまだ価値が低下していない行為結果によって訓練された行為（したがって，この行為の目標指向状態が確立されている）が優先的に選択された。実際のところ，目標指向的行動の能力は人生の比較的早期に発達し，およそ２歳で行為結果の価値低下に敏感であることが知られている（Klossek & Dickinson, 2012; Klossek, Russell, & Dickinson, 2008）。このように予想どおり，人間の目標指向的行動に関する実験結果が得られたことによって，『キャスト・アウェイ』の主人公がジレンマを解決したに違いないと期待するのは当然のことである。しかし，この主人公は悲嘆のあまり，喉が渇いているのに１つめのココナツの穴をあけるのではなく，ココナツを割ってしまい，貴重なココナツミルクの大半を失った。そうすると，すぐさま次のような疑問が浮かぶ。すなわち，彼はこのジレンマを解決するために，なぜ目標指向的に判断するという能力を発揮しなかったのか，というものである。

もちろん，『キャスト・アウェイ』のジレンマは架空の物語を描いた映画シナリオであり，その「行為スリップ（slip of action）」もまた演出効果を高めるために作られたものである。しかしながら，これには，なぜジレンマが目標指向的プロセスによってコントロールの喪失につながったのかの理由が含まれている。単純な道具的行為は，限定された訓練のあとの行為結果再評価に敏感であるが，過剰に訓練された反応はラットでも（Adams, 1982; Dickinson, Balleine, Watt, Gonzalez, & Boakes, 1995）人間でも（Tricomi, Balleine, & O'Doherty, 2009）行為結果の再評価に対して自動性をもつことがある。言い換えれば，過剰訓練によって目標指向的コントロールから習慣行動への移行が生じる。その際，習慣行動は，行為結果のその時点での誘因的価値に対して自動化される。しかしながら，そのような行動的自動性が展開するのは，与えられた１つの刺激文脈のなかで単一の行為に対する訓練が行われたときだけである。ラットの場合（Kosaki & Dickinson, 2010）も子どもの場合（Klossek, Yu, & Dickinson, 2011）も，異なる行為結果が生じる２つの行為の選択について訓練を行ったところ，過剰訓練が行為結果の誘因的価値の自動化につながるという実験結果は得られていない。『キャスト・アウェイ』の主人公は常にココナツに対して割って果肉を得るか，穴をあけてココナツミルクを得るかの選択を迫られていた。そのため，これらの行為は自動化されるはずがなかった。このような結論が正しいと仮定したうえで，映画『キャスト・アウェイ』の「行為スリップ」を理解するために，目標指向的行動の基礎にある心理学的メカニズムを検討してみよう。

2節　観念運動理論

現在，目標指向的行為に関する多くの説明理論は，たとえば，逆ベイズ推定（inverse Bayesian inference; Solway & Botvinick, 2012）やモデルベースの強化学習（model-based reinforcement learning; Daw, Niv, & Dayan, 2005）のような高次計算プロセスによるものが多い。これらの理論は，基本的な連合学習がなんらかの役割を果たすことを考慮していない。目標指向的行為についての連合学習に基づいた最も単純で整然とした説明理論は，**観念運動理論**（ideomotor theory）から示されたものである。この観念運動理論の起源は，19世紀に提唱された随意運動に関する説明にさかのぼることができる。観念運動理論は，Pavlov（1932）と彼に近い研究者たちによって主に研究された道具的行動を説明するためのものであった（Astratyan, 1974）。行為のコントロールにおける観念運動プロセスの役割について，20世紀ではまったく省みられることはなかった。しかし，最近10年の間に再び注目されるようになった（Shin, Proctor, & Capaldi, 2010）。観念運動理論は，本質的に，次のように仮定する。道具的随伴性を伴う経験は，道具的行為の運動プログラムと，行為による効果に関する表象との間に１つの連合を形成する。そのため，行為は，効果の表象が活性化すると，それに対する反応として引き起こされる。意志作用（volition）を説明するための理論として観念運動理論を位置づけるならば，その効果は，行為によって生成された直接的感覚フィードバックであると考えられる。しかし，そのような効果は，行為の非運動的道具的結果まで含むように拡張することができる。

この理論を『キャスト・アウェイ』のジレンマに適用すると，次のように仮定することができる。ココナツの見た目や感触は，以前の朝食の経験によって形成されたココナツという刺激との連合を通して，ココナツの果肉とココナツミルクの表象を活性化させる。次に，それらの活性化された表象は，それぞれの行為結果（ココナツの果肉，ココナツミルク）との観念運動または道具的連合を通して，それぞれに対応した反応（ココナツを割る，ココナツに穴をあける）を引き起こす。したがって，この説明理論に従うならば，ここでのジレンマは，「ココナツ→ココナツの果肉→ココナツを割る」と「ココナツ→ココナツミルク→ココナツに穴をあける」という２つの競合的連合経路によって生成されている。

観念運動メカニズムの証拠は主として，訓練された行為の効果として人間の反応が触発または促進されることを利用した研究から議論されている（Elsner & Hommel, 2001；総説として Shin et al., 2010を参照）。しかしながら，そのような研究は一般に，行為結果として，主体のその時点での動機づけ状態に関連した誘因的価値をもたない純粋な感覚的な効果を用いている。そのため，生物学的に動機づけられた目標指向的行動にとって観念運動メカニズムが重要であるのかどうかについては明らかではない。目標指向的行為における観念運動メカニズムの役割を支持するもう１つの証拠は，動物学習実験室で開発された実験手続きから得られている。そうした研究では，必然的に行動は生物学的に動機づけられたものでなければならない。このあと，２種類の実験手続き（刺激－行為結果の転移，刺激－行為結果の一致性）について取り上げる。

1．刺激－行為結果の転移

観念運動理論では，目標指向的行為は「単純刺激（たとえば，ココナツ）→行為結果（たとえば，ココナツの果肉）→反応（たとえば，ココナツを割る）」という連合連鎖によって媒介されると仮定されている。連鎖のうち，「コンポーネント刺激→行為結果」という連合と「行為結果→反応」という連合は，通常は道具的訓練の間に同時に学習される。しかし，観念運動理論によれば，もしもこの２つの連合が独立して訓練されるのならば，刺激が呈示されるとただちに反応が引き起こされると予想される。その際，刺激と反応は１つの行為結果を共有し，たとえ刺激と反応がともに訓練されなくても，そのような現象が現れると考えられている。Trapold (1970) は，ラットがこの種の転移を示すことを最初に明らかにした。これは，その後，**特定の行為結果によるパブロフ型道具的転移** (outcome-specific Pavlovian-instrumental transfer) というややわかりにくい表現で呼ばれるようになった。次に，この種の転移について，人間を対象にした最近の研究をみてみよう。

この研究では，最初に，標準的な２条件弁別訓練が行われた。そのなかで，刺激と行為結果として果物の絵記号が用いられ，反応には左手による（左側の）キー押しと右手による（右側の）キー押しが用いられた (de Wit, Rodderinkhof, Fletcher, & Dickinson, 2013)。この標準的弁別における道具的随伴性の例を図7-1a に示す。１つのコンポーネントで，「バナナ」という刺激は，左手によるキー押しが「ココナツ」という行為結果をもたらし，右手によるキー押しが何の行為結果ももたらさないということの信号である。一方，別のコンポーネントでは，「サクランボ」という行為結果を得るには，「西洋ナシ」という刺激に対して右手でキーを押すことが求められる。このように，課題成績への動機づけは，得られたそれぞれの行為結果に対して有価ポイントを与えることで操作された。この訓練によって，「ココナツ→左手によるキー押し反応」と「サクランボ→右手によるキー押し反応」という２つの道具的観念運動連合が形成されているはずである。この道具的訓練のあと，さらに⬠と⊠のような２つの抽象的な転移刺激が呈示され，それらによって２つの行為結果が予測される（図7-1b を参照）。この場合，刺激訓練によって「⬠→ココナツ」と「⊠→サクランボ」という２つの連合が生成されると仮定され，それぞれの刺激は，刺激に連合した行為結果の表象を選択的に活性化させるはずである。ここで重要なことは，左手によるキー押し反応や右手によるキー押し反応を遂行する機会がない状態で刺激訓練が行われるという点である。問題となるのは，そのあと実験参加者が最初これらの刺激の１つが呈示されたときに行為結果に連合した反応を転移テストで選択するかどうかである。観念運動理論が予測するとおり，実際に実験参加者は，転移刺激と同じ行為結果を用いて訓練された反応を優先的に遂行した。すなわち，⬠が呈示されたときは左手によるキー押し反応を，⊠が呈示されたときは右手によるキー押し反応が優先された（図7-1c を参照）。この転移は，連合理論によってのみ予測されると考えられる。なぜなら，モデルベースの理論や推論的理論がこのような転移を取り上げるかということに

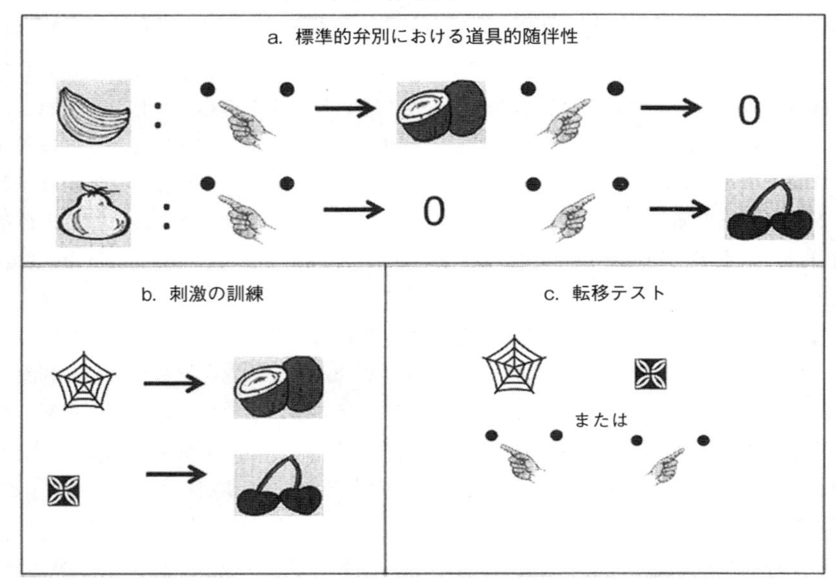

◈図7-1　3段階からなる刺激と行為結果の転移に関する実験手続きの具体例。de Wit, Ridderinkhof, Fletcher, & Dickinson (2013)
(a) 標準的な弁別のための2つのコンポーネントにおける道具的随伴性（各試行において，「ココナツ」または「サクランボ」という行為結果を求めて，「バナナ」または「西洋ナシ」という刺激に対して左手または右手でキーを押すという反応選択が行われる）。
(b) 刺激訓練（道具的反応遂行の機会がない状態で抽象的な刺激によって「ココナツ」と「サクランボ」の行為結果が予測される）。
(c) 転移テスト（行為結果が与えられない状態で左手による道具的反応と右手による道具的反応の選択が行われる）。

ついてはまったくはっきりしない。転移刺激は，道具的反応がなくても行為結果が生じ，転移テストにおける特定の道具的反応の選択については合理的な基礎がないことを予測する。

2．刺激－行為結果の適合性

第2の予測は，観念運動理論によるもう1つの分析手続である不適合2条件弁別から得られる。私たちは最初，この手続きを齧歯類の動物向けに開発し（Dickinson & de Wit, 2003），その後，人間を対象にして実験を行った（de Wit, Niry, Wariyar, Aitken, & Dickinson, 2007）。この弁別手続きの一部を変形した手続きにおいて各コンポーネントで随伴性がどのように設定されているかを図7-2a に示す。最上部に示されたコンポーネントでは，「サクランボ」の絵記号が刺激として呈示された時点から各試行が開始する。実験参加者はこの刺激に応じて，行為結果として「ココナツ」の絵記号を得るには左手でキーを押さなければならない。右手によるキー押しを選択しても何も得られない。これとは対照的に，別のコンポーネントでは，図7-2a では上から２列目に示されているように，各試行は「ココナツ」の絵刺激が呈示された時点から開始され，正しく右手でキーが押されたら「サクランボ」の行為結果が得られ，左手でキーが押されても何の行為結果も得られない。

観念運動理論によれば，この不適合弁別によって連合的葛藤が生じることが予測される。このことを図7-2b をもとに説明する。最初のコンポーネントでは「サクランボ→ココナツ→左手によるキー押し」という連合連鎖が形成される。一方，２番めのコンポーネントでは訓練によって「ココナツ→サクランボ→右手によるキー押し」という連合連鎖が形成される。ここでの葛藤は，１つの観念運動構造における刺激の知覚表象と，別の観念運動構造において検索された行為結果の記憶表象との間に共通点があることから生じる。たとえば，「サクランボ」の表象は，左手によるキー押し反

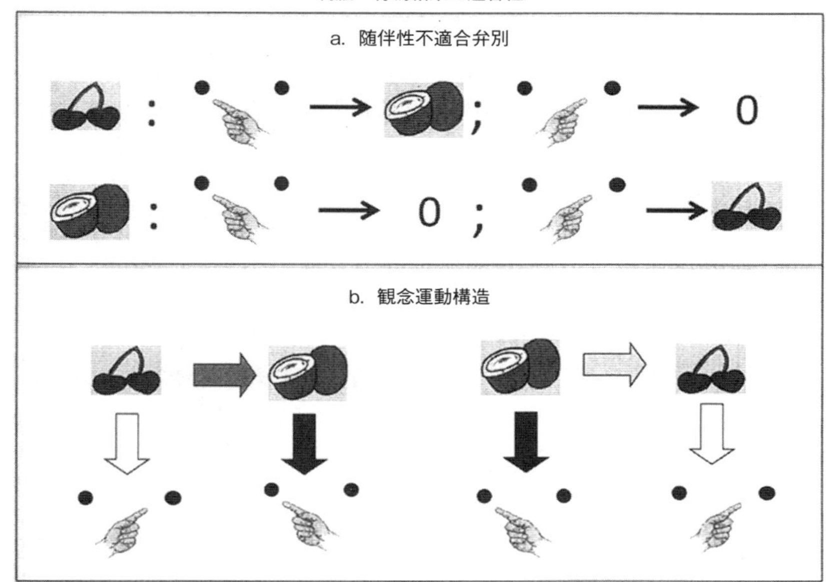

◈**図7-2**
(a) de Wit, Niry, Wariyar, Aitken, & Dickinson (2007) が用いた不適合弁別についての２つのコンポーネントにおける道具的随伴性の具体例。
(b) 観念運動連合構造の結果として生じるペア（矢印の白色と黒色は，同一の連合を示す）。

応に対して刺激として機能するが，右手によるキー押し反応に対しては行為結果として機能する。知覚された刺激の神経表象と想像された刺激の神経表象との間に重複部分があるという広範な証拠（Ishai, Ungerleider, & Haxby, 2000）を考えると，特定の刺激の知覚表象（すなわち，「ココナツ」）と「ココナツ」という行為結果の記憶表象との間にも機能的重複部分があるはずである。実験結果として，「サクランボ」の刺激呈示は，１つの弁別コンポーネントの「ココナツ」という行為結果の表象によって正しい左手によるキー押しを引き起こしただけでなく，別のコンポーネントで形成された「サクランボ→右手によるキー押し」の連合を通して誤った反応も引き出してしまう。こういった葛藤的な観念運動構造を図7-2b に示す。したがって，観念運動理論によれば，この不適合弁別は選択反応の目標指向的コントロールにおける葛藤を誘発するのである。

しかしながら，数多くの研究から，人間の実験参加者は，葛藤を発生させない２つの統制条件よりも正答率は低いものの，そのような不適合弁別を学習できることが示されてきた（de Wit, Corlett, Aitken, Dickinson, & Fletcher, 2009; de Wit et al., 2007）。この最初の統制条件は標準的な２条件弁別であり，転移を取り上げた際にすでに述べた（図7-1a を参照）。このなかで，別々の果物の絵記号が刺激と行為結果として用いられ，２つの反応を媒介する観念運動構造の間に重複部分はなかった。第２の最も単純な適合弁別では，刺激と行為結果は各コンポーネント内では同一であったが，コンポーネント間では異なっており，表象に関する重複はなかった。たとえば，「ココナツ」刺激は，左手によるキー押し反応が「ココナツ」という行為結果を生み出すことの信号となっているのに対して，「サクランボ」刺激は右手によるキー押し反応が「サクランボ」という行為結果を生み出すことの信号になっている。つまり，それぞれ，単純な「ココナツ→左手によるキー押し反応」と「サクランボ→右手によるキー押し反応」という連合が形成された。したがって，不適合連合とは逆に，標準的統制弁別と適合弁別は，いずれも観念運動構造の葛藤が生じない。

実験参加者は，比較的短い訓練のあとでも不適合弁別を獲得することができる。しかし，そのあとの行為結果再評価テストから，不適合反応は目標指向的でないことが明らかになった。訓練終了後に，２種類の行為結果再評価テストが用いられた。１つは選択テストであり，もう１つは「行為スリップ」テストである。選択テストでは，各試行は，関連した弁別からの２つの果物の行為結果を呈示することで開始した。その際，２つの絵記号のうち１つには，×印がはっきりと重ね合わされて呈示された。この×印は，行為結果がもはや得点にはつながらないことを意味し，実験参加者は「まだ価値のある行為結果」を生み出す反応を選択すべきであることが求められた。ここで重要なことは，行為結果も得点のフィードバックもテスト時には呈示されないため，この手続きは一般的な行為結果再評価テストで用いられる消去条件と似ているという点である（Valentin et al., 2007）。多くの研究（de Wit et al., 2007など）で，テスト選択は不適合弁別において偶然水準以上の割合を示さないのに対して，標準的弁別と適合弁別では「まだ価値のある行為結果」によって訓練を受けた行為に対して明らかな選好が認められた。

第2に，行為スリップのテストでは，不適合弁別への反応は目標指向的でないことが確認された。選択テストとは対照的に，各試行において実験参加者に対して単一の反応オプションだけが呈示され，一定の時間制限のもとでこの反応オプションに反応するかどうかが調べられる。このことは，刺激と反応の価値が低下した試行と行為結果とが連合しているかどうかに依存している。テスト時に行為結果のフィードバックがなかったので，訓練中の刺激・反応・行為結果の随伴性に関する知識に基づいて反応するしかない。選択テストの結果と一致して，価値のある行為結果に比べて，価値の低下した行為結果への反応によって実験参加者が行為スリップに関与するかどうかの程度は，統制弁別よりも不適合弁別からの刺激が呈示された試行において高かった（de Wit et al., 2012）。

要約すると，不適合弁別によって誘発された観念運動葛藤のもとで目標指向的コントロールが喪失すると予測されることは，刺激－行為結果の転移に関する知見を考え合わせると，『キャスト・アウェイ』の主人公のジレンマのような意思決定（別の反応によって生じた特定の行為結果が何であるかが符号化されなければならない）において観念運動メカニズムの役割を支持する証拠を提供している。

3節　行為と習慣の神経生物学

先のように述べたものの，1つの重要な点として，私たちの実験における弁別は『キャスト・アウェイ』の主人公の直面した弁別とは異なっている可能性が考えられる。私たちが用いた行為結果は，誘因的価値が純粋に象徴的なものであったのに対して，『キャスト・アウェイ』の主人公は別の目標の遂行に直面しており，それはその時点での動機づけ状態との生物学的関連性に関して実験的な弁別とは大きく異なっていた。しかしながら，多くの証拠から，私たちの象徴的な目標は，生物学的誘因への目標指向的行為を媒介する脳のシステムに深く関わっていることが明らかにされている。Balleine & Dickinson（1998）は行為結果価値低下分析手続きを用いて，齧歯類において**内側前頭前皮質**（medial prefrontal cortex: mPFC）が障害を受けると食物報酬のための目標指向的行動の獲得が妨害されることを報告している。そのあと，Valentin et al.（2007）は，fMRI技術を用いて，それに対応する人間の行為における

mPFC・眼窩前頭皮質の役割を確認した。私たちはすでに，Valentin et al.（2007）が報酬に果物ジュースを用いて人間で行為結果価値低下の効果が現れることを指摘した。しかしながら，重要なことに，行為結果の価値を低下させることは，行為結果と連合した行為の成績を低下させるだけでなく，価値の低下した行為に比べて，まだ価値のある反応を遂行することで生じる mPFC での**血中酸素濃度依存性信号**（blood oxygenation level-dependent signal: BOLD signal）を低下させる。ここでの文脈においてこの研究知見の重要性は以下の事実と関係している。すなわち，統制弁別によって生じた目標指向的行為に比べて，不適合弁別の反応遂行中の同一の前頭前皮質の部位の信号が低下することが観察されている（de Wit et al., 2009; Sjoerds et al., 2013）。さらに，標準的 2 条件弁別や統制 2 条件弁別の獲得中の mPFC の活性化は，弁別について教示された行為結果低価値化テストにおける後続の成績との間で正の相関が示された（de Wit et al., 2009）。したがって，私たちの象徴的行為結果には，生物学的に関連した目標が関与する場合と同じ脳の構造が関与していると考えるのは根拠がある。

この結論は，線条体の白質結合性に関する**拡散テンソル画像法**（diffusion tensor imaging: DTI）を用いた最近の de Wit et al.（2012）の研究によって補強される。構造的 MRI の走査と果物の絵記号を用いた道具的弁別訓練のあとで，行為スリップテストに対する目標指向的コントロールの指標である課題成績の個人差は，皮質構造と大脳基底核の構造との間の結合性に関する推定強度と関連している。ここで重要なことは，目標指向的な課題遂行が腹内側前頭前皮質と尾状核との間の推定された神経束強度と正の相関があったことである。この研究知見の重要性は，行為結果の低価値化によって評価されるとき，齧歯類における mPFC の障害が目標指向的コントロールの獲得の妨げになるだけでなく，背内側線条体の障害でも同様の妨害作用がみられるという事実である（Yin, Ostlund, Knowlton, & Balleine, 2005）。この背内側線条体は，霊長類の尾状核に相当すると考えられている（Balleine & O'Doherty, 2010）。したがって，共通した皮質－線条体システムは，ラットの生物学的報酬に対する目標指向的行動を媒介し，人間においては私たちの弁別課題での象徴的行為結果に対する類似した意思決定を媒介するようである。

さらに de Wit et al.（2012）は，行為スリップの分析技法により，目標指向的課題遂行が，もう 1 つの大脳基底核の構造である**後方被殻**（posterior putamen）と**運動前野**（premotor cortex）との結合性の強度に深く関係していることを明らかにしている。しかしながら，mPFC と尾状核との結合性の場合とは対照的に，後方被殻と運動前野との結合性と課題成績は負の相関を示し，この結合性が強ければ強いほど，弁別課題の遂行は目標指向的でなくなる。この研究知見は重要であり，私たちがこれまで取り上げなかった大きな問題が１つ残されていることを示している。すなわち，不適合な弁別課題の遂行は目標指向的でないのに，実験参加者は明らかにこの弁別を学習している。それならば，不適合弁別の獲得を支えるプロセスの性質は何か，という問題である。

Dickinson（1985）は何年にもわたって，道具的行動は次の２つのプロセスによってコントロールされているということを主張してきた。第１のプロセスは，すでにこれまでに取り上げてきた目標指向的プロセスである。第２のプロセスは，単純な習慣プロセスである。さらに，彼は，習慣的学習の基礎にあるメカニズムが，古典的な**効果の法則**（Thorndike, 1911）によって記述される刺激－反応メカニズム（強化メカニズム）であることを示唆している。この「効果の法則」は，現在では，（モデルフリーの）強化学習の「アクター・クリティックモデル（actor-critic model）」のなかに，非常に洗練されたかたちで組み込まれている（Sutton & Barto, 1998）。効果の法則に従うと，行為結果（または強化）の唯一の機能は，反応が実行される時点で呈示されている刺激と反応そのものとの連合を強めることである。したがって，目標指向的コントロールとは対照的に，行為結果の表象は習慣をコントロールする連合構造のなかに符号化されないので，習慣的な課題遂行は行為結果の誘因的価値の変化に即座に対応しない。そのため，習慣行動が行為結果の価値変化に応じて変化するのは，行為結果そのものが経験による反応に随伴している場合だけである。その結果，変化した強化の性質は，習慣的な刺激と反応の連合の強度に直接影響を与えることができる。このように，目標指向的行為の場合と同様に，行為結果再価値化の手続きは正統的な分析手法ではあるが，習慣を評価するための行為再価値化に対しては感受性が低いのである。

Dickinson（1985）は，道具的行動が目標指向的であるか習慣的であるかは訓練の条件によるとも主張した。すでに述べたように，齧歯類において食物報酬を得るための単純なレバー押し反応は，目標指向的なものとして始まるが，さらに訓練を重ねると食物目標のその時点での価値に対して自律的になってくる（Adams, 1982; Dickinson et al., 1995）。Dickinson（1985）に従うと，このような行動自律性の発達は，目標指向システムによるコントロールから習慣システムによるコントロールへの移行として反映される。こういった習慣的コントロールへの移行において線条体が重要な役割を果たしていることは，訓練に先立って背側線条体が障害を受けると，この行動自律性の発達が妨害され，訓練期間が延長されてもレバー押しは目標指向的であり続けるという実験結果からも明らかである（Yin, Knowlton, & Balleine, 2004）。さらに，過剰訓練によって習慣的コントロールがいったん形成されたあとであっても，目標指向的コントロールはこの構造の一時的な不活性化によって回復することがある

(Yin, Knowlton, & Balleine, 2006)。

こうしたラットを用いた研究知見が人間の習慣にも関連していることは，Tricomi et al.（2009）の研究から確認されている。彼らの研究では，人間の実験参加者がfMRIの検査装置のなかで訓練を受け，ボタン押しの過剰訓練によって，食物に関する行為結果の低価値化に対して非感受性が生み出されることが見いだされた。重要なことに，訓練の量に応じて（右の）後方被殻の活性化が増すことも見いだされた。このことは，習慣的コントロールにおけるこの構造の役割と一致している。行為コントロールにおける二重システムに基づいて分析を行ったところ，人間の実験参加者は，反応によって得られたこの種の行為結果を符号化することなく，それぞれの刺激に対する正しい反応を単純に学習することによって不適合弁別を獲得していたと考えられる。

4節　動機づけと誘因学習

要点を繰り返すと，これまでに取り上げてきたのは，『キャスト・アウェイ』の主人公が飢えを満たそうとして「ココナツ→ココナツの果肉→ココナツを割る」と「ココナツ→ココナツミルク→ココナツに穴をあける」という2つの目標指向的連合を学習したということである。しかしながら，このような単純な説明では，『キャスト・アウェイ』の主人公が最初に喉が渇いていると感じたときに，なぜ，1つめのココナツを割る前に「ココナツ→ココナツミルク→ココナツに穴をあける」という連鎖を選択しなかったのかということについては何も答えてない。ここでもやはり，この主人公のジレンマ（いわゆる，**無関連誘因効果**（irrelevant incentive effect））に関連した，すでに確立している動物モデルから1つの答えが得られる。

Watt & Dickinson（Dickinson, 1997）は，空腹状態のラットに対して小さな固形飼料と砂糖水を手に入れるために「レバーを押す」という反応と「チェーン（鎖）を引く」という反応を訓練した。この実験手続きは『キャスト・アウェイ』の主人公のジレンマの場合とよく似ている。レバー押し反応とチェーン引き反応は，「ココナツを割る」と「ココナツに穴をあける」という反応に対応し，食物ペレットと砂糖水は，それぞれココナツの果肉とココナツミルクと同じ役割を担っている。実験の結果，『キャスト・アウェイ』の場合とは異なり，私たちの実験のラットは，このジレンマを次のように解決した。つまり，私たちは消去段階でラットを渇水状態にしてテストを行ったところ，食物ペレットで訓練されたときの行為よりも砂糖水で訓練したときの行為のほうを遂行することが多かった。しかしながら，重要なことに，こうした反応がみられたのは，ラットが渇水状態で砂糖水と食物ペレットの両方の訓練を受けた過去経験をもっている場合に限られていた。私たちは，道具的訓練に先立って，ラットに対して渇水状態で食物ペレットを食べ，砂糖水を飲むという機会を与えていた。それに対して，『キャスト・アウェイ』の主人公のように，空腹状態で食物ペレットと砂糖水を摂取するという機会しか与えられなかった場合，渇水状態でこの２つの行為を弁別することはできなかった。

Dickinson & Balleine（1994）は，他の多くの研究者と同様に，この研究知見から次のようなことが示されると主張した。すなわち，飢餓や渇水といった一次動機づけ状態は行動目標または行為結果の誘因的価値に対して直接的な影響を及ぼすのではない。むしろ，動物は，それぞれの動機づけ状態のもとで行為結果に関する摂取経験を積み重ねることを通してさまざまな動機づけにおける誘因的価値について学習しなければならない。誘因学習は，飢餓や渇水といった一次動機づけ状態において目標指向的行為がコントロールされる際に，常に重要な役割を果たしていると考えられる。Dickinson et al.（1995）は，絶食状態におかれた空腹なラットに対して，固形飼料を得るためのレバー押し反応の訓練を行った。この固形資料は，消去段階でのラットの課題遂行をテストする前の生命維持飼料とは異なっていた。ラットは消去段階では，生命維持飼料が与えられないか，あるいは非絶食状態におかれた。重要なのは，非絶食状態で固形飼料をいくらでも摂取するという機会が以前に与えられていなければ，非絶食状態のラットは，絶食状態におかれた空腹のラットとまったく同じ程度に反応したという点である（Balleine, 1992）。つまり，動機づけ状態が変化する際に，行為結果のさまざまな誘因的価値について過去に学習していないラットの場合，飢餓が動機づけ状態の変化を超えて般化され，固形飼料に対して高い誘因的価値が割りつけられたのである。ここで注目すべき事柄は，誘因学習は目標指向的行動に対する動機づけのコントロールにおいてのみ一定の役割を果たしているという点である。なぜなら，Dickinson et al.（1995）が訓練を継続することによって１つの習慣としてレバー押し反応をいったん確立させると，誘因学習はテスト成績に何の影響も及ぼさなかったからである。

食物といった食欲強化子の誘因的価値は，摂取後の結果よりもむしろ食物への快楽主義的反応に基づいているのではないかと疑われる（Dickinson & Balleine, 2008）。その理由の１つは，誘因学習が摂取後の効果に対して急速すぎて，誘因的価値に影響を及ぼさないからかもしれない。絶食状態から非絶食状態への推移に関する別の研究では，消去手続きによるテストではなく，ラットは毎分１回ずつ固形飼料が与えられ，非絶食状態で固形飼料を摂取することを経験した（Dickinson & Balleine, 1995）。ここでもやはり，過去に非絶食状態で食物ペレットを摂取していなかったラットは，飢餓状態が続いていた場合とまったく同じように高い割合で反応し始めた。しかしながら，わずか45ミリグラムの固形飼料を２個だけ与えられた後では，過去に非絶食状態で固形飼料を摂取するという経験をしたラットは，テスト開始時に示した低いレベルの成績と同じくらいにまで成績は下降した。こうした誘因的価値の調整は，摂取後の結果が効果をもたらすよりも前に生じた。

『キャスト・アウェイ』のジレンマに誘因学習が関連しているのは，主人公が渇水時にココナツの果肉とココナツミルクの両方を摂取するという経験をもっていなかったという点である。彼は以前，空腹を満たすためにココナツの果肉を食べるときは，その前にいつも貯水池の水で喉の渇きをうるおしていたからである。したがって，飢餓状態から渇水状態への推移は，この２つの行為結果の相対的な誘因的価値を変化させることはなかった。しかしながら，彼は最初のココナツを割った後，ほんのわずかなココナツミルクを口にしただけで，渇水時にはココナツミルクの誘因的価値が相対的に高くなることを学習するのに十分であった。したがって，２つめのココナツに対しては穴をあけるという正しい行為を遂行し，少しではあったが，喉の渇きをうるおすことができたのである。

5節　動機づけコントロールの実行

この節での動機づけコントロールに関する短い考察では，誘因学習が目標指向的行為に関する観念運動理論による説明と直接結びついているのかどうかという問題を取り上げる。この目標指向的行為に関する観念運動理論による説明については，私たちが分析したことをすでに述べた。いくつかの証拠から，誘因学習は観念運動理論による説明と直接結びついていないと考えられる。ここで，観念運動メカニズムを支持する証拠が刺激と行為結果の転移に関する研究から得られたことを思い出してもらいたい。刺激と行為結果の転移に関する研究では，たとえ刺激と反応が一緒に訓練されなくても，刺激は１つの行為結果を共有する反応を選択する（de Wit et al., 2013）。もしも誘因学習が１つの観念運動連鎖のなかで行為結果の表象の有効性を直接調節しているのならば，行為結果の誘因的価値の変化は観念運動コントロールの評価結果として，刺激と行為結果の転移の大きさに影響を及ぼすはずである。

この問題は動物学習の実験室内で検討されてきたが（Rescorla, 1994など），人間を対象とし，報酬に（実際の）食物を用いた研究においても，刺激と行為結果の転移に及ぼす動機づけの変化の効果が示されている。この研究結果は，齧歯類の研究の結果と一致している。Watson, Wiers, Hommel, & de Wit（2014）は最初に，実験参加者に白い四角の刺激に対する右手によるキー押しと左手によるキー押しの訓練を行った。たとえば，前者の反応によってチョコレートが得られ，後者の反応によってポップコーンが得られた。そのあと，これらのお菓子のどちらか一方は，特定の満腹感の操作によって低価値化された。実験参加者の半数はチョコレートを飽きるほど食べ，残りの半数はポップコーンを飽きるほど食べた。こうした満腹操作の直後に，実験参加者は消去テストにおいてこの２つの行為のどちらかを選択することが求められた。行為結果の低価値化の効果は，消去テストにおいて認められた。実験参加者は新たな低価値化されたお菓子に比べて，まだ価値の低下していないほうのお菓子で訓練されたキーを選好して押した（この例では，チョコレートの低価値化のあと，左手によるキー押し反応が選好された）。

もしも行為結果の低価値化（devaluation）の影響が，価値の下がった行為結果の表象と連合した観念運動連鎖によって媒介されているのならば，どちらか一方の行為結果に対して特定の満腹感を導くことは，この行為結果と連合した刺激によって引き起こされる転移も低下させるはずである。この予想を検証するために，次のような実験が行われた。はじめに，チョコレートとポップコーンにそれぞれ対応した抽象的なパターンの刺激に対して刺激の連合学習がなされた。そのあと，実験参加者はこの２つの転移刺激のうちどちらか一方が呈示されて，左右のキー押し反応の選択が求められた。そして，これらのテスト刺激が呈示されたときの共通した行為結果に連合した反応遂行の選好は，いずれの行為結果とも連合していない対照刺激，または無関連な行為結果（カシューナッツ）と連合した対照刺激によって生じた反応遂行の選好と比較された。このテストに先立って，実験参加者の１群はチョコレートで満腹にさせられ，別の１群はポップコーンで満腹にさせられた。この低価値化は満腹操作が行われていない行為結果で訓練された反応に対して一般的なバイアスを生み出したが，テスト刺激と同一の行為結果と連合した反応への選好は，対照刺激への反応の選好に比べて，低価値化された行為結果のタイプに影響されなかった。言い換えれば，刺激と行為結果の転移の大きさは，それぞれの行為結果のその時点での誘因的価値によって影響されなかった。

この研究結果の意味すること，また，動物学習の実験室研究の結果（Rescorla, 1994など）と一致することは，課題成績に対して行為結果のその時点での誘因的価値または目標価の影響は観念運動メカニズムによって直接媒介されないということである。この考え方は，喫煙者によるタバコ探索という文脈において刺激と行為結果の転移が動機づけ操作に対して感受性をもたないことからも支持される。Hogarth (2012) は，ニコチン代替療法が行為結果の低価値化テストにおいて（チョコレートに比べて）タバコへの反応を低減させるが，刺激と行為結果の転移に対しては影響を及ぼさないことを報告している。Hogarth は，このテストに先立って新たな刺激と行為結果の連合を訓練するのではなく，日常生活の経験をもとに，タバコとチョコレートのわかりやすい写真を呈示し，それぞれタバコとチョコレートという行為結果の表象を活性化させるようにした。その結果，この予想と一致して，消去テストにおいてタバコ刺激が呈示されたときはタバコの反応が選択された。その一方，チョコレート刺激が呈示されたときは，チョコレート反応が選好された。しかしながら，転移効果の大きさは，ニコチン代替療法によるタバコの低価値化がなされても低減しなかった。したがって，目標指向的行動における観念運動メカニズムの役割を支持する証拠は興味深いが，少なくとも行為結果や目標が生物学的に関連している場合に，これらのプロセスが十分な説明にはなっていないことも明らかである★1。

刺激と行為結果の転移に関する実験的分析の結果から，活性化された行為結果の表象は，それと連合した反応に対してプライミング効果をもたらすが，反応の遂行を引き起こすようなかたちで反応を活性化しないことが示唆される。したがって，必要なことは，動機づけメカニズムに対して観念運動のプライミングを補強する方法である。それによって，行為結果のその時点での誘因的価値がこのプライミングと相互作用し，課題遂行を生成することができる。この相互作用は，Dickinson とその共同研究者らによって開発された目標指向的行動の連合サイバネティックモデル（de Wit & Dickinson, 2009; Dickinson, 1994, 2012）のなかに観念運動メカニズムを埋め込むことによって達成可能である。このモデルは，Thorndike（1931）による道具的行動の「表象化または観念化」理論（“representative or ideational”theory）を精緻化したものである。このモデルにおける主要な考え方によれば，行為結果は，その感覚表象が報酬システムを活性化できるかどうかによって評価される。その際，報酬システムの出力は，なんらかの誘発された運動プログラムを促進するためにフィードバックを受ける。

図7-3は，この動機づけメカニズムが標準的な条件性弁別の文脈において観念運動メカニズムにどのように統合され得るかを示している。その条件性弁別の手続きは，de Wit et al.（2012）が観念運動の転移を研究するために用いたものである。そのなかで次のように弁別訓練が行われたことを思い出してもらいたい。「西洋ナシ」の刺激は，右手によるキー押し反応が「サクランボ」という行為結果を生み出すことを信号化している。これに対して，「ココナツ」という行為結果を得るためには「バナナ」刺激に対して左手によるキー押し反応が求められる（図7-1a を参照)。図7-3は，その結果生じる観念運動構造を表している。この図にはまた，次のような事実が含まれている。すなわち，刺激と行為結果の転移を説明するために，それぞれ独立して確立された行為結果の信号が抽象的な絵記号として描かれ，それらの絵記号は関連性のある観念運動連合に関与していることを示している。最後に，このコンピュータに基づく課題において操作卓とキーボードによって生成された刺激が含められた。これら

観念運動理論における認知コントロールの実行

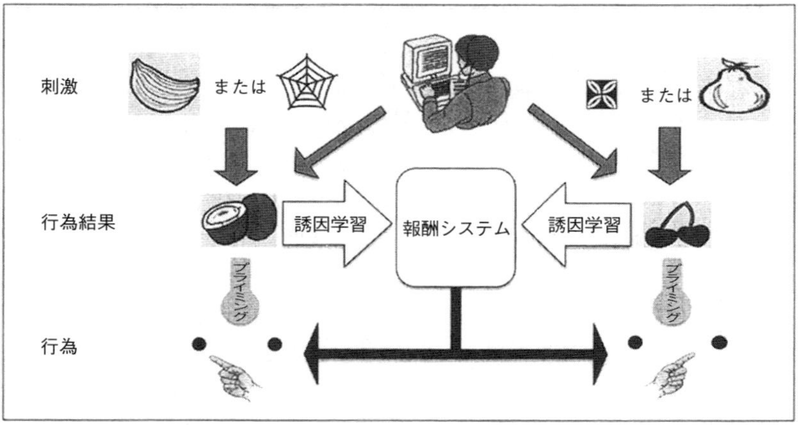

刺激　または　または
行為結果　誘因学習　報酬システム　誘因学習
プライミング　プライミング
行為

◈図7-3　標準的な弁別と転移刺激（図7-1に示されている）のための連合サイバネティックメカニズムを経由した観念運動反応プライミングと動機づけコントロールの統合

の文脈刺激は，弁別試行において２つのコンポーネントの両方から呈示されるので，両方の行為結果と連合されるはずである。しかしながら，文脈刺激は全試行の半分だけで所与の行為結果とペアで呈示され，それぞれの行為結果を予測する際に信頼性が低く設定されている。そのために，文脈刺激と行為結果との連合は，刺激と行為結果との連合よりも弱くなっている。

このモデルにおける１つの重要な特徴は，活性化された行為結果の表象がそれ自体では連合した反応を駆動できず，むしろこの反応のためのそれぞれの運動プログラムを誘発するように作用することである★2。反応の実行は報酬システムからの同時入力も必要とする。それにより，行動の動機づけコントロールが可能になる。誘因学習は人間では教示による再評価を含んでいるが，その結果として，魅力的な行為結果に関する１つの活性化された観念運動表象が報酬システムに関与するようになり，次に，すべての運動プログラムに対して活性化された影響を広げていく。この活性化の影響が最も強く誘発された運動プログラムの実行を引き起こすのに役立つ。このように，たとえば，「バナナ」という訓練刺激と，⊛という転移刺激のどちらかを呈示することが，ベースラインとなる活性化レベルを超えて「ココナツ」という行為結果の表象の活性化を促進する。このベースラインとなる活性化レベルは，文脈手がかりの結果として両方の行為結果の表象において生じるものである。行為結果表象の異なる活性化レベルは，次に，右手によるキー押し反応よりも左手によるキー押し反応を強く誘発し，その結果，左手によるキー押し反応の成績が報酬システムの動機づけの影響よりも下がるのである。

行為結果の低価値化の効果は目標指向的コントロールの評価に用いられるが，これによる説明は比較的明確である。選択テストにおいて2つの行為結果の一方だけ(「サクランボ」とする）が呈示されると，教示では低価値化されたことになることを思い出してもらいたい。実験参加者はそれぞれの行為結果を毎試行で一度だけ評価すると仮定すると，「ココナツ」の行為結果の価値が変わっていないと感じることによって左手によるキー押し反応が誘発され，報酬システムに入力される誘因学習によって誘発された反応を強く活性化するだろう。その結果，高い確率で左手によるキー押し反応が遂行されるだろう。これとは対照的に，低価値化された「サクランボ」という行為結果は右手によるキー押し反応を誘発するが，この反応を遂行する確率は，強い結合報酬システムの活性化を欠いているために低くなる。低価値化という実験的操作は，報酬システムを活性化するという「サクランボ」の表象のもつ力を低減する。これと同じ説明が行為スリップテストにも拡張できる。行為スリップテストでは，実験参加者は，連合した行為結果が低価値化されたかどうかに基づいて「バナナ」と「西洋ナシ」のどちらか一方の刺激に反応するという選択が求められる。「バナナ」という刺激への左手によるキー押し反応は，その反応が誘発された時点で，報酬システムが一般的な興奮性の強い影響を及ぼすために，高い割合で現れるだろう。「サクランボ」という行為結果の低価値化の結果として，「西洋ナシ」という刺激に応じてこの強い興奮性の入力がなされないので，この刺激に対する右手によるキー押し反応の確率は大いに低下する。

ここで重要なことは，このモデルが，刺激と行為結果の転移は行為結果によっても目標の低価値化によっても影響を受けないというやや変則的な実験結果をもうまく説明できるという点である。図7-1に示されているように，刺激と行為結果の転移によって，▩という転移刺激は，「サクランボ」という行為結果が低価値化されるかどうかに関係なく，右手によるキー押し反応を誘発するはずである。唯一の違いは，その後に「サクランボ」という行為結果を低価値化することが誘因学習による報酬単位を駆動しないという点である。実際のところ，報酬システムの興奮の唯一のソースは，文脈刺激から生じ，「ココナツ」の表象とその誘因学習の入力によって伝達される。しかしながら，報酬システムの興奮性の出力は弁別できないため，最も強力にプライミング効果を受けた運動プログラム（つまり，右手によるキー押し反応）によって行動面の選択に影響を及ぼすだろう。報酬システムの興奮というかたちで反応プライミングと動機づけの効果が付加される程度に応じて，動機づけ入力の絶対的なレベルは影響しなくなる。この予測の起源は，モデルの1つの重要な特徴に注目していることである。すなわち，動機づけの入力（この具体例の場合，活性化された「ココナツ」

という行為結果）のソースが同一であることは，入力がもう１つ別の反応のための運動プログラムに影響する時点までに失われてしまう。通常の場合（常にそうとは限らないが），動機づけのソースを同定するのは，反応プライミングと動機づけ入力との偶然の一致である。しかしながら，逆説的であるが，行為結果の１つが低価値化されたあとに刺激と行為結果の転移が起きた場合，プライミング効果を受けた反応の選択は，もう１つ別の行為結果のその時点での誘因的価値によって動機づけられているのである。

6節　結論

主にドイツの心理学者らによって観念運動理論が現在再び注目されていること（Shin et al., 2010）とは別に，人間を対象とする実験心理学では，教示による刺激と反応との写像関係に基づいた実験パラダイムが好んで用いられ，目標指向的行為に関する実証的な研究はほとんど行われてこなかった。それとは対照的に，目標指向的行動の学習メカニズムや動機づけメカニズムの性質は，ハル（Hull）流の新行動主義とトールマン（Tolman）流の認知的行動主義との間で古典的な論争が行われて以来，動物学習の実験室で行われる実証的研究では注目され続けてきた。その結果，動物学習の研究者は，目標指向的行動のメカニズムを分析するための数多くの実験パラダイムを開発してきた。その実験パラダイムとは，たとえば，目標や行為結果の低価値化，刺激と行為結果の転移と適合性などであり，これらは最近では人間の行動を研究する際にも用いられている（de Wit & Dickinson, 2009）。私たちの研究では，これらの実験手続きによって人間の意思決定において観念運動メカニズムが一定の役割を果たしていることが確認された。しかしながら，人間を対象とする研究からも動物を対象とする研究からも，この観念運動メカニズムだけが目標指向的行為の動機づけコントロールを説明するわけではないことは明らかである。私たちは１つの解決案として観念運動メカニズムと連合サイバネティックメカニズムを融合したモデルを提案したが，動機づけプロセスと認知プロセスを統合することが目標指向的行動の実証的研究においても理論的研究においても，依然として１つの重要な挑戦であり続けている。

観念運動理論が簡潔で素朴であることは，目標指向的行動に関する現代のコンピュータモデルがプロダクションシステム（Anderson et al., 2004）や，モデルベースの強化学習（Daw et al., 2005），ベイズ推論（Solway & Botvinick, 2012）のいずれの観点から表現されるにせよ，それらのもつ複雑さとは非常に対照的である。明らかに，文化による影響を受けた成人は理論的に，意思決定に関するこのようなモデルによって示されたこの種の複雑な認知プロセスを用いることができる。しかし，実際は，私たちの普段の日常的な目標指向的行動の多くは，観念運動理論のようなもっと単純なプロセスによってコントロールされているのではないかと考えられる。さらに，目標指向的行動において明らかに合理的でないと思われるような側面を標準的な認知モデルがどのように説明するのかについても不明な点が残されている。そのような側面とは，刺激と行為結果の転移や適合性効果においては顕著であり，喉の渇いた『キャスト・アウェイ』の主人公が1つめのココナツを割ってしまったときの行為スリップを含んでいる。

認知心理学者が「行為スリップ」の起源について検討してきたことは事実である。たとえば，Cooper & Shallice（2000, 2006）は，「コップにコーヒーを入れる」といった行為系列には階層構造をもつ行為スキーマが必要であり，それによって行為の遂行中に観察される行為スリップが説明される。そして，おそらく十中八九，これらの**競合スケジューリング**（contentional scheduling）のモデルは，『キャスト・アウェイ』の主人公の行為スリップをうまく説明できるだろう。しかしながら，興味深いことに，この点において競合スケジューリングは，非常に複雑なかたちであるとはいえ，目標や行為結果の表象が運動スキーマの活性化を左右するという基本的な観念運動メカニズムと類似している部分があることを指摘しておきたい。

結論として，人間の行動における観念運動プロセスが一定の役割を果たしているという証拠は，反応を誘発する行為の研究や，刺激と行為結果の転移に関する研究，適合性効果に関する研究から得られている。さらに，観念運動学習は，連合サイバネティックメカニズムと統合され，行為結果と反応との連合に基づいて目標指向的意思決定の動機づけを説明することができる。

【原注】

★1　Allman, DeLeon, Cataldo, Holland, & Johnson（2010）は，株式市場に関する抽象的なシミュレーション課題において刺激と行為結果の転移が教示による行為結果の低価値化に敏感であると報告していることを指摘しておく。

★2　もともとの連合サイバネティックモデル（de Wit & Dickinson, 2009; Dickinson, 1994, 2012）では，習慣行動を説明するために，反応プログラムは直接，刺激と反応との連合によって誘発されると仮定されているが，このモデルのこうした側面については本章の内容を簡潔に示すために割愛した。

第Ⅱ部

認知的自己調整の
感情の源泉と
動機づけの源泉

第 8 章
目標は行動をどのようにコントロールするのか
行為－結果と報酬情報の役割

Hans Marien
Henk Aarts
Ruud Custers

1節　はじめに

行動をコントロールする能力は，環境の変化に適応し，目標に到達したり世の中を望ましい状態にしたりするための，人間の最も重要な資質の１つである。人間のコントロールプロセスは，さまざまな妨害に対して注意を持続し，障害に対して行動を適応させるという主要な機能を果たす（Miller & Cohen, 2001)。これらのコントロールプロセスが実際どのように働くかを理解することは重要であり，この問題について多くの理論的研究や実証的研究が行われてきた。文献ではいくつかの疑問が議論となっており，これらの疑問はさまざまなレベルの分析に焦点をあててきた。

認知コントロールの構成要素についてたとえば，積極的な維持，抑制，切り替えなどの疑問に取り組んだ研究がある（Miyake & Shah, 1999)。ほかの研究では認知コントロールについてより一般的なレベルでの疑問に対処し，たとえば，これらのコントロールプロセスが行動の自己調整にどのように影響するかを検討する（Hofmann, Schmeichel, & Baddeley, 2012)。神経画像研究は，認知コントロールプロセスが脳で生理学的にどのように処理されているのかについての機能的な疑問を検討してきた（Smith & Jonides, 1999)。

しかしながら，これまではあまり注意が払われなかった１つの重要な疑問がある。

それは，何がコントロールの実際の開始点なのか。別の言い方をすれば，何が認知コントロールの動員を動機づけるのだろうか。目標指向的行動を支える認知コントロールへの動機づけの影響の問題に取り組んだ文献には，興味深く，かつ，重要な一連の研究がある（Locke & Braver, 2010など）。しかし，行動の開始は，明確な課題の教示か外的に示された目標の形で与えられるものとして通常扱われている。これは，知覚された結果と比較できる結果の表象を実験参加者に提供する。結果的に，実際の結果と課題の教示によって明確に要求された結果との間に矛盾が検出されるときはいつでも，実験参加者は自分の行為の結果を監視し，認知コントロールを開始することができる（いくつかの例外については，Lau & Passingham, 2007; van Gaal, Lamme, & Ridderinkhof, 2010を参照のこと）。しかし，課題に取り組み，行動するためのこのような開始の教示がないときでさえ，人々がいつ，どのように認知コントロールプロセスを動員するのかを理解することもまた重要である。日常生活の多くの状況では，人が何をすべきであるかについてかなりあいまいである。そのため，人々は内的な表象や，自らがやる気になった目標指向的行動に，しばしば頼ることになる。本章では，認知コントロールの潜在的な起源について，私たちの理解をさらに深めることを目的とする。そして，どのように目標が形成され，どのように目標が目標指向的行動のコントロールを動機づけるのかについての基盤となるメカニズムについて述べる。

目標の研究は認知コントロール機能に関する研究と密接に関係する。認知や行動を長期にわたって安定的に，適応的にさせる働きに関連して，有効な目標指向的な活動についての証拠がしばしば提供されてきた（Dijksterhuis & Aarts, 2010）。つまり，いったん目標が定まると，目標に関連した情報が心の中で活性化し続ける可能性が高いが，その一方で干渉する情報は抑制され進行中の行動が監視されるという考え方である。このメカニズムの説明に沿って，私たちは目標の活性化をコントロールの開始点と考える。これについて検討するために，この章は行動－知覚（action-perception）からの洞察と動機づけ学習とを結びつける視点を採用する。私たちは，効率的で効果的に行動のコントロールを動機づける際に相互に働く，２つの基本的な特徴的機能の獲得に，目標指向的行動が関連することを提唱する（Custers & Aarts, 2005; Marien, Aarts, & Custers, 2013）。

第１に，目標指向的行動は，知覚的結果（perceptual outcome）に関して学習され，表象されていることが示唆されている。知覚的結果は，知覚においての認知的活動の表象の基盤となる（Elsner & Hmmerl, 2001; Hommel, Müsseler, Aschersleben, & Prinz, 2001）。たとえば，あるボタンを押した後，特定の電灯がつくことを学習したとしよう。この学習の結果，電灯をつけるという結果を表象する知覚情報は，結果を生み出す行動についての情報も含む。これゆえ，もし，たとえば電灯をつけることを考えることが絵や単語によって活性化された場合，対応するボタンを押す行為はこの学習プロセスのおかげで，その人の心の中ですぐに利用できるようになる。

第2に，結果を得るための行動のコントロールを動機づける際に，結果についての誘因的価値（incentive value）や報酬価値は，重要な役割を果たす（Dickinson & Balleine, 1994; Shizgal, 1999）。将来の金銭報酬は結果の典型的な例であり，その獲得された誘因的価値によって，人を動機づけ，報酬を得ようとさせる可能性がある。しかし，このような報酬価値や誘因的価値は，目標や結果を偶然伴う環境の情報から生じる可能性もある。これは，他人による気の利いた意見のような単純なものかもしれないし，ポジティブな感情を引き起こす絵画かもしれない。たとえば，ある人が薄暗い部屋に入りスイッチを押して電灯をつけたとき，だれかが「どうもありがとう！」と言うかもしれない。あるいは，壁にかかった素敵な絵画がこの行為（スイッチを押す）の結果（電灯がついた）によって見えたかもしれない。このような場合，電灯をつけることが好ましい結果であると学習される。人々は，その結果を生み出す機会があれば，次回も部屋を明るくすることに多くの努力を払うようになる。しかしながら，このような出来事から好ましさがなくなると，行為－結果の評価が下がるために，人は対応する行動へ努力することをやめるだろう（de Wit & Dickinson, 2009; Dickinson & Balleine, 1994）。このように，ポジティブな報酬信号と結びついた行為－結果は，個人の努力を促し，効果的に行動をコントロールさせるようになる。さらに，このような努力の動員は，たとえば実際に努力する価値があるかどうかを報酬信号が決定するというように，資源保存の原理を考慮することが示唆されている（Brehm & Self, 1989; Gendolla, Wright, & Richter, 2011; Wright, 2008）。

目標指向的行動に関するこれらの2つの特徴的機能は，これまではほぼ独立した研究として調査されてきた。まず，研究の1つの流れは，行為－結果の学習原理に主に関連している。この原理に従うと，結果に関して行為は表象されている。行為－結果の関連についてのこのような知識は，人が世の中で自発的に行動し，特定の結果に対して適切な行動を選択するために欠くことができない（Shin, Proctor, & Capaldi, 2010）。研究のもう1つの流れは，ポジティブな報酬信号が行為の認知コントロールにおいて果たす役割を主に検討する。目標が行動をコントロールする方法は動機づけの重要さに依存すること，そしてこの動機づけはポジティブな報酬信号を通して獲得され得ることは，これらの文献でかなり報告されている（Chiew & Braver, 2011）。

この章では，私たちは研究の2つの流れの統合を試み，人間が目標指向的行動のコントロールプロセスを開始し調整する際に，どのように行為－結果情報と報酬情報とが相互作用するのかについての理論的な視点を提供することを試みる。私たちは行為－結果情報の活性化を伴う報酬信号が，行為－結果の価値を意味づけることを提唱する。さらに，個人が行為－結果情報を提供され，望まれた行為－結果に到達するために行動を維持し適応する必要がある状況下で，この動機づけの意味がコントロールの資源（努力）の動員を促進することを提唱する。

2節　認知コントロールの方向づけ開始点としての行為－結果表象

人間の目標指向的行動は，結果に関連づけて行為を予測し，表象する心的能力に起因すると考えられる（Suddendorf & Corballis, 2007など）。それゆえ，行為－結果について考えることによって，オフラインで行動を準備し，選択する（たとえば，計画を立てる，事前に活性化する）ことができる。たとえば，アイスクリームを食べることを考えるとき，冷蔵庫に向かって少し歩くために必要とされる適切な動きを準備し，最終的に選択する。あるいは，会社へ通勤する際に，交通手段を選択し，行きたい場所へすばやく通勤できる経路を繰り返し調べるかもしれない。しかしながら，このような目標指向的行動を行うためには，行為－結果関係についての知識がまず必要である。この種の行為－結果の学習は詳しく研究されていて，行為－結果表象の出現に対して説得力のある説明を提供する（Shin et al., 2010）。基本的には，筋肉の動きの（感覚的な）結果が観察されるときに，行為と結果のつながりが形成される。そして，この行為－結果の関係が一貫して生じる場合には，このつながりはいっそう強められる。行為と結果のつながりは双方向的であると考えられるので，この強化された関係は，現在計画され，かつ，あらかじめ活性化された行為－結果を実現するために，関連する行為とともに利用される。これが，観念運動原理（ideomotor principle）の中核である。すなわち，行為－結果の表象の活性化は，関連する運動の表象を容易に選択し，活性化するのである（Elsner & Hommel, 2001; Prinz, 1997）。

観念運動原理は，単一の行為－結果の表象（たとえば，電灯をつける）が，複数の種類の行為に関係づけられることも許容する（Hommel, 1996; Kunde, Hoffman, Zellmann, 2002）。たとえば，電灯をつけるという行為－結果が，ボタンを押すことによって，あるときには手をたたくことによっても，あるいはセンサーの前を単に通り過ぎることによっても，生み出される。さらに，観念運動原理は，単一の行為が複数の行為－結果と関連づけられることを学習することも許容する（たとえば，無限のアプリにアクセスするために，手でタッチ画面を軽く叩く）。言い換えれば，目的－手段の構成の等結果性（equifinality）と多重結果性（multifinality）の形態は，観念運動原理の基礎となる，まったく同一の基本的な行為－結果の学習の結果かもしれない。このことは目標指向的行動をより適応的にする。なぜなら，複数の行為が同じ行為－結果に利用できる，あるいは，単一の行為が，現在の必要性，願望，そして機会に関連して，複数の行為－結果を生み出すこともできるからである（de Wit & Dickinson, 2009; Frank, 2011; Kruglanski et al., 2002）。

観念運動原理は，感覚運動の観点から行為の選択を最初に説明するが，行為のより複雑な形態を理解する手がかりにもなる。人の行動は豊かな環境で生じ，直接的な運動の活性化から切り離された目標に関係することが多い。たとえば，雨模様の天気で車を運転するには，運転手はなんとかうまくいくようにあらゆる行為を選択することが必要である。運転手は，濡れた道路は滑りやすいので，ハンドル操作やブレーキを踏む行為が乾いた路面での運転とは異なるだろう，ということを知っておかなければならない。言い換えると，運転手は，単一の行為－結果の関係についての具体的な知識を超えた，行為－結果情報についての抽象的な知識を獲得する必要がある。このことは，どのように行為－結果情報が具体的な知識から抽象的な知識に変容されるのかについての疑問を投げかける。

目標指向的行動は単純な動作の目標から複雑な社会的目標にまで生じること，そしてこれらの目標は行為－結果の学習の基盤となるまったく同じメカニズムによって，異なる文脈でアクセスされることを示唆する研究がある（Maturana & Varela, 1987）。私たちは，指，手，腕に関する基本的な身体部位の動きをまず学習する。こうして初めて，私たちは効果的に電灯のスイッチを押し，この行動は暗い部屋を明るくすると認識する（Kray, Eenshuistra, Kerstner, Weidema, & Hommel, 2006）。言い換えれば，身体部位の動きについての特定の学習パターンを，意味的・認知的コードに関連させて，新たに観察可能な行為－結果に後から関連づけることができる。そしてその結果，行為－結果が感覚的・知覚的コードにつながる（Aarts & Veling, 2009; Hommel et al., 2001; Lindemann, Stenneken, van Schie, & Bekkering, 2006; Pulvermüller, 2005）。実際，目標指向的な運動行動に関連する感覚－運動の目標の表象の獲得が，結果のより抽象的な特徴（たとえば，行為－結果の表象がより社会的に意味のあるものになるというように）にまで一般化することを，いくつかの研究が明らかにしている（Beckers, De Houwer, & Eelen, 2002; Haazebroek, Van Dantzig, & Hommel, 2013）。

先ほど述べた研究は，人々が行為の選択や実行中に，これらの行為－結果の表象に頼ることができることを示唆している。これは，行為が現在利用可能な行為－結果に基づいて，どのように選択されるのかについての直接的な説明となる。しかしながら，人々が暮らす変化の多い環境では，選択する行為において柔軟であることが必要である。希望する結果は，学習されて関連づけられた行為によって必ずしも達成できるとは限らない。したがって，普段の行為パターンに固執することが役立つとは限らないことが多い。行為コントロールのサイバネティックモデルにしたがうと，行為－結果の表象は，知覚や行為の基準点あるいは参照点として役立つという点で，機能的な役割も果たす（Adams, 1971; Powers, 1973)。実行された行為が，事前に活性化された行為－結果の表象と一致しない結果になるとき，脳には行為関連エラーの信号が発生する（Carter et al., 1998; Gehring, Coles, Meyer, & Donchin, 1990; Waszak & Herwig, 2007)。そのときにはコントロールが必要で，古い行為を廃止，もしくは抑制する一方，次の行為の新しい方針を考えなければならない。それゆえ，行為－結果表象の積極的な維持は，希望する行為－結果へ到達するために必要な，その他の認知コントロールプロセスとしばしば並んで進行する。

3節　認知コントロールの活性開始点としての報酬信号

観念運動の理論化は，行為－結果の知識がどのように獲得され，これらの行為－結果表象がどのように行為の選択に関与するかについて理解し検討するための簡潔で強力な枠組みを提供する。しかし，それは結果の表象が，いつ，どのように行為に対するコントロールを開始し，促進するのかについての明確な予想を含んでいない。すなわち，観念運動原理は，認知コントロールの活性開始点を考慮しているわけではない。また，行為－結果に到達するためにいかにしてコントロールをさらに定着させるかについて考慮しているわけでもない。しかしながら，この問題は感情的－動機づけ的観点から認知コントロールの動員（instigation）を調べる幅広い研究領域において研究されている（Braver et al., 2014)。とりわけ，この視点は３つの異なる研究領域で検討されてきた。

まず第１に，認知コントロールのポジティブな気分や情動の役割に注目した幅広い研究領域がある（Ashby, Isen, & Turken, 1999; Baas, De Dreu, & Nijstad, 2008; Fredrickson, 2004; Gable & Harmon-Jones, 2008)。この領域の研究結果は，ポジティブな感情（幸せでいること，多くの楽しいことを経験すること）は認知の幅を広げる（たとえば，人々をより創造的にする)，認知を集中させる（たとえば，局所的な刺激に集中することによって）ことを示唆する。第２に，予想される金銭的利得がコントロールされた処理に影響することを示す研究結果がある。その影響の結果，努力が必要な行動は簡単に増進し，課題遂行がより方略的に実行される（Bijleveld, Custers, & Aarts, 2012; Chelazzi, Perlato, Santandrea, & Della Libera, 2013)。第３に，評価条件づけの方法によってポジティブな感情価に関連づけられた行為－結果表象は，適切な行為－結果が実現される課題において，努力を伴うコントロールされた処理を促進することが示された（Aarts, Custers, & Marien, 2008; Custers & Aarts,

2010)。つまり，これらの異なる研究の流れは，ポジティブな情動，金銭的利得，そしてポジティブな行為－結果表象のすべてが，認知コントロールプロセスを調節する，いわば共通通貨の役割を果たす一般的な報酬信号として機能し（Shizgal & Conovor, 1996)，結果として柔軟性を高めたり，より集中した処理を行うということを示す。ただし，柔軟性や集中が優勢であるときに，感情的－動機づけ的視点がどのようにその問題を扱うのかはまだ明らかではない（この問題を最近検討している研究として，Harmon-Jones, Price, & Gable, 2012; Liu & Wang, 2014)。興味深いことに，そしてここでの議論により関連していることとして，認知コントロール処理が，PFC で活動する皮質下のドーパミン回路（一般的な報酬信号処理を反映する）によって調節されていることを示す神経認知的研究がある（Aarts, van Holstein, & Cools, 2011; Chiew & Braver, 2011; Dijksterhuis & Aarts, 2010)。

感情的－動機づけ的視点から，報酬信号は認知コントロールの３つの基本的な要素のおのおので，重要な役割を果たすことが認められている。すなわち，報酬信号は以下の３つを行うことが示されている。①次の課題の要求に事前に対処するために，課題に関連する情報と行為－結果を持続する（Braver, 2012; Zedelius, Veling, & Aarts, 2011)，②反応の混乱を減らすように課題に関連のない情報を抑制する（Padomala & Pessoa, 2011; Veling & Aarts, 2010)，③情報の変化にすぐに適応するために，課題切り替えの実験パラダイムで切り替えコストを減らす（Dreisbach & Goschke, 2004)。これら３つの要素はともに，一般に人間の行動の認知コントロールの基盤となる。それゆえ，これは認知コントロールと報酬信号処理の間の密接な関係を示唆している。

動機づけと認知コントロールの相互作用を研究するとき，コントロールには努力が必要であるということを心に留めておくことは重要である。すなわち，コントロールは労力を伴い，資源を手に入れるのは高くつく（Gopher & Navon, 1980; Kool & Botvinick, 2014; Navon, 1984)。努力の動員は認知コントロールに関する研究でしばしば無視される概念である。人間のコントロールプロセスは，障害を乗り越えること（たとえば，注意をそらすような思考，情動，あるいは，別の状況では，望む目標を達成するために別の行為を呼び起こすネガティブフィードバック）に主に関与する。重要なのは，コントロールプロセスの動員は，このような障害に打ち勝つために必要とされる努力の量に比例している，と考えられてきたということである（Botvinick & Braver, 2015; Dolan, 2002)。その意味で，人間の認知コントロールシステムは，本質的には努力が必要とされるときはいつでも配置することができる道具である。認知コントロールのこのような道具的な視点は，どのように動機づけが認知コントロールと相互作用するのかを調べるための明確な出発点となる。すなわち，道具的な活動は認知コントロールの目標指向的性質の基盤となる。

資源の分配の道具としての性質は，この支出が最終的には重要な利益によって相殺される場合にのみ資源を使ってもよいという，保存の法則によって導かれなければならないことを意味する。このような保存の法則は，課題の難易度や要求度に応じた，行動の強度に関する研究のなかで示唆されてきた（Gendolla et al., 2011; Wright, 2008）。さらに，意思決定の研究は，決定者が特定の決定方略を採用する際に，損失/利益の分析に頼ることを示している（Payne, 1982）。これらの視点から，環境の変化によって必要となった行動の要求を満たさなければならないときには，報酬信号は認知コントロールプロセスが動員されることを確実にする情報源であるかもしれない。言い換えると，報酬によって発動した認知コントロールの調節はかなり適応的である。なぜなら，状況によって配分が必要なとき，認知コントロールの調節は限られた認知資源の配分を正当化するからである（Pessoa, 2009）。実際にかなりの努力が必要となるとき，課題要求や課題の動機づけはどのように相互作用するのかを示すいくつかの研究がある（Bijleveld, Custers, & Aarts, 2009; Silvestrini & Gendolla, 2013）。この研究では，要求条件はしばしば明確に伝えられ，実験参加者は目標達成が可能であるとき（たとえば，中程度に高い要求），そして正当化できるとき（たとえば，価値のある報酬が賭けられているとき）にのみ努力した。言い換えると，報酬価値と要求についての明確な情報を考慮し，トレードオフしているようである。しかしながら，このようなトレードオフのために明確な要求情報が必要であるか，あるいは，この法則が要求の違いについて前もってよくわからないあいまいな文脈でも機能するのかについては，私たちは答えられない。

ある最近の研究は，モダリティシフトパラダイム（modality shift paradigm）を使ってこのアイデアを検討した（Marien, Aarts, & Custers, 2014）。ここでは，実験参加者は視覚的標的，あるいは聴覚的標的にできるだけ速く反応するように指示された。これらの標的呈示の直前に，標的と同じモダリティ（同一モダリティ試行：たとえば，視覚－視覚），あるいは違うモダリティ（交差モダリティ試行：たとえば，視覚－聴覚）によって準備刺激が呈示された。交差モダリティ試行での反応は，同一モダリティ試行より多くの資源が必要である（すなわち，より要求度が高い）。なぜなら，実験参加者は視覚的モダリティから聴覚的モダリティ，あるいはその逆に，準備を切り替えなければならないからである。モダリティ切り替えコストのために，この操作によって一般に反応時間が遅くなる。とりわけ，切り替えを前もって予期できないときにはなおさらである（Turatto, Benso, Galfano, & Umiltà, 2002）。このモダリティシフトパラダイムでは，知覚と運動時間のみが必要とされる。しかし，注意が標的モダリティから最初にそらされるとき，知覚は妨害される。言い換えると，準備していないモダリティで刺激を知覚するコストは，切り替えのコントロールプロセスを反映する。このように，切り替えの速さは，行使した努力の量についての情報を提供する。

この研究の半分の試行で，実験参加者には金銭報酬として5ユーロセントのコインが呈示された。残りの半分の試行ではこの報酬信号はなかった。大事なことは，視覚的標的であるか聴覚的標的であるかは，切り替えが起きるかの予測に利用できなかったという点である。予想どおり報酬の影響は，モダリティ切り替えをしなければならなかった交差モダリティ試行においてのみ見られた。すなわち，交差モダリティ試行で報酬が賭かっているときに，実験参加者は有意に速く反応した。しかし，同一モダリティ試行では報酬に基づく反応の加速はなかった。さらに，後者の影響の欠如は，反応速度での身体的限界を理由に説明することはできなかった。なぜなら，2つめの研究では床効果の可能性が除外されたからである。より詳しく説明すると，実験参加者は報酬を得るために速く反応する必要があったとき（すなわち，500ミリ秒ではなく400ミリ秒以内での時間制限枠），実験参加者は実行することはできたが，やはり交差モダリティ試行でのみ報酬の影響が見られ，コントロールの必要性がない同一モダリティ試行では報酬の影響は見られなかった。まとめると，これらの研究は，資源保存の法則が報酬の影響をもたらすことを示す結果パターンを提供する。その意味で，実験参加者が全般的により柔軟に反応するようになったというよりも，そのデータは，切り替えには努力が必要で報酬は努力を道具的に動員するという主張を反映している。このように，課題の要求が事前に明確に知らされていない場合でさえ，報酬信号は有効な方法で切り替えコストを減らすことに特異的に利用されている。

先に述べたように，脳は葛藤モニタリングのシステムを通して，認知コントロールに対する要求をすばやく検知する。これは，前帯状皮質（anterior cingulate cortex: ACC；Botvinick, Braver, Barch, Carter, & Cohen, 2001）での活動によって神経的には表象される。心的に変化する状況に遭遇する場合はいつでも，葛藤に関連する信号がACCによって発生し，それから認知コントロールネットワークへ伝えられる（Carter et al., 1998）。ACCでのこの信号は自律的な心臓血管の再活性化とも相関している。その後，このような再活性化は動機づけの強さや努力の動員に関連づけられる（Critchley, Corfield, Chandler, Mathias, & Dolan, 2000; Gendolla et al., 2011）。したがって，コントロールの要求をすぐに検知する能力は，長期にわたって持続しなければならないと予想される（場合によってはむだに終わることもある）努力を投じることなく，認知コントロール資源の即座の動員を確実にする。

ここまでに説明したモダリティシフトの研究におけるコントロールは，とくに，実験参加者に柔軟に行動することを要求する。しかしながら，葛藤によって引き起こされたコントロールの向上は認知的安定性と課題の維持に関連するようである。そして，それゆえに柔軟性のコストも伴う（Goschke & Bolte, 2014）。低減された切り替えコストの発見は，このコントロールジレンマ理論の予想と矛盾するように思われる。しかし，この低減された切り替えコストは低減した課題維持とは一致しない。なぜなら，課題は標的刺激にできる限り速く反応しなければならず，これは実験を通して変わらないからである。したがって，課題をうまくこなし金銭報酬を得るために注意の切り替えは役立つという理由から柔軟に反応する一方，課題を維持していくことは可能である。これは，コントロールされた処理への報酬の影響の性質が，課題の階層の異なるレベルにわたって変化することを意味する。したがって，葛藤によって引き起こされた認知コントロールのプロセスへの影響の方向を説明するためには，報酬信号と行為－結果の間の相互作用を考慮することが重要である。

しかしながら，報酬信号と認知コントロールの多くの研究では，実験参加者は特定の行為－結果を得るために特定の行動をとることを教示されているので，課題目標の選択や行為－結果の選択は研究者によってすでに決められているということは言及しておかなければならない（Custers & Aarts, 2005; de Wit & Dickinson, 2009）。したがって，認知コントロールへの報酬信号の影響についての研究は，指示された課題目標におおよそ限定されており，報酬信号が行動をコントロールする際の行為－結果の表象とどのように相互作用するかを考慮していない（Dickinson & Balleine, 1994）。私たちは，人間の行為の認知コントロールについてのより包括的な理解と検討を提供できるように，行為－結果の表象とポジティブな報酬信号との相互作用がより深く分析されるべきであると提案する。そのため，次節では，この相互作用をより詳細に検討したいくつかの最近の研究を議論する。

4節　行為における結果と報酬の情報

行為－結果の表象と報酬信号の複合的役割は，目標遂行における認知コントロールの構成要素を調査する研究で検討されてきた（Custers & Aarts, 2010）。たとえば，身体的な努力に焦点をあてた研究では，実験参加者は，いわゆる検出課題を行った後にハンドグリップを握るように指示された。この検出課題では，「力を出せ」のような身体的活動を表す特定の単語を実験参加者に瞬間的に呈示することによって，身体的活動の行為－結果の表象が目立たないように活性化された。ハンドグリップを握るとき，身体的活動の概念のこのような単純な活性化が身体的努力を促進した。すなわち，実験参加者は力をゆるめることに抵抗し，代わりに握っているときの力のレベルを維持した。しかしながら，検出課題において報酬信号（すなわち，ポジティブな単語）の直前に身体的活動の行為－結果を表す単語が呈示されるときに，この効果は，主として生じた（H. Aarts et al., 2008）。さらに，この研究は行為－結果の表象と報酬信号の異なる役割についての証拠も提供した。すなわち，身体的活動の行為－結果を表す単語の単なる活性化は行為の開始を促進した（すなわち，力を入れる開始時間を早める）が，ポジティブな報酬信号を伴っていなければ，努力を増進しなかった。他のいくつかの研究が，結果を達成するための行為の努力の場面で，行為－結果に関連する単語（たとえば，学習する，人づきあい，ダイエットする，水を飲む）とともに報酬信号を呈示する効果を示してきた（Capa, Cleeremans, Bustin, Bouquet, & Hasenne, 2011; Capa, Cleeremans, Bustin, & Hasenne, 2011; Custers & Aarts, 2005, 2007; Holland, Wennekers, Bijlstra, Jongenelen, & Van Knippenberg, 2009; Köpetz, Faber, Fishbach, & Kruglanski, 2011; Takarada & Nozaki, 2014; Veltkamp, Custers, & Aarts, 2011など）。

こうした一連の研究に基づき，Marien, Aarts, & Custers（2012）は，ポジティブな報酬信号と行為－結果の表象を結びつけることによって，人々が目標指向的行動において柔軟になるのかを調査した。典型的な構え切り替えパラダイム（set-switch paradigm）（Dreisbach & Goschke, 2004など）の修正版で，特定の結果（たとえば，電灯をつける）に到達するために，実験参加者は特定の行為（たとえば，緑のボタンを押す）を繰り返し行わなければならなかった。この学習段階で，実験参加者は行為－結果に関する手がかり（電灯をつけろというメッセージ）や，行為に関する手がかり（緑のボタンを押せというメッセージ）を与えられた。加えて，ニュートラルな絵，または，ポジティブな絵（こちらが報酬信号として役立つ）がこれらの手がかりと同時に呈示された。ある時点で，訓練された行為は，まったく同じ行為－結果を達成するための新しい行為（たとえば，青のボタンを押す）によって置き換えられた。行為－結果の手がかりがポジティブな報酬信号と対になっているときには，実験参加者はより柔軟で，よりすばやく新しい行為を実行できた。しかしながら，訓練された行為そのものがポジティブな報酬信号と対になっているときには，実験参加者はより頑固で，新しい行為をすばやく実行することはむずかしかった。この実験の興味深い点は，コントロールされた処理が必要となる課題において，同じポジティブな刺激が異なる影響をもたらすということである。とりわけ，この結果は，行為－結果を獲得するための行為の流れをうまく切り替えできるかは，課題がどのように表象されていたか，そしてこの表象がポジティブな報酬信号とともに活性化されたかどうかに依存するということを示唆している。したがって，動機づけられた目標指向的行動への報酬信号の影響は，行為，もしくは行為－結果に関連して行動が表象されているかどうかに依存しているようである。

先に述べた研究では，行為についての行為－結果情報が課題の教示によって与えられた。コントロール促進における際の行為－結果と報酬情報の複合的役割についての多くの研究は，特定の行為情報（学習や身体的活動といった概念）が実験参加者によって行為－結果として表象されることを前提としている（Marien et al., 2013など）。しかしながら，観念運動理論に関する研究によればある行為が行為－結果になるという学習の結果によって，これらの行為－結果の表象が日常生活で獲得されることを予想するだろう（Elsner & Hommel, 2001）。つまり，私たちのこの分析に従うと，ポジティブな報酬信号は，呈示された刺激や物体が行為の結果として表象されたときにのみ，コントロールを増進するはずである。とくに，特定の刺激の表象が，行為に先立つのではなく，行為の後に続いたときにのみ（すなわち，行為－結果として働く），付随するポジティブな報酬信号によって人々は行為－結果を獲得するための努力が必要な行動をとるだろう。

最近ではこの見解について検証するために，行為－結果に関連して自身の行動を表象することを人々がどのように学習するかについて，そのプロセスに対するシミュレーションが行われている（Marien, Aarts, & Custers, in press）。具体的には，実験参加者は行為（キーを押す）を実行するのだが，その際，コンピュータの画面に対象となる単語（たとえば，「マジックペン」）が行為の前に呈示されたり，行為の後に呈示された。ヘッドフォンを通して話された単語（たとえば，単語の「一緒に」や「いいね」）を呈示することによって，対象物はニュートラルな信号，またはポジティブな信号を伴うことになる。つまり，対象は行為の結果である，あるいは行為の結果ではない，として認識され，この行為－結果の情報はポジティブな報酬信号と一緒に同時に活性化されたり，活性化されなかったりした。この学習段階の後，コントロール行動に対する動機づけが，実験参加者の対象への反応の仕方によって評価された。さらに詳しく説明すると，コンピュータの画面上奥の廊下のつきあたりに対象である単語が呈示され，実験参加者はその対象を廊下の正面に（すなわち，自分たちの近くへ）動かすように指示される。彼らが特定のキーを繰り返し押すことによって対象を動かすことができる。１回キーを押すと，対象は１歩近づく。そして，廊下の正面に到達して課題を完成するためには，全部で20回のキー押しが必要である。実験参加者が繰り返しキーを押す速さは対象を獲得するために動員される努力を反映する。なぜなら物体を自分に近づける課題を完了する際に，努力の動員は結果的により速い繰り返し行動となるはずであるからだ（Bijleveld et al., 2012; Treadway et al., 2012と比較のこと）。行為の結果として認識しポジティブな報酬信号と対になっていた場合に，実験参加者は対象を獲得したいと強く望んでいたことがわかった（たとえば，対象を獲得する行動速度に関して努力の量が増加した）。要するに，これらの結果は，ポジティブな報酬信号が行為－結果の学習プロセスを伴っているとき，目標指向的行動の動機づけられたコントロールが誘発されることを示唆する。

この研究で観察された効果に対する説明の１つに，学習された行為－結果の関係が違いをもたらすというものがある。刺激（先ほど説明した研究では，対象となる単語）と最初に結果を生み出す行為との間の双方向の関係が，刺激にもう一度遭遇した際に内的な衝動を生み出すと考えるのである（Hommel, 2013）。観念運動原理に従えば，この最初の衝動は結果を得るための行動開始時の利益を促進する。実際，行為の結果として対象が呈示されるときにのみ，行動課題における行為開始の促進を私たちは確認した。しかしながら，行為開始に報酬信号（すなわち，結果とポジティブな感情の間の確立した関係）が続かないとき，開始された行動は努力が必要になる場合には持続しない（Aarts et al., 2008）。つまり，刺激を行為－結果の表象に変換することは，行為の初期の計画を準備するのだろう。そして，ポジティブな報酬信号は価値を設定し，それゆえ行為－結果に到達するために努力の動員と行動のコントロールを促進するのである（Nattkemper, Ziessler, & Frensch, 2010）。

さらにこれらの影響は，必要なときにだけ努力が払われるという意味で，「賢い」効果をもたらす。動機づけ強度理論に従うと，努力の必要性は課題の困難度によって決定されるので，努力の配分は査定された課題の困難度に関係する（Brehm & Self, 1989）。Marien et al.（in press）は，この見解を検討するためにより難易度の高い行動課題を導入した。この課題では，実験参加者は正面に近づくように対象を動かすために追加のキーを押さなければならなかった。それは，実際のところオリジナルの１回キー押し課題よりもよりむずかしかった。ポジティブな報酬信号と対になった行為－結果は，行動課題が簡単なときに比べむずかしいときに，行為速度を上げる際により大きな影響があった。このことは，努力が困難度の相対的な違いに応じて配分されていることを示唆する。そして，実験参加者はさまざまな努力の要求を区別し，動機づけの強度もそれに応じて増す。言い換えると，目標指向的行動の認知コントロール（すなわち，結果に到達するための行為に関与すること）が，結果に関連してポジティブな報酬信号が行為を表象するプロセスを伴うときにより生じやすいということを，この結果は示している。さらに，コントロール行動のための資源は，行為－結果を獲得するために資源保存の法則に従って配分されるようである（Silverstrini & Gendolla, 2013）。

5節　研究意義と将来の方向性

本章で私たちは，行動についての動機づけによる説明と行為の観念運動理論との統合が，認知コントロールと人間の目標指向的行動の問題に新たな光をあてることを提唱した。観念運動理論は，どのように行為－結果の知識が獲得されるのか，そしてどのようにこれらの行為－結果の表象が行為を選択できるのかを理解するための枠組みを提供する。しかし，行為－結果の表象の活性化による行動のコントロールがいつ，どのように始まり，調節されるのかを予測するには，観念運動理論はあまり明確ではない。認知コントロールの動員をより深く理解するために，私たちは行為－結果の表象と報酬信号との相互作用を考慮しなければならないことを提唱した。行為－結果の学習への報酬信号の影響を検討した研究はあるが，その分析はその相互作用が行為と結果の間の結合強度にどのように影響するか，そして関連づけられた行為の遂行がこの感情情報によってどのように影響を受けるか，という点にほとんど集中している（Hommel, 2013; Muhle-Karbe & Krebs, 2012）。

対照的に，私たちは，認知コントロールに関する動機づけによる説明は観念運動理論に基づいた結果から多くの洞察を取り入れるべきであることを提唱する。行動の柔軟性には，報酬処理に密接に結びついた認知コントロールプロセスが必要である。しかし，行為－結果の表象の役割は本章では十分には検討されていない。より詳しい検討をせずにこの介在する役割を前提とするならば，いくつかの重要な洞察が見過ごされてしまうだろう。報酬信号が行為－結果の表象につながることは，報酬信号が認知コントロールに大きな影響をもつために重要である。これまでの分析は，さまざまな資源と形式のポジティブな報酬信号が結果の価値を示し，また行動のコントロールを促進することを示唆する。これは，実行コントロール資源の動員に対するポジティブな報酬信号の影響は直接の経路をたどらないかもしれず，代わりに行為－結果の表象に割りあてられた価値によって仲介されることを意味する。将来の研究は①個人的な価値が認知コントロールの動員や調節に介在するかどうか，また，②どのようにポジティブな報酬信号が行為－結果の表象の個人的価値をもたらすのか，これらについて検討できるだろう。

たとえば，人は非常にポジティブな出来事（たとえば，学業での成功の達成）に到達するために努力するとは限らない。これは学業での成功（ポジティブのように見えるけれども）も，ある人が行為－結果に関して学業での成功を表象しなければ，個人的な価値をもたないという事実に因る。したがって，行為－結果の個人的価値は努力の動員と認知コントロールに従事するための内在的特性をもつのかもしれない。行為－結果の個人的価値がより多くの努力の動員を導くという研究がある（Custers & Aarts, 2007）。しかしながら，一連の行為を調節する必要があるときに，この個人的価値が認知コントロールの動員をも仲介するのかどうかについては，さらに検証する必要がある。

それに加えて，行為－結果に個人的価値を加えるしくみが実際にどのように働くのかについてはまだよくわかっていない。行為－結果とポジティブな感情情報は，行為の後に来るときに追加的な形式で保存されるのかもしれない。具体的にいえば，刺激が行為の後の結果である場合に，この刺激の報酬特性についての情報を動機づけの形式で記銘しておくことは適応的であるかもしれない。そうすれば，意思決定や目標指向的課題遂行の際に，個人は希望する目標として刺激により簡単にアクセスし，刺激を表象できる（Klein-Flügge, Barron, Brodersen, Dolan, & Behrens, 2013; Tachibana & Hikosaka, 2012）。加えて，感情情報は，その情報が単なる刺激を伴うのではなく行為－結果を伴うときに，報酬信号としてより簡単に利用できるかもしれない。行為－結果として刺激を認識することは，付随する感情の捉え方を「効果を生み出す潜在的な信号は報酬をもたらす」というように変化させるのかもしれない。

この問題に迫るもう１つの方法は，目標を優先させたり，コントロールしたりする神経回路を分析することである。とりわけ認知的神経科学の最近の研究は，人々に現在の状況を活用させる（まったく同じ目標を追求させ続ける）ための，あるいはその環境での異なる機会を探索させる（その他の目標を優先する）ための特定の神経伝達システムの関与を提唱する（Aston-Jones & Cohen, 2005）。脳のドーパミン作動系経路は活用に関連し，ノルアドレナリン作動系経路は探索を可能にすると考えられている。

神経回路の観点からの認知コントロールに関するこの分析は，現在の分析から恩恵を受ける。すなわち，柔軟な，あるいは頑固で継続的なプロセスに関して，認知コントロールは報酬信号が付随した行動の表象のレベルに依存するかもしれない。目標指向的行動は階層的に構造化されており（Botvinick, 2008），それゆえ，行動のコントロールは行為（手段）の表象や行為－結果（目標）の表象のレベルで，文脈や個人差によって方向づけられているかもしれない（Vallacher & Wegner, 1989）。たとえば，電灯の点灯に関する目標指向的コントロールは「ボタンを押す」や「暗い部屋を明るくする」という表象によって同定され，誘導されるかもしれない。このことは，手段の表象がポジティブな報酬信号と対応づけられたとき，認知コントロールが道具的な行為そのもののレベルで起こっている可能性を生み出す。その場合，ポジティブな感情情報はより厳格になり，それゆえ認知コントロールの活用的な側面を支持する。実際，手段の表象に手がかりが与えられポジティブな報酬信号と対応づけられたとき，行為－結果に到達する別の行為に切り替えることがむずかしいことが示された（Marien et al., 2012）。

言い換えると，行為－結果の表象が，階層の高次な部分で別の行為－結果の表象の副次的な目標として考えられるとき（すなわち，「暗い部屋を明るくする」ために「ボタンを押す」），それをポジティブな報酬信号と一緒に扱うことは，より幅広い探索のプロセスではなく局所的な活用の集中を増進する（Aston-Jones & Cohen, 2005; Gable & Harmon-Jones, 2008）。しかし，これは行動操作のレベルしだいであることは述べておかなければならない。1つのレベルへの活用の集中は，そのレベルで対立が検出されたときにいっそう低いレベルでの探索のプロセスや，切り替えが必要とされる手段もまた導くかもしれない。たとえば，ある人がコーヒーカップを手に持っているので，手ではなく肘で「ボタンを押す」ことが必要かもしれない。その場合，「ボタンを押す」行為に対応づけられた報酬信号は，身体運動のレベルで探索のプロセスを促進する（すなわち，指ではなく肘を使う）。しかし，この運動結果レベルでは（すなわち，ボタンを押す）維持された活用のプロセスとして解釈される。なぜならそれは，柔軟に運動を配置することによって，この人が達成したかったことだからである。その意味で，活用と探索は実際には同一の希望された結果によって生じたものである。しかしそれらは，状況の要求に応じて行動操作の異なるレベルで生じる。つまり，行動の表象のレベルを考慮することは，いつポジティブな報酬信号が認知コントロールのより柔軟な，あるいはより頑固な様式を生み出すかについての特定の予測を導くのかもしれない。

まとめると，私たちが本章で提唱した現在の視点は，目標指向的行動に関する最近の機構的（mechanistic）見方とうまく調和し，そして認知コントロールの開始点を形成する潜在的な構成要素についての洞察を提供する。これらの構成要素は，目標指向的行動を理解するために他のアプローチ（たとえば，従来の期待 - 価値アプローチ）が提唱したものと本質的には違わないことを指摘しておかなければならない。期待 - 価値アプローチもまた，目標指向的行動を理解するために行為 - 結果の価値を考慮する。しかしながら，期待 - 価値アプローチは次のように考える。目標指向的行動は，結果を達成する価値と可能性の主観的予測に基づいて行為 - 結果の価値を明確に考えて計算できる人々の能力に由来する。さらに，このような行為 - 結果の価値を考えることは，意図を形成する経験を伴うだろう（Fishbein & Ajzen, 1975）。そのうえ，このような意図は，動機づけと努力の動員に関連する意思の力（Mischel, 1996）や自己決断力（Deci & Ryan, 1980）の経験の源となる。言い換えると，これらのすべての見解は，人は意識的に目標を形成しコントロールを遂行する積極的な主体と考えている。今回提唱した機構的観点は期待 - 価値アプローチと同じ構成要素を使っているが，人ではなく目標をコントロールの開始点として考えている（Bargh & Huang, 2009と比較のこと）。それゆえ，認知コントロールの動員は目標の活性化で始まるので，行動のコントロールはいったん活性化された目標の自律的な操作に支えられているということを，私たちは提唱する。

結論として，どのように目標指向的行動が生じ時間を超えて維持されるのか，について理解するための新しい補完的な視点を提供することを本章は試みた。この疑問に回答するには，動機づけられた目標指向的行動の基礎となるさまざまな要因（たとえば，報酬情報，結果情報，そして行為の要求度の情報）の間の特定の相互作用を検討することが重要であると私たちは提唱した。より具体的には，人々にどの程度の努力が必要かを伝えない状況においてさえも，ポジティブな報酬信号が資源保存の法則によって認知コントロールへ影響を与える。さらに，認知コントロールへの報酬信号の影響は，行動が行為に関して，あるいは結果に関して表象されるかどうかに依存する。そして，最終的に，動機づけられた目標指向的行為は報酬信号処理と結合して，行為－結果の学習の結果として生じる。これらの考えは，行為－結果の学習と認知コントロールの動機づけによる説明の研究を統合する。このような研究の視点によって，人間の行為の動機づけられたコントロールについて私たちの理解を深めることを目的とした，将来のさまざまな流れの研究が刺激されることを期待している。

第 9 章
感情，動機づけ，認知範囲

Philip A. Gable
Lauren Browning
Eddie Harmon-Jones

1節　はじめに

人間の動機づけシステムは，接近傾向と回避傾向という本質的で広範囲にわたる2つのシステムに分けることができる。これらの衝動は強度の点で低い動機づけ状態から高い動機づけ状態まで変化する。情動（感情状態）にはこれらの動機づけ衝動が注がれている。感情状態と関連する動機づけプロセスは，私たちの知覚や注意，記憶，カテゴリー化，課題遂行に対して多大な影響を与える。本章では，動機づけ状態と多様な認知プロセスの相互作用についての研究を，これらの相互作用の神経相関に重点を置きながら，論評していく。まず，私たちは感情と動機づけの次元（dimension）について検討し，用語を定義する。その後，動機づけの次元と時間知覚や注意，記憶，カテゴリー化，課題遂行のような認知プロセスとの相互作用を明らかにした研究を論評する。これらの研究は知覚，認知範囲および行動に対する動機づけ強度と方向の影響を検討している。次に，私たちは動機づけと認知との相互作用の神経生理学的相関の理論と研究を検討する。まず，前頭皮質の非対称的な活動と動機づけの方向（接近と回避）との関係について検討する。そのあと，初期および後期の事象関連電位について検討し，最後に，運動準備と関連した神経生理学的プロセス（ベータ波抑制など）について検討する。

1．定義

私たちの研究計画を説明するために，感情のさまざまな側面に関する基本的な定義にふれなければならない。本章に関して，私たちは感情と情動を同義語とみなしている。情動の理論家たちは情動とは何であるかを定義するという点で千差万別である（Izard, 2011）。ここで使用される定義では，情動は複数のゆるやかに相関する要素で構成されている（Lang, 1995）。喜びや苦しみの感情，身体の生理的反応，顔の表情，そして動機づけ衝動はすべて情動に寄与し，情動を構成している（Lang, 1995）。

情動は情動価（emotional valence）と呼ばれるポジティブまたはネガティブのいずれかとして経験される。ここでの感情価（affective valence）の特別の定義では，評価ではなく，主観的感情状態をさす（Harmon-Jones, Harmon-Jones, Amodio, & Gable, 2011）。評価的定義は，ポジティブ情動を目標と一致した状況または望んだ状況において生じるものとみなし，ネガティブ情動を目標と不一致または望んでいない状況とみなす（Lazarus, 1991）。しかし，主観的感情状態は，ある個人がどのくらい特定の情動状態についてポジティブまたはネガティブに感じているかの微妙な個人差を捉えることができる。態度におけるこれらの差は特性情動（trait emotion）と相関し，ある個人がどのくらいその情動を経験するかを予測する（Harmon-Jones et al., 2011）。ほとんどの人が喜びをポジティブ，怒りや恐怖，嫌悪，悲しみをネガティブと評定するが，これらの評価のポジティブ性とネガティブ性の程度は個人によって異なる。それゆえ，感情価を主観的感情状態として定義することによって，感情状態を検討するときに，これらの個人差を考慮することが可能になる。

ポジティブまたはネガティブに経験されること以外にも，情動は動機づけの方向の点でも異なる。接近動機づけは近づくよう促すことをさし，回避動機づけは遠ざかるよう促すことをさす（Harmon-Jones, Harmon-Jones, & Price, 2013）。ポジティブ情動はしばしば接近動機づけと関連づけられるが，この動機づけ強度は変化する（Gable & Harmon-Jones, 2010b）。ネガティブ情動は動機づけの方向と強度の両方の点で変化する。典型的に，恐怖と嫌悪は回避動機づけ状態として経験される（Balconi, Falbo, & Conte, 2012）。しかし，怒りは接近動機づけと関連するネガティブ状態であるとされてきた（Carver & Harmon-Jones, 2009）。

覚醒度（arousal）は，ある感情状態に内在する動機づけ強度の大まかな指標として利用されている（Bradley & Lang, 2007）。しかし，覚醒度と動機づけ強度は同義ではない。これらの2つの概念は関連づけられることが多いが，常にそうであるわけではない。たとえば，ユーモアや娯楽はともにポジティブ状態を強く喚起するが（Fredrickson & Branigan, 2005; Gable & Harmon-Jones, 2008a），それらは一般的にある個人にある特定の刺激への接近または回避を促すことはないため，動機づけ強度は低い。加えて，身体運動を通した覚醒度の操作によって，実験参加者が動機づけ強度または認知範囲の違いを経験することはない（Gable & Harmon-Jones, 2013）。私たちは本章の後半でこれらの問題について詳細に検討する。

2節　動機づけと認知との相互作用（行動面からの検討）

最近の研究では，感情価に関わらず，動機づけ強度と方向性の点で異なる感情が認知範囲（cognitive scope）および知覚範囲に異なる結果をもたらすことが明らかになってきた（Gable & Harmon-Jones, 2010d；総説に関しては Harmon-Jones, Gable, & Price, 2013を参照）。認知範囲とは，ある個人がどのくらい広くまたは狭く情報に注意を向け，カテゴリー化しているのかをさす。これは認知の拡張性の広さと似ており，知覚レベル，注意レベル，または概念レベルで生じる。これらの動機づけ強度の効果は時間知覚（Gable & Poole, 2012），注意範囲（Gable & Harmon-Jones, 2008a），記憶（Gable & Harmon-Jones, 2010b），カテゴリー化（Price & Harmon-Jones, 2010），課題遂行（Hart & Gable, 2013）という測度で示されてきた。

1．時間知覚

最近まで，感情と時間知覚に関する研究は，感情価に焦点があてられ，ポジティブ状態とネガティブ状態が比較されてきた（総説に関しては，Droit-Volet & Gil, 2009）。これらの研究は，ポジティブ感情状態が個人に時間経過をより速く知覚させ，ネガティブ感情状態が時間経過をより遅く知覚させることを明らかにしてきた（Angrilli, Cherubini, Pavese, & Manfredini, 1997; Droit-Volet, Brunot, & Niedenthal, 2004）。しかし，これらの研究で使用されたポジティブ状態とネガティブ状態は本来，それぞれ接近動機づけと回避動機づけであり，それゆえ，感情価（ポジティブとネガティブ）と動機づけの方向（接近と回避）が交絡している。加えて，ポジティブ状態の何が時間を「進めて」いるのだろうか。また，私たちに時間が進むように知覚させるネガティブ状態はないのだろうか。

私たちは感情価ではなく，動機づけの方向と強度が情動状態での時間知覚を駆動していると提案する。つまり，接近動機づけ状態は，回避動機づけ状態よりも，時間が経過するのをより速く知覚させ，この傾向は動機づけ強度が高い状態で強くなるのかもしれない。速められた時間知覚は生命体が長期間にわたり目標と関連した行動を持続可能にするはずである。接近に動機づけられた感情のなかでも，動機づけ強度が高い感情は目標達成前の欲求状態とより関連づけられやすく，動機づけ強度が低い感情は十分に満足した目標達成後の状態とより関連づけられるかもしれない。高い接近動機づけ状態において時間経過を速く知覚することは，目標を追求している間の持続性を高めるかもしれない。この仮説を検討するために，Gable & Poole（2012，実験1）では，最も幅広く使用されている時間知覚の測度の1つである時間二分法課題（temporal bisection task）を実験参加者に課した。この課題では，実験参加者はさまざまな刺激が表示されている時間の長短を判断する（Gil & Droit-Volet, 2009）。実験参加者は長い呈示時間と短い呈示時間で訓練された。その後，高接近でポジティブな画像（デザート），低接近でポジティブな画像（花），中立的な画像（幾何学的図形）から構成される感情を喚起するような画像が先の長短の中間となる5種類の長さの時間で呈示された。実験参加者は，それぞれの画像が長く呈示されたのか，あるいは短く呈示されたのかを判断することが求められた。結果は，低接近ポジティブ画像や中立画像よりも高接近ポジティブ画像が短い時間で呈示されていたと知覚されたことを示した。実験2では，画像の種類とは独立して，行為への期待を操作することにより，接近動機づけ強度が操作された（Harmon-Jones, Lueck, Fearn, & Harmon-Jones, 2006を参考にした）。具体的には，実験参加者には，呈示された画像のなかの項目（デザート）が示され，望むだけ得ることができると教示された。行為への期待（高い接近動機づけ）をもつ実験参加者は，行為への期待がない実験参加者よりも速く時間が経過したと判断した。これらの結果は，ポジティブ感情状態での接近動機づけ強度が時間知覚に影響することを示唆している。

さらなる研究で私たちは，接近動機づけと関連するネガティブ感情である怒りが時間をより速く知覚させるかを検討した（Carver & Harmon-Jones, 2009）。機能的には，怒りは目標追求を妨害するものを取り除くよう個人を動機づける役割を果たしているかもしれない（Fischer & Roseman, 2007; Frijda, 1986）。時間知覚の加速は，個人が障害を取り除き，目標追求をより長く続けることを可能にするかもしれない。私たち（Gable, Neal, & Poole, 2015）は，中立的な映画よりも，怒りを喚起する映画のほうがより短い時間であったと知覚されることを発見した。また，実験参加者は，中立的な映画よりも，怒りを喚起する映画を見ているときにより大きな接近動機づけを報告した。

これまでに述べた研究で扱われた状態のすべてにおいて，私たちは動機づけ強度が高い接近動機づけ状態を操作したが，動機づけ強度が低い感情状態の場合はどうだろうか。動機づけ強度に関わりなく，接近動機づけ状態は時間をより速く経過させるはずである。感情価と動機づけのもつれをさらに解くために，私たちは低い強度の接近動機づけネガティブ状態を操作しようとした。情動理論のいくつかでは，接近動機づけと悲しみとを関連づけ始めている。個人が喪失や失敗後に接近動機づけ状態であるときに，悲しみは生じる（Carver, 2004; Carver & Scheier, 1998, 2008; Rolls, 2005）。接近動機づけは，個人が妨害された目標から離れ，新しい目標を受け入れることを可能にするため（Klinger, 1975），悲しみの状態にあるときには適応的であるのかもしれない。もし悲しみが接近動機づけと関連しているならば，悲しみは時間知覚を速めるはずである。Gil & Droit-Volet（2009）は抑うつ状態の個人における状態悲哀（state sadness）が，時間知覚の加速を予測することを見いだした。私たち（Gable, Neal, et al., 2015，実験１）は，悲しみが時間を速めるのか遅くするのかを直接検討するために，実験参加者に悲しい映画または中立的な映画を見せ，時間の知覚を報告させた。実験参加者は，中立的な映画よりも悲しい映画のときに，悲しくネガティブであり，接近に動機づけられていたと報告した。さらに，中立的な映画よりも悲しい映画で時間がより速く経過していた。接近動機づけは悲しい映画ではより速い時間経過を予測したが，中立的な映画では予測しなかった。これらの知見は，時間知覚を測定するために時間二分法課題を使用した概念的追試において再現された（実験２）。

私たちのモデルによると，もし接近動機づけ状態でのネガティブ感情が時間知覚の加速を引き起こすならば，回避動機づけ状態は時間知覚の減速を引き起こすはずである。時間知覚の減速は，個人が長期間にわたり嫌悪状態（嫌悪感など）にさらされることを避け，不快な刺激からの逃避を促進するため，適応的であるかもしれない。私たちはこのことを回避動機づけの高い画像（バラバラ死体），回避動機づけの低い画像（囚人），および中立的な画像（幾何学的図形）を用いた時間二分法課題によって検討した（Gable, Neal, et al., 2015，実験３）。回避動機づけが高い画像は，回避動機づけの低い画像や中立的な画像よりも，より長い時間であると判断された。まとめると，これらの実験はポジティブ感情・ネガティブ感情と時間知覚の関係が，感情価ではなく，接近動機づけと回避動機づけによって駆動されることを示唆している。時間経過をより速く，またはより遅く知覚することは，生命体が接近動機づけ状態のもとで目標を得ること，または回避動機づけ状態のもとで嫌悪刺激を回避することを助けるのかもしれない。

２．注意

過去50年にわたる研究は，ポジティブ感情状態が注意を広げ，ネガティブ感情状態が注意を狭めることを示唆してきた（Easterbrook, 1959; Friedman & Förster, 2010による総説を参照）。これとは対照的に，私たちは注意の拡大化と狭小化に対する感情状態の影響が感情価（ポジティブまたはネガティブ）に依存しているのではなく，感情状態の動機づけ強度に依存していることを提案してきた。動機づけ強度の非常に強い感情状態は，目標達成を助けるために，認知プロセスを狭めるかもしれない。接近または回避されるべき対象を狭めることにより，個人が動機づけにおいて重要な対象をよりうまく獲得（回避）しやすくなるのかもしれない。対照的に，動機づけ強度の低い感情状態は，生命体により多くの機会を提供するために，認知プロセスを広げるのかもしれない。

この仮説を検討した私たちの最初の実験では，もし高接近動機づけのポジティブ状態が目標指向的行動を促進するならば，それらは低接近動機づけ状態よりも，狭い認知範囲を生み出すはずであるという仮説を立てた。私たちは注意範囲に対する低接近動機づけのポジティブ感情と高接近動機づけのポジティブ感情の効果を比較した（Gable & Harmon-Jones, 2008a，実験１）。注意範囲は Kimchi & Palmer（1982）の課題を用いて測定された。この課題では，実験参加者は，配置された２つの形のうち，どちらが標準となる形（４つの小さい三角形が全体として正方形のパターンに配置されていた）に最も適合するかを判断するという一連の試行を行うことが求められた。２つの比較の対象となる配置のうちの１つは局所（local）レベルで標準と一致しており（３つの小さい三角形が全体として三角形のパターンで配列されていた，など），もう一方は全体（global）レベルで標準と一致していた（４つの小さい正方形が全体として正方形のパターンで配列されていた，など）。低接近動機づけのポジティブ感情映画場面（おかしな猫）は高接近動機づけのポジティブ感情映画場面（デザート）よりも楽しさを喚起したが，高接近動機づけのポジティブ感情映画場面は低接近動機づけのポジティブ感情映画場面よりも多くの欲求を喚起した。両方の映画場面は，高レベルの全般的なポジティブ感情（幸せなど）と低レベルのネガティブ感情を喚起した。最も重要なことは，高接近動機づけのポジティブ感情映画は，低接近動機づけのポジティブ感情映画よりも，注意の狭小化をより引き起こしていたという点である。

後続の実験では，注意範囲を測定するために，ネイボン文字課題（Navon, 1977）を使用し，高接近動機づけのポジティブ画像（デザート）が中立的な画像よりも注意の狭小化をより引き起こすことを見いだした（Gable & Harmon-Jones, 2008a，実験２）。この文字課題では，実験参加者は密集した小さい文字で作られた大きな文字から構成される図形に反応した。実験参加者は図形内の大きな文字または小さな文字のいずれかである，T または H のいずれかを見るよう教示された。T または H が大きい文字である試行に対して反応時間が速くなることは，注意の焦点の拡大化を示し，T または H が小さい文字のときに反応時間が速くなることは注意の焦点の狭小化を示している。この課題を使用し，私たちは特性接近動機づけ（trait approach motivation）が高接近でポジティブ感情画像の後の注意の狭小化を予測したことを見いだした（Gable & Harmon-Jones, 2008a，実験３）。さらに，行為への期待を操作することにより接近動機づけを高めることも注意の狭小化を引き起こした（Gable & Harmon-Jones, 2008a，実験４）。

動機づけ強度が実際に認知範囲の狭小化を駆動するかどうかを判断するためには，動機づけ強度が異なるネガティブ感情もまた検討される必要がある。このために，私たち（Gable & Harmon-Jones, 2010a）は，動機づけ強度の低いネガティブ感情状態を生み出すために悲しみを誘導する画像刺激を使用し，動機づけ強度の高いネガティブ感情状態を生み出すために嫌悪を誘導する画像刺激を使用した。悲しみ画像と嫌悪画像はともに，自己報告においてネガティブ感情の増加を引き起こした。しかし，嫌悪画像は悲しみ画像よりも自己報告において高い覚醒度を引き起こした。自己評定の覚醒度が動機づけ強度の代わりとなるという考え（Bradley & Lang, 2007）と一致して，後者の知見は嫌悪画像が悲しみ画像よりも高い動機づけ強度を引き起こすことを示唆している。注意範囲を測定するために，ネイボン文字課題（Navon, 1977）が使用された。中立画像と比較して，嫌悪画像の後では，実験参加者は局所標的刺激に対して有意に速い反応時間を示し，認知範囲の狭小化を証明した（Gable & Harmon-Jones, 2010a）。しかし，（中立画像と比較して）悲しみ画像の後では，実験参加者は全体標的刺激に対する有意に速い反応時間を示し，注意の拡大化を示した。

私たちのモデルは，過去の研究において感情価と動機づけ強度が交絡してきたことを示唆している。しかし，過去の研究は接近動機づけのポジティブ感情と回避動機づけのネガティブ感情のみを検討してきた。接近動機づけのポジティブ状態と回避動機づけのネガティブ状態のみが認知範囲を狭めるのかどうかを検討するために，私たちはネガティブな接近動機づけ状態である怒りが注意を狭めるかどうかを検討した。実験参加者は，反米場面の怒りのイメージを見た後に，注意範囲を測定するネイボン文字課題（Navon, 1977）に対して反応した（Gable, Poole, Harmon-Jones, 2015）。中立状態と比較して，怒りは注意範囲を狭めた。さらに，怒りによる注意の狭小化は高接近動機づけのポジティブ感情によって引き起こされた注意の狭小化と類似しており（研究１），怒り状態での注意の狭小化は特性接近動機づけと関連していた（研究２）。これらの結果は，感情価自体が注意範囲に影響を与えているのではないことを示唆している。むしろ，感情状態の動機づけ強度が高いことが注意を狭め，感情状態の動機づけ強度が低いことが注意を拡大する。要するに，動機づけ次元モデル（motivational dimensional model: MDM）は注意範囲に対する動機づけの次元の影響を検討することにより，過去のモデルを拡大した。認知範囲のその他の測度を検討するために，このモデルに基づいてさらなる研究が行われている。

3．記憶

私たちのモデルによると，動機づけ強度による認知範囲の狭小化または拡大化は注意プロセスに限ったことではない。そのような狭小化および拡大化は記憶のような他の認知プロセスにも拡張されるかもしれない。Gable & Harmon-Jones（2010b）は，Knutson et al. により考案された修正版金銭誘因遅延パラダイムを使用し，接近動機づけのポジティブ感情の強度の高低を操作した。この実験では，高接近動機づけのポジティブ感情は目標前のポジティブ感情操作を用いて操作され，低接近動機づけのポジティブ感情は目標後のポジティブ感情操作を用いて操作された（Cooper, Hollon, Wimmer, & Knutson, 2009; Knutson & Greer, 2008; Knutson, Westdorp, Kaiser, & Hommer, 2000; Knutson & Wimmer, 2007など）。これらの操作は，実験参加者がゲームで金銭を獲得するというかたちで誘因が与えられた。後の課題遂行で金銭を獲得できる可能性があることを示す手がかりは，目標前の（高接近動機づけ）ポジティブ感情を喚起するために使用され，課題遂行の結果（報酬を得ることができたかどうか）を示す別の手がかりは，目標後の（低接近動機づけ）ポジティブ感情を喚起するために使用された。中立的な目標前手がかりは金銭を獲得できる可能性がないことを示し，中立的な目標後手がかりは金銭が得られなかったことを示した（事前の手がかりで金銭を得る可能性がないことが予期されたとき）。目標前手がかりと目標後手がかりの後に，コンピュータのモニターの中心または周辺のいずれかに呈示された中立単語に対する再認記憶を評価することにより，中心記憶と周辺記憶が測定された。結果は，目標前中立手がかりよりも目標前ポジティブ感情手がかりの後のほうが，中心に呈示された単語に対する記憶がよいことを示した。反対に，周辺に呈示された単語に関する記憶は，目標後中立手がかりよりも目標後ポジティブ感情手がかりの後のほうがよかった。これらの結果は，目標前ポジティブ状態では，実験参加者が中心位置から情報を思い出す傾向にあったため，高接近動機づけのポジティブ状態における狭い認知範囲を明らかにした。一方，目標後ポジティブ状態のときでは，実験参加者の周辺位置に呈示された情報に関する記憶がよかったことから，低接近動機づけでのポジティブ状態において認知範囲の拡大化が生じることが示された。

4．カテゴリー化

これまでの実験では，私たちは注意や記憶の局所・全体の測定を検討した。その後の実験では，私たちは低接近動機づけのポジティブ感情と高接近動機づけのポジティブ感情が概念的な認知プロセスに影響を与えるかどうかの検証を試みた（Price &

Harmon-Jones, 2010)。認知の狭小化または拡大化は，過去の研究（Isen & Daubman, 1984）で用いられた認知的カテゴリー化課題によって測定された。この課題では，実験参加者は，さまざまな姿勢で座りながら，事例項目がどの程度当該の認知的カテゴリーに適合するかを同定した（Price & Harmon-Jones, 2010)。たとえば，実験参加者は「ラクダ」という単語が示され，「乗り物」というカテゴリーにどの程度適合するかを報告する。より包括的なカテゴリー化は認知範囲の拡大化を示している。高接近動機づけのポジティブ感情状態と低接近動機づけのポジティブ感情状態は身体性（embodiment）を用いて操作された。高接近動機づけのポジティブ感情条件では，実験参加者は微笑み，椅子から身を乗り出した。低接近動機づけのポジティブ感情条件では，実験参加者は微笑み，リクライニングチェアにもたれかかっていた。中接近動機づけのポジティブ感情条件では，実験参加者は背筋を伸ばして座り，微笑んでいた。すべての条件において，この実験では，微笑むことについては何も言わず，電気的脳活動記録に対する表情筋電位の効果を検討するために，頬の電極を耳のほうにあげるよう教示された。結果は，中接近動機づけのポジティブ状態と比較して，低接近動機づけのポジティブ（もたれかかっている）状態では，実験参加者はカテゴリー化がより包括的なものとなり，高接近動機づけのポジティブ（身を乗り出している）状態ではあまり包括的ではないことを示した。言い換えると，低接近状態では，実験参加者はより広く情報をカテゴリー化し，高接近動機づけのポジティブ状態では，より狭く情報をカテゴリー化した。２つの実験で，低接近動機づけのポジティブ感情または高接近動機づけのポジティブ感情の身体化による（潜在的な）操作が認知範囲に反対の方向の影響を与えることを明らかにした（Price & Harmon-Jones, 2010)。

後続の実験では，感情価がネガティブである接近動機づけ状態を用いて，これらの結果を概念的に再現し拡大した。つまり，いくつかの実験において，怒りが認知的カテゴリー化を狭めることを見いだした（Gable, Poole, et al., 2015)。加えて，怒り刺激（写真）への接近動機づけの個人差は，怒り状態でのカテゴリー化のさらなる狭小化を予測した。

5．課題遂行

これまでの実験では，強度の高い接近動機づけでの感情状態が認知範囲の狭小化を引き起こすことが明らかにされた。私たちの概念モデルは注意資源と記憶資源の狭小化が目標追求を促進すると仮定している。また，これまでの研究はポジティブ感情がネガティブ感情よりもさらなる目標追求をもたらすが（Aarts, Custers, & Holland, 2007; Aarts, Custers, & Marien, 2008; Custers & Aarts, 2010)，こうした研究は感情価の次元を重視する概念的アプローチに限られてきた。しかし，私たちが論評してきたように，私たちの最近の研究は動機づけ強度の次元を考慮する重要性を強調している。低接近動機づけのポジティブ感情とは対照的に，強く接近に動機づけられた感情は目標追求を促進する準備状態であると推測される（Harmon-Jones, Gable, & Price, 2011; Harmon-Jones, Price, & Gable, 2012）。

この考えに基づき，Hart & Gable（2013）はポジティブ感情内の動機づけ強度が目標追求を高めることを提唱した。この仮説に対する私たちの最初の検討では，さまざまな作文を書かせることにより，実験参加者を高接近動機づけ状態，低接近動機づけ状態，または中立状態に誘導した（Harmon-Jones, Harmon-Jones, Fearn, Sigelman, & Johnson, 2008）。この操作に加えて，単語完成課題において，目標と関連した行為を表す単語（doing, action, go など），静止を表す単語（still, calm, rest など），または，中立単語を先行呈示することにより（Albarracín et al., 2008），目標状態が操作された。行為を表す単語を呈示された実験参加者は，（中立単語よりも）より大きな目標の活性化を経験するはずである。行為目標が言語能力や数学能力に関する質問に対してよりすぐれた課題遂行をもたらすことが示されてきたため（Albarracín & Hart, 2011; Albarracín et al., 2008），目標の活性化の遂行成績はGRE[☆1]に似た言語能力テストと数学能力テストを使用し評価された。接近動機づけの高い実験参加者は，接近動機づけの低い実験参加者よりも容易に行為目標を採用するはずである。予測されたように，高接近動機づけのポジティブ感情条件の実験参加者は，低接近動機づけのポジティブ感情条件の実験参加者よりも有意に成績がよかった。これらの結果は，実験参加者が静止目標を先行呈示されたときには逆転した（実験２）。つまり，低接近動機づけのポジティブ感情条件の実験参加者よりも高接近動機づけのポジティブ感情条件の実験参加者のほうが静止目標を採用し，言語能力テストと数学能力テストにおいて成績が悪かった。

同じ研究の同一個人内で，高接近動機づけのポジティブ感情状態と低接近動機づけのポジティブ感情状態の下での目標の遂行を検討することにより，これらの結果は拡張された（Gable, Hart, Threadgill, & Adams, 2015）。修正版金銭誘因遅延課題を使用し，実験参加者は，高接近動機づけのポジティブ状態と低接近動機づけのポジティブ状態の両方で，フランカー課題（実験１）と語彙決定課題（実験２）に対して，正確性を犠牲にすることなく，できる限り速く反応するという課題遂行目標が与えられた。高接近動機づけの目標前ポジティブ状態を喚起するために，いくつかの試行では，金銭を獲得できる可能性を示す手がかりが与えられた。金銭獲得の可能性を示す試行に対して目標後のフィードバックを与えることにより，低接近動機づけポジティブ状態が喚起された。結果として，中立状態または低接近動機づけポジティブ状態と比較して，高接近動機づけポジティブ状態は（正確性を減少させず）速度を向上させることが明らかになった。これらの結果は Aarts et al.（2007, 2008）の過去の知見と一致しているが，接近動機づけがポジティブ状態での目標行動を駆動するメカニズムであることを示唆している。

実験参加者の課題遂行結果は，目標が活性化された時点での動機づけの状態に影響されると考えられる。これらの研究は，ポジティブ感情における高い動機づけ強度が（低い動機づけ強度と比較して）活性化された目標の追求を促進するよう作用することを示唆している。たしかに，４つの実験は，目標が高接近動機づけのポジティブ感情を伴う場合に，人が目標よりもすぐれた結果を出すことを示している。

3節　認知範囲に及ぼす動機づけ強度の影響の神経相関

認知処理に及ぼす動機づけの方向性と強度の効果は十分に立証されている。これまで論評してきた研究は，動機づけ強度と方向性が多くの認知プロセスに影響することを明らかにしている。しかし，これまで論評してきた実験のほとんどにおいて，動機づけは自己報告を用いて測定され，そのような測度は認知処理の測定の後に評価された。これは動機づけと認知との相互作用を検討している多くの研究と一致する。なぜなら，動機づけの操作と認知的な測度の間で自己報告による感情の評価を求めることは認知に対する動機づけの影響に干渉するからである。以前に言及したいくつかの効果における動機づけの役割についての証拠を提供するために，動機づけと認知との相互作用の神経相関を検討してきた研究がある。動機づけが認知範囲に与える影響と電気的脳活動の測定は関連しているため，これから先で，動機づけプロセスと認知プロセスに関連する電気的脳活動を測定している研究を論評していく。

１．非対称的な前頭皮質の活動

接近動機づけと回避動機づけの神経生理学的相関は，前頭皮質で非対称的である。第一次世界大戦中，右前頭皮質に損傷を受けた兵士はその後，ポジティブ感情の増加を経験した。左前頭皮質に損傷を受けた兵士はその後，ネガティブ感情の増加を経験した（Goldstein, 1939）。後の研究者たちはワダ課題（Wada task）中に首の頸動脈にアモバルビタール塩（バルビタール酸塩）を注入した（Terzian & Cecotto, 1959）。左内動脈への注入は，左半球の脳活動を抑制することにより抑うつ症状を引き起こした。右内動脈への注入は，右半球の脳活動を抑制することにより強い高揚感を引き起こした。片方の半球がアモバルビタール塩を用いて抑制されたとき，もう片方の半球は脱抑制を起こし，高揚感または抑うつ感が生み出される。左半球の損傷は抑うつ症状，右半球の損傷は躁症状と結びつけられる（Gainotti, 1972; Robinson & Price, 1982; Thibodeau, Jorgensen, & Kim, 2006; Nusslock et al., 2012）。

最近の研究では，血流動態の測定（Cook, O'Hara, Uijtdehaage, Mandelkern, & Leuchter, 1998; Feige et al., 2005; Goldman, Stern, Engel, & Cohen, 2002），言語課題（Davidson, Chapman, Chapman, & Henriques, 1990; Jauk, Benedek, & Neubauer, 2012），運動課題（Gable, Poole, & Cook, 2013; Harmon-Jones, 2006）を用いて明らかにされているように，局所的な脳活動と逆相関の関係にあるとされる脳波（electroencephalography: EEG）のアルファ波パワー（8～13 Hz）を使用して，皮質の非対称性を測定している。この研究では，前頭皮質の活動が左半球および右半球の対応する領域において測定されている。前頭非対称性は前頭部の活動の差の得点を使用することにより計算される。脳波記録における前頭非対称性の検討は感情状態間の多くの関連性をもたらしてきた。初期の研究では，左前頭部の活動とポジティブ（接近）感情，右前頭部の活動とネガティブ（回避）感情を関連づけた（Silberman & Weingartner, 1986）。この初期の研究は半球の非対称性が感情価と関連していることを示唆しているように考えられるが，最近の研究では，実際には動機づけの方向性が原因であることが明らかにされている（Harmon-Jones, Gable, & Peterson, 2010）。

◈（1）前頭非対称性と動機づけ

これまでの研究は，特性接近動機づけ，特性回避動機づけ，および前頭非対称性（frontal asymmetry）の間の一貫した関連性を見いだしてきた（総説に関しては，Harmon-Jones, 2003を参照）。特性回避動機づけと特性接近動機づけは，行動抑制尺度（Behavioral Inhibition Scale: BIS；Carver & White, 1994）と行動活性化尺度（Behavioral Activation Scale: BAS；Carver & White, 1994）を用いて測定されることが多い。特性接近動機づけは，ベースライン時の左前頭皮質の大きな活動と関連していることが示されてきた（Amodio, Master, Yee, & Taylor, 2008; Harmon-Jones & Allen, 1997; Sutton & Davidson, 1997）。

しかし，特性（trait）の影響が休憩ベースライン時の前頭非対称性の変動の半分のみを説明し，もう半分は状態（state）の影響により説明されることが示されてきた（Hagemann, Naumann, Thayer, & Bartussek, 2002）。ある実験では，接近動機づけと関連した状態を操作することによって，相対的に左前頭皮質の活動が増加することが見いだされた。たとえば，ユーモラスな映画場面，喜びや怒りや決然とした表情，または好ましい単語が使用された（Coan, Allen, & Harmon-Jones, 2001; Cunningham, Espinet, DeYoung, & Zelazo, 2005; Davidson, Ekman, Saron, Senulis, & Friesen,

1990; Davidson & Fox, 1982; Price, Hortensius, & Harmon-Jones, 2013)。別の実験では，回避動機づけと関連した状態を操作することによって，相対的に右前頭部の活動が増加することが見いだされた。たとえば，嫌悪的な映画場面，恐れや嫌悪の表情，または不快な単語が使用された（Coan et al., 2001; Cunningham et al., 2005; Jones & Fox, 1992）。

前頭非対称性が接近動機づけと関連するという仮定を支持する根拠の多くは，怒りに関する研究からきている。怒りは，接近動機づけに関連するネガティブ感情として確立されている（Carver & Harmon-Jones, 2009）。より大きな左前頭部の非対称性が接近動機づけと関連するという考えを支持して，特性怒りが左前頭皮質のより大きな活動と関連することが見いだされた（Harmon-Jones, 2004; Harmon-Jones & Allen, 1998）。さらに，より大きな特性接近動機づけは，怒りを喚起する画像を見ている間の左前頭皮質のより大きな活動と関連づけられた（Gable & Poole, 2014）。状態怒りもまた相対的に左前頭部の活動と関連づけられることが見いだされた。研究者たちは実験参加者を侮辱するようなフィードバックを与えて怒りを誘導し，この怒りが左前頭部のより大きな活動と関連することを示した（Harmon-Jones & Sigelman, 2001）。別の実験では，実験参加者の怒りを喚起するために社会的排斥を使用し，左前頭部のより大きな活動を示した（Harmon-Jones, Peterson, & Harris, 2009; Peterson, Gravens, & Harmon-Jones, 2011）。

その後の研究で，相対的に左前頭皮質のより大きな活動が接近動機づけと関連し，相対的に右前頭皮質のより大きな活動が回避動機づけと関連するという考えと一致する証拠が提供されてきた。たとえば，ある個人が食べ物への強い欲求をもっている，または，しばらくの間何も食べていないとき，デザートの画像に対して相対的に左前頭部のより大きな活動が示された（Gable & Harmon-Jones, 2008b）。

さらに，非対称的な前頭皮質の活動の操作は，接近指向的プロセスと回避指向的プロセスに影響する。脳波のアルファ波パワー値のバイオフィードバックは，自己報告された感情や選択された行為の実行と関連する接近プロセスに影響する（Allen, Harmon-Jones, & Cavender, 2001; Harmon-Jones et al., 2008）。反復経頭蓋磁気刺激法（repetitive transcranial magnetic stimulation）を用いて左前頭前皮質と右前頭前皮質に一時的な障害を与えると，それぞれ怒り顔の画像へ注意を向ける，あるいは注意を逸らせるようにバイアスがかかる（d'Alfonso, van Honk, Hermans, Postma, & de Haan, 2000）。経頭蓋直流電気刺激を受けた後，左半球の活動の増加によって実験参加者は怒りに対して積極的に反応するようになる（Hortensius, Schutter, & Harmon-Jones, 2012）。これとは対照的に，右半球の大きな活動は反芻（rumination）を予測する（Kelley, Hortensius, & Harmon-Jones, 2013）。片側の手の筋収縮は反対側の半球を活性化する。一次運動野の周囲の活性化が反対側の前頭野の活性化に拡散していくことが示されている（Peterson, Shackman, & Harmon-Jones, 2008; Schiff & Lamon, 1994）。（右手の収縮による）左半球の活性化は，実験参加者が競争者に対して与える罰により測定すると，自己主張や攻撃行動を高める（Harmon-Jones, 2006; Peterson, Shackman, et al., 2008）。まとめると，これらの実験は，非対称的な前頭皮質の活動と動機づけの方向性との間の因果関係に対して非常に説得力のある証拠を提供している。

◈（2）前頭非対称性と注意範囲

全体・局所処理は右脳と左脳のどちらかが受けもつと考えられている。すなわち，右頭頂半球は階層的な刺激の全体的特徴の処理と関連し，左半球は階層的な刺激の局所的特徴の処理と関連する（Boksem, Kostermans, Tops, & De Cremer, 2012; Volberg & Hübner, 2004; Volberg, Kliegl, Hanslmayr, & Greenlee, 2009）。損傷による証拠から，右半球の損傷が全体刺激に対する反応の遅延を引き起こし，左半球の損傷が局所刺激に対する反応の遅延を引き起こすことが明らかになった（Lamb, Robetson, & Knight, 1990; Lux et al., 2003; Robertson, Lamb, & Knight, 1988）。近年，Volberg et al.（2009）は，アルファ波の活動が皮質活動と負の相関があることをふまえ（Cook et al., 1998; Davidson, Chapman, et al., 1990; Lindsley & Wicke, 1974），脳波（EEG）記録から導き出されるアルファ帯域活動を利用し，注意範囲の側性化を検討した。Volberg et al. は，標的刺激の全体的特徴に対するすばやい反応が左半球の高いアルファ波パワー値（と皮質の活動の低下）と関連し，標的刺激の局所的特徴に対するすばやい反応が右半球の高いアルファ波パワー値と関連していることを見いだした。

半球の活動が全体・局所処理にどのくらいかかわっているのかを検討するために，Gable et al.（2013）は，実験参加者に片側の手の収縮を行わせ，中心－頭頂皮質上で反対側の半球の活性化を引き起こした（Harmon-Jones, 2006; Peterson, Shackman, et al., 2008）。脳波活動の測定とネイボン文字課題（Navon, 1977）を使用した注意範囲の測定も行われた。中心－頭頂部上のアルファ波パワー値により測定されたように，右手の収縮は左手の収縮よりも相対的に左の皮質のより大きな活動を引き起こした。重要なことに，右半球の活動の後よりも，左半球の活動の後のほうが，実験参加者はより狭く注意を焦点化していた。この研究は，半球の活動が原因となる操作が注意範囲に影響することを示した。

別の実験では，注意の狭小化に対する接近動機づけの効果を支えている，相対的な左前頭皮質の活動が検討された。ある実験で，私たち（Harmon-Jones & Gable,

2009）はポジティブ接近画像（デザート）と中立画像（岩）に対して，（脳波のアルファ波パワー値を指標にして）前頭皮質の活動を測定した。注意範囲は，ネイボン文字課題（Navon, 1977）を用いて，それぞれの画像の呈示後に測定された。結果として，（中立画像と比較して）ポジティブ接近画像に対して相対的に左前頭皮質の活動が大きかった個人では，ポジティブ接近画像の直後により顕著な注意の狭小化が引き起こされることが明らかになった。

また，注意の狭小化の神経相関は，薬物の渇望と関連づけられてきた。アルコールを摂取していないときにアルコール手がかりを示すと，注意の狭小化を引き起こす傾向が高くなる。この「仮想的な近視眼（virtual myopia）」はアルコール刺激に対する接近動機づけによって引き起こされると予測される。Gable, Mechin, & Neal（in press）は，相対的に左前頭部の大きな活動がアルコール画像に対する狭小化された注意範囲と関連するかどうかを検討することにより，この仮説を検証した。実験参加者はアルコール画像と中立画像の後にネイボン文字画像（Navon, 1977）を見た。アルコール画像に対する左前頭部の大きな活動は，アルコール画像後の局所標的刺激に対する速い反応時間を予測した。ここでは，中立画像後の局所標的刺激に対する反応時間は統制されていた。それゆえ，アルコール画像に対して左前頭部のより大きな活動を示す個人は，アルコール画像後には注意範囲がより狭小化されていた。加えて，自己報告された接近動機づけの個人差は，中立画像後の局所標的刺激に対する反応時間を統制したうえで，アルコール画像後の局所標的刺激に対するより速い反応時間を予測した。これらの結果は，アルコール手がかりへの接近動機づけがアルコールによる「仮想的な」近視眼をより引き起こすことを示唆している。まとめると，これらの研究は，相対的に左半球の大きな活動がより局所的な注意範囲と関連することを示唆している。より大きな左前頭部の活動は，高接近動機づけポジティブ状態やアルコール渇望における注意の狭小化の神経基盤であると考えられる。

2．事象関連電位

神経活動のもう１つの電気生理学的測度は事象関連電位（event-related potential: ERP）である。事象関連電位は初期段階（０～300ミリ秒）と後期段階（300～3000ミリ秒）からなる環境事象（刺激の開始など）に対する電気的活動の測度である。研究は一般的に事象関連電位の波形の成分（ピークなど）を検討する。事象関連電位の多くの成分は，動機づけられた注意処理と関連づけられてきた。

◈（1）N1成分と注意範囲

N1成分は，標的刺激の開始後の約100ミリ秒で現れる陰性波である。この成分は動機づけられた注意処理と関連すると考えられている（Cuthbert, Schupp, Bradley, McManis, & Lang, 1998）。過去の研究では，N1が全体刺激と局所刺激の処理にも関連することを報告している（Proverbio, Minniti, & Zani, 1998; Yamaguchi, Yamagata, & Kobayashi, 2000）。Gable et al.（2013）は，片側の手の収縮の後の両半球におけるN1の振幅を検討した。左半球の活性化が大きくなると，局所標的刺激に対するN1の振幅も大きくなった。

また，N1は接近的処理および回避的処理と関連づけられてきた。初期のERP成分は，注意処理の感度のよい測度ではあるが，行動抑制および行動活性化システムの特性測度における個人差によって影響される。私たちは，高い特性BAS感受性をもつ個人では，中立画像と比較して，食欲を喚起する画像に対してN1の振幅が大きいことを見いだした（Gable & Harmon-Jones, 2012）。また，高いBISを示す個人は覚醒に対してより敏感であり，刺激的な不快な画像が呈示されている間は防衛的な刺激に対する反応の増加を示すことから，私たちは驚愕プローブに対するBIS感受性の個人差を検討した（Peterson, Gable, & Harmon-Jones, 2008）。BIS感受性の高い（特性回避動機づけ）個人は，不快な刺激を見ているときに，右前頭部において驚愕プローブに対するより大きなN1の振幅を示す。

私たちは，注意範囲の狭小化に対して接近動機づけのポジティブ感情の効果があることを前提として，注意範囲とN1により測定される接近動機づけとの間に双方向の関係性があるかどうかを検討した（Gable & Harmon-Jones, 2011b）。つまり，私たちは，操作された局所的な注意範囲が全体的な注意範囲よりも大きな接近動機づけ処理を引き起こすかどうかを検討した。注意範囲は，実験参加者に階層的刺激のなかの文字を局所レベルと全体レベルのいずれかにおいて同定させることによって操作された。それぞれの文字同定課題の後，実験参加者は接近動機づけ画像または中立画像を見た。全体的な注意範囲と比較して，局所的な注意範囲は接近動機づけ刺激に対してより大きなN1を引き起こした。これらの研究は動機づけ強度と狭小化された注意との間に双方向的な関係があるという考えを支持している。

◈（2）後期陽性電位

事象関連電位の後期成分もまた，動機づけプロセスと関連づけられてきた。後期陽性電位（late positive potential: LPP）は，刺激の開始後のおよそ300ミリ秒で生じる陽性の振れであり，持続的な後期陽性電位は数秒間持続する（Foti, Hajcak, & Dien, 2009）。後期陽性電位は中心－頭頂部において最も顕著であり，後頭側頭皮質や頭頂皮質，扁桃体と関連した発生源をもつかもしれない（Sabatinelli, Lang, Keil, & Bradley, 2007）。高覚醒の感情画像は低覚醒の画像よりも大きな後期陽性電位を引き起こすため（Bradley, 2009; Codispoti, Ferrari, & Bradley, 2006; Cuthbert, Schupp, Bradley, Birbaumer, & Lang, 2000），後期陽性電位は感情刺激に対する動機づけられた注意処理を反映していると考えられている。また，特性行動接近動機づけは，動機づけ強度の高いポジティブ刺激や怒り刺激に対してはより大きな後期陽性電位の振幅を予測したが，中立刺激に対しては予測しなかった（Gable & Harmon-Jones, 2013; Gable & Poole, 2014）。

多くの先行研究において，左前頭皮質の活動が接近動機づけや注意範囲の狭小化と関連することが示唆されてきたため，私たち（Gable & Harmon-Jones, 2010c）は，後期陽性電位が感情刺激後の注意の狭小化と非対称的に関連するかどうかの検討を試みた。私たちは高接近動機づけ画像と中立画像に対する後期陽性電位を検討し，これらの後期陽性電位と画像後の局所的注意範囲と全体的注意範囲の関係を評価した。高接近動機づけ画像に対する後期陽性電位は，右前頭側頭部と比較して，左前頭側頭部において，より大きかった。さらに，相対的に左前頭皮質の後期陽性電位のより大きな振幅は，接近動機づけ画像の後の注意範囲の狭小化と関連していた。

◈（3）動機づけ強度と覚醒度

私たちが論評してきた研究の多くは，動機づけ強度と覚醒度が交絡している。つまり，高接近のポジティブ感情が誘導されると，自己報告された覚醒度もまた高くなる（Gable & Harmon-Jones, 2008a, 2008b, 2009, 2010c, 2011a）。しかし，覚醒度と動機づけ強度は同一のものではない（Gable & Harmon-Jones, 2011a; Harmon-Jones, Harmon-Jones, & Price, 2013）。Gable & Harmon-Jones（2013）は，覚醒度ではなく，動機づけ強度によって後期陽性電位の振幅の増加や注意範囲の狭小化が説明されるかどうかを検討するために，一部の実験参加者に対して自転車型トレーニング機器をこがせることで，動機づけ強度とは独立して覚醒度を操作した。実験参加者は，こいでいる間に食欲を喚起する画像とニュートラルな画像を見て，ネイボン文字課題（Navon, 1977）を行った。後期陽性電位を測定するために脳波の活動が記録され，心拍数を測定するために心電図（electrocardiogram: ECG）の活動が記録された。過去の研究知見と一致して，中立画像と比較して，食欲を喚起する画像は正中中心－頭頂部および左前頭部（右前頭野に対して）でより大きな後期陽性電位の振幅を引き起こした。心拍数の活動はこいでいない条件よりもこいでいる条件のほうが大きかった。しかし，覚醒度の操作（自転車をこぐこと）は注意範囲には影響を与えなかった。

別の研究では，接近動機づけ感情と回避動機づけ感情の両方を操作することにより，前頭部の後期陽性電位に対する動機づけの方向性の影響を検討した。Poole & Gable (2014) は，高接近動機づけポジティブ画像（欲求）と高接近動機づけネガティブ画像（怒り），高回避動機づけネガティブ画像（嫌悪）を実験参加者に対して呈示し，その間の正中部と前頭側頭部における後期陽性電位の振幅を測定した。正中部の後期陽性電位の振幅は，中立試行よりも感情画像試行のほうが大きかった。しかし，高接近動機づけポジティブ画像と高接近動機づけネガティブ画像に対する前頭部の後期陽性電位は，右前頭半球よりも左前頭半球のほうが大きかった。高回避動機づけネガティブ画像に対する前頭部の後期陽性電位は半球間で差がなかった。これらの結果は，半球によって異なる前頭部の後期陽性電位が感情刺激の接近動機づけ処理と関連した比較的感度のよい測度であることを示唆している。この研究は，覚醒度や感情価ではなく，動機づけの方向と強度が前頭部の後期陽性電位の振幅の違いを説明するという重要な証拠を提供した。接近動機づけ感情は，感情価に関係なく，（右半球に対して）左半球におけるより大きな後期陽性電位と関連する。覚醒度が高く，動機づけの方向性が正反対となる感情は，前頭部の後期陽性電位の振幅に対して異なる影響を与えるため，覚醒度は条件間の半球の神経活動の違いを説明することはできない。

3．ベータ波の抑制

高接近動機づけ状態はおそらく，目標を達成するために，生命体を行為のための準備状態にし，運動プロセスを準備する。行為と関連する神経生理学的プロセスの1つは，運動皮質上のベータ波の活動を測定することによって調べることができる。ベータ波の活動は一般に，脳波を使用し，運動皮質に対応する中心－頭頂部において測定される。このベータ波の活動は，動作の間に脱同期化し（減少し），動作の中止に伴い回復する（Pfurtscheller, Neuper, Brunner, & da Silva, 2005; Pfurtscheller, Stancák, & Neuper, 1996）というように，運動動作（motor movement）と逆の関連があると考えられている。経頭蓋磁気刺激法（transcranial magnetic stimulation）を用いてベータ波の活動を高めることは動作をより遅くすることが示された（Pogosyan, Gaynor, Eusebio, & Brown, 2009）。McFarland, Miner, Vaughan, & Wolpaw (2000) は，実際の動作と「想像した」動作の両方が人間の運動皮質上でのベータ波の抑制を高めることを報告した。このような結果は，ベータ波の抑制が能動的な動作の間にだけ起こるのではなく，行為を準備している際にも起こることを示唆している。ベータ波の抑制と行為の準備を関連づけた過去の研究をもとに，私たち（Gable, Threadgill, & Adams, in press）は，目標前のポジティブ状態が目標前の中立状態または目標後の状態よりも大きなベータ波抑制を引き起こすと提唱した。さらに，注意範囲の狭小化は行動の準備を促進するため，高められたベータ波の抑制が注意範囲の狭小化と関連するという仮説を立てた。私たちは Gable & Harmon-Jones（2010b）と似た修正版金銭誘因遅延パラダイムと抜き打ちの再認記憶課題を使用し，目標前のポジティブ状態が最も大きなベータ波の抑制を引き起こすことを見つけた。加えて，ベータ波の抑制が大きいことは，中心に呈示された単語に対する記憶がよいことと関連した。

これらの結果は，目標前のポジティブ状態が運動行為傾向と関連する神経生理学的プロセスを活性化することを示唆している。さらに，行為の準備と関連する神経生理学的プロセスは認知範囲の狭小化と関連している。ベータ波の抑制は運動準備と認知的狭小化を結びつける神経学的プロセスなのかもしれない。高接近動機づけポジティブ状態は運動準備を促進し，認知資源を縮小し，目標の獲得を促進するかもしれない。情報を認識し記憶する能力は限られているため，接近動機づけの高い目標前の感情は焦点を狭め，予期される目標に関する中心的な情報に集中する。その一方で，目標後の感情は個人が過去の出来事を処理し，可能性のある新しい目標が生まれることを理解することを助けるために認知範囲を拡大する（Kaplan, Van Damme, & Levine, 2012）。より大きな運動活性化と関連する認知範囲の狭小化は，目標の追求におけるそれらの行動を促進することを助けるかもしれない。

4節　結論

私たちは多くの研究を論評し，感情状態の動機づけ強度と方向性が，知覚，注意，記憶，カテゴリー化，および課題遂行に影響を与えることを示唆した。感情状態の動機づけの方向性と強度は，時間知覚に影響を与える。具体的には，接近動機づけと関連するポジティブ感情とネガティブ感情は時間の知覚を速め，回避動機づけと関連するネガティブ感情は時間の知覚を遅くする。さらに，動機づけ強度は時間知覚の加速または減速を促進する。

認知範囲の拡大化または狭小化も感情状態の動機づけ強度によって影響される。注意の狭小化は動機づけ強度が高い状態で生じ，注意の拡大化は動機づけ強度の低い状態で生じる。これに関連して，高レベルの接近動機づけは中心に呈示された情報に対する記憶成績の向上を引き起こし，低レベルの接近動機づけは周辺に呈示された情報に対する記憶成績の向上を引き起こす。また，高レベルの接近動機づけは狭い（制限された）認知的カテゴリー化を引き起こし，低レベルの接近動機づけは広い認知的カテゴリー化を引き起こす。高レベルの接近動機づけは，目標の遂行を向上させるための複数の目標を結びつける。

神経プロセスに関して論評された証拠は，動機づけの方向性や強度がこれらの多様な認知プロセスを駆動しているという私たちのモデルを支持している。非対称的な前頭皮質の活動は動機づけの方向性や認知範囲と関連する。相対的に左前頭部の大きな活動は高接近動機づけ状態のポジティブ感情やアルコール手がかりによる渇望での顕著な注意の狭小化と関連する。N1によって測定されるような脳活動の初期電位の測定によって，接近動機づけの個人差が食欲を喚起する刺激に対する急速な注意処理に影響し，認知範囲と関連することが明らかにされている。動機づけにおいて重要な刺激に対するN1の振幅は，認知範囲の操作によっても影響される。後期陽性電位のような後期電位は動機づけの方向性と非対称的に関連しており，接近動機づけのポジティブ感情と接近動機づけのネガティブ感情は，左前頭部の後期陽性電位の大きな振幅を活性化する。加えて，食欲を喚起する画像に対する左前頭部の大きな後期陽性電位は，よりいっそうの注意範囲の狭小化と関連する。最後に，強いベータ波抑制によって測定される運動準備は，目標後のポジティブ状態よりも目標前のポジティブ状態のほうが大きい。強いベータ波抑制は，中心に呈示された単語に対する記憶の向上と関連する。

全般的に，このような研究の蓄積は，動機づけ強度と方向性の次元が感情と認知との相互作用に影響するという説得力のある証拠を提供している。ポジティブまたはネガティブという感情価が感情と認知との相互作用を駆動すると提案した過去50年の研究とは対照的に，現在の研究の蓄積は，動機づけの方向性あるいは強度が類似していてもその価が異なる感情は，認知処理に対してさまざまな結果をもたらすことを示唆している。すべてのポジティブ（ネガティブ）感情が，認知処理に対して同様の効果をもたらすとは限らない。

動機づけの方向性や強度は，認知処理に対して多様な結果をもたらすのかもしれない。なぜなら，認知処理におけるそれらの変化が適応的な行動や目標達成において生命体の助けとなるかもしれないためである。高接近動機づけ状態と関連する知覚範囲と認知範囲の変化は，認知範囲の狭小化，時間知覚の加速，および行為の準備を通して，無関係な刺激を集中的に妨害することにより目標の実現の助けとなるかもしれない。これとは対照的に，高回避動機づけ状態は，時間知覚の減速とともに同様の認知範囲の狭小化を通して，嫌悪刺激を避けるまたは嫌悪刺激から逃げることを助けるかもしれない。接近動機づけ強度が低い状態は目標後に生じる。これらは生命体が新しい機会や目標を受け入れることを可能にするように認知範囲の拡大化をもたらす。私たちは感情状態と関連する動機づけの方向性と強度が生命体にとって適応的な方法で認知処理を変えると考えている。

【訳注】

☆1　GRE は，Graduate Record Examination（大学院進学テスト）の略で，アメリカ合衆国やカナダの大学院へ進学するのに必要な共通テストである。

第 10 章

嫌悪信号としての葛藤

感情調整役割におけるコントロール適応の動機づけ

Gesine Dreisbach
Rico Fischer

人間は複雑な行動を実行し，コントロールするという驚くべきすぐれた能力をもっている。さらに，これらの基礎にある計算論的複雑さについては，さほど大きな努力や意識的な気づきを伴わずに遂行しているように思われる。より正確にいえば，単なる刺激と反応との連合（たとえば，運転中に赤信号に変わるのを見て，車を停止させるという運動プログラムを起動する）だけでなく，それに加えて，人間は与えられた課題文脈に合わせて柔軟に行動を適応させる（たとえば，赤信号で停車中に背後から緊急車両が来たので，道をあけるためにわざと停止線よりも少し前に出る）といった独特の能力をもっている。心理学者は人間の性質を記述し，説明するため，なぜ，どのように同一の知覚情報が異なる行動を導くのかを詳しく解釈しなければならない。このことから，一般に注意と行為がどのようにコントロールされ，それによって時々刻々と変化する環境において柔軟で適応的で目標指向的な行動をとることができるのかという基本的な問題が浮かびあがってくる。

人間が目の前の状況に対して即座に適切な行動を起こしたり，未来を指向する行動をとったりすることができるのは，一連の独特な認知コントロール機能によるものである（Miyake et al., 2000）。そのコントロール機能には，たとえば，目標の表象を維持して妨害刺激から防御すること，課題要求の変化に応じて目標や行為プランをすばやく再設定し更新すること，衝動的な行為や，習慣化されていてももはや不適切となった反応傾向を抑制することが含まれている。最後に（しかし，優先順位が低いわけではない)，認知コントロール機能には進行中の課題遂行に関するモニタリングが含まれ，情動のコントロールと調整が認知コントロール機能をさらに説明するといえよう。最近の数十年で認知心理学は，コントロールがどのように行われるかの解明に関して大いなる進展を遂げた（たとえば，干渉はどのように低減するか，目標はどのように切り替えられるか)。しかしながら，より重要な疑問は，認知システムはいつコントロールを行うべきかをどのように知るのか，言い換えれば，コントロールの実行を動機づけるものはいったい何なのか，というものである。本章では，認知コントロールの動機づけの1つの主要な側面が，進行中の処理で生じる嫌悪信号に基づいているという点について述べる★1。

1節　認知コントロールのトップダウン型の調整とボトムアップ型の調整

認知コントロールの諸変数が教示や方略，意図，課題目標によってトップダウンのかたちで調整されるということについては疑問の余地がない（Bugg & Crump, 2012; Dreisbach, 2012; Logan & Gordon, 2001; Norman & Shallice, 1986)。しかしながら，最近では，認知コントロールにボトムアップ型の調整がなされていることを支持する証拠が蓄積されつつある。そうした証拠によって明らかにされたのは，認知コントロールの関与レベルが環境の規則性によってもたらされる情報に基づいて調整されるということである。たとえば，特定の刺激項目（または文脈特徴）と，要求されたコントロール状態（注意フィルターなど）とが繰り返し対呈示されると，個々の刺激（または文脈）とそれと結びついた注意コントロールの構えとの間に高次の連合形成がなされる。この注意コントロールは，そのあと，特定の刺激に出会うたびに自動的に検索される（Bugg & Crump, 2012; Fischer, Gottschalk, & Dreisbach, 2014)。

認知コントロールのボトムアップ型調整に関する最近の理論的な展開として，環境における**顕在信号**（explicit signal）が直接，認知コントロールの**動員**（recruitment）と活性化の引き金となることが提唱されている。おそらく，この分野における最も主要な理論は**葛藤モニタリング理論**（conflict monitoring theory）である（Botvinick, Braver, Barch, Carter, & Cohen, 2001; Botwinick, Cohen, & Carter, 2004; Carter & van Veen, 2007)。この理論は，反応葛藤が認知コントロールと行動適応を高める信号として働くと提唱している。すなわち，2つ以上の葛藤反応または行為傾向が活性化されるときは，常に認知コントロールが動員される。この考え方によれば，このような葛藤に対して反応できるのは，適応行動と意思決定プロセスを支える基本的な認知メカニズムがあるからである。反応葛藤は一般に，課題に関連した刺激の特徴や課題に無関連な刺激の特徴が行為のコントロールと競合するときに生じる。すなわち，課題に無関連な強い習慣反応が克服される必要があるときは常に，より適切な，しかし弱い反応傾向を優先するために，認知コントロールが行われなければならない（E. K. Miller & Cohen, 2001と比較のこと）。実験室では，ストループ課題（Stroop, 1935）やエリクセンのフランカー課題（Eriksen, 1995），サイモン課題（Simon, 1990）などの通常の反応干渉課題を用いて，反応葛藤による干渉効果が研究されてきた。ここ十年以上にわたって，認知システムが状況の要求の変化に対してどのように柔軟に応じるのかを調べるために，このような干渉からの影響が重要な関心事となっている。より具体的にいえば，Botvinick とその共同研究者によれば，前述の葛藤モニタリング理論のなかで，あるモジュール（すなわち，前帯状皮質：anterior cingulate cortex: ACC）は葛藤状態の反応の同時的活性化に対してモニタリングと検出を行い，そのあと，後続の行動を調節・最適化するために認知コントロールを動員するようコントロールユニット（背外側前頭前皮質：dorsolateral prefrontal cortex: dlPFC）に信号を送ることが示唆される（Botvinick et al., 2001, 2004）。そのようなモニタリングとコントロールのループと一致して，数多くの行動研究が次のようなことを示した。たとえば，反応葛藤による干渉は，反応葛藤に続く試行では除去されないとしても，かなり低下する（Akcay & Hazeltine, 2008; Egner, 2007; Fischer, Dreisbach, & Goschke, 2008; Gratton, Coles, & Donchin, 1992; Kunde & Wühr, 2006; Stürmer, Leuthold, Soetens, Schröter, & Sommer, 2002; Ullsperger, Bylsma, & Botvinick, 2005）[★2]。さらに電気生理学的研究からもこのことは支持されている。つまり，非競合試行に続く非競合試行における非競合反応で偏側性準備電位（lateralized readiness potential: LRP）が低下することが報告されている（Stürmer et al., 2002など）。最後に，神経画像研究もまた，葛藤によって引き起こされたコントロールの調節を支持する証拠を提供している（Egner & Hirsch, 2005; Sohn, Albert, Jung, Carter, & Anderson, 2007）。たとえば，当該試行（第 N 試行）における dlPFC の神経活動とその直前の試行（第 N-1試行）での ACC の神経活動との間に正の相関が報告されている（Kerns et al., 2004; MacDonald, Cohen, Stenger, & Carter, 2000）。おそらく葛藤モニタリング理論の最も興味深い側面の１つは，この理論が適応的コントロール動員のメカニズムを外的環境信号に基づいたボトムアップ型の処理として完全に説明できるという点である。

2節　なぜ反応葛藤はコントロール適応を引き起こすのか

このように，葛藤モニタリング理論は，ホムンクルス問題[☆1]をうまく回避している。

ACC は正反応を「知っている」わけではない。すなわち，ACC は単に葛藤（競合する反応傾向の同時的活性化）を検出し，そのあと背外側前頭前皮質にバイアス信号を送る★3。この理論は洗練されており，倹約的であるため，はじめに，なぜ反応葛藤が次試行に対する認知コントロールの必要性に関する記号を送るのかという問題が提起される。このコントロール適応を駆動する葛藤とはいったい何であるのか。なぜ競合する反応傾向の同時的活性化の検出は「何か」を動機づけるのか。その「何か」には，言うまでもなく，後続の試行においてコントロールの増強が必要とされるのか，あるいはすでに適応的であるのかが不明なときに，努力を伴う先行性の認知コントロールが含まれる。ただし，ここでは，葛藤によって引き起こされたコントロール適応の一般的な適応的価値については問題にしない。そうではなく，問題となるのは，葛藤検出の機能的役割がコントロール適応のための唯一の引き金であるのかどうかである。したがって，私たちは，葛藤適応を感情調整の広範な文脈のなかに位置づけるためのもう 1 つ別の枠組みを提案する。具体的にいうと，私たちが取り上げたいのは次の 2 点である。

- 葛藤は本来，嫌悪的なものであり，かつ，
- 嫌悪的葛藤の経験は，嫌悪信号を下方調整しようとするプロセスを引き起こす。

さらに，嫌悪葛藤信号の下方調整がうまくいった場合（たとえば，葛藤解決），それがどのようなプロセスであれ，報酬をもたらすものであると私たちは考える。このような見方によって，系列的な葛藤調整は，ネガティブな結果を回避してポジティブな結果を求めるという一般的な快楽主義的動機づけによって因果的に引き起こされる (James, 1890)。したがって，葛藤適応は，系列的な行為調整の指標であるとみなされ，**感情調整の 1 つの例**を表すのかもしれない。

次に，私たちの主張を支持する実証的な根拠を示す。これによって，現代心理学の動機づけ研究において「葛藤」という概念がどのように扱われてきたかの歴史を簡潔に整理し，この概念が認知コントロールに関する現在の研究理論のなかで収束してきたことを考察する。そのあと，認知コントロール調整のための嫌悪信号として反応葛藤が特定の役割を果たしていることについて検討する。

3 節　動機づけ理論における葛藤の役割

「葛藤」という概念は，行動調整のための主要な動機づけの力の一つであり，動機づけ心理学のなかでは長い研究の歴史がある。たとえば，精神力動理論が Sigmund

Freudによって大いに進展したことはよく知られている。この理論のなかで人間は，イド（id）からの受け入れがたい願望や要求と，超自我（superego）からの社会的に受容される要請との間で絶えず引き裂かれた状態に置かれている（S. Freud, 1923）。すなわち，この考え方によれば，人間行動の原動力は，こうした葛藤による軋轢を克服しなければならないという必要性から生じる。これを克服しようとするのが自我であり，その自我機能とは，現代の用語を用いるならば，意志と認知コントロールのプロセスにほかならない。Kurt Lewin（1936）による**場理論**（field theory）でもやはり，葛藤は人間行動の原動力である。しかしながら，この理論では，葛藤は個人の要因によってのみ規定されるのではなく，環境からのさまざまな相反する力によっても大きく調節されている。この理論的枠組みのなかでは，環境における対象物や目標は正の感情価や負の感情価によって特徴づけられており，したがって，正の魅力状態（attractor state）と負の魅力状態の場が形成される。個人が魅力度（または非魅力度）の等しい選択肢のどちらかを選ばなければならないときや，（おそらく）選択肢が1つしかなくてもポジティブな結果とネガティブな結果の両方が得られるというときに，葛藤が生じる。とくに，接近－接近の葛藤は，魅力度は等しいが，相互に排他的である2つの選択肢のうちの1方を個人が選ばなければならないという状況をさしている。この場合の典型的な具体例は，2つ欲しいものがあるのに1つしか手に入れることができないという状況に置かれた消費者の意思決定であろう。回避－回避の葛藤は，逆に，「前門の虎，後門の狼」といった故事にあるような進退きわまった状態をさしている。そして最後に，接近－回避の葛藤は，ポジティブな結果とネガティブな結果の両方が組み合わさった選択として特徴づけられる。「痛みなくして得るものなし」といった状況は，まさしくこの種の葛藤を表している。さらに，接近傾向と回避傾向とで反応勾配が異なり，それらが目標距離によって変化することからも葛藤の力動性は生じると仮定される（N. E. Miller & Murray, 1952）。反応勾配が異なると仮定することによって，それぞれの葛藤状況における接近行動から回避行動への転換が説明できる（たとえば，新婦が教会から逃げ出す）。その反面，このモデルでは，所与の葛藤状況のもとで，適切ではあっても弱い行為傾向が実際にどのように優先されるかについてはうまく説明されない。最後に，Leon Festinger（1957）による**認知的不協和理論**（cognitive dissonance theory）もまた，動機づけられた行動に対して葛藤が重要な引き金になることを強調している。しかしながら，FreudやLewinとは異なり，Festingerは**認知表象**（cognitive representation）のレベルで葛藤を記述している。重要なことに，この理論は認知的葛藤の動機づけとしての影響に関心をもっている。認知的葛藤は，人間が調和と一貫性を求めて奮闘努力した結果，進化したものであると考えられている（ただし，認知的不協和の結果として態度変化が生じるというプロセスに研究の焦点があてられるようになったのは，この理論が後年になって発展してからである)。たとえば，全般的に健康的な生活を送り，スポーツを楽しみ，健康によい食事を心がけている人が，同時に，喫煙のような不健康な習慣をもっているという場合を考えてみよう。この喫煙習慣は，明らかに，それ以外の健康的な生活スタイルとの間で葛藤状態を引き起こしている。認知的不協和理論によれば，この人が認知的葛藤を解決し，精神面での一貫性を保つには次の2つの選択肢が考えられる。①禁煙する。あるいは，②喫煙リスクに関する事実を無視し，喫煙によって（主観的に）得られるリラクゼーションやストレス低減を強調して捉える。もちろん，さらに取り得る別の選択肢として，この人は認知的葛藤を解決するために，健康的な生活スタイルをあきらめることもできる。実際，認知的不協和理論では，葛藤状態にある認知表象のうち，どのようなものが断念されるのか，あるいは葛藤状態にある認知に適応するのかについてはまったく何も明らかにされていない。Festinger は原著のなかで，認知的不協和の経験は**心理的不快**（psychological discomfort）であり，飢餓のような身体的緊張状態に匹敵する（Elliot & Devine, 1994と比較のこと）と述べている。その後，多くの研究者が生理学的測度を用いて，認知的不協和が特定の覚醒状態や動因に似た性質をもつことについて研究し始めた（Croyle & Cooper, 1983 など)。そうした研究は，いわゆる**認知的不協和＝生理学的覚醒仮説**（dissonance-as-physiological-arousal hypothesis）として理解することができる（Elkin & Leippe, 1986)。Elliot & Devine（1994）は認知的不協和の覚醒成分への関心を広げ，感情に関する自己報告式の測度を用いて次のことを示した。すなわち，「認知的不協和の現象的な経験は，明確な嫌悪感情のようなもので」(p. 391)，この状態を終結させるために，結局は行動調整が動機づけられる。

要約すると，個人の内部で生じる葛藤は，①内的要求の対立（Freud)，②環境からの力の対立（Lewin)，③認知表象の対立（Festinger)，といういずれかであり，いずれもが古典的な動機づけ理論において中核的な概念となっている。ここで共通している考え方は，葛藤が嫌悪的な緊張状態や覚醒状態を誘発し，結局のところ，それらが葛藤を回避，または解決しようとする行動を動機づけるというものである。

4節　葛藤の動機づけの影響

どのような行動が葛藤によって動機づけられるのか。いかなる葛藤であろうと，処理要求が高まることでコストが生じる。そのため，ある葛藤状況に対応するのに利用できる行動には2種類あることが示唆される。すなわち，①葛藤を終結させるために葛藤状況を回避する，あるいは②葛藤を解決するために多くの努力を傾ける，である

(Botvinick, 2007)。このような図式に対して，前述の動機づけによる葛藤理論はどのようにあてはまるだろうか。

Freud は，自我（ego）に関する一連の防衛メカニズムがイドと超自我との葛藤に対応していることを示唆した。そのなかで，防衛メカニズムのほとんどは回避行動の変形（否認や抑圧）であるとしている。しかしながら，そのほかの防衛メカニズムも利用可能であり，自己の行動をより社会的に受け入れられやすい行為に方向づけることによって葛藤を解決しようとすることもある（昇華）。したがって，そうした防衛メカニズムは，「増加した努力」という名のもとに包括される種類の行動であるとみなされる。しかしながら，こうした防衛メカニズムを支持する実験的な証拠は，もともとの性質上，数少なく，逸話的なものしかない（A. Freud, 1936）。Lewin はむしろ，接近行動と回避行動との間の力動性が目標への距離に依存していると述べているが，適切ではあっても弱い反応傾向が結局優先されるということについてはあいまいなままである。そして，最後に，Festinger による認知的不協和理論は，もとの理論では，前述の喫煙の具体例に見られるように，回避行動や努力の傾注という葛藤への2種類の反応の両方を示唆している。

葛藤が回避行動または努力調整の引き金となるという考え方は他の主要な理論によっても支持されており，それらの理論はいずれも，動機づけ行動に関して期待される課題要求の役割を強調している（ただし，非葛藤状態に比べて葛藤状態は，課題要求が高まるにつれて強まっていく）。最少努力の法則（law of least efforts; Hull, 1943）によれば，人間は努力を回避する傾向にあり，したがって，葛藤を避けようとする傾向がある。もともとは身体的な努力に関して理論的に展開されたのだが，最近の証拠では，努力を回避しようとする傾向は精神的作業においてもあてはまるとされている（Kool, McGuire, Rosen, & Botvinick, 2010）。葛藤が努力を増大させるという別の考え方は，**動機づけの困難の法則**（difficulty law of motivation; Ach, 1935; Hillgruber, 1912）とも適合している。この法則によれば，努力の傾注は期待される課題要求に従って増大する。動機づけ強度理論も，Brehm & Self（Bijleveld, Custers, & Aarts, 2012b も参照）が要約するように，努力を調整することと努力を節約することの両方の考え方をもたらした。

> 動機によって正当化される以上に要求された努力が大きくなる時点までは，動機づけの覚醒は，道具的行動の困難度が高くなるに従って増えていく。あるいは，要求された努力が個人の技能や能力を超えた時点で，動機づけの覚醒は低いレベルまで降下する。
> (Brehm & Self, 1989, p. 129)

こうした考え方は，認知コントロールに関する最近の神経心理学理論である**コントロール期待値理論**（theory of expected value of control: EVC；Shenhav, Botvinick, & Cohen, 2013）においても認められる。この理論は，葛藤モニタリング理論のようなACCの機能に関する既存の理論と，それとは別の行為結果の評価による説明理論（Gehring & Willoughby, 2002など）とを統合するものである。ACCが葛藤を検出し，そのあとdlPFCに信号を送る（概していえば，次に認知努力を増やす）という考え方は，動機づけの困難の法則の考え方と一致している。さらに，行為結果の評価に関する説明理論によれば，ACCは（とくにネガティブな）課題遂行の行為結果を登録し，評価する。そのあと，この情報は将来の行為選択に向けた回避学習信号として利用される（Gehring & Willoughby, 2002; Holroyd & Coles, 2002; Nieuwenhuis, Yeung, Holroyd, Schurger, & Cohen, 2004など）。このように，この理論は，最少努力の法則の現代版であると考えることができる。この理論を支持する実験的な証拠は，二者択一のギャンブリング課題を用いた研究から得られている。ギャンブリング課題は，ネガティブな課題成績のフィードバック（すなわち，金銭的損失）がエラー関連陰性電位（error-related negativity: ERN；おそらくACCで生成されるコンポーネント）と相関していることを示している（Nieuwenhuis et al., 2004など）。ギャンブリング課題におけるフィードバックは報酬予測に利用されるので，とりわけネガティブなフィードバックは一般に回避行動を誘発する。葛藤が認知コントロールや回避行動の増大を実際に引き起こすかどうかは，明らかに課題文脈，利用可能な処理資源，および個人の学習経験の履歴に依存している（Dreisbach & Fischer, 2011も参照）。さらに，このことは，動機づけ強度理論（Brehm & Self, 1989）やコントロール期待値理論（Shenhav et al., 2013）と一致して，課題の困難度の増大に応じて努力の傾注が所与の課題に対して価値があるかどうかという判断にも依存している。

5節　反応葛藤の嫌悪的性質

これまでに，葛藤の概念と，葛藤によって引き起こされる緊張とが，さまざまな伝統的動機づけ理論において重要な機能的役割を果たしていることを示した。ここで浮かび上がってきた問題は，反応葛藤（response conflict）それ自体が嫌悪的であり，コントロール適応を動機づけるのかというものである。すでに述べたように，反応によって引き起こされる適応（葛藤を回避するか，解決するか）の動因力は葛藤そのものではなく，葛藤の嫌悪的性質であると考えられる。葛藤している欲求と意思決定との葛藤が主観的に嫌悪的なものとして経験されると考えるのは，おそらく共通した認識であろう。しかしながら，このことは，エリクセンのフランカー課題やストループ課題のような伝統的な反応干渉課題での反応葛藤において自明というわけではない。

この実験的証拠に関する間隙を埋めるために，私たちは最近，葛藤刺激の感情価を測定する研究を行った（Dreisbach & Fischer, 2012a）。この目的を達成するために，感情プライミング課題が用いられた。この課題は，もともと態度対象の感情価を測定するために開発されたものである（Fazio, 2001; Fazio, Sanbonmatsu, Pwell, & Kardes, 1986）。この実験パラダイムにおいて実験参加者はポジティブな標的刺激（たとえば，単語刺激や絵刺激）またはネガティブな標的刺激をすばやく評価することが求められる。ここで重要なことは，それぞれの標的刺激の前にプライム刺激が呈示され，そのプライム刺激の感情価が測定される。実験の論理的根拠は，（自動的に）ポジティブであると評価されるプライム刺激はポジティブな標的刺激への反応を容易にし，ネガティブな標的刺激への反応を妨害するというものである。その逆に，ネガティブであると評価されるプライム刺激はネガティブな標的刺激への反応を容易にし，ポジティブな標的刺激への反応を妨害する。この実験パラダイムの論理を適用して，プライム刺激（実験参加者はプライム刺激に対して反応する必要はない）として，一致したストループ色名単語と不一致なストループ色名単語が呈示され，ポジティブな絵刺激とネガティブな絵刺激（実験1a），またはポジティブな単語刺激とネガティブな単語刺激（実験1b）が標的刺激として呈示された。予想されたとおり，両方の実験でともに，プライム刺激の一致性と標的刺激の感情価との間に有意な交互作用が見られた。すなわち，実験参加者は不一致ストループプライム刺激のあとでは，ポジティブな標的刺激よりもネガティブな標的刺激に対する評価が相対的に速かった。そして，一致ストループプライム刺激のあとでは，ネガティブな標的刺激よりもポジティブな標的刺激に対する評価が相対的に速かった（図10-1参照）。

この実験結果は最近，別の研究結果によって確認された。その研究では，プライム刺激としてストループ色名単語が呈示されたが，標的刺激には新たに中立的な単語と中国語の文字が用いられ，ネガティブ判断の頻度が測定された。その結果，実験参加者は，一致ストループプライム刺激に比べて，不一致ストループプライム刺激が先行すると，中立的な標的刺激をネガティブであると判断する頻度が高いことが見いだされた（Fritz & Dreisbach, 2013）。さらに，嫌悪的なストループ葛藤信号の動機づけが価値をもつことを支持する証拠は，Schouppe, De Houwer, Ridderinkhof, & Notebaert（2012）による研究からも得られている。彼らは，ストループ葛藤刺激が回避行動を促進することを示した。すなわち，実験参加者は，ストループ色名単語の印刷された色に合わせて，マネキン人形を遠くに，あるいは近くに移動させなければならなかった。その結果，不一致ストループ色名単語に応じた回避反応（マネキン人形を遠くに移動する）は刺激葛藤を除去した。このことから，葛藤刺激は回避行動を

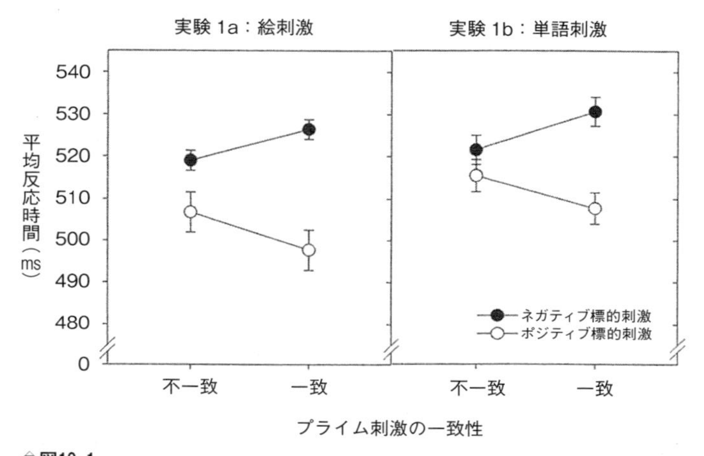

◆図10-1
プライム刺激の適合性によるポジティブな標的刺激の評価とネガティブな標的刺激の評価における平均反応時間。Dreisbach & Fischer (2012a)

動機づけることが示唆された。嫌悪的葛藤信号の機能を支持する別の実験的証拠は，不一致ストループ刺激に応じた，心拍の増加（Renaud & Blondin, 1997）や瞳孔拡張の増大（van Steenbergen & Band, 2013; Wendt, Kiesel, Geringswald, Purmann, & Fischer, 2014），皮膚伝導反応の促進（Kobayashi, Yoshino, Takahashi, & Nomura, 2007）を示す生理学的研究からも得られている（ただし，Schacht, Dimigen, & Sommer, 2010も参照）。これらの生理的指標は一般的に覚醒の測度であると考えられており，ネガティブ感情そのものではない。しかしながら，たとえそうであっても，これらの生理学的指標は少なくとも葛藤刺激の動機づけとしての顕著性を示している。葛藤が動機づけとして重要であることのより直接的な実験的証拠は，エラー関連陰性電位に関する研究から得られている（Falkenstein, Hohnsbein, Hoormann, & Blanke, 1991）。エラー関連陰性電位は，意図しない（誤った）反応の直後に負の偏向ピーク（deflection peak）が生じるもので，おそらくACCで生成されると考えられている（Carter et al., 1998）。研究者によっては，エラー関連陰性電位は誤った課題遂行を純粋に反映しておらず，実際に，反応葛藤の別の指標にすぎないという見方もある。より正確には，エラー関連陰性電位は，連続した課題処理の結果として，誤って実行された反応と正反応との間の反応葛藤の量を反映しているといわれている（Yeung, Botvinick, & Cohen, 2004）。こうした考え方から，葛藤は嫌悪信号であるという私たちの提案と一致して，エラー関連陰性電位が防御的驚愕反応との間に正の相関があることは興味深い（Hajcak & Foti, 2008）。以上のように，この研究結果は，葛藤が実際に，動機づけとしての重要性を伴った嫌悪信号をもたらすことを最初に示した神経生理学的証拠であるといえる。

6節　嫌悪的葛藤とは何か

◈（1）葛藤刺激は，要求度が高いために嫌悪的になる

非葛藤刺激に比べて葛藤刺激に対して課題遂行に問題が生じるというのは，認知心理学において最も頑健な現象の1つである。誤反応率とともに，反応時間は一般的に非葛藤試行に比べて葛藤試行で長くなり，葛藤試行での課題要求が高いことを示している。課題要求が高くなればなるほど，より多くの努力が傾注されねばならない。したがって，葛藤は，精神的なエネルギーの点で効率が悪い。なぜなら，葛藤は，関連した課題特徴に取り組むために処理資源を必要とするだけでなく，無関連の課題特徴に取り組まないためのエネルギーを消費するからである（Morsella, Zarolia, & Gazzaley, 2012と比較のこと）。**最少努力の法則**（law of least effort; Hull, 1943）によれば，人間はエネルギーを節約するために，努力を惜しむ傾向がある。この法則は，もともと身体努力について発展してきたものであるが，最近の実験的証拠では，最少努力の法則が精神活動にも拡張できることが示唆されている。最近，Kool et al.（2010）は要求選択課題を用いて，異なる行為の系列を自由に選択するように実験参加者に求めると，実験参加者は課題要求の低い行為系列へのバイアスを増していった。このことから，葛藤刺激に対応するために課題要求が高まると，課題要求は嫌悪的葛藤信号のソースとなるかもしれない。しかしながら，課題要求が高まっても必ずしも回避行動を引き起こさないことを示す実験的証拠もある。とりわけ，回避が1つの選択肢であることが明確でない状況においては，そうした結果が得られている（Ach, 1935と比較のこと）。実際，もしも実験参加者に選択の機会が与えられないのなら，努力の傾注は，期待される課題の必要性によって調整され，現実的には課題要求が高まるにつれて増大していく（Dreisbach & Haider, 2006）。たとえば，実験参加者は，挑戦的な課題状況（たとえば，fMRI走査装置からエコープラナー（echo planar）のノイズをとる）が与えられると，さまざまな認知コントロール課題への効率的なコントロールの関与が示される（Hommel, Fischer, Colzato, van den Wildenberg, & Cellini, 2012）。これと同様に，ストレスもまた認知コントロールの動員（積極的な目標保護（goal shielding）を高める）の引き金となることが見いだされた（Plessow, Fischer, Kirschbaum, & Goschke, 2011; Easterbrook, 1959; Kofman, Meiran, Greenberg, Balas, & Cohen, 2006）。しかし，すでに述べたように，もしもこれらの課題要求の高まりが嫌悪的で，通常は回避されるものであったら，なぜ課題要求が高

まることが努力の傾注を動機づけるのだろうか。このジレンマから逃れる1つの可能な手段は，嫌悪的で要求度の高い課題に成功すると，さほど嫌悪的でなく，要求度の低い課題で成功するよりも多くの報酬が得られるようにすることかもしれない。この考え方を支持する証拠は，最近の神経画像研究から得られている。その研究では，正反応のあとの内発的報酬信号が課題の困難度の変化に応じて増大することを示している。とくに，腹側線条体でのドーパミン関連活動は，ワーキングメモリ課題（Nバック課題におけるNの増加）の正反応において課題の困難度が増すにつれて増大した(Satterthwaite et al., 2012)。この実験結果は，簡単な課題に比べて困難な課題を達成したときのほうが誇らしい気持ちになるといった日常生活での経験と見事に合致している（Atkinson, 1957と比較のこと)。

◈（2）葛藤刺激は，不確実性を含むために嫌悪的になる

もともとの葛藤モニタリングモデルでは，反応葛藤は葛藤している反応傾向の同時的活性化として定義され，形式的には出力層を超えたエネルギーとして計算される(Botvinick et al., 2001)。このように，反応葛藤は，正反応の実行に関する一定程度の不確実性を含んでおり，多かれ少なかれ誤反応のリスクを抱えている。この点に関して，競合している反応選択肢の数が多ければ多いほど，不確実性の程度は高くなる(Hirsh, Mar, & Peterson, 2012)。一般に，不確実性は，1つの出来事がいつ，なぜ起きるのかに関する情報を欠いているかどうか（Knight, 1921)，その情報の変動性に含まれるあいまいさをなくす情報を得る必要があるかどうかによって通常は特徴づけられる。人は，ふつう，不確実性が低減するように努力する（Kagan, 1972)。なぜなら，安定的で安全な環境であれば，現在の出来事をコントロールし，将来の出来事を予測することができるからである（Alloy & Tabachnik, 1984)。したがって，これまで，不確実性は個人が低減しようと動機づけられた嫌悪性の1つの状態であると定義されてきたこともさして驚くべきことではない（Bar-Anan, Wilson, & Gilbert, 2009; Hogg, 2000; Weary & Edwards, 1996と比較のこと)。実際，不確実性や不確実性と結びついた嫌悪性に耐える能力には明らかな個人差がある。「不確実性への非耐性（典型的な精神病理学的症状に関連したパーソナリティ概念)」に大きな苦しみを感じる人もいる（たとえば，コントロールを取り戻そうとする心配症や強迫症)。こうした症状は，概括化された不安障害や強迫性障害，大うつ病において認められる(Dugas, Gagnon, Ladouceur, & Freeston, 1998; Nelson, Shankman, & Proudfit, 2014; Tolin, Abramowitz, Brigidi, & Foa, 2003)。

最近では，不確実性と認知コントロールは密接に関係しているといわれている。すなわち，理論的なレベルでは，不確実性の検出と推定によってどの程度のコントロー

ルが要求されているかが決定される。脳のレベルでは，不確実性に関係した神経ネットワークと認知コントロールに関係した神経ネットワークとの間にかなり大きな重複が認められる（この議論については，Mushtaq, Bland, & Schaefer, 2011を参照）。不確実性はさまざまなレベルで検討され，概念化されているが（総説については，Bach & Dolan, 2012を参照），反応葛藤は不確実性の特殊な一例を表していると考えるのが妥当であろう（Mackie, Van Dam, & Fan, 2013）。すなわち，葛藤刺激はあいまいであり，そのため，関連している刺激次元を（干渉的である可能性の高い）無関連な刺激次元から区別してあいまいさをなくす教示や意図が必要になってくる。したがって，こういった葛藤刺激に関する不確実性が，葛藤に関連して経験される嫌悪性に足し合わされると仮定するのはもっともなことである。

7節　嫌悪信号は系列的処理調整を引き起こすのか

「葛藤は処理調整を引き起こす。なぜなら，葛藤は嫌悪的であるからである。そして，嫌悪刺激は処理調整を引き起こす。なぜなら葛藤が処理調整を引き起こすからである」という循環論に陥った主張を避けるためには，反応葛藤が生じていない場合であっても嫌悪刺激がそのようなコントロール適応を引き起こすということを示す必要がある。それ以外の中立刺激の感情価を操作する１つの方法は，刺激コントラストや呈示時間，表記された単語のフォントを変えることで知覚的流暢性を操作することである。ここでの処理の流暢性は，経験された処理の容易性を表し，感情的反応を引き起こすことが繰り返し示されてきた（Winkielman, Schwarz, Fazendeiro, & Reber, 2003）。すなわち，高い流暢性はポジティブであり，低い流暢性はネガティブであると判断されたことを示す。さらに，表記された課題教示から経験される知覚的流暢性は，それぞれの課題において推定される努力に影響を及ぼし，課題回避を増加させる，という結果を示す証拠もある（Song & Schwarz, 2008）。この研究結果は，再び，最小努力の法則を支持するものと考えることができる（Kool et al., 2010）。最近の研究では，表記された数字刺激の処理の流暢性が操作された（Dreisbach & Fischer, 2011）。そして，もしも課題回避が選択肢に含まれていなかったのなら，処理の流暢性が低下すると，系列的な処理の調整が引き起こされるのかどうかが問われた。３つの実験のなかで，非流暢的な試行の直後に流暢性低下の効果がみられた（流暢的な試行と非流暢的な試行とで課題成績に差が現れた）。このことは，非流暢的な試行は後続の課題における努力の量を増加させることを示唆している。こうした実験結果は，（反応葛藤がなくても）嫌悪刺激が実際に系列的処理調整を引き起こすことを示した最初の証拠であると考えられる。

8節　葛藤によって引き起こされた感情的逆調整

ここまでのところで，「葛藤は嫌悪信号であり，嫌悪信号は処理調整（所与の課題文脈によっては回避行動）を引き起こす」という当初の私たちの主張を支持する証拠について論評してきた。しかし，このことは必ずしも，葛藤によって引き起こされたコントロール適応が感情調整役割（service of affect regulation）のなかで起こるということを示唆しているわけではない。私たちの研究室で得られた最近の証拠では，実際に，葛藤刺激が**感情的逆調整**（affective counter-regulation）のプロセスを引き起こすことが示唆されている。その研究では，再び，感情的プライミング実験パラダイムが用いられ，プライム刺激として一致ストループ色名単語と不一致ストループ色名単語が設定された（Fritz & Dreisbach, 2013を参照）。その結果，嫌悪的葛藤信号は実際にはプライム刺激の持続時間の増加とともにポジティブな感情信号へと変化することが示された（Fritz & Dreisbach, 2015）。すなわち，プライム刺激の呈示時間が長ければ長いほど，一致ストループプライム刺激に比べて不一致ストループプライム刺激のあとに続く中立的な標的単語に対してネガティブな判断がより少なくなっていった。実際のところ，プライム刺激の呈示時間がわずか800ミリ秒であっても，不一致ストループプライム刺激においてポジティブな感情的プライミング効果が見られた（図10-2参照）。この感情的逆転現象は，嫌悪信号の受動的減衰に反している。嫌悪信号は，一致ストループプライム刺激と不一致ストループプライム刺激のあとに続く場合においてのみ感情判断を調節するはずである。しかし，実際には，その逆の実験結果が示唆することは，嫌悪的葛藤プライム刺激が嫌悪的不一致刺激とともに感情

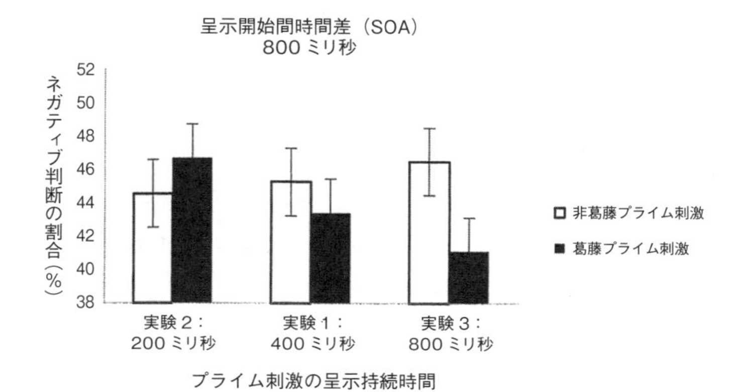

◆図10-2
Fritz & Dreisbach（2015）

的逆調整という能動的なプロセスを引き起こしたということである（Rothermund, 2003, 2011参照）。したがって，この実験結果は，葛藤調整と感情調整がなんらかの部分を共有しているということに関して最初のヒントを示していると考えることができる。

葛藤プライム刺激の感情評価が逆転するという現象は明らかに，実際に反応葛藤が感情的逆調整を引き起こすということを示している。これに関連した研究結果が最近，Schouppe et al.（2015）によって報告されている。彼らは最初，Dreisbach & Fischer（2012a）が報告した葛藤プライミング効果を再現した。次に，第2実験では実験参加者ははじめに葛藤プライム刺激を答えるように求められ，そのあと，標的刺激について評価することが求められた。その結果，嫌悪的葛藤プライミング効果が逆転したことが示された。この実験結果については，プライム刺激の呈示時間が長くなるに従って感情的逆調整が起きたと説明することができる（実験2ではプライム刺激の呈示時間がさらに長く，実験参加者はプライム刺激に反応する必要があった）。しかしながら，この研究者（論文著者）は，葛藤解決の報酬経験に関連づけて，もう1つ別の（しかし，相互に排他的ではない）解釈を行っている。ここでの理由づけは，最近の神経画像研究に基づくものであった。それによれば，課題要求の増大に伴う処理調整は，たとえ報酬見込みが明らかでないときでも，黒質や腹側線条体といったドーパミン作動系の中脳領野（すなわち，典型的な「報酬」の領野）を活性化する（Boehler et al., 2011; Satterwaite et al., 2012; Bijleveld, Custers, & Aarts, 2012a も参照）。したがって，これまでにみてきたように，葛藤試行では非葛藤試行よりもたしかに課題要求は大きいものの，非葛藤試行での反応に比べて，より強力な内発的報酬信号によって葛藤解決が達成されるはずである（ただし，Botvinick, Huffstetler, & McGuire, 2009も参照）。こうした考え方によれば，葛藤刺激は，嫌悪的葛藤信号を終わらせるためにコントロール調整を動機づける。そして，葛藤解決に対して報酬が与えられ，葛藤解決が将来の葛藤処理を動機づけるようになる（Braem et al., 2012）。しかしながら，1つの最近の研究では，葛藤解決が系列的コントロール適応に対して動因力をもつという重要な役割を果たしていることに関して反証となるような結果を報告している。それについて概略を述べよう。実際に，系列的コントロール適応にとって重要なのは，現実的な反応葛藤（あるいは，その解決）ではなく，むしろ嫌悪的葛藤信号らしきものに対する主観的経験なのである（Desender, Van Opstal, & Van den Bussche, 2014）。

9節　葛藤信号の意識経験

葛藤が引き起こすコントロール適応において気づきがどのような役割を果たしているかについては，すでにこれまでの研究で取り上げられてきた（Ansorge, Fuchs, Khalid, & Kunde, 2011; Kunde, 2003など）。しかしながら，最近になってようやく，Desender et al.（2014）が系列的葛藤適応における主観的葛藤経験の役割について直接検討している。その研究では，実験参加者は，反応直後に与えられた刺激の葛藤状態（葛藤的か，非葛藤的か）を評価することが求められた。実験参加者の課題は，左向きの矢印または右向きの矢印に対して反応することであった。それらの矢印が呈示される前に，常に，左向きの矢印か右向きの矢印が閾下で呈示された。葛藤試行では，左向きの矢印も右向きの矢印もどちらも別の方向に向いていたが，非葛藤試行では，どちらの矢印も同じ方向を示していた。この実験の結果，葛藤試行のあとの反応干渉が小さいために，系列的葛藤適応は，それらの葛藤試行が葛藤であると正しく経験されたあとでしか見られないことが明らかになった。そのように経験されなかった葛藤試行に続く場合は，系列的葛藤適応は見いだされなかった（Desender et al., 2014）。ここで重要なことは，主観的な葛藤経験が，葛藤試行と非葛藤試行との間の反応時間の差によって測定される適切な葛藤の量に影響を及ぼさなかったという点である。このことから明らかに，反応葛藤は葛藤している反応傾向の同時的活性化によって，葛藤の主観的経験に関係なく生じる。そして，これは，適応的コントロールの調整を動機づけるのが反応葛藤（すなわち，2つかそれ以上の反応の同時的活性化）でも葛藤解決そのものでもないことを示している。そうではなく，この結果から，系列的葛藤適応を動機づけるのはおそらく嫌悪的葛藤経験であることが示唆される。今後の研究は，Desender et al. の研究アプローチと他の生理的指標を組み合わせることによって，この主張を再確認することが望まれるだろう。たとえば，もしも主観的葛藤経験がネガティブ感情の指標である皺眉筋の筋電図（corrugator EMG）活動の増大を伴うものならば，このことは非常に興味深い（Heller, Lapate, Mayer, & Davidson, 2014など）。これに加えて，葛藤適応が嫌悪的葛藤経験に依存しているということは，葛藤試行間の利得手がかり（課題成績に随伴しない）が葛藤適応を除去するという事実とも一致する（van Steenbergen, Band, & Hommel, 2009）。著者らの主張によれば，葛藤試行に続く利得手がかりは嫌悪的葛藤信号の影響を小さくして，その結果，葛藤適応が見られなくなる。

一般に，主観的な（おそらく嫌悪的な）葛藤の経験が独自に系列的処理調整を引き起こすという考え方は，前部島皮質（anterior insular cortex: AIC）の役割に関する最近の神経心理学的証拠とも見事に一致している。すでに概略を述べたように，ACC は進行中の処理の流れにおける反応葛藤に対してモニタリングと登録を行っている。興味深いことに，ACC は，dlPFC（葛藤試行の前のコントロール適応に対応するコントロールモジュールであると想定される）との間で強い結合関係を維持しているだけでなく，AIC とも強い結合関係を保っている。実際に，多くの研究では，AIC は ACC との間で協同的に活性化されることが示されている（Craig, 2009）。そして，AIC そのものは，たとえば，内受容感覚（interoception）や身体感覚，自己認知，情動認知といった主観的身体経験とすべてつながっており，広範囲にわたる諸条件と関わっている。興味深いことに，Craig（2009）は，AIC と ACC は1つの認知コントロールのネットワークを形成しており，そのなかで「AIC は気づきを表し，ACC は方向づけられた努力のコントロールを表す」（p. 64）と述べている。系列的葛藤適応は意識的に経験された（おそらく嫌悪的な）葛藤試行のあとでしか認められないという実験結果をもとに，AIC は葛藤信号の嫌悪的性質を登録するのに対して，ACC は葛藤反応の同時的活性化を登録すると主張できるかもしれない。さらに，こうした見方によって，実際に，独自に葛藤適応を動機づけるのは，反応葛藤によって伝達される嫌悪刺激であるといえるかもしれない。もちろん，こうした推測については，今後さらに検討する必要があるだろう。

1．断片的研究知見の統合

本章の出発点となる疑問は，なぜ反応葛藤の検出が系列的コントロール調整を動機づけるのかというものであった。最初に，葛藤解決が実際に後続のコントロール要求に関して何も情報をもたらさなかったときに，なぜコントロールが動員され，後続の行動を最適化するのかという問題を取り上げた。さらに，たとえコントロールが葛藤解決の結果として引き起こされるとしても，コントロール調整を引き起こすことのできる反応葛藤の性質とはどのようなものであるかという問題を取り上げた。私たちの中心的な仮説は，反応葛藤が動機づけ機能をもつ引き金信号として働いているというものであった。とくに，コントロール適応が動機づけとして駆動されるのは，反応葛藤によって伝達される嫌悪信号によるものであり，反応葛藤そのもの（すなわち，拮抗する反応の同時的活性化）によるのではないと主張した。この考え方によって，なぜ反応葛藤がないときにも（たとえば，処理の流暢性；Dreisbach & Fischer, 2011），系列的処理調整が嫌悪刺激に対してなされるのかという問題が説明できる。また，この考え方によって，なぜ主観的葛藤経験が系列的葛藤適応にとって必要な前提条件になっていると考えられるのかという問題も説明できる（Desender et al., 2014; van

Steenbergen et al., 2009)。したがって，本章で論評した実験的証拠に基づいて，私たちは次のように結論づける。すなわち，**嫌悪信号はコントロール適応を動機づける。そして，特定の課題刺激が適応に必要なプロセスに関する情報をもたらす。**

さらにもう1歩，こうした推論を前に進めると，1つの仮説ではあるが，論理的な帰結として，次のことがいえる。すなわち，葛藤によって引き起こされた行動調整は，実際のところ，感情調整の1つの具体例であるといえる。明らかに，この主張を直接支持する実験的証拠はまだ報告されていないが，嫌悪的葛藤信号が呈示時間の増加に従ってポジティブな信号に変わるという事実（Fritz & Dreisbach, 2015）は，この仮定を裏づける根拠として最初の手がかりになるかもしれない。

系列的葛藤適応が嫌悪的葛藤信号の主観的経験に依存しており，かつ葛藤によって感情的逆調整が引き起こされることから，葛藤による認知コントロール調整に関する1つの新しい視点と研究課題が提供される。より具体的にいえば，もともとの葛藤モニタリング理論は個人差を考慮に入れておらず，かなり決定論的な理論として概念化されてきた。葛藤の嫌悪性が動機づけの動因であり，葛藤適応は感情調整の一側面であるとする私たちの主張は1つの新しい視点を提供する。この視点は，実際，大きく，かつ，これまでずっと無視されてきた葛藤適応における個人間変動を予測する。本章では私たちの主張に従って，少なくとも感情と認知という2つの主要なソースが葛藤適応の潜在的な個人間変動に寄与しているのかもしれない。すなわち，①葛藤が嫌悪的なものであると主観的に経験する能力，②コントロールの動員を開始するために嫌悪的葛藤信号を利用する能力，である。私たちの考えでは，このように区別することは多くの潜在的な可能性を含んでおり，個人が葛藤によって引き起こされたコントロール調整をどの程度示すのかを単に問うだけの現在の過度に単純化されたアプローチを拡張するものである。

たとえば，葛藤を嫌悪的なものであると主観的に経験する能力に関して個人差があると考えることによって，1つの単純な仮定として，葛藤信号に対する感受性の低い個人では適応効果が小さいことが予測される。ある患者の集団が内的身体信号を感じ取ったり，経験したりする能力が低下していることに苦しんでいるという場合（Damasio, 1996と比較のこと），彼らが嫌悪的な葛藤経験を見過ごし，そのためコントロール適応の低下を示すということは大いに考えられる。それと同時に，ネガティブな信号に対する感受性の高い個人では（すなわち，気分一致状態にある個人；van Steenbergen, Band, & Hommel, 2010; van Steenbergen, Booij, Band, Hommel, & van der Does, 2012），葛藤信号の嫌悪的性質に対する反応性が高く，それによって葛藤適応のパターンが拡張されるのかもしれない。

以上のように，系列的葛藤適応という文脈における個人差を検討した研究から，複合した結果がもたらされている。特性不安の得点が高い実験参加者（Osinsky, Alexander, Gebhardt, & Hennig, 2010）や行為志向性（action orientation）の得点の高い実験参加者（Fischer, Plessow, Dreisbach, & Goschke, 2015），心的外傷後ストレス障害に苦しむ患者（Steudte-Schmiedgen et al., 2014）は，葛藤モニタリングが強い。一方，無症状性うつ病の実験参加者（Holmes & Pizzagalli, 2007）や大うつ病の実験参加者（Meiran, Diamond, Toder, & Nemets, 2011など），状態指向性（state orientation）について極端な得点を示す個人（Fischer et al., 2015）は，コントロール適応が低い。これまでの研究で不足しているのは，臨床例や亜臨床例においてコントロール適応の増進と低下のいずれもが認められるという研究結果が情動障害によるものか認知障害によるものかということを判定する方法である。すなわち，葛藤適応における個人差は嫌悪的葛藤信号に対する感受性の高低によるものなのか，あるいは，これまでの議論の多くで取り上げられたように，現行の課題要求に応じて認知コントロールを柔軟に動員する能力が低下していることによるものなのか，のいずれかである。こうした文脈でいえば，すでに紹介した私たちの葛藤プライミングパラダイム（Dreisbach & Fischer, 2012a; Fritz & Dreisbach, 2013, 2015）は，嫌悪的葛藤信号に対する個人の感受性を測定するための，１つの重要な診断手法として役立つかもしれない。

結論をまとめると，系列的葛藤信号は，従来，適応的行為調整と考えられてきたが，もともと嫌悪的葛藤信号によって動機づけられており，そのため実際には感情調整の１つの例示化であるといえるかもしれない。ここで紹介した考え方は，一部は根拠に乏しいものであるが，認知コントロールの適応的調整において動機づけや感情，認知のプロセスが互いにどのように影響を及ぼしあっているのかという興味深い問題に対して，新しい予測をもたらし，今後の研究を触発するための手助けになるだろう。

【原注】

★１　もちろん，私たちは，報酬によって引き起こされる認知コントロールの存在を否定しない（Chiew & Braver, 2014; Fröber & Dreisbach, 2014と比較のこと）。すなわち，高い課題成績に対して報酬が与えられることの予告は，処理の調整を引き起こすだろう。しかし，ここでは，外部からの明確な報酬見込みがない場合に処理調整がどのように動機づけられるのかという問題を取り上げたい。本章で紹介した主張は，圧縮したかたちでDreisbach & Fischer（2015）でも示されている。

★２　別の考え方として，干渉効果の系列的調節を特徴反復または特徴結合（feature binding）に基づいて説明しようという提案もなされている（Hommel, Proctor, & Vu, 2004; Mayr, Awh, & Laurey, 2003; Wendt, Kluwe, & Peters, 2006）。しかしながら，ほとんどの研究者は，低次の特徴結合プロセスや認知コントロールプロセスが干渉効果の系列的調節に対して貢献度が異なることが多いと仮定している（論評はEgner, 2007を参照）。

★３　実際に別の考え方によれば，葛藤モニタリング理論では，この種のトップダウン的に引き起こされたメカニズムがどのようにコントロールを実行するかを知っていることを十分に説明できないとしている。この問題に対して，Verguts & Notebaertは連合学習による説明を提唱している（Verguts & Notebaert, 2008, 2009；Thorndike, 1927も参照）。この考え方では，葛藤モニタリング理論と一致して，モニタリングモジュール（前部線条体）が葛藤を検出するが，その情報を青斑核（locus coeruleus）に投射し，ヘッブ（Hebb）の学習信号を（ノルアドレナリン作動系の活動の増進によって）伝達する。この学習信号は，結局は，現行の活動的な課題表象間の連合を高める。そのことによって，もしも課題が後続の試行で変更されなければ課題成績を向上させるが，課題切り替えがなされると課題成績を低下させる（議論は，Dreisbach & Fischer, 2012b を参照）。この考え方に対する間接的な証拠は，葛藤が高い試行に対して，ノルアドレナリン作動系活動の 1 つの指標である瞳孔直径が増大したことを示す研究からも得られている（van Steenbergen & Band, 2013; Wendt, Kiesel, Geringswald, Purmann, & Fischer, 2014など）。連合学習に基づく考え方は，前述の系列的葛藤適応を説明するだけでなく，不一致刺激の後では課題切り替えコストが増加するという現象も説明する（Goschke, 2000）。ここでは，現行の活動的な課題表象を強めることは，それらの課題表象がもはや関連しなくなったときには，課題切り替えの場合と同様に，コストが生じるのである（Braem, Verguts, Roggeman, & Notebaert, 2012も参照）。

【訳注】

☆1　個人の脳のどこかに小人（ホムンクルス）がいて思考や意思決定を司っていると仮定する。すると，この小人の脳内にも思考や意思決定を司る小人を仮定することができ，そうした仮定が無限に続き，いわゆる無限後退に陥ってしまう。

第11章

活力と疲労

感情の多様性はいかにして効果的な自己コントロールの基盤になるか

Blair Saunders
Michael Inzlicht

自己コントロールは，人間の最良と最悪の状態に影響を及ぼす（Baumeister, Vohs, & Tice, 2007）。コントロールレベルが高いときには，もしうかつにも一時的な感情に屈した場合でも，私たちは衝動を拒否し行動を即座に修正できる。自己コントロールが欠けているとき，行動は反射的で自動的になり，慎重な活動ではなく一連の習慣として開始される。しかし，どのような要因が自己コントロールの有効性の違いを決定するのだろうか。なぜ私たちは，ある誘惑に対しては現在の目標追求において活力を継続して反応する一方，別な状況では自己コントロールが明らかに消耗してしまい，衝動や（悪い）習慣が行動を支配することを許すのだろうか。この章では，コントロールの脆弱さに潜む心理的要因を探り，自己コントロールに関してこれまで考えられている以上に，広範囲にわたって感情処理が調整プロセスの多様性をもたらすという私たちの考えを説明する。

1節　情動エピソードとしての自己コントロール

実行機能，認知コントロール，あるいは意思力とも呼ばれる自己コントロールは，目標にうまく到達するために，私たちが行動を柔軟に適応させることができる幅広い心的プロセスを含む。効果的な自己コントロールは，部分的に独立した複数のプロセスが統合した活動に依存し，目標の維持，行動モニタリング，そして行動調整が含まれる（Banichi, 2009; Botvinick, Braver, Barch, Carter, & Cohen, 2001; Braver, 2012; Miyake et al., 2000）。自己コントロールの実験室的研究はいくつかの実験プロトコールを採用する。それは，共通の葛藤 - コントロールパラダイム（たとえば，フランカー課題，ストループ課題，go/no-go パラダイム）や，身体的，あるいは精神的な粘り強さを操作可能にすることを目的とした幅広い別の指標（たとえば，痛みの耐性，把持時間，パズルの忍耐力）を含む。日常的な課題ではないが，これらの実験プロトコールは，おびただしい数の現実世界の状況（たとえば，学業の達成度（Hirsh & Inzlicht, 2010），感情の調節（Compton et al., 2008），人種的偏見の制限（Payne, 2005））における適応的な結果を予想する。

しかし，行動の目標は，冷静に行動意図を指示することに加え，行為達成の動機づけ的な意義も含む。すなわち，目標が個人的に意味のあるとき（Proulx & Inzlicht, 2012），内発的に動機づけられているとき（Deci & Ryan, 1985; Legault & Inzlicht, 2013），あるいは外的報酬によって動機づけられるとき（Chiew & Braver, 2011），目標達成の価値はとくに高い。このようなプロセスが行為達成に高い価値を置くとき，誘惑，衝動，そしてこれらの目標と対立する明確な行為は，とくに顕著になってくる。これらの**以前の出来事**（antecedent events）こそが，一種の情動エピソードとして考えられる感情の一過性の変化をもたらすと私たちは推測する。

このように感情の視点から自己コントロールを概念化するにあたって，私たちは情動エピソードを定義するために確立された基準を拠り所とする（Russel, 2003, 2009; Russel & Barrett, 1999）。まず，**中核感情**（core affect）は，情動エピソードの発生部（epicentre）であると考えられる。中核感情は，感情価（快 - 不快）と覚醒（活性 - 不活性）という，2 つの独立した次元から成る統一された非内省的（non-reflective）経験で構成される。中核感情の今の状態は，人の経験に遍在している「来歴（background）」の特徴を表象していると考えられる。他方，先行する出来事が価値と（あるいは）覚醒の変化をもたらすとき，特定の情動エピソードを生み出す。なぜならば，このような変化の速さと強さを伴って中核感情に意識を向けるからである（Russel, 2003, 2009）。意識が中核感情に向かうとき，心的な分類プロセスは典型的な情動エピソードを識別する（Barrett, 2006）。強く活性化したネガティブな状態は**不安**，**恐れ**，あるいは**緊張**の感情を生み出す。一方，弱く活性化したネガティブ感情は**抑うつ**，**倦怠**，あるいは**疲労**として経験される。反対に，**高揚感**は強い覚醒のポジティブな状態に，**冷静**は弱い覚醒のポジティブな状態におのおの由来する。情動エピソードはまた，顔の表情（たとえば，不機嫌そうな，またはほほ笑んでいる）と自律的な覚醒（たとえば，心拍数，瞳孔拡張，皮膚伝導変化）の変化で構成される。最後に，複数の認知プロセスは情動エピソードを調整することができる。帰属のプロセスは感情変化の起源を同定する（あるいは，誤って同定する）。一方，評価プロセスはこの情動への適応的な反応を決定する（Gross, 1998; Russel, 2003）。

1．エラーと葛藤はネガティブ感情傾向をもつ

最近の多くの研究は，数多くの認知的指標や心理生理学的指標を駆使して，葛藤による情動的な後遺症を調査してきた。これらの研究は，葛藤は観察可能なネガティブ感情の覚醒と一致することを示す。

◈（1）葛藤はネガティブ感情に対してプライミング効果を及ぼす

感情プライミングは，標的感情価の識別が，一致する感情価をもつ以前のプライミングによって促進されるという頑健な現象である（Fazio, Sanbonmatsu, Powell, & Kardes, 1986）。たとえば，単語「嫌なこと（FOUL）」の分類は，もし否定的なプライミングとなる「嫌悪（HATE）」が先に呈示されていれば，肯定的な手がかり語「幸福（HAPPY）」よりも速い。興味深いことに，この感情プライミングパラダイムの修正版では，心的プロセスが自己コントロールの努力にネガティブ感情価を自動的に割り当てることが示された。とくに，これらの単語が，不一致ストループ試行（一致ストループ試行に対して）や反応エラー（正答に対して；Aarts, De Houwer, & Pourtois, 2012, 2013）によって先行されていると，ネガティブな単語の分類は速く，ポジティブな単語の分類は遅かった（Dreisbach & Fischer, 2012）。

◈（2）葛藤は感情的な表情反応を生み出す

表情筋の筋電図描画法（EMG）の研究は，感情プロセスの潜在的な指標となる。人間を対象としたEMG実験では，不機嫌な顔つきをしたときの筋肉組織（皺眉筋）の緊張はネガティブ感情とともに起こる（Larsen, Norris, & Cacioppo, 2003）。コントロールが必要となる課題は嫌がられるという示唆と一致して，皺眉筋の活動の増大は誤った行為が生じた100ミリ秒以内に観察される（Lindstörm, Mattson-Mårn, Golkar & Olsson, 2013）。興味深いことに，誤答が罰に関連づけられているとき，この誤りに関連する皺眉筋の関与は増加する。これは，表情筋が誤答の感情的重要性をたぐる（track）ことを示す（Lindstörm et al., 2013）。

◈（3）葛藤は末梢神経系を覚醒する

情動エピソードは末梢神経の覚醒に関連する（Russel, 2003, 2009）。興味深いことに，自己コントロールの失敗が自律神経系の覚醒のいくつかの測度（心拍数低下

（Danev & De Winter, 1971; Hajcak, McDonald, & Simons, 2003），瞳孔拡大（Critchley, Tang, Glaser, Butterworth, & Dolan, 2005），皮膚伝導反応の増加（Hajcak et al., 2003; O'Connell et al., 2007））に関係していることが明確に示されている。これは，コントロールの努力は自律神経系の覚醒を開始することを強く示唆している。

◈（4）コントロールの主観的経験

自己コントロールの主観的現象は明確には研究されていない。しかしながら，葛藤の経験を命名する際に情動に関連した数多くの用語が用いられてきた。たとえば，苦悩（Bartholow, Henry, Lust, Saults, & Wood, 2012），不安（Cavanagh & Shackman, in press; Gray & McNaughton, 2000; Inzlicht & Al-Khindi, 2012），欲求不満（Spunt, Lieberman, Cohen, & Eisenberger, 2012）などである。重要なのは，研究知見の間で見られる矛盾を強調することではなく，これらの原型となる情動のおのおのが中核感情の類似した状態から生じるということである。そして，それはネガティブ感情や，私たちの推測によれば，標準基準値に対して低程度から中程度に覚醒が増加することによって特徴づけられる。

◈（5）まとめ

以上をまとめると，感情プライミング，表情EMG，心理生理学，そして主観的な現象学からの証拠は，目標の葛藤はネガティブな情動エピソードとして経験されるという点に収束する。次に，このネガティブ感情が神経遂行モニタリングシステムでどのように統合されるのかについて考える。

◆2．遂行モニタリング

ここ20年ほどで自己コントロールの神経基盤を解明しようとする研究が盛んになってきた。そして，そのような研究は，コントロールされた行動遂行のさまざまな側面を異なる脳部位が支えていることを前提としている（Banich, 2009; Botvinick et al., 2001; Ridderinkhof et al., 2004）。何よりもまず，前帯状皮質（ACC）が遂行モニタリングの神経の中継点として提唱されてきた。そして，ACCはコントロールの現在の必要性を評価し，進行中の情報処理にバイアスをかけることができる他の脳部位へこの信号を伝える，と考えられてきた（Botvinick et al., 2001; Kerns et al., 2004; Ridderinkof et al., 2004）。

私たちの研究でとくに注目したいのは，遂行モニタリングに関係するエラー関連陰性電位（ERN）と事象関連電位（ERP）である（Falkernstein, Hohnsbein, Hoormann,

& Blanke, 1991; Gehring, Goss, Coles, Meyer, & Donchin, 1993)。ERN は前頭中央の電極部で陰性偏位を示し，反応固定 ERP（response-locked ERP）のエラー反応のすぐ後（0～80ミリ秒）で生じる。遂行モニタリングにおける推測された役割に一致して，ERN は ACC に集中する（Dehaene, Posner, & Tucker, 1994; Luu, Tucker, Derryberry, Reed, & Poulsen, 2003; van Veen & Carter, 2002)。

いくつかの認知モデルは，ERN の機能的重要性について異なった説明をしてきた。しかし，ほとんどのモデルに共通するのは，ACC は目標に一致しない出来事への感度が高いという指摘である。ある計算モデルでは，たとえば，ACC は競合する反応表象の間の葛藤のレベルを推定的に検知し，将来の葛藤を減らすことに役立つコントロールを増やす（Botvinick et al., 2001)。もう 1 つの強化学習の説明は，ACC が期待よりも「よい」あるいは「悪い」出来事に反応し，続いて，行動を期待に添うようにし向けるコントロールを増進するということを提唱する（Holroyd & Coles, 2002)。重要なのは，これらの計算モデルによる説明は，感情プロセスについての明確な言及なしに，モニタリング現象をしばしばモデル化してきたということである。しかしながら，私たちがこれから概説するように，現在の重要な研究は，神経モニタリングプロセスが進行中の出来事の感情上の重要性を評価することを示している。このことから，感情処理が自己コントロールについての近年の理論に統合されるべきであることが提案されている。

3．感情処理，前帯状皮質，および遂行モニタリング

帯状皮質は，感情プロセスに関連していると長年考えられてきた。情動の神経回路に関する画期的な研究として Papez（1937）は，帯状皮質を幅広い情動状態（無気力，悲しみ，幸福感，イライラを含む）と関連づけた。近年の神経画像研究は，最初は ACC を感情－吻側と認知－背側の下部領域に明確に区分していた（Bush, Luu, & Posner, 2000)。けれども，最近のメタ分析によって，ネガティブな情動，恐怖の条件づけ，痛みの知覚，強化学習，認知コントロールのような一見異質に見える心的プロセスが背側 ACC の重複部分で共局在化していることが明らかになってきた（Etkin, Egner, & Kalisch, 2011; Shackman et al., 2011)。これらの報告と並行して，研究者は遂行モニタリングについての対立する説明をうまくまとめようと試みてきた。そして，ACC はより一般的な意味で，認知コントロールに役立ち，目標達成を阻む嫌悪的な出来事やコストを伴う出来事を評価すると考えられる（Botvinick, 2007; Proudfit, Inzlicht, & Mennin, 2013; Shenhav, Botvinick, & Cohen, 2013)。

次項からは，遂行モニタリングが，コントロールの努力に対するネガティブ感情反

応を主に反映するという考え方について簡潔に説明する。この主張の証拠として，次の3つの前提が支持されなければならない。①神経モニタリングプロセスはコントロールに関連する感情の別の指標と共変する。②エラーについての感情的重要性が高いときに，葛藤に対する神経の再活動は増加する。③遂行モニタリングは感情経験の確立された調節要因によって調整される。

◈（1）神経モニタリングはコントロールに関連する感情と共変する

Aarts et al.（2013）による感情プライミング研究は，ERNの強度が，感情価を伴わないgo/no-go課題のエラーが後続の否定語の処理を促進する程度を直接予測することを明らかにした。きわめて重要なのは，この結果がかなり初期（100ミリ秒未満）の神経モニタリングプロセスがその行為の感情価を評価していることを示したことである。補完的な研究としては，Spunt et al.（2012）が背側ACCのエラー関連活性化が停止信号課題（Stop-signal task）の遂行中に自己報告されたネガティブ感情（不満）をたぐることを見いだした。

◈（2）遂行の感情価が高いときに神経モニタリングは増加する

数多くの証拠が，正確な遂行についての感情価や主観的価値（すなわち，統合された感情；Schmeichel & Inzlicht, 2013を参照）とともに神経モニタリングが増進することを示している。不正解が一次的罰と関連するとき（Riesel, Weinberg, Endrass, Kathmann, & Hajcak, 2012），あるいは，エラーが潜在的な報酬の損失を与えるとき（Hajcak, Moser, Yeung, & Simons, 2005; Stürmer, Nigbur, Schacht, & Sommer, 2011），神経モニタリング（ERNの振幅）が増加する。ERNは，対人的圧力にも敏感である。たとえば，遂行が実験者によって評価されるとき（Hajcak et al., 2005），あるいはフィードバックが遂行を嘲笑するようなものであるとき，振幅が増加する（Wiswede, Münte, & Rüsseler, 2009）。最後に，実験参加者が認知コントロール課題の遂行を自律的に動機づけられるときにもERNは増加する。なぜなら，これらの状況では遂行の失敗は個人的に意味があるからだろう（Legault & Inzlicht, 2013）。

◈（3）神経モニタリングは情動の確立された調節要因によって調整される

最近の一連の実験で，この議論のための初期の実証的な裏づけが得られた。たとえば，実験参加者が自身の覚醒は良性の薬草サプリメントの副作用として不安が喚起されたからであると誤って原因帰属したとき（Inzlicht & Al-Khindi, 2012）や，個人が課題遂行中に認知的再評価方略（Gross, 1998と比較のこと）によって情動経験を低く調整するように指示されるとき（Hobson, Saunders, Al-Khindi, & Inzlicht, 2014），

ERN は低下した。さらに，Bartholow et al.（2012）は，アルコール摂取が ERN の振幅を減少させることを確認した。また，飲酒で知られている不安緩和特性に続いて生じる，遂行に関連するネガティブ感情を低下させることによっても ERN の振幅は減少した。最後に，表情フィードバック（笑顔が強制される）は ERN を弱まらせる。それは，情動経験の具現化が神経の遂行モニタリングも調節することを示している（Wiswede, Münte, Krämer, & Rüsseler, 2009）。

2節　情動エピソードとしての自己コントロール：コントロールの調整

これまでに，私たちは複数のレベルの分析から得られた現在の多く重要な証拠（すなわち，感情プライミング，自己報告，表情 EMG，そして末梢神経系と中枢神経系）を概観した。これらの証拠は，遂行モニタリングプロセスが葛藤やエラーに対するネガティブ感情反応を反映することを意味する。その他の最近の研究の流れから，機能の点で観察される重複は，感情処理と自己コントロールの統合は生命体の健康状態に恩恵を与えるので維持されてきたという，ある種の進化の適応をおそらく反映しているのだろう，と私たちは推測する（Gray, 2004; Pessoa, 2009）。より幅広い意味で，目標の葛藤の情動経験は，目標達成が危うくなったときに生じるネガティブ感情状態を弱めるために，動物に「認知的安心感（cognitive comfort）」を追い求めるようにし向けると考える。

私たちは，認知的安心感とは社会科学と感情科学における現存の概念を統合する心理状態であると定義する。その核心部分において，認知的安心感への衝動は情動についての多くの基礎理論に一致する。そうした理論は，動物が心地よい，報酬のある，あるいは利益があることを求める一方，嫌悪的で，不快な，あるいは危険な刺激を避けることを提唱する（Barrett, 2006; Bradley, 2009; Frijda, 1988; Panksepp, 2008; Shackman et al., 2011）。認知的安心感への衝動はまた，社会心理学における認知的不協和理論とも一致する（Festinger, 1957）。認知的不協和は，人々が葛藤するような認知を経験するときに生じるネガティブな覚醒の心理的状態を意味する（たとえば，ある政策に対して公には支持を表明しているものの，内心では異議があると自覚している場合の葛藤）。かなり多くの研究が，人々は認知的一致という，より居心地のよい心理的状態に到達するために，不協和を解決するように動機づけられることを示している（Festinger, 1957; Gawronski, 2012）。このように，認知的安心感（あるいは，認知的一致）を達成したいという願望は，中核となる社会的 - 情動的衝動であり，私たちは自己コントロールの変化の基盤であると考える。まず最初に，コントロール増進が差し迫って必要になる一過性の不安状態において，安心感へのこの衝動がコントロールの調整力向上をどのように促進するかについて検討していく。

1．警報信号としての感情

脅威の迫る情動的出来事は情報処理に「特権的アクセス（privileged access）」を与え（Hodsoll, Viding, & Lavie, 2011; Reeck & Egner, 2011），動機づけにおいて重要な意味のある情報に生命体を集中させる一方，あまり情動にかかわらない情報への注意を制限する（Frijda, 1988）。この意味で，葛藤とエラーの不快な経験は，個人に現在の出来事と望ましい目標状態との間の乖離に対しての警戒を促す。続いて，自己調整を増進し，将来の嫌悪的な経験の可能性が低くなるように駆りたてる（Botvinick, 2007; Holroyd & Coles, 2002）。それゆえ，葛藤を取り除き，同時に生じる行為が引き起こすネガティブ感情を調整するために後になって役立つコントロールとともに，この**感情警報の枠組み**（affective alarm framework）（Inzlicht & Legault, 2014；図11-1を参照）は，葛藤によって引き起こされた情動エピソードが，自己コントロールを増進させることを提唱する（Saunders, Milyavskaya, & Inzlicht, 2015）。

情動エピソードとして自己コントロールの過去の出来事を考えてみることによって，感情警報の枠組みからいくつかの新しい予測が得られる。何よりもまず，評価，帰属，そして抗不安薬を含む，一般の情動経験を抑える要因が，目標の葛藤に対する神経の再活動だけでなくコントロール実行の程度を抑えるだろうと予測される（Bartholow et al., 2012; Hobson et al., 2014; Inzlichit, Lagault, & Teper, 2014; Teper, Segal, &

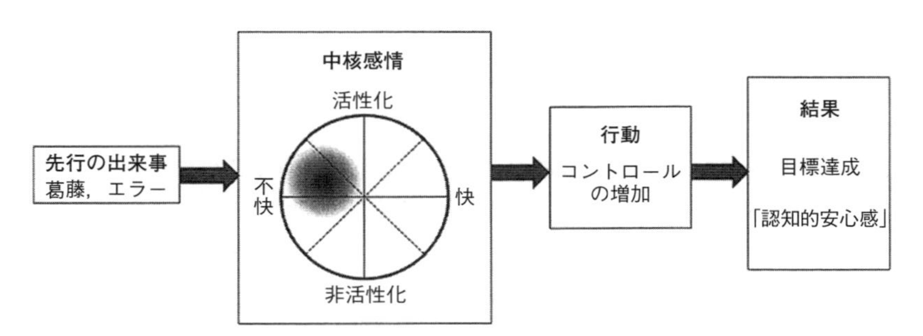

◆図11-1　感情警報の枠組み
先行の出来事（葛藤，エラー）は，中核感情において，ネガティブな感情価の状態（不快）へ一時的な変化を生み出す。その変化には，覚醒が基本レベルから，弱から中程度に増加することが含まれる（灰色の部分）。その後，人は「認知的安心感」を達成するためにコントロールの努力を増やすように動機づけられる。「認知的安心感」は，意図，衝動，行動の間に葛藤が少ない状態である。

Inzlicht, 2013)。次に，これらの行動に関する主張を支持するいくつかの実証的な証拠を，簡潔に論評していく。

◈（1）ネガティブ感情が葛藤コントロールを調節する

たとえば，古典的なストループ効果のような全般的な適合性効果（compatibility effect）に加え，注意のコントロールレベルは葛藤の経緯に応じて調節される（Gratton, Coles, & Donchin, 1992)。すなわち，干渉の影響は，一致する標的（たとえば，青字で書かれた単語の「あお」）の後の試行よりも，不一致な刺激（たとえば，赤字で書かれた単語の「あお」）の後の試行で減少することが観察されている。これらの**葛藤適応効果**（conflict adaptation effect）（Botvinick et al., 2001）は，遂行への葛藤の影響を減らすことを目的とした方略的コントロールプロセスの操作を反映している，と一般に指摘されている（そして，記憶方略の混乱の結果ではない；Egner, 2007; Saunders & Jentzch, 2014を参照)。

感情プロセスが葛藤コントロールのこれらの指標を低下させることを示す強力な証拠がある。たとえば，フランカー課題の試行間の休憩において任意の報酬が呈示されるときには，葛藤適応効果は抑制される（Van Steenbergen, Band, & Hommel, 2009, 2012)。そして，この予期しない報酬の呈示はACCからの葛藤に関連するEEG信号も弱める（Van Steenbergen et al., 2012)。つまり，これらの結果は報酬が葛藤の「感情の痛み」を和らげ，神経モニタリングの信号と葛藤が次のコントロールを強める程度の両方を弱めることを示す。その後の研究で，Van Steenbergen, Band, & Hommel（2010）は感情価と覚醒度の次元で気分を実験的に操作した。試行ごとのコントロールの調整でネガティブ感情の特定の役割が強調されると，葛藤の適応は高快感情グループよりも，低快感情グループで増進した。

ごく最近の研究からも，ネガティブな情報処理と結びついた動機づけ指向が葛藤調整をより正確に予測することが示唆されている。要するに，動機づけ指向モデル（Davidson, 1995; Harmon-Jones, 2004）は，人間が環境のなかで外部からの信号と相互作用を行うにあたって，動機づけ指向には接近と回避という2つのモードがあることを提唱する。接近動機づけは，ポジティブな情動状態に関連しており，食欲報酬希求行動や外向性に関連している。一方，回避動機づけはネガティブな情報処理，罰への感度，悲しみに関連している（Elliot & Thrash, 2002; Gray & McNaughton, 2000; Tullett, Harmon-Jones, & Inzlicht, 2012)。感情警報の枠組みに沿って，最近の研究は，葛藤コントロールは接近動機づけではなく，回避動機づけの影響下でより効果があることを示した。そうした研究の一つとして，Schouppe, De Houwer, Ridderinkhof, & Notebaert（in press）は，反応モダリティが接近動機づけ（画面に呈示されたマネキン人形の前進）ではなく，回避動機づけ（マネキン人形の後進）と一致するとき，ストループ干渉効果が減少することを報告した。別の研究として，Hengstler, Holland, van Steenbergen, & van Knippenberg（2014）は，接近動機づけの誘導（腕を曲げる）に対して回避動機づけの具体的な誘導（腕を伸ばす）をするとき，葛藤の影響が減り，葛藤への適応が増えることを明らかにした。とくに重要なのは，これらの結果が一貫して，ネガティブ感情信号への注目の増進が葛藤の信号への感度を高め，続いて自己コントロールの調整力の向上を促進することを示しているという点である。

◈（2）ネガティブ感情経験はエラー適応を促進する

葛藤適応効果に加えて，オンラインのコントロール調節は，個人が誤った行動をした後にも観察される。具体的には，正しい行為ではなく誤った行為の後は，反応がゆっくりしたり（Rabbitt & Rodgers, 1977），より正確になったりする（Laming, 1968）。このようなエラー適応は，エラーの後の反応への注意の一時的増加をおそらく反映し，将来の誤りの可能性を減らそうとする試みに動機づけられている（Botvinick et al., 2001; Dutilh et al., 2012; Laming, 1968; Saunders & Jentzsch, 2012；ただし，Notebaert et al., 2009を参照）。

葛藤適応効果と類似して，エラー適応は感情によっても調整されることを示す証拠が増えてきている。ある研究では，まちがえると大きく嫌な警笛の音で罰せられる実験ブロック中に，エラー後の速度低下とERN振幅の両方が増加した（Riesel et al., 2012）。一方，別の研究では，エラーが潜在的な報酬の損失と関連していると，エラー後の速度低下量とERN振幅の両方が増加した（Stürmer et al., 2011）。まとめると，外的な動機づけが正確な課題遂行の感情的な重要性を高めるときに，エラーと回復のためのエラー適応の程度の両方に対する神経感度が増加することを，これらの研究は示す。

エラー適応での感情処理により直接的に関連するものとして，Lindström et al.（2013）は，不機嫌な顔つきをしたときの筋肉組織のエラー関連活性化（EMGによって測定）が，エラー後の速度低下の程度を予測することを報告した。これは，エラーがネガティブ感情を刺激する程度によって，反応への注意のその後の増進が促されることを強く示唆している。

◈（3）自己コントロールと情動の認知的調整要因

感情警報の枠組みは，情動エピソードを和らげるとされる要因が遂行モニタリングとコントロールとの関係に影響するだろうと新たに予想する。これらの主張についての実証的支持が最近の多くの研究で報告されている。ある研究では，自身のネガティブ感情を，不安を軽減すると一般に思われているサプリメントの効果ではなく，自分の誤りに正しく帰属できた人においてのみ，神経エラー再活性化（ERN 振幅）が遂行の正確さと相関していた（Inzlicht & Al-Khindi, 2012）。同様に，情動調整方略（調整を強めたり，弱めたり）と go/no-go 課題のフォルスアラーム率との関係には，調整を弱めるようにという指示がエラーに対する神経再活性化を弱める程度が影響した（Hobson et al., 2014）。さらに，Bartholow et al.（2012）は，アルコール摂取とエラー後の適応は，飲酒によって課題遂行に関連したネガティブ感情が減った程度が影響したことを見いだした。このように，これらの証拠は，感情経験の調節要因が，目標への葛藤の後で個人が行為遂行を調整する程度をも減らすことを一貫して示している。

最後に，感情警報の枠組みは，情動調和の適応的な形式（たとえば脅威に対する開放性）が，モニタリングと効果的な自己調整との関係を変えることも示す。この仮説を支持するものとして，脅威への開放性を増加するように設定された自己肯定操作（自身をよい，価値がある，能力があると考えること）（Sherman, Nelson, & Steele, 2000）は葛藤モニタリングと抑制的コントロールを向上させた（Lagault, Al-Khindi, & Inzlicht, 2012）。この結果は，開放性をもって自己コントロールの失敗に対応することが目標達成を促進することを示す。これは，成功した行動に干渉するかもしれないエラーに対するまちがった認知的反応（破滅化など）を中断する一方，おそらく，人々が自身の変化している感情状態をたぐることを可能にさせることによるのだろう（Beats, Sahakian, & Levy, 1996）。

◈（4）まとめ

かなり多くの実証的な証拠が，必要不可欠なネガティブ感情と自己コントロールの調整力向上との関係を支持する。さらに，感情処理と増進したコントロールとの関係は，実験参加者が受容的に自己コントロールの失敗に反応するときにとくに強くなるようである。対照的に，エラー感情の痛みは，情動的経験が数多くの認知的要因によって弱められるとき，あるいは報酬処理が葛藤の嫌悪的な経験を中和するときには，あまり強く感じないようである。重要なのは，これらのさまざまな結果は，感情処理が行為遂行への活力となり，人々をやるべきことに振り向かせることを示唆していることである。

◆ 2．ネガティブ感情と自己コントロールの（明らかな）限界

感情警報の枠組みは，必要不可欠な構成要素であるネガティブ感情が自己コントロ

ールに活力を与えることを提唱する。他方，私たちは課題への関与の増加が葛藤の「避けられない」結果であると考えているわけではない。もし私たちが肯定的な感情状態を求め，危険な，不快な，あるいは報酬がないことを避けるならば（Barrett, 2006; Bradley, 2009; Frijda, 1988; Panksepp, 2008），嫌悪的な経験に対する同様に適応的な反応は，より快い（あるいは，少しでも嫌悪的でないような）気晴らしを好み，挑戦的な状況を避けることかもしれない（Panksepp, 2008; Proulx, Inzlicht, & Harmon-Jones, 2012）。結果として，葛藤によって生じたネガティブな情動経験はその後のコントロールが要求される活動に従事する意欲を減退させるかもしれない。このような葛藤が，あまり報酬がない，あるいは個人的に意味がない目標を脅かすならばなおさらである（Inzlicht, Legault, et al., 2014; Inzlicht, Schmeichel, et al., 2014）。次項からは自己コントロールの失敗が動機づけの推移（shift）を反映するという最近の提案を概観する。そこでは，人々はより満足のいく目標を好んで，努力を避ける。

◈（1）自我消耗

自己コントロールの学術的な取り組みのなかで中核となる問題は，努力を必要とするコントロールの前のひと仕事（bout）によって自己調整の能力は制限されるかどうかということである（Baumeister et al., 2007; Galliot & Baumeister, 2007; Hagger, Wood, Stiff, & Chatzisarantis, 2010）。この問題を検討するため，研究者は連続課題パラダイム（sequential-task paradigm）を開発した。このパラダイムでは，実験参加者はまず自己調整を試す最初の課題（たとえば，おいしそうな食べ物を拒む，複雑な校閲課題を完了する，悲惨なビデオに対する情動を抑える）を行う。それから，コントロールの二次課題（たとえば，痛みに耐える，古典的ストループ課題に取り組む，パズルを解き続ける）を行う。いずれの結果も，最初に負荷がかかるコントロール課題を行った実験参加者は，最初にあまり努力が必要ではない活動を行った実験参加者に比べて，二次課題での成績が悪かった（Baumeister et al., 2007; Hagger et al., 2010; Inzlicht & Gutsell, 2007; Muraven, Tice, & Baumeister, 1998）。

◈（2）コントロール強度モデル

このトピックの有力な議論では，Baumeisterとその共同研究者ら（Baumeister et al., 2007; Muraven & Baumeister, 2000）が自己コントロールの**強度モデル**（strength model）を発展させ，自己コントロールは努力を必要とする調整の後では消耗する有限の身体的資源に依存していることを提唱した。すなわち，コントロールを必要とする最初のひと仕事の後，人々は行為の遂行を調整するための「燃料」があまり残っていないので，次にコントロールを必要とする課題では抑制の「強度」が弱まる。この資源の概念に一致して，この現象は「自我消耗（ego depletion）」と名づけられ，グルコースが自己コントロールのための特定の生物学的／エネルギーの基礎であると提唱された（Galliott et al., 2007)。過去20年の間に，日常生活の多くの領域での失敗を説明するために導入されたコントロール強度の概念を用いた強度モデルは，実験心理学者の間では手堅い「お宝」となった。その領域には，ダイエット（Baumeister, Bratslavsky, Muraven, & Tice, 1998)，消費行動（Baumeister, 2002)，情動調整（Schmeichel, Vohs, & Baumeister, 2003)，夫婦間のいさかい（Bushman, De Wall, Pond, & Hanus, 2014)，そして自殺（Vohs & Baumeister, 2002）さえも含まれる。

自我消耗は自己コントロールの研究で多くの関心を生み出したが，限定された身体的資源としてコントロールを概念化することについての欠点がしだいに明らかになってきた（Inzlicht & Schmeichel, 2012; Inzlicht, Schmeichel et al., 2014; Kurzban, Duckworth, Kable, & Myers, 2013)。おそらく，最も顕著なのは，自己コントロールの失敗の重要な決定要素であるグルコースの代謝が，もっともらしさ（Kurzban, 2010）と再現可能性（Molden et al., 2012）の２つの点で疑問視されている点である。実際，口をグルコース飲料ですすぐという単純な行為が自己コントロールを再活性化するのに十分である（Molden et al., 2012)。これらの疑問の他にも，多くの「砂糖なし」の実験操作によって行為遂行への自我消耗の有害な影響が緩和される。実験参加者が祈る（Friese & Wänke, 2014)，タバコを吸う（Heckman, Ditre, & Brandon, 2012)，好きなテレビ番組を見る（Derrick, 2013)，あるいは思いがけない贈り物を受け取る（Tice, Baumeiser, Shmueli, & Muraven, 2007）といったときに，消耗効果が減る。実験参加者が自己コントロールは有益であると信じる（Muraven & Slessareva, 2003)，コントロールの能力は無限であると信じる（Job, Dweck, Walton, 2010)，二次課題でコントロールを使う明確な計画を立てる（Webb & Sheeran, 2003)，自己を肯定する（Schmeichel & Vohs, 2009）といったときに，消耗は同様に弱められる。まとめると，これらの結果は，いくつかの限定的なコントロール資源にみられる変動が消耗効果を説明できないことを示す。

◈（3）コントロールのプロセスモデル

Inzlicht とその共同研究者らは（Inzlicht & Schmeichel, 2012; Inzlicht & Schmeichel, et al., 2014)，最近になって別のモデルを考案した。すなわち，自己コントロール消耗の**プロセスモデル**（process model)，あるいは**優先順位推移モデル**（shifting priorities）である。このモデルは，自己コントロールの実行が現在の動機づけの優先順位とともに変化することを提案する。人々が，既知の報酬源をもたらす課題においてコントロールに関与すること（すなわち，**活用**（exploitation））と，新たな，あるいはより満足のいく誘因をもたらす別の文脈を追い求めること（すなわち，**探索**（exploration）；Cohen, McClure, & Yu, 2007）との間のバランスを見つけるということである。先の提案と一致して，Inzlicht, Schmeichel, et al.（2014）は，認知的な労働は嫌悪的であり，（Botvinick, 2007），内発的な不効用を生み出すこと（Kool & Botvinick, 2013）に注目する。それゆえ，自己コントロールの研究において一般的に使用されるような，外部からの要請された課題に対して努力を傾けて取り組むようにするためには，かなりの外発的な誘因が必要となる。

対照的に，無報酬の課題において長い時間頭を使うことは，よく知らない文脈での潜在的な機会コスト（Kurzban et al., 2013）や，内発的報酬が高い活動に投資される時間コスト（Inzlicht & Schmeichel, 2013; Inzlicht, Schmeichel, et al., 2014）を犠牲にする。それゆえ，コントロールの主観的なコストが認知的要求の経験の蓄積とともに増えるので，プロセスモデルは人々が外部からの要請された課題の重要性の価値を低下させると提唱する。この価値低下は，まず，現在の目標遂行への動機づけを減退させ，将来の遂行で生じるその後の葛藤によって引き起こされる注意や情動も同時に減退させる（Inzlicht & Gutsell, 2007; Inzlicht, Schmeichel, et al., 2014）。しかしながら，ここで重要なことは，この優先順位推移モデルによって，「消耗」した状態が動機づけ全般を低減するのではなく，長期間にわたる無報酬の自己コントロールの後に満足のいく新たな機会を探索したいという願望が増大することが想定されるという点である。（Inzlicht & Schmeichel, 2013）。この優先順位推移の証拠として，Schmeichel, Harmon-Jones, & Harmon-Jones（2010）は，先に自己コントロールを訓練した実験参加者では，「消耗していない」統制群に比べて，欲求に関連する刺激（$マーク）に対する感度が，そうでない刺激（%マーク）よりも増加することを報告した。

分析の現象学的なレベルでは，自己コントロールの動機づけによる説明は，無報酬の文脈で努力が長引かされることが嫌悪的な精神疲労状態を生み出すことを示す（Inzlicht, Schmeichel et al., 2014; Kurzhan et al., 2013）。ここで，提唱された自己コントロールにおける疲労の機能的役割を明らかにすることは重要である。また，自己コントロールに関する作業が引き延ばされると他のネガティブ感情よりも疲労が促進されるという実験的証拠に注目することも重要である

興味深いことに，疲労は自我消耗と同様に，ある1つの領域において過剰な作業従事から一種のエネルギー減退状態が生じたものであるとこれまで特徴づけられることが多かった（Bartlet, 1953／Hockey, 2013から引用）。しかしながら，最近では，消耗に関する研究と並行して，精神疲労は，持続的に認知的負荷のかかる課題を遂行す

るための動機づけ減退と関連がある一種の心理的情動状態であると認識されるようになってきた（Boksem & Tops, 2008; Brown, 1994; Hockey, 2013; Lal & Craig, 2001）。疲労の心理学に関する最近の包括的な概論では，たとえばHockey（2013）は，疲労とは，現在思い描いている目標に向かって働き続けることへの認識された責任と，より大きな報酬が得られる可能性のある別の活動に変えたいという願望との間で，個人が葛藤を経験するときに生じる不快な経験であると考える。このように，疲労はコストと利得の評価から生じ，疲労を誘発するような活動に打ち込む努力を妨害するネガティブな情動として特徴づけられている。消耗の重要な現象学的結果としての疲労を支持するものとして，数多くの研究が継続的な自己コントロールの努力が疲労の主観的感情を生み出すことを示してきた。一例をあげると（Stewart, Wright, Azor Hui, & Simmons, 2009），類似しているがあまり要求度の高くない課題を実施した統制群に比べ，実験群では難易度の高い走査課題の後，主観的な疲労の増加を経験した。興味深いのは，これらの疲れた実験参加者は後続の暗算課題を，統制群の実験参加者に比べてよりむずかしいと評価したことである。これは，努力が将来の行動遂行の知覚をも形づくることを示している。とりわけ，ほかの感情状態ではなく，疲労を「自我消耗」の主要な現象学的に相互関係にあるものとして提唱しているように，最近のメタ分析は自己コントロールの訓練は自己報告の疲労の経験を増進することを明らかにした（d =0.44; 95% CI [0.26, 0.63]）。一方，ネガティブ感情の消耗に関連した増加は，かなり小さい効果だった（d =0.14; 95% CI [0.06, 0.22]；Hagger et al., 2010）。まとめると，これらの結果は長期間にわたって自己コントロールを訓練することは疲労のように感じることを示す。

しかしながら，疲労はコントロール実行の変化をどのように方向づけるのだろうか。ほかの情動と同じように，疲労はその場の評価のプロセスの結果として考えられる（Gross, 2015と比較のこと）。一方，消耗の動機づけに関する説明は，コントロールによって生じた疲労は，近い将来において課題をうまく完遂することへの継続的な努力の評価低下も促進する（Inzlicht, Schmeichel, et al., 2014; Kurzban et al., 2013）。それゆえ，これらの理論は，努力を継続させられた後では自己コントロールが明らかに制限されることを提唱する。なぜなら，個々人は，報酬がないと知覚された目標の達成に向かって働くことを，うまく「できない」からではなく，あまり「やりたくない」からである。ここで非常に重要なことは，この動機づけに基づく説明によって，数多くの「アメ」がなくても満足できる活動への関与が，なぜ消耗効果と対立するように見えるのかを説明することができる（Derrick, 2013など）。おそらく，努力に関連する疲労状態を軽減し，人々をコントロールの努力に関与するために十分に動機づける状態にするからであろう（Inzlicht, Schmeichel, et al., 2014）。

最後に，疲労状態は，認知的要求そのものよりもむしろ，主観的に不快な経験からのシフトをおそらく動機づけることを述べておきたい。それゆえ，プロセスモデルは明らかに努力が必要な課題（たとえば，激しいスポーツ，チェス，楽器の演奏，そして複雑なデータ分析も）が，個人にとって，楽しい，価値がある，そして生得的に動機づけられるものとして構成されるならば長く取り組むことができることを提唱する（Deci & Ryan, 1985; Inzlicht, Legault, et al., 2014）。実際，自発的な動機づけ（因果関係の役割のなかで自身を考える，生来の野心，目標，そして価値にそって何をするべきかを決断する）は，多くの研究で「自我消耗」の効果をかなり緩和することが示されている（Moller, Deci, & Ryan, 2006; Muraven, Gagné, & Rosman, 2008など）。

◈（4）エラーに対する消耗と神経感情的再活性化

優先順位推移モデルは，人々が外部から要請された課題をうまく遂行することに対する感情的な重要性を疲労状態によっては低く評価することも提案する（Inzlicht, Schmeichel, et al., 2014）。このように，このモデルは，自己コントロールの失敗に関して生じるネガティブ感情が，認知的疲労を感じると弱められることを予想する。この提案に一致して，2つの研究において，抑制性コントロールを強いる最初のストループ課題の後に次のストループ課題を行ったとき，エラーに対する神経感情的再活性化（neuroaffective reactivity）が減少した（すなわち，ERN 振幅が弱められた）ことを明らかにした（Inzlicht & Gutsell, 2007; Wang, Yang, & Wang, 2014）。

「やらなければならない」課題での失敗に対する感情的再活性化の減退を示すことを提唱するのに加えて，これらの研究は神経の葛藤モニタリングが消耗効果に関連しているかもしれないことも示唆する。概念的に類似した検討では，Boksem, Mijman, & Lorist（2006）が，実験参加者が長い時間にわたって（2時間以上）葛藤を伴う課題に従事した後は，神経モニタリング（ERN 振幅）が減退し，コントロールの多くの行動指標（正確さ，全体的な反応時間，エラー後の速度低下）において成績が悪くなったことを明らかにした。しかしながら重要なことは，これらの疲労効果が，速い，正確な遂行が金銭報酬をもたらす可能性がある短い実験ブロックのなかですぐに回復されたことである。きわめて重要なのは，これらの結果が認知的疲労が動機づけの方向（課題への関与を減らす）の変化を反映していることである。この方向の変化は，比較的平凡な統制課題に取り組むことから得られる喜びを増やす外的な動機づけによって，すぐさま覆される（Boksem & Tops, 2008）。

3節　討論

まずはじめに，私たちは自己コントロールが一種の情動的エピソードであると考えることができることを提唱した。そして，現在ではかなり多くの証拠が，神経モニタリングプロセスは目標の葛藤とエラーのネガティブな評価を反映することを示していることを概観した。その後，この感情処理がどのような適応的目的に役立っているかを問い，２つの考え方をまとめた。感情警報の枠組みは，人を疲労や目標の葛藤へと方向づけることによって，必要不可欠なネガティブ感情がコントロールを増進し，次いで課題への取り組みや認知的労働に活力を与えることを予想する（Bartholow et al., 2012; Inzlicht & Legault, 2014; Schmeichel & Inzlicht, 2013）。逆に，自己コントロールの優先順位推移モデルは，認知的要求の嫌悪的な経験が動機づけの変化の基盤となり，認知的な労働をやめるように仕向ける一方，より大きな報酬があり，すぐに満足が得られる活動の追求に活力を与える（Inzlicht & Schmeichel, 2012, 2013; Inzlicht, Schmeicherl, et al., 2014）。このように，葛藤のネガティブな経験は認知的要求に取り組むための，強くなったり弱くなったりする動機づけの基盤となる。ネガティブ感情はどのようにコントロールを強めたり，弱めたりできるのだろうか。

究極的には，そして情動の多くの理論と一致して，すべての動物に共通する目標は，怪我，不快な経験，苦痛を避けて，快，報酬，安全を求めることである（Barrett, 2006; Bradley, 2009; Panksepp, 2008など）。さらに，自己コントロールに励んでいる最中にできれば避けたい認知的要求に直面するとき，その生命体は常により満足のいく状態，目標の葛藤に関連した主観的な不快感がない「認知的安心感」，を求めることを提唱する。この安心感は，常にではないが時折，コントロールの増進によって達成される。別の状況では，認知的安心感は，不快な，努力を要する課題から逃れ，より直近の満足のいく活動への関与を増やすことによって達成される（Proulx et al., 2012）。しかし，なぜ人々はある状況では安心感を得るためにコントロールを増やし，別な状況では満足を求めてコントロールを止めてしまうことを選ぶのだろうか。

1．感情の現象学，コントロールの主観的価値，および自己調整

多くの最近の説明と一致して，コントロールに関与したいという意欲が，遂行の成功の主観的価値とコントロールに関する知覚された努力との間のバランスによる，ということを私たちは提案する（Boksem & Tops, 2008; Kurzban et al., 2013; Shenhav et al., 2013）。さらに，正確な遂行にかかわる価値は，内発的動機づけ（Deci & Ryan,

1985; Legault & Inzlicht, 2013）と外発的動機づけ（Chiew & Braver, 2011）のいずれかの影響から生じる。これら個人内の要因，あるいは文脈的要因が人々を行為遂行に投資したいと思わせるとき，コントロールの努力（challenge）はとくに顕著となる。結果的に，自己コントロールが失敗したり，要求されたりする際には，課題に関連するかなりの苦痛がもたらされる。このような状況では，できれば避けたい認知的要求から逃れることは，望んだ報酬を伴う目標の達成に失敗する（あるいは，罰にさらされる）という結果をもたらす。それゆえ，その逃避は「認知的安心感」を生み出す可能性を低下させる。結果的に，達成したい目標に向かって働いているときに認知的安心感に到達する最も効果的な方法は，コントロールを上向きに調整することである（図11-2の上部を参照）。

次に，内発的動機づけも外発的動機づけも現在の要求度の高い課題への関与を促進

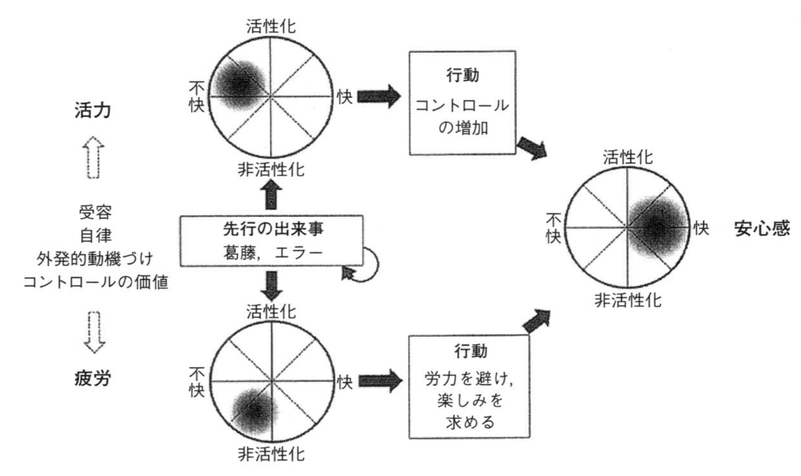

図11-2 「安心感の希求」としての自己コントロールの変動
活力：重要な感情反応を喚起する先行の出来事（たとえば，葛藤，エラー）が，活性化の増進とネガティブな感情価によって特徴づけられる中核感情の変化を促す（左上の円環モデル）。この「感情警報」は現在の課題の文脈でコントロールを増やす必要性を伝え，それゆえ，コントロール努力を活性化する。
疲労：長時間にわたって葛藤が繰り返される経験（再帰の矢印）は，疲労も引き起こす。疲労は，ネガティブな感情価と活動の減退が中心となる状態である（左下の円環モデル）。この不快な状態は，現在の課題では報酬が期待できないことを伝え，すばやく満足が得られる活動の追求へと導き，外部からの要請度が高い課題に対する葛藤モニタリングの低下を引き起こす。先行の出来事の発生が，活性化された，あるいは非活性化された状態へ中核感情を駆り立てる程度は，多くの調整要因に依存する。調整要因には，受容された自律的な外発的動機づけやコントロールの主観的な価値を含む。とくに重要なのは，コントロールを増進することも気晴らしを求めることも，認知的安心感のより心地よい状態を保つことを求める適応的な反応と考えられることである（右の円環モデル）。

しないという逆のシナリオを考えてみよう。もし認知的要求と関連する生得的な非効用が，コントロールに関与したいという強い動機づけに対応していないとすると，できれば避けたい葛藤の「蓄積された」経験は，おそらく疲労として経験され，あまり活発でない不快な状態を生みだす（Hagger et al., 2010; Stewart et al., 2009；図11-2の下部参照）。この疲労は，他の選択肢と比較して，現在の目標を追求し続ける価値を個人に考えさせるだろう（Hockey, 2013）。おそらく，このやりがいのない文脈で継続する努力は，認知的要求のできれば避けたい経験を通してさらなる非効用を単に生み出すことを明らかにするだろう（Kool et al., 2010）。代わりに，認知的安心感は報酬の見込みのない目標から撤退し，他のより満足が得られる活動に接近することによってうまく達成されるかもしれない（Inzlicht, Legault, et al., 2014; Schmeichel et al., 2010；図11-2の下部参照）。このように考えると，安心感の源泉となる消耗の緩和（たとえば，喜劇（Tice et al., 2007），祈り（Friese & Wänke, 2014），喫煙（Heckman et al., 2012），自発的な贈り物（Tice et al., 2007），あるいは，好きなテレビ番組（Derrick, 2013））は，自己コントロールの実施によって引き起こされた不快な疲労状態に対してよい影響を与えるので，すべて効果があるかもしれない。

2．葛藤に対する神経感情的反応の役割

感情警報の枠組みは，神経遂行モニタリングプロセスの性質を直接説明する。他方，目標葛藤に対する神経感情的反応が，「消耗」効果（Inzlicht & Gutsell, 2007）を調節するだけではなく，個人内要因や文脈的要因が感情警報の枠組みを再活性化するときに認知的疲労の緩和の基礎にもなることも，私たちは提唱する。

まず，ACC がコントロールの期待値を計算する（Shenhav et al., 2013）という最近の提案と一致して，葛藤や認知的要求に繰り返しさらされた後に，とくに個人が目の前の課題に対して内発的動機づけも外発的動機づけもほとんどもたないとき，モニタリングプロセスは確実に関与しなくなることを私たちは指摘する（Boksem et al., 2006; Inzlicht & Gutsell, 2007; Wang et al., 2014）。したがって，中央コントロール資源の代謝の消費を反映しているよりもむしろ，報酬が期待できない課題の遂行中にコントロールの努力の動機づけの重要性が確実に弱まることによってこのプロセスは生じる可能性が高い。

しかしながら，動機づけの変化は柔軟でもある。コントロールの主観的価値の増進に役立つ操作は失敗をコントロールし，「自我消耗」効果を緩和するために感情警報の信号も増やす。たとえば，自律的な動機づけと自己肯定感の両方に対する実験的操作は，消耗効果を減退させ（Muraven et al., 2008; Schmeichel & Vohs, 2009など），

エラーに対する神経感情的再活性化（ERN の振幅；Legault et al., 2012; Legault & Inzlicht, 2013）を減らす。きわめて重要なのは，これらの結果が，このような個人内要因が直近の目標への情動の関与を活性化することによって，自己コントロールの努力を維持することに役立つことを示しているということである。内発的動機づけに加え，コントロールの価値を増やす外発的動機づけもまた，失敗をコントロールするための感情警報の再活性化を調節し（Hajcak et al., 2005; Riesel et al., 2012; Stürmer et al., 2011），疲労後のコントロールと遂行モニタリングの両方を再び活性化する（Boksem et al., 2006）。重要なのは，このような文脈で，疲労を軽減するために認知的な負荷からの解放を求めることは，結果的に外的報酬を得る可能性を減らし，認知的安心感に到達するという包括的な目標と合致する可能性が低くなるということである。

4節　結論と将来の方向性

自己コントロールに見られる変化を「安心感の希求」行動として考えることによって，なぜネガティブ感情が認知的活力の増進と疲労の両方の基礎にあるのかについて私たちは説明できる。重要なことは，現在の課題要求への関与の増進と，情動の調整としてより満足が得られるものを求めて課題へ関与することを中止すること，この両方を概念化することを通して，私たちは，葛藤に対する両者の反応が個人の健康を促進する適応反応であることを指摘したい。とくにこの見解は，「消耗」は自己調整の本質的な**誤りやすさ**（fallibility）をおそらく反映する（Baumeister et al., 2007）と主張するコントロールの強度モデルとは対照的である。私たちの感情的－動機づけ的分析は，これまでの分断された研究分野（たとえば，感情科学，認知神経科学，そして自己コントロールの研究）を統合する可能性をもつ。他方，コントロールの変化についての私たちの予備的モデルは生成的であり，現在進行中の研究で取り組むことができる多くの疑問を喚起する。最後に，将来の研究で容易に検討できる私たちの説明についての3つの中核領域を簡単に確認しておく。

第1に，自己コントロールの反復が疲労（後になって，満足の希求の方向へ動機づけを変化させる状態）として主観的に経験されることを，私たちは提唱する（Inzlicht, Schmeichel, et al., 2014; Schmeichel et al., 2010）。重要なのは，現在進行中の研究がこの命題をより直接的に検証することができるということである。より具体的には，Hagger et al.（2010）によっても言及されたように，既存の研究は疲労の状態が自己コントロールに長時間従事することから生じることを示している。他方，これらの主観的な経験が後続の努力を伴う課題遂行に対して消耗効果があるかどうかは，今のところわからない。それゆえ，将来の研究は感情の現象学において，個人内の変化をコントロールの遂行の変化（その成功から，その明らかな弱点に至るまで）に密接に関連づけることを目標とすべきである。

第2に，エラーや競合する衝動などの葛藤の課題関連資源が，いったん個人が動機づけられていない「消耗した」状態になってしまうと，感情の覚醒を引き起こす能力が減退することを，私たちは提唱する。先述のコントロールの現象学と一致して，この心理生理学的仮説は直接検証可能である。とくに，消耗についての将来的な検討は報酬がない文脈での葛藤に繰り返しさらされることがエラー関連の周辺的な覚醒を減退するかを，EMG，瞳孔反応，あるいは，皮膚伝導反応を指標として調べることができる。

第3に，もしも疲労が報酬の追求を増やすために行動の切り替えを動機づけるならば，これは報酬の感度の神経生理学的相関によって表された満足の希求なのだろうか。いくつかのERPの構成要素は報酬処理に関係している（Proudfit, 2014; Yeung & Sanfey, 2004）。そして，それゆえ，もしも消耗の状態が満足の希求を促進するなら（Inzlicht, Schemeichel, et al., 2014），報酬への感度についてのこれらの神経の相関関係は，個人が疲れた後で報酬に関連するフィードバック信号を高めることを予想するだろう。このような結果は，自己コントロールの実行が欲求の刺激の顕著性を増進させることを示す現在の行動的な研究を補完するだろう（Schmeichel et al., 2010）。

感情と認知のプロセスの統合を詳細に検討することによって，将来の研究が自己コントロールの理論を継続して発展させていくことを期待したい。同様に，将来の研究が，これらの重要な調整プロセスについての明らかな長所と短所について，より包括的な理解をもたらすことを期待したい。

第 12 章

努力を要するコントロールにおける老廃物処理問題

Clay B. Holroyd

1997年にガルリ・カスパロフ（Garry Kasparov）は International Business Machine（IBM）のすぐれたチェスプログラムである「ディープ・ブルー（Deep Blue）」と対戦した。この対戦は前年の対戦の再戦として広く宣伝された。カスパロフはチェスの世界チャンピオンに君臨しており，歴代で最も優秀なプレイヤーであると多くの人に考えられていたが，前年の対戦の最初の対局でディープ・ブルーに敗北を喫したことはファンの間に広がるチェスに対する幻想を打ち砕いた。この初戦の敗北にもかかわらず，カスパロフは立ち直って全6局を4勝2敗とし，見事に賞金400,000シフランを手に入れた（Newborn, 2003）。世界中の報道機関は，コンピュータという人類の新しい君主の出現を賞賛しては嘆くというトップ記事の大見出しで1週間にわたる再戦の進み具合を見守っていた。カスパロフ自身は多くの懸念を抱いていた。賞金よりも重要なのは彼の評判であった。彼はそれを「私が負けるという状況を議論することは適切だとは考えていない。私はけっして負けない。私は人生で1度も負けたことはない」と表現し，こう続けた。「私は自分の称号を完全なまま防衛し続けているが，このことは今や私が単に他の人間よりもすぐれているだけでなく，地球上で最もすぐれていることを意味するわけではない」。あるいは，ある歴史家はこの状況を次のようにまとめた。「世界チャンピオンに傷がついた。彼は機械を単に打ち負かすだけではなく，ゴミ捨て場に送ることを望んでいた」（King, 1997, pp. 5-6, 46, 50）。

あいにく，カスパロフは対戦に負けてしまった。実際，彼はぐったりとしていた。多くの解説によれば，第2局目でディープ・ブルーがあたかも知性をもっているかのように驚くべき手を指したことが彼の敗因の始まりであったと説明されている。第2局については，後にカスパロフが「私から多くのエネルギーを奪っていった」と語った（King, 1997, p. 96）。彼は試合の結果を引き分けにする機会を逃し，投了した。対戦成績はこの後急速に悪化していった。チェスの専門家は「私たちがここで見ているのはいつものカスパロフではない。コンピュータが彼の実力に近づいている」（King, 1997, p. 76）と嘆いた。カスパロフはこの対局では通常の対戦よりも疲れていると語った。ディープ・ブルーはすばやく指し，カスパロフがリラックスする機会や，彼が対戦相手に対して通常行っているような相手の動きを観察する機会をほとんど与えなかった。彼は毎日の厳しく長い対局中ずっと完全な集中を維持しているように見えたが，週が進むにつれて，彼の表情のなかにその疲労の蓄積が見えてきた。対戦は第6局に入り2.5対2.5の引き分けであったが，ディープ・ブルーの手駒がチェス盤の中央を支配し，カスパロフのキングを外に追い回していき，全体的に総崩れのなかでたった19手しか指せないまま第6局は終了した。このチェスの世界チャンピオンは普段はうろたえないが「疲れきってひどく動揺した」と投了した。カスパロフは「私の生涯でこのようなかたちで対局に負けたことはけっしてなかった。ノイローゼになるようなチェスだった」と語った。その直後の記者会見で，カスパロフは「対抗するための真の力をもっていなかった」と振り返った（King, 1997, pp. 108, 112）。

もしも形勢が逆転してディープ・ブルーが負けていたとしても，その敗北の原因を疲労によるコントロールの破綻に求める人はいなかっただろう。もちろん，ディープ・ブルーは疲れないし，人間のように認知コントロールを働かせているわけではない。私たち自身の非常に多くのコントロールの失敗は，繰り返さないことが必要である。私たちは食べ過ぎたり，先延ばししたり，いったん決めたことをくつがえしたりする。また，私たちは何時間にもわたって認知的焦点を維持することができないようである。とくに，たとえば，チェスの対局で自信を喪失するようなミスの後で起こるように，動機づけの要因が干渉するときには，認知的焦点の維持は困難である。しかし，ディープ・ブルーは1秒間に20万手を探索でき（Newborn, 2003），対局の時間の長さや過去の戦績に関係なく，当面の局面を打開するために，次の一手にすべての計算能力を動員した。ディープ・ブルーにとって，どの駒をどう動かすかは毎回新鮮な出来事であった。

実際，コンピュータをはじめ，どのようなシステムにおいても，計算論上はコントロールを緩める正当な理由などないだろう（Holroyd & McClure, 2015）。人が絶え間なく最大限のコントロールを実行して**いない**のは，実はそうすることが**できない**からかもしれない。しかし，それはなぜだろうか。ある有力な理論によれば，認知コントロールの実行は一定の限界をもつ資源に依存しており，そうした資源は使用されるたびに減少していくので，結果として，コントロールシステムを弱体化させると考えている（Baumeister, Bratslavsky, Muraven, & Tice, 1998; Baumeister & Heatherton, 1996; Muraven, Tice, & Baumeister, 1998）。たとえば，ある実験の実験参加者に対して，いくつかの異なる消費者向け製品の価値を評定する，または，それらのなかから一連の努力を要する選択を行う，という課題が与えられたとする。この理論によれば，選択条件の実験参加者は，評定条件の実験参加者よりも多くの資源を利用したことになる。それゆえ，この課題の後に，実験参加者がまずい飲み物を飲むこと（自己コントロールに関連した行為を含むと考えられる）を求められたとき，選択条件の実験参加者（比較的多くのコントロールを使い切ってしまった）は，評定条件の実験参加者（十分なコントロールが残っている）よりも，飲み物を飲んだ量は少なかった（Vohs et al., 2008）。この**自我消耗**理論（ego depletion theory）は非常に有力であり，80編の研究のなかで，合わせて200もの実験が行われたが，この理論の主要な予測の統計的信頼性については論争が続いている（E. Carter & McCullough, 2013; Hagger & Chatzisarantis, 2014; Hagger, Wood, Stiff, & Chatzisarantis, 2010）。

資源消耗による説明は，認知コントロールの実行が「大いなる意志の発動」であるように感じるという観察（Norman & Shallice, 1986）とも一致している。努力を要するコントロール（effortful control）は嫌悪的であるため（Dreisbach & Fischer, 2012），人はある特定の課題を実行するために採用するコントロールの程度を最小化する傾向にある（Kool, McGuire, Rosen, & Botvinick, 2010; Kool, McGuire, Wang, & Botvinick, 2013; Westbrook, Kester, & Braver, 2013）。認知的疲労はコントロールが長期間にわたるときに起こり，結果として課題目標の活性化の低下を招く（van der Linden, Frese, & Meijman, 2003; Tanaka, Ishii, & Watanabe, 2014も参照）。これらの知見を資源消耗の観点から理解しようとすると，長期間のコントロールに起因する疲労感は，コントロールが依存している資源の消耗を反映し，さらに，コントロールの実行に伴う努力の感覚は初期段階で消耗を防ぐ要因の１つとなることが示唆される。言い換えると，長時間に及ぶ自動車の運転は，ガソリンがなくなるか，または万が一の事態を防ぐために残りのガソリンを節約するために，止まることがある。

しかし，実際には認知コントロールはどのような「ガソリン」を利用しているのだろうか。ほとんどの科学者たちは，人間の認知が資源を消費する生物物理学的メカニズム（すなわち，脳）によって実行されていることを認めているが，これまでに知られている限り，それらの資源はコントロールの実行に対して実用上の限界を示していない。とくに，１つの有力な仮説では，問題となっている資源がグルコースであると考えられている（Gailliot & Baumeister, 2007; Gailliot et al., 2007; Masicampo & Baumeister, 2008）。この考えでは，認知コントロールは血中にグルコースが補充されるよりも速くグルコースレベルを低下させ，近い将来に活用可能なコントロールの量を縮小する。しかし，この仮説は，理論的考察（Beedie & Lane, 2012; Kurzban, 2010; Kurzban, Duckworth, Kable, & Myers, 2013）および統計的考察（Schimmack, 2012）に基づく多くの批判だけでなく，認知資源という概念に反証をあげることができないという長年にわたる主張（Navon, 1984）に反している。より大きな関心がもたれるのは，最近の実験で，自我消耗効果の原因としてグルコースレベルが除外されていることである（Molden et al., 2012など）。

こういった重要な研究知見が得られたので，何人かの研究者たちは，認知コントロールが最大限のコントロールを連続的に実行**できない**から，そう**しない**という仮定を認めないようになった。逆に，彼らは，課題を続けることの機会費用（opportunity costs）の増大（Kurzban et al., 2013），あるいは課題の優先順位の変化（Inzlicht & Schmeichel, 2012; Inzlicht, Schmeichel, & Macrae, 2014）のいずれかの理由で，コントロールを連続的に実行しないことをシステムが**選択する**ため，コントロールが変動するのではないかと提案している。しかし，資源に基づくいくつかの説明と同様に，これらの理論もまた反証をあげることはむずかしいのかもしれない（解説についてはKurzban et al., 2013を参照）。ここでの議論の文脈でいうと，この理論は，ガルリ・カスパロフが1997年の対戦でディープ・ブルーに負けたのは重要な資源を使い果たした（それゆえ，集中できなくなった）ためではなく，これ以上長く指したくなくなった（それゆえ，集中しないことを選択した）ためであると示唆している。この試合の高報酬を考えると，この主張は正しいとは考えられない。

資源消耗仮説（Holroyd, 2013など）を支持する意見がほかにも提起されるかもしれない。しかし，資源自体を同定するだけでなく，なぜ認知コントロールという行為が他の認知活動よりも多くの資源を必要とするのかという問題に答える責務がこの理論の支持者にはあると指摘するのはもっともなことである（Kurzban et al., 2013）。たとえば，単純に周囲の環境を見ることは，視覚システムにおける一連の複雑な計算プロセスを引き起こすが，そうした計算プロセスは特定のコントロール行為のエネルギーコストと同等のコストを発生させる。そして，もし視覚がかなり疲労しているならば，ほとんどの人は夜にテレビの前で自分がひどく疲れていることに気づくだろう。それゆえ，資源による説明の支持者は，「どのような資源が認知コントロールによって利用されるのか」と「なぜ認知コントロールはこの資源を相対的により多く使用するのか」という対になった２つの質問に回答することが求められる（Kurzban et al., 2013）。私はこれらの２つの質問に，「どのような脳システムがコントロールという目的のためにその資源を利用するのか」という第3の質問を追加したい。

ここで私は，認知コントロールに対する資源の消費と関連する生物物理学的制約に基づく資源消耗による説明の代案を提案する。この提案は，資源の利用が資源自体の利用可能性のほかにも多様な要因によって制約されるという観察からもたらされたものである。原子力の場合を考えてみよう。原子力が発見されてからしばらくの間，アメリカのメディアは，安価な原子力を無制限に供給することによって社会のあらゆる要求と必要性が満たされるだろうと報じた（Zeman, 2012）。しかし，この見通しは限定的な意味（たしかに少量の核物質が莫大な量のエネルギーを供給するという意味）では正しかったが，原子力の生産が毒性廃棄物を作り出すという認識が広がるとともに，原子力に対する熱狂的な関心は薄れ，世界中でのその本格的な利用への熱が冷めてきた（Hohenemser, Kasperson, & Kates, 1977）。この例では，資源の活用はその利用可能性によってではなく（今でも核分裂物質が十分に豊富であることを考えると），**廃棄物処理**に伴う問題によって妨害された。いったんエネルギーが生産されてしまえば，核分裂による毒性の副産物を除去することは困難であり，その処理に高額な費用がかかる。

そこで，私は，認知コントロールの低下が限られた資源の消耗によるものではなく，コントロールという行為が毒性老廃物を神経組織上に蓄積させる原因となるという仮説を提案する。このため，毒性老廃物の蓄積の結果として生じる損害を軽減するために，コントロールレベルが最小限に抑えられていると考えられる。この提案を発展させるために，私は最初に提起された3つの資源に関連した問題を，この老廃物に基づく説明の点から再構築していく。つまり，「どのような毒性老廃物が認知コントロールによって生み出されるのか」「認知コントロールのためのどのような神経システムがこの老廃物を生み出すのか」「認知コントロールはどのようにして老廃物の蓄積を加速するのか」という3つの問題である。

1節　認知コントロールによって産出される毒性老廃物とは何か

アミロイドβ（amyloid beta: Aβ）ペプチドは，アルツハイマー病を引き起こす重要な要因の1つであると広く認識されている（Selkoe, 1993）。私は，認知コントロールの実行が脳細胞周囲の間質腔にアミロイドβを蓄積させ，それにより，疾患のリスクが高まると提案する。健康な個人では，通常の神経活動は，具体的には正常なシナプス機能に関連するエンドサイトーシス☆1（endocytosis）によって（Cirrito et al., 2008），間質液（interstitial fluid: ISF）内にペプチドを連続的に分泌する（Nitsch,

Farber, Growdon, & Wurtman, 1993; Selkoe, 1993)。次に，間質液内のアミロイドβレベルの増加は，シナプス活性を常態に戻すネガティブフィードバックループを活性化する（Kamenetz et al., 2003; Wei et al., 2010)。それから，間質液を介して脳脊髄液（cerebral spinal fluid: CSF）を循環させる，いわゆるグリンパティック経路（glymphatic pathway）により，アミロイドβは脳から取り除かれる（Iliff et al., 2012, 2013)。しかし，アルツハイマー病では，アミロイドβの除去率が低下し（Mawuenyega et al., 2010)，結果として，シナプス棘密度の減少（Wei et al., 2010)，神経ネットワークの広域的な破壊（Kuchibhotla et al., 2008; Prescott et al., 2014)，およびアミロイドβ斑の形成（Meyer-Luehmann et al., 2008; Yan et al., 2009）を含む，一連の神経系の異常を開始する残留物の蓄積が生じる。これらの理由から，アルツハイマー病の認知的後遺症は，分散した脳ネットワークによるシナプス処理の障害に起因していると考えられる（Haass & Selkoe, 2007; Mucke & Selkoe, 2012; Selkoe, 2002; Spires-Jones & Hyman, 2014)。

神経系はできる限り迅速に老廃物を取り除くよう準備しているようである。シナプス活性は数分から数時間の時間規模で間質液内へのアミロイドβの放出を調節し（Cirrito et al., 2005)，若いマウスでは間質液内アミロイドβが半分になるまでの時間は2時間という短さである（Cirrito et al., 2003)。健康な個体でのアミロイドβの最大レベルと最小レベルは，睡眠と覚醒のサイクルと相互に関連するリズムにおいて，一日を通して50％も変動し（Bateman, Wen, Morris, & Holtzman, 2007; Kang et al., 2009)，覚醒状態はアミロイドβレベルの増加に先立つ（おそらく覚醒がアミロイドβレベルの増加を誘導する；Huang et al., 2012)。注目すべきことに，自然睡眠は間質容量（interstitial volume）を60％増加させ，間質液からのアミロイドβの除去を2倍も増加させる（Xie et al., 2013）が，睡眠不足は通常の朝のアミロイドβレベルの減少が起こらないようにする（Ooms et al., 2014)。間質液内アミロイドβ濃度の変化はプラーク（斑）の増加率の変化と関連し，プラークの成長を20％から25％も劇的に減少させるため（Yan et al., 2009)，これらの観察によって，睡眠の重要な機能が，起きている間に蓄積される神経毒性老廃物を脳から除去することであると示唆される（Xie et al., 2013)。以上をまとめると，これらの研究は水溶性アミロイドβが神経系を傷つける速度を強調している。

私は，認知コントロールの実行が間質液内でのアミロイドβの蓄積を引き起こすこと，この蓄積率が認知コントロールの実行に向けられた努力の感覚を部分的に決定すること，および間質液内アミロイドβの絶対的レベルが認知的疲労の感覚の基礎となっていることを提唱する。さらに，コントロールに期待される利得が予想されるコストよりも大きいとき（Holroyd & McClure, 2015; Shenhav, Botvinick, & Cohen,

2013)，動機づけ誘因がこれらの感覚を改善するだろうと提案する。これは，コントロールレベルの低下が強力な誘因によって回復できるという観察（Muraven & Slessareva, 2003）と一致している。資源に基づく理論を批判する人たちは，通常のコントロールがこの方法で回復できるのであれば，コントロールの失敗は資源消耗の結果であるはずはないと主張してきた（Kurzban et al., 2013など）。老廃物処理仮説（waste disposal hypothesis）は，この批判に対処するために，コントロールが資源の短期的な利用可能性によって制限されるのではなく，その連続的な使用がシステムの長期的な実行可能性を脅かすときにコントロールが回避されると提案する。この見解では，絶え間ない認知コントロールによる累積的な損傷が最終的に通常の脳機能を圧迫するだろうと説明する。

累積的な損傷が脳機能を圧迫する際の猶予期間は，どのくらいの長さだろうか。アルツハイマー病は，アミロイドβ除去率の30%の減少が約10年以上にわたると，誘発されると推定されてきた（Mawuenyega et al., 2010）。幸いにも，ほとんどの人にとって，睡眠がこの結果に対する安全装置となっているようである。睡眠はその他の回復機能を提供する（Gilestro, Tononi, & Cirelli, 2009; Ingiosi, Opp, & Krueger, 2013; Sejnowski & Destexhe, 2000; Tononi & Cirelli, 2006; Vyazovskiy, Cirelli, Pfister-Genskow, Faraguna, & Tononi, 2008; Yang et al., 2014など）ことに加えて，間質液からアミロイドβを除去することにより，日常の神経活動による累積的損傷の自動的修復をもたらす（Xie et al., 2013）。この観察は，高レベルの認知コントロールが通常の睡眠サイクルの期間または約24時間よりも長くは持続されないことを示唆していると考えられる。それぞれのサイクルの間のコントロールの程度は動機づけ要因と全体的な疲労の間の微妙なバランスに依存している。学生は図書館で一日を過ごした日の夜はリラックスすることを選択するかもしれないが，敵地において夜通しで見張りをしている兵士は次の朝まで延々と警戒を維持しているかもしれない。いずれの場合でも，最終的には睡眠が優先される。

この提案は，睡眠不足が努力による価値割引（effort discounting）を妨げ，遅延による価値割引（delay discounting）を減退させるという観察（Libedinsky et al., 2013）と一致しており，これは睡眠がコントロールの疲労効果への対抗手段であることを示唆している。逆にいうと，老廃物処理仮説によれば，他のすべてのことが同じであれば，長期間にわたる持続的な努力を必要とするコントロールは眠気をもたらすと予測される。また，注目すべきことに，視覚的弁別課題の遂行は，付加的な訓練がなかったとしても，数日間にわたってゆっくりと向上し，この向上が睡眠によるものであり，短いうたた寝によって促進される（Mednick et al., 2002）。今回の提案は，このうたた寝と関連する課題遂行の向上が，部分的にではあるが，蓄積された老廃物を間質液から急速に洗い流すことに起因することを示唆している。これらの考察は，広範な行動にわたる認知コントロールについての最新の理論（Holroyd & Yeung, 2012）と一致して，ほとんどが数分にわたるコントロールの効果を検討してきた自我消耗に関する研究（Hagger et al., 2010）とは対照的に，コントロールの悪影響が比較的長い時間規模において現れることを示唆している（Holroyd, 2013）。

2節　認知コントロールに関するどのような神経系が老廃物を生み出すのか

認知コントロールは，背外側前頭前皮質（dorsolateral prefrontal cortex: dlPFC），前帯状皮質（anterior cingulate cortex: ACC），眼窩前頭皮質（orbitofrontal cortex: OFC），それらと大脳基底核との結合，およびその他の脳領域を含む分散した神経系によって媒介される（Stuss & Knight, 2002）。前帯状皮質の機能は盛んに議論されているが（Holroyd & Yeung, 2011），十分な証拠は前帯状皮質が努力を要する行動の調整の原因であることを示している（Holroyd & McClure, 2015; Kurzban et al., 2013; Shenhav et al., 2013）。たとえば，ラットの前帯状皮質を切除すると，そのラットは怠惰になるようである。報酬の程度と努力の消費量の両方が2つの選択肢間でのコストと利得の比較が必要となる課題では，前帯状皮質の損傷は，ラットが比較的獲得がむずかしい大きな報酬から比較的容易に獲得できる小さな報酬への選好の移行を引き起こす（Walton, Bannerman, & Rushworth, 2002）。これと同様に，ヒトの前帯状皮質の損傷は，無動無言症（akinetic mutism）の原因になっている（Holroyd & Yeung, 2012）。この疾患は，ほかの通常の運動能力に問題がないにもかかわらず，意思を伴う行動の欠如によって特徴づけられるものである。また，前帯状皮質への刺激は，困難な仕事であってもがまんする必要があるという感覚を引き起こし（Parvizi, Rangarajan, Shirer, Desai, & Greicius, 2013），努力を必要とする課題における前帯状皮質の活性化は健常者において「粘り強さ」というパーソナリティ特性と正の相関がある（Kurniawan et al., 2010）。さらに，前帯状皮質において発生し，エラーの処理に関連する（Gehring, Liu, Orr, & Carp, 2012）とされるエラー関連陰性電位（error-related negativity: ERN；事象関連電位の1つ）は，ストループ課題での干渉効果に対する認知的疲労（幅広く利用されている認知コントロールの指標；Inzlicht & Gutsell, 2007）の影響を調節しており，このことは努力を要するコントロールにおける前帯状皮質の役割を示唆している。また，認知的疲労（Lorist, Boksem, & Ridderinkhof, 2005）や長時間の覚醒状態（Scheffers, Humphrey, Stanny, Kramer, & Coles, 1999）によるエラー関連陰性電位の振幅の減少は金銭誘因により回復する

(Boksem, Meijman, & Lorist, 2006)。

この提案と一致して，前帯状皮質からの遠心性結合は中脳における青斑核（locus coeruleus: LC）に向けて強力に投射しており，前帯状皮質がコントロールを必要とする条件下で働くのではないかという仮説が立てられている（Aston-Jones & Cohen, 2005)。次に，青斑核は，大脳皮質全体にノルエピネフリン（norepinephrine: NE）を広く放出することによって覚醒レベルを調節している（Berridge & Foote, 1994; Delagrange, Canu, Rougeul, Buser, & Bouyer, 1993)。青斑核への刺激は睡眠から覚醒状態への即時の移行をもたらし（M. Carter et al., 2010)，青斑核と前帯状皮質の両方が新奇な環境における覚醒状態の持続に必要不可欠であると考えられる（Gompf et al., 2010)。さらに，覚醒している動物では，青斑核ニューロンの発火は，一過性活動（皮質ニューロンの入力に対する感受性を高める）が急激に増加することによって，進行中の持続性活動が中断されるという場合に特徴的に認められる（Aston-Jones & Bloom, 1981b; Aston-Jones & Cohen, 2005; Usher, Cohen, Servan-Schreiber, Rajkowski, & Aston-Jones, 1999)。研究者のなかには，青斑核の活動の持続性要素と一過性要素のバランスが行動に対する努力を要するコントロールを調整すると提唱する者もいる（Howells, Stein, & Russell, 2010; Raizada & Poldrack, 2008; Spruit, 2011; van der Linden, 2011)。

これらの観察は，努力を要するコントロールを調整する際の前帯状皮質－青斑核系が中心的な役割を果たしていることを強調している。老廃物処理仮説の文脈で理解すると，これらの観察は，前帯状皮質－青斑核の活性化が間質液内でのアミロイドβの蓄積レベルに不均衡に寄与していることを示唆している。

3節　認知コントロールは老廃物の蓄積をどのように加速するのか

老廃物処理仮説は，努力を要するコントロールが実行されることによって，自動的なプロセスの実行時をはるかに超えて，神経老廃物が脳に蓄積される割合が増えると仮定している。私は，とくに前帯状皮質－青斑核系の活性化が間質液内のアミロイドβレベルを増加すると提唱してきた。しかし，計算上もエネルギー上も同等のものが必要とされる他の神経認知プロセスの場合に比べて，なぜ継続中のコントロールのほうがより多くの老廃物の蓄積を生み出すのかについては依然として解明されていない（Kurzban et al., 2013)。以下では，コントロールを調整するための前帯状皮質－青斑核系の特殊な計算機能が，老廃物の蓄積を加速する神経処理に対して，独自の生物物理的要求をもたらすことを議論していきたい。

1．青斑核，細胞代謝，そして学習

青斑核ニューロンは，次の3つのほぼ固有の特性により特徴づけられ，それら3つはすべて，神経毒性老廃物の蓄積を促進するようである。第1に，青斑核ニューロンによるノルエピネフリンの放出は，認知的要求の増加を予期してグリア細胞の支持機能を高める。O'Donnell, Zeppenfeld, McConnell, Pena, & Nedergaard の総説にまとめられているように，「青斑核からの信号伝達の包括的な効果は，脳の能力を最大化することであり，これは中枢神経系（central nervous system: CNS）内のすべての細胞型とはいかないまでもほとんどのものが関与する組織化された細胞応答により達成される」(2012, p. 2496)。この機能には，神経血管連関（neurovascular coupling）の最適化（神経活動のパターンの急激な変化に脳血流を一致させる機能）が含まれている（Bekar, Wei, & Nedergaard, 2012）。私は，青斑核に誘導されるこの膨大な脳資源の動員がアミロイドβを含む複数種類の神経老廃物の産出を加速すると提案する。

第2に，認知コントロールの基本的特性は，ある課題が訓練されるにつれて，しだいにその遂行のために必要とされるコントロールが少なくなるというものである（J. Cohen, Dunbar, & McClelland, 1990; Shiffrin & Schneider, 1977）。この統制的処理から自動的処理への段階的移行は，ほかの重要な問題に注意を向けるために，容量に限界のあるコントロールシステムを解放するという学習メカニズムに依存している。重要なことは，青斑核がこの移行を決定していると考えられることである。青斑核ニューロンの発火は，シナプスの長期増強を可能にする遺伝子を活性化すること（Walling & Harley, 2004）により，神経可塑性をもたらし（Cirelli, Pompeiano, & Tononi, 1996; Cirelli & Tononi, 2000; Harley, 2004），青斑核系の広範囲の皮質への投射が課題遂行を最適化するための神経キャンバス（neural canvas）として働く（Verguts & Notebaert, 2009）。このシナプス結合の強化は，全体的なシナプス活動を高めることにより，脳のエネルギー収支を向上させると説明されている。このことから，睡眠が毎日新しく形成されたシナプス結合の強度を標準に戻すのに役立つと提案された（Tononi & Cirelli, 2006）。シナプス活動がアミロイドβの沈着を増加させる（Cirrito et al., 2008）と考えると，私は青斑核によって促進される学習プロセスが間質液内でのアミロイドβの蓄積率を高めると提案する。

第3に，青斑核の活動は間質腔の容積を減少させ，間質液からのアミロイドβ除去を妨害する。逆に，睡眠中の間質液内アミロイドβの除去の増加はノルエピネフリンレベルの低下に起因すると考えられる（Xie et al., 2013）。これらの観察を考慮し，前帯状皮質－青斑核系によって媒介される，努力を要するコントロールが間質腔の容積を減少させ，アミロイドβが間質液内に蓄積する割合を高めると，私は提案する。

以上をまとめると，これらの観察から，青斑核の活動は，アミロイドβの生成の増加（細胞活動と結合性の増大によるシナプス処理の増加のため）とアミロイドβの除去の低下（間質腔の容積の減少のため）により，間質液内の老廃物の蓄積を増加させることを示す。

 2．前帯状皮質，青斑核，そして神経活動の同期性

コントロールシステムは，指揮者がオーケストラの個々の奏者に調和して演奏するよう指示する役割を担っているのと同じように，ある特定の課題の実行を担当する神経認知プロセスを調整すると考えられている（Norman & Shallice, 1986など）。先に説明したように，前帯状皮質－青斑核系はこのメカニズムの要の役割を担っているようである。しかし，長期間にわたって情報伝達に用いられる膨大な数のニューロンを維持するという働きは，エネルギー消費の点から高くつくと考えられている（Laughlin, de Ruyter van Steveninck, & Anderson, 1998; Laughlin & Sejnowski, 2003）。エネルギーの使用量は目の前にある問題に対して特定の神経ネットワークを動的かつ自発的に活性化することにより最小限に抑えられる（Kitzbichler, Henson, Smith, Nathan, & Bullmore, 2011; Sejnowski & Paulsen, 2006）。進化圧（evolutionary pressure）もまた，デフォルト・モード・ネットワーク（default mode network: DMN; Horn, Ostwald, Reisert, & Blankenburg, 2013）内のモジュールをつなぐ結合の長さを最小化することにより，全体のエネルギー消費を減少させてきたと考えられている。なお，ここでのデフォルト・モード・ネットワークとは，個人が外部から駆動される目標指向的課題を実行していないときに働き始める組織化された脳システムである（Raichle et al., 2001）。これらの考察の観点から，私は，前帯状皮質－青斑核系が広く分散した神経ネットワークの同期活動を促進することにより，神経毒性老廃物の産出を増加させると提案する。

この主張は，かなり多くの有力な証拠によって支持されている。第1に，この同期機能は，個々のニューロンの発火率，局所電場電位（local field potential），および進行中の脳波（EEG）を含む，複数のレベルの観察でみられる電気生理学的振動により媒介されると考えられているが，この振動の基礎となる特定の計算機能については盛んに議論されている。トップダウン型のコントロールは，分散した神経ネットワーク間の皮質活動の位相同期を実行することにより，脳内での情報の流れを調節しているという仮説が立てられている（Engel, Fries, & Singer, 2001; Salinas & Sejnowski, 2001; Varela, Lachaux, Rodriguez, & Martinerie, 2001）。周期的に振動し

ている神経集合間の時間的一致は，分散した神経集団間の情報伝達の規則的な時間窓を可能にする（Canolty & Knight, 2010; Fries, 2005），またはその集団間の情報伝達の複数の流れを多重化する手段を提供することができる（Akam & Kullmann, 2014）。とくに，シータ周波数帯域（4～8ヘルツ）における振動は重要な調整機能を果たしているようである。このリズムは，ワーキングメモリ内に保持されている複数の項目を順序づけるために，分散した神経系間の処理を同期させ（Anderson, Rajagovindan, Ghacibeh, Meador, & Ding, 2010; Daitch et al., 2013; Klimesch, Freunberger, Sauseng, & Gruber, 2008; Miller, 1991; Mizuhara & Yamaguchi, 2007; Sarnthein, Petsche, Rappelsberger, Shaw, & von Stein, 1998; Sato & Yamaguchi, 2007; Schack, Vath, Petsche, Geissler, & Möller, 2002; Watrous, Tandon, Conner, Pieters, & Ekstrom, 2013; Womelsdorf, Vinck, Leung, & Everling, 2010），周波数間カップリングによってより速い周波数での神経振動と相互作用する（Lisman & Jensen, 2013）と仮定されている。

このオーケストラの指揮者として前帯状皮質の役割を示す証拠は，数多く報告されるようになってきた。シータリズムは一般に内側側頭葉と関連づけられている（Hasselmo, 2012; Miller, 1991）が，齧歯類（Feenstra & Holsheimer, 1979; Holsheimer, 1982; Young & McNaughton, 2009），サル（Tsujimoto, Shimazu, & Isomura, 2006; Tsujimoto, Shimazu, Isomura, & Sasaki, 2010），ヒト（M. Cohen, Ridderinkhof, Haupt, Elger, & Fell, 2008; Wang, Ulbert, Schomer, Marinkovic, & Halgren, 2005）の頭蓋内記録は，前帯状皮質もまたシータ波の発信源であることを明らかにしている。ヒトの前帯状皮質の電気刺激はシータ振動を誘発し（Talairach et al., 1973），ヒトの脳波において記録された頭皮の前頭－中心上のシータ周波数帯のパワー（前頭正中線シータ波（frontal midline theta: FMT）と呼ばれる）は，前帯状皮質が発信源であるとされてきた（Asada, Fukuda, Tsunoda, Yamaguchi, & Tonoike, 1999; Gevins, Smith, McEvoy, & Yu, 1997; Ishii et al., 1999; Luu & Tucker, 2001; Nigbur, Ivanova, & Stürmer, 2011; Onton, Delorme, & Makeig, 2005; Sauseng, Hoppe, Klimesch, Gerloff, & Hummel, 2007; Scheeringa et al., 2008）。前頭正中線シータ波パワーはまた，健常な人では前帯状皮質のグルコース代謝との間に正の相関を示すが，抑うつ状態にある人ではそのような関係は認められない（Pizzagalli, Oakes, & Davidson, 2003）。

重大なことに，前頭正中線シータ波は，努力を必要とする課題を達成するための神経活動の同期を担う前帯状皮質の役割を反映していると考えられている。何十年にもわたる研究から，前頭正中線シータ波パワーは，認知的努力のレベル，ワーキングメモリ負荷，および注意との間にそれぞれ正の相関があることが示されている

(Griesmayr, Gruber, Klimesch, & Sauseng, 2010; Ishihara & Yoshii, 1972; Kornhuber, Lang, Kure, & Kornhuber, 1990; M. Lang, Lang, Diekmann, & Kornhuber, 1987; W. Lang, Lang, Kornhuber, Diekmann, & Kornhuber, 1988; Mizuki, Tanaka, Isozaki, Nishijima, & Inanaga, 1980; Nakagawa, 1988; Yamaguchi, 1981; Yamamoto & Matsuoka, 1990；総説に関しては，Hsieh & Ranganath, 2014; Mitchell, McNaughton, Flanagan, & Kirk, 2008を参照)。複数の証拠は分散した神経系を機能的ネットワークに結合することに前頭正中線シータ波が関与していることを示している（Mitchell et al., 2008; Sauseng et al., 2007）。たとえば，拡散テンソル画像法（diffusion tensor imaging）は，前頭正中線シータ波パワーが前帯状皮質から投射する白質路の密度との間に正の相関があることを明らかにしており，同期の「ハブ」としての前帯状皮質の役割を前頭正中線シータ波が反映していることを示唆している（M. Cohen, 2011）。脳波と機能的磁気共鳴画像法（functional magnetic resonance imaging: fMRI）の同時記録のデータもまた，前頭正中線シータ波パワーがデフォルト・モード・ネットワークの活性化との間に負の相関があることを示している（Scheeringa et al., 2008）。さらに，サルの前帯状皮質ニューロンは局所的なシータ振動と同位相で発火し，前頭正中線シータ波がネットワーク行動を調整するための時間参照として働くことを示唆している（Womelsdorf, Johnston, Vinck, & Everling, 2010）。齧歯類の内側前頭前皮質において産出されるシータ振動もまた，前帯状皮質，海馬（Benchenane et al., 2010; Jones & Wilson, 2005; Young & McNaughton, 2009），および扁桃体（Likhtik, Stujenske, Toiwala, Harris, & Gordon, 2014）との間でそれぞれ，情報伝達を促進する。これらの観察は，目標指向的行動を効果的に遂行するという目的のために，前帯状皮質が分散した神経系の活動を調整する，という提案を支持する。

さらに，青斑核のバースト発火（おそらく前帯状皮質が誘発した，努力を要するコントロールの一時的な増加によって駆動される；Aston-Jones & Cohen, 2005）は，これらの分散したプロセスを同期させる原因であるかもしれない。予期しなかった課題に関連した出来事に対する一過性の青斑核の発火は，神経系の割り込み信号（Dayan & Yu, 2006）として働き，神経ネットワークの活動を初期化し（Bouret & Sara, 2005; Sara & Bouret, 2012），ネットワークの状態の動的な変換を促進する（Constantinople & Bruno, 2011）といわれている。それらの入力に対する皮質ニューロンの感受性を高めることにより，ノルエピネフリンは分散した脳モジュールの活動間の時間的な相互関係を促進する（Aston-Jones & Cohen, 2005; Usher et al., 1999）。ラットの頭蓋内記録は，ノルエピネフリンが静止状態から興奮状態への細胞の移行を促進することにより，皮質細胞を活発な機能的ネットワーク中に組み込みながら（Eschenko, Magri, Panzeri, & Sara, 2012），複数の皮質と皮質下構造の間のシータ振動の同期を調整することを明らかにしている（Brown, Walling, Milway, & Harley, 2005; Dzirasa et al., 2010; Walling, Brown, Milway, Earle, & Harley, 2011）。高レベルのノルエピネフリン作動薬もまたヒトにおけるデフォルト・モード・ネットワークの活動を減少させ（Minzenberg, Yoon, & Carter, 2011），齧歯類では皮質脳波と青斑核の局所電場電位との間の一貫性を増加させる。このことは，こうした神経ネットワーク間の結合の増加を反映している（Bari & Aston-Jones, 2013）。これとは対照的に，青斑核の化学的損傷はシータ周波数帯での皮質－青斑核の同期において位相のずれをもたらす（Kalauzi, Kesic, & Saponjic, 2009）。これらの観察は，ノルエピネフリンが脳モジュール間の機能的結合性を調整することを示している，ヒトを対象とするfMRIや瞳孔測定を用いた最近の研究（Eldar, Cohen, & Niv, 2013; Donner & Nieuwenhuis, 2013も参照）により支持されている。

私は，こうした証拠を考慮し，前帯状皮質－青斑核系による，コントロール誘導性の分散した神経集合の同期がネットワーク全体の処理要求を増加させ，結果として，間質液内へのアミロイドβの放出の増大をもたらすと提案する。それとは対照的に，脳領域間において情報伝達をあまり必要としない自動的な処理は同期をさほど必要としないため，間質液内のアミロイドβの蓄積が少ない。

4節　未解決の問題

神経活動の領域間の差によって，間質液内のアミロイドβレベルおよびアミロイド斑の増加に空間的変動が生じる（Bero et al., 2011）。老廃物処理仮説は，努力を要するコントロールが前帯状皮質－青斑核系の標的となる神経領域において間質液内のアミロイドβレベルを上昇させると提案しているが，実際にアミロイドβは臨床的に問題がない健康な人（Hedden et al., 2009），認知的に問題のない高齢者（Sperling et al., 2009），およびアルツハイマー病の人（Buckner, Andrews-Hanna, & Schacter, 2008; Buckner et al., 2009）のデフォルト・モード・ネットワークに選好的に蓄積する。もし前帯状皮質と青斑核による努力に関連した処理が間質液内のアミロイドβレベルを増加させるならば，なぜデフォルト・モード・ネットワーク内にペプチドが蓄積するのだろうか。デフォルト・モード・ネットワークは，定義上，課題の実行のために認知コントロールが必要とされるときには，活性化されない。1つの可能性は，個人が目覚めている時間のほとんどをデフォルト・モード・ネットワークの状態で過ごしているため，アミロイドβの沈着率が全体的に低いにもかかわらず，そのネットワーク内にアミロイドβが蓄積する機会が増えてしまうというものである。もう

1つの可能性は，前帯状皮質－青斑核系が，抑制性介在ニューロンの活性化を介して，努力を要する認知課題中のデフォルト・モード・ネットワークの活性化を直接的に抑制するというものである。それゆえ，認知課題中のデフォルト・モード・ネットワークの抑制は，アミロイドβの蓄積を増強するかもしれない。さらに別の可能性は，神経活動の一時的な増加が好気的解糖（aerobic glycolysis）に依存している，という事実と関連している。この好気的解糖は，酸化的リン酸化（oxidative phosphorylation；細胞エネルギーの放出の原因となる一次代謝経路）よりもはるかにエネルギー効率が悪いが即効性にすぐれ，シナプス活動と関連する一時的な活性化を活発にするのに適している（Fox, Raichle, Mintun, & Dence, 1988; Madsen et al., 1995）。青斑核系が，皮質への入力を増加することやシナプス結合を強化することにより，シナプス活動を調整していると考えると，青斑核の活性化は好気的解糖を増加させるかもしれない。この場合，老廃物処理仮説によれば，酸化的リン酸化よりも好気的解糖によって活力を得た脳領域にアミロイドβが蓄積することが予測される。

この最後の可能性と一致して，好気的解糖は，ウィスコンシンカード分類テスト（Wisconsin Card Sorting Test）によって脳が活性化されたあと40分以上にわたって持続することが観察されており（Madsen et al., 1995），前頭皮質と頭頂葉皮質のデフォルト・モード・ネットワークの外側の脳領域にまで及ぶ（Vaishnavi et al., 2010）。これに対応して，アミロイドβの蓄積はデフォルト・モード・ネットワークを超えて課題陽性ネットワーク（task-positive network）の一部にまで及ぶようである（Vlassenko et al., 2010）。さらに，ノルエピネフリンと好気的解糖との関連性は，酸素消費量と酸素供給量を合わせるという青斑核系の調整的役割により示唆されている（Bekar et al., 2012）。長時間の覚醒状態は青斑核ニューロンを死滅させるが，その他のニューロンは死滅させないため，これらの機能は青斑核ニューロン自体に重度の代謝負担をかけていると考えられる（Zhang et al., 2014）。青斑核ニューロンの喪失もまたアルツハイマー病の初期の予測因子である（Hurko et al., 2010）。青斑核細胞はREM睡眠中に発火を完全に止めているため（Aston-Jones & Bloom, 1981a），REM睡眠は青斑核ニューロンを通常の状態に回復させると仮定されてきた（Siegel & Rogawski, 1988）。それゆえ，起きている間に増加し，睡眠により回復する青斑核ニューロンのストレスや間質液内のアミロイドβレベルと同じように，好気的解糖により維持されている全体の脳活動の割合は起きている日中にほぼ2倍になり，夜の睡眠により元の状態に戻されること（Boyle et al., 1994）が示唆される。

もう1つの問題は，（努力した感覚の基礎となる）アミロイドβの沈着の増加と（疲労感の基礎となる）全体的なアミロイドβレベルに関連した情報に前帯状皮質－青斑核系がどのようにアクセスするかである。老廃物自体の発生源として，たとえば，専用のアミロイドβ受容体を介して，前帯状皮質が直接的にアミロイドβレベルのモニタリングを行っていると提案することは不必要で現実的ではないように考えられる。むしろ，老廃物レベルはおそらく老廃物の産出と相関するシステムの固有の特性によってコード化されるだろう。たとえば，この情報は，最初に示したように，代謝ストレスが原因で死滅する青斑核ニューロンの健康状態にコード化されるかもしれない（Zhang et al., 2014）。

老廃物処理仮説は，努力を要するコントロールの限界を明確にしているが，その限界が存在したときにコントロールがどのように調整されるかについては何も述べていない。それにもかかわらず，この仮説はコントロールの配分に関する意思決定理論に対する重要な制約を提供している。たとえば，私たちは近年，階層型強化学習の原理に従って，前帯状皮質が長期間の行動を動機づける役割を担うという提案（Holroyd & Yeung, 2011, 2012）を具体化する，前帯状皮質機能に関する計算モデルを開発した（Holroyd & McClure, 2015）。老廃物処理仮説は，コントロールなしに適切な課題遂行が維持できるときは常にコントロールが減少するはずであることを示唆している。それゆえ，コントロールのレベルはフィードバック・コントロール・ループに従ってモデル内で調整される。受け取った報酬が平均報酬と同等か，あるいはそれ以上であったときに，コントロールが解放され，受け取った報酬が平均報酬よりも少ないときには，コントロールが強化される。

最後に，読者は，この仮説が認知的努力と同様に物理的努力に対するコントロールを説明することができるかどうかについて疑問に思うかもしれない。一見したところ，この2つは質的に異なる現象であるように見えるかもしれない。身体的努力と身体的疲労は中枢神経系の周辺で生じる生物物理学的プロセスと関連しているが（たとえば，筋肉組織内の乳酸の蓄積），認知的努力と認知的疲労は神経システム内のプロセスに帰属される（たとえば，シナプス活動）。しかし，この仮説は，努力を要する行動を持続するという決定が，その原因が本質的に身体的か認知的かどうかにかかわらず，同じコントロールシステムによって媒介されていることを示唆している。たとえば，運動選手の間で広く流布している考え方は，スポーツが何よりもまず精神的な挑戦であるというものである。老廃物処理仮説はこの直感に対する具体的なメカニズムを提供している。激しい身体活動に伴う努力の感覚は気まぐれな運動システムと認知的目標を一致させるという前帯状皮質の役割に由来し，結果として，アミロイドβの産出の増加と間質液内からのアミロイドβの除去の減少を生じさせる。この仮説は，認知的努力と身体的努力の間の強い相互作用を予測しており，これに関してはすでにいくつかの証拠がある（Marcora, Staiano, & Manning, 2009; Pageaux, Marcora, & Lepers, 2013; Tanaka et al., 2014）。

5節　結論

1996年のディープ・ブルーとの最初の対戦の終盤に近づいたとき，ガルリ・カスパロフはこの対決について以下のように語った。

> 本当に疲れている。これまでの対局に大量のエネルギーを消費した。しかし，もし人間と通常の対局をするならば，対戦相手もまた疲れ果てているだろう。ここには，同じ強さで，ただただチェスをするだけの相手がいる。それは強くもないが，弱くもなかった。私ができる唯一のことはただ明日リラックスして，よい休息と睡眠をとることだけである。
> (Newborn, 2003, p. 100)

努力を要するコントロールに関する老廃物処理仮説は，人間と機械の間のこの差の原因を指摘している。カスパロフはエネルギー，グルコース，またはその他の資源を徐々に使い果たしてしまったわけではなく（Gailliot & Baumeister, 2007; Gailliot et al., 2007; Masicampo & Baumeister, 2008），また，最終的にチェス以外のその他の活動に関心をもつようになったわけでもないが（Inzlicht et al., 2014; Inzlicht & Schmeichel, 2012; Kurzban et al., 2013），彼の絶え間ない認知的集中は最終的には潜在的に危険で非常に大量の神経老廃物の蓄積を生じさせた。具体的には，努力を要するコントロールが，シナプス活動を高め，長期増強を促進し，脳モジュール間の神経同期を促進する数々の代謝的に要求の多いプロセスを始める前帯状皮質 - 青斑核系に介在されていると，老廃物処理理論は考えている。次に，これらのプロセスは，とくに比較的エネルギー効率が悪いにもかかわらず，シナプス処理を促進する好気的解糖を受ける脳領域において，間質液内のアミロイドβの沈着を増加させ，ノルエピネフリンの放出による間質容量の低下は間質液からのアミロイドβの除去を妨げる。この考えによると，カスパロフの認知的努力と疲労の感覚はそれぞれ間質液内のアミロイドβの蓄積率と全体的なレベルを反映しており，よい睡眠の後の彼の明らかな復活は，間質液から高レベルのアミロイドβを洗い流し（Xie et al., 2013），シナプス結合を常態に戻し（Tononi & Cirelli, 2006），青斑核ニューロンを健康な状態に回復する（Siegel & Rogawski, 1988）という睡眠の回復機能から生じた，と解釈できる。

この提案の重要な強みは，検証可能である点である。わずかなアミロイドβの産出率と除去率でも人の生体内で測定することができ，平均して1時間につき約8％であると観察されてきた。アミロイドβレベルは，長期間にわたって前帯状皮質をパラメーター的に活性化する，努力を要する課題（Nバック課題など；J. Cohen et al., 1997; Westbrook et al., 2013）を使用して測定することができる。シナプス活動の増加によるアミロイドβの産出の増進と制限された間質容量によるアミロイドβの除去の減少の両方をこの理論は予測するため，脳脊髄液内でのアミロイドβレベルの**全体的な**変化が一定に定まらないことに注目してほしい。もし産出の増加が除去の低下を上回るならば，努力を要するコントロールは脳脊髄液内アミロイドβレベルの増加をもたらすはずである。これとは対照的に，もし除去の低下が産出の上昇を上回るならば，努力を要するコントロールは（一見して矛盾するが）脳脊髄液内アミロイドβレベルの低下をもたらすはずである。しかし，後者の説明では，のちの休憩期間中に間質容量を通常状態に戻すことは課題完了後に周辺のアミロイドβレベルの上昇をもたらすだろう。この産出と除去の間の動的関係の詳細は実証可能な問題であり，検討されないまま残されている。老廃物処理仮説は，努力を要するコントロールの変化がこの2つの間のバランスをどちらかに傾けると明確に予測している。もちろん，肯定的な結果は間質液内のアミロイドβの沈着に認知コントロールが関与するが，必ずしも前帯状皮質が間質液内のアミロイドβレベルを調整するという目的のためにコントロールを配分することに従事しているとは限らない。それにもかかわらず，この解釈は間質液内からのアミロイドβの除去を促進する睡眠の明らかな回復機能（Xie et al., 2013）と一致する。

【訳注】

☆1　エンドサイトーシスとは細胞内取り込み作用のこと。

第III部

認知的動機づけにおける年齢に関連した変化

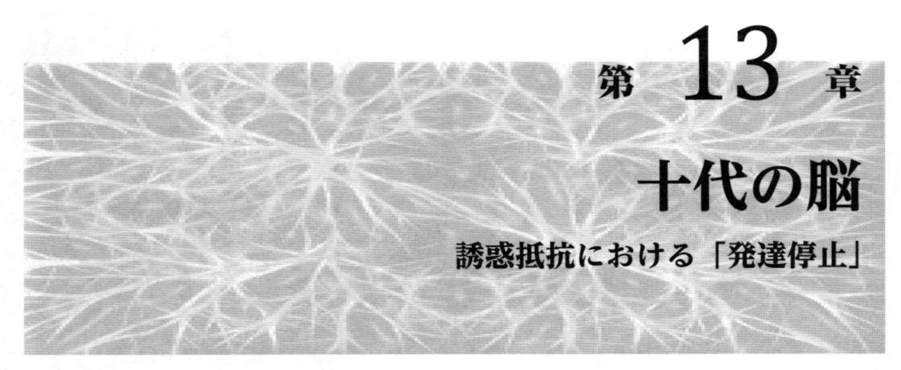

第13章 十代の脳
誘惑抵抗における「発達停止」

B. J. Casey
Adriana Galván

1節　はじめに

パイやマシュマロを食べるのをがまんする場合や，交通信号が黄色から赤色に変わろうとするときに走り出すのをやめる場合など，個人はなんらかのかたちで自らの意思や行為をコントロールしようとする。このようなふるまいは，**自己コントロール**（self-control）と呼ばれ，適切で目標指向的な欲求や行為，思考，情動などのために不適切な欲求を抑制する能力であると定義される（Casey, 2015）。この種の能力は，認知や動機づけのプロセスの成熟に合わせて，個人の生涯発達を通じて変化する。本章では，青年期というリスク行動が増大する時期に焦点をあてる。ここでは，動機づけの神経プロセスと認知コントロールの神経プロセスが相互に影響を及ぼしながらもそれぞれで発達の進み方が異なることが青年期における屈折したリスク行動を説明するのに役立つかもしれないという点に注目したい。これらの変化は発達によるものだけではなく，個人によっても異なるものである。自己コントロールに個人差があることから，青年によっては有害な方法で自らにリスクを与えるような場合が考えられる。この章では，なぜ青年の脳がこのように進化したのか，そして，その発達変化に関する知見を青年のためにどのように生かせるのかについて考察する。

2節　青年期とは何か

青年期は人間に限定されたものではなく，哺乳類全般に認められる（Spear, 2010）。青年期は一時的な発達段階であり，個人が学習し，成人になるために親から少しずつ独立していくようになる時期である。この発達段階は，個人が多くの新しい心理学的，社会的，性的，身体的な課題に直面するという意味で，最も環境に対して挑戦的に取り組む時期の1つであるといえる。人間は，青年がこうした挑戦的な課題に取り組む際に臨機応変に対応できるように，脳の仕組みを進化させたと考えても不思議ではない。

しかし，青年の脳は，自動車でいえば，ブレーキやハンドルがなく，ガソリンとアクセルだけで走っているようなものである（Bell & McBride, 2010）。青年期は，あたかも誘惑への抵抗については「発達停止（arrested development）」の時期であるかのようである。このように青年期を特徴づけることは，米国保健統計によれば，青年はそれまで以上に健康で強靭である時期にもかかわらず，死亡者数が2倍に増加したことからも理解できるだろう。死亡者数の増加は疾病によるものだけでなく，不慮の事故死や自死によるものもある。これは，少なくとも部分的には，青年が有害な方法で自らを傷つけるためであり，さらには青年の自己コントロールが低いことによるものであると考えられる（Casey, 2015）。

青年期の脳にはブレーキがついていないという特徴は，一般に，前頭葉の損傷や病変をもつ神経心理学の患者に認められる特徴と似ている。しかし，十代の脳は，損傷や障害を受けておらず，その点はまったく異なる。青年の脳は，その後の時期よりも柔軟で，青年期という一時的な発達段階がもたらす多くの課題に関してかなり可塑性が高い。こうした発達課題は，新生児が養育者からの生物学的な要求にいかにこたえるかを学習する際に直面する課題と同じくらいむずかしいものである。しかし，新生児が話すことも歩くこともできないことを私たちは障害とは捉えず，発達であると捉える。青年が，ある瞬間に熱くなって思慮深い判断ができないとき，それは逸脱と呼ばれる（Casey et al., 2013; Steinberg, 2012）。本章では，青年期の脳が進化に基づいた生物学的な制約と経験によって形成されていることを示す。そうした制約と経験をもとに，青年期の認知的課題や情動的課題，社会的課題，性的課題に対して適切に取り組んでいくことができる。はじめに，認知的プロセスと動機づけのプロセスを理解するための1つの理論的枠組みとして，青年期の神経生物学的モデルについて簡潔に概観する。

3節　青年期の神経生物学的モデル

青年期において最良とはいえない意思決定がなされたり，情動性の高揚があったりすることを説明するのに，少なくとも次の3つの神経生物学的モデルが知られている（図13-1）。これらのモデルのうちおそらく最も影響力のあるモデルは，自己コントロールの二重システム（または2つのシステム）モデルである（Metcalfe & Mischel, 1999）。2つのシステムとは，「熱い（hot）」システムと「冷たい（cool）」システムである。熱いシステムは，冷たく柔軟な認知システムとは対照的に，内省的で情動的なシステムである。このモデルは，直後満足（immediate gratification）と遅延満足（delayed gratification）に関連する脳システムを簡潔に記述するために用いられてきたものである（McClure, Laibson, Loewenstein, & Cohen, 2004）。その際，眼窩前頭皮質と腹側線条体は報酬に関する直後判断を駆動し，背外側前頭前皮質は後になるともっと大きな金額が支払われることを期待して直後の金銭報酬に手を出さないという判断を駆動すると考えられている。Steinberg et al.（2008）は，この二重システムを青年期の意思決定に適用した。そのなかで，思春期の始まりの時期に熱いシステムの活動が促進され，その結果，動機づけと社会にかかわる文脈において冷たいシステムよりも熱いシステムが優位に働くことが示唆された。

青年期の第2のモデルは，Ernst, Pine, & Hardin（2006）によって提唱されたもので，3項モデル（triadic model）と呼ばれている。このモデルではさらに，熱いシステム（すなわち，大脳辺縁系）は，腹側線条体に基づく報酬システムと扁桃体に基づく回避システムから構成されていると特徴づけられている。このように，彼らは，青年期の行動は，報酬に駆動されるシステムと有害なものを回避するシステムとの間でバランスを欠いていることから生じ，性ホルモンが報酬システムに傾くように働いて

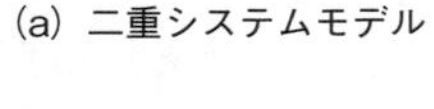

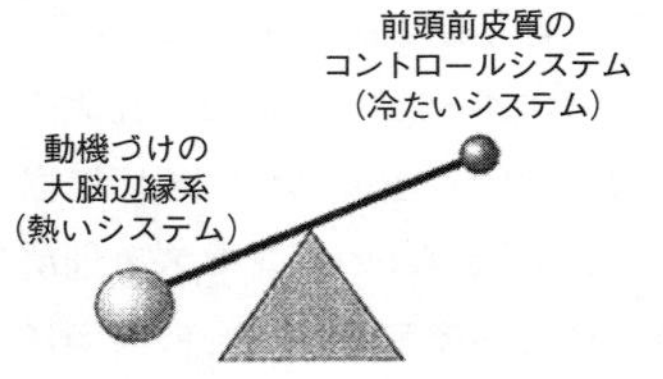

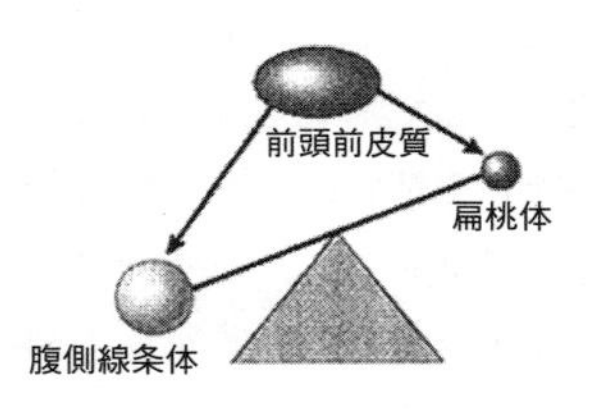

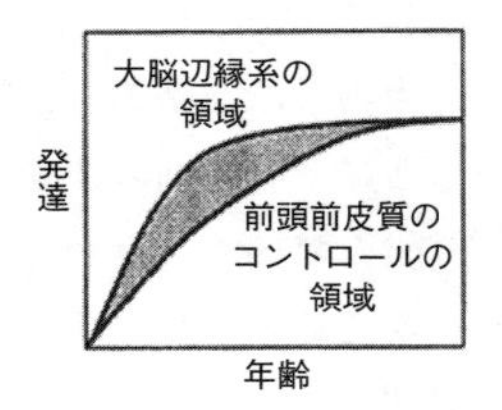

◆図13-1　青年期の神経生物学的モデル
(a) 二重システムモデル，(b) 3項モデル，(c) 非バランスモデル。Casey（2015）

いることを示唆した（Ernst et al., 2006）。

第3のモデルは，私たちが提唱した**非バランスモデル**（imbalance model）である（Casey, Getz, & Galván, 2008）。この神経回路に基づいたモデルは，児童期から成人期にかけて報酬に基づいた行動や情動に基づいた行動における脳の機能的な変化を調べていた私たちの実証的な研究から発展したものである（Galván et al., 2005, 2006; Hare et al., 2008）。そして，このモデルは，脅威に関連して動機づけられた行動に関する，ヒト以外の動物を対象にした研究から根拠が得られている（Ledoux, 2002; Phelps, Delgado, Nearing, & LeDoux, 2004; Schultz, Dayan, & Montague, 1997）。私たちは，青年期において神経回路内のバランスが，遠位に投射している前頭部位よりも局所的に結合した皮質下の部位（たとえば，扁桃体と腹側線条体）によって駆動されていることを提唱した（Galván et al., 2006; Hare et al., 2008; Liston et al., 2006）。発達が進み，経験が増すに従って，神経回路内の結合性は強化され，神経回路そのものの安定化につながる。このことはさらに，皮質下の大脳辺縁系の部位のトップダウン型の調節（Christakou, Brammer, & Rubia, 2011; Hare et al., 2008; van den Bos, Cohen, Kahnt, & Crone, 2012; van den Bos, Guroglu, van den Bulk, Rombouts, & Crone, 2009）と情動的に駆動された衝動行為（Dreyfuss et al., 2014; Somerville, Hare, & Casey, 2011）のための能力の向上につながる。このような不均衡が子どもで顕著でないのは，おそらく皮質下の結合性と皮質の結合性がともに相対的に未成熟であるためであると考えられる。

このモデルを支持する証拠は，青年期における脳回路の局所的な神経化学的変化や構造的変化に関する研究から得られている。これらの研究は，前頭皮質よりも先に感覚運動皮質においてシナプスの刈り込みが成人レベルに達することが示されている（Bourgeois, Goldman-Rakic, & Rakic, 1994; Huttenlocher & Dabholkar, 1997）。これと同様に，神経栄養学的要因とドーパミンのような神経化学物質の利用可能性における局所的変化は，学習と発達の両方に必要不可欠であるが，前頭前皮質でのピークよりも先に皮質下の部位でピークを示す（Benes, Taylor, Cunningham, 2000; Brenhouse, Sonntag, & Andersen, 2008; Cunningham, Bhattacharyya, & Benes, 2008; Katoh-Semba, Takeuchi, Semba, & Kato, 1997; Tseng & O'Donnell, 2007）。これらの局所的変化は，人間の発達に関して，前頭前部よりも先に感覚運動皮質や皮質下部位において皮質の厚さと量がピークを示すという脳画像研究の結果と一致している（Gogtay et al., 2004; Mills, Goddings, Clasen, Giedd, & Blakemore, 2014; Sowell, Thompson, Holmes, Jernigan, & Toga, 1999; Sowell et al., 2004）。

これらのモデルはそれぞれ，専門家でない一般の人たちに青年期の脳を説明するのには簡潔なヒューリスティックスを提供しているが，そうすることで青年期の脳と行動を解き明かすための進歩を妨げる可能性もある（Helfinstein & Casey, 2014; Somerville, van den Bulk, & Skwara, in press）。脳システムを，「熱い」か「冷たい」か，報酬的か回避的かという2×2の直交分類で捉えることに頼りすぎると，かっとしたはずみで衝動的行為が生じることの基礎にある，青年期特有の局所的・末梢的な神経回路の複雑な変化を十分に理解することはできない。そうした神経回路は，かっとしたはずみで衝動的行為が生じることの基礎にあるのかもしれない（Cho et al., 2012; Christakou, Brammer, & Rubia, 2011; Pattwell, Bath, Casey, Ninan, & Lee, 2011; Pattwell et al., 2012）。皮質部位と皮質下部位のおのおのについての，およびそれらの間のより詳細な神経回路の変化を明らかにすることは，青年がなぜそのようにふるまうのかについてさらに深く理解するうえで有用である。次に，発達を通して認知回路や動機づけ回路にどのような変化が生じるのかに注目し，再び青年期の問題を取り上げる。

4節　認知コントロールの発達

数多くの研究論文は，乳幼児期から成人期にかけて認知コントロールの能力が着実に向上していくことを示している（Case, 1972; Casey, 2005; Casey, Galván, & Hare, 2005; Davisdon, Amso, Anderson, & Diamond, 2006; Flavell, Beach, & Chinsky, 1966; Keating & Bobbitt, 1978; Pascual-Leone, 1970）。乳幼児期の子どもを対象に遅延記憶課題や「A not B」課題を用いた古典的な研究は，児童期と青年期の人たちを対象にストループ課題のような注意コントロール課題を用いた研究（Tipper, Bourque, Anderson, & Brehaut, 1989）や，カード分類課題を用いた研究（Munakata & Yerys, 2001; Zelazo, Frye, & Rapus, 1996），アンチ・サッケード（antisaccade）課題を用いた研究（Luna et al., 2001），go/no-go 課題を用いた研究（Casey et al., 1997; Luria, 1961）とともに，青年期の前期を通して，拮抗する情報や無関連な情報に直面したときに，関連した情報に注意を向け，維持する能力が発達的に備わってくることを示している（Passler, Isaac, & Hynd, 1985）。児童期から青年期前期にかけて認知コントロールが直線的に向上することを図13-2a に示す（Casey & Caudle, 2013）。

このように年齢が進むに従って認知能力に変化が生じることは，脳の神経回路における重要な変化と並行している（Casey et al., 1995; Casey, Galván, & Hare, 2005; Casey, Tottenham, Liston, & Durston, 2005）。脳の大きさは，およそ6歳ごろまでにほぼ成人と同じ大きさになる。それにもかかわらず，前進と後退のプロセスが生じるのは，ちょうど人生における新たな発達段階である青年期での要求にこたえるよう

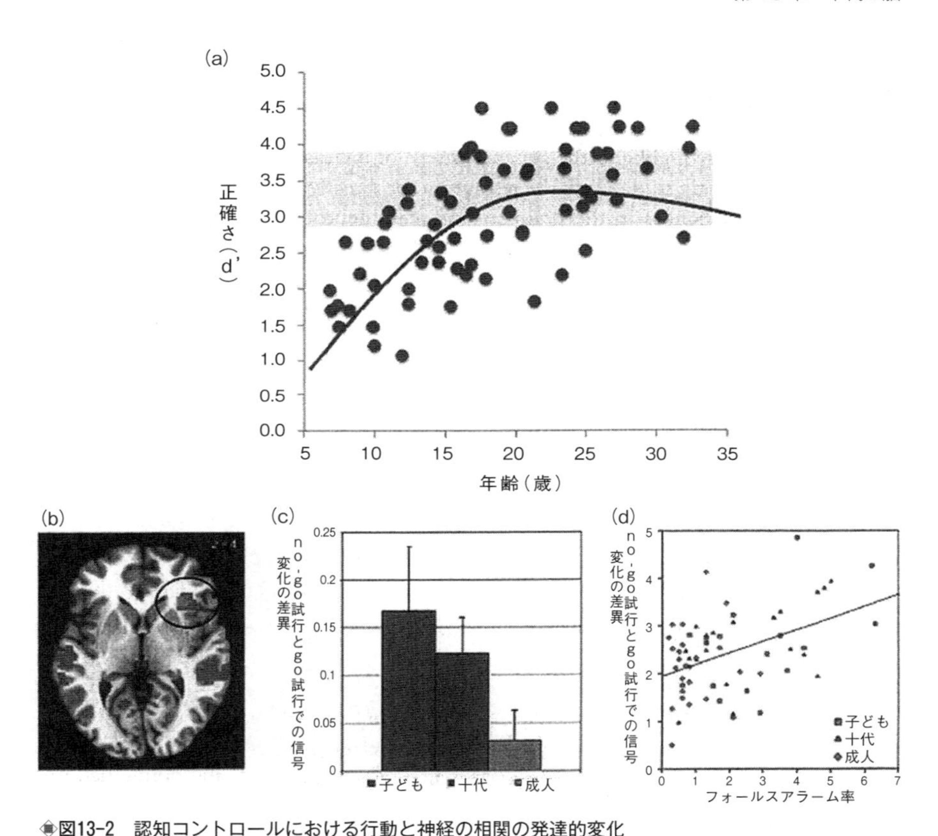

◆**図13-2　認知コントロールにおける行動と神経の相関の発達的変化**
(a) 年齢ごとのgo/no-go課題のd'（ヒット率とフォールスアラーム率の両方を含む正確さの指標）に関する散布図。Casey & Caudle (2013). 灰色の四角の部分は，青年期と成人期の人たちの何名かは同程度の課題成績であることを示す。(b) 課題によって活動が異なる脳の領域（go試行よりもno-go試行において活動性が高い場合)。活性化は，代表的な高解像度の解剖走査画像において $p<.05$ を閾値として設定し，脳全体を修正して表示されている。(c) go試行に対するno-go試行における右下前頭皮質（上記 (b) の丸で囲まれた部分）での活動の年齢差。年齢が進むにつれて，前頭での動機づけの動員が減少することが予測される。(d) 課題成績ごとの前頭前皮質の活動。Somerville, Hare, & Casey (2011)

に脳の神経回路の再配線がなされるからである。これらの構造的な発達的変化は，とくに前頭前皮質において認知コントロールの成熟と結びついていることが課題に基づいた機能的脳画像研究から明らかにされている（Casey et al., 1997; Casey, Tottenham, & Fossella, 2002)。この分野での研究の多くは，実験参加者に対して特定の行為の抑制を求める課題（たとえば，go/no-go課題や停止信号課題）や注意の抑制を求める課題（たとえば，フランカー課題やストループ課題)，反射的眼球運動の抑制を求める課題（アンチ・サッケード課題）を用いて認知コントロールの能力に関する神経生物学的相関を検討してきた（Bunge, Dudukovic, Thomason, Vaidya, & Gabrieli, 2002; Casey et al., 1997; Casey, Giedd, & Thomas, 2000; Durston et al., 2003; Luna et al., 2001）。子どもは，これらの課題を遂行するときに，成人とは明らかに異なる，拡散した前頭前野の領域を動員する。活動パターンは，若年成人では焦点化が進み，正確な行動遂行と緊密に連動するようになる。同様に，特定の課題成績に結びついていない領域は縮小していく。この発達パターンは，横断的研究（Brown et al., 2005）と縦断的研究（Durston et al., 2006）の両方で広範囲にわたる認知コントロールの実験パラダイムにおいて示されている。

これらの変化を説明するために，認知コントロールに関する私たちの発達研究の1つに注目したい（Somerville et al., 2011）。この研究では，子ども，青年，および成人に対して呈示頻度の少ない非標的刺激（すなわち，no-go試行）に反応してはいけないという教示が与えられた。その結果，go/no-go課題において呈示頻度の少ない非標的刺激への反応を正しく抑制することに腹外側前頭前皮質が必要不可欠な役割を果たしていることが示された（図13-2bと図13-2c；Somerville et al., 2011）。この領域は，年齢グループによって異なる発達差が見られただけでなく，活動の程度と全体的な課題遂行の正確さとの間に関連があり，この部位の活性化が盛んな個人ほど反応を正しく抑制するのが困難であることも示された（図13-2d）。この活動パターンは，年齢とともに効率がよくなるという一般的なパターンを強調している。

人間の脳画像研究では，脳における全体の機能的変化や構造的変化と微細な単位での神経生物学的変化（たとえば，樹状分枝，シナプスの刈り込み）との直接的な関係がどうなっているかについては，まだよく明らかにされていない。それにもかかわらず，実験結果は青年期において前頭前野における発達や洗練化，前頭前野からの投射や前頭前野への投射を反映している（Lourenco & Casey, 2013）。さらに，これらの変化は，長期間にわたって認められる（Brown et al., 2005; Bunge et al., 2002; Casey, Thomas, Davidson, Kunz, & Franzen, 2002; Casey, Trainor, et al., 1997; Crone, Donohue, Honomichl, Wendelken, & Bunge, 2006; Luna et al., 2001; Moses et al., 2002; Schlaggar et al., 2002; Tamm, Menon, & Reiss, 2002; Thomas et al., 2004; Turkeltaub, Gareau, Flowers, Zeffiro, & Eden, 2003）。

5節　動機づけプロセスの発達

児童期前期から青年期を通じて認知コントロールの能力に関して直線的な発達が認められるのとは異なり，動機づけプロセスは非直線的な変化を示し，青年期に報酬への感受性が停滞する。現在の研究では，報酬と感覚探索行動（Steinberg et al., 2009），金銭的誘因への感受性（Galván et al., 2006; Smith, Xiao, & Bechara, 2011），社会的報酬への感受性（Chein, Albert, O'Brien, Uckert, & Steinberg, 2011），甘味物質への反応性の顕著な増大（Galván & McGlennen, 2013; Post & Kemper, 1993）などが青年期中期にピークを迎えることが示されている。多くの哺乳類動物は，齧歯類や人間以外の霊長類を含め，報酬に関連した行動に関して人間と同様のパターンを示す。このことは，種の違いを超えて，報酬処理が保存されていることの強力な証拠となっている（Spear, 2011）。

◈（1）動物研究

若いラットを用いた研究では，報酬と新奇刺激探索（Douglas, Varlinskaya, & Spear, 2003），リスク負担と社会的**相互作用**（Douglas, Varlinskaya, & Spear, 2004），消費行動（Friemel, Spanagel, & Schneider, 2010; Spear, 2011）の各領域での発達曲線が逆U字型を示すことが知られている。たとえば，若いラットは，成体のラットよりもサッカロース（甘味料）の快楽的性質に対して感受性が強い（Wilmouth & Spear, 2009）。若いラットはまた，成体ラットに比べて，新奇刺激や社会的仲間への行動的関心が高い（Douglas et al., 2003; Varlinskaya & Spear, 2008）。

人間では青年と成人を比べると，青年のほうが薬物使用の傾向が強いが，このことはラットでも（Brenhouse & Andersen, 2008; Torres, Tejeda, Natividad, & O'Dell, 2008），人間以外の霊長類でも（Nelson et al., 2009）観察される。このように，研究者は，種を超えてこの傾向が保たれていることに基づいて，若い齧歯類でのドーパミン系を理解することによって人間のドーパミン系や報酬関連行動の個体発生について多くの事柄を学ぶことができる。中脳皮質辺縁ドーパミン系は青年期において重要な変化が生じる。線条体では，青年期にドーパミンのレベルが高まり（Andersen, Dumont, & Teicher, 1997），腹側線条体におけるドーパミンのD1受容体とD2受容体の発現が青年期の直前の時期から青年期にかけて増加する（Andersen et al., 1997）。青年期における神経結合は成人期よりも高いことを示唆する研究もある（Doremus-Fitzwater, Varlinskaya, & Spear, 2010）。いくつかの研究報告によれば，青年期においてシナプスの刈り込みのあとにドーパミン受容体の過剰産出が認められる（Teicher, Andersen, & Hostetter, 1995）。線条体のドーパミンD1受容体とD2受容体の受容体結合は青年期にピークを迎え，成人期の受容体結合に比べて30〜45%も高い（Tarazi, Tomasini, & Baldessarini, 1999; Teicher et al., 1995）。

これらの神経化学的変化や構造的変化は，機能的意義があると考えられる。成体のラットに比べて若いラットは，環境刺激や薬理学的刺激が与えられると，より多くのドーパミンを放出する（Laviola, Pasucci, & Pieretti, 2001）。ベースラインの条件でのドーパミン放出が低下した場合もそうである（Andersen & Gazzara, 1993）。また，若いラットは社会的相互作用のあとドーパミン放出が長く持続される（Robinson, Zitzman, Smith, & Spear, 2011）。若い齧歯類もドーパミン吸収阻害物質への感受性が高い（Bolanos, Glatt, & Jackson, 1998）。最近の研究では，若い齧歯類は，同じ年齢の動物がいるときは，いないときに比べて，アルコールの摂取量が多いことが示されており，社会的報酬に対しても感受性が高いことが示されている（Logue, Chein, Gould, Holliday, & Steinberg, 2014）。

青年期にドーパミン作動系の再体制化が起きるときのパターンは，刈り込みの期間が長くなるものの，前頭前皮質においても観察される（Andersen, Thompson, Rutstein, Hostetter, & Teicher, 2000）。同様のU字型の発達曲線は，ドーパミン神経細胞の発火の割合（McCutcheon & Marinelli, 2009）や，報酬を予期する際に活性化されるドーパミン神経細胞の数（Sturman & Moghaddam, 2012）においても認められ，これらは青年期においてピークを迎える。これらのデータを考え合わせると，青年期においてドーパミンの神経化学的性質の変化が報酬感受性や接近行動の変化をもたらすことが示唆される。

◈（2）人間の脳画像研究

発達途上にある人間において神経化学レベルでのドーパミン系を調べることはむずかしいが，機能的磁気共鳴画像法（fMRI）による研究が始まったことで，なんらかの行為がなされているときの健康な脳の発達を捉えることができる。最近の10年で，この手法を用いて，青年期において動機づけにかかわる神経回路にどのような発達的変化が生じるのかについて研究されるようになった。報酬に関する最初のfMRI研究は，報酬処理に関する比較的単純な問題を検証した。その問題とは，たとえば，報酬に関する神経回路は発達段階によって神経機能に変化が生じるのかという問題や，青年の脳は報酬に対して低感受的であるのか，あるいは高感受的であるのかという問題であった。この後者の問題から，異なる2つの仮説（低感受性説と高感受性説）が提起されているが，いずれの仮説もともに興味深い。前者の問題は，言い換えれば，成人に比べて青年の動機づけ回路の活動が相対的に低いために，青年は報酬やリスクを追い求めるのかという問題である（Blum et al., 2000）。この考え方によれば，一般に青年は報酬刺激からポジティブでない感情を得るために，ドーパミンに関連した神経回路の活動を増大させるような新たな欲求強化子を求めるようになるというのももっともなことである（Spear, 2000）。別の仮説では，腹側線条体のドーパミン回路の活性化が増進することが青年期の報酬探索行動の基礎になっているというものである

(Chambers, Taylor, & Potenza, 2003)。この考え方は，広範囲にわたって，符号化された動機づけ動因が行為に変換される際にドーパミンが主要な役割を担っているという研究結果から導き出されたものである（Panksepp, 1998)。この理論では，青年の行動は発達的に増進された欲求システムから駆動されていると仮定されている。

人間を対象とした最初の脳画像研究は，この問題に取り組むために，金銭誘因遅延課題を用いた。そして，青年は成人に比べて，報酬を予期した際に線条体反応の鈍化を示すことが明らかにされた（Bjork et al., 2004)。この実験結果は，若者を対象とした報酬のfMRI研究の多くの結果と対照的であったために，この研究者たちは再現実験を行った。その際，金銭誘因遅延課題を改良し，統計的検定力を高め，信号検出の精度を高めるために8チャンネルの頭部コイルの性能を向上させた（Bjork, Smith, Chen, & Hommer, 2010)。こうした方法論上の改良を加えたにもかかわらず，彼らの以前の実験結果が再現された。彼らは，課題への関与の違い，要求された持続的注意の違い，および報酬の量の違いによって，金銭誘因遅延課題を用いた研究と青年により親しみのある課題を用いた研究とで結果に差があることが説明できるかもしれないと推測している（Bjork et al., 2010)。

青年期の報酬処理に関する研究の大半は，青年は報酬感受性が高いという仮説を支持する結果を見いだしている。私たち自身の研究データから示唆されるのは，青年は子どもや成人よりも腹側線条体の活動が盛んで，この部位の機能発達において非直線的なパターンが考えられるということである。具体的にいえば，私たちは青年に親しみのある金銭報酬課題を用いたが，この課題では3つの手がかりがそれぞれ3つの異なる報酬価値（最も欲求度の低い報酬（小報酬）から最も欲求度の高い報酬（大報酬）まで）と連合していた（Galván et al., 2006)。この課題は，人間以外の霊長類に対してこれまでに用いられた報酬学習パラダイムに基づいており，このパラダイムでは最も有意味な報酬情報を得るためにドーパミンの発火パターンが時間的に推移することが示されている（Fiorillo, Tobler, & Schultz, 2003)。ドーパミンの発火は，報酬が与えられたときに最初は最も頑健であるが，特定の手がかりが報酬結果を予測することを動物が学習するのと同様に，ドーパミン神経細胞はしだいに報酬そのものよりも手がかりに対して反応するようになる（Fiorillo et al., 2003)。私たちの研究では，子どもと青年と成人のすべてにおいて，実験当初はどの大きさの報酬に対しても腹側線条体の頑健な活性化が示された。しかしながら，実験の終了時には，青年は最も欲求度の高い報酬に対して全体として最大の活性化を示したが，これに対して，成人は最も欲求度の低い報酬に対して最大の活性化を示した（図13-3aを参照)。

そのほかの研究室で，さまざまな実験課題を用いて同様の研究が行われた。それらのなかには，確率的金銭報酬課題を用いた研究（Ernst et al., 2005）や報酬に基づい

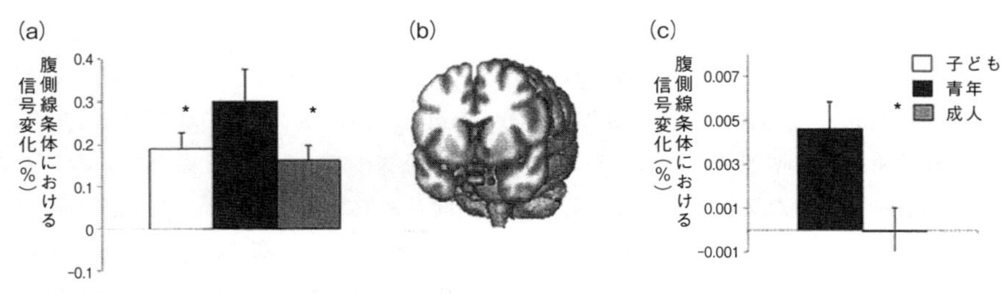

◈図13-3　年齢ごとの報酬と期待値への腹側線条体の活動
(a) 子どもと青年と成人における大報酬と小報酬を得たときの腹側線条体の活動の発達差。Galván et al. (2006)
(b) 青年と成人における期待値に対する腹側線条体の活動の局在化。Galván (2014)
(c) 成人と比べたときの青年における高い期待値への腹側線条体の活動の発達差。Galván (2014)

たアンチ・サッケード課題を用いた研究（Geier, Terwillinger, Teslovich, Velanova, & Luna, 2010），意思決定的報酬課題を用いた研究（Jarcho et al., 2012），社会的報酬課題を用いた研究（Chein et al., 2011），予測エラー課題を用いた研究（Cohen et al., 2010）が含まれている。こうした研究から，青年は成人に比べて，報酬の予期と受容に関して腹側線条体の活性化が高まり，そのパターンが青年期後期まで持続することが明らかにされた（Lamm et al., 2014）。

これまでの研究の多くは金銭報酬を用いている。それらの研究は，青年は一般に成人よりも固定収入を得る機会が少ないために，青年における腹側線条体の高感受性は金銭に大きな価値を帰属させるからではないのかという問題にこたえようとしている。最近の２つの研究から，そうではないことが示唆されている。それらの脳画像研究は実験参加者に対して金銭ではなくポイントで報酬を与えた。van Leijenhorst et al. (2010）は，実験参加者に対して，確率を変動させることで，後続のポイント獲得が予測できる刺激をただ単に見るように受動的に見るように求めた。青年は子どもや成人よりも，報酬受容に反応して線条体の活動が盛んになった（van Leijenhorst et al., 2010）。このことから，報酬が行動に随伴していないときでも，青年は報酬に対して高感受的な線条体反応を示すことが示唆される。より最近の私たちの研究グループの実験では，報酬感受性を調べるために金銭の代わりにジュースという一次報酬が用いられた（Galván & McGlennen, 2013）。青年の実験参加者は成人の実験参加者に比べて，ジュースという液体飲料をより満足を与えるものと捉えただけでなく，線条体の関与が高まることが示された。このことから，一次報酬（ジュース）でも二次報酬（金銭，ポイント）でも，青年は成人に比べて線条体の活性化が引き出されることが示唆された（Galván & McGlennen, 2013）。

一般に青年は成人よりも報酬に大きな価値を見いだすかどうかについては，まだ問題が残されている。私たちは，神経経済学的アプローチを用いてこの仮説を検証した(Barkley-Levenson & Galván, 2014)。青年と成人がギャンブリング課題を遂行し，期待値に基づいてギャンブルを受け入れるかどうかが求められた。その結果，青年のギャンブリング選択は，成人に比べて，期待される結果がより大きなギャンブルによって非常に強く影響された。年齢群の間で主観的な報酬価値と客観的な選択とのマッチングがなされたときでも，青年は成人よりも腹側線条体の活動が高かった。これらの実験結果から，青年期における報酬回路の高感受性は，青年期の報酬価値の増幅効果による1つの標準的な個体発生的移行であることが示唆される。

6節　認知プロセスと動機づけプロセスの相互作用

これまでに論評した研究は，青年の行動において動機づけにかかわる神経回路が重要な役割を果たしていることを強調している。具体的に，これらの研究は次のような考え方を支持している。すなわち，動機づけのシステムは青年の判断や行為に対して重要な影響を及ぼす。青年期の脳に関する画像研究の多くは最近になってようやく，認知コントロールに及ぼす動機づけプロセスの影響を明確に検討し始めた。私たちは，この能力に関して青年期や個人差を取り扱った最近の研究に注目する。

◈（1）発達的差異

青年期において認知プロセスと動機づけプロセスがどのように相互作用しているのかを明らかにするために，私たちはgo/no-go課題を改良し，非標的刺激として動機づけ手がかりを用いた。具体的には，ポジティブな社会的手がかりや中立的な手がかりが呈示されたときの自己コントロールに相関した神経活動について検討した。その結果，習慣的反応を抑制する能力は動機づけの内容に関係なく，腹外側前頭前皮質に依存していることが明らかになった（図13-2bとc)。この部位の活動は，行動面での課題遂行と相関している正試行では年齢とともに単調に増加することが示されている（図13-2d)。それとは対照的に，ポジティブな社会的手がかり（図13-4aとb）への反応を抑制する能力は，別のパターンの脳活動を示した。とくに，青年の場合，ポジティブな情動的手がかりへの反応を抑制する際に，行動面での課題遂行が低下することは，腹側線条体の活動が増進するのと並行していた（図13-4bとdとe)。この部位は，価値を表す手がかりの検出と学習にとって重要な役割を担っている。これらの研究結果から示唆されることは，青年では欲求手がかりが腹側線条体で誇張して表現され，青年期においてまだ十分に成熟していない前頭前野のコントロール反応に対

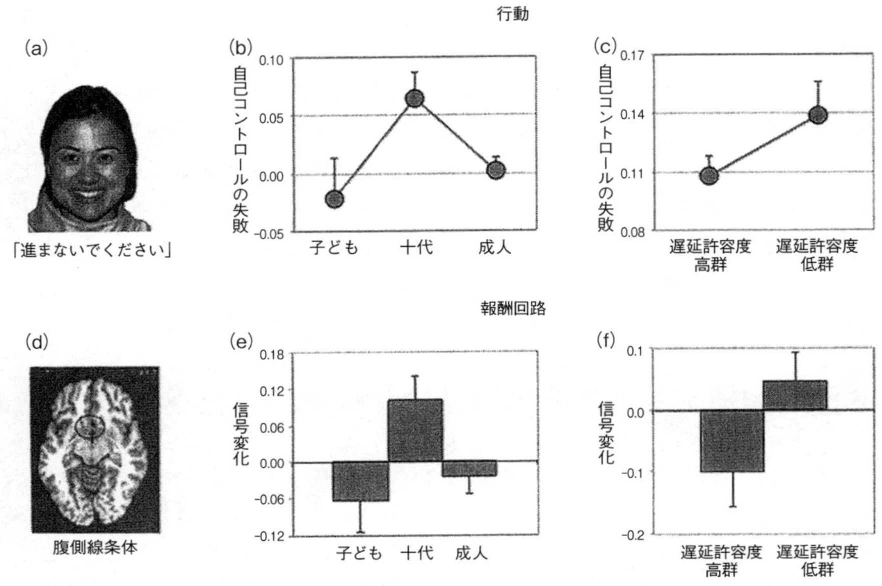

◆図13-4　認知コントロールにおける脳と神経に関する指標の発達差と個人差

十代の若者は，子どもや成人とは異なり，go/no-go 課題において中立的な社会的手がかり（b）よりもポジティブな社会的手がかり（a）に対するフォールスアラーム率が高い。この行動面での課題遂行は腹側線条体での活動の増進と並行しており（d），子どもや成人の欲求手がかりよりも若者の欲求手がかりに対応している（e）。go/no-go 課題において遅延許容の低い人は高い人よりもポジティブな社会的手がかりに対するフォールスアラーム率が高い（c）。この行動面での課題遂行は，遅延許容度の高い人よりも低い人において腹側線条体での活動の増進と並行している（f）。Casey & Caudle (2013)

して「ハイジャック」のような働きをするのかもしれないということである。したがって，青年の決定や行為は単に前頭前皮質が未成熟であることによるのではなく，腹側線条体を含む神経回路内の緊張によるものでもある。その際，腹側線条体は報酬処理に，前頭前野の回路はコントロール処理に関与している。

◆（2）個人差

自己コントロールは年齢に伴って著しく向上していくが，青年期でも個人ごとに大きく異なっている。自己コントロールの特徴の１つは，将来のより大きな目標の達成に向けて目の前にある誘惑に抵抗するという能力である。この能力を測定するための古典的な行動実験パラダイムの１つは，1960年代に Walter Mischel によって年少児向けに開発されたものである（Mischel, 1961）。この課題は，小さなごほうび（マシュマロ１個）よりも大きなごほうび（マシュマロ２個）をもらうためにどれくらい長くがまんして待てるかを測定する。基本的に，子どもは，すぐに小さなごほうびを食べる子ども（低遅延者）と大きなごほうびを得るために25分を待てる子ども（高遅延者）の大きく２つのグループに分かれる。

このように満足遅延のパターンが異なることから，自己コントロールにおける個人間の変動性が大きいことが示される。しかし，これらのパターンは持続するのか。そして，その神経相関は何か。こういった問題を明らかにするために，私たちは，満足遅延課題を受けた子どものもとのコーホートの40年後を調べた。私たちは，すでに述べたgo/no-go課題を用いて，４歳のときにトロッとした「温かい」マシュマロを見て満足を遅延できなかった個人が情動的に「温かい」手がかり（たとえば，ポジティブな社会的手がかり）への習慣的反応を抑制できるかどうかを調べた。その結果，子どものときに低遅延者であった個人は，成人になっても，ポジティブな社会的手がかりが呈示されると自己を抑制することはできなかった（図13-4c）。しかし，中立的な手がかりへの反応を見合わせるときには，高遅延者と差がないことが示された（Casey et al., 2011）。この行動パターンは，高遅延者に比べて低遅延者の場合，ポジティブな社会的手がかりに対して腹側線条体の活動が盛んに行われることと対応していた（図13-4f）。前頭前野の活動は，その手がかりの「温かさ」とは関係しなかった。しかし，go手がかりに比べて呈示頻度の少ないno-go手がかりであるかどうかには関係していた。こうした結果を考え合わせると，注意や行為をコントロールする能力は発達差や個人差をもたらすものであり，この能力を妨げる際に手がかりの期待値が重要であることが強調される。したがって，もし１人の青年が低遅延者であったり，環境内のポジティブな手がかりに他者よりも強く引きつけられたりするなら，その青年は最適とはいえない決定や行為を犯してしまうリスクが大きいかもしれない。

７節　青年の利益のために脳と行動の変化をどのように利用するか

これまでの研究は，誘因が認知コントロールをどのように妨げるのかということを示している。しかし，正の強化が行動をポジティブなものに変えるということも，かなり以前からよく知られている（Skinner, 1938）。したがって，報酬価値の変化を青年の利益につながるようにするにはどうすればよいか。Hardin et al.（2009）は，アンチ・サッケード課題を用いてこの問題について検討した。アンチ・サッケード課題は，報酬条件と非報酬条件のもとで実験参加者に１つの手がかりとは逆の方向を見るように求めるものである。正確な課題遂行に対して金銭的な報酬が予期されると，成人よりも青年のほうが成績は向上した。その後の研究では，この成績の向上は，アンチ・サッケードを予期して実行するときに，成人に比べて青年において腹側線条体の活動が盛んになることと対応していることが示された（Geier et al., 2010）。腹側線条体の活動は，眼球運動のコントロールを担う前頭前野での活動と対をなしている。これらの研究結果から，前頭前野のコントロール回路の調節が向上するのは青年期における動機づけの神経システムの発達によるものであることが示唆される。

発達研究の多くは，課題成績のベースラインと知覚された報酬価値を異なる年齢群間で統制していない。もしも1つの年齢群（たとえば，成人群）の課題成績のベースラインの成績が上限に近いなら，ベースラインの成績が上限に近くない群よりも，成績の向上は期待できない。それと同様に，もしも知覚された報酬価値が年齢群間で異なるならば，報酬に高い価値を見いだす群は成績が向上するはずである。これらの潜在的な混同に取り組むための1つの試みとして，私たち（Teslovich et al., 2014）は，知覚的意思決定課題を改良し，個人間でベースラインの課題成績と報酬価値を等しくした。年齢に関係なく，課題成績のレベルを等しくするために，階段関数を用いて画面上の背景では点がランダムに動いているなかで，1つの方向に一貫して動く点の数を変化させた。私たちは，報酬として金銭ではなく，ポイントを用い，知覚された報酬価値が等しくなるようにした。報酬の量（大報酬と小報酬）は，点が特定のどの方向（右か左か）に動くかで決定され，正反応に対してのみ報酬を受け取ることができた。その結果，意外にも青年では，成人のように大報酬に対応した方向に衝動的に反応するのではなく，そうした試行への反応潜時は長く，あたかも正確に大報酬を受け取ることができるように決定を下す前に十分な証拠を積み上げようとしているかのようであった。この行動パターンは，成人に比べて青年では前頭前野の神経回路活動が盛んに行われることと対応していた。これらの結果から，大報酬を得る可能性があるときに青年はこの神経回路を調節し，利得を最大化するよう衝動反応を抑制することができることが示唆された。

これらの研究結果を考え合わせると，青年は誘因が与えられた場合，成人と同じように課題を遂行する能力があることが示唆される。このことは，青年が報酬への動機づけを相対的に強め，特殊な感受性を高めることができることを示している。重要なことは，これらの実験結果から，青年において報酬が行動調整を促進または増進する働きをもっていることが示唆されるという点である。しかしながら，ポジティブなかたちであれ，ネガティブなかたちであれ，なぜ成人と青年とで報酬の行動調整機能が異なるのかという疑問が残されている。Cohen（2010）は，これらの変化は，十代では成人期に比べてポジティブな予測エラーが多いからではないかと考えた。おそらく，ドーパミンが盛んに放出される皮質下部位が青年期に変化することによるものであろう（Sturman & Moghaddam, 2012）。別の考え方が van den Bos et al.（2012）の研究から示されている。彼らの研究結果によれば，報酬価値と学習信号は，それ自体が異なっているわけではない。むしろ，それらは，成人での成熟した神経回路に比べて，青年のまださほど成熟していない認知コントロールの神経回路に対して異なるかたちで影響を与える。意思決定に及ぼす誘因の効果に関する機能的な結合を調べる研究は，成人において腹側線条体と両側前頭前野の部位とが連動しているという証拠を提供しているが，青年期ではこの連動がはっきりしていない（Teslovich et al., 2014; van den Bos et al., 2012）。これらの研究結果は，青年期の意思決定に関する研究知見の蓄積に貢献しており，課題成績に基づいて誘因を与えることによって，衝動的な決定や行為を変えるにはどのようにすればよいかという問題に対して重要な意味をもっている。今後の研究として，神経回路に基づいた変化が皮質部位と皮質下部位のそれぞれにおいて，および両者の間でどのように生じるのかを示す必要がある。これらの発達的変化がどのように生じるのかという問題と，そうした変化に関する研究知見を利用して十代の行動を修正するための健康対策や健康政策がどうあるべきかを検討するという問題を明らかにすることは，現代における若者の死亡率の低下につながるかもしれない。

8節　結論

青年期は，新たな精神的課題や社会的課題が次々に押し寄せてくると実感する発達時期である。この時期に，青年は家族単位への依存から相対的な独立へと向かい始める。この青年期の特徴に関しては，本章で強調したように，何も人間に限らない。他の動物種であっても，親と争いながら新奇な対象物を探索する機会が増え，そのことを別個体と共有し（Spear, 2010），ドーパミンの放出の盛んな動機づけ神経回路の活性化が高まる。では，なぜ脳はこのように進化したのだろうか。このようなさまざまな行動は，青年が新たな環境に適応し，うまく配偶者を得て，生存に必要な資源を手に入れるのに役立つように進化したと考えられる。行動と脳に及ぼす報酬の効果が高まることは，青年がこういった課題に取り組むための手助けになる。西欧社会では青年期が相対的に長く，思春期が早期に訪れるために，こうした変化によって青年の行動が活発になり，新しい社会的役割を担う際の課題に取り組むようになるというのは，あまり適応的ではないのかもしれない。自己コントロールに関与し，誘惑に抵抗するという能力は，すでに本章で示したように，発達段階の違いだけによるのではなく，個人によっても大きく異なっている。したがって，自己コントロールの能力が低いままに青年期を迎えた個人は，最適とはいえない決定や行為を犯してしまい，最終的にわずかな行為結果しか得られないというリスクを抱えるのかもしれない。今後の研究において優先されるべき検討課題は，青年期における行動と脳の変化を明らかにして，潜在的な臨床的関連性のパターンを調べ，環境を整備するための公的健康政策を提言し，現代の若者にとって持続的に有益であるような治療や介入を導き出し，彼らの明日をよりよい未来に作り変えることである。

第 14 章

適応的な神経認知的表象の生涯発達

認知と動機づけの互恵的相互作用

Shu-Chen Li
Ben Eppinger

1節　はじめに

生涯にわたる個人の発達には，発達の文脈からの環境の影響，文化の影響，そして社会情動的影響と，個人の神経生物学的な遺伝との共同建設的な相互作用が必要である。きわめて重要なのは，人々は生態学的，文化的，そして神経生物学的な恩恵の単なる消極的な受益者ではないということである。むしろ，彼らは，自身の発達を形成するために意思決定し，行動を起こす積極的な主体である。

①発達の文脈から起こる個々の個体発生のための資源と制限，②脳の成熟化と老化のメカニズム，③個人の自己調整的行動。これら①②③の相互作用の力学をうまく把握するために，発達の相乗作用的な概念化では，生涯にわたる個人の発達を自己調整された適応的神経認知的力学と考える（Li, 2003, 2013）。それは，筋肉，感覚，および知覚のプロセスで「具現化」され，社会的，環境的文脈で「定着」される（Clark, 2001; Robbins & Aydede, 2008と比較のこと）。自己調整された発達の適応的神経認知プロセスの観点から考えると，動機づけの調整と認知コントロールの間の切れ目ない相互作用を可能にする脳の回路とメカニズムは，生涯発達の神経科学研究にとって主要なテーマである。

初期の行動研究は，動機づけを達成する文脈で（Bandura, 1977; Brandstädter, 1989; Gollwitzer & Moskowitz, 1996; Weiner, 1985; White, 1959; Wigfield & Eccles,

2000など），そしてサクセスフルエイジングの文脈で（Baltes, 1997; Baltes & Baltes, 1990; Carstensen, Isaacowitz, & Charles, 1999; Freund, 2008; Heckhausen, Wrosch, & Schulz, 2010; Hess, 2014），動機づけと自己調整と認知との相互作用に取り組んできた。自己調整の発達的適応の神経認知プロセスをより詳しくみるために，今回の総説では，前頭－線条体－海馬回路における神経調節の関係，および生涯にわたる認知と動機づけとの相互作用について，とくに注目する。

2節　前頭－線条体－海馬システムのドーパミン調節を介した認知－動機づけの互恵的相互作用

脳のプロセスは，自己を組織するシステムであることから，環境状態と行為の結果と内的状態との間に生じる一致または不一致のレベルを最適化するために，一連の心的作用や行動において動的に適応する（理論的説明は，Friston & Kiebel, 2009参照）。脳の驚くべき特徴の１つは，膨大な数の神経伝達物質を神経細胞が含有し放出することである。そして，神経伝達物質は神経細胞間の信号伝達を調整する重要な役割を果たす（総説として Vizi & Lajtha, 2008）。カテコールアミン（ドーパミン（dopamine: DA），セロトニン，ノルエピネフリン）のように，いくつかの伝達システムは脳にくまなく張り巡らされたさまざまな神経回路に広範囲に分布している。神経調節システムは，脳内での適応的で価値に依存する選択を調整するための神経基盤として考えられてきた（Friston, Tononi, Reeke, Sporns, & Edelman, 1994）。状況の要求と脳機能の結合状態に依存して，人々が自分の考えや行為を柔軟に適応させることができるように，神経伝達物質は課題関連の脳の回路を調節する。

神経伝達物質は，さまざまなネットワークでの脳の働きを調整する際に，拡散した投射を通じて広範囲にわたる影響力をもつ。図14-1はドーパミン作動系システムの主な経路を示す。ドーパミン作動系神経細胞のほとんどは中脳，とくに黒質緻密部（substantial nigra pars compacta: SNc）と腹側被蓋野（ventral tegmental area: VTA）で確認される。SNc と VTA から発した DA 神経細胞は，次の３つの主な経路を通じて前頭－線条体－海馬回路を幅広く刺激する。① SNc から背側線条体の尾状核と被殻へ投射している DA 神経細胞線維をもつ黒質線条体の経路，② VTA から主に腹側線条体の側坐核（nucleus accumbens: NAcc）そして海馬や扁桃体へも投射している中脳辺縁経路，③ VTA から前頭皮質，帯状回皮質，そして嗅周皮質まで投射している中脳皮質経路（図14-1参照；Bäckman & Farde, 2005; Chinta & Andersen, 2005; Sánchez-González, García-Cabezas, Rico & Cavada, 2005），である。

これらの異なる経路を通じて，ドーパミンは認知コントロールと動機づけに影響す

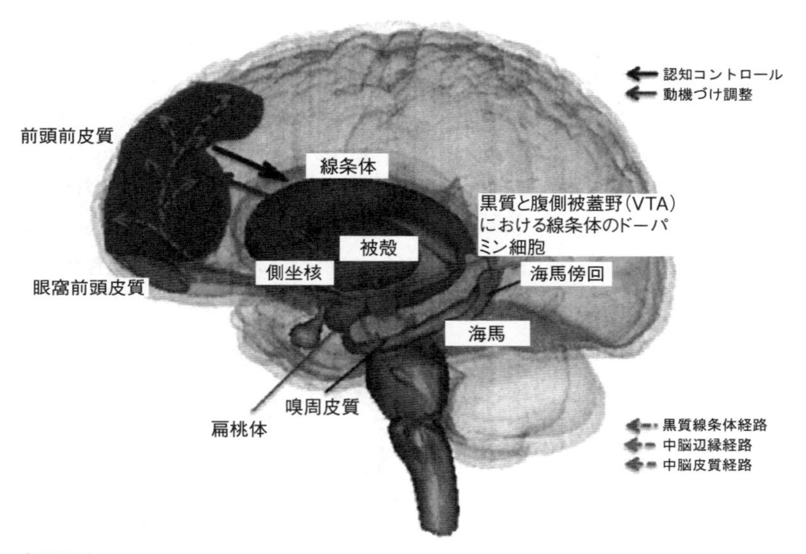

◈図14-1
認知コントロールと動機づけの調整との互恵的相互作用を調節している前頭－線条体－海馬回路での主なドーパミン経路の模式図。線条体の解剖図をもとに修正した。画像は Life Science Database によって作成された。（http://sv.wikipedia.org/wiki/Striatum#mediaviewer/Fil:Striatum.png）

ることが示されてきた。一方では，ドーパミン信号伝達の効力に関する薬理学的操作（Nagano-Saito et al., 2007; Wallace, Vytlacil, Nomura, Gibbs, & D'Esposito, 2011など）および前頭－線条体－視床の白質部の結合の個人差は，認知コントロールが必要な課題において前頭前皮質（prefrontal cortex: PFC）と線条体との間の機能的な結合に影響することが示されてきた。他方，動機づけに関連するプロセス（たとえば，報酬期待，予測－結果の差や新奇性の伝達，報酬間の関連の構築，報酬を得るために費やした努力の程度）を調整し適応する際に，中脳のドーパミン系の神経細胞の果たす役割が動物やヒトの研究で明らかにされてきた（Düzel, Bunzeck, Guitart-Masip, & Düzel, 2010; McClure, Daw, & Montague, 2003; Montague, Hyman & Cohen, 2004; Niv, Daw. Joel, & Dayan, 2007; Schultz, Dayan, & Montague, 1997; Tobler, Fiorillo, & Schultz, 2005；総説として Kurniawan, Guitart-Masip, & Dolan, 2011; Schultz, 2013）。より一般的なレベルでは，最近のある研究において，以前に報酬がある文脈で呈示されていた場合には，ドーパミンは無報酬刺激についても信号伝達することが示された。これは，中脳のドーパミンが高次の文脈の一般化に対する感度が高いことを示唆している（Kobayashi & Schultz, 2014）。これらをまとめると，3つの経路を通して，ドーパミン調節は以下の3つを調節するための接続点で生じる。①ワーキングメモリ，注意，遂行モニタリングのような皮質上の認知プロセス（Cools, Clark, & Robbins, 2004; D'Ardenne et al., 2012; Hämmerer et al., 2013; Ito, Stuphorn, Brown, & Schall, 2003; Jocham & Ullsperger, 2009; Krämer et al., 2007; Landau, Lal, O'Neil, Baker, & Jagust, 2009; Li et al., 2013; McNab et al., 2009; Montague et al., 2004など），②報酬や感情状態が介在する皮質下の動機づけのプロセス（総説として，Berridge & Robinson, 2003; Schultz, 2013; Shohamy & Adcock, 2010; Volkow, Wang, & Baler, 2011），③認知と動機づけの互恵的な相互作用（総説としてAarts, van Holstein, & Cools, 2011），である。

3節　ドーパミン調節の成熟と老化

児童期や青年期の発達過程において，さまざまなドーパミン経路が成熟しているという証拠は十分ではない。それは，これらの年齢群では陽電子放射断層撮影法（positron emission tomography: PET）のような侵襲的方法を適用することが実際にはむずかしいからである。とはいえ，動物研究やヒトの検体研究からの結果に基づく一生を通じたドーパミン機能の比較は，ドーパミン調節の実際の成熟や老化に関連する変化を明らかにする。たとえば，ある検体研究から，前頭前皮質での細胞外のドーパミンレベルを調整する酵素（すなわち，カテコール-O-メチルトランスフェラーゼ）の活動が胎児から成人までの間で2倍に増え，その後少し減少することが明らかになった（Tunbridge et al., 2007；図14-2a 参照）。動物研究でも，皮質下と皮質の両方のドーパミンシステムの効力（異なる種類の受容体の密度など）が誕生後に継続的，安定的に増加することを示す。さらに，皮質下のドーパミンシステムは青年期に近づくとすでに頂点に到達している。一方，皮質システムの発達はゆっくりで，成人期初期になってようやく頂点に達する。とくに，Tarazi & Baldessarini（2000）では，ラットの尾状核と側坐核におけるドーパミンD1，D2，D4受容体の密度が誕生後約28日（おおよそ，ヒトの児童期後期や青年期あたりに匹敵する）でピークまで増加した。しかし，それから（誕生後35から60日までの間に）成人レベルにまでかなり低下する。しかしながら興味深いことに，前頭前皮質でのこれら3種類の受容体の密度は，ヒトでいうと児童期から青年期まで安定的に増加し，そして誕生後約60日になって成人レベルの最大値に達するということである。最近のあるPET研究では青年と若年者の小さなサンプルを用いた生きたままのヒトを対象とした研究があり，前頭前皮質のドーパミンD1結合能の年齢による違いが成人期までの間で継続して観察された。

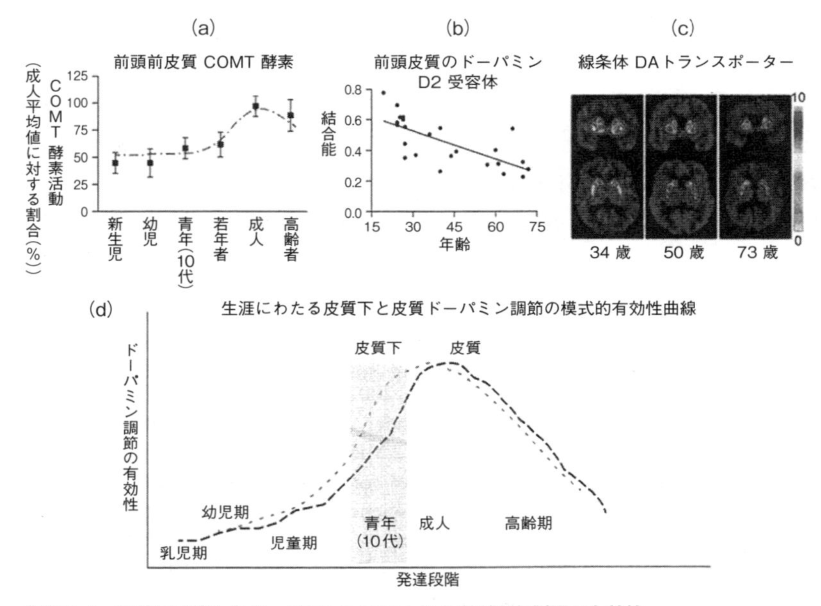

◆図14-2　年齢に関連したドーパミンシステムのさまざまな側面の有効性
(a) 死後の組織で評価された生涯にわたる COMT 酵素の活動。Tunbridge et al. (2007)
(b) 前頭皮質のドーパミン D2受容体結合能の年齢による違い。Kaasinen et al. (2000)
(c) 線条体ドーパミントランスポーター結合能の成人の年齢による違い。
(d) 皮質下と皮質に関するドーパミン機能のレベルに対する生涯にわたる模式的年齢傾斜。Erixon-Lindroth et al. (2005)

他方，背側や腹側線条体ではこのような年齢による違いは見られなかった（Jucaite, Forssberg, Karlsson, Halldin, & Farde, 2010）。皮質ドーパミンシステムのより長期間の成熟は，児童期と青年期の注意と，その他の前頭葉の実行機能の長期間の発達とに関連づけられてきた（Diamond, Briand, Fossella, & Gehlbach, 2004; Liotti, Pliszka, Perez, Kothmann, & Woldorff, 2005など）。さらに，青年期における皮質下と皮質ドーパミンシステムの成熟の軌跡にみられる先行－遅滞パターンは（図14-2d），構造（Giedd et al., 1996; Sowell et al., 2004など）と機能（Crone & van der Molen, 2004; Galván, Hare, Voss, Glover, & Casey, 2007; Somerville & Casey, 2010など）において，皮質の成熟は皮質下の脳の成熟に比べるとより時間がかかることを示すその他の証拠とも一致する。動機づけの影響に対する皮質下システムの感度と，いまだ発達している皮質のコントロールと調整機能のために，青年期はポジティブな，あるいはネガティブな動機づけの影響をとりわけ受けやすくなるのかもしれない（Andersen, 2003; Casey, Jones, & Hare, 2008; Crews, He, & Hodge, 2007; Crone &

Dahl, 2012; Li, 2013; Luciana, Wahlstrom, Porter, & Collins, 2012; Somerville & Casey, 2010)。

ドーパミン作動系調節の老化については，ドーパミンシステムのさまざまな側面が，典型的な加齢の過程で低下することで意見は一致している。たとえば，健常高齢者の生体のPETによる受容体画像研究は，シナプス前線条体ドーパミントランスポーター結合能（Erixon-Lindroth et al., 2005など；図14-2cを参照）や，前頭葉の後シナプスドーパミンD2受容体結合能（Kaasinen et al., 2000など；図14-2b参照）のゆっくりとした，広範囲にわたる低下について詳しい研究結果を示す。異なる研究からの横断的な予測では，さまざまな線条体外領域と線条体領域で，10年ごとに約10%ドーパミンの推定密度が低下し，その低下はおおよそ30歳ぐらいから始まる（Inoue et al., 2001; Kaasinen et al., 2000など；総説としてBäckman, Nyberg, Lindenberger, Li, & Farde, 2006; Li & Rieckmann, 2014)。コンピュータを用いた研究では，加齢に伴うドーパミン調節の低下を，加齢に伴う問題（増加した神経ノイズと反応時間の変動，そして減退したエピソード記憶，ワーキングメモリ，そして認知コントロール）と関連させた（Li, Lindenberger, & Sikström, 2001; LI, Naveh-Benjamin, & Lindenberger, 2005; Li & Sikström, 2002；最近の総説としては，Li & Rieckmann, 2014)。

ドーパミンは，前頭葉－線条体－海馬回路を，先述の3つの主要なドーパミン作動系経路を通じて動的に調節するので（図14-1），その調節効力の成熟と老化は認知，動機づけ，そしてその相互作用の発達に直接関与する可能性が高い。次の3つの節では，発達と加齢の最近の研究について以下の3つの観点から具体的に検討する。①報酬処理の自己調整コントロール，②注意と記憶の報酬調節，③より複雑な学習や意思決定プロセスが必要な課題における習慣や目標指向的調整に関する生涯にわたる年齢差，である。

4節　遂行モニタリングメカニズムの生涯発達

ワーキングメモリや認知コントロールの基盤となる前頭葉のプロセスの発達（Bunge & Wright, 2007; Munakata, Snyder, & Chatham, 2012など）と加齢（Buckner, 2004; Sander, Lindenberger, & Werkle-Bergner, 2012; Störmer, Pasow, Biesenack, & Li, 2012; Yuan & Raz, 2014など）は，発達や加齢の認知神経科学の重要な研究テーマである。この節では，前頭葉－線条体の相互作用での線条体ドーパミン調節に関与する，遂行モニタリングメカニズムの生涯発達に焦点をあてる（エラーと葛藤モニタリングの初期の理論については，Holroyd & Coles, 2002; Yeung, Botvinick, & Cohen, 2004

を参照)。

一方では，最近の研究は，中脳－皮質経路を経由した線条体ドーパミンが，前頭前皮質の認知コントロールの機能，たとえば文脈の更新（D'Ardenne et al., 2012など），ワーキングメモリ（Landau et al., 2009），結果モニタリング（McClure et al., 2003など）などを調整する際に関与していることを示す（総説としては，Cools, 2001）。他方では，前頭前皮質回路は線条体の入力も調整する。これは，たとえば課題関連の線条体の活動（van Schouwenburg, O'Shea, Mars, Rushworth, & Cools, 2012など）や尾状核でのドーパミン放出（Strafella, Paus, Barrett, & Dagher, 2001）に影響を与えるために，前頭皮質での経頭蓋磁気刺激法（transcranial magnetic stimulation: TMS）を適応した研究で示されている。

 1．フィードバック関連処理の心理生理学的指標における年齢差

確率的強化学習や刺激－反応葛藤モニタリングに関する心理生理学的研究では，フィードバック関連の陰性電位の振幅（feedback-related negativity: FRN；フィードバックに続く事象関連電位の陰性方向への偏り）は，一般にポジティブフィードバックよりもネガティブフィードバック（金銭的獲得や損失，成績フィードバックなど）の後に大きくなる（総説としては，たとえば，M. Cohen, Wilmes, & van der Vijver, 2011）。機能的脳画像記録（Hauser et al., 2015など）やその他の信号源推定法とともにEEGを同時に計測した研究では，前頭皮質の中間部，とくに前帯状皮質がFRNの信号源であることを示す（Gehring & Willoughby, 2002; Ridderinkhof, Ullsperger, Crone, & Nieuwenhuis, 2004）。若年者を対象とした最近の心理生理学的研究では，ドーパミントランスポーター遺伝子（dopamine transporter gene: DAT）の 9 リピート対立遺伝子やセロトニントランスポーター遺伝子の短対立遺伝子（5HTTLPR）をもつ人は，金銭的な獲得と損失の後のFRNの変化の幅がより大きいことが示された。おそらく，これらの人々は線条体のドーパミンやセロトニンのレベルがより高い可能性がある（Heitland et al., 2012）。ドーパミンの薬理学的操作はFRNの振幅に影響を及ぼすという証拠もある（Santesso et al., 2009）。幅広い年齢を対象に線条体ドーパミン受容体機能に関連する遺伝子型のFRNへの影響を調べた研究は，注目に値する（Hämmerer et al., 2013）。それらの研究結果からより高いドーパミン受容体の効力に関連する遺伝子型（すなわち，PPP1R1B遺伝子の一塩基多型（rs907094）の対立遺伝子性同型接合体）は，フィードバックに関連したより大きな脳電位を示すことが明らかになった。さらに，この効果は，青年期や若年者に比べ，子どもや高齢者でより顕著だった（図14-3参照）。年齢と遺伝子型の影響の相互作用についての初

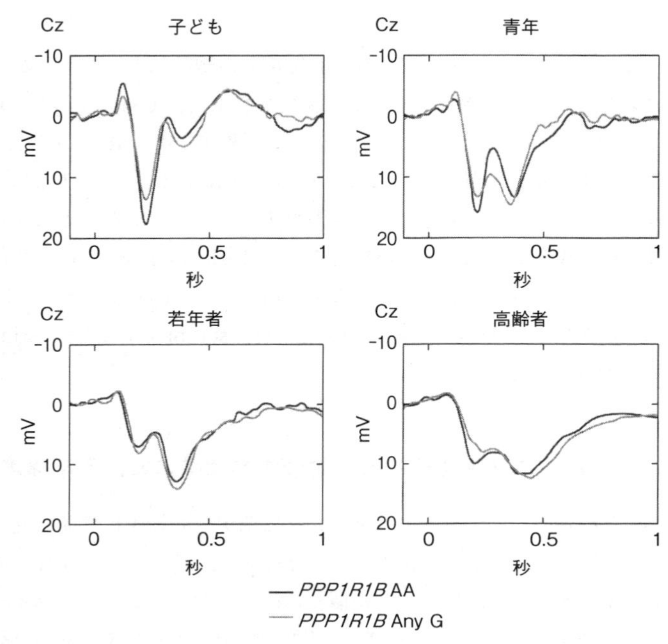

◆図14-3
確率的な強化学習中の損失後のフィードバックに関連する陰性電位への遺伝子型（PPP1R1B，DaRPP-32としても知られている）の影響についての年齢による違い。Hämmerer et al. (2013)

期の研究結果と考え合わせると，この結果は神経認知科学的表現型への遺伝子型の影響が，脳の成熟と老化に応じて変化する可能性を示している（Li et al., 2013; Lindernberger et al., 2008; Papenberg et al., 2014）。

5節　注意と記憶の動機づけ調整の生涯発達

報酬処理に関するドーパミン調節に関する研究は，行為の結果をモニタリングする前頭葉のプロセスの他にも，記憶と注意の動機づけ調整に関する新しい研究を生み出した。報酬によって誘発されたドーパミン放出は，中脳辺縁経路と中脳皮質経路を経由して，海馬における記憶（総説として，Shohamy & Adcock, 2010），前頭－頭頂部における注意（Krebs, Boehler, Appelbaum, & Woldorff, 2013など），ワーキングメモリのプロセス（Kennerley & Wallis, 2009; Krawczyk, Gazzaley, & D'Esposito, 2007）を向上させるようである。

VTA のドーパミン神経細胞はまた，海馬と側頭葉内側部周辺領域も刺激する。動物研究では，学習や記憶に重要である海馬の神経細胞の長期増強をドーパミンが調節することが示されている（Lisman, Grace, & Duzel, 2011）。若年者では，報酬を期待している時の中脳辺縁回路での脳活動が海馬の活動と関連し，エピソード記憶を向上させることが示されている（Adcock, Thangavel, Whitfield-Gabrieli, Knutson, & Gabrieli, 2006; Shohamy & Wagner, 2008; Wittmann et al., 2005; Wittman, Schiltz, Boehler, & Düzel, 2008; Wolosin, Zeithamova, & Preston, 2012）。

 1．記憶の報酬調節における生涯にわたる差異

これまで，報酬による記憶の向上に関する生涯発達の研究のほとんどが，若年者と高齢者に集中していた。価値指向的記憶パラダイムを用いた研究（すなわち，覚えるべき項目が，項目を覚えることによって獲得できる点数を示された，特定の価値に関連づけられている）では，両年齢群とも価値の高い項目をより多く学習するけれども，高齢者ではとりわけ強い傾向がみられた。たとえば，遅延再生にみられる加齢による衰えは価値の高い項目では低減した（Castel, Murayama, Friedman, McGillivray, & Link, 2013）。これまでの行動研究によって，中脳辺縁部のドーパミン作動系調節は低下しているにもかかわらず，高齢者のエピソード記憶は動機づけ調整からいまだに恩恵を得ることができることが示唆されている。しかしながら，再認の確信度に関しては，正確に再生した標的に対する高齢者の確信度は，若年者のように覚えるべき項目の価値が高くなることによって向上するわけではない（Spaniol, Schain, & Bowen, 2013）。再認確信度への報酬の影響がみられない 1 つの可能性としては，高齢者が再認記憶パラダイムで典型的に示す高確信度エラーと関連しているのかもしれない（Dodson, Bawa, & Krueger, 2007; Shing, Werkle-Bergner, Li, & Lindenberger, 2009など）。価値指向的記憶パラダイムでみられる報酬に対する高齢者の記憶確信度の感度の低下（Spaniol et al., 2013）は，記憶表象がより不明瞭になっていることを反映しているのかもしれない。この記憶表象の不明瞭化は，老化に関連するドーパミン作動系の低下が原因と考えられてきた（Li et al., 2005）。実際，最近の薬を使った画像研究では，薬剤のドーパミン作用薬（levodopa）が高齢者のエピソード記憶と脳活動を向上させることが示された（Chowdhury, Guitart-Masip, Bunzeck, Dolan, & Düzel, 2012）。

生涯にわたる価値指向的記憶の年齢による違いが，5 歳から96歳までの幅広い年齢にわたって横断的に研究されていることは注目すべきである。記憶成績と低い価値よりも高い価値の項目を再生する選択性は，どちらも生涯にわたって逆U字型となる。

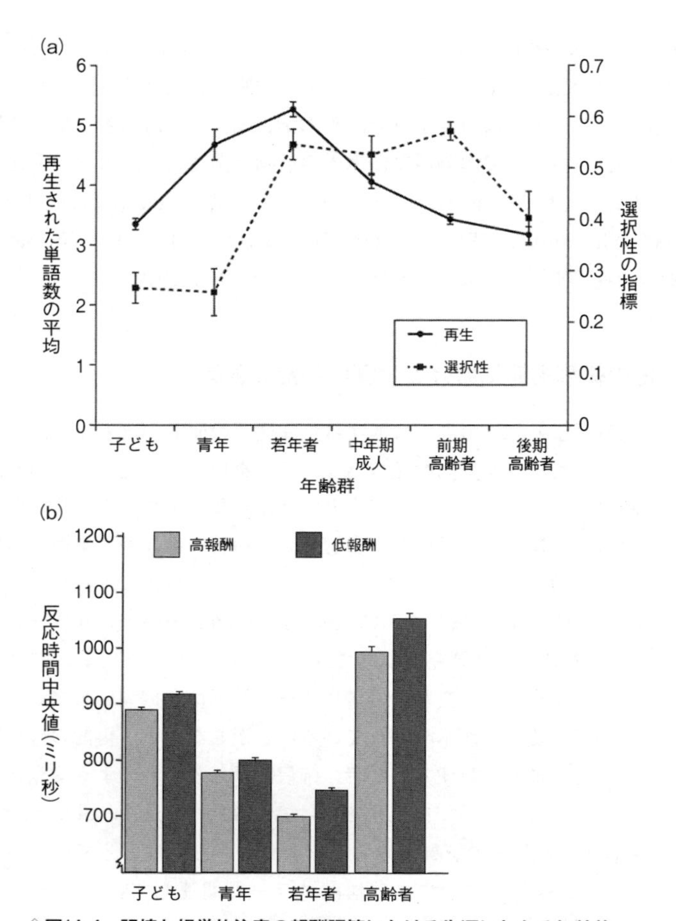

◈図14-4　記憶と視覚的注意の報酬調節における生涯にわたる年齢差
(a) 若年者は，高齢者，青年，子どもに比べて価値の高い情報を覚えることに最も選択的である。Castel, Murayama, Friedman, McGillivray, & Link (2013)
(b) 報酬はどの年齢群でも視覚的注意の速度を速めるが，より大きな効果が若年者でみられる。Störmer, Eppinger, & Li (2014)

若年者は価値に基づく最も高い選択効果を示し，高齢者がこれに続く。一方，青年期と子どもはこれら２つの年齢群に比べると，価値依存の選択性はあまりみられない (Castel et al., 2011；図14-4a 参照)。

2．注意の報酬調節における生涯にわたる差異

中脳辺縁経路を経由して，報酬処理に関する中脳ドーパミン調節は前頭－頭頂部のワーキングメモリや注意の機能を調節するだろう。たとえば，反応葛藤課題では，報酬を刺激に関連づけると葛藤処理の認知コントロールが向上することがわかった（Krebs et al., 2013; Padmala & Pessoa, 2011など）。動機づけの影響は初期の視覚選択での注意を「自動的」に調節することを示す証拠もある。すなわち，以前は高い報酬に関連づけられていたが今は課題に関連しない刺激の存在が，視覚探索を遅くする（Anderson, Laurent, & Yantis, 2011）。最近の EEG 研究でも，高速な視覚探索において，標的に対する P3の反応と随伴陰性変動（contingent negative variation: CNV）（Hughes, Mathan, & Yeung, 2013）はどちらも報酬操作に対して敏感であることが示された。知覚や初期の視覚的注意についての動機づけ調節に関する発達研究や加齢研究は，ごくわずかな例外を除いて，いまだにほとんどない。拡散モデルによって推定されたドリフト率（Ratcliff, 2002など）によって示されるように，知覚的弁別における知覚のはたらきは，刺激の価値（ポジティブ，ネガティブどちらも）に敏感である。さらに，知覚のはたらきの加齢による低下は，価値のある刺激に対しては少なくなる（Spaniol, Voss, Bowen, & Grady, 2011）。

私たちの研究室では視覚的注意の報酬の影響を調べるために，子ども，青年，若年者，高齢者（6 歳から75歳まで）を対象とした生涯発達に関する新しい研究を行った。結果は，すべての年齢群で報酬がある場合に視覚探索が速くなった（Störmer, Eppinger, & Li, 2014）。年齢は報酬の強さの影響と相互に関連があり，若年者は他の年齢群と比べて効果量が大きかった（図14-4b）。まとめると，これらの結果は中脳皮質のドーパミン作動系調節における生涯にわたる年齢差と一致している。

6 節　習慣的・方略的な目標指向的学習と意思決定の生涯発達

これまでの節で概観した注意，記憶，報酬処理に関するより基本的なメカニズム以外では，目標指向的学習と意思決定が認知と動機づけの動的な相互作用を必要とするさらに複雑な行動である。ここでは，子どもの発達と加齢における習慣的な意思決定と目標指向的意思決定との相互作用に主に注目していく。

子どもは環境のなかの秩序に対する感度が非常に高く，これによって日常的な物事の手順や習慣を築くことができる（Munakata, Snyder, & Chatham, 2012）。彼らの経験に基づく学習メカニズムは，行動を獲得する際の強力で，計算上も効率のよい方法である（Marscovitch & Zelazo, 2009）。しかしながら，多くの親（時には子ども自身も）が痛感するように，新しい環境や状況で特定の習慣がもはや最適でないときに，これらの習慣はとても強固で克服するのが困難になるというコストを払うことになる。たとえば，3歳児たちはカード分類課題において，分類のルールが変化したことをすでに言葉では示すことができるかもしれない。けれども，子どもたちはこの知識を使うことができず，カード分類の古いルールを使い続ける（Marcovitch, Zelazo, & Schmuckler, 2002; Zelazo, Frye, & Rapus, 1996）。年齢が上がると，ルールの変化への適応力は向上し，青年期初期あたりには大人のレベルに到達する（Crone, Zanolie, Van Leijenhorst, Westenberg, & Rombouts, 2008; Somsen, 2007）。このように，子どもの発達は，内在する目標指向的表象（つまり，世の中のモデル）がより柔軟に利用できるようになって習慣的な反応を克服することによって特徴づけられる（Casey, Thomas, Davidson, Kunz, & Franzen, 2002; Marcovitch & Zelazo, 2009; Munakata et al., 2012; Snyder & Munakata, 2010）。

興味深いのは，先ほどみたように，高齢者は適応的な学習や意思決定プロセスが必要となる課題において，子どもがつまずく場合と非常によく似た行動を示す（Hämmerer & Eppinger, 2012）。強化学習に関する研究結果では，高齢者は確実に報酬が与えられる学習に比べ，確率に基づいて報酬が与えられる学習において課題遂行上の問題が生じた（Eppinger, Kray, Mock, & Mecklinger, 2008; Hämmerer, Li, Mueller, & Lindenberger, 2011; Pietschmann, Endrass, Czerwon, & Kathmann, 2011）。高齢者が逆転学習中に学習した偶発的な変化に柔軟に適応しなければならないときに，これらの問題はより顕著となる（Eppinger & Kray, 2011; Mell et al., 2005; Weiler, Bellebaum, & Daum, 2008）。最近の研究では，方略的・目標指向的行為のコントロールから習慣的な学習や意思決定プロセスへの移行と加齢とに関連があるかもしれないことが示唆されている（de Wit, van de Vijver, & Ridderinkhof, 2014; Eppinger, Walter, Heekeren, & Li, 2013; Worthy, Cooper, Byrne, Gorlick, & Maddox, 2014）。まとめると，これらの結果は習慣的・方略的な目標指向的学習や意思決定のメカニズムが生涯にわたり変化することを示す。次項以降で，学習や意思決定中の動機づけと認知コントロールのプロセスとの動的な相互作用を把握することを試みる，現在の神経計算機的説明と関連づけて，これらの知見を概観し議論したい。

1．習慣的プロセスと目標指向的プロセス

習慣的メカニズムと目標指向的メカニズムの乖離は，学習や意思決定の現在の多くの理論の中核にある（Balleine & O'Doherty, 2010; Daw, Niv, & Dayan, 2005）。習

慣的学習，すなわち，モデルフリー学習（model-free learning）は経験に基づく行動の獲得を反映する（Thorndike, 1911）。それは，強化学習アルゴリズム，いわゆる更新ルールを使ってモデル化することができる。そこでは，状態（あるいは，行為）の期待値が，期待された報酬と受け取った報酬との差（一般に「報酬予測エラー（reward prediction error）」という）によって更新される（Sutton & Barto, 1998）。習慣の強化学習中の報酬予測エラーは，腹側被蓋野と黒質のドーパミン神経細胞からの位相信号と関連づけられてきた（D'Ardenne, McClure, Nystrom, & Cohen, 2008; Niv, Edlund, Dayan, & O'Doherty, 2012; Schultz, Dayan, & Montague, 1997; Waelti, Dickinson, & Schultz, 2001）。これらの教師信号は，辺縁系または傍辺縁系領域（たとえば腹側線条体や前頭前皮質腹内側部）に投射される。そこでは，教師信号は学習中の報酬予測の更新に利用されている（Jocham, Hunt, Near, & Behrens, 2012; Rudebeck, Saunders, Prescott, Chau, & Murray, 2013; Sul, Kim, Huh, Lee, & Jung, 2010）。目標指向的学習，すなわち，モデルベース学習（model-based learning）や意思決定は，内的な目標表象や地図によって導かれる選択肢を反映する（Miller & Cohen, 2001; Tolman, 1948）。モデルフリー学習に比べ，モデルベースの意思決定のメカニズムはより多くの努力を伴う。なぜなら，それらは課題の状態空間の完全な表象（たとえば，意思決定課題の後続の状況と，行為と，報酬との間のあらゆる偶発性）を含むからである（Daw, Gershman, Seymour, Dayan, & Dolan, 2011; Gershman, Markman, & Otto, 2013; Otto, Gershman, Markman, & Daw, 2013; Wilson, Takahashi, Schoenbaum, & Niv, 2014; Wunderlich, Smittenaar, & Dolan, 2012）。モデル表象の学習は，皮質構造（主に，外側前頭前皮質と頭頂皮質）の活動と関連がある（Gläscher, Daw, Dayan, & O'Doherty, 2010; Smittenaar, FitzGerald, Romei, Wirght & Dolan, 2013）。最近の知見は，これらの2つの決定システムに加えて，どちらの決定システムが優先的に行動を誘導するかを制御する，前部前頭前皮質と外側下前頭前皮質が含まれるまとまった領域があることを示す（Lee, Shimojo, & O'Doherty, 2014）。ここでの理論的見解は，前部前頭前皮質と外側下前頭前皮質は，モデルベース，あるいは，モデルフリーの決定システムによって生み出された予測の不確実性を監視し，より最適で信頼できる一連の行為に有利になるようにコントロールを動的に配分するために，これらの不確実性の推定を利用するということである（Lee et al., 2014; Yoshida & Seymour, 2014）。

2．モデルフリー学習と意思決定における生涯発達的差異

発達的認知神経科学の研究から得られた現在の知見は，モデルフリーとモデルベー

スのメカニズムだけでなく，その基盤となる神経システムが異なる発達の軌跡を見せることを示している（Marcovitch & Zelazo, 2009; Munakata et al., 2012; Somerville & Casey, 2010）。モデルフリーの（習慣的な）メカニズムは，人生の比較的初期に発達し，愛着のための条件づけから（社会的）遊びや食べ物の好みに至るまで，行動の多くの基本的な側面の獲得に関与している（Millar, 1990; Trezza, Baarendse, & Vanderschren, 2010；Ventura & Worobery, 2013）。先に概観したように，現在の知見は，皮質下のドーパミンシステムが人生の初期にすでに発達しているかもしれないという見解の証拠となっている（Haycock et al., 2003など）。さらに，報酬プロセスに関与しているドーパミンによって支配された線条体領域の発達では非線形的であることを示すいくつかの知見がある。青年期の報酬に基づく学習と意思決定に関する研究は，報酬への感度のみならず強化学習中の予測エラーへの線条体の血中酸素濃度依存（blood oxygen level-dependent: BOLD）反応が，子ども（８～12歳）や成人に比べて，14～19歳の若者で上昇したことを示す（Christakou et al., 2013; J. Cohen et al., 2010; Urošević, Collins, Muetzel, Lim, & Luciana, 2012）。このことは，青年期が，前頭前皮質の認知コントロールシステムはいまだ発達途中であり，報酬システムは超敏感であるという特徴をもつ，独特の発達の時期であることを示しているのかもしれない。この超敏感性の背後にある神経生理学的メカニズムはいまだ解明されていない。齧歯類を用いた知見では，ドーパミンが引き起こす中脳辺縁回路結合（とくに，前頭前皮質内側部への投射）の変化が重要な役割を果たすかもしれないことを示す（Manitt et al., 2011, 2013）。これらの変化が主に成長期のホルモン変化の結果なのか，思春期の人々の動機づけや社会状況の変化の相互作用によるものなのかはまだよくわかっていない（Arnsten & Shansky, 2004）。

学習や意思決定中の報酬処理の変化は児童期の発達に限定されない（Eppinger, Nystrom, & Cohen, 2012）。最近のメタ分析研究の結果は，実験による意思決定課題での加齢による変化が，学習における基本的な障害が原因かもしれないことを示す（Mata, Josef, Samanez-Larkin & Hertwig, 2011; Samanez-Larkin, 2013）。この見解と一致して，強化学習に関する年齢比較研究からの最近の知見は，報酬からの学習の問題が，報酬予測エラーに対する腹側線条体や前頭前皮質腹内側部の感度の低下と関連があることを示す（Eppinger, Schuck, Nystrom, & Cohen, 2013; Samanez-Larkin, Worthy, Mata, McClure, & Knutson, in press）。さらに，高齢者の薬理学的 fMRI 研究では，これらの影響は l-DOPA（DA 前駆体）を用いて回復できることが示された。つまり，このことは，高齢者では腹側線条体での低下した DA レベルと予測エラーの表象との間に直接関連があることを示している（Chowdury et al., 2013）。それゆえ，最近の研究は，習慣的学習（経験からの学習）における加齢による減退は，皮質下領域でのドーパミン作動系予測エラー信号の問題が介在している可能性を示している。

 3．モデルベース学習と意思決定における生涯発達的差異

習慣システムの非線形的な発達の軌跡に対し，内的な目標表象に基づく適応的で柔軟な意思決定に関連するモデルベースのメカニズムは，児童期から青年期にかけて直線的な発達の軌跡を示すと予想できる（Marcovitch & Zelazo, 2009; Munakata et al., 2012）。脳の構造に関する構造的MRI研究からは，外側および眼窩前頭前皮質（lateral and orbitofrontal PFC）と頭頂皮質の量と厚みは，成人期初期に入っても発達し続けることを示す（Gogtay et al., 2004; Shaw et al., 2006; Sowell et al., 2004）。これはいくつかの機能的画像研究の結果と一致する。それらの結果は，行動，とくに努力が必要な状況において，行動を導く内的な目標表象を利用できる能力の発達差がPFCの長期的な成熟が原因であることを示す（Bunge, Dudukovic, Thomason, Vaidya, & Gabrieli, 2002; Crone, Donohue, Honomichl, Wendelken, & Bunge, 2006; Velanova, Wheeler, & Luna, 2008）。さらに，最近の理論的なアプローチは，より抽象的な目標表象の発達をPFC内の領域の階層的成熟に結びつける（たとえば，Munakata et al., 2012）。PFCの発達のこのような階層的な見解は，価値の不確実性に応じて2つの決定システムにコントロールを動的に配分する能力が，発達のかなり遅くにようやく効率よく働くかもしれないことを予想する。なぜなら，このようなプロセスが依存する前部前頭前皮質は，ヒトにおいては完全に成熟するのが最も遅い場所の1つだからである（Badre, 2008; Koechlin & Hyafil, 2007; Koechlin, Ody, & Kouneiher, 2003）。

前頭前皮質は加齢の影響に対して最も脆弱な領域の1つでもある。構造的MRI研究からの縦断的な推定では，加齢に従って前頭前皮質において1年あたりおおよそ灰白質の量が1.05 cm^3，そして白質では1.07 cm^3低下すると指摘されている（Raz et al., 2005; Resnick, Pham, Kraut, Zonderman, & Davatzikos, 2003）。同様に，縦断的な機能的MRI研究は，前頭前皮質の加齢に伴う動員低下（under-recruitment）の証拠を示す（Nyberg et al., 2010）。PFCの動員にみられるこのような問題は，方略的な目標指向的学習や意思決定での要求度が高い課題でより顕在化するようである（Eppinger, Heekeren, & Li, 2015; Mell et al., 2009）。

要約すると，児童期での発達は内的に課題の構造（状態空間）を表象する能力や，目標指向的（モデルベースの）方法で内在化された世の中の知識を応用する能力が増加することによって特徴づけられる，ということを現在の知見は示している。方略的

目標指向的プロセスの発達は，前頭前皮質の成熟と機能的な統合に深く結びついている。したがって，PFC 機能の年齢に関連する減退は，加齢に伴うモデルベースの決定プロセスの低下に反映されているに違いない。最近の研究から，モデルフリー学習に関与する腹側線条体システムは非線形的発達において異なる軌跡を示すと予想される。先に概観した知見から，児童期の発達では腹側線条体システムは前頭前皮質よりも機能的により成熟していると予想する。青年期では，２つの決定システムの間の不均衡が，腹側線条体システムの超感受性のためにさらに上昇する。この不均衡は，決定バイアス（たとえば，危険な行動，目先の報酬への注目増加），ならびに，モデルベース行動の長引く発達をもたらすかもしれない。高齢になると，２つのシステム（すなわち，習慣学習に関与する腹側線条体システムと，方略的な目標指向的な意思決定に関与する前頭前皮質システム）の機能的な低下が予想される。前頭前皮質システムの加齢に伴う低下に関連した予測はかなり明確である。前頭前皮質の障害は，モデルベースの決定方略からモデルフリーの方略への移行をもたらす。線条体システムの加齢に伴う低下に関連して，２つのシナリオが考えられる。１つは，線条体の報酬予測エラー信号の加齢に伴う低下は，モデルフリー強化学習の問題（低減された報酬効果）を引き起こすだろう。もう１つは，線条体システムの低下が，異なる選択肢についての報酬履歴をたどる能力を弱める。結果的に，高齢者は最も直近の結果にのみ集中するモデルフリーの方略に落ち着くのかもしれない（強化学習に関しては，モデルフリー方略の学習率は１に近づく）。

4．習慣的・方略的な目標指向的学習と意思決定の相互作用の生涯発達

これまでの，学習や意思決定の年齢差に関するほとんどの研究は，習慣的あるいは目標指向的学習や意思決定のメカニズムに別々に注目していた。異なる年齢群でのこれらのプロセス間の動的な相互作用や，これらの相互作用に影響する要因についての問題は直接には検討されてこなかった。さらに，現在の行動的アプローチの多くは，異なる年齢群での習慣的，そして方略的な目標指向的な決定プロセスの貢献を正確に分離できないという事実に苦しめられている。この問題を議論するために，私たちは２段階マルコフ決定課題を説明したい（図14-5）。この課題は，計算的アプローチを用いて，行動の選択への習慣的な貢献と目標指向的な貢献を区別するために，最近の研究で利用されている（Daw et al., 2011; Wunderlich et al., 2012）。次に，これらのプロセスの生涯にわたる発達の軌跡に関する予測を立てて（図14-6a），異なる年齢群に対して２段階マルコフ決定課題での選択パターンをシミュレーションしたい（図14-6b）。最後に，このパラダイムを用いて若年者と高齢者を比較した最近の行動研

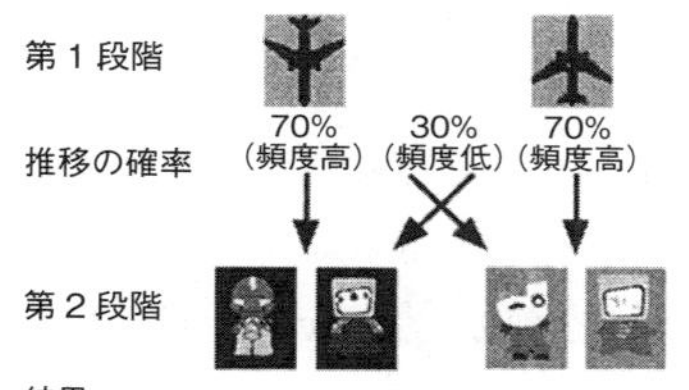

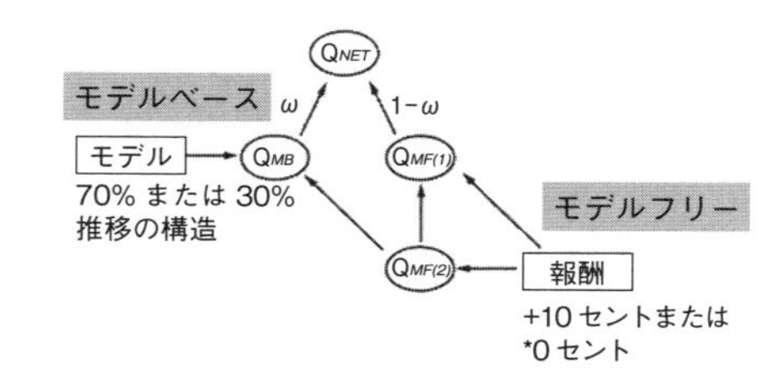

◆図14-5
(a) 2段階マルコフ決定課題の模式図。この課題の第1段階では，実験参加者は推移の構造の知識と第2段階での現時点での最良の選択肢を統合する，目標指向的な意思決定を行わなければならない。(b) 複合 RL アルゴリズムが課題での選択行動をモデル化するのに利用される。そのモデルは，行動のためのモデルフリーとモデルベースの意思決定メカニズムの相対的な貢献度を評価する（図の ω パラメータ参照）。Eppinger, Walter, Heekeren, & Li (2013)

究からの実証的な知見を使って，シミュレーションの結果の妥当性を検証する(Eppinger, Walter, et al., 2013)。

◈（1） 2段階マルコフ決定課題

2段階マルコフ決定課題のアイデアは，課題の第2段階でより好ましい（報酬のある）状態に到達するために，実験参加者は第1段階で方略的に意思決定をしなければならないということである（図14-5a）。すなわち，第1段階での推移の構造についてのモデルベースの表象と，第2段階の報酬確率についてのモデルフリーの情報とを統合しなければならない（図14-5a）。直感的に言えば，実験参加者は第2段階においてどれが現時点の最良の選択肢であるかを継続的に学び続けなければならない（モデルフリー学習）ことを意味する。しかし，第1段階において現時点より好ましい刺激を得るためには，変化する確率を意思決定に組み込むモデルベースの決定をしなければならない。たとえば図14-5aでは，より明るい背景の右下の図を最も安定的に（70%の場合）得るために，右上図を選ばなければならない。けれども，推移の構造の確率的性質を考慮すると，場合によっては他の2つの選択肢（図14-5aのより暗い背景の2つの図）にも行き着く。課題の重要な従属変数は，前の試行で実験参加者が受け取った報酬（報酬のある・なし）と前の試行で実験参加者が経験した推移（頻度の高・低）とに応じた，第1段階での実験参加者の選択行動である。第1段階でのモデルフリーの行動は，報酬の主効果によって特徴づけられる（報酬ありの試行の後は，報酬なしよりも多く前試行と同じ選択にとどまる）。モデルベースの行動は，推移のタイプと報酬の相互作用に反映される。すなわち，実験参加者は報酬と推移のタイプ

(「どうしたら報酬を得られるか？」) を考慮に入れる。

◈(2) 計算モデルとシミュレーション

モデルフリーとモデルベースの意思決定プロセスの相対的な貢献に関する生涯発達の違いについてシミュレーションを行い，Eppinger, Walter, et al. (2013) の選択データを分析するために，私たちは複合的強化学習モデルを使った (Daw et al., 2011; Eppinger, Walter, et al., 2013; Wunderlich et al., 2012；模式図は図14-5b 参照)。このアルゴリズムは，課題の第１段階での選択は，推移の構造を説明するモデルベースの強化学習と報酬の影響を説明するモデルフリーの SARSA (λ) TD 学習との重みづけされた組み合わせによって生じると仮定する。モデルベースに対するモデルフリーの決定メカニズムの重みづけは自由変数オメガ (ω) によって決定される。もし ω が 0 に近づくと，行動はモデルフリーであり報酬の主効果が反映される。逆に，ω が 1 に近づくと，モデルベースの選択行動を示し，推移の構造と前の試行の報酬との相互作用に反映される。シミュレーションのために，私たちは Eppinger, Walter, et al. (2013) の若年者からの変数を使用し，図14-6a に概略を示した予想に従って ω 変数を操作した。モデルは説明的な計算モデルではないことを強調しておく。なぜなら，モデルベースでの変数 ω の変化をもたらすメカニズムについては不可知だからである。

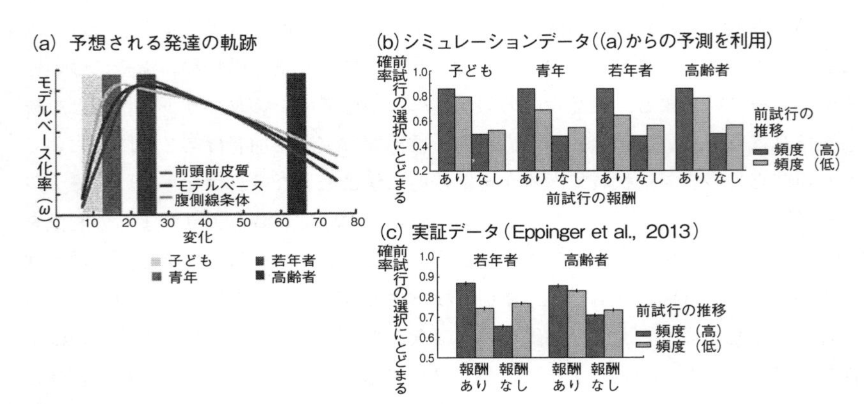

◈図14-6

(a) 腹側線条体システム（明るい灰色），前頭皮質（灰色），およびモデルベースの行動（黒）の予想される発達の軌跡。(b) (a) からのモデルベースの発達の軌跡が，複合強化学習モデルを用いた２段階マルコフ課題における選択データを予想するために使用された（図14-5b 参照)。その結果，青年期におけるモデルベースの行動の長期的な発達とともに，高齢期においてモデルベースの意思決定からのモデルフリーの意思決定への移行が示された。(c) Eppinger, Walter, et al. (2013) の実証的な結果は，モデルベースの意思決定からモデルフリーの意思決定への加齢による移行に関するモデル予想と同様の結果を確認した。Eppinger, Walter, Heekeren, & Li (2013)

モデルに加算された値は，人の生涯にわたるモデルベースとモデルフリーの意思決定の発達の軌跡に関してかなり明確な予測をもたらすと考える。

予想したように，シミュレーションの結果は，発達に伴いモデルベースの行動が増えることを示す。年齢が上がると，子どもは習慣的な反応に対する傾向をどんどんと克服できるようになる。すなわち，子どもたちは第2段階での選択肢の予測値についてのモデルフリーの情報と課題が推移する確率構造を統合する（前試行の変化と前試行の報酬の相互作用に反映されているように）。図14-6bのシミュレーション結果にみられるように，加齢はモデルベースからモデルフリーの行動への移行に関連している。これは，高齢者が2種類の情報を統合することがむずかしいことを示している。この結果のパターンは，同一の課題を使用した最近の年齢比較研究からの実証的知見とうまく一致する（Eppinger, Walter, et al., 2013)。この研究では，若年者に比べて高齢者でモデルベース行動の低下を示した（図14-6c)。興味深いことに（モデルシミュレーションでは予測できなかったのだが)，この効果は，第2段階での予想外の報酬が第1段階での決定方略が調整されなければならないことを示す課題条件（頻度の低いものへの推移が報酬をもたらす試行）でとくに顕著となった。これらの課題条件で，高齢者は最適でない選択肢を選び続けた。他方，若年者は課題の推移構造の知識を使って決定空間の方略的な探索を行った。さらに，Eppinger, Walter, et al. (2013)の研究は，高齢者は若年者ほどには報酬履歴を選択行動に結びつけないことを示す。これは若年者よりも高齢者において報酬の影響変数（λ －）が増加したことに反映されており，高齢者が最も直近の結果のみに集中していることを示唆する。まとめると，この結果は高齢者のPFCの問題がモデルベースからモデルフリーの意思決定への移行をもたらすという見解と一致する。高齢者が報酬の影響（第1段階での「モデルフリー」選択パターン）を示すという事実は，高齢者はモデルフリーTD学習には問題がないことを意味しているわけではない。むしろ，高齢者は最も直近の結果のみに集中するという簡略化された方略に収れんするようである（強化学習に関しては，モデルフリー方略の学習率は1に近づく)。

これまでシミュレーションの発達予測は実証的に検討されてこなかった。高齢者についての知見に基づけば，以下①②について考えることは興味深く重要であろう。①子どもや青年での実証研究は，青年期のモデルベース行動の長期的な発達を予想する私たちのシミュレーションと一致するのか。②子どもや青年は高齢者と同程度の固執行動を見せるか，である。さらに，生涯にわたるモデルベース行動について，年齢によるこれらの変化をもたらす神経生理学的メカニズムはいまだ明らかになっていない。とくに，子どもや高齢者での意思決定の問題が，類似した基盤の神経メカニズムの欠陥によるのか，あるいは基盤となる神経システムにおける年齢差は区別できるのか，これらを明らかにすることは重要である。図14-6aに示した私たちの前提に基づけば，子どものモデルベースの行動の問題は主に発達途中の前頭前皮質によると予想できるだろう。一方，高齢者では，前頭前皮質とともに腹側線条体の問題が，モデルベースからモデルフリー行動への移行に関係しているのではないかと予想される。

7節　展望と結論

目標指向的学習や意思決定のような複雑な行動は，自己調整行為と行動コントロールが必要である。そのために，皮質モニタリングと，海馬の記憶と，そして皮質下の動機づけプロセスとの間の流動的な相互作用を通して円滑な操作が遂行される。これまで概観したように，黒質線条体経路，中脳辺縁経路，また，中脳皮質経路を通して，ドーパミン作動系システムは皮質上の認知プロセスと皮質下の報酬関連の動機づけプロセスとの相互作用を調整するための接点にある。生涯にわたるドーパミン作動系システムの成熟と老化は，自己調整された発達的適応においておそらく重要な役割を果たしている。とくに，ドーパミン調節の年齢による違いは，行動や選択結果のモニタリングの認知的メカニズム，記憶や注意への報酬の影響，そして習慣的で柔軟な目標指向的プロセスの相対的な均衡のそれぞれに影響するようである。このように，認知や動機づけへの成熟や老化の影響は，これらのプロセスの発達や加齢を理解するために重要であるばかりでなく，前頭－線条体－海馬回路の有効性の相互の相対的な均衡が，認知と動機づけの互恵的相互作用における個人差に対してどのように貢献するかを理解するための重要なモデルとして役立つ。

ここ十年で，さまざまな神経認知的機能の相対的な貢献や隠れたプロセスを理解するために，異なる脳の回路を区別するための発達や加齢の軌跡を利用した研究がかなり増えてきた（Crone et al., 2008; Passow et al., 2013; Posner, Rothbart, Sheese, & Voekler, 2012; Schuck et al., 2013; Shing et al., 2009など）。たとえば，青年期の皮質や皮質下のシステムの相対的な成熟率は多くの注目を集めてきた（Casey, 2008など；総説としては，Crone & Dahl, 2012; Somerville & Casey, 2010）。しかしながら，これらの説明の基礎となる前提のいくつかが，最近になって疑問視されていることを指摘しておかなければならない。たとえば，皮質下の構造の発達的変化に関する縦断的な構造的MRI研究は，線条体や淡蒼球のような皮質下の組織の量が，皮質の発達の軌跡と比べると発達が長引くことを示す（Raznahan et al., 2014）。これらの新しいデータは，皮質機能を先導する皮質下の機能についての，単純な成熟の先行－遅滞モデルに疑問を投げかける。また，解剖学的なレベルと神経調整レベルでの前頭－線条体ネットワークの発達との関係についてより詳細な研究が必要である。加えて，青年期が報酬に対して一般に感度の向上を見せるという見解に反対するいくつかの先行研究がある（Bjork et al., 2004; Geier, Terwilliger, Teslovich, Velanova, & Luna, 2010）。たとえば，私たちの研究では，子どもや成人と比較して，青年期で視覚的注意の潜在的報酬学習の影響に有意差がみられなかった（Störmer et al., 2014）。これは，増加した辺縁系の報酬反応と関連する決定バイアスは，人々が異なる決定の選択肢を明確に検討しなければならない課題状況に限られるかもしれないことを示唆する。

今現在，ドーパミン調節の有効性の生涯にわたる差異に関連する，より収れんした証拠があるという理由から，本章は認知と動機づけの自己調整とその相互作用の生涯にわたる発達に対するドーパミンの貢献にのみ注目した。しかしながら，ほかの神経伝達物質システムの影響や，それらのシステムが認知と動機づけの調節においてドーパミンシステムとどのように相互作用するのかについてはより体系的に検討する必要がある。たとえば，さまざまな認知コントロールのネットワークの発達（たとえば，警戒，注意定位，実行的注意）は，異なる神経伝達物質システムによって調節されるかもしれないと提唱されてきた。注意定位はコリン作動系システムによって調整され，実行的注意はドーパミン作動系システムによって調整される（Posner et al., 2012; Störmer et al., 2012）。接近や回避に関連する動機づけによる行為への影響を調整する際には，セロトニンがドーパミンと相互作用することも提唱されている（最近の総説としては，Guitart-Masip, Duzel, Dolan, & Dayan, 2014）。広範囲に，かつ複雑に投射するため，セロトニンシステムはDA システムよりも研究がむずかしいかもしれないが，これらのシステムの相互作用に関するより多くの研究は，認知－動機づけの相互作用の年齢差についての機構的な理解を深めるために必要である。方法に関しては，課題関連の線条体の活動（van Schouwenburg et al., 2012など）や帯状回へのドーパミン放出（Strafella et al., 2001）に影響を与えるために前頭皮質に対してTMSを利用した最近の研究は，非侵襲的な脳のシミュレーションを前頭－線条体回路の調整に応用することが，認知と動機づけの相互作用の生涯発達を検討するためのもう 1 つの手段となるかもしれないことを示唆する。

第 15 章
健常加齢における動機づけ-学習の3要因理論に向けて

W. Todd Maddox
Marissa A. Gorlick
Darrell A. Worthy

1節　はじめに

ほとんどの行動は動機づけによって生じる。環境に対してうまく立ち回るために，私たちは多くの行動のレパートリーのなかから特定の行為を選択している。これらの行動は，私たちの学習履歴により強く影響されるだけでなく，ポジティブな結果に接近する，またはネガティブな結果を回避する，という動機づけの状態によっても強く影響される。たとえば，時間通りに会議に出席する，または会議に遅れることを避ける，といったように動機づけられることがある。同様に，ある試験で特定の得点をとることや，または特定の得点以下になることを避けるように動機づけられることがある。目標は同じでも，どちらの目標を定めるかによって動機づけの枠組みは異なってくる。接近と回避という二分法は，動機づけに関する伝統的な心理学において十分に確立されている（Aarts, Gollwitzer, & Hassin, 2004; Ferguson & Bargh, 2004; Fishbach, Friedman, & Kruglanski, 2003; Gray, 1970, 1985; Higgins, 2000; Hull, 1943; Lewin, 1935; Mowrer, 1960; Murty, LaBar, Hamilton, & Adcock, 2011）。驚くかもしれないが，ほとんどの認知研究は，情報処理に焦点をあてて，学習と行動に対する情報処理の効果に関心を寄せてきたが，行為を駆動する，または行為を動機づける要因についてはほとんど注意を払ってこなかった。

興味深いことに，この動機づけ研究と学習研究との間の人為的な解離は1950年代や1960年代には存在しなかった（Miller, 1957, 1959; Young, 1959）。しかし，心理学が細分化され，領域依存的になるにつれて，学習研究は認知心理学者や動物心理学者の関心領域となり，動機づけは主に社会心理学者や教育心理学者によって研究されてきた。いろいろな意味で，1980年代や1990年代に始まった認知神経科学の革命は，学習研究と動機づけ研究を１つに戻すために必要な契機となった。認知神経科学研究は，「動機づけ」に関する脳システムと「学習」に関する脳システムを脳が区別していないことを明確にする。実際，前頭前皮質や前帯状回，尾状核のような学習にとって最も重要な脳領域のいくつかは動機づけ，感情，パーソナリティに関与することが知られている（Baldo & Kelley, 2007; Belin, Jonkman, Dickinson, Robbins, & Everitt, 2009; Berridge, 2003, 2007）。加えて，「認知」に関する脳領域と「動機づけ」に関する脳領域の特定の相互依存性を前提とした詳細な神経生物学的理論が成立し始めている（Ashby, Isen, & Turken, 1999; Bechara, Damasio, & Damasio, 2000; Bechara et al., 2001; Chiew & Braver, 2011; Jimura, Locke, & Braver, 2010; Murty, Labar, & Adcock, 2012; Pickering, 2004; Spielberg et al., 2011, 2012）。それゆえ，動機づけと学習は密接に関連しており，一方の領域の進歩はもう一方の進歩と関連していることはまちがいない。

2 節　本章の構成

本章の最も重要な目的は，動機づけ－学習インターフェイスを幅広く検討することであるが，それと同時に，健常加齢（healthy aging）への応用を検討する。はじめに，私たちは「動機づけとは何であるのか，どのように定義されるか」という基本的な問いを提起することから始める。素人の定義や暗黙の科学的定義は，範囲が限定されていると私たちは結論づける。動機づけの一般的な定義を論評した後，私たちはより厳格な定義を検討し，動機づけが**全体**（global）レベルまたは**局所**（local）レベルで作用し，そのそれぞれにおいて接近状態と回避状態があると結論づける。この２つの状態間の相互作用は，認知資源の利用可能性と後の行動へ直接的に影響すると提案する。全体的動機づけ，または大局的見地から見た行動の意図は，昇格やボーナスのようなポジティブな結果に接近すること，または，降格や減給のようなネガティブな結果を回避することを含んでいる。局所的動機づけ，または行動の即時的な意図は，正しく遂行された試行の数や得られた点数のような遂行指標を最大化すること，または，エラーの数や失った点数のような損失を回避することを含んでいる。全体的および局所的動機づけ要因はしばしば同時に生じ，これが処理バイアスにどのように影響を与えるのかを理解することは学習結果を予測するうえで重要である。

次に，私たちは，動機づけ－学習インターフェイスの学習側を検討し，課題要求が**課題指向的動機づけ**（task-directed motivation）の一形態として処理方略と相互作用すると主張する。現代の認知心理学は，課題指向的動機づけに影響する分離可能な学習システムを認めている（Ashby, Alfonso-Reese, Turken, & Waldron, 1998; Ashby, Paul, & Maddox, 2011; Blanco, Otto, Maddox, Beevers, & Love, 2013; Daw, Gershman, Seymour, Dayan, & Dolan, 2011; Glascher, Daw, Dayan, & O'Doherty, 2010; Hayes & Broadbent, 1988; Kendler & Kendler, 1970; Sloman, 1996; Worthy, Otto, & Maddox, 2012）。場合によって，努力を要する認知コントロールプロセスや目標指向的行動が課題遂行を最適化することが課題となる。また別の場合では，自動的，習慣的，手続き的に駆動される行動が課題遂行を最適化することが課題となる。

本章では，私たちは，基本的な神経システムを検討しながら，二重学習システムの枠組みと動機づけをつなげる。私たちは全体的動機づけ（接近的目標または回避的目標）と局所的動機づけ（試行ごとのフィードバック；獲得または損失）と学習システム（目標指向または報酬指向）という3つの要因間の複雑な三次の交互作用を示す強力な証拠を提供する。全体的動機づけと局所的動機づけの相互作用はどちらの課題指向的システムが優勢となるかに影響を与える（図15-1）。このことは，目標指向的行動と報酬指向的行動の調節において，かなり異なる意味をもっている。動機づけの3つの側面を個別に説明していくが，行動に対する効果が独立的ではない，高度に**相互作用的なシステム**を私たちが支持していることを強調しておきたい。

最後に，私たちはこれらの概念を健常加齢にまで拡大し，高齢者における動機づけ－学習インターフェイスを検討している私たちの研究室の2つの研究を簡単に論評する。健康な高齢者は，課題指向的動機づけの基準レベル（実行機能が低下して，複雑な目標指向的行動を実行する能力が制限され，自動的プロセスへの依存が顕著となるレベル）が異なる（図15-2）。これらを活用することにより，意思決定中に全体的動機づけが課題指向的動機づけに影響を与える方法における年齢に基づく変化を検討している。重要なことは，私たちが最適学習システムの性質を除いてすべての点で同一な行動課題を使用していることである。私たちは二重プロセス方略に対する動機づけの効果を定量化できる新しい計算モデリングアプローチをうまく利用する。最後に，私たちは全体的動機づけ，局所的動機づけ，課題指向的動機づけの複雑な交互作用をまとめ，いくつかの結論を提示し，数多くの将来的な研究の方向性を提案する。

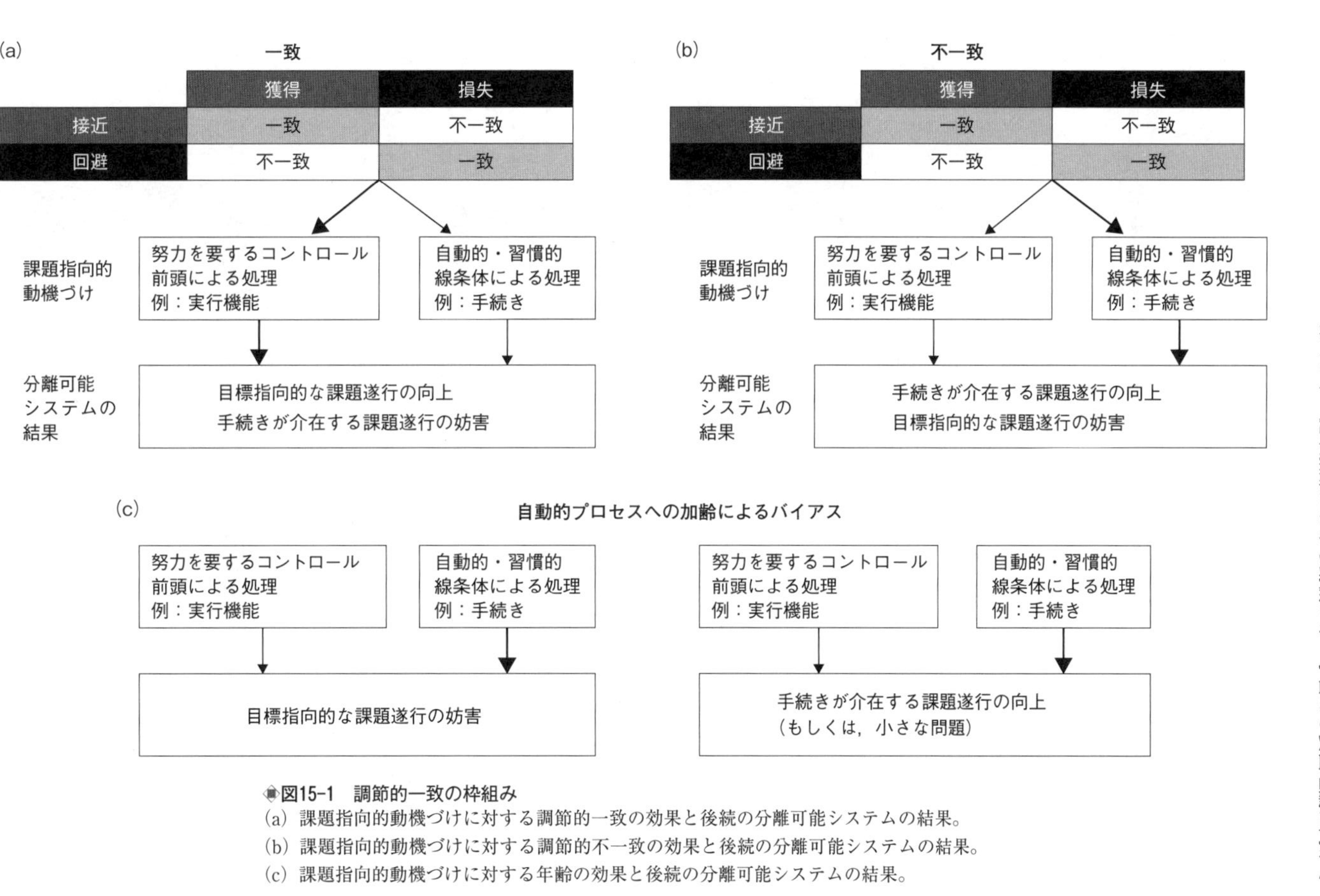

図15-1　調節的一致の枠組み

(a) 課題指向的動機づけに対する調節的一致の効果と後続の分離可能システムの結果。
(b) 課題指向的動機づけに対する調節的不一致の効果と後続の分離可能システムの結果。
(c) 課題指向的動機づけに対する年齢の効果と後続の分離可能システムの結果。

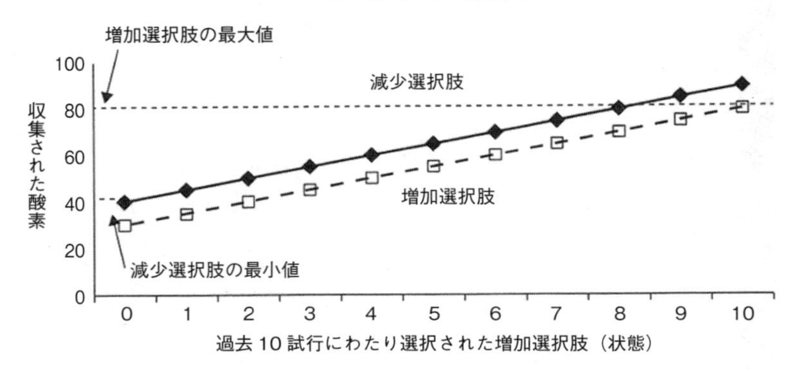

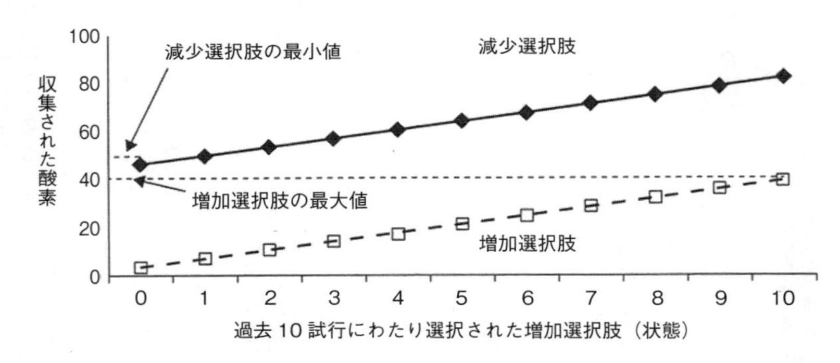

◈図15-2
課題報酬構造。(a) 増加最適課題に対する報酬構造。長期的な最大化と関連する方略は短期的な最大化と関連する方略とは一致しない。(b) 減少最適課題に対する報酬構造。長期的な最大化と関連する方略は短期的な最大化と関連する方略と一致する。

3節　動機づけとは何か，どのように定義されるか？

一般的に，だれかを動機づけることは「もっとがんばらせる」ことであると考えられている。この定義はいくつかの動機づけの重要な側面を捉えているが，それはあまりにも単純化されすぎており，少なくとも２つの重要な点が欠けている。その１つは，「もっとがんばること」という動機づけの定義は，前頭部が介在する，努力を要するコントロールされた課題指向的動機づけを意味する。私たちが次にみていくように，動機づけの効果はより複雑で，ある動機づけの状態は前頭機能を向上させ，別の状態は前頭機能を弱める。2つめは，この定義は，「もっとがんばること」が課題遂行を向上させることを暗示しているが，これは常に正しいわけではない。事実，二重課題の導入によって，利用可能な努力を要する認知コントロール資源を減少させることは，課題遂行に対して効果がないこともあるが，課題遂行を**向上させる**こともある(Filoteo, Lauritzen, & Maddox, 2010; Maddox, Ashby, Ing, & Pickering, 2004; Waldron & Ashby, 2001; Worthy et al., 2012; Zeithamova & Maddox, 2006, 2007)。それゆえ，もっとがんばることはある場合には助けとなるが，別の場合には妨害となる。

4節　動機づけの全体的側面と局所的側面

動機づけに関する研究は，全体的接近目標と全体的回避目標を区別している(Carver & Scheier, 1998; Fishbach et al., 2003; Lewin, 1935; Maddox & Markman, 2010; Maddox, Markman, & Baldwin, 2006; Markman & Brendl, 2000; Miller, 1957; Murty et al., 2011)。達成したいと願うポジティブ状態を伴う目標は**接近**目標と呼ばれ（たとえば，昇給），避けることを願うネガティブ状態を伴う目標は**回避**目標と呼ばれる（たとえば，降格)。局所的動機づけは，正しく遂行された試行の数や獲得した得点の数のような課題遂行の指標を最大化することだけでなく，エラーの数や失った得点の数のような損失を回避することも含んでいる。全体的動機づけ状態と局所的動機づけ状態は，現実世界や実験室において，独立して操作され，幅広く変化する。

全体的接近状態と全体的回避状態を操作するために使用してきた方法の1つは，抽選券手続き(raffle ticket procedure)である(Grimm, Markman, Maddox, & Baldwin, 2007; Maddox, Baldwin, & Markman, 2006; Worthy, Brez, Markman, & Maddox, 2010)。全体的接近条件では，実験参加者には，課題遂行がある基準を超えた場合に50シフランの抽選をする抽選券が与えられると教示される。全体的回避条件では，実験参加者には，実験室に入った直後に50シフランの抽選をする抽選券が与えられるが，課題遂行がある基準に達しなかった場合にその抽選券を失うことが教示される。抽選券が得られる基準と抽選に当たる確率は両方の条件で同じである。それゆえ，経済的な観点から，状況は両方の条件で同一である。しかし，全体的動機づけ誘因の枠組みは接近のシナリオあるいは回避のシナリオを作るために操作される。

一方，局所的動機づけ要因は，獲得を最大化する，または損失を最小化することに役立つ即時（試行ごと）の情報を作り出す。局所的動機づけ状態を操作するために，課題は獲得最大化課題（局所的接近）または損失最小化課題（局所的回避）として構成される。局所的接近条件では，実験参加者は課題の試行ごとに得点を獲得し，獲得を最大化するよう試みる。局所的回避条件では，実験参加者は課題の試行ごとに得点を失い，損失を最小化するよう試みる。重要なのは，まったく同じ課題遂行の全体的レベルが，抽選券を獲得または保持し続けるのに必要な全体的動機づけの課題遂行基準と関連するように，得られる得点と失われる得点が等しく設定された，ということである。それゆえ，課題のレベルでは，４つの実験条件のいずれの実験参加者（獲得を最大化することにより抽選券を得る，損失を最小化することにより抽選券を得る，獲得を最大化することにより抽選券を失うことを避ける，損失を最小化することにより抽選券を失うことを避ける）も経済的には同一の状況である。

図15-1は，私たちが提案している全体的動機づけと局所的動機づけの枠組みを表している。２つの行は全体的接近動機づけ状態と全体的回避動機づけ状態を意味し，２つの列は局所的獲得動機づけ状態と局所的損失動機づけ状態を意味している。私たちや別の研究室は，課題遂行に及ぼす全体的動機づけと局所的動機づけの影響が相互作用的であると主張してきた（Avnet & Higgins, 2003; Grimm, Markman, & Maddox, 2012; Grimm et al., 2007; Higgins, 2000; Higgins, Chen, Idson, Freitas, Spiegel, & Molden, 2003; Lee & Aaker, 2004; Maddox & Markman, 2010; Maddox, Markman, et al., 2006; Markman, Baldwin, & Maddox, 2005; Shah, Higgins, & Friedman, 1998）。私たちは，動機づけの一致が努力を要する目標指向的処理を上昇調節する役割を，動機づけの不一致が努力を要する目標指向的処理を下方調節する役割を果たすと考える。そして，このシステムの相互作用的性質を考えると，この不一致が自動的で習慣的処理を向上する役割を果たしていると主張する。それゆえ，私たちはこれらの効果の所在が前頭葉にあるとしておおまかには定義できると考えている（Maddox, Markman, et al., 2006）。私たちは全体的動機づけと局所的動機づけの一致が努力を要する課題指向的な認知コントロール処理の向上を導き（図15-1a を参照），不一致は努力を要する課題指向的な認知的処理の減少を導く（それゆえ，課題指向的で習慣的処理の向上を導く；図15-1b を参照）という仮説を立て，この予測を支持する。ほとんどの認知研究において，全体的動機づけ状態と局所的動機づけ状態は統制されていないか，または統制が不十分であることに注目することは重要である。せいぜい，実験参加者に「全力で取り組むこと」を教示すること，またはすぐれた課題遂行に対して少しの賞金を提供することにより，軽度の全体的接近動機づけ状態とさせ，実験参加者に正確性を最大化するまたは得点を最大化することを教示することにより，軽度の局所的「獲得」動機づけ状態にさせるだけである（Maddox & Bohil, 1998）。

5節　分離可能な学習システムと課題指向的動機づけ

人が複数の記憶システムをもつという理論は，1980年代から1990年代の間で認知神経科学の領域のなかで広く受け入れられ始めた（Eichenbaum, 1997a, 1997b; Schacter, 1987; Squire, 1992; Squire, Knowlton, & Musen, 1993; Tulving, 2002）。学習は記憶痕跡を蓄えるプロセスであるため，さまざまな課題の解決に関連して，異なる種類の記憶痕跡の利用を可能にする複数の学習システムが存在すると考えることは，理にかなっている。分離可能な学習システムのアプローチは，推論（Sloman, 1996），運動学習（Willingham, Nissen, & Bullemer, 1989），弁別学習（Kendler & Kendler, 1970），および機能学習（Hayes & Broadbent, 1988）を含むさまざまな領域で検討されてきたが，本章の焦点は意思決定にある。重要なことは，複数の学習システムの存在を認識し，システム間の比較を検討しない限り，動機づけや学習の完全な理解に至ることはできないことを明らかにしてきたということである。それゆえ，本章では，動機づけ－学習インターフェイスの完全な考え方を発展させるために，習慣的な手続き的プロセスと直接比較しながら，本書のテーマである目標指向的な認知コントロールプロセスを検討する。

1．意思決定

近年，モデルベースの意思決定システムや方略と，モデルフリーの意思決定システムや方略との区別を検討することへの関心が高まってきている（Blanco et al., 2013; Daw et al., 2011; Glascher et al., 2010; Worthy et al., 2012）。意思決定の状況に対するこれらの2つのアプローチを区別することに動機づけが重要な役割を果たしている。モデルベースの意思決定は目標指向的で，認知コントロールやより高次の処理に大きく依存し，それぞれの行為が直後の結果と将来の結果の両方にどのように影響するかを考慮する環境モデルを発展させ，利用することが関係する。個人は主に将来の自身の状態を改善する行為を遂行するよう動機づけられているため，モデルベースの意思決定は**状態を基盤とした**ものである（Glascher et al., 2010）。モデルフリーの意思決定は認知コントロールには依存しないが，その代わりに習慣的な手続きに基づく処理に依存しており，動機づけの焦点は即時の報酬または罰につながる行為を遂行することに向けられる。即時の報酬につながる行為は強化され，即時の罰または報酬なしのいずれかにつながる行為は強化されない。個人はすぐに報酬が得られる行動を遂行することを主に動機づけられるため，モデルフリーの意思決定は**報酬を基盤とした**ものである（Glascher et al., 2010）。

モデルベースの意思決定プロセスとモデルフリーの意思決定プロセスは，いくらか重複し相互作用的であるが，個別の神経システムに依存しており，それぞれのシステムに与えられる重みづけは個人間で異なり，状況によっても変化すると考えられている（Eppinger, Walter, Heekeren, & Li, 2013; Worthy, Cooper, Byrne, Gorlick, & Maddox, 2014）。即時のモデルフリーの報酬の代表的なものである報酬予測誤差（reward prediction error）を生み出すのに，腹側線条体（ventral striatum）の領域が重要であると考えられている（Hare, O'Doherty, Camerer, Schultz, & Rangel, 2008; O'Doherty, 2004）。利用可能な報酬に焦点をあてる腹側線条体領域に加えて，頭頂間溝，前頭前皮質の側頭部，とくに背外側前頭前皮質（dlPFC）は，報酬空間の全体構造を描く全体的モデルベースの報酬表象を作り出すのに重要である（Daw et al., 2011; Glascher et al., 2010; Smittenaar, FitzGerald, Romei, Wright, & Dolan, 2013）。

モデルベースの処理とモデルフリーの処理の基盤となる重要な領域を考えると，最新の研究において，状態に基づく意思決定，報酬に基づく意思決定，および背外側前頭前皮質が介在するワーキングメモリプロセスとの間に関連性が見いだされたことはなんら驚くべきことではない。二重課題を行う際には，状態に基づく意思決定には悪影響を与えるが，報酬に基づく意思決定には悪影響を与えない（Blanco et al., 2013; Daw et al., 2011; Worthy et al., 2012）。

6節　意思決定における動機づけ-学習インターフェイスに関する実証的検証

認知コントロール処理の向上，すなわち「もっとがんばること」は，常に効率的な学習に役立つわけではない。利用可能な認知資源に対する全体的動機づけと局所的動機づけの相互作用を考えるとき，私たちは，全体的動機づけ，局所的動機づけ，および学習システムという3要因の間の三次の交互作用を予測する。具体的には，私たちは，動機づけの一致（全体的接近と局所的接近，または，全体的回避と局所的回避）が，課題指向的な手続き的学習プロセスを犠牲にして，課題指向的な認知コントロールプロセスを向上させることを予想する。それゆえ，動機づけの一致が，モデルフリーの意思決定のような手続き的学習を犠牲にして，モデルベースの意思決定のような目標指向的学習を向上させるはずであると予測する（図15-1a）。同様に，私たちは，動機づけの不一致（全体的接近と局所的損失の最小化，または，全体的回避と局所的獲得の最大化）は，課題指向的な認知コントロールプロセスを犠牲にして，課題指向的な手続き的学習プロセスを向上させると予想する。それゆえ，動機づけの不一致が，モデルベースの意思決定のような目標指向的学習を犠牲にして，モデルフリーの意思決定のような手続き的学習を向上させるはずであると予測する（図15-1b）。私たちは，モデルベースの意思決定，モデルフリーの意思決定，およびカテゴリー学習において，抽選券による全体的動機づけ（抽選券を得ようと努力する，または抽選券を守ろうと努力する）と局所的得点動機づけ（獲得と損失）を使用し，これらの予測を強力に支持する証拠を発見した（Maddox & Markman, 2010; Maddox, Markman, et al., 2006; Markman et al., 2005; Worthy, Maddox, & Markman, 2007）。その他の目標指向的な手続き課題（ウィスコンシンカード分類課題：Wisconsin Card Sorting Test, 刺激同定，計算問題など）と同様に，別の形の全体的動機づけも検討されてきており（課題遂行圧力，ステレオタイプ脅威など），動機づけ－学習の枠組みからの予測が支持された（Glass, Maddox, & Markman, 2011; Maddox, Filoteo, Glass, & Markman, 2010; Markman, Maddox, & Worthy, 2006; Worthy, Markman, & Maddox, 2009）。

7節　健常加齢における動機づけ－学習インターフェイス

健常加齢に関する研究において明らかに欠けているものの1つは，全体的動機づけと局所的動機づけの操作の影響，課題指向的動機づけ効果に対するそれらの影響，この影響が目標指向的課題と習慣が介在する課題の両方にどのように相互作用するか，に焦点をあてた研究である。私たちが知る限り，この3要因の動機づけの一致という枠組み（全体的動機づけ，局所的動機づけ，課題指向的動機づけ）は健常加齢において十分に検討されてきていないが，ある研究は全体的動機づけ要因および局所的動機づけ要因の相互作用効果を検討し（Barber & Mather, 2013a），その他の研究の多くは全体的動機づけまたは局所的動機づけの操作を個別に検討してきた（Barber & Mather, 2013b; Braver, 2012; Braver & Barch, 2002; Braver et al., 2001; Castel et al., 2011; Ennis, Hess, & Smith, 2013; Frank & Kong, 2008; Freund, 2006; Hess, Auman, Colcombe, & Rahhal, 2003; Hess & Ennis, 2013; Hess, Leclerc, Swaim, & Weatherbee, 2009; Hess, Osowski, & Leclerc, 2005; Hess, Popham, Dennis, & Emery, 2013; Hess, Popham, Emery, & Elliott, 2013; Jimura & Braver, 2010; Jimura et al., 2011; McGillivray & Castel, 2011; Peters, Hess, Vastfjall, & Auman, 2007; Popham & Hess, 2013; Samanez-Larkin et al., 2007; Westbrook, Kester, & Braver, 2013; Westbrook, Martins, Yarkoni, & Braver, 2012）。しかし，意思決定課題のような行動課題を用いて課題指向的動機づけを検討してきた研究はほとんどない。そうした研究は，最適な学習システムの性質を除いたすべての点で同一であり，動機づけ効果の所在に対する直接的な洞察を提供する計算モデリングアプローチが適用できる（ただし，Maddox, Filoteo, & Huntington, 1998; Maddox, Pacheco, Reeves, Zhu, & Schnyer, 2010を参照）。

この重要な問題を検討するために，私たちははじめに，よく知られている健常加齢と関連した脳の構造変化がこれらの分離可能な学習システム（目標指向的と習慣的）と関連課題における課題指向的処理にどのように影響するかを検討する。その後，私たちの研究室で行われた加齢における動機づけ－認知インターフェイスについて検討した2つの最新の研究の結果を簡潔にまとめる。

1．健常加齢における学習システムと課題指向的動機づけ

健常加齢に関して，多くの脳の構造変化が明らかにされている。たとえば，解剖学研究によれば，いくつかの脳領域間の劇的なドーパミンの減少や容積の減少が健常加齢と関連しており，前頭前皮質では白質と灰白質において最も大きく容積が減少することを示すことが示唆されている（Backman et al., 2000; Gunning-Dixon & Raz, 2003; Raz et al., 2005; Raz, Williamson, Gunning-Dixon, Head, & Acker, 2000）。これらの脳の構造的変化と機能的変化は，ワーキングメモリや実行機能の問題と関連しており，このどちらもがモデルベースの意思決定のような目標指向的学習にとって重要である（Bopp & Verhaeghen, 2005; Braver, 2012; Braver & Barch, 2002; Denburg, Tranel, & Bechara, 2005; Denburg et al., 2009; Filoteo & Maddox, 2004; Gunning-Dixon & Raz, 2003; Jimura et al., 2011; MacPherson, Phillips, & Della Sala, 2002; Maddox, Chandrasekaran, Smayda, & Yi, 2013; Park et al., 2002; Racine, Barch, Braver, & Noelle, 2006; Samanez-Larkin, Kuhnen, Yoo, & Knutson, 2010; Schnyer et al., 2009; Titz & Verhaeghen, 2010; Wasylyshyn, Verhaeghen, & Sliwinski, 2011; Westbrook et al., 2012, 2013）。たとえば，高齢者は，ウィスコンシンカード分類課題中の認知セットの切り替え（set-shifting）のような実行プロセスに大きく依存している課題において，強固で持続的な問題を示す（Head, Kennedy, Rodrigue, & Raz, 2009）。

線条体における構造的低下と機能的低下もまた，十分に明らかにされている（Backman et al., 2000; Gabrieli, 1995; Li, Lindenberger, & Sikstrom, 2001）。これらの脳の変化は，手続きに基づく学習における加齢による問題と関連している可能性が高い（McArdle, Ferrer-Caja, Hamagami, & Woodcock, 2002; Park et al., 2002; Salthouse, 1991, 1994; Salthouse, Atkinson, & Berish, 2003）。しかし，モデルフリーの意思決定やカテゴリー学習を含むいくつかの領域では，年齢に基づく手続き的問題はあまり頑健ではなく，結果は一貫しない（Filoteo & Maddox, 2004; D. Howard & Howard, 2001; J. Howard & Howard, 1997, 2001; Maddox, Pacheco et al., 2010; Maddox et al., 2013; Raz, 2000; Raz et al., 2003; Samanez-Larkin et al., 2007; Simon, Howard, & Howard, 2010; Worthy, Gorlick, Pacheco, Schnyer, & Maddox, 2011; Worthy, Otto, Doll, Byrne, & Maddox, in press）。たとえば，顕在的な関連づけ処理が課題遂行に寄与しないような潜在課題では，若年者と比較して，高齢者の初期の学習に問題はない（D. Howard et al., 2004）。

モデルベースの方略とモデルフリーの方略はかなり相互依存的である。そして，自動的で習慣的な（モデルフリーの）処理と関連したあまり深刻でない低下と，努力を必要とするコントロールされた（モデルベースの）処理に関連した頑健な認知的低下は，高齢者に自動的な習慣的システムへのバイアスをかける可能性がある。重要なこととして，図15-1cに図示されているような，提案されたこの自動的な習慣的処理へのバイアスは，モデルベースの意思決定のような目標指向的課題における加齢による問題をもたらすが，モデルフリーの意思決定のような習慣的な手続きが介在する課題では，小さな問題であり，場合によっては加齢による優位性をもたらすはずである。これを意思決定に適用して，私たちは，モデルベースのシステムへのバイアスを定量化する重みづけパラメータを含んだ計算モデルにおいて，この枠組みを定式化する。この計算モデリングアプローチがもつさらなる利点は，複数の方略を数学的に定式化し，行動データに適用して比較できる点である。

私たちはこの枠組みが高齢者の認知を広く特徴づけると主張しているわけではないことを明確にしておきたい。明らかに，この問題は非常に複雑である。たとえば，いくつかの領域では，健常加齢は課題遂行において問題をもたらすことがなく，あるケースでは，実際に，モデルベースの処理からのバイアスの移行によるものであるかどうかはわからないが，健常加齢は課題遂行の**向上**をもたらす（この知見のすぐれた事例に関しては，Hess, 2014; Peters et al., 2007を参照）。これらは，価値駆動型のエピソード記憶（Castel et al., 2011; McGillivray & Castel, 2011），熟知性に基づく記憶（Light, Patterson, Chung, & Healy, 2004），および社会情動的文脈における認知（Blanchard-Fields, 2009; Blanchard-Fields, Jahnke, & Camp, 1995），さらに，カテゴリー学習，意思決定課題（Glass, Chotibut, Pacheco, Schnyer, & Maddox, 2011; Worthy et al., 2011）と関係がある。それでも，これは意思決定のような多くの幅広い領域で適用可能であると考えられる有効な枠組みである。

8節　実証研究1：健常加齢における課題指向的動機づけと意思決定

意思決定に対する健常加齢の効果は混在している。ある研究では，加齢による問題があるとされ（Denburg et al., 2005; Eppinger et al., 2013; Kuhnen & Knutson, 2005; Mell et al., 2005, 2009; Samanez-Larkin et al., 2011），別の研究では加齢による優位性が見いだされている（Blanchard-Fields, 2009; Blanchard-Fields et al., 1995; Cooper, Worthy, Gorlick, & Maddox, 2013; Grossmann et al., 2010; Worthy et al., 2011; Worthy & Maddox, 2012）。このように研究によって明らかに相違が認められるが，それに焦点をあてる方法の1つは，それぞれの課題における最適な課題遂行に関連した処理の所在を決定し，高齢者がある種の課題では問題を示すが，別の課題では示さないかどうかを検討することである。理想的なアプローチは，表面上の特徴と同様に局所的動機づけと全体的動機づけの点では同一であるが，最適な意思決定を支援する処理システムが操作されるような課題を使用することである。私たちは，それぞれ，努力を要する認知コントロールと自動的な習慣的処理システムによって最適に支援される，状態に基づく意思決定方略と報酬に基づく意思決定方略に焦点をあて，健常加齢がモデルベースの処理からモデルフリーの処理へのバランスの移行と関連しているという仮説を検討する（図15-1cを参照）。この実証的アプローチは計算モデルの適用により完全なものとなるはずである。

私たちの研究室の最近の研究（Worthy et al., 2014）では，1つの課題はモデルベースの処理が最適であり（状態に基づく意思決定），もう1つの課題はモデルフリーの処理が最適である（報酬に基づく意思決定）という点を除いて，その他の点では同一である2つの課題を用いて，高齢者と若年者がどの程度モデルフリーの強化学習方略とモデルベースの強化学習方略を利用しているのかを検討した。どちらの課題においても，実験参加者に対して，目標は獲得する得点を最大化し，課題遂行目標を超えることであると告げることによって，中程度の全体的接近動機づけが具体的に説明される（これはすべての条件で同じ）。そして，それぞれの選択肢の選択に対して獲得される得点のみを含めることにより，局所的接近動機づけが具体的に説明された。このように，この研究において私たちは局所的動機づけと全体的動機づけを一定に保ちながら，高齢者と若年者の固有な課題指向的動機づけ状態を検討することに最も関心があった。

状態に基づく課題に関連する報酬構造を図15-2aに示す。それぞれの試行において，減少という選択肢は一貫してより大きな報酬を提供するが，増加という選択肢を選択することは将来の試行（すなわち，x軸に沿った点）での実験参加者の状態の改善をもたらし，減少選択肢を選択することは将来の試行での実験参加者の状態の低下をもたらす。最適な方略は一貫して増加選択肢を選択することであり，このことは，減少選択肢と比較して，それぞれの試行において常に即時のより小さい報酬を提供しているにもかかわらず，実験参加者が最も高い状態へ到達することを可能にする。

報酬に基づく課題に関連した報酬構造を図15-2bに示す。ここでは，増加という選択肢を選択することが状態の改善をもたらすにもかかわらず，最適な方略は一貫して減少という選択肢を選択することであった。増加選択肢を繰り返し選択し，最も高い状態に到達することによって得られる最大値（55という酸素量）は，それぞれの試行で単純に減少選択肢を選択することによって得られる最小値（65という酸素量）よりも小さい。実験参加者は，2つの増加選択肢と2つの減少選択肢が含まれる4選択の変更型を行った。それぞれの試行において，実験参加者は4選択肢のうちの1つを選択し，抽出された酸素を獲得し，それが「累積」と書かれたタンクに追加された。

状態に基づく課題では，実験参加者は将来の試行での状態を改善する増加選択肢を選択する可能性が高いため，モデルベースの方略は，モデルフリーの方略と比較して，課題遂行の向上をもたらすはずである。報酬に基づく課題では，実験参加者は現在の状態（そして，その延長線上として，将来）を改善する減少選択肢を選択する可能性が高いため，モデルフリーの方略は，モデルベースの方略と比較して，課題遂行の向上をもたらすはずである。もし高齢者が若年者と比較してモデルフリーの方略を利用する可能性が高いのであれば，報酬に基づく課題ではよりよい成績を示し，状態に基づく課題ではより悪い成績を示すはずである。

私たちは，課題で獲得した合計得点を検討することと近年に開発されたハイブリッド強化学習モデル（HYBRID reinforcement learning model: HYBRID RL；Worthy et al., 2014）を適用することにより，この仮説を行動面から検討した。ハイブリッド強化学習モデルは，モデルベースのシステムとモデルフリーのシステムの両方が一緒に評価され，モデルベースシステムに設定された重みづけ（w）が推定されるため，学習中のモデルベースの方略とモデルフリーの方略に対して独特な洞察を提供する（詳細についてはWorthy et al., 2014でみることができる）。図15-3aは合計得点のデータを示し，図15-3bはwのパラメータ推定値を示している。予測されたように，私たちは4肢選択の状態に基づく課題において加齢による課題遂行上の問題を発見したが，4肢選択の報酬に基づく課題では加齢による課題遂行上の優位性を発見した。さらに，予測したように，私たちは若年者が高齢者よりもモデルベースのシステムからの出力により大きな重みづけを設定したことを発見した。また，私たちは推定されたwのパラメータ値と課題の間に実験参加者が増加選択肢を選択した試行の割合の

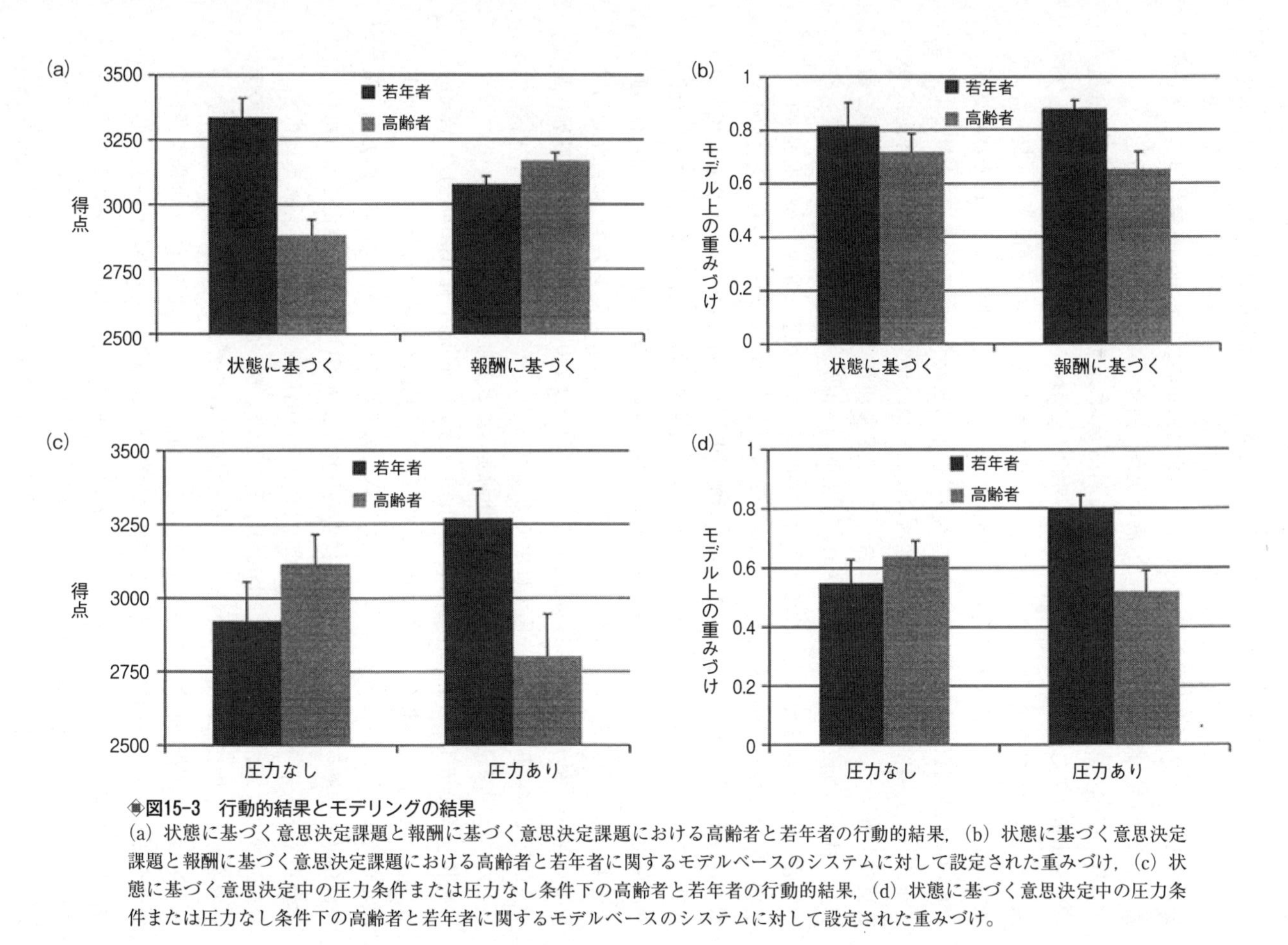

◈図15-3　行動的結果とモデリングの結果

(a) 状態に基づく意思決定課題と報酬に基づく意思決定課題における高齢者と若年者の行動的結果，(b) 状態に基づく意思決定課題と報酬に基づく意思決定課題における高齢者と若年者に関するモデルベースのシステムに対して設定された重みづけ，(c) 状態に基づく意思決定中の圧力条件または圧力なし条件下の高齢者と若年者の行動的結果，(d) 状態に基づく意思決定中の圧力条件または圧力なし条件下の高齢者と若年者に関するモデルベースのシステムに対して設定された重みづけ。

相関を検討した。これらの選択が有利となる状態に基づく課題（$r = .63, p < .001$）とこれらの選択が不利となる報酬に基づく課題（$r = .55, p < .001$）の両方において強い正の相関があり，このことはモデルベースの処理が，課題の間のその有用性にかかわらず，増加選択肢の選択を駆動することを示唆している。この研究は，課題遂行の基礎となる年齢に基づく方略の変化を検討するための道具として，厳密に定義された課題と計算モデルの有効性を示している。

9 節　実証研究 2：健常加齢における全体的回避動機づけ（圧力）と状態に基づく意思決定

実証研究 2 では，Cooper, Worthy, Gorlick, & Maddox（2013）による研究を論評する。この研究は，二肢選択の状態に基づく意思決定課題（図15-2a を参照）の課題遂行に対する加齢と社会的圧力の効果を検討したものである。ここでは，実験参加者は賞金のために，ある課題遂行基準を超えるよう努めることが教示された。しかし，彼らが賞金を獲得できるかは，架空のパートナーと実験参加者自身が 1 つのチームとして努力して，成功するかどうかにかかっている。どちらかが失敗すれば，賞金を受け取ることはできない。この課題を始める直前に，実験参加者には，パートナーはすでに成功しており，両者が賞金を受け取れるかどうかは実験参加者次第であることが告げられる。それゆえ，課題遂行への圧力は，実験参加者の目標がパートナーを失望させることを避けることとなる全体的回避動機づけとして働く。得られる得点を最大化するという局所的動機づけを組み合わせると，全体的動機づけと局所的動機づけは一致しない。それゆえ，私たちは，モデルフリーの処理への依存度が増加することによって，圧力が課題遂行の低下をもたらすと予測する。私たちは課題で獲得された合計得点を検討することとハイブリッド強化学習モデルを適用することにより，行動データからこの仮説を検討した。図15-3c は合計得点のデータを示しており，図15-3d は w のパラメータ推定値を示し，処理システムのバイアスを表している。予測したように，高齢者では，圧力なし条件に比べて，圧力条件のもとで，圧力条件におけるモデルベースのシステムへの依存度の低下による課題遂行上の問題が明らかになった。やや驚くべきことであるが，若年者においては，圧力なし条件に比べて，圧力条件のもとで，圧力条件におけるモデルベースのシステムへの依存度の増加による課題遂行上の優位性が見いだされた。若年者は圧力の操作を意思決定上の挑戦と捉えたために，結果として，全体的接近動機づけとみなしていたのに対して，高齢者は圧力の操作を脅威と捉えたために，結果として，全体的回避動機づけとみなしていた可能性がある。

10節　総合考察

動機づけが単純に「もっとがんばること」を含んでいるという一般的な信念は，よく言えば単純すぎるものであり，悪く言えば，不正確である。本章では，私たちは認知処理と課題遂行に及ぼす動機づけの効果を理解するために3要因の枠組みを提案している。私たちは，全体的動機づけと局所的動機づけが相互作用し，認知コントロールプロセス（努力を要し，前頭部によって媒介される）と習慣的な手続き的プロセス（自動的で，線条体によって媒介される）との間の処理のバランスに関与すると主張する（Maddox & Markman, 2010)。図15-1aと15-1bに示されているように，私たちは，全体的動機づけ状態と局所的動機づけ状態との間の調整的一致（regulatory match）が認知コントロールと習慣的な手続き的処理との間の既存のバランスに影響すると提案する。調整的一致（全体的接近と局所的獲得，または，全体的回避と局所的損失）は認知コントロール処理の方向にバイアスを移行させ，調整的不一致（全体的接近と局所的損失，または，全体的回避と局所的獲得）は習慣的な手続き的処理の方向にバイアスを移行させる。重要なことに，課題遂行に対するこのバイアスの効果は，課題を解決するための最適な方略に依存している。課題が目標指向的で，認知コントロールプロセスに大きく依存するとき，調整的一致は課題遂行を向上させ，調整的不一致は課題遂行を低下させる。一方，課題が報酬に基づき，習慣的な手続き的プロセスに大きく依存するとき，調整的一致は課題遂行を低下させ，調整的不一致は課題遂行を向上させる（図15-1aと15-1b)。

本章では，私たちは健常加齢に対してこの3要因の枠組みを適用することから始めた。これまで3要因の枠組みが健常加齢において十分に検討されてきたわけではないが，この枠組みの諸側面について検討しようとする研究がわずかながらも行われてきたと結論づけることができる。全体的動機づけの効果は，ステレオタイプ脅威の状況下での全体的回避に関する研究領域において健常加齢に関して検討されてきた。その結果は，図15-1で概観されている調整的一致の枠組みと概ね合致している。とくに，調整的不一致から予測されるように，高齢者は全体的回避（ステレオタイプ脅威）と局所的獲得条件下で目標指向的な課題遂行の低下を示す（Barber & Mather, 2013b; Hess et al., 2003; Popham & Hess, 2013)。

局所的動機づけの効果もまた健常加齢において検討されており，条件はうまく統制されていないものの，結果は図15-1で概説されている調整的一致の枠組みと概ね合致している。成績を最大化するための中程度の全体的接近動機づけを伴う習慣的な手続きに基づく学習課題では，高齢者はポジティブな結果に接近する（調整的一致）よりもネガティブな結果を回避する（調整的不一致）ことで成績は向上する（Frank & Kong, 2008; Lighthall, Gorlick, Schoeke, Frank, & Mather, 2013; Marschner et al., 2005; Mell et al., 2005; Pietschmann, Endrass, Czerwon, & Kathmann, 2011; Simon et al., 2010)。このことは，3要因の枠組みに従うと，手続きに基づく学習が動機づけの不一致状態（すなわち，回避－ネガティブ結果条件）において促進され，動機づけの一致状態（すなわち，接近－ポジティブ結果条件）で弱められることになる。しかし，明らかに，これらの効果は，より厳密に統制された条件下で検討される必要がある。

現在までに，動機づけの両方の水準を操作することにより，健常加齢における全体的・局所的動機づけの一致の枠組みを検討してきた研究は1つしかない。そして，その研究でさえ，焦点は目標指向的課題にあり，習慣的な手続きが介在する処理については検討していなかった（Barber & Mather, 2013a)。それでも，この研究はその種の初めての研究であり，健常加齢における調整的一致仮説の強力な証拠を提供した。とくに，Barber & Mather（2013a）は，ステレオタイプ脅威（全体的回避）が獲得よりも損失に対して課題遂行を向上させ，脅威がない場合では，損失よりも獲得に対して課題遂行を向上させることを示した。

健常加齢における動機づけ－学習インターフェイスに対する理解は進んできているが，この総説からは，少なくとも2つの点で研究が十分進んでいないことは明確である。第1に，一生涯続く課題指向的なバイアスを理解することに重点が置かれるべきである。私たちは健常加齢が目標指向的処理から報酬に基づく処理へのバランスの移行と関連していると提案している（図15-1c)。残念なことに，現在の研究のほとんどは報酬に基づく処理の検討を犠牲にして目標指向的課題に焦点をあてている。そして，最適な処理を仲介する認知的処理システムを除いたすべての点で同じ課題を使用し，同一の実験内で目標指向的処理と報酬に基づく処理を検討する研究はほとんどない（ただし，Maddox, Pacheco, et al., 2010; Worthy et al., 2011, 2014; Worthy & Maddox, 2012参照)。第2に，特定の課題を解決するために利用される方略についてより深く理解することを目的として，計算モデリング技法の使用を増やすべきである。健常加齢に伴う脳や認知機能の加齢による構造的低下と機能的低下は明らかであるにもかかわらず，高齢者は，ある条件では，限られた利用可能な資源を用いて課題遂行を最適化するための認知方略を選択することに非常に熟練している。高齢者の認知的な問題は十分に実証されているが，ある事例では，高齢者は若年者と同様またはよりよい成績を示すことがある（Glass, Chotibut, et al., 2011; Maddox, Pacheco, et al., 2010; Worthy et al., 2011, 2014; Worthy & Maddox, 2012)。もちろん，その他の多くの条件下では，高齢者は課題を解決するための最適な方略を利用することが困難であり，その代わりに，より単純で次善の方略に頼るようである（Filoteo & Maddox, 2004; Maddox et al., 1998, 2013）。方略選択における年齢に基づく変化への洞察を提供するような計算モデルを含んでいないために，これらの知見は，しばしば特異であり，矛盾しているとみなされている。

11節　今後の方向性

私たちが今後進むべきであると考えられる研究の方向性は数多くある。何よりもまず，動機づけと学習の効果を駆動する神経生物学的基盤や神経生物学的メカニズムを検討する研究が多く必要とされる。私たちは次のように主張する。すなわち，動機づけの一致は，努力を要する目標指向的な処理の増加に向けて調整するように働くのに対して，動機づけの不一致は，努力を要する目標指向的な処理の減少に向けて調整するように働く。また，このシステムの相互作用的な性質を考えるならば，動機づけの不一致は，自動的で習慣的処理を向上させる。それゆえ，私たちはこれらの効果の所在が，前頭葉前部と広く定義されると考えている。

食欲誘因や嫌悪誘因の神経メカニズムを調べる研究は，全体的動機づけと局所的動機づけとの間の相互作用を厳密に検証してこなかった。Ashby や Isen の共同研究者たちによる研究（Ashby et al., 1999; Isen, 1993, 1999）は，ポジティブ感情（全体的接近動機づけ）が，局所的獲得動機づけを含む課題（全体・局所の一致）の間に，腹側被蓋野（ventral tegmental area: VTA）から前帯状回へのドーパミンの放出を増加させ，それにより，認知的柔軟性が増加することを示した。この仮説は，嫌悪的な全体と局所の一致の基礎となるメカニズムには焦点をあてていないが，腹側被蓋野が動機づけ－認知インターフェイスに重要な役割を果たしている可能性が高い。腹側被蓋野は，一連の白質ループを通して，皮質と皮質下構造の間で報酬信号と罰信号を送っている。これらの投射は，内側前頭前皮質（状態に基づく処理を駆動するのに重要な領域）と側坐核（報酬に基づく処理を駆動するのに重要な領域）との間のつながりを含んでいる。このドーパミン作動性ネットワークは，モデルベースのプロセスとモデルフリーのプロセスの両方の側面を含んでいる。そのため，このネットワークはおそらく，本章で検討されてきた，動機づけ－学習インターフェイスに関する3要因による説明にみられる行動バイアスを決定する際に重要である。具体的な予測があるわけではないが，全体的動機づけと局所的動機づけの文脈において，食欲誘因処理と嫌悪誘因処理がしっかりと理解されていないのは明らかであり，精緻な神経生物学的理論の発展とともに，動機づけと認知プロセスとの相互作用が検討されるべきである。

第2に，今まで概説してきた研究のそれぞれは複雑な動機づけと学習とのインターフェイスの一面を支持するものであるが，健常加齢に対する全体的動機づけ，局所的動機づけ，および課題指向的な動機づけの効果の相互作用的な性質を検討するような体系的な研究が必要である。私たちは2つの応用研究のなかで取り上げたような計算モデリングアプローチを用いた研究を今後もみたいと考えているが，すべての研究において課題の性質にもっと注意すべきであるとも強く感じている。脳内のどこで認知処理が行われているかがあいまいで，あまり理解されていない単一の課題を利用することがあまりにも多い。それに加えて，認知処理システムや最適な学習の基礎にある方略のようないくつかの重要な要因を取り上げ，それら以外のすべての条件を同一にした2つの課題を含む研究はほとんどない。この種の研究は，とくに健常加齢に関する研究領域において，さらに多く必要とされるだろう。

第3に，これらの研究領域間でもっと計算論的認知神経科学との連携がなされるべきである。このアプローチは行動の基礎にある神経系を直接検討しようとする研究と計算モデルを用いて関連する認知プロセスを表現するなかで得られる洞察をつないでくれる。こういった取り組みの多くは，若年者（Ashby & Crossley, 2011; Crossley, Ashby, & Maddox, 2012; Daw et al., 2011）を対象に進められているが，健常加齢（Samanez-Larkin et al., 2011）にまで拡張されるべきである。

最後に，私たちはこのアプローチが子ども（Hartley, Decker, Otto, Daw, & Casey, 2013）や抑うつ症状を示す個人（Beevers et al., 2012; Luking & Barch, 2013; Maddox, Gorlick, Worthy, & Beevers, 2012; Pagliaccio et al., 2013）といった，明らかに動機づけに差があるような，そのほかの実験参加者集団にまで拡張してほしいと考えている。私たちの研究室やそのほかの研究施設で行われた先行研究は，抑うつ症状をもつ個人が慢性的な全体的回避状態にあり，報酬処理において問題を示すが，罰処理では向上を示すことを示唆している。それゆえ，抑うつ的な個人は獲得条件下では調整的不一致となり，損失条件下では調整的一致となる可能性がある。私たちの調整的一致の枠組みに従えば，抑うつが獲得条件下では努力を要する目標指向的処理を弱め，損失条件下では目標指向的処理を強めると予測される。最近の研究で私たち（Maddox et al., 2012）は，二肢選択の状態に基づく意思決定課題（図15-2a）の獲得と損失のバージョンを使用し，この仮説に対する支持を得た。最近，私たちはこれらのデータについてハイブリッド強化学習モデルを用いて再分析し，獲得条件では抑うつ症状の少ない個人と比較して抑うつ症状の高進した個人において，最適なモデルベースの処理が減少し，損失条件では逆のパターンとなることを発見した。これらのデータは，抑うつ症状が高進した個人に固有の慢性的な全体的動機づけ状態が，獲得を最大化する，または損失を最小化するために，局所的動機づけ状態と相互作用することを示唆している。この種の他の応用研究が今後行われるべきである。

12節　結論

本章では，動機づけが単純に「もっとがんばること」であるという素人の信念がよく言えば単純化したものであり，悪く言えば不正確であることを示した。私たちは３要因の動機づけ－学習の枠組みを開発し，そのなかで，①ポジティブな結果（昇給，ボーナスなど）に接近する，またはネガティブな結果（降格，減給など）を避けるという全体的動機づけ，②試行ごとの獲得を最大化する，または損失を最小化するという局所的な課題報酬構造，③課題を解決するための最適な方略，この３要因間の三次の交互作用によって課題遂行が決定されると主張する（Maddox & Markman, 2010）。全体的動機づけ状態と局所的動機づけ状態が一致するとき，努力を要する認知コントロール処理が向上し，習慣的な手続き的処理が低下し，それらは目標指向的課題の遂行の向上と報酬に媒介される習慣的な課題の遂行の低下をもたらす。しかし，全体的動機づけ状態と局所的動機づけ状態が一致しないとき，努力を要する認知コントロール処理は弱まり，習慣的な手続き的処理が向上し，それらは報酬に媒介される習慣的な課題の遂行の向上と目標指向的課題の遂行の低下をもたらす。

私たちは健常加齢についてこの動機づけ－学習の枠組みを検討したが，同一の実験文脈内でこれらの要因のうち２つの要因について検討した研究は１つだけであり，その他の多くの研究は私たちの予測を支持する単一の要因の効果を検討してきた。私たちの研究室で行われた最近の研究（Worthy et al., 2014）と２回目の再分析（Cooper et al., 2013）では，健常加齢において報酬が仲介する処理の方向に課題指向的な動機づけのバイアスがかかることを強調している。このことは計算モデリングにより明らかになった。全般的には，これらのデータが動機づけ－学習の枠組みを支持しているが，さらなる多くの研究が必要であると，私たちは結論づけた。とくに，私たちは課題指向的な動機づけの差異にもっと多くの注意が払われるべきであると主張する。認知課題を実施中に若年者と高齢者が用いる認知方略を同定するために，計算モデルを利用することを強く推奨する。

第16章

認知的関与，動機づけ，および行動におけるコストの加齢変化の関係

Thomas M. Hess
Brian T. Smith

加齢は認知能力の標準的な変化と結びついている。これまでの研究結果では，処理速度，ワーキングメモリ，実行機能，エピソード記憶といった基本的認知能力において加齢による能力低下が一貫して示されている（総説として，Braver & West, 2008; Luszcz, 2011を参照）。結晶的知能（経験から得られた技能と知識）は維持される場合が多いが，新奇場面において複雑な情報を処理する能力については高齢期になると衰えてくる。このことは，高齢者がどの程度まで新しい場面状況に適応でき，日常生活においてどれほど効果的に自律的に認知機能を発揮し続けることができるのかという事柄に関心をもっていた場合，１つの重要な問題となる。しかし，人は年齢とともに認知能力の低下を経験するということを強く示唆する研究が何十年にもわたって行われてきた。その反面，ほとんどの高齢者は日々の生活機能に関して高いレベルの能力を示し続ける。実際のところ，これまでの研究結果では，課題成績に関する加齢低下を示す証拠は意外なほど見いだされていないといえるかもしれない（Salthouse, 2012）。

これに関連した１つの事例は，職務遂行に関係したものである。たとえば，航空交通管制のような要求水準の高い職務においては，たしかに加齢による能力低下が認められる。しかしながら，メタ分析を用いた研究では年齢と職務遂行との間にはほとんど関係がないことが明らかにされている（McEvoy & Cascio, 1989; Ng & Feldman, 2008; Schmidt & Hunter, 1998）。こうした関係が認められなかったのは，能力に関

連しない要因（たとえば，選択効果）が含まれていたのかもしれない。しかし，同様のメタ分析によっては，能力と職務遂行との間に有意な関係を見いだしたものもある。言い換えれば，ある能力が職務遂行に関連しており，年齢とともにその能力の低下が認められたとしても，その職務状況における課題成績を予測する際に年齢そのものは重要な役割を果たしていないのではないかと考えられる。同じように研究結果が一貫していないのは，日常場面での認知や問題解決を調べる際にも認められる（総説としては，Allaire, 2012; Berg, 2008を参照）。そうした日常場面では，能力と課題成績との間の関係は，場面状況に直接関連していないことが多い。

Salthouse（2012）は，研究論文を概観したあと，次のように結論している。「ほんのいくつかの例外を除いて，年齢（少なくとも20〜75歳の範囲内）と全般的な社会的機能の指標との間に負の関係を示す証拠はほとんど見いだされない」（p. 215）。彼は，いくつかの要因によって両者の関係が認められないことが説明できるとしている。それらの要因には，課題成績のために知識に信頼を置くことに移行することが含まれている。また，私たちは，能力が評価されるときには，通常は最大限に能力を発揮するが，そうでなければ最大限に能力を発揮する必要がめったにないという事実も含まれている。より一般的な説明では，このように年齢と社会的機能とが明らかに関係していないのは，１つには，このことが高齢者における適応的機能プロセスを反映していると考える。とくに，成人が高齢になって特定の目標に応じて認知資源を配分する仕方を変えることによって，認知的関与に変動が生じ，そのため，実験室場面での課題成績や日常生活場面での課題成績についても変動が生じる。このことは選択性効果によって理解できると考えられる。

選択プロセスは，成人期の適応機能に関する多くの発達理論のなかでもとくに特徴的なものであり，認知活動に関連していくつかの点で明らかである。たとえば，**社会情動的選択性理論**（socioemotional selectivity theory；Carstensen, Isaacowitz, & Charles, 1999）は，次のように提唱している。高齢になると，将来の時間展望の限界が増すので，情動的な幸福への焦点化が高まるとともに，知識に基づいた社会的目標の顕著性が低下し，感情的幸福に結びついた目標への焦点化が高まる。このことは，多くのさまざまな点で行動面に現れると考えられる。たとえば，高齢者は若年者に比べて，気心の知れた他者との相互作用が多く，見知らぬ他者との相互作用が少ない。これはおそらく，なじみのある社会的パートナーとのポジティブな情動経験の機会が多いからであろう（Fredrickson & Carstensen, 1990）。高齢になると，注意や記憶の面でもポジティブな情報へのバイアスが高まるという証拠も示されている。その際，ポジティブ感情を促進するのに適応的な情動調整方略が反映されると仮定されている（Reed & Carstensen, 2012）。まだ検証されていないが，この理論を拡張すると，高齢者は，フラストレーションやネガティブ感情を生む認知活動に重点を置かないように，関与する活動を移行していくのかもしれない。

選択最適化補償モデル（selection, optimization, and compensation model: SOC；P. Baltes, 1997）もまた，次のことを示唆している。さまざまな生活文脈での課題遂行を支える（広義の）資源が変化することによって，階層構造をもつ目標への順応と特定の活動に関与しようとする動機づけの変化への順応を通して，選択プロセスが影響を受ける。この考え方を拡張すると，高齢期での資源の一般的な低下によって，個人は自らの目標を，成長に焦点化したものから維持や喪失阻止を中心に据えたものへと移行させることにつながる（Freund & Ebner, 2005など）。したがって，高齢者は，生活環境の変化に応じて現行の機能レベルを支える活動に対して選択的に焦点化して目標の優先性に対応する。

私たちは，加齢に結びついた選択プロセスが，認知資源を節約するための一般目標に関連して一定の役割も果たしていると考えている。具体的にいえば，高齢になると，要求された認知活動の遂行に伴うコストが変化するために，高齢者は，自らの資源をどのように消費すべきかという点から選択するようになる。すなわち，加齢に結びついたコストの増大は，資源を節約するという目標の顕著性を高め，認知資源の消費に基づいた選択性の増大につながる。そして，このことによって，資源の消費において文脈を超えて選択性が増すことになり，実験室場面で評価される能力と日常生活場面で示される能力との不一致を説明できる可能性が高くなる。次節では，この選択性関与の考え方（Hess, 2014）について詳しくみていく。

1節　高齢期における認知資源の選択的関与

身体面に関して，体力や筋肉強度，身体統合性が変化すると，身体活動への要求やコストが増大する。そのことによって，高齢者は身体活動が制限されるようになる（Neupert, Lackman, & Whitbourne, 2009など）。これと同様の図式は認知領域でも生じる。具体的にいうと，加齢は，認知資源の関与に直結したコストの増大と結びついている。このことは，特定の目標レベルの課題成績を達成するのに必要とされる資源（たとえば，努力や皮質構造，新陳代謝プロセス）の点でも，認知的関与に結びついた結果（たとえば，疲労やグルコース消耗）の点でも，そのようにいえる。私たちは，高齢者が自己の行動を調整して，これらの変化を考慮に入れ，能力に見合ったかたちで目標を変えたり（Brandstädter & Rothermund, 2002; Freund & Ebner, 2005），自ら進んでどのような活動に参加するかという点で，より選択的になったりする，と考える。私たちは，この調整プロセスに関する後者の側面に焦点をあて，高齢になると認知的コストが増大する影響を利得とコストに関して１つの理論的枠組みによって捉えることができると考えている。

個人が自らの意思や動機づけを決定して特定の活動に関与することは，潜在的なコストよりも利得に比重を置くからである。このような重みづけの結果は**利得コスト比**（benefit/cost ratio: BCR）によって表現することができ，なんらかの基準（ここでは**関与閾**（engagement threshold）と呼ぶ）によって評価される。この閾値は，個人が，ある１つの活動の利得に対してコストよりも十分に大きく，関与する価値があると考えるレベルを表している。もしも利得コスト比がこの閾値と同じか，それ以上に大きければ，個人がその活動に関与する確率は高くなる。それとは逆に，利得コスト比がこの閾値よりも小さければ，その活動に関与する確率は低くなる。この理論的枠組みのなかで，特定の活動に関与しようという動機づけに対して，少なくとも利得，コスト，関与閾という３つの要因が影響すると考えられている。一般に，これら以外の要因はすべて等しく，利得が増えると利得コスト比が大きくなり，活動に関与する確率が高くなる。一方，コストが増えると利得コスト比が小さくなり，活動に関与する確率が低くなる。利得コスト比を一定に保つと，関与しようという意思は，関与閾の関数として変化する。これらの要因は成人期での年齢に関連した客観的要因や主観的要因の両方と結びついていることが多い。たとえば，コストは，客観的な課題要求（たとえば，ワーキングメモリ課題でどれくらい多くの項目を想起しなければならないか）によって判断され，過去経験に基づいて解釈される。

ここでは，主に，コストが変化することの役割について取り上げ，次に関与閾について検討する。成人期において目標が質的に変化し，利得の知覚に影響することについては，理論的にも実証的にも多くの証拠が示されている。しかし，私たちの理論的枠組みは，年齢の異なる成人であっても利得が同じように知覚されるという状況のもとで年齢がどのような影響力をもつかに関心がある。私たちは，コストと閾値と結びついた年齢効果が高齢期での選択性の増大をもたらすと考えている。第１に，知覚された利得のレベルがどうであれ，高齢期においてコストが大きくなると利得コスト比は小さくなる。通常の範囲内での一般的な活動であれば，このようなコストの増大によって，最小から中程度の利得と知覚されたいかなる活動も，高齢者では関与閾を超えるという可能性が小さくなる。実際には，高齢期における関与を決定する際に，利得の知覚に影響する個人的関連性のような要因の重要性を高めることになる。

第２に，関与閾もまた高齢期において変化する。年齢とともに認知資源の消費を正当化するのに必要な基準が高くなってくる。こうした調整は，個人の自らの加齢についての信念や知覚といった要因の影響力の大きさを反映している。たとえば，高齢者は，実際のコストの変化に関係なく，レジリエンスやコントロール感，認知的課題要求への遂行能力に対して加齢がネガティブに影響すると考えている。それらは，関与閾が高いときに明確になる。一方，加齢に対するポジティブな見方は，関与閾が低いことに反映される。ここで重要なことは，関与閾が個人の能力に一致している場合に適応機能が最適になると仮定されている点である。言い換えれば，加齢に対する非常にポジティブな見方は，個人の能力を超えた活動に関与したり，資源が低下しているのに課題要求が大きすぎたりする場合は，不適応なものとなることがある。関与閾の調整は，認知的に要求されている課題に関与しようとする内発的動機づけの変化に反映される。つまり，関与閾が高くなると動機づけの低下につながる。このほかのすべての要因が等しいときには，関与閾の上方調整（言い換えれば，関与のための基準が高くなること）によって，高齢期にコストの増大が仮定されるのと同じ選択効果が生じやすくなる。

ここまで述べてきたことを図16-1a に示す。この図では，課題利得の変化の関数と

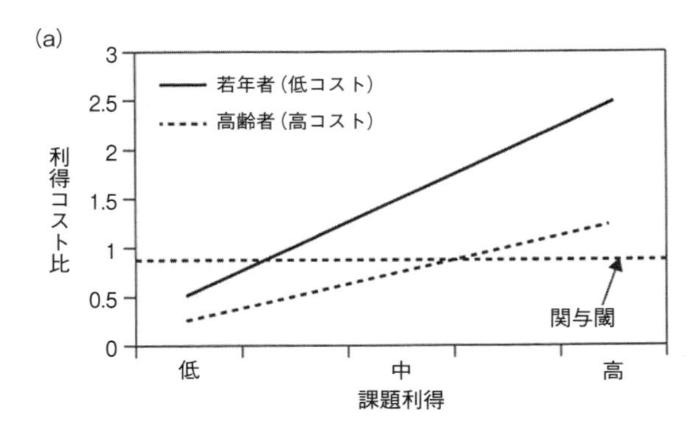

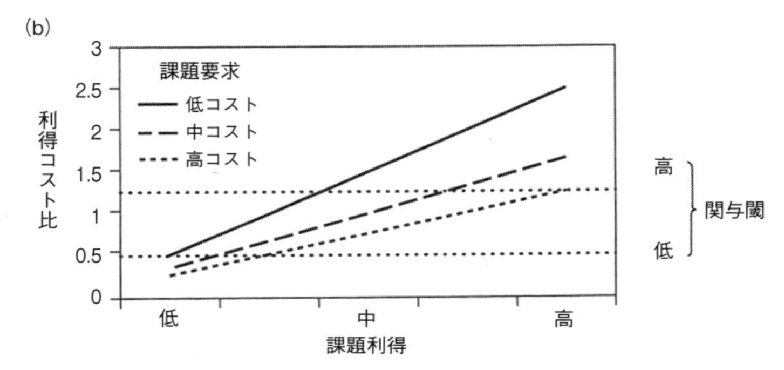

図16-1
(a) 年齢の効果とそれに関連する利得コスト比に及ぼすコストの増加。
(b) 関与閾の変化が関与率に及ぼす効果。

して，さまざまなレベルの「コスト」における利得コスト比が示されている。図のなかの異なる種類の線は，課題と結びついたさまざまな仮説的レベルのコストを表している。したがって，これらは同一の個人における課題間のコストの違い，または同一の課題と結びついたコストにおける個人間の違い（たとえば，若年者と高齢者の比較）を示している。もしも利得と課題が一般的なものであると仮定されるならば，次の2つの事実が観察されるはずである。具体的に，コストが増大して利得コスト比が小さくなるに従って，①関与閾を超える活動の数は少なくなり，②関与するかどうかを予測する際に課題利得がより重要になってくる。異なる関与閾を図16-1bに示す。関与閾が変化することによって，コストの変化に伴う同一の関数関係が生じる。そのため，関与するための基準が高くなるに従って，関与の全体的なレベルは低下し（あるいは，少なくとも，参加しようとする活動の範囲が制約される），課題参加を予測する際に利得がより大きな影響力をもつ。

私たちが主張したいのは，認知的関与と結びついた年齢に関連した選択性効果を特徴づけるのにこの理論的枠組みが有用であるということである。この理論的枠組みは，少なくとも部分的ではあっても，特定の文脈を超えて課題成績と認知能力との間の不一致のいくつかについて説明している。この理論的枠組みを支持する証拠は，次の3つの予測に依存している。第1に，高齢期になると，持続的な認知活動や複雑な認知活動への関与と結びついたコストが増える。第2に，加齢によって，資源の関与の選択性が強められ，そのことは①活動参加が全般的に低下すること，②課題利得が活動関与に関する予測性を強めること，の両方に反映される。最後に，最も重要な点であるが，コストの変化と選択性プロセスの変化との間には関連性がある。具体的にいうと，コストは資源に関与するための動機づけと結びついているはずであり，内発的動機づけと同じくらいのレベルで選択性に反映されるはずである。こうした予想に関連した証拠について次にみていく。

1．加齢と認知的関与のコスト

私たちはコストを，①特定の目標レベルの課題成績に伴う心的努力（すなわち，認知的関与のレベル）と②そのような心的努力[★1]に伴う疲労または消耗効果，この両方によって理論化している。加齢がこうしたコストの増大と結びついているという考え方は認知加齢に関する数多くの視点において暗黙裡に認められている。たとえば，Craik（1986）は，認知資源の低下が自己始動的な記憶操作を必要とする状況下での高齢者の課題成績の低下と結びついていると仮定している。こうした自己始動的処理における能力低下は，年齢とともに記憶処理に伴う心的努力が相対的に増大することを意味している。これと同様の見方は，高齢者には課題成績を支えるための皮質の資源がより多く必要であるとする神経科学的理論でも認められる（Cabeza, 2002; Park & Reuter-Lorenz, 2009など）。あいにく，加齢とコストとの関係を直接検討した研究はこれまでほとんど行われてこなかった。しかしながら，いくつかの分析結果からこの両者の関係を示唆する研究知見は得られている。

◈（1）行動研究

行動面において高齢者が感覚情報を処理する際に必要とされる心的努力が大きいほど，後続の記憶成績にはネガティブな影響が現れるという研究結果が示されている（Murphy, Craik, Li, & Schneider, 2000; Tun, McCoy, & Wingfield, 2009など）。言い換えれば，高齢者は若年者に比べて感覚情報を登録する際に，関連した認知システムの標準的な能力低下によって付加的な心的努力が必要となり，そのことが記憶を支えるために要する資源を消耗させるのである。これに関連した研究知見は，ビジランス課題（vigilance task）の**メンタルワークロード**（mental workload）に対する高齢者の主観的評定に関する実験から得られている（Bunce & Sisa, 2002; Deaton & Parasuraman, 1993）。この課題において課題成績の年齢差が最小になるような実験条件が設定された場合でも，高齢者は若年者よりも時間経過とともに作業負荷が大きくなると報告している。この効果に対する1つの解釈は，高齢になると，持続的な認知活動に伴う疲労効果が増大するからであるというものである。Westbrook, Kester, & Braver（2013）は，最近の研究のなかで，心的努力を要する認知活動のコストの認知における年齢差を一種の経済分析を用いて直接評価しようと試みている。その結果，高齢者は若年者よりも，困難な課題に対してより多くの誘因が必要であることが見いだされた。このことから，コストに対する主観的認知は年齢とともに増大することが明らかになった。

◈（2）生理反応研究

加齢とともに認知活動のコストが増大するという根拠は，認知活動に直接的に，または間接的に結びついた生理反応の変化からも推測できる。いくつかの研究から，高齢者は若年者よりも，認知課題に対するコルチゾール反応が顕著であり，この種のストレス関連反応からの回復が遅いことが見いだされている（Neupert, Miller, & Lachman, 2006; Seeman & Robbins, 1994; Steptoe, Kunz-Ebrecht, Wright, & Feldman, 2005など）。心的努力を要する認知活動に取り組んでいるときの脳内のグルコースに基づくプロセスもまた，高齢になると，さまざまな問題が生じるようである。心的努力を要する認知活動中のグルコースの消費とともに，血糖値レベルが元のレベルに回復することも損なわれていく（総説として，Gold, 2005を参照）。これらの事柄を考え合わせると，認知的関与に結びついた生理メカニズムは高齢期には効率が悪くなり，資源の関与からの回復にもより多くの時間が必要なのかもしれない。しかしながら，このような推測を行う際の問題点として，ここで取り上げた指標はすべてコストに対して間接的にしか結びついていないという事実がある。心的努力や疲労を明確に反映する生理反応を評価する研究は，より強力な証拠を提供する。

加齢研究で用いられてきた指標の１つは，瞳孔の大きさである。瞳孔の大きさはさまざまな文脈を超えて心的努力に応じて拡張することが示されている（Beatty, 1982を参照）。いくつかの研究によれば，高齢者において課題要求に応じて同様の変化が生じることも示されている（Kim, Beversdorf, & Heilman, 2000; Kuchinsky et al., 2013; Piquado, Isaacowitz, & Wingfield, 2010; Van Gerven, Paas, Van Merriënboer, & Schmidt, 2004など）。しかしながら，高齢期になると，瞳孔は大きさも反応範囲も標準的に小さくなるという事実があり，異なる年齢のグループ間の実験結果を比較するのがむずかしいという点で問題がある。このような一般的な問題は，瞳孔の大きさに限らない。標準的な変化は，覚醒を評価するために広く用いられているいくつかの生理学的指標に対しても影響を与える（Hess & Ennis, 2014）。

加齢研究において有望な可能性の高いもう１つの指標は，**収縮期血圧**（systolic blood pressure: SBP；いわゆる最高血圧）である。この指標は，行動レベルでも生理的レベルでも認知的関与に関連している。脳は，エネルギー消費が比較的高く，安静時の代謝状態の20〜30％を占めるが（Saravini, 1999），エネルギーの貯蔵については容量に限界がある。したがって，脳は，血流によって供給されるエネルギー基質（たとえば，グルコースや酸素）に大きく依存し，その活性化は心臓血管系に左右される（Kelsey, 2012）。したがって，脳は，血圧の調整を通して調節される（Fairclough & Mulder, 2012）。Obrist（1981）の**積極的対処モデル**（active coping model）によれば，収縮期血圧が認知的関与の１つの指標として用いられるのは，収縮期血圧が心筋収縮性によって決まり，したがって交感神経系に支配されているからである（Berntson, Quigley, & Lozano, 2007など）。近年，収縮期血圧が認知的関与の指標として妥当であることを示す研究が増えてきた。それらのなかには，課題要求とさまざまな動機づけ要因との体系的な関係を示す研究も含まれている（総説として，Gendolla & Wright, 2005; Wright & Gendolla, 2012を参照）。ここで重要なことは，課題に関連した要因に対する収縮期血圧の感受性が高齢期になっても比較的一定に保たれているという点である（総説として，Uchino, Birmingham, & Berg, 2010）。その反応範囲も，認知的関与の評価に用いられる他の指標（たとえば，皮膚伝導や瞳孔反応）に比べて加齢の影響をさほど受けない。

収縮期血圧を用いて認知的関与のコストに関する年齢変化を直接評価している研究はほとんどみられないが，現在の研究でも高齢期にそうしたコストが増大することを示すものがある。たとえば，Uchino et al.（2010）のメタ分析によれば，加齢は，情動的課題に対する収縮期血圧の増大との間に正の相関があり，その関係は課題要求に従って強くなる。私たちは最近，２つの研究を行い，具体的に次のような仮説を検討した。すなわち，心的努力は特定の目標レベルの課題成績と結びついており，それに伴う疲労は年齢とともに大きくなる。私たちの最初の研究（Hess & Ennis, 2012）は，課題の困難度が現行課題（すなわち，心的努力が要求される課題）と後続課題（すなわち，疲労効果）の両方における収縮期血圧にどのように影響を及ぼすかを検討している。私たちの仮説と一致して，高齢者は若年者に比べ，すべての課題困難度のレベルにおいて収縮期血圧が高く（ベースラインからの変化量として），課題がむずかしくなるに従って年齢差が大きくなることが示された。さらに，後続課題での収縮期血圧は最初の課題の困難度に依存していた。すなわち，若年者も高齢者も，最初の課題で困難度の高い課題を終えた人は困難度の低い課題を終えた人よりも収縮期血圧が高かった。このことから，収縮期血圧は疲労や資源の消耗を反映しており，身体面での筋肉疲労に伴う経験と同様である。身体的には，安静状態に比べると，疲労状態のもとで同一の課題を遂行するのに，より多くの努力が必要となる。ここで重要なことは，高齢者がすべての条件において高いレベルで努力を費やし，第２課題での収縮期血圧反応における個人差は第１課題への反応によって説明できたという点である。言い換えれば，高齢者のほうが疲労が大きいのは，第１課題でより多くの努力を費やした直接の結果（すなわち，コスト）であると考えられる。

私たちの第２の研究（Ennis, Hess, & Smith, 2013）は，標準的な記憶探索課題における若年者と高齢者の課題成績を調べることによって，より体系的に課題要求を評価しようとした。記憶探索課題では，記憶セットの項目数を変えることで課題の難易度が操作された。その結果，ここでもやはり，高齢者は若年者に比べてすべてのレベルの課題困難度において収縮期血圧が高く，主観的な課題困難度も高いことが示された。こうした課題困難度の評定値は収縮期血圧の反応を予測したが，このことは努力の個人差がコストの認知に反映されているという考え方を支持するものである。また，サイズが小さい３つの記憶セット（２，４，６個）については，課題要求が増えるに従って収縮期血圧の反応は高くなり，その増加関数の傾きは高齢者のほうが若年者よりも大きかった。しかしながら，若年者も高齢者も，収縮期血圧の反応は，課題困難度が高まると（記憶セットのサイズが８個と10個）低下し，この反応の低下傾向は高齢者のほうが若年者よりも顕著であった。このような収縮期血圧の反応低下は，他の研究では，課題要求が個人の認める能力を超えはじめると課題への非関与

(disengagement) を反映するのではないかという解釈がなされている (Gendolla & Krüsken, 2001; Wright & Dill, 1993など)。この非関与の効果により，高齢者では早い段階で飽和点に達することが示唆される。

別の研究室による最近の研究でも，これに関連した実験結果が報告されている (Schapkin, Freude, Gajewski, Wild-Wall, & Falkenstein, 2012)。高齢者は若年者よりも，Nバック課題での要求が高まるにつれて，収縮期血圧の反応の増大が著しかった。そして，収縮期血圧がベースラインにどのように戻るかに反映される回復は，高齢者では少なかった (Steptoe et al., 2005も参照)。このように，収縮期血圧を認知的関与の1つの指標として用いた研究は，全般的に，努力を要する認知活動に伴うコストの増大が加齢と結びついているという結果を支持している。

(3) 神経画像研究

神経画像研究によって，高齢者が若年者と同じレベルの課題成績を達成するには，若年者の場合よりも広範囲に脳を利用していることが見いだされている。このことは，高齢になると認知活動のコストが大きくなるという考え方と一致すると考えられる (Cabeza et al., 2004; Cappell, Gmeindl, & Reuter-Lorenz, 2010など)。この「過剰利用 (over-recruitment)」は一部の高齢者に見られる一種の補償的メカニズムを反映していると解釈されてきた (Park & Reuter-Lorenz, 2009)。しかしながら，補償は，通常の場合，認知障害に対処するために別の手段を用いることを意味しており (Bäckman & Dixon, 1992)，いくつかの事例における活性化のパターンは，必ずしもそのような質的変化に対応しているわけではないと考えられる。たとえば，Cappell et al. (2010) によれば，高齢者はワーキングメモリの課題での要求が高まると，若年者の場合と同じく，類似した皮質資源を利用するが，課題困難度が低いレベルでしかそれは認められない。このように，純粋な意味での補償による説明とは対照的に，こうした年齢差のパターンは，処理における補償や質的変化というよりも，高齢期において目標レベルの課題成績の達成に伴うコストの増大を反映していると考えるのが妥当である。

(4) 結論

以上の事柄を考え合わせると，この項で取り上げた研究ではさまざまな実験方法や測定指標が用いられているが，いずれの研究結果も，認知活動と結びついたコストは高齢者において大きくなるということに収束する。収縮期血圧や皮質活動，主観的報告などに反映されるように，高齢者は若年者に比べて，ある特定の課題において同等のレベルの課題成績を達成するためには，より多くの資源が必要である。努力を要する認知活動もまた，収縮期血圧の反応や脳内血糖値レベル，課題困難度の主観的報告，および課題遂行の結果に反映されるように，高齢期では疲労関連効果が大きくなることにつながる。したがって，私たちの利得コスト分析の1つの側面は，認知活動のコストが高齢期に増大することを合理的に支持している。

2．認知的関与における選択性効果

私たちの理論的枠組みでは，コストの増大による動機づけへの影響は，高齢期における活動関与への意思や実際の活動参加という点で，より選択的になることに反映される。コストの増大はまた，活動参加の全般的なレベルと，個人が参加する活動の種類の両方に影響すると仮定される。次に，この両者のそれぞれについてみていく。

（1）全般的関与レベル

数多くの研究によって，成人期後期では加齢に伴って日常的活動での全体的参加レベルが低下してくることが示されている（Bielak, Christensen, & Windsor, 2012; Bielak, Hughes, Small, & Dixon, 2007; Dodge et al., 2008; Stanley & Freysinger, 1995など）。このことは，とくに自由裁量の活動にあてはまる。ここでの自由裁量の活動とは，知的活動や文化活動，社会活動など，個人が参加に関する選択権をもっている活動である（M. Baltes & Lang, 1997; Jopp & Hertzog, 2007; Lang, Rieckmann, & Baltes, 2002; Mitchell et al., 2012; Salthouse, Berish, & Miles, 2002）。ここでの考え方と一致するのだが，課題要求もまた，活動参加に影響すると考えられる。たとえば，高齢者が認知的に要求されている活動に関与することは，認知能力との間に正の相関がある（Hultsch, Hertzog, Small, & Dixon, 1999; Lang et al., 2002; Schooler & Mulatu, 2001）。そして，高齢者は，認知的要求が高く評定される活動に関与したがらない（Rousseau, Pushkar, & Reis, 2005; Salthouse et al., 2002など）。これらの研究結果から，認知資源の変化は高齢期における日常活動の選択的関与と結びついていることが示唆される。

（2）状況に基づいた関与

この利得コストの理論的枠組みによれば，活動参加の全般的レベルの変化に加えて，いかなる活動であれ，コストが増大するに従って課題関与を決定する際に認知された利得の影響力がより大きくなっていく。私たちの研究室では，多くのさまざまな種類の課題を用いてこの予測を検討してきた。それらの課題のなかで，個人的関連性または課題関与に関する実験的操作や自己報告が努力を要する認知活動に影響を及ぼす際に，年齢がこの影響に対してどのように関連しているかを調べた。もしもそのような要因が利得を反映し（たとえば，個人的関連性が高いこと＝認知された利得が大きいこと），加齢がコストの増大と結びついていると仮定されるのならば，①個人的関連性は若年者よりも高齢者において課題成績と強く関連しており，②関連性が高くなるにつれて，課題成績や課題関与における個人差は小さくなってくるはずである。

私たちは一連の研究のなかで，対人記憶における個人差を検討することでこれらの仮説を検証した。若年者を対象に行われた以前の研究では，１人の人物の主要な印象と一致しない行動情報に関する記憶は，その印象に一致した行動情報に関する記憶よりも想起されやすいことが示された。この効果は，知覚者が行動情報とその期待とのズレを低減しようとして，付加的な処理がこの不一致に対して配分されたことによるものであると説明された（Hastie, 1984; Srull & Wyer, 1989）。したがって，この記憶の不一致効果は，努力を要する認知活動への関与の１つの指標であると解釈することができる。私たちの研究室で行われた研究では，この不一致効果が高齢者では低下することが示されている（Hess & Tate, 1991など）。このことから，高齢者は課題遂行を支えるために必要な認知資源に関与することが少ないことが示唆される。ある研究では，実験参加者が課題成績にどの程度責任を負わされるかを操作することで，課題をうまく遂行したことによる認知的な利得を変化させようとした（Hess, Rosenberg, & Waters, 2001）。個人が課題成績に対して公的に責任をもたされると，自己呈示による関心が顕著になり，目の前の課題への関与が高まる（Lerner & Tetlock, 1999を参照）。私たちの研究では，ある１つの領域（すなわち，社会的判断）における課題成績について検討した。その課題では，高齢者の技能がきわめて高く（総説として，Hess & Queen, 2014を参照），この領域に関して加齢に基づくネガティブなステレオタイプはなかった。したがって，高齢者において課題成績に及ぼす責任性の影響が過度に大きくなるのは，努力を要する認知的操作を支えるために資源に関与することが年齢に基づいた選択と関係していることを反映していると考えられた。

これらの実験結果は，高齢者において責任の高い条件で認知的関与が高まることを支持しているが，こうした推論は課題遂行の結果に基づいてなされており，認知的関与をせいぜい間接的に反映しているにすぎない。これとは別の一連の研究では，プロセスレベルでの効果を検討するために，Jacoby（1998）のプロセス分離手続きを用いて，記憶成績の基礎にあると仮定される努力を要する回想プロセスに対して責任がどのような影響を及ぼすかを調べた。私たちは，この手続きに変更を加えて類似した課題を用い，一致しない行動の記憶は，一致する行動の記憶よりも努力を要する回想への依存性が高く，高齢者は若年者よりも全体として努力を要する回想のレベルが低いことを見いだした。これらの実験結果は，そのような行動の記憶は精緻化処理に依存しており，加齢はそうした処理の低減と関連しているという考え方と一致する。しかしながら，予想と一致して，責任性は高齢者の課題成績に対して過剰な影響を及ぼした。私たちは，無関連情報を無視する能力（Germain & Hess, 2007; Hess, Germain, Rosenberg, Leclerc, & Hodges, 2005）や態度形成（Hess, Leclerc, Swaim, & Weatherbee, 2009）にかかわる文脈を含め，ほかのさまざまな文脈でこれと類似した効果を報告している。他の研究者もまた，金銭的誘因や目標文脈，個人的関連性（Adams, Smith, Pasupathi, & Vitolo, 2002; Touron & Hertzog, 2009; Touron, Swaim, & Hertzog, 2007; Zhang, Fung, Stanley, Isaacowitz, & Ho, 2013）を含め，さまざまな文脈を超えてこれに関連した選択効果を報告している。

この項で取り上げた研究は，高齢者では若年者よりも，特定の課題に対する自己に関連した意味が課題関与に強い結果をもたらすという証拠を提供している。この結論は，若年者の場合よりも，高齢者ではコストの増大によって，認知された活動利得の知覚が，より強力な課題関与の決定要因となるという，私たちの利得コスト分析から導き出された予測を支持するものである。こうした効果は，数多くのさまざまな文脈で，さまざまな課題遂行やプロセスに関連した指標を用いて示されてきた。ここで重要なことは，刺激材料が年齢に関して中立的なもので，若齢の実験参加者の課題成績が可能な上限以下であることを考えると，観察された効果が熟知性効果や課題困難度によって説明することができないという点である。したがって，これらの研究は高齢期の選択的関与に関連した適切な証拠を提供しているといえる。

3．加齢，コスト，動機づけ，および関与の関係

これまでの2つの項で取り上げた研究は，関与のコストが年齢とともに増大するという命題や，資源の関与における選択性が年齢とともに増大するという命題と一致する証拠を提供するものである。ここで，ジグソーパズルの欠けたピースに相当するものは，コストの変化，動機づけ，および関与（それに加えて，関係のある選択性）の関係を示すことである。あいにく，この理論的枠組みのなかで，このことが最も関連するデータに乏しい部分である。しかしながら，提唱された関係と一致する証拠はある。

私たちの考え方の1つの基本的な見解は，コストの変化が関与しようという動機づけに影響するというものである。このことを検討する1つの方法は，コストの基礎にある一般的資源と，努力を要する認知活動に関与しようとする内発的動機づけとの関係を調べることである。たとえば，もし高齢期における認知的コストの増大が仮定さ

れ，部分的にしろ，それが身体面での健康減退によるものであるならば，健康と動機づけとの間に相関関係が認められ，そうした関係は高齢になるほど潜在的に強くなるはずである。

私たちは，いくつかの研究のなかで次の2つの指標を用いてこのような関係を検討してきた。その指標とは内発的動機づけを反映したものであり，**認知欲求**（need for cognition: NFC）と**個人的構造欲求**（personal need for structure: PNS）である。認知欲求は，複雑な認知活動への関与に伴う愉快さ（enjoyment）の程度を評価する1つの内発的動機づけ変数である（総説として Cacioppo, Petty, Feinstein, & Jarvis, 1996を参照）。個人的構造欲求は，あいまいさへの不快感や単純な認知構造への欲求を測定するものであり（Neuberg & Newsom, 1993），複雑な思考に関与することと負の相関関係にある。これら2つの指標は，負の相関があり，わずかしか分散を共有しない（Cavazos & Campbell, 2008; Neuberg & Newsom, 1993など）。私たちは，ある1つの研究のなかで，個人的構造欲求が能力（ワーキングメモリ，語彙など），健康，および教育との間に負の相関があり，さらに，そうした相関関係は年齢とともに強くなってくることを見いだした（Hess, Waters, & Bolstad, 2000）。その後の研究で，21歳から85歳までの548人の調査参加者のデータに対して構造方程式モデリングを用いて，個人的構造欲求が健康や認知資源との間に負の相関があり，さらに年齢とも負の相関があることを見いだした（Hess, 2001）。言い換えれば，年齢に関連した個人的構造欲求の変動性は資源の変化によって媒介されており，その資源が認知的コストを反映し，認知的コストの基礎となっている。さらに，これに続く第3の研究では，20歳から85歳までの332人の成人の縦断データを用いて，身体的精神的健康，感覚機能，および言語能力の変化と内発的動機づけにおける変化（認知欲求と個人的構造欲求との合成比率によって評価される）との間に正の相関関係があることを見いだした（Hess, Emery, & Neupert, 2011）。

このほかの2つの研究結果から，コスト̇と動機づけとの間に，より直接的な関係があるという証拠が得られている。コストの主観的認知に関する Westbrook et al.（2013）の研究では，認知欲求の高い個人は認知欲求の低い個人よりも，むずかしい課題に対して高いレベルの主観的価値を置き，認知欲求度の高い活動に関与しようとする意志が強いことが示唆された。私たちも，努力を要する認知活動のコストと個人要求との間の直接的な関係を示す証拠を得ている（Ennis et al., 2013）。具体的にいうと，高齢者が認知的要求度の高い課題に取り組む際に，認知欲求と収縮期血圧の反応性との間に負の相関がみられたが，若年者の場合，そうではなかった。これら2つの研究結果は，認知的コストが高いことと複雑な認知活動に関与しようとする内発的動機づけの低下とは関係があるという考え方と一致している。このことは，課題成績を支えるために主観的価値が置かれ，努力が費やされていることからも示唆される。さらに，認知的コストによる動機づけの結果は，とくに高齢期に大きくなる。こうした研究は，コストの変化に伴う諸要因の標準的な変化が内発的動機づけの変化と関係しているということを示す最初の証拠を提供するものであるといえる。

ここで取り上げている理論的枠組みの1つの要点は，コストと動機づけと関与の間の関係を示していることである。現在のデータはまだ限られたものではあるが，私たちの研究室で行われたいくつかの研究は，この理論的枠組みを支持する証拠を提供している。最初に，2つの研究から，若年者や中年者に比べて高齢者において個人的構造欲求の得点が資源に関連した変数により強く関連していることが示された（Hess et al., 2000, 2005）。さらに，両方の研究で高齢者において選択性効果がみられ，個人的構造欲求の得点がこの選択性効果を低下させることも示された。言い換えれば，構造への要求は，資源と観察された選択性効果との関係を媒介していると考えられる。第2に，Hess（2001）によれば，個人的構造欲求の得点は，健康と能力における年齢に関連した変動性と，自己報告による認知的要求度の高い日常活動への関与との関係を媒介する。最後に，この提案された関係に関する最も明確な証拠が，私たちの縦断研究から得られている（Hess & Ennis, 2012）。健康，感覚機能，および言語能力における変化は動機づけの変化との間に正の相関があった。また，内発的動機づけの変化は，能力（ワーキングメモリ，速度）および日常の認知的行動や社会的行動の変化との間にも正の相関があった。しかしながら，このなかで最も重要なことは，動機づけにおける変化が部分的に，資源の変化と努力を要する認知的関与との関係を媒介したことである。その際，この効果の強度は，年齢分布のなかで高年齢の区間でかなり高かった。

要約すると，ここで検討した証拠は，認知的関与のコストにおける年齢に関連した変動性と動機づけと認知的要求度の高い活動への参加との三者の間に相関関係があることを支持している。ただし，そうした証拠は限定的なもので，実際に，コスト（あくまで，ここで定義されたコスト）と動機づけとの関係を調べた研究は1つしかない（Ennis et al., 2013）。さらに，この項で取り上げた研究は，内発的動機づけの指標と，一般的関与レベルでの関係に注目したものであった。選択性効果に反映される動機づけの変化とコストとの関係に関する推論は間接的なものであり，私たちの理論的枠組みをより明確に支持するためには，そのような関係を検討する研究が必要である。利得とコストとの関係の効果に焦点をあてる研究は，この点に関して明らかに有利であると考えられる。

2節　結論と含意

私たちはこれまでに，認知的課題遂行と課題関与における個人差の解明に焦点をあてた1つの考え方（Hess, 2014）を説明してきた。この考え方は，動機づけ要因を検討することの重要性を強調している。いくつかの発達理論とも一致するのだが，高齢者の認知的課題遂行は，状況の変動性とともに，部分的にではあるが，目標に基づいた選択性効果によって説明できることが示唆された。私たちの理論的枠組みのなかで，認知資源を節約するための一般的な目標に基づいた選択プロセスに焦点をあてた。これらの目標は，資源が緊縮状態になると（高齢期に生じやすいと考えられる），とくに顕著になってくると仮定される。そのため，非常に大きな影響力をもつことになる。私たちはさらに，これらの動機づけに基づいた選択効果が利得コスト分析の点から理解することができることを提唱した。この分析では，高齢期における認知的関与のコストが増大すると，利得コスト比は負の影響を受け，活動関与の確率にも影響を与える。努力を費やすことが必ずしも効率的な課題成績につながらないのであれば，私たちが認知的関与に注目しても，本書の話題（すなわち，動機づけと認知コントロール）に間接的にしか取り組んでいないことになる。ただし，認知コントロールが努力を必要とすることに疑問の余地はない。しかしながら，課題成績と努力の両方に対して選択的関与効果がみられたことから，高齢者の課題関与に関連した諸要因は課題成績を向上させ，ひいては，そのことでコントロールも向上させることが示唆される（Germain & Hess, 2007など）。しかしながら，課題の自己関連性が関与には正の影響を与え，コントロールと成績には負の影響を与えるという事例は，高齢期にはいくらもある。たとえば，年齢に関連した手がかりがステレオタイプの脅威をもたらすという状況や，認知資源を課題に関連しない思考にそらすことで方略的処理が妨害されるという状況においてこういったことが生じる（Hess, Auman, Colcombe, & Rahhal, 2003など）。ここで取り上げた考え方は，加齢と認知に関連した問題に接近するための比較的新しい視点である。しかし，論評した研究は，この理論的枠組みを予備的に支持する証拠を提供している。この理論的枠組みはまた，いくつかの興味深い意味も含んでいる。

1．日常生活における能力と課題遂行との関係

本章は，いくつかの興味深い研究結果を示すことから始めた。その研究結果から，課題遂行における年齢差を予測する際に，能力は必ずしもすぐれた予測指標であると

は限らないことが示唆された。これには数多くの理由が考えられるが，私たちは動機づけが重要な役割を果たしていると考えている。研究者は，能力に関する指標から課題成績を予測しようと試み，通常の場合，そのような指標が正確に基礎的構成概念における年齢差を評価すると仮定している。このことはさらに，その評価が能力という剰余変数（すなわち，測定誤差）の影響を最小化し，課題遂行における個人差（年齢に関連する個人差を含む）が問題となる構成概念の変動性を主に反映するという仮定に依存している。私たちは，この仮定がいくつかの加齢研究によって覆されると考えている。それらの研究は，こうした課題で高齢者の成績を決定する際に，動機づけ要因が１つの不均衡な役割を果たしていることを示しているからである。このことの１つの説明は，私たちの縦断研究（Hess & Ennis, 2012）から示されている。その研究では，資源の変化から内発的動機づけの変化を予測することが試みられている。最初に，能力が１つの資源（すなわち，予測変数）であり，動機づけに影響を及ぼすと理論化した。いくぶん意外なことに，動機づけの変化は，ワーキングメモリと処理速度の変化に関するきわめて強力な予測変数であったが，その逆ではなかった。言い換えれば，年齢に関連した諸要因（たとえば，健康）に基づく動機づけの変化は，標準的な能力テストの成績に影響を及ぼす。このことは重要な実験結果である可能性が高く，再現実験が行われる必要がある。さらに，２つの重要な意味が含まれている。第１に，高齢期における能力アセスメントは，動機づけによって過度に影響を受けており，その妥当性を弱体化させているかもしれない。第２に，高齢者の能力から日常行動を予測することの不一致は，１つには，２つの課題遂行の文脈に結びついた動機づけレベルの不一致によるものかもしれない。

2．高齢期における認知的健康

実験的証拠に基づいて，高齢期の認知的健康を維持するためには精神活動が重要であるといわれ続けている（Hertzog, Kramer, Wilson, & Lindenberger, 2009）。選択的関与は適応的であると考えることができ，そのことによって高齢者は資源を最も重要な状況で限定的に使用することで資源を節約している。他方，このプロセスは，高齢者が持続的な認知的健康に結びついた困難な認知活動への一般的な関与を制限する，というネガティブな結果をもたらすかもしれない。さらに，このことには，次のような興味深い意味が含まれている。すなわち，認知的効率性が向上すると（たとえば，認知的介入による），認知的関与に伴うコストは低下するかもしれない。そのため，認知的効率性の向上は内発的動機づけを高め，それに伴って日常生活における認知的関与による利得が大きくなる。こうした考え方と一致したいくつかの証拠が Jackson,

Hill, Payne, Roberts, & Stine-Morrow（2012）による研究から得られている。彼らは，認知的介入に参加することによって認知能力と経験への開放性が高まることを見いだしている。経験への開放性は動機づけを直接示すものではないが，認知欲求との間にわずかしか分散を共有せず，認知的要求度の高い活動への関与と結びついている（Soubelet & Salthouse, 2010など）。経験への開放性は，能力の変化を予測するものではない。しかし，開放性が高まることから，認知的要求度の高い活動への参加を通して高齢者が将来，自発的にその種の活動に参加するようになり，ひいては認知的健康が促進される可能性が強まることが示唆される（Mühlig-Versen, Bowen, & Staudinger, 2012）。

3．関与閾への影響

私たちの考察は，とくにコストの変化に注目し，利得コスト比が認知的関与に及ぼす理論的な影響にも焦点をあてた。しかしながら，私たちは選択時の個人差におけるもう１つ潜在的に重要な側面については取り上げてこなかった。それは，関与閾である。関与閾は内発的動機づけを反映すると推測することができる。私たちは，関与閾がコストと結びついていることを明らかにしてきた（Hess & Ennis, 2012など）。しかしながら，この関与閾は経験に関する信念や主観的解釈と密接に関係しており，関与しようとする動機づけにも影響するかもしれない。たとえば，記憶の自己効力感とコントロールに関する信念は，記憶成績と関係しているものの（Beaudoin & Desrichard, 2011; Lachman, 2006など），関与に影響する場合が多く，必ずしも能力を直接反映したものとはいえない。これまでの研究では，能力に関する暗黙裡の理論が自己調整に対する自我消耗効果（ego-depletion effect）を緩和するということも示唆されている（Job, Dweck, & Walton, 2010など）。このように，自己の能力に関する態度や加齢に関する態度は，こうした信念に影響を及ぼし，関与閾にも影響を及ぼすと考えられる。

すでに述べたように，これらの信念が（暗黙的には関与閾も）認知資源と一致している程度によって，適応への影響が変わってくる。関与閾は，資源と一致するときに，最も適応的になる。実際，認知活動の利得に関する研究に基づいて，わずかに下方調整された閾値は，困難な精神活動に関与する確率を高めるので，最も適応的であるといわれている。もしも閾値がその時点の限界を考慮に入れないならば（たとえば，加齢プロセスの現実性を考えないという自己に関するポジティブな見方をする），その個人は，成功する見込みが低く，ウェルビーイングにネガティブな影響をもつ活動に関与する可能性が高くなる。Brandstädter & Rothermund（2002）は，高齢者のウェルビーイングが柔軟な調節プロセスによって促進されると主張している。この調節プロセスは，個人の目標をその個人の能力に合致するように調整するものである。これと同様に，閾値が高すぎると不適応につながり，認知的な刺激受容を制限し，他者への依存を強める。たとえば，成人期の早い段階で加齢についてネガティブな態度をもつと，高齢期に記憶成績が低くなると予測されることが見いだされている。このことは，とりわけ，個人が自己に関連して年齢に関するネガティブなステレオタイプをもっている場合にあてはまる（Levy, Zonderman, Slade, & Ferucci, 2012）。このことは，利得をもたらす活動への関与閾に対してネガティブな態度が影響を及ぼすことを表しており，認知的要求度の高い活動に関与する確率が低くなり，それに続いて，認知的健康へのネガティブな効果が蓄積していく。この考え方に一致して，認知的介入において実際の行動に注目するだけでなく，信念に焦点をあてることも重要であろう（West, Bagwell, & Dark-Freudeman, 2008など）。

結論として，本章で述べた理論的枠組みは，認知的要求度の高い状況における効果的な機能と加齢とが別々の問題ではないことを示唆している。高齢者は適切に動機づけられ，課題を遂行するのに利用可能な資源をもっていれば，認知課題の遂行に成功するだけの能力を保持していることがこれまでに示されてきた。このようなかたちで精神的加齢を明らかにすることによって，伝統的な認知研究において検討されてきた成人の課題成績の個人差の結果のいくつかをどのように解釈するかについて数多くの疑問に迫ることができる。研究者には，高齢者が精神機能を発揮している環境のもとで高齢者を捉え，課題成績に関する能力以外の要因の影響や年齢に関係しない能力の実像を明らかにする明確な必要性がある。

【原注】

★1　努力（effort）と関与（engagement）は，本章の全体を通じて同じ意味をもち，互換可能な表現として用いられている。このことは，課題関与は心的努力の消費を必要とし，努力の消費は関与の1つの指標であるという私たちの仮定を反映している。

第 17 章
動機づけの加齢変化
成人期と高齢期にわたる動機づけの加齢変化は情動経験に影響するのか

Ishabel M. Vicaria
Derek M. Isaacowitz

加齢のプロセスが身体的変化と精神的変化の両方に関連していることは，ごく自然なことで否定の余地はない。生活状況や心的能力が変化するにつれて，社会的目標や認知的目標に対する高齢者の動機づけも変化するのは当然である。生涯にわたる動機づけ－認知の関係に関する文献において社会情動的な加齢研究での主要な動機づけ理論である社会情動的選択性理論（Socioemotional Selectivity Theory: SST; Carstensen, 2006; Carstensen, Isaacowitz, & Charles, 1999）が次のような仮説を立てている点は注目に値する。すなわち，情動的な目標，これらの目標の基盤となる認知プロセス，そして目標の追求によって生じる情動的な結果，これらにおいて年齢による違いがあると考えている点である。本章では，まず，加齢による動機づけの変化，認知と情動，そして理論を構成するさまざまな要素に対する証拠についてこの動機づけ理論（SST）を考察する。その後，動機づけのもう１つの説明と動機づけ以外の説明について考察し，将来の研究がこれらの説明を相互に批判的に検討できるように方向性を示す。

1節　加齢における動機づけの変化に関する社会情動的視点

社会情動的選択性理論（SST）は，社会的関係や社会的満足における年齢変化を説明する方法として，もともと開発された。SST によれば，年をとるにつれて人生の時間の量が限られていると認識するようになり，新たな関係を築くよりも，既存の人間関係に情動的エネルギー量をより多く投入するようになることが示唆される。実際，高齢者は若年者よりも社会的接触率が（とりわけ親戚以外の人たちとの接触において）かなり低い（Cornwell, 2011）。SST は，高齢者の社会的接触の一般的な低下が社会的パートナーに対する選択性の増進の結果であることを示唆する（Carstensen et al., 1999）。反対に，若年者はこうした制限された時間的展望をもたないので，より未来指向の情報探索的な目標を満足させる社会的パートナーを一般的に選択する傾向がある。これらの現象は，たとえば実験参加者に新しい情報を提供する人（たとえば，あなたがとても気に入っている本の著者），または情動的親近性を提供する人（たとえば，あなたの近しい家族の一員）のどちらかと交流する選択肢を与えることによって実証されてきた。この実験パラダイムでは，高齢者はより情動的に意味のあるパートナーと時間を過ごすことを選んだ（Fredrickson & Carstensen, 1990）。さらに，Lansford, Sherman, & Antonucci（1998）は，高齢者は若年者に比べ，現在の社会的ネットワークの満足度がより高いことを示した。

ここ数年の間に，SST による動機づけの視点は，社会情動的機能のもう1つの驚くべき年齢差を理解するために拡大された。すなわち，高齢者は若年者に比べてポジティブな情動的経験の自己報告レベルが高いという知見である（たとえば，Carstensen et al., 2011; Charles, Reynolds, & Gatz, 2001; Mroczek & Kolarz, 1998）。Mroczek & Kolarz（1998）は，年齢と感情経験が，いくつかの個人変数と相互作用することを示した。たとえば，年齢とネガティブ感情の関係は性別や婚姻の有無によって修正され，ポジティブな感情と年齢との関係はいくつかのパーソナリティ次元によって修正された（Mroczek & Kolarz, 1998）。さらに最近になって，Carstensen et al.（2011）は経験サンプリング法を用いて，加齢と，ポジティブな全般的情動的ウェルビーイングと，より強い情動安定性との間に関連性を見つけた。さらに，これらの著者は，人は年をとるにつれて情動的複雑性（ポジティブな情動とネガティブな情動の同時発生として定義される）をより多く経験することを発見した。横断的データと縦断的データに対する最近の分析では，高齢者の怒りの減少，悲しみの増加，そして幸福感の低下も報告されている（Kunzmann, Richter, & Schmukle, 2013）。しかしながら，これらの著者は，生涯にわたる情動経験の変動を把握するために，明確な情動分類を使うことについての限界も論じている。

Zajonc（1997）は，すべての目標指向的行動は情動的要素から構成されると論じている。これは SST によって支持される見解ともうまく一致している。もし，高齢者が，あるいは生涯の残された時間が限られていることが気がかりな人ならだれもが，情動的に意味のある社会的パートナーや，より情動的に意味のある経験全般において選択的であるならば（Carstensen, Fung, & Charles, 2003; Lang & Carstensen, 2002），彼らは情動を喚起する刺激材料の優先順位を反映する認知的パターンを示すはずである。Carstensen とその共同研究者らは，さまざまな実験室研究を通してこの仮説の検証に努めてきた。高齢者がニュートラルな刺激に比べて情動的な刺激の再生が多いことを最初に示した初期のある研究では，一般に情動的な素材全般に対する感度が高く，情動的素材は，非情動的素材よりも深く処理されていることが示された（Carstensen & Turk-Charles, 1994）。けれども，後の実験研究は，それよりもむしろ高齢者はネガティブ情報よりもポジティブ情報に視覚的により注目する傾向があることや（Mather & Carstensen, 2003），若年者に比べると高齢者はネガティブ情報よりもポジティブ情報やニュートラル情報を覚えていること（Charles, Mather, & Carstensen, 2003）を示した。このことは，高齢者が情動的に好ましい，あるいはニュートラルな要素により注目する「ポジティブなことを強調する（accentuate the positive）」傾向があることを示している（Charles et al., 2003）。高齢者は，ネガティブよりもポジティブな情報を記憶し注目するというこの結果のパターンは，「加齢によるポジティブ性効果（age-related positivity effect）」と名づけられた（Reed & Carstensen, 2012を参照）。SST によって提唱されたように，注意や記憶の加齢によるポジティブ性効果が動機づけ変化に関連するという提言は，ここ十年で加齢に関する数多くの研究を生み出した。

記憶の加齢によるポジティブ性効果についての研究は，認知資源の利用可能性を支える変化との興味深い関係を明らかにした。たとえば，Mather & Knight（2005）は，認知コントロール課題でよい成績だった高齢者は低い成績の人に比べて，ポジティブな画像を用いた記憶課題での成績が高いことを報告した。ネガティブな刺激の保持は，年齢が上がるとともに直線的に低下していく。このことは，ポジティブな刺激をより好むことを示す心理的知覚の変化の結果であることを強く示唆している。SST は，この変化が，高齢になるとポジティブな感情的経験の維持を促進する，動機づけが変化することを反映していることを示唆する。事象関連電位（ERP）の研究では，ポジティブな情報への神経細胞の反応は年齢群間でかなり安定的である一方，ネガティブな画像に対する反応は年齢とともに直線的に低下することを示した（Kisley, Wood, & Burrows, 2007）。さらに，維持された認知的活動のコスト（すなわち，努力や疲労）の増加によって，高齢者は，意味があって自分に関係がある活動への資源の配分において，より選択的になることが促進されるために（Hess, 2006），高齢者は自身の情動的目標に基づいて資源を配分するだろうと予想される。次節以降では，認知的調整方略を通して潜在的に到達可能になる情動的目標について取り上げ，この見解についてはそのなかで検討する。

2 節　私たちの研究室でのポジティブ性効果の実証的検証：視覚的注意の場合

Carstensen とその共同研究者らによって提唱された，加齢によるポジティブ性効果をさらに詳しく検討するために，そしてポジティブ性効果が情動的な目標の達成を予測するかどうかを検証するために，私たちの研究室では情動的な刺激に対する選択的な視覚的注意を実証的に検討した。社会情動的選択性は，情動的に意味のある社会的目標へ焦点を移すこととして解釈され，またポジティブ性効果の初期の研究は情動的記憶の年齢差に主に注目していた。したがって論理的な展開として眼球追跡技術を使って視覚的注意を実証的に研究することになった。選択的注意は，視覚配列において，どこに視線を向けるかを選択するという選択行動の 1 つの形態を反映する。

私たちの研究室では，コンピュータ画面に呈示された情動的刺激に対する若年者と高齢者の注視を計測することによって情動的情報に関連する動機づけの年齢差を研究するために，視線追跡装置を使用した。これらの実験刺激は感情価の内容がさまざまに変化するという点においては，他の情報に比べてある情報に注目することが特定の情動的内容に対する選好を示しているのかもしれない。それゆえ，他の情動的情報よりもある情動的情報を好む，という動機づけに基づいた選好について，潜在的な年齢の違いを明らかにする手助けにできる。このように，視線追跡は，高齢者がネガティブよりもポジティブな画像により多く注目することによって視覚的注意のポジティブ性効果を示すかどうか，また視覚的注意のこれらの年齢差が情動的目標の追求（たとえば，よりよい気分をもたらす）を示しているかどうか，この両方を検討するのに役立つだろう。

視覚的注意とポジティブ性効果に関する私たちの初期のいくつかの研究では，若年者と高齢者はコンピュータで作られた一連の情動的な表情の顔を見た。合成顔を利用することによって，刺激を完全にコントロールすることが可能となり，観察されたどの年齢差とも無関係な情報（髪型，顔の皺など）ではなく，情動情報（表情など）が原因であることを確認できた。これらの情動顔 - ニュートラル顔のペアを受動的に見るとき，高齢者はいくつかのネガティブ（すなわち，悲しみや怒り）顔は好まず，ポジティブ（幸福など）顔を見た。一方，若年者はどちらも同じように，あるいは，すこしネガティブ（恐怖など）顔を選好した。私たちはこの発見を「ポジティブ注視パターン（positive looking pattern)」とする。これらの選好はニュートラル顔に対して，ポジティブ顔やネガティブ顔に注視する時間の割合を比較することによって測定され（Isaacowitz, Wadlinger, Goren, & Wilson, 2006a, 2006b），認知加齢に関連する一般的な影響とは独立している（なぜなら，高齢者は認知症でないかスクリーニング検査が行われており，一般に結晶性知能および流動性知能の点では，若年者と同等であるからである）。このように，「ポジティブ注視パターン」は視覚的注意における加齢によるポジティブ性効果として考えられ，他の種類の刺激に対しても確認されてきた（Isaacowitz & Choi, 2012; Nikitin & Freund, 2011など）。

さらなる研究は，高齢者がポジティブな情動を表現する顔は好んで見るが，ネガティブな情動を表現する顔は見ないことを示した（Isaacowitz, Allard, Murphy, & Schlangel, 2009）。さらに，これらの効果は刺激呈示の直後ではなく，処理プロセスの最後のほうでのみ生じた（すなわち，おおよそ500ミリ秒後）。そして，高齢者は最初の500ミリ秒ではニュートラル顔を見るが，時間とともに幸せな顔をより好んで見る選好が増加した。これは，ネガティブな顔を見ず，ポジティブな顔を好んで見ることが，自動的ではなく，刺激呈示直後でもなく，刺激が呈示されてから時間を経て進展することを示す。情動的な表情はたいてい500ミリ秒よりもっと前に検出されるので（Holmes, Vuilleumier, & Eimer, 2003），高齢者の選好注視は，動機づけられた潜在的な調整機能と，（刺激呈示の直後に生じるのとは対照的に）少なくとも時間的には一致している可能性がある。

SSTによれば，高齢者は自身の時間は限られているという視点から，ポジティブな気分を維持することを動機づけられていると仮定している。また，SSTは，高齢者は情動的な目標の追求で，これらのポジティブ注視パターンを利用しているのかもしれないと仮定する。これは，加齢や情動の調整についての研究，あるいは望ましい感情経験を最大化する方略に関与する情動的反応の管理との，興味深いつながりをもたらす（Gross, 1998）。すべての年齢群の人は，ポジティブな感情を維持しネガティブ感情を減らす手段として，自分が何を見るか，注目するか，かかわるか，あるいは記憶するかを選択する。この見解は，Gross（1998）の情動調整に関する将来性のある研究によって例証されている。彼は5段階プロセスモデルを紹介した。①状況の選択，②状況の修正，③注意の配置，④認知の変化，⑤反応の調節（Gross, 1998）である。このプロセスモデルで，Grossは情動的な出来事の開始前，途中，終了後に，感情的な経験に影響を与えるために，人々が利用する異なる種類の方略（先の出来事に注目する方略や，反応に焦点をあてた方略）を概観する。

情動調整方略をじょうずに利用すると，理論上はポジティブな感情が増える（Webb, Miles, & Sheeran, 2012）。したがって，年齢に関連するポジティブ注視パターンの観察結果をSSTによる動機づけの説明にさらにつなげるために，私たちは視覚的処理の変化（注意の配置の調整方略の代替処理かもしれない）に関連する気分の結果について検討した。言い換えれば，私たちは以下について疑問をもった。情動的刺激に対する注意の年齢差（「ポジティブ性効果」，とくに「ポジティブ注視パターン」）は，感情経験の年齢差を予想し，それゆえおそらく，情動調整の役割を果たすことを意味するのだろうか。もし，加齢によるポジティブ性効果が情動的目標に役立つならば実証的に示される必要があるが，これらの効果はこれらの目標を達成するのに役立つだろうと考えることは理にかなっている（Isaacowitz, 2012; Isaacowitz & Blanchard-Fields, 2012も参照）。この見解を検討するために，私たちは情動的な表情の顔を用いて先述のような研究に類似したパラダイムを利用し，視線追跡を開始する前の実験参加者の気分についての補足的な操作と評定も併せて調査した。先ほどの研究では，高齢者はポジティブな顔に注目し，ネガティブな顔は見なかった。一方，この研究では，選好注視は実験の開始時の気分に依存していることがわかった。具体的には，高齢者はネガティブな気分で開始したときにポジティブ注視パターン（すなわち，ポジティブな顔を見て，ネガティブな顔は見ない）を示し，ポジティブな気分，またはニュートラルな気分で開始したときには選好はなかった。他方，若年者は，ポジティブな気分のときはポジティブな顔を見て，ネガティブな気分のときはネガティブな顔を見るという，気分に一致した注視傾向を示した（Isaacowitz, Toner, Goren, & Wilson, 2008；図17-1参照）。これは，若年者が自分の気分を強化するのに視線を利用する一方，高齢者は気分を調整するために視線を利用していることを示す。SSTは情動的に意味のある目標の方向に動機づけを変化することを予想するので，高齢者のポジティブ注視パターンがネガティブな気分の結果として生じたことは納得できる。つまり，高齢者は調整方略として，この方法を利用しているようである。

気分とポジティブ注視パターンとの関係の基盤となるメカニズムをさらに解明するために，私たちはこのプロセスに関連する認知領域における潜在的な個人差を検討した。また，年齢に関連したポジティブ注視パターンが，低下したポジティブな気分の変化を予測するかどうかも検討した。私たちは，さきほどのパラダイムを拡張し，情動顔－ニュートラル顔の対を見る前後（すなわち，課題の最初と最後）の両方で気分の評定を加えた。実験参加者は，一対の顔が画面に呈示された際，あたかもテレビを見るように自然に画面を見るように指示された。そして，試行間に呈示された中央の注視点を見るように指示された。課題はかなり長く，つまらないものだった。したがって，平均的な気分は開始から終了に向けて低下した。興味深いのは，（Attention Network Test: ANT によって測定されたように）実行機能能力が高い高齢者は，気分低下を拒むためにポジティブ注視パターンを示した（Isaacowitz, Toner, & Neupert, 2009）。他方，若年者はネガティブ注視傾向によってポジティブな気分を維持した（すなわち，ネガティブな表情に注目し，幸福な顔を見なかった；図17-2参照）。この結果は，ポジティブ性効果と気分の結果とのつながりを支持するのみなら

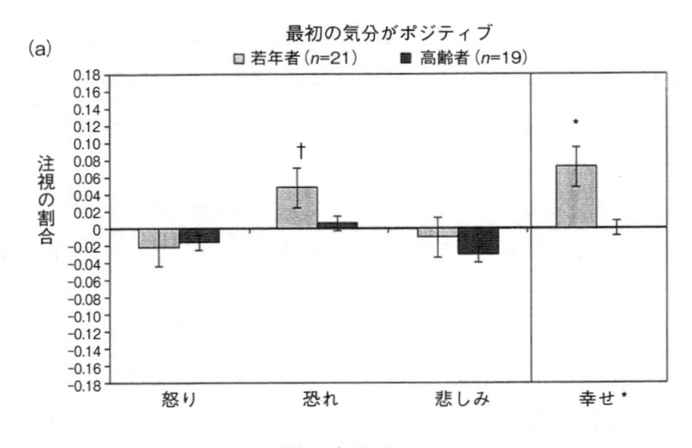

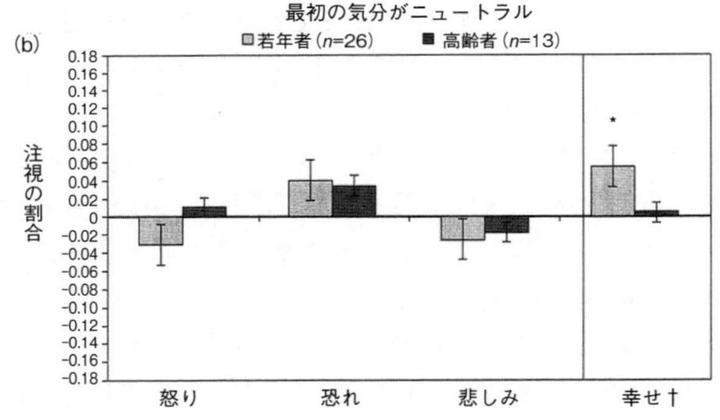

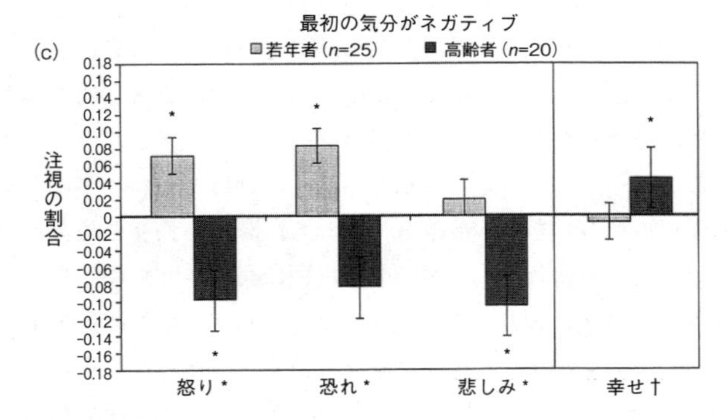

図17-1

年齢群と情動的な表情の種類（怒り，恐れ，悲しみ，幸せ）による注視の割合。実験参加者は開始時に（a）ポジティブな気分，（b）ニュートラルな気分，（c）ネガティブな気分，であった。棒グラフの隣の有意性を示す記号（$^{\dagger}p < .10$, $^{*}p < .05$）は，そのセルの割合が有意にゼロと違うことを示す。情動的な表情のラベルの隣の有意を示す記号は，その表情で年齢群間に有意差があったことを示す。Isaacowitz, Toner, Goren, & Wilson（2008）

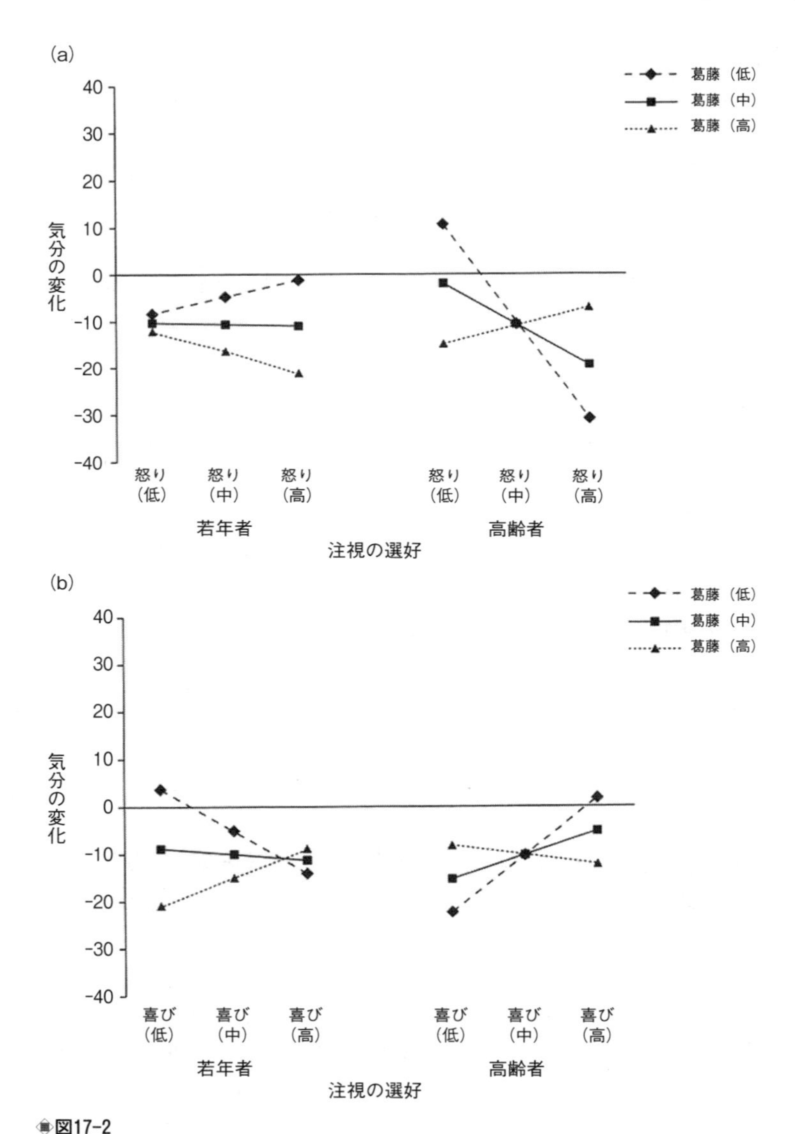

図17-2
(a) 怒り，(b) 喜びに対するマクロレベルの気分の変化の予想における年齢×注視×葛藤の交互作用。低い葛藤成績はより高い実行コントロールを意味する。Isaacowitz Isaacowitz, Toner, & Neupert (2009)

ず，成人期を通して情動処理の認知コントロールの重要な役割を強調する。ポジティブ注視パターンは，ポジティブ情動気分をもたらすが，それは認知的能力の水準に依存する。ポジティブ注視パターンは，それゆえ，すべての高齢者にとっての成功する情動調整を支持するわけではない。むしろ，それは認知能力によって調整される。

私たちの研究室で行った注意の配置を検討した追加の研究では，高齢になって認知資源が欠乏することを説明する，もう１つの重要な個人差を特定した。異なるパラダイムにおいて若年者と高齢者は，感情をかなり刺激する不快な画像を見ている間，継続的に自身の気分を評定した。実験参加者は，感情経験を意識的にうまく処理するようにという教示が与えられた。私たちは，注意を誘導するための外的手がかりの利用として定義された警戒能力が，気分と注視傾向との間のつながりの調整要因であることを確認した。警戒能力は警告信号に対する感度と関連しており，受信者が感情をかなり刺激するネガティブな刺激を警戒する可能性があるので，私たちは，警戒能力が感情調整の役割を果たすという仮説を立てた。この見解を支持する実験結果として，研究に参加した警戒能力の高い高齢者は，自身の気分を調整するために注意を外部の情動的手がかりに向けた（すなわち，画像の最もネガティブな部分から目をそらせた）。反対に，若年者は自身の気分を調整するために，画像のよりネガティブな部分を注視した（Noh, Lohani, & Isaacowitz, 2011）。つまり，適切な認知的資源にアクセスできる高齢者は，調整方略として視覚的解放（visual disengagement）をうまく利用するようだ。しかしながら，それは，ポジティブ注視からの恩恵を得るために明らかに必要な認知能力を備えた高齢者に限られた情動調整方略である。

3節　調整方略の年齢差は基盤となる動機づけの変化を反映する

調整方略の選好において観察される年齢差は，ポジティブな感情を維持することを目的として変化する，心理的動機づけを反映しているのかもしれない。SST によれば，情動を調整するために，高齢者における情動調整の動機づけは，時間的視野の変化や，情動的な報酬が得られる親密な社会的ネットワークの維持から生じることが示唆される。けれども，これらの変化もまた，少なくとも部分的には，動機づけ自体ではなく，自身が利用できる資源に見合った高齢者の方略選択であるかもしれない。Urry & Gross による2010年の総説は，情動調整方略の利用の年齢差は，若年者に比べて高齢者は，内的資源（すなわち，認知コントロール）よりも外的資源（すなわち，身近な社会的パートナーからの励まし）を多く利用できることによって説明できるかもしれないと提案する（Urry & Gross, 2010）。つまり，この観点から考えると，SST によって説明された社会的優先性現象（すなわち，高齢者は，より情動的に報酬が得られる社会的なつきあいを維持することを選択する）は，高齢者が，ポジティブな感情の維持にとって最良の社会的環境を選択するために使う方法として，考えることもできる。このことは，もしかすると調整方略のための状況選択と関係するかもしれない（たとえば，高齢者は自身の情動的目標に最もふさわしい社会的環境の種類を積極的に選択する）。情動調整に必要な内的資源があまり利用できなくなると，高齢者は自身の感情に対して同じようなコントロールを得るために，外部に目を向けなければならない。

最近私たちの研究室では，「感情的環境（affective environment）」と名づけた方法を利用した調整方略としての状況選択の利用について，実証的に検討を進めてきた。若年者と高齢者はポジティブ，ニュートラル，そしてネガティブな刺激が出てくるさまざまな形式のメディアとかかわる機会が与えられた。実験前に，実験参加者は複数の属性指標（楽観性尺度：Life Orientation Test: LOT，うつ尺度：Center for Epidemiologic Studies Depression Scale: CES-D，神経症尺度，数唱テスト）が課せられた。年齢群はこれらの属性変数で一致するように配慮されたので，これらの指標の成績は若年者と高齢者の両群で同じだった。これらのテストが課された後，実験参加者は部屋に1人で残った。そこでは，彼らはさまざまな新しい文章を熟読する機会があった。その多くはネガティブな内容で，メディアについての概してネガティブな意見を反映していた。そして，高齢者がコンピュータの利用で不便を感じないように，印刷物とコンピュータの両方で話が読めるようになっていた。サムネイルの画像，または表題のページのいずれかが，記事の論調を反映する画像とともに呈示された。実験参加者がさまざまな刺激のそれぞれを何時間見るかを記録するために，ソフトウェアとビデオカメラが使用された。ポジティブ，ネガティブ，あるいはニュートラルな情報と接触する機会を与えられたとき，コントロールの信念（すなわち，調整能力や生活全般のより強いコントロールの感覚）は，状況選択のための重要な必要条件であることがわかった。コントロールの信念が強い高齢者は，低い高齢者に比べて，ネガティブな刺激をあまり見なかった。若年者は逆のパターンで，コントロールの信念の成績の高さがネガティブな刺激への関与の増加と関連していた（Rovenpor, Skogsberg, & Isaacowitz, 2013）。これらの結果は，認知資源が情動経験の管理に重要な役割を果たすという見方を強く支持する。

Grossのプロセスモデルに由来する各調整方略は，それぞれの文脈に限定的な利益をもたらす。しかしながら，認知的再評価，あるいは情動的刺激の解釈の変更が，最も調整を促進するということは一般に支持されている（Ehring, Tuschen-Caffier, Schnulle, Fischer, & Gross, 2010; Gross, 2002など）。おそらく，情動調整の認知的変化の有効性についての経験と知識が増えるので，高齢者は再評価方略をより頻繁に利用するようになる（John & Gross, 2004)。しかしながら，頻度と成功は必ずしも両立するとは限らない。高齢者は，若年者よりもこのアプローチを多く利用するが，利用可能な認知資源の欠乏のために再評価方略がうまくいかないことがある（Opitz, Rauch, Terry, & Urry, 2012)。先ほど述べたように，高齢者は減少している認知資源をあまり使わない調整方略（注意の配置や状況選択など）をうまく利用していると考えられている（もっとも，私たちの研究は注意の配置からの恩恵を得ることができるように警告するといった注意の必要条件を示唆しているので，資源の要求がまったくないわけではない)。それゆえ，高齢者の調整の選好は，彼らにとってかなり簡単に手に入る資源を利用することによって，認知領域の損失を補償する傾向を反映していると考えられる。

情動調節に関するこれまでの研究は，方略の利用だけを単独に検討してきた。しかし，私たちの研究室の最近の研究は，Gross モデルの５つのステップそれぞれについての個人内の経験を描きだすことを試みる。以前に利用した，あるいは新たに開発したパラダイムを含めた，さまざまなアプローチを利用することによって，私たちはおのおのの調整方略の実際の遂行を把握し，これらのプロセスを気分の結果と結びつけることを目的とする。このことは，今後の研究にとって，情動調整方略の利用と加齢についての動機づけや資源に基づく理論を検討する際の，１つの重要な方向となるだろう。

4節　認知プロセスと感情の結果を結びつけるための理論的枠組み

注意と記憶の年齢差と気分の年齢差とを結びつける研究結果が，SST の動機づけの枠組みによって説明できるかどうかという疑問が生じる。もしできないとしたら，どのような動機づけのモデル（本当に動機づけなのか，そうではないのか）がよりじょうずに説明できるのだろうか。Isaacowitz & Blanchard-Fields（2012）は，SST や，注意や記憶のような認知プロセスにおける加齢によるポジティブ性効果，を支持する重要な証拠があることを示した。他方，彼らは，認知プロセスと感情の結果を明確に結びつける研究はないことも示した。この著者らは，情動的刺激に関する注意や記憶課題を単体で検討している限り，情動調整プロセスや結果について何も説明しないと提案する。情動情報処理（processing of emotional information: PEI）を，情動の再活性化や情動調整から区別する必要がある。たとえば，画面上でポジティブな単語を見ることは情動情報の処理を引き起こす一方，非常にネガティブな画像は情動反応と

PEIのどちらも引き起こすかもしれない。つまり，SSTを支持する効果的な研究は，PEIを検討するだけでなく，情動の再活性化を実際に引き起こす刺激を利用しなければならないだろう。なぜなら，ポジティブなPEIが，ポジティブな気分の調整結果を導くとは限らないことが確認されているからである（Isaacowitz & Blanchard-Fields, 2012）。

視覚的注意に関する私たちの研究では，SSTの基盤となる動機づけの枠組み，情動調整方略利用の年齢差，そしてそれらに関連する気分の結果，これらを1つにまとめることをすでに試みている。たとえば，高齢者は自身の気分を調整するのに役立つだろう気分不一致の注視傾向を活性化する傾向があるが（すなわち，ネガティブな気分のときにポジティブな刺激を見る），若年者は自身の気分を単に強化する気分一致のネガティブ注視傾向（すなわち，ネガティブな気分のときにネガティブな刺激を見る）があることがわかった（Isaacowitz et al., 2008）。その後の研究でも，若年者ではなく高齢者においては，ポジティブ注視パターンがポジティブな感情経験に関連していることを確認した。もっとも，ここでの大事な調整要因は認知能力だった（Isaacowitz et al., 2009）。これらの研究は，調整プロセスと気分の結果についての理解の溝を埋めるのに役立ったが，これらの重要な要因間の関係を明らかにするためには，さらに多くの研究が必要である。加えて，私たちの仕事は，ただ1つの情動調整方略，すなわち，「注意の配置」に取り組んでいるにすぎない。

加齢に関する重要なその他の動機づけモデルは，高齢者にみられる動機づけの変化は，少なくとも部分的には，認知資源が利用できる量に基づく相補的な方略に由来するのではないか，ということを示唆する。たとえば，Heckhausen & Schulzは，一次的および二次的コントロールの着想に基づく，生涯発達の動機づけ理論（Motivational Theory of Life-Span Development）を示した。彼らのモデルでは，一次的コントロールは，世の中を変えようとする，外的に方向づけられた行動を意味する。他方，二次的コントロールは，世の中により調和するように自分の見方を変えることを目的とした，内的な方略である（Heckhausen & Schulz, 1995）。適応的な観点から，最も望ましい形で社会的，認知的に機能できるように，人々が環境を作ろうと日ごろから努力しているように，一次的コントロールを得ようと努力することは，生涯にわたるたゆまぬ動機づけの要因である。一次的，そして二次的コントロールは，両者を維持するための資源の利用可能性に基づいて，人の一生の間で常に系統的に変化する。とくに，環境を変える一次的コントロールの能力と個人の能力は，生物学的，そして社会的制約（たとえば，強さと活力，社会的地位と収入）によって生涯にわたって減少する。しかしながら重要なのは，二次的なコントロールは補助的な機能として役立つということである。たとえば，高齢者は自分が効果的に関与できることを理解したうえで，年齢相応の目標を選ぶ。すなわち，高齢者は時間的に実行可能な目標に取り組み，労力のかかる無駄な目標には取り組まないという面で，熟達者なのである（Heckhausen, Wrosch, & Schulz, 2010）。

SST と生涯発達の動機づけ理論はどちらも，成人期にわたって生じる根本的な動機づけの変化を議論している。しかし，両者は自己調整を達成するための道筋に関しての仮説が異なる。SST によれば，人々は年をとると人生の残された時間の限界をより自覚し，情動的に意味のある長期の関係に集中することを好む。ポジティブ性効果（すなわち，ネガティブな素材よりもポジティブな素材をより好む）は，情動的目標に向かうこの変化の川下の副産物である。他方，Heckhausen とその共同研究者らは，自己調整の外的な方法を利用する動機づけは生涯にわたって変わらないが，加齢とともに外的な方法を利用する能力は低下し，このことは高齢者に自身が利用できる資源，すなわち外的ではなく内的な資源を利用することを強いると論じている。このように，高齢者は自分の環境を変えることがむずかしいので，自己調整するように動機づけられている。

限られた認知資源に基づいて加齢によって変化する動機づけを説明する，もう１つのアプローチは，Baltes & Baltes（1990）によって最初に提唱された「選択最適化補償（Selection, Optimization, and Compensation: SOC）モデル」である。この枠組みは，資源の利用可能性が加齢によって自然に変化し，高齢者の自己調整の能力が制限されることを提案する。これらの制限は，高齢者が社会的領域，または，その他の領域で利益を最大にし，損失を最小にするように，種々の目標に優先順位をつけるように方向づける。また，これらの制限は，それらの選択された目標を達成するために，現在の資源を最適化し損失を補償するように目標の優先順位をつけるように方向づける。最近になって，情動調整方略のじょうずな遂行や方略を利用する頻度にみられる年齢差を説明するために，SOC の枠組みが Urry & Gross（2010）によって拡張された。この SOC-ER の枠組みは，情動調整のもう１つの形，とくに外的関係や外的資源を活用することによって，高齢者が資源（とくに，内的な資源・認知資源）の損失を埋め合わせることを示す。高齢者は，認知的再評価の価値を理解する（そして，それをより頻繁に使うようになる）けれども，限られた認知資源のためにうまくこの方略を使うことができない。これゆえ，高齢者は，たとえば状況選択のような資源に適切な方略を，自身の利益のためにより多く利用する。

SOC-ER アプローチは，情動的経験の年齢差の根本的な原因を示唆している点において，SST とは異なる。SST によれば，ポジティブな感情は生活のポジティブな部分に注目したいという願望によって引き起こされる，視点の変化に由来する。他方，SOC-ER は，ポジティブな情動経験は，適切な調整方略の利用が原因であると示唆する。SSTによって説明される情動的に意味のある社会的パートナーの選択は，ネガティブな情報に対してポジティブな情報を優先する認知的変化を導く，情動的なウェルビーイングを優先する高齢者の内発的動機づけを示す。他方，SOC-ERは，年齢や資源に適切な調整方略を使用することによって，情動的経験がどのように形成されるかの問題に直接取り組む。SSTとSOC-ERは，目標が適応的な方略選択を予測する場合は相補的である。しかし，両者はまったく別の基盤となるメカニズムに注目する。

高齢者の利用方略に注目するもう1つのモデルでは，Labouvie-Vief & Medler (2002) が感情の最適化と複雑性の知覚に関連する損失や変化の文脈で，高齢者にみられる感情の回復力のパラドックスを論じる。言い換えれば，高齢者はネガティブな経験はあまり重要でなく，ポジティブな経験がより重要であるような環境作りに役立つ，認知的－感情的方略を考え出す。さらに，Labouvie-Vief, Grühn, & Studer (2010) は，動的統合理論，つまり，全生涯にわたる情動－認知関係の均衡理論を紹介した。すなわち，一生涯にわたって（単純な自動的パターンから，時間を経てより複雑な特徴のある構造へ発達する）情動－認知スキーマの複雑性によって，高齢になって効果的な情動調整が（ポジティブで心地よい経験と考えられる限りにおいて）しだいにうまく働くようになる。しかしながら，著者らは，高齢になると生物学的制限や変化のために，認知－情動の複雑性が低下し始めることも示唆する。この見解は，実証的に示されたポジティブ性効果の観点から解釈できるだろう。すなわち，高齢者は，あまりにも複雑なのでネガティブな素材を避ける（あるいは，まったく関与しないかもしれない）。実際，ポジティブ性効果について先ほど述べた研究の多くは，高齢者がネガティブな刺激を避ける傾向を示している。たとえば，高齢者がネガティブな顔から離れポジティブな刺激を見るようになるが，500ミリ秒後になってからようやく時間経過に従ってポジティブな顔に注目することを，私たちは確認した (Isaacowitz, Allard, Murphy, & Schlangel, 2009)。このことは，ポジティブな刺激への関与とネガティブな刺激からの離脱は直感的な反応ではなく，関与するかどうかを決定する前に，刺激の正確な性質をさらに処理しなければならない，学習された反応であることを意味する。心的資源の利用可能性が低減した高齢者は，直感的にネガティブな反応をするのではない。むしろ，潜在的に情動的に複雑な状況に関与しないことを選択するのである。

これらの異なる理論を互いに比較し，明確に検証した研究は，これまでにほとんどない。他のモデルと比較してSSTを検証する1つの方法は，若年者に時間制限の視点を導入するか，高齢者からその視点を取り除くか，このどちらかによる。実験室での目標の実証的な操作は，年齢と動機づけのどちらが重要なのかを教えてくれるだろう。時間の視点に対して動機づけを一定にすることによって，他の要因がより顕著になるだろう。この考え方は，限定された時間の視点を年齢から切り離した，初期のSST研究の1つで使用されたパラダイムと類似している（Carstensen et al., 1999）。ここでは，HIV陽性患者や，卒業が近づいていることを意識する大学4年生が参加した社会的パートナー選択課題（すなわち，多くのカードから自分が一緒にいたい人を選ぶ）が実施された。これらの集団を利用することによって，著者らは高齢者と同じ行動を彼らがどのように見せるのかを証明することが可能になった。残りの限られた時間に気づいた人々は，情動的に適切な社会的パートナーを選択する可能性が高かった。反対に，時間的視野が広いとき，情報探索刺激に対してより情動的に報酬のあるものを選ぶ効果は減少する（Fung & Carstensen, 2003）。言い換えると，どの年齢群でも限られた時間を目立たせると，情動的に意味のある方向へ自分の目標を移行する。なぜなら，残りの人生の時間のなかで最良の密接な関係を享受し，築きたいという新しい動機づけが生まれるからである。しかしながら，時間がたくさんあると思うと，年齢にかかわらず優先順位はより新しい情報や経験探求行動へと駆り立てられる。

これらの研究は動機づけが行動に影響することを示したが，情動の結果や方略利用については検討しなかった。社会的優先順位（すなわち，もし時間が限られていたら，あなたはだれと一緒にいたいか）の移行は，動機づけの変化を明確に反映する。一方，これらの行動が明確に心地よい目標に役立つかどうかは，実証的には検討されてこなかった。それゆえ，これからの研究は情動的目標の達成を実験的に操作する際，限られた時間の視点の観点から，動機づけをさらに厳密に調べる必要がある。たとえば，限られた時間の視点に起因する社会的選択の研究は，情動的結果も含むべきである。そして，ポジティブ性効果の研究は，個人差，または操作した要因として時間の視点を明確に考慮しなければならない。

重要な疑問はまだある。すなわち高齢者が動機づけられるのは，時間が限られているという視点によるのか，あるいは認知的能力低下によるのか。高齢者を認知的な障害の有無で比較することによって，認知資源が必要なプロセスが明らかになる。情動的刺激への関与は基盤となる動機づけの変化をどのように反映しているのかを解明することができる。もし，ポジティブ性効果が認知資源に問題のない高齢者と問題のある高齢者のどちらにおいても生じるならば，SSTによって示唆される限られた時間の視点が，情動的目標達成においての基礎となる影響要因と考えられるだろう。いくつかの研究では，認知能力が高い高齢者では，より大きなポジティブ性効果を確認した（Mather & Knight, 2005など）。けれども，他の研究では，かなり低い認知能力の高齢者においても年齢に関連したポジティブ性効果を確認した（Foster, Davis, & Kisley, 2013など）。このように，この疑問に関連する研究は明らかに必要である。

課題の要求に意味があると理解したときに，高齢者がその課題に熱心に取り組むのならば（Hess, 2006; Hess et al., 2009），生態学的にできる限り妥当な実験パラダイムを作ることは重要である。また，複雑性を変化させる情動的刺激（たとえば，動的なビデオに対して静的な画像を見せる，自伝的な情報に対して第三者の情報を与える）を使えば実世界の状況により近づくような課題にできる。そのような実験では，高齢者が，自身の情動調整を動機づけられていることを理解するかもしれない。多くの実験室実験に参加するときの若年者の目標は，高齢者の目標とは異なる（たとえば，金銭的報酬，科学的進歩への真摯な関心）。したがって，研究する年齢群に見合った実験的刺激や手続きを維持することは，高齢者が日常生活で直面する文脈に照らして，基盤となる動機づけの変化をより深く理解することを促進するだろう。加えて，実生活の問題が調査できるような方法（たとえば，経験サンプリング，インタビュー，日記の項目のコード化）は，高齢者が日常生活で利用する，より好む方略を明らかにするかもしれない。

動機づけの研究に対して認知科学的なアプローチからの枠組みを利用することは，情動調整での動機づけの役割と限られた時間の視点の役割とを区別することに，とりわけ役立つだろう。たとえば，目標の内発的な活性化と外発的な活性化を比較すると，どのような年齢のパターンが生じるだろうか。人々は報酬の魅力に応じて目標を達成するように動機づけられる。その場合彼らは，課題の要求は低いが利益は高いときに，最も努力するだろう（Kool, McGuire, Rosen, & Botvinick, 2010）。このことは，高齢者が利用可能な認知資源を利用するコストと利得を比較検討することを示した加齢研究において明らかである（Urry & Gross, 2010）。また，課題要求が低く認知コントロール能力が高いとき，ポジティブ性効果が最も顕著となることも明らかである（Reed, Chan, & Mikels, 2014）。加齢と動機づけの最近の研究のほとんどが，内発的な報酬（たとえば，近しい社会的パートナーの選択，よい気分になる）に注目している。一方，この研究分野の外発的動機づけ（たとえば，金銭的な期待，期待の遂行）の役割やフィードバックの役割（ポジティブや，ネガティブ）は，あまり研究されていない。さらに，認知コントロール能力に関する個人差はポジティブ性効果に影響するが，この分野の信念の役割についてはほとんど知られていない。動機づけに関する過去の研究において人々の自己の特性についての信念が，追い求める目標の種類に影響するだけでなく，目標達成に利用する方略にも影響することが示されているので，信念の役割について検討することは重要である（Dweck, 2012）。このような動機づけの科学的アプローチを考慮することによって，私たちは人々が情動経験を管理する際に，思考や行動を変える方法に関する興味深い年齢効果を確認することができる。また，成人期にわたる動機づけ，認知，そして情動経験の間の関係についてより包括的な状況を把握することができる。

5節　社会情動的加齢に関する，補足的な動機づけ以外の説明

私たちは，高齢になると動機づけの変化が広範にわたって影響を及ぼすことについて議論してきた。しかし，これらは高齢者の生活経験に影響する唯一の駆動力であるわけではないことを述べておきたい。動機づけ以外の要因（生物学的，そして他の心理的要因を含む）の探求は，多面的な加齢の経験をつなぎ合わせるのに役立つ。

動機づけの要因から離れると，他の心理的要因は，状況の適応や経験の適応を含むだろう。たとえば，Blanchard-Fields（2007）は，高齢者が社会的状況を道案内する専門家であることを示した一連の研究を論じた。とくに，情動的に荷が重い（たとえば，介護施設に家族を入れる判断），あるいは試行錯誤的である（商品を店で交換する）といった日常の問題を解決するとき，高齢者は若年者よりもより効果的な方略を利用した。興味深いことに，認知能力は高齢者が首尾よく問題を解決できるかを予測できなかった。その代わり，感情的複雑性（すなわち，情動的状況と認知的状況において自身と環境を組み合わせる能力；Labouvie-Vief, 1998）の高い人と，情動的表現力（たとえば，悲しいときに悲しい表情をする）が高い人は，問題に直接かかわる積極的な方略（それは，より成功するアプローチと考えられる）に取り組む可能性が高かった。Blanchard-Fieldsは，高齢者は情動調整能力の補助手段として，このすばらしい方略を使い，情動的で主観的なウェルビーイングを維持することに役立てていると論じる。実際，このことは高齢者が社会情動的機能において柔軟であることを示す。

人はそれぞれ，効果的な調整方略の知識が違う。それは，うまく調整できる各人の能力に影響しているのかもしれない。しかしながら，調整方略の多くの蓄えが，首尾よい調整を意味するわけではない。むしろ，首尾よい調整は調整の柔軟さ，すなわち実際の効果に基づいて方略利用を管理調整する能力に依存するようである（Bonanno & Burton, 2013）。若年者と高齢者の比較によって調整の柔軟さを検討することは，高齢期にポジティブな経験を維持することに貢献する個人の要因に光をあてることのできる１つの方法である。

さらに，加齢のプロセスは，身体（とくに，脳）にとっての肉体的な変化と最も顕著に関連しているだろう。これまで議論してきた心理的低下は，加齢に関連する重要な同時発生的な神経細胞の変化と関連しているだろう。Cacioppo, Bernston, Bechara, Tranel, & Hawkley（2011）は，「加齢脳モデル（aging brain model）」を提唱した。そのモデルは，とりわけ，ポジティブな刺激に対する反応の活性化は高齢になっても維持されるが，ネガティブな刺激に対しては減少するという点から，観察

されたポジティブ性効果は扁桃体の変化に起因すると提唱する。ネガティブな刺激への扁桃体活性化の減少は情動的覚醒（すなわち，刺激がどのように生理学的に活性化されているか）の減少に起因し，その後，その情報を符号化せず記憶しないようになる。このように，ポジティブな情報をより簡単に処理する方向へのこのような自然の移行は，SST によって報告された，より高いレベルの主観的ウェルビーイングとポジティブな感情を促進する。しかし，Nashiro, Sakaki, & Mather（2011）は高齢期でも扁桃体が保持されることを報告し，これに反論している。代わりに，これらの著者は，情動処理課題では前頭前皮質がより多く賦活するという研究結果から，認知コントロールと情動調整への注目がポジティブ性効果に対するより適切な説明であると提案する。このように，加齢に伴う神経的な変化を調査することは，行動的にも心理的にも意味のある，重要な変化を強調することができる。

6 節　結論

これまでの節では，私たちの研究室や他の研究室からの実証的な証拠に照らして，加齢の主要な動機づけモデルである「社会情動的選択性理論」について議論した。ここでの実証的な証拠として，高齢になってポジティブな感情を維持するための基礎となる動機づけを明らかにした。健康な成人にみられる加齢に伴う認知資源の欠乏は，認知的プロセスと情動的プロセスに影響する。その一方で，高齢者が実際に到達可能で，かつ年相応の動機づけの目標達成に適した目標方略を実行する方法について議論した。

また，私たちは，違った視点から動機づけの年齢に関連した変化を説明しようとする補足的なモデルも紹介した。その視点には，ポジティブな刺激への注目の変化のためのより効率的な認知資源の利用から，ネガティブな刺激は複雑すぎて処理できなかった視点までを含む。理論上のこのような違いを埋める 1 つの方法は，実証的にそれらをまとめて検討し，実験参加者内と実験参加者間の両方で調査することである。そのうえ，これらの理論をお互いに直接比較検討することは，高齢者の情動的経験の形成に関与する重要な要因を明らかにするだろう。一般に，これまでこの分野の研究では多くの動機づけモデル内においてもモデル横断的にも，同一の研究で直接互いを比較検討してこなかった。このことは，個々の研究はそれらの研究が生み出された特定の理論的モデルにのみ対応する傾向があり，異なる説明の有用性についての説得力のある検証を妨げてきたことを意味する。願わくは，この分野の今後の研究は，モデルを互いに比較することの重要性，また，1 つの説明（あるいは，説明の種類）が単独では成立しないと仮定することの重要性を真剣に考えてほしい。これまで議論した動機づけの科学的アプローチは，本章で注目した仮説を検討することにも役に立つだろう。

要約すると，直面する困難にもかかわらず，人々は年をとるにつれて，自己調整において驚くべき柔軟性を示す。さまざまな理論的アプローチが，社会的，認知的，そして情動的経験における年齢に関連した変化を理解しようと試みている。しかしながらこのような変化は，数多くの身体的・心理的要因から生じ，個人的かつ文脈的な影響によって変化する可能性がある。動機づけの要因はもちろん重要であるが，私たちの年齢に伴う生物学的変化や，状況の変化といった文脈に沿って，動機づけ要因を検討する必要があるだろう。

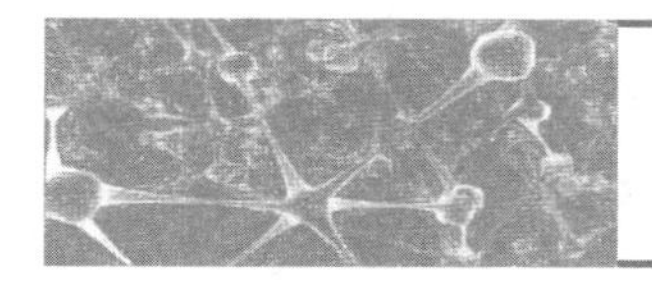

文 献

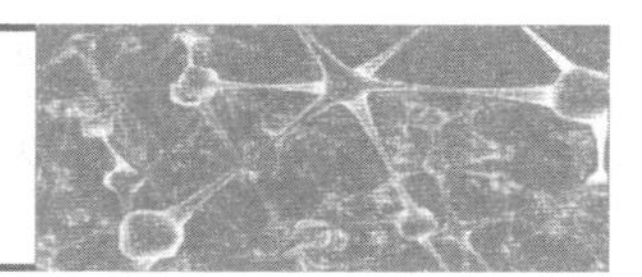

◆1章

Baltes, P. B. (1997). On the incomplete architecture of human ontogeny: Selection, optimization, and compensation as foundation of developmental theory. *American Psychologist, 52*(4), 366.

Bargh, J. A., Gollwitzer, P. M., & Oettingen, G. (2010). Motivation. In S. T. Fiske, D. T. Gilbert, & G. Lindzey (Eds.), *Handbook of social psychology* (5th ed., Vol. 1, pp. 268–316). Hoboken, NJ: Wiley.

Baumeister, R. F., Bratslavsky, E., Muraven, M., & Tice, D. M. (1998). Ego depletion: Is the active self a limited resource? *Journal of Personality and Social Psychology, 74*(5), 1252–1265.

Berridge, K. C., & Robinson, T. E. (2003). Parsing reward. *Trends Neurosci, 26*(9), 507–513. doi:10.1016/s0166–2236(03)00233–9

Bettinger, E. P. (2012). Paying to learn: The effect of financial incentives on elementary school test scores. *Review of Economics and Statistics, 94*(3), 686–698.

Bonner, S. E., & Sprinkle, G. B. (2002). The effects of monetary incentives on effort and task performance: Theories, evidence, and a framework for research. *Accounting, Organizations and Society, 27*, 303–345.

Botvinick, M. M., & Braver, T. S. (2015). Motivation and cognitive control: From behavior to neural mechanism. *Annu Rev Psychol, 66*, 83–113. doi:10.1146/annurev-psych-010814–015044

Braver, T. S. (2012). The variable nature of cognitive control: A dual mechanisms framework. *Trends Cogn Sci, 16*(2), 106–113. doi:10.1016/j.tics.2011.12.010

Braver, T. S., Gray, J. R., & Burgess, G. C. (2007). Explaining the many varieties of working memory variation: Dual mechanisms of cognitive control. In A. Conway, C. Jarrold, M. J. Kane, A. Miyake, & J. Towse (Eds.), *Variation in working memory* (pp. 76–106). Oxford: Oxford University Press.

Braver, T. S., Krug, M. K., Chiew, K. S., Kool, W., Westbrook, J. A., Clement, N. J., . . . Somerville, L. J. (2014). Mechanisms of motivation-cognition interaction: Challenges and opportunities. *Cogn Affect Behav Neurosci, 14*(2), 443–472. doi:10.3758/s13415–014–0300–0

Brehm, J. W., & Self, E. A. (1989). The intensity of motivation. *Annu Rev Psychol, 40*, 109–131. doi:10.1146/annurev.ps.40.020189.000545

Buck, R. (1985). Prime theory: An integrated view of motivation and emotion. *Psychol Rev, 92*(3), 389.

Cacioppo, J. T., Berntson, G. G., Bechara, A., Tranel, D., & Hawkley, L. C. (2011). Could an aging brain contribute to subjective well-being? The value added by a social neuroscience perspective. In A. Todorov, S. T. Fiske, & D. A. Prentice (Eds.), *Social neuroscience: Toward understanding the underpinnings of the social mind* (pp. 249–262). New York: Oxford University Press.

Carstensen, L. L., Isaacowitz, D. M., & Charles, S. T. (1999). Taking time seriously: A theory of socioemotional selectivity. *American Psychologist, 54*(3), 165–181.

Carstensen, L. L., & Mikels, J. A. (2005). At the intersection of emotion and cognition:

Aging and the positivity effect. *Current Directions in Psychological Science, 14*, 117–121.
Carver, C. S. (2006). Approach, avoidance, and the self-regulation of affect and action. *Motivation and Emotion, 30*(2), 105–110.
Carver, C. S., & Scheier, M. F. (1990). Origins and functions of positive and negative affect: A control-process view. *Psychol Rev, 97*, 19–35.
Chiew, K. S., & Braver, T. S. (2011). Positive affect versus reward: Emotional and motivational influences on cognitive control. *Front Psychol, 2*, 279. doi:10.3389/fpsyg.2011.00279
Custers, R., & Aarts, H. (2010). The unconscious will: How the pursuit of goals operates outside of conscious awareness. *Science, 329*(5987), 47–50.
Daw, N. D., Niv, Y., & Dayan, P. (2005). Uncertainty-based competition between prefrontal and dorsolateral striatal systems for behavioral control. *Nat Neurosci, 8*(12), 1704–1711.
Daw, N. D., & Shohamy, D. (2008). The cognitive neuroscience of motivation and learning. *Social Cognition, 26*, 593–620.
Dickinson, A., & Balleine, B. (2002). The role of learning in the operation of motivational systems. In H. Pashler & R. Gallistel (Eds.), *Steven's handbook of experimental psychology: Learning, motivation, and emotion* (Vol. 3, pp. 497–533). New York: Wiley.
Elliot, A. J., & Fryer, J. W. (2008). The goal construct in psychology. In J. Y. Shah & W. L. Garner (Eds.), *Handbook of motivation science* (pp. 235–250). New York: Guilford Press.
Elsner, B., & Hommel, B. (2001). Effect anticipation and action control. *J Exp Psychol Hum Percept Perform, 27*(1), 229–240.
Fryer, R. G., Jr. (2011). Financial incentives and student achievement: Evidence from randomized trials. *The Quarterly Journal of Economics, 126*, 1755–1798.
Garbers, Y., & Konradt, U. (2014). The effect of financial incentives on performance: A quantitative review of individual and team-based financial incentives. *Journal of Occupational and Organizational Psychology, 87*(1), 102–137.
Gollwitzer, P. M. (2012). Mindset theory of action phases. In P. Van Lange, A. W. Kruglanski, & E. T. Higgins (Eds.), *Handbook of theories of social psychology* (Vol. 1, pp. 526–545). London, UK: SAGE.
Heckhausen, H. (1977). Achievement motivation and its constructs: A cognitive model. *Motivation and Emotion, 1*(4), 283–329.
Hess, T. M. (2014). Selective engagement of cognitive resources: Motivational influences on older adults' cognitive functioning. *Perspectives on Psychological Science, 9*(4), 388–407. doi: 10.1177/1745691614527465
Holroyd, C. B., & Yeung, N. (2012). Motivation of extended behaviors by anterior cingulate cortex. *Trends Cogn Sci, 16*(2), 122–128. doi:10.1016/j.tics.2011.12.008
*1 Hull, C. L. (1943). *Principles of behavior: An introduction to behavior theory*. Oxford: Appleton-Century.
Jimura, K., Locke, H. S., & Braver, T. S. (2010). Prefrontal cortex mediation of cognitive enhancement in rewarding motivational contexts. *Proc Natl Acad Sci U S A, 107*(19), 8871–8876.
Kahneman, D. (1973). *Attention and effort*. Englewood Cliffs, NJ: Prentice-Hall.
Knutson, B., Westdorp, A., Kaiser, E., & Hommer, D. (2000). FMRI visualization of brain activity during a monetary incentive delay task. *Neuroimage, 12*, 20–27.
Krug, M. K., & Braver, T. S. (2014). Motivation and cognitive control: Going beyond monetary incentives. In E. Bijleveld & H. Aarts (Eds.), *The psychological science of money* (pp. 137–162). New York: Springer.
Kruglanski, A. W., Bélanger, J. J., Chen, X., Köpetz, C., Pierro, A., & Mannetti, L. (2012). The energetics of motivated cognition: A force-field analysis. *Psychol Rev, 119*(1), 1.
Laming, D. R. (2000). On the behavioural interpretation of neurophysiological observation.

Behavioral and Brain Sciences, 23(2), 209–209.
Leon, M. I., & Shadlen, M. N. (1999). Effect of expected reward magnitude on the response of neurons in the dorsolateral prefrontal cortex of the macaque. *Neuron, 24*(2), 415–425.
Locke, H. S., & Braver, T. S. (2008). Motivational influences on cognitive control: Behavior, brain activation, and individual differences. *Cognitive, Affective, and Behavioral Neuroscience, 8*, 99–112.
Locke, H. S., & Braver, T. S. (2010). Motivational influences on cognitive control: A cognitive neuroscience perspective. In R. R. Hassin, K. N. Ochsner, & Y. Trope (Eds.), *Self control in society, mind, and brain* (pp. 114–140). New York: Oxford University Press.
Luciana, M., & Collins, P. F. (2012). Incentive motivation, cognitive control, and the adolescent brain: Is it time for a paradigm shift? *Child Development Perspectives, 6*(4), 392–399.
Maddox, W. T., & Markman, A. B. (2010). The motivation-cognition interface in learning and decision-making. *Curr Dir Psychol Sci, 19*(2), 106–110. doi:10.1177/0963721410364008
Maunsell, J. H. (2004). Neuronal representations of cognitive state: Reward or attention? *Trends Cogn Sci, 8*(6), 261–265. doi:10.1016/j.tics.2004.04.003
*2 McClelland, D. C. (1987). *Human motivation.* Cambridge, UK: Cambridge University Press.
Nielsen, L., & Mather, M. (2011). Emerging perspectives in social neuroscience and neuroeconomics of aging. *Soc Cogn Affect Neurosci, 6*(2), 149.
Nieuwenhuis, S., & Monsell, S. (2002). Residual costs in task switching: Testing the failure-to-engage hypothesis. *Psychon Bull Rev, 9*(1), 86–92.
Niv, Y. (2009). Reinforcement learning in the brain. *Journal of Mathematical Psychology, 53*(3), 139–154.
Pessoa, L. (2009). How do emotion and motivation direct executive control? *Trends Cogn Sci, 13*(4), 160–166.
Pessoa, L., & Engelmann, J. B. (2010). Embedding reward signals into perception and cognition. *Front Neurosci, 4*, 17. doi:10.3389/fnins.2010.00017
Pochon, J. B., Levy, R., Fossati, P., Lehericy, S., Poline, J. B., Pillon, B., . . . Dubois, B. (2002). The neural system that bridges reward and cognition in humans: An fMRI study. *Proc Natl Acad Sci USA, 99*(8), 5669–5674.
Sarter, M., Gehring, W. J., & Kozak, R. (2006). More attention must be paid: The neurobiology of attentional effort. *Brain Res Rev, 51*(2), 145–160. doi:10.1016/j.brainresrev.2005.11.002
Shenhav, A., Botvinick, M. M., & Cohen, J. D. (2013). The expected value of control: An integrative theory of anterior cingulate cortex function. *Neuron, 79*(2), 217–240. doi:10.1016/j.neuron.2013.07.007
Shin, Y. K., Proctor, R. W., & Capaldi, E. J. (2010). A review of contemporary ideomotor theory. *Psychological Bulletin, 136*(6), 943–974. doi:10.1037/a0020541
Shohamy, D., & Adcock, R. A. (2010). Dopamine and adaptive memory. *Trends Cogn Sci, 14*(10), 464–472.
Smith, V. L., & Walker, J. M. (1993). Monetary rewards and decision cost in experimental economics. *Economic Inquiry, 31*(2), 245–261.
Somerville, L. H., & Casey, B. (2010). Developmental neurobiology of cognitive control and motivational systems. *Current Opinion in Neurobiology, 20*(2), 236–241.
Spear, L. P. (2000). The adolescent brain and age-related behavioral manifestations. *Neuroscience & Biobehavioral Reviews, 24*(4), 417–463.
Steinberg, L. (2008). A social neuroscience perspective on adolescent risk-taking. *Developmental Review, 28*(1), 78–106.
*3 Sutton, R. S., & Barto, A. G. (1998). *Introduction to reinforcement learning.* Cambridge, MA:

MIT Press.
Taylor, S. E. (1981). The interface of cognitive and social psychology. In J. H. Harver (Ed.), *Cognition, social behavior, and the environment* (pp. 189–211). New York: Erlbaum.

◆2章

Anderson, B. A. (2013). A value-driven mechanism of attentional selection. *Journal of Vision, 13*(3), 7. doi:10.1167/13.3.7

Anderson, B. A., Laurent, P. A., & Yantis, S. (2011a). Learned value magnifies salience-based attentional capture. *PloS ONE, 6*(11), e27926. doi:10.1371/journal.pone.0027926

Anderson, B. A., Laurent, P. A., & Yantis, S. (2011b). Value-driven attentional capture. *Proceedings of the National Academy of Sciences of the United States of America, 108*(25), 10367–10371. doi:10.1073/pnas.1104047108

Anderson, B. A., Laurent, P. A., & Yantis, S. (2012). Generalization of value-based attentional priority. *Visual Cognition, 20*(6), 647–658. doi:10.1080/13506285.2012.679711

Anderson, B. A., & Yantis, S. (2012). Value-driven attentional and oculomotor capture during goal-directed, unconstrained viewing. *Attention, Perception & Psychophysics, 74*(8), 1644–1653. doi:10.3758/s13414-012-0348-2

Anderson, B. A., & Yantis, S. (2013). Persistence of value-driven attentional capture. *Journal of Experimental Psychology. Human Perception and Performance, 39*(1), 6–9. doi:10.1037/a0030860

Apitz, T., & Bunzeck, N. (2012). Reward modulates the neural dynamics of early visual category processing. *NeuroImage, 63*(3), 1614–1622. doi:10.1016/j.neuroimage.2012.08.046

Arsenault, J. T., Nelissen, K., Jarraya, B., & Vanduffel, W. (2013). Dopaminergic reward signals selectively decrease fMRI activity in primate visual cortex. *Neuron, 77*(6), 1174–1186. doi:10.1016/j.neuron.2013.01.008

Awh, E., Armstrong, K. M., & Moore, T. (2006). Visual and oculomotor selection: Links, causes and implications for spatial attention. *Trends in Cognitive Sciences, 10*(3), 124–130. doi:10.1016/j.tics.2006.01.001

Awh, E., Belopolsky, A. V., & Theeuwes, J. (2012). Top-down versus bottom-up attentional control: A failed theoretical dichotomy. *Trends in Cognitive Sciences, 16*(8), 437–443. doi:10.1016/j.tics.2012.06.010

Baines, S., Ruz, M., Rao, A., Denison, R., & Nobre, A. C. (2011). Modulation of neural activity by motivational and spatial biases. *Neuropsychologia, 49*(9), 2489–2497. doi:10.1016/j.neuropsychologia.2011.04.029

Baldassi, S., & Simoncini, C. (2011). Reward sharpens orientation coding independently of attention. *Frontiers in Neuroscience, 5*, 13. doi:10.3389/fnins.2011.00013

Barrett, L. F., & Bar, M. (2009). See it with feeling: Affective predictions during object perception. *Philosophical Transactions of the Royal Society of London. Series B, Biological Sciences, 364*(1521), 1325–1334. doi:10.1098/rstb.2008.0312

Bigl, V., Woolf, N. J., & Butcher, L. L. (1982). Cholinergic projections from the basal forebrain to frontal, parietal, temporal, occipital, and cingulate cortices: A combined fluorescent tracer and acetylcholinesterase analysis. *Brain Research Bulletin, 8*(6), 727–749.

Braver, T. S., Krug, M. K., Chiew, K. S., Kool, W., Westbrook, J. A., Clement, N. J., . . . Somerville, L. H. (2014). Mechanisms of motivation-cognition interaction: Challenges and opportunities. *Cognitive, Affective & Behavioral Neuroscience, 14*(2), 443–472. doi:10.3758/s13415-014-0300-0

Bruner, J. S., & Goodman, C. C. (1947). Value and need as organizing factors in perception. *Journal of Abnormal Psychology, 42*(1), 33–44.

Bucker, B., & Theeuwes, J. (2014). The effect of reward on orienting and reorienting in exogenous cuing. *Cognitive, Affective & Behavioral Neuroscience, 14*(2), 635–646. doi:10.3758/s13415–014–0278–7

Camara, E., Manohar, S., & Husain, M. (2013). Past rewards capture spatial attention and action choices. *Experimental Brain Research, 230*(3), 291–300. doi:10.1007/s00221–013–3654–6

Carmichael, S. T., & Price, J. L. (1995). Sensory and premotor connections of the orbital and medial prefrontal cortex of macaque monkeys. *The Journal of Comparative Neurology, 363*(4), 642–664. doi:10.1002/cne.903630409

Changizi, M. A., & Hall, W. G. (2001). Thirst modulates a perception. *Perception, 30*(12), 1489–1497.

Chaumon, M., Kveraga, K., Barrett, L. F., & Bar, M. (2013). Visual predictions in the orbitofrontal cortex rely on associative content. *Cerebral Cortex, 24*(11), 2899–2907. doi:10.1093/cercor/bht146

Chelazzi, L., Perlato, A., Santandrea, E., & Della Libera, C. (2013). Rewards teach visual selective attention. *Vision Research, 85*, 58–72. doi:10.1016/j.visres.2012.12.005

Chubykin, A. A., Roach, E. B., Bear, M. F., & Shuler, M.G.H. (2013). A cholinergic mechanism for reward timing within primary visual cortex. *Neuron*, 77(4), 723–735. doi:10.1016/j.neuron.2012.12.039

Clark, A. M. (2013). Reward processing: A global brain phenomenon? *Journal of Neurophysiology, 109*(1), 1–4. doi:10.1152/jn.00070.2012

Clark, A. M., Bouret, S., Young, A. M., Murray, E. A., & Richmond, B. J. (2013). Interaction between orbital prefrontal and rhinal cortex is required for normal estimates of expected value. *The Journal of Neuroscience: The Official Journal of the Society for Neuroscience, 33*(5), 1833–1845. doi:10.1523/JNEUROSCI.3605–12.2013

Cohen, J. Y., Haesler, S., Vong, L., Lowell, B. B., & Uchida, N. (2012). Neuron-type-specific signals for reward and punishment in the ventral tegmental area. *Nature, 482*(7383), 85–88. doi:10.1038/nature10754

Collins, T. (2012). Probability of seeing increases saccadic readiness. *PloS ONE*, 7(11), e49454. doi:10.1371/journal.pone.0049454

Corbetta, M., & Shulman, G. L. (2002). Control of goal-directed and stimulus-driven attention in the brain. *Nature Reviews: Neuroscience, 3*(3), 201–215. doi:10.1038/nrn755

Craig, A.D.B. (2009). How do you feel—now? The anterior insula and human awareness. *Nature Reviews: Neuroscience, 10*(1), 59–70. doi:10.1038/nrn2555

Della Libera, C., & Chelazzi, L. (2006). Visual selective attention and the effects of monetary rewards. *Psychological Science, 17*(3), 222–227. doi:10.1111/j.1467–9280.2006.01689.x

Della Libera, C., & Chelazzi, L. (2009). Learning to attend and to ignore is a matter of gains and losses. *Psychological Science, 20*(6), 778–784. doi:10.1111/j.1467–9280.2009.02360.x

Della Libera, C., Perlato, A., & Chelazzi, L. (2011). Dissociable effects of reward on attentional learning: From passive associations to active monitoring. *PloS ONE, 6*(4), e19460. doi:10.1371/journal.pone.0019460

Desimone, R., & Duncan, J. (1995). Neural mechanisms of selective visual attention. *Annual Review of Neuroscience, 18*, 193–222. doi:10.1146/annurev.ne.18.030195.001205

Dunning, D., & Balcetis, E. (2013). Wishful seeing how preferences shape visual perception. *Current Directions in Psychological Science, 22*(1), 33–37. doi:10.1177/0963721412463693

Engelmann, J. B., Damaraju, E., Padmala, S., & Pessoa, L. (2009). Combined effects of attention and motivation on visual task performance: Transient and sustained motivational effects. *Frontiers in Human Neuroscience, 3*, 4. doi:10.3389/neuro.09.004.2009

Engelmann, J. B., & Pessoa, L. (2007). Motivation sharpens exogenous spatial attention. *Emotion*, 7(3), 668–674. doi:10.1037/1528–3542.7.3.668

Failing, M. F., & Theeuwes, J. (2014). Exogenous visual orienting by reward. *Journal of Vision*, *14*(5), 6. doi:10.1167/14.5.6

Fecteau, J. H., & Munoz, D. P. (2006). Salience, relevance, and firing: A priority map for target selection. *Trends in Cognitive Sciences*, *10*(8), 382–390. doi:10.1016/j.tics.2006.06.011

Frankó, E., Seitz, A. R., & Vogels, R. (2010). Dissociable neural effects of long-term stimulus-reward pairing in macaque visual cortex. *Journal of Cognitive Neuroscience*, *22*(7), 1425–1439. doi:10.1162/jocn.2009.21288

Gilbert, C. D., & Li, W. (2013). Top-down influences on visual processing. *Nature Reviews: Neuroscience*, *14*(5), 350–363. doi:10.1038/nrn3476

Gilbert, C. D., & Sigman, M. (2007). Brain states: Top-down influences in sensory processing. *Neuron*, *54*(5), 677–696. doi:10.1016/j.neuron.2007.05.019

Gilchrist, J. C., & Nesberg, L. S. (1952). Need and perceptual change in need-related objects. *Journal of Experimental Psychology*, *44*(6), 369–376.

Gottlieb, J. (2012). Attention, learning, and the value of information. *Neuron*, *76*(2), 281–295. doi:10.1016/j.neuron.2012.09.034

Grabenhorst, F., & Rolls, E. T. (2011). Value, pleasure and choice in the ventral prefrontal cortex. *Trends in Cognitive Sciences*, *15*(2), 56–67. doi:10.1016/j.tics.2010.12.004

Haber, S. N., & Knutson, B. (2010). The reward circuit: Linking primate anatomy and human imaging. *Neuropsychopharmacology: Official Publication of the American College of Neuropsychopharmacology*, *35*(1), 4–26. doi:10.1038/npp.2009.129

Hickey, C., Chelazzi, L., & Theeuwes, J. (2010). Reward changes salience in human vision via the anterior cingulate. *The Journal of Neuroscience: The Official Journal of the Society for Neuroscience*, *30*(33), 11096–11103. doi:10.1523/JNEUROSCI.1026–10.2010

Hickey, C., Chelazzi, L., & Theeuwes, J. (2011). Reward has a residual impact on target selection in visual search, but not on the suppression of distractors. *Visual Cognition*, *19*(1), 117–128. doi:10.1080/13506285.2010.503946

Hickey, C., & van Zoest, W. (2012). Reward creates oculomotor salience. *Current Biology: CB*, *22*(7), R219–220. doi:10.1016/j.cub.2012.02.007

Hickey, C., & van Zoest, W. (2013). Reward-associated stimuli capture the eyes in spite of strategic attentional set. *Vision Research*, *92*, 67–74. doi:10.1016/j.visres.2013.09.008

Hillstrom, A. P. (2000). Repetition effects in visual search. *Perception & Psychophysics*, *62*(4), 800–817.

Hu, K., Padmala, S., & Pessoa, L. (2013). Interactions between reward and threat during visual processing. *Neuropsychologia*, *51*(9), 1763–1772. doi:10.1016/j.neuropsychologia.2013.05.025

Hutchinson, J. B., & Turk-Browne, N. B. (2012). Memory-guided attention: Control from multiple memory systems. *Trends in Cognitive Sciences*, *16*(12), 576–579. doi:10.1016/j.tics.2012.10.003

Itti, L., & Koch, C. (2001). Computational modelling of visual attention. *Nature Reviews: Neuroscience*, *2*(3), 194–203. doi:10.1038/35058500

Jazbec, S., Hardin, M. G., Schroth, E., McClure, E., Pine, D. S., & Ernst, M. (2006). Age-related influence of contingencies on a saccade task. *Experimental Brain Research*, *174*(4), 754–762. doi:10.1007/s00221–006–0520–9

Kiss, M., Driver, J., & Eimer, M. (2009). Reward priority of visual target singletons modulates event-related potential signatures of attentional selection. *Psychological Science*, *20*(2), 245–251. doi:10.1111/j.1467–9280.2009.02281.x

Knutson, B., & Cooper, J. C. (2005). Functional magnetic resonance imaging of reward

prediction. *Current Opinion in Neurology, 18*(4), 411–417.
Krebs, R. M., Boehler, C. N., Egner, T., & Woldorff, M. G. (2011). The neural underpinnings of how reward associations can both guide and misguide attention. *The Journal of Neuroscience: The Official Journal of the Society for Neuroscience, 31*(26), 9752–9759. doi:10.1523/JNEUROSCI.0732–11.2011
Kristjánsson, A., Sigurjónsdóttir, O., & Driver, J. (2010). Fortune and reversals of fortune in visual search: Reward contingencies for pop-out targets affect search efficiency and target repetition effects. *Attention, Perception & Psychophysics*, 72(5), 1229–1236. doi:10.3758/APP.72.5.1229
Lamme, V. A., & Roelfsema, P. R. (2000). The distinct modes of vision offered by feedforward and recurrent processing. *Trends in Neurosciences, 23*(11), 571–579.
Land, M., Mennie, N., & Rusted, J. (1999). The roles of vision and eye movements in the control of activities of daily living. *Perception, 28*(11), 1311–1328.
Lang, P. J., & Davis, M. (2006). Emotion, motivation, and the brain: Reflex foundations in animal and human research. *Progress in Brain Research, 156*, 3–29. doi:10.1016/S0079–6123(06)56001–7
Lebreton, M., Jorge, S., Michel, V., Thirion, B., & Pessiglione, M. (2009). An automatic valuation system in the human brain: evidence from functional neuroimaging. *Neuron, 64*(3), 431–439. doi:10.1016/j.neuron.2009.09.040
Lee, J., & Shomstein, S. (2014). Reward-based transfer from bottom-up to top-down search tasks. *Psychological Science, 25*(2), 466–475. doi:10.1177/0956797613509284
Lin, Z., & He, S. (2009). Seeing the invisible: The scope and limits of unconscious processing in binocular rivalry. *Progress in Neurobiology, 87*(4), 195–211. doi:10.1016/j.pneurobio.2008.09.002
Liston, D. B., & Stone, L. S. (2008). Effects of prior information and reward on oculomotor and perceptual choices. *The Journal of Neuroscience: The Official Journal of the Society for Neuroscience, 28*(51), 13866–13875. doi:10.1523/JNEUROSCI.3120–08.2008
Madelain, L., Paeye, C., & Wallman, J. (2011). Modification of saccadic gain by reinforcement. *Journal of Neurophysiology, 106*(1), 219–232. doi:10.1152/jn.01094.2009
Markowitz, D. A., Shewcraft, R. A., Wong, Y. T., & Pesaran, B. (2011). Competition for visual selection in the oculomotor system. *The Journal of Neuroscience: The Official Journal of the Society for Neuroscience, 31*(25), 9298–9306. doi:10.1523/JNEUROSCI.0908–11.2011
Maunsell, J.H.R. (2004). Neuronal representations of cognitive state: Reward or attention? *Trends in Cognitive Sciences, 8*(6), 261–265. doi:10.1016/j.tics.2004.04.003
May, C. P., Kane, M. J., & Hasher, L. (1995). Determinants of negative priming. *Psychological Bulletin, 118*(1), 35–54.
McClelland, D. C., & Atkinson, J. W. (1948). The projective expression of needs: The effect of different intensities of the hunger drive on perception. *The Journal of Psychology, 25*, 205–222. doi:10.1080/00223980.1948.9917371
Mesulam, M. M. (2004). The cholinergic innervation of the human cerebral cortex. *Progress in Brain Research, 145*, 67–78. doi:10.1016/S0079–6123(03)45004–8
Milstein, D. M., & Dorris, M. C. (2007). The influence of expected value on saccadic preparation. *The Journal of Neuroscience: The Official Journal of the Society for Neuroscience*, 27(18), 4810–4818. doi:10.1523/JNEUROSCI.0577–07.2007
Milstein, D. M., & Dorris, M. C. (2011). The relationship between saccadic choice and reaction times with manipulations of target value. *Frontiers in Neuroscience, 5*, 122. doi:10.3389/fnins.2011.00122
Mohanty, A., Gitelman, D. R., Small, D. M., & Mesulam, M. M. (2008). The spatial attention

network interacts with limbic and monoaminergic systems to modulate motivation-induced attention shifts. *Cerebral Cortex*, *18*(11), 2604–2613. doi:10.1093/cercor/bhn021

Montagnini, A., & Chelazzi, L. (2005). The urgency to look: Prompt saccades to the benefit of perception. *Vision Research*, *45*(27), 3391–3401. doi:10.1016/j.visres.2005.07.013

Muckli, L., & Petro, L. S. (2013). Network interactions: Non-geniculate input to V1. *Current Opinion in Neurobiology*, *23*(2), 195–201. doi:10.1016/j.conb.2013.01.020

Navalpakkam, V., Koch, C., & Perona, P. (2009). Homo economicus in visual search. *Journal of Vision*, *9*(1), 31.1–16. doi:10.1167/9.1.31

Navalpakkam, V., Koch, C., Rangel, A., & Perona, P. (2010). Optimal reward harvesting in complex perceptual environments. *Proceedings of the National Academy of Sciences of the United States of America*, *107*(11), 5232–5237. doi:10.1073/pnas.0911972107

Noudoost, B., & Moore, T. (2011). Control of visual cortical signals by prefrontal dopamine. *Nature*, *474*(7351), 372–375. doi:10.1038/nature09995

Oades, R. D., & Halliday, G. M. (1987). Ventral tegmental (A10) system: Neurobiology. 1. Anatomy and connectivity. *Brain Research*, *434*(2), 117–165.

O'Doherty, J., Kringelbach, M. L., Rolls, E. T., Hornak, J., & Andrews, C. (2001). Abstract reward and punishment representations in the human orbitofrontal cortex. *Nature Neuroscience*, *4*(1), 95–102. doi:10.1038/82959

O'Doherty, J. P. (2004). Reward representations and reward-related learning in the human brain: Insights from neuroimaging. *Current Opinion in Neurobiology*, *14*(6), 769–776. doi:10.1016/j.conb.2004.10.016

Padmala, S., & Pessoa, L. (2011). Reward reduces conflict by enhancing attentional control and biasing visual cortical processing. *Journal of Cognitive Neuroscience*, *23*(11), 3419–3432. doi:10.1162/jocn_a_00011

Paeye, C., & Madelain, L. (2011). Reinforcing saccadic amplitude variability. *Journal of the Experimental Analysis of Behavior*, *95*(2), 149–162. doi:10.1901/jeab.2011.95–149

Pessiglione, M., Schmidt, L., Draganski, B., Kalisch, R., Lau, H., Dolan, R. J., & Frith, C. D. (2007). How the brain translates money into force: a neuroimaging study of subliminal motivation. *Science*, *316*(5826), 904–906. doi:10.1126/science.1140459

Pessoa, L. (2005). To what extent are emotional visual stimuli processed without attention and awareness? *Current Opinion in Neurobiology*, *15*(2), 188–196. doi:10.1016/j.conb.2005.03.002

Pessoa, L., & Engelmann, J. B. (2010). Embedding reward signals into perception and cognition. *Frontiers in Neuroscience*, *4*, 17. doi:10.3389/fnins.2010.00017

Pessoa, L., Kastner, S., & Ungerleider, L. G. (2003). Neuroimaging studies of attention: From modulation of sensory processing to top-down control. *The Journal of Neuroscience: The Official Journal of the Society for Neuroscience*, *23*(10), 3990–3998.

Pinto, L., Goard, M. J., Estandian, D., Xu, M., Kwan, A. C., Lee, S.-H., . . . Dan, Y. (2013). Fast modulation of visual perception by basal forebrain cholinergic neurons. *Nature Neuroscience*, *16*(12), 1857–1863. doi:10.1038/nn.3552

Pool, E., Brosch, T., Delplanque, S., & Sander, D. (2014). Where is the chocolate? Rapid spatial orienting toward stimuli associated with primary rewards. *Cognition*, *130*(3), 348–359. doi:10.1016/j.cognition.2013.12.002

Prentice, W. C. (1958). Perception. *Annual Review of Psychology*, *9*, 1–18. doi:10.1146/annurev.ps.09.020158.000245

Pylyshyn, Z. (1999). Is vision continuous with cognition? The case for cognitive impenetrability of visual perception. *The Behavioral and Brain Sciences*, *22*(3), 341–365; discussion 366–423.

Qi, S., Zeng, Q., Ding, C., & Li, H. (2013). Neural correlates of reward-driven attentional capture in visual search. *Brain Research, 1532*, 32–43. doi:10.1016/j.brainres.2013.07.044

Raftopoulos, A. (2001). Is perception informationally encapsulated? The issue of the theory-ladenness of perception. *Cognitive Science, 25*(3), 423–451. doi:10.1207/s15516709cog2503_4

Rahnev, D., Lau, H., & de Lange, F. P. (2011). Prior expectation modulates the interaction between sensory and prefrontal regions in the human brain. *The Journal of Neuroscience: The Official Journal of the Society for Neuroscience, 31*(29), 10741–10748. doi:10.1523/JNEUROSCI.1478–11.2011

Rangel, A., Camerer, C., & Montague, P. R. (2008). A framework for studying the neurobiology of value-based decision making. *Nature Reviews: Neuroscience, 9*(7), 545–556. doi:10.1038/nrn2357

Raymond, J. E., & O'Brien, J. L. (2009). Selective visual attention and motivation: The consequences of value learning in an attentional blink task. *Psychological Science, 20*(8), 981–988. doi:10.1111/j.1467–9280.2009.02391.x

Raymond, J. E., Shapiro, K. L., & Arnell, K. M. (1992). Temporary suppression of visual processing in an RSVP task: An attentional blink? *Journal of Experimental Psychology. Human Perception and Performance, 18*(3), 849–860.

Roelfsema, P. R., van Ooyen, A., & Watanabe, T. (2010). Perceptual learning rules based on reinforcers and attention. *Trends in Cognitive Sciences, 14*(2), 64–71. doi:10.1016/j.tics.2009.11.005

Ross, M., Lanyon, L. J., Viswanathan, J., Manoach, D. S., & Barton, J. J. S. (2011). Human prosaccades and antisaccades under risk: Effects of penalties and rewards on visual selection and the value of actions. *Neuroscience, 196*, 168–177. doi:10.1016/j.neuroscience.2011.08.006

Rothkirch, M., Ostendorf, F., Sax, A.-L., & Sterzer, P. (2013). The influence of motivational salience on saccade latencies. *Experimental Brain Research, 224*(1), 35–47. doi:10.1007/s00221–012–3284–4

Rothkirch, M., Schmack, K., Deserno, L., Darmohray, D., & Sterzer, P. (2014). Attentional modulation of reward processing in the human brain. *Human Brain Mapping, 35*(7), 3036–3051. doi:10.1002/hbm.22383

Rothkirch, M., Schmack, K., Schlagenhauf, F., & Sterzer, P. (2012). Implicit motivational value and salience are processed in distinct areas of orbitofrontal cortex. *NeuroImage, 62*(3), 1717–1725. doi:10.1016/j.neuroimage.2012.06.016

Rutherford, H. J. V., O'Brien, J. L., & Raymond, J. E. (2010). Value associations of irrelevant stimuli modify rapid visual orienting. *Psychonomic Bulletin & Review, 17*(4), 536–542. doi:10.3758/PBR.17.4.536

Sarter, M., Gehring, W. J., & Kozak, R. (2006). More attention must be paid: The neurobiology of attentional effort. *Brain Research Reviews, 51*(2), 145–160. doi:10.1016/j.brainresrev.2005.11.002

Schlagbauer, B., Geyer, T., Müller, H. J., & Zehetleitner, M. (2014). Rewarding distractor context versus rewarding target location: A commentary on Tseng and Lleras (2013). *Attention, Perception & Psychophysics, 76*(3), 669–674. doi:10.3758/s13414–014–0668–5

Schmack, K., Gòmez-Carrillo de Castro, A., Rothkirch, M., Sekutowicz, M., Rössler, H., Haynes, J.-D., . . . Sterzer, P. (2013). Delusions and the role of beliefs in perceptual inference. *The Journal of Neuroscience: The Official Journal of the Society for Neuroscience, 33*(34), 13701–13712. doi:10.1523/JNEUROSCI.1778–13.2013

Schmidt, L. J., Belopolsky, A. V., & Theeuwes, J. (2014). Attentional capture by signals of threat. *Cognition & Emotion, 29*(4), 687–694. doi:10.1080/02699931.2014.924484

Schultz, W. (1998). Predictive reward signal of dopamine neurons. *Journal of Neurophysiology, 80*(1), 1–27.

Schultz, W. (2002). Getting formal with dopamine and reward. *Neuron, 36*(2), 241–263.

Seitz, A. R., Kim, D., & Watanabe, T. (2009). Rewards evoke learning of unconsciously processed visual stimuli in adult humans. *Neuron, 61*(5), 700–707. doi:10.1016/j.neuron.2009.01.016

Seitz, A., & Watanabe, T. (2005). A unified model for perceptual learning. *Trends in Cognitive Sciences, 9*(7), 329–334. doi:10.1016/j.tics.2005.05.010

Serences, J. T. (2008). Value-based modulations in human visual cortex. *Neuron, 60*(6), 1169–1181. doi:10.1016/j.neuron.2008.10.051

Serences, J. T., & Saproo, S. (2010). Population response profiles in early visual cortex are biased in favor of more valuable stimuli. *Journal of Neurophysiology, 104*(1), 76–87. doi:10.1152/jn.01090.2009

Shenhav, A., Barrett, L. F., & Bar, M. (2013). Affective value and associative processing share a cortical substrate. *Cognitive, Affective & Behavioral Neuroscience, 13*(1), 46–59. doi:10.3758/s13415–012–0128–4

Shomstein, S., & Johnson, J. (2013). Shaping attention with reward: Effects of reward on space- and object-based selection. *Psychological Science, 24*(12), 2369–2378. doi:10.1177/0956797613490743

Shuler, M. G., & Bear, M. F. (2006). Reward timing in the primary visual cortex. *Science, 311*(5767), 1606–1609. doi:10.1126/science.1123513

Silver, M. A., Shenhav, A., & D'Esposito, M. (2008). Cholinergic enhancement reduces spatial spread of visual responses in human early visual cortex. *Neuron, 60*(5), 904–914. doi:10.1016/j.neuron.2008.09.038

Small, D. M., Gitelman, D., Simmons, K., Bloise, S. M., Parrish, T., & Mesulam, M.-M. (2005). Monetary incentives enhance processing in brain regions mediating top-down control of attention. *Cerebral Cortex, 15*(12), 1855–1865. doi:10.1093/cercor/bhi063

Stănişor, L., van der Togt, C., Pennartz, C.M.A., & Roelfsema, P. R. (2013). A unified selection signal for attention and reward in primary visual cortex. *Proceedings of the National Academy of Sciences of the United States of America, 110*(22), 9136–9141. doi:10.1073/pnas.1300117110

Stankevich, B. A., & Geng, J. J. (2014). Reward associations and spatial probabilities produce additive effects on attentional selection. *Attention, Perception & Psychophysics, 76*(8), 2315–2325. doi:10.3758/s13414–014–0720–5

Sterzer, P., & Kleinschmidt, A. (2010). Anterior insula activations in perceptual paradigms: Often observed but barely understood. *Brain Structure & Function, 214*(5–6), 611–622. doi:10.1007/s00429–010–0252–2

Summerfield, C., Egner, T., Greene, M., Koechlin, E., Mangels, J., & Hirsch, J. (2006). Predictive codes for forthcoming perception in the frontal cortex. *Science, 314*(5803), 1311–1314. doi:10.1126/science.1132028

Summerfield, C., & Tsetsos, K. (2012). Building bridges between perceptual and economic decision-making: Neural and computational mechanisms. *Frontiers in Neuroscience, 6*, 70. doi:10.3389/fnins.2012.00070

Takada, M., & Hattori, T. (1987). Organization of ventral tegmental area cells projecting to the occipital cortex and forebrain in the rat. *Brain Research, 418*(1), 27–33.

Tallon-Baudry, C., Meyniel, F., & Bourgeois-Gironde, S. (2011). Fast and automatic activation of an abstract representation of money in the human ventral visual pathway. *PloS ONE, 6*(11), e28229. doi:10.1371/journal.pone.0028229

Tan, C. O. (2009). Anticipatory changes in regional cerebral hemodynamics: A new role for dopamine? *Journal of Neurophysiology, 101*(6), 2738–2740. doi:10.1152/jn.00141.2009

Tatler, B. W., Hayhoe, M. M., Land, M. F., & Ballard, D. H. (2011). Eye guidance in natural vision: Reinterpreting salience. *Journal of Vision, 11*(5), 5. doi:10.1167/11.5.5

Theeuwes, J. (1994). Stimulus-driven capture and attentional set: Selective search for color and visual abrupt onsets. *Journal of Experimental Psychology: Human Perception and Performance, 20*(4), 799–806.

Theeuwes, J., & Belopolsky, A. V. (2012). Reward grabs the eye: Oculomotor capture by rewarding stimuli. *Vision Research, 74*, 80–85. doi:10.1016/j.visres.2012.07.024

Törk, I., & Turner, S. (1981). Histochemical evidence for a catecholaminergic (presumably dopaminergic) projection from the ventral mesencephalic tegmentum to visual cortex in the cat. *Neuroscience Letters, 24*(3), 215–219.

Tseng, C.-H., Gobell, J. L., & Sperling, G. (2004). Long-lasting sensitization to a given colour after visual search. *Nature, 428*(6983), 657–660. doi:10.1038/nature02443

Tseng, Y.-C., & Lleras, A. (2013). Rewarding context accelerates implicit guidance in visual search. *Attention, Perception & Psychophysics, 75*(2), 287–298. doi:10.3758/s13414-012-0400-2

Van Ooyen, A., & Roelfsema, P. R. (2006). Envisioning the reward. *Neuron, 50*(2), 188–190. doi:10.1016/j.neuron.2006.04.008

Vickery, T. J., Chun, M. M., & Lee, D. (2011). Ubiquity and specificity of reinforcement signals throughout the human brain. *Neuron, 72*(1), 166–177. doi:10.1016/j.neuron.2011.08.011

Wang, L., Yu, H., & Zhou, X. (2013). Interaction between value and perceptual salience in value-driven attentional capture. *Journal of Vision, 13*(3), 5. doi:10.1167/13.3.5

Weil, R. S., Furl, N., Ruff, C. C., Symmonds, M., Flandin, G., Dolan, R. J., . . . Rees, G. (2010). Rewarding feedback after correct visual discriminations has both general and specific influences on visual cortex. *Journal of Neurophysiology, 104*(3), 1746–1757. doi:10.1152/jn.00870.2009

Yantis, S., & Jonides, J. (1984). Abrupt visual onsets and selective attention: Evidence from visual search. *Journal of Experimental Psychology. Human Perception and Performance, 10*(5), 601–621.

◆3章

Anderson, B. A. (2013). A value-driven mechanism of attentional selection. *Journal of Vision, 13*(3), 1–16.

Anderson, B. A. (in press a). Value-driven attentional capture is modulated by spatial context. *Visual Cognition.*

Anderson, B. A. (in press b). Value-driven attentional priority is context specific. *Psychonomic Bulletin and Review.*

Anderson, B. A., Faulkner, M. L., Rilee, J. J., Yantis, S., & Marvel, C. L. (2013). Attentional bias for non-drug reward is magnified in addiction. *Experimental and Clinical Psychopharmacology, 21*, 499–506.

Anderson, B. A., & Folk, C. L. (2010). Variations in the magnitude of attentional capture: Testing a two-process model. *Attention, Perception, and Psychophysics, 72*, 342–352.

Anderson, B. A., & Folk, C. L. (2012). Dissociating location-specific inhibition and attention shifts: Evidence against the disengagement account of contingent capture. *Attention, Perception, and Psychophysics, 74*, 1183–1198.

Anderson, B. A., Laurent, P. A., & Yantis, S. (2011a). Learned value magnifies salience-based attentional capture. *PLoS ONE, 6*, e27926.

Anderson, B. A., Laurent, P. A., & Yantis, S. (2011b). Value-driven attentional capture. *Proceedings of the National Academy of Sciences USA, 108*, 10367–10371.
Anderson, B. A., Laurent, P. A., & Yantis, S. (2012). Generalization of value-based attentional priority. *Visual Cognition, 20*, 647–658.
Anderson, B. A., Laurent, P. A., & Yantis, S. (2013). Reward predictions bias attentional selection. *Frontiers in Human Neuroscience, 7*, 262.
Anderson, B. A., Laurent, P. A., & Yantis, S. (2014). Value-driven attentional priority signals in human basal ganglia and visual cortex. *Brain Research, 1587*, 88–96.
Anderson, B. A., Leal, S. L., Hall, M. G., Yassa, M. A., & Yantis, S. (2014). The attribution of value-based attentional priority in individuals with depressive symptoms. *Cognitive, Affective, and Behavioral Neuroscience 14*, 1221–1227.
Anderson, B. A., & Yantis, S. (2012). Value-driven attentional and oculomotor capture during goal-directed, unconstrained viewing. *Attention, Perception, and Psychophysics, 74*, 1644–1653.
Anderson, B. A., & Yantis, S. (2013). Persistence of value-driven attentional capture. *Journal of Experimental Psychology: Human Perception and Performance, 39*, 6–9.
Bacon, W. F., & Egeth, H. E. (1994). Overriding stimulus-driven attentional capture. *Perception and Psychophysics, 55*, 485–496.
Berridge, K. C. (2012). From prediction error to incentive salience: Mesolimbic computation of reward motivation. *European Journal of Neuroscience, 35*, 1124–1143.
Berridge, K. C., & Robinson, T. E. (1998). What is the role of dopamine in reward: Hedonic impact, reward learning, or incentive salience? *Brain Research Reviews, 28*, 309–369.
Bucker, B., Belopolsky, A. V., & Theeuwes, J. (in press). Distractors that signal reward attract the eyes. *Visual Cognition.*
Chun, M. M., & Jiang, Y. (1998). Contextual cueing: Implicit learning and memory of visual context guides spatial attention. *Cognitive Psychology, 36*, 28–71.
Della Libera, C., & Chelazzi, L. (2006). Visual selective attention and the effects of monetary reward. *Psychological Science, 17*, 222–227.
Della Libera, C., & Chelazzi, L. (2009). Learning to attend and to ignore is a matter of gains and losses. *Psychological Science, 20*, 778–784.
Desimone, R., & Duncan, J. (1995). Neural mechanisms of selective visual attention. *Annual Review of Neuroscience, 18*, 193–222.
Eimer, M., & Kiss, M. (2008). Involuntary attentional capture is determined by task set: Evidence from event-related brain potentials. *Journal of Cognitive Neuroscience, 20*, 1423–1433.
Eimer, M., & Kiss, M. (2010). Top-down search strategies determine attentional capture in visual search: Behavioral and electrophysiological evidence. *Attention, Perception, and Psychophysics, 72*, 951–962.
Failing, M. F., & Theeuwes, J. (2014). Exogenous visual orienting by reward. *Journal of Vision, 14*(5), 1–9.
Folk, C. L., & Anderson, B. A. (2010). Target uncertainty and attentional capture: Color singleton set or multiple top-down control settings? *Psychonomic Bulletin and Review, 17*, 421–426.
Folk, C. L., & Remington, R. [W.] (1998). Selectivity in distraction by irrelevant featural singletons: Evidence for two forms of attentional capture. *Journal of Experimental Psychology: Human Perception and Performance, 24*, 847–858.
Folk, C. L., Remington, R. W., & Johnston, J. C. (1992). Involuntary covert orienting is contingent on attentional control settings. *Journal of Experimental Psychology: Human*

Perception and Performance, 18, 1030–1044.
Hickey, C., Chelazzi, L., & Theeuwes, J. (2010a). Reward changes salience in human vision via the anterior cingulate. *Journal of Neuroscience, 30*, 11096–11103.
Hickey, C., Chelazzi, L., & Theeuwes, J. (2010b). Reward guides vision when it's your thing: Trait reward-seeking in reward-mediated visual priming. *PLoS ONE, 5*, e14087.
Hickey, C., Chelazzi, L., & Theeuwes, J. (2011). Reward has a residual impact on target selection in visual search, but not on the suppression of distractors. *Visual Cognition, 19*, 117–128.
Itti, L., & Koch, C. (2001). Computational modelling of visual attention. *Nature Reviews Neuroscience, 2*, 194–203.
Jimura, K., Locke, H. S., & Braver, T. S. (2010). Prefrontal cortex mediation of cognitive enhancement in rewarding motivational contexts. *Proceedings of the National Academy of Sciences USA, 107*, 8871–8876.
Kiss, M., Driver, J., & Eimer, M. (2009). Reward priority of visual target singletons modulates event-related potential signatures of attentional selection. *Psychological Science, 20*, 245–251.
Krebs, R. M., Boehler, C. N., Egner, T., & Woldorff, M. G. (2011). The neural underpinnings of how reward associations can both guide and misguide attention. *Journal of Neuroscience, 31*, 9752–9759.
Krebs, R. M., Boehler, C. N., & Woldorff, M. G. (2010). The influence of reward associations on conflict processing in the Stroop task. *Cognition, 117*, 341–347.
Kristjansson, A., Sigurjonsdottir, O., & Driver, J. (2010). Fortune and reversals of fortune in visual search: Reward contingencies for pop-out targets affect search efficiency and target repetition effects. *Attention, Perception, and Psychophysics, 72*, 1229–1236.
Laurent, P. A., Hall, M. G., Anderson, B. A., & Yantis, S. (in press). Valuable orientations capture attention. *Visual Cognition.*
Le Pelley, M. E., Pearson, D., Griffiths, & Beesley, T. (in press). When goals conflict with values: Counterproductive attentional and oculomotor capture by reward-related stimuli. *Journal of Experimental Psychology: General.*
Locke, H. S., & Braver, T. S. (2008). Motivational influences on cognitive control: Behavior, brain activation, and individual differences. *Cognitive, Affective, and Behavioral Neuroscience, 8*, 99–112.
Maunsell, J.H.R. (2004). Neuronal representations of cognitive state: Reward or attention? *Trends in Cognitive Science, 8*, 261–265.
Miranda, A. T., & Palmer, E. M. (2014). Intrinsic motivation and attentional capture from gamelike features in a visual search task. *Behavioral Research Methods, 46*, 159–172.
Navalpakkam, V., Koch, C., Rangel, A., & Perona, P. (2010). Optimal reward harvesting in complex perceptual environments. *Proceedings of the National Academy of Sciences USA, 107*, 5232–5237.
Pearson, D., Donkin, C., Tran, S. C., Most, S. B., & Le Pelley, M. E. (in press). Cognitive control and counterproductive oculomotor capture by reward-related stimuli. *Visual Cognition.*
Pessoa, L., & Engelmann, J. B. (2010). Embedding reward signals into perception and cognition. *Frontiers Neuroscience, 4*(17), 1–8.
Pool, E., Brosch, T., Delplanque, S., & Sander, D. (2014). Where is the chocolate? Rapid spatial orienting toward stimuli associated with primary reward. *Cognition, 130*, 348–359.
Posner, M. I. (1980). Orienting of attention. *Quarterly Journal of Experimental Psychology, 32*, 3–25.
Qi, S., Zeng, Q., Ding, C., & Li, H. (2013). Neural correlates of reward-driven attentional

capture in visual search. *Brain Research, 1532*, 32–43.
Raymond, J. E., & O'Brien, J. L. (2009). Selective visual attention and motivation: The consequences of value learning in an attentional blink task. *Psychological Science, 20*, 981–988.
Sali, A. W., Anderson, B. A., & Yantis, S. (2014). The role of reward prediction in the control of attention. *Journal of Experimental Psychology: Human Perception and Performance, 40*, 1654–1664.
Serences, J. T. (2008). Value-based modulations in human visual cortex. *Neuron, 60*, 1169–1181.
Serences, J. T., & Saproo, S. (2010). Population response profiles in early visual cortex are biased in favor of more valuable stimuli. *Journal of Neurophysiology, 104*, 76–87.
Theeuwes, J. (1992). Perceptual selectivity for color and form. *Perception and Psychophysics, 51*, 599–606.
Theeuwes, J. (2010). Top-down and bottom-up control of visual selection. *Acta Psychologica, 135*, 77–99.
Theeuwes, J., & Belopolsky, A. V. (2012). Reward grabs the eye: oculomotor capture by rewarding stimuli. *Vision Research, 74*, 80–85.
Treisman, A., Kahneman, D., & Burkell, J. (1983). Perceptual objects and the cost of visual filtering. *Perception & Psychophysics, 33*, 527–532.
Turk-Browne, N. B., Jungé, J. A., & Scholl, B. J. (2005). The automaticity of visual statistical learning. *Journal of Experimental Psychology: General, 134*, 552–564.
Wang, L., Yu, H., & Zhou, X. (2013). Interaction between value and perceptual salience in value-driven attentional capture. *Journal of Vision, 13*(3), 1–13.
Yantis, S., & Johnston, J. C. (1990). On the locus of visual selection: Evidence from focused attention tasks. *Journal of Experimental Psychology: Human Perception and Performance, 16*, 135–149.
Yantis, S., & Jonides, J. (1984). Abrupt visual onsets and selective attention: Evidence from visual search. *Journal of Experimental Psychology: Human Perception and Performance, 10*, 350–374.
Yarbus, A. L. (1967). *Eye movements and vision.* New York: Plenum.
Zhao, J., Al-Aidroos, N., & Turk-Browne, N. B. (2013). Attention is spontaneously biased towards regularities. *Psychological Science, 24*, 667–677.

4章

Adcock RA, Thangavel A, Whitfield-Gabrieli S, Knutson B, Gabrieli JD (2006) Reward-motivated learning: Mesolimbic activation precedes memory formation. Neuron 50:507–517.
Anderson BA, Laurent PA, Yantis S (2011) Value-driven attentional capture. Proc Natl Acad Sci USA 108:10367–10371.
Aron AR (2011) From re-active to proactive and selective control: Developing a richer model for stopping inappropriate responses. Biol Psychiatry 69:e55–68.
Ballard IC, Murty VP, Carter RM, MacInnes JJ, Huettel SA, Adcock RA (2011) Dorsolateral prefrontal cortex drives mesolimbic dopaminergic regions to initiate motivated behavior. J Neurosci 31:10340–10346.
Banich MT, Milham MP, Atchley R, Cohen NJ, Webb A, Wszalek T, . . . Magin R (2000) fMRI studies of Stroop tasks reveal unique roles of anterior and posterior brain systems in attentional selection. J Cogn Neurosci 12:988–1000.
Barkley RA (1997) Behavioral inhibition, sustained attention, and executive functions: Con-

structing a unifying theory of ADHD. Psychol Bull 121:65–94.

Beauchamp MH, Dagher A, Aston JA, Doyon J (2003) Dynamic functional changes associated with cognitive skill learning of an adapted version of the Tower of London task. Neuroimage 20:1649–1660.

Berridge KC (2007) The debate over dopamine's role in reward: The case for incentive salience. Psychopharmacology (Berl) 191:391–431.

Boehler CN, Hopf JM, Krebs RM, Stoppel CM, Schoenfeld MA, Heinze HJ, Noesselt T (2011) Task-load-dependent activation of dopaminergic midbrain areas in the absence of reward. J Neurosci 31:4955–4961.

Boehler CN, Hopf JM, Stoppel CM, Krebs RM (2012) Motivating inhibition—reward prospect speeds up response cancellation. Cognition 125:498–503.

Boehler CN, Schevernels H, Hopf JM, Stoppel CM, Krebs RM (2014) Reward prospect rapidly speeds up response inhibition via reactive control. Cogn Affect Behav Neurosci 14(2):593–609.

Botvinick MM, Braver TS, Barch DM, Carter CS, Cohen JD (2001) Conflict monitoring and cognitive control. Psychol Rev 108:624–652.

Braem S, Verguts T, Roggeman C, Notebaert W (2012) Reward modulates adaptations to conflict. Cognition 125:324–332.

Braver TS (2012) The variable nature of cognitive control: A dual mechanisms framework. Trends Cogn Sci 16:106–113.

Braver TS, Gray JR, Burgess GC (2007) Explaining the many varieties of working memory variation: Dual mechanisms of cognitive control. New York: Oxford University Press.

Braver TS, Krug MK, Chiew KS, Kool W, Westbrook JA, Clement NJ, . . . Somerville LH (2014) Mechanisms of motivation-cognition interaction: Challenges and opportunities. Cogn Affect Behav Neurosci 14:443–472.

Chambers CD, Garavan H, Bellgrove MA (2009) Insights into the neural basis of response inhibition from cognitive and clinical neuroscience. Neurosci Biobehav Rev 33:631–646.

Chelazzi L, Estocinova J, Calletti R, Lo Gerfo E, Sani I, Della Libera C, Santandrea E (2014) Altering spatial priority maps via reward-based learning. J Neurosci 34:8594–8604.

Chelazzi L, Perlato A, Santandrea E, Della Libera C (2013) Rewards teach visual selective attention. Vision Res 85:58–72.

Chen ZC, Lei X, Ding C, Li H, Chen AT (2013) The neural mechanisms of semantic and response conflicts: An fMRI study of practice-related effects in the Stroop task. Neuroimage 66:577–584.

Chikazoe J, Jimura K, Hirose S, Yamashita K, Miyashita Y, Konishi S (2009) Preparation to inhibit a response complements response inhibition during performance of a stop-signal task. J Neurosci 29:15870–15877.

Chiu YC, Cools R, Aron AR (2014) Opposing effects of appetitive and aversive cues on go/no-go behavior and motor excitability. J Cogn Neurosci 26:1851–1860.

Cohen JR, Poldrack RA (2008) Automaticity in motor sequence learning does not impair response inhibition. Psychon Bull Rev 15:108–115.

Della Libera C, Chelazzi L (2006) Visual selective attention and the effects of monetary rewards. Psychol Sci 17:222–227.

Engelmann JB, Damaraju E, Padmala S, Pessoa L (2009) Combined effects of attention and motivation on visual task performance: Transient and sustained motivational effects. Front Hum Neurosci 3:4.

Engelmann JB, Pessoa L (2007) Motivation sharpens exogenous spatial attention. Emotion

7:668–674.
Ersche KD, Jones PS, Williams GB, Turton AJ, Robbins TW, Bullmore ET (2012) Abnormal brain structure implicated in stimulant drug addiction. Science 335:601–604.
Fan J, Kolster R, Ghajar J, Suh M, Knight RT, Sarkar R, McCandliss BD (2007) Response anticipation and response conflict: An event-related potential and functional magnetic resonance imaging study. J Neurosci 27:2272–2282.
Guitart-Masip M, Fuentemilla L, Bach DR, Huys QJ, Dayan P, Dolan RJ, Duzel E (2011) Action dominates valence in anticipatory representations in the human striatum and dopaminergic midbrain. J Neurosci 31:7867–7875.
Herbert C, Kissler J, Junghofer M, Peyk P, Rockstroh B (2006) Processing of emotional adjectives: Evidence from startle EMG and ERPs. Psychophysiology 43:197–206.
Hickey C, Chelazzi L, Theeuwes J (2010) Reward changes salience in human vision via the anterior cingulate. J Neurosci 30:11096–11103.
Jimura K, Locke HS, Braver TS (2010) Prefrontal cortex mediation of cognitive enhancement in rewarding motivational contexts. Proceedings of the National Academy of Sciences of the United States of America 107:8871–8876.
Kanske P (2012) On the influence of emotion on conflict processing. Front Integr Neurosci 6:42.
Kiss M, Driver J, Eimer M (2009) Reward priority of visual target singletons modulates event-related potential signatures of attentional selection. Psychol Sci 20:245–251.
Knutson B, Adams CM, Fong GW, Hommer D (2001) Anticipation of increasing monetary reward selectively recruits nucleus accumbens. J Neurosci 21:RC159.
Knutson B, Cooper JC (2005) Functional magnetic resonance imaging of reward prediction. Curr Opin Neurol 18:411–417.
Knutson B, Westdorp A, Kaiser E, Hommer D (2000) FMRI visualization of brain activity during a monetary incentive delay task. NeuroImage 12:20–27.
Kouneiher F, Charron S, Koechlin E (2009) Motivation and cognitive control in the human prefrontal cortex. Nat Neurosci 12:939–945.
Krebs RM, Boehler CN, Appelbaum LG, Woldorff MG (2013) Reward associations reduce behavioral interference by changing the temporal dynamics of conflict processing. PLoS ONE 8:e53894.
Krebs RM, Boehler CN, Egner T, Woldorff MG (2011) The neural underpinnings of how reward associations can both guide and misguide attention. J Neurosci 31:9752–9759.
Krebs RM, Boehler CN, Roberts KC, Song AW, Woldorff MG (2012) The involvement of the dopaminergic midbrain and cortico-striatal-thalamic circuits in the integration of reward prospect and attentional task demands. Cereb Cortex 22:607–615.
Krebs RM, Boehler CN, Woldorff MG (2010) The influence of reward associations on conflict processing in the Stroop task. Cognition 117:341–347.
Kristjansson A, Sigurjonsdottir O, Driver J (2010) Fortune and reversals of fortune in visual search: Reward contingencies for pop-out targets affect search efficiency and target repetition effects. Atten Percept Psychophys 72:1229–1236.
Lenartowicz A, Verbruggen F, Logan GD, Poldrack RA (2011) Inhibition-related activation in the right inferior frontal gyrus in the absence of inhibitory cues. J Cogn Neurosci 23:3388–3399.
Liljeholm M, O'Doherty JP (2012) Anything you can do, you can do better: Neural substrates of incentive-based performance enhancement. PLoS Biol 10:e1001272.
Locke HS, Braver TS (2008) Motivational influences on cognitive control: Behavior, brain activation, and individual differences. Cogn Affect Behav Neurosci 8:99–112.

Luks TL, Simpson GV, Dale CL, Hough MG (2007) Preparatory allocation of attention and adjustments in conflict processing. Neuroimage 35:949–958.

MacDonald AW, III, Cohen JD, Stenger VA, Carter CS (2000) Dissociating the role of the dorsolateral prefrontal and anterior cingulate cortex in cognitive control. Science 288:1835–1838.

MacLeod CM (1991) Half a century of research on the Stroop effect: An integrative review. Psychol Bull 109:163–203.

Manelis A, Reder LM (2013) He who is well prepared has half won the battle: An fMRI study of task preparation. Cereb Cortex 25(3):726–735.

Manuel AL, Bernasconi F, Spierer L (2013) Plastic modifications within inhibitory control networks induced by practicing a stop-signal task: An electrical neuroimaging study. Cortex 49:1141–1147.

Manuel AL, Grivel J, Bernasconi F, Murray MM, Spierer L (2010) Brain dynamics underlying training-induced improvement in suppressing inappropriate action. J Neurosci 30:13670–13678.

Muhle-Karbe PS, Krebs RM (2012) On the influence of reward on action-effect binding. Front Psychol 3:450.

Nee DE, Wager TD, Jonides J (2007) Interference resolution: Insights from a meta-analysis of neuroimaging tasks. Cogn Affect Behav Neurosci 7:1–17.

O'Connor DA, Upton DJ, Moore J, Hester R (2014) Motivationally significant self-control: Enhanced action withholding involves the right inferior frontal junction. J Cogn Neurosci:1–12.

Padmala S, Pessoa L (2010) Interactions between cognition and motivation during response inhibition. Neuropsychologia 48:558–565.

Padmala S, Pessoa L (2011) Reward reduces conflict by enhancing attentional control and biasing visual cortical processing. J Cogn Neurosci 23:3419–3432.

Pagnoni G, Zink CF, Montague PR, Berns GS (2002) Activity in human ventral striatum locked to errors of reward prediction. Nat Neurosci 5:97–98.

Paxton JL, Barch DM, Racine CA, Braver TS (2008) Cognitive control, goal maintenance, and prefrontal function in healthy aging. Cereb Cortex 18:1010–1028.

Pessoa L, Engelmann JB (2010) Embedding reward signals into perception and cognition. Front Neurosci 4:17.

Plichta MM, Wolf I, Hohmann S, Baumeister S, Boecker R, Schwarz AJ, . . . Brandeis D (2013) Simultaneous EEG and fMRI reveals a causally connected subcortical-cortical network during reward anticipation. J Neurosci 33:14526–14533.

Ridderinkhof KR, Forstmann BU, Wylie SA, van den Wildenberg WP (2010) Neurocognitive mechanisms of action control: Resisting the call of the sirens. Wiley Interdisciplinary Reviews Cognitive Science 2:174–192.

Robbins TW, Everitt BJ (2007) A role for mesencephalic dopamine in activation: Commentary on Berridge (2006). Psychopharmacology (Berl) 191:433–437.

Rosell-Negre P, Bustamante JC, Fuentes-Claramonte P, Costumero V, Benabarre S, Barros-Loscertales A (2014) Reward anticipation enhances brain activation during response inhibition. Cogn Affect Behav Neurosci 14(2):621–634.

Salamone JD (2009) Dopamine, effort, and decision making: Theoretical comment on Bardgett et al. (2009). Behav Neurosci 123:463–467.

Schacht A, Adler N, Chen P, Guo T, Sommer W (2012) Association with positive outcome induces early effects in event-related brain potentials. Biol Psychol 89:130–136.

Scherbaum S, Fischer R, Dshemuchadse M, Goschke T (2011) The dynamics of cognitive control: Evidence for within-trial conflict adaptation from frequency-tagged EEG. Psychophysiology 48:591–600.

Schevernels H, Krebs RM, Santens P, Woldorff MG, Boehler CN (2014) Task preparation processes related to reward prediction precede those related to task-difficulty expectation. Neuroimage 84:639–647.

Schmidt L, Lebreton M, Clery-Melin ML, Daunizeau J, Pessiglione M (2012) Neural mechanisms underlying motivation of mental versus physical effort. PLoS Biol 10:e1001266.

Schultz W (2001) Reward signaling by dopamine neurons. Neuroscientist 7:293–302.

Schultz W, Dayan P, Montague PR (1997) A neural substrate of prediction and reward. Science 275:1593–1599.

Soutschek A, Strobach T, Schubert T (2014) Motivational and cognitive determinants of control during conflict processing. Cogn Emot 28:1076–1089.

Spierer L, Chavan CF, Manuel AL (2013) Training-induced behavioral and brain plasticity in inhibitory control. Front Hum Neurosci 7:427.

Stolarova M, Keil A, Moratti S (2006) Modulation of the C1 visual event-related component by conditioned stimuli: Evidence for sensory plasticity in early affective perception. Cerebral Cortex 16:876–887.

Swick D, Ashley V, Turken U (2011) Are the neural correlates of stopping and not going identical? Quantitative meta-analysis of two response inhibition tasks. Neuroimage 56:1655–1665.

van den Berg B, Krebs RM, Lorist MM, Woldorff MG (2014) Utilization of reward-prospect enhances preparatory attention and reduces stimulus conflict. Cogn Affect Behav Neurosci 14(2):561–577.

van Steenbergen H, Band GP, Hommel B (2009) Reward counteracts conflict adaptation: Evidence for a role of affect in executive control. Psychol Sci 20:1473–1477.

Verbruggen F, Chambers CD, Logan GD (2013) Fictitious inhibitory differences: How skewness and slowing distort the estimation of stopping latencies. Psychol Sci 24:352–362.

Verbruggen F, Logan GD (2008a) Automatic and controlled response inhibition: Associative learning in the go/no-go and stop-signal paradigms. Journal of Experimental Psychology-General 137:649–672.

Verbruggen F, Logan GD (2008b) Response inhibition in the stop-signal paradigm. Trends Cogn Sci 12:418–424.

Verbruggen F, McLaren IPL, Chambers CD (in press) Banishing the control homunculi in studies of action control and behaviour change. Perspectives on Psychological Science.

Wise RA (2004) Dopamine, learning and motivation. Nat Rev Neurosci 5:483–494.

Wittmann BC, Schott BH, Guderian S, Frey JU, Heinze HJ, Duzel E (2005) Reward-related FMRI activation of dopaminergic midbrain is associated with enhanced hippocampus-dependent long-term memory formation. Neuron 45:459–467.

Yantis S, Anderson BA, Wampler EK, Laurent PA (2012) Reward and attentional control in visual search. Nebr Symp Motiv 59:91–116.

◆5章

Aarts, H., Ruys, K. I., Veling, H., Renes, R. A., de Groot, J. H., van Nunen, A. M., & Geertjes, S. (2010). The art of anger: Reward context turns avoidance responses to anger-related objects into approach. *Psychol Sci, 21*(10), 1406–1410.

Arnsten, A. F. (2000). Stress impairs prefrontal cortical function in rats and monkeys: Role of dopamine D1 and norepinephrine alpha-1 receptor mechanisms. *Prog Brain Res, 126*,

183–192.

Arnsten, A. F., & Goldman-Rakic, P. S. (1998). Noise stress impairs prefrontal cortical cognitive function in monkeys: Evidence for a hyperdopaminergic mechanism. *Arch Gen Psychiatry, 55*(4), 362–368.

Arnsten, A. F., & Li, B. M. (2005). Neurobiology of executive functions: Catecholamine influences on prefrontal cortical functions. *Biol Psychiatry, 57*(11), 1377–1384.

Balleine, B. W., Delgado, M. R., & Hikosaka, O. (2007). The role of the dorsal striatum in reward and decision-making. *J Neurosci, 27*(31), 8161–8165.

Balleine, B. W., & O'Doherty, J. P. (2010). Human and rodent homologies in action control: Corticostriatal determinants of goal-directed and habitual action. *Neuropsychopharmacology, 35*(1), 48–69.

Bechara, A., Damasio, H., Tranel, D., & Damasio, A. R. (1997). Deciding advantageously before knowing the advantageous strategy. *Science, 275*(5304), 1293–1295.

Beck, S. M., Locke, H. S., Savine, A. C., Jimura, K., & Braver, T. S. (2010). Primary and secondary rewards differentially modulate neural activity dynamics during working memory. *PLoS ONE, 5*(2), e9251.

Beckner, V. E., Tucker, D. M., Delville, Y., & Mohr, D. C. (2006). Stress facilitates consolidation of verbal memory for a film but does not affect retrieval. *Behav Neurosci, 120*(3), 518–527.

Berghorst, L. H., Bogdan, R., Frank, M. J., & Pizzagalli, D. A. (2013). Acute stress selectively reduces reward sensitivity. *Front Hum Neurosci,* 7, 133.

Beylin, A. V., & Shors, T. J. (2003). Glucocorticoids are necessary for enhancing the acquisition of associative memories after acute stressful experience. *Horm Behav, 43*(1), 124–131.

Bogdan, R., & Pizzagalli, D. A. (2006). Acute stress reduces reward responsiveness: Implications for depression. *Biol Psychiatry, 60*(10), 1147–1154.

Born, J. M., Lemmens, S. G., Rutters, F., Nieuwenhuizen, A. G., Formisano, E., Goebel, R., & Westerterp-Plantenga, M. S. (2009). Acute stress and food-related reward activation in the brain during food choice during eating in the absence of hunger. *Int J Obes (Lond), 34*(1), 172–181.

Braem, S., King, J. A., Korb, F. M., Krebs, R. M., Notebaert, W., & Egner, T. (2013). Affective modulation of cognitive control is determined by performance-contingency and mediated by ventromedial prefrontal and cingulate cortex. *J Neurosci, 33*(43), 16961–16970.

Buchanan, T. W., Tranel, D., & Adolphs, R. (2006). Impaired memory retrieval correlates with individual differences in cortisol response but not autonomic response. *Learn Mem, 13*(3), 382–387.

Cannon, W. B. (1915). *Bodily changes in pain, hunger, fear, and rage: An account of recent researches into the function of emotional excitement.* New York: Appleton.

Capa, R. L., Bouquet, C. A., Dreher, J. C., & Dufour, A. (2013). Long-lasting effects of performance-contingent unconscious and conscious reward incentives during cued task-switching. *Cortex, 49*(7), 1943–1954.

Carrion, V. G., Weems, C. F., Richert, K., Hoffman, B. C., & Reiss, A. L. (2010). Decreased prefrontal cortical volume associated with increased bedtime cortisol in traumatized youth. *Biol Psychiatry, 68*(5), 491–493.

Chein, J., Albert, D., O'Brien, L., Uckert, K., & Steinberg, L. (2011). Peers increase adolescent risk taking by enhancing activity in the brain's reward circuitry. *Dev Sci, 14*(2), F1–10.

Chib, V. S., Rangel, A., Shimojo, S., & O'Doherty, J. P. (2009). Evidence for a common representation of decision values for dissimilar goods in human ventromedial prefrontal cortex. *J Neurosci, 29*(39), 12315–12320.

Cordero, M. I., Merino, J. J., & Sandi, C. (1998). Correlational relationship between shock intensity and corticosterone secretion on the establishment and subsequent expression of contextual fear conditioning. *Behav Neurosci, 112*(4), 885–891.

Daw, N. D., Niv, Y., & Dayan, P. (2005). Uncertainty-based competition between prefrontal and dorsolateral striatal systems for behavioral control. *Nat Neurosci, 8*(12), 1704–1711.

Day, H. E., Nebel, S., Sasse, S., & Campeau, S. (2005). Inhibition of the central extended amygdala by loud noise and restraint stress. *Eur J Neurosci, 21*(2), 441–454.

Deci, E. L., & Ryan, R. M. (1985). *Intrinsic motivation and self-determination in human behavior.* New York: Plenum.

Delgado, M. R. (2007). Reward-related responses in the human striatum. *Annals of the New York Academy of Science*, 1104, 70–88.

Delgado, M. R., Gillis, M. M., & Phelps, E. A. (2008). Regulating the expectation of reward via cognitive strategies. *Nat Neurosci, 11*(8), 880–881.

Delgado, M. R., Nystrom, L. E., Fissell, C., Noll, D.C., & Fiez, J. A. (2000). Tracking the hemodynamic responses to reward and punishment in the striatum. *J Neurophysiol, 84*(6), 3072–3077.

Della Libera, C., & Chelazzi, L. (2009). Learning to attend and to ignore is a matter of gains and losses. *Psychol Sci, 20*(6), 778–784.

Demos, K. E., Heatherton, T. F., & Kelley, W. M. (2012). Individual differences in nucleus accumbens activity to food and sexual images predict weight gain and sexual behavior. *J Neurosci, 32*(16), 5549–5552.

Diamond, D. M., Campbell, A. M., Park, C. R., Halonen, J., & Zoladz, P. R. (2007). The temporal dynamics model of emotional memory processing: A synthesis on the neurobiological basis of stress-induced amnesia, flashbulb and traumatic memories, and the Yerkes-Dodson law. *Neural Plast, 2007*, 60803.

Dias-Ferreira, E., Sousa, J. C., Melo, I., Morgado, P., Mesquita, A. R., Cerqueira, J. J., . . . Sousa, N. (2009). Chronic stress causes frontostriatal reorganization and affects decision-making. *Science, 325*(5940), 621–625.

Dickerson, S. S., & Kemeny, M. E. (2004). Acute stressors and cortisol responses: A theoretical integration and synthesis of laboratory research. *Psychol Bull, 130*(3), 355–391.

Diener, C., Kuehner, C., Brusniak, W., Ubl, B., Wessa, M., & Flor, H. (2012). A meta-analysis of neurofunctional imaging studies of emotion and cognition in major depression. *Neuroimage, 61*(3), 677–685.

Duncko, R., Johnson, L., Merikangas, K., & Grillon, C. (2009). Working memory performance after acute exposure to the cold pressor stress in healthy volunteers. *Neurobiology of Learning and Memory, 91*(4), 377–381.

Elliott, R., Sahakian, B. J., McKay, A. P., Herrod, J. J., Robbins, T. W., & Paykel, E. S. (1996). Neuropsychological impairments in unipolar depression: The influence of perceived failure on subsequent performance. *Psychol Med, 26*(5), 975–989.

Elman, I., Lowen, S., Frederick, B. B., Chi, W., Becerra, L., & Pitman, R. K. (2009). Functional neuroimaging of reward circuitry responsivity to monetary gains and losses in posttraumatic stress disorder. *Biol Psychiatry, 66*(12), 1083–1090.

Elzinga, B. M., & Roelofs, K. (2005). Cortisol-induced impairments of working memory require acute sympathetic activation. *Behav Neurosci, 119*(1), 98–103.

Engelmann, J. B., & Pessoa, L. (2007). Motivation sharpens exogenous spatial attention. *Emotion,* 7(3), 668–674.

Eryilmaz, H., Van De Ville, D., Schwartz, S., & Vuilleumier, P. (2014). Lasting impact of regret and gratification on resting brain activity and its relation to depressive traits. *J Neurosci, 34*(23), 7825–7835.

Eshel, N., & Roiser, J. P. (2010). Reward and punishment processing in depression. *Biol Psychiatry, 68*(2), 118–124.

Evans, J. (2003). In two minds: Dual-process accounts of reasoning. *Trends in Cognitive Sciences,* 7(10), 454–459.

Evans, J. (2008). Dual-processing accounts of reasoning, judgment, and social cognition. *Annu Rev Psychol, 59*, 255–278.

Everitt, B. J., & Robbins, T. W. (2005). Neural systems of reinforcement for drug addiction: From actions to habits to compulsion. *Nat Neurosci, 8*(11), 1481–1489.

Fareri, D. S., Niznikiewicz, M. A., Lee, V. K., & Delgado, M. R. (2012). Social network modulation of reward-related signals. *J Neurosci, 32*(26), 9045–9052.

Gilbert, A. M., & Fiez, J. A. (2004). Integrating rewards and cognition in the frontal cortex. *Cogn Affect Behav Neurosci, 4*(4), 540–552.

Gold, J. M., Waltz, J. A., Matveeva, T. M., Kasanova, Z., Strauss, G. P., Herbener, E. S., . . . Frank, M. J. (2012). Negative symptoms and the failure to represent the expected reward value of actions: Behavioral and computational modeling evidence. *Arch Gen Psychiatry, 69*(2), 129–138.

Goldstein, R. Z., Alia-Klein, N., Tomasi, D., Zhang, L., Cottone, L. A., Maloney, T., . . . Volkow, N. D. (2007). Is decreased prefrontal cortical sensitivity to monetary reward associated with impaired motivation and self-control in cocaine addiction? *Am J Psychiatry, 164*(1), 43–51.

Gottfried, J. A., O'Doherty, J., & Dolan, R. J. (2003). Encoding predictive reward value in human amygdala and orbitofrontal cortex. *Science, 301*(5636), 1104–1107.

Gross, J. J., & Thompson, R. A. (2007). Emotion regulation: Conceptual foundations. In J. J. Gross (Ed.), *Handbook of emotion regulation* (pp. 3–26). New York: Guilford Press.

Haber, S. N., & Knutson, B. (2010). The reward circuit: Linking primate anatomy and human imaging. *Neuropsychopharmacology, 35*(1), 4–26.

Harsay, H. A., Cohen, M. X., Oosterhof, N. N., Forstmann, B. U., Mars, R. B., & Ridderinkhof, K. R. (2011). Functional connectivity of the striatum links motivation to action control in humans. *J Neurosci, 31*(29), 10701–10711.

Hazy, T. E., Frank, M. J., & O'Reilly, R. C. (2007). Towards an executive without a homunculus: Computational models of the prefrontal cortex/basal ganglia system. *Philos Trans R Soc Lond B Biol Sci, 362*(1485), 1601–1613.

Heller, A. S., Johnstone, T., Shackman, A. J., Light, S. N., Peterson, M. J., Kolden, G. G., . . . Davidson, R. J. (2009). Reduced capacity to sustain positive emotion in major depression reflects diminished maintenance of fronto-striatal brain activation. *Proc Natl Acad Sci U S A, 106*(52), 22445–22450.

Herman, J. P., & Cullinan, W. E. (1997). Neurocircuitry of stress: Central control of the hypothalamo-pituitary-adrenocortical axis. *Trends Neurosci, 20*(2), 78–84.

Izuma, K., Saito, D. N., & Sadato, N. (2008). Processing of social and monetary rewards in the human striatum. *Neuron, 58*(2), 284–294.

Jimura, K., Locke, H. S., & Braver, T. S. (2010). Prefrontal cortex mediation of cognitive enhancement in rewarding motivational contexts. *Proc Natl Acad Sci USA, 107*(19), 8871–8876.

Joels, M., Pu, Z., Wiegert, O., Oitzl, M. S., & Krugers, H. J. (2006). Learning under stress: How does it work? *Trends Cogn Sci, 10*(4), 152–158.

Kable, J. W., & Glimcher, P. W. (2007). The neural correlates of subjective value during intertemporal choice. *Nature Neuroscience, 10*(12), 1625–1633.

Katsuki, H., Izumi, Y., & Zorumski, C. F. (1997). Noradrenergic regulation of synaptic plasticity in the hippocampal CA1 region. *J Neurophysiol,* 77(6), 3013–3020.

Kessler, D., Sharp, D., & Lewis, G. (2005). Screening for depression in primary care. *Br J Gen Pract, 55*(518), 659–660.

Kim, H., Shimojo, S., & O'Doherty, J. P. (2006). Is avoiding an aversive outcome rewarding? Neural substrates of avoidance learning in the human brain. *PLoS Biol, 4*(8), e233.

Kirschbaum, C., Wolf, O. T., May, M., Wippich, W., & Hellhammer, D. H. (1996). Stress- and treatment-induced elevations of cortisol levels associated with impaired declarative memory in healthy adults. *Life Sciences, 58*(17), 1475–1483.

Knutson, B., Fong, G. W., Bennett, S. M., Adams, C. M., & Hommer, D. (2003). A region of mesial prefrontal cortex tracks monetarily rewarding outcomes: Characterization with rapid event-related fMRI. *Neuroimage, 18*(2), 263–272.

Kober, H., Mende-Siedlecki, P., Kross, E. F., Weber, J., Mischel, W., Hart, C. L., & Ochsner, K. N. (2010). Prefrontal-striatal pathway underlies cognitive regulation of craving. *Proc Natl Acad Sci USA, 107*(33), 14811–14816.

Kouneiher, F., Charron, S., & Koechlin, E. (2009). Motivation and cognitive control in the human prefrontal cortex. *Nat Neurosci, 12*(7), 939–945.

Krawczyk, D. C., Gazzaley, A., & D'Esposito, M. (2007). Reward modulation of prefrontal and visual association cortex during an incentive working memory task. *Brain Res, 1141,* 168–177.

Kuhlmann, S., Piel, M., & Wolf, O. T. (2005). Impaired memory retrieval after psychosocial stress in healthy young men. *J Neurosci, 25*(11), 2977–2982.

Kumar, P., Berghorst, L. H., Nickerson, L. D., Dutra, S. J., Goer, F. K., Greve, D. N., & Pizzagalli, D. A. (2014). Differential effects of acute stress on anticipatory and consummatory phases of reward processing. *Neuroscience, 266,* 1–12.

Leder, J., Hausser, J. A., & Mojzisch, A. (2013). Stress and strategic decision-making in the beauty contest game. *Psychoneuroendocrinology, 38*(9), 1503–1511.

Leotti, L. A., & Delgado, M. R. (2011). The inherent reward of choice. *Psychol Sci, 22*(10), 1310–1318.

Levine, S. (2005). Stress: An historical perspective. In T. Steckler, N. H. Kalin, & J.M.H.M. Reul (Eds.), *Handbook of stress and the brain* (Vol. 1, pp. 3–23). San Diego: Elsevier.

Levy, D. J., & Glimcher, P. W. (2012). The root of all value: A neural common currency for choice. *Curr Opin Neurobiol, 22*(6), 1027–1038.

Lewis, A. H., Porcelli, A. J., & Delgado, M. R. (2014). The effects of acute stress exposure on striatal activity during Pavlovian conditioning with monetary gains and losses. *Front Behav Neurosci, 8,* 179.

Locke, H. S., & Braver, T. S. (2008). Motivational influences on cognitive control: Behavior, brain activation, and individual differences. *Cogn Affect Behav Neurosci, 8*(1), 99–112.

Lovallo, W. (1975). The cold pressor test and autonomic function: A review and integration. *Psychophysiology, 12*(3), 268–282.

Lupien, S. J., & McEwen, B. S. (1997). The acute effects of corticosteroids on cognition: Integration of animal and human model studies. *Brain Res Brain Res Rev, 24*(1), 1–27.

Maier, S. U., Makwana, A. G., & Hare, T. A. (2015). Acute stress impairs self-control in goal-directed choice by altering multiple functional connections within the brain's decision circuits. *Neuron, 87*(3), 621–631.

Martin, L. N., & Delgado, M. R. (2011). The influence of emotion regulation on decision-making under risk. *J Cogn Neurosci, 23*(9), 2569–2581.

McClure, S. M., Laibson, D. I., Loewenstein, G., & Cohen, J. D. (2004). Separate neural systems value immediate and delayed monetary rewards. *Science, 306*(5695), 503–507.

McMorris, T., Swain, J., Smith, M., Corbett, J., Delves, S., Sale, C., . . . Potter, J. (2006). Heat stress, plasma concentrations of adrenaline, noradrenaline, 5-hydroxytryptamine and cortisol, mood state and cognitive performance. *Int J Psychophysiol, 61*(2), 204–215.

Meng, C., Brandl, F., Tahmasian, M., Shao, J., Manoliu, A., Scherr, M., . . . Sorg, C. (2014). Aberrant topology of striatum's connectivity is associated with the number of episodes in depression. *Brain, 137*(Pt. 2), 598–609.

Menon, V., & Levitin, D. J. (2005). The rewards of music listening: Response and physiological connectivity of the mesolimbic system. *Neuroimage, 28*(1), 175–184.

Merino, J. J., Cordero, M. I., & Sandi, C. (2000). Regulation of hippocampal cell adhesion molecules NCAM and L1 by contextual fear conditioning is dependent upon time and stressor intensity. *Eur J Neurosci, 12*(9), 3283–3290.

Middleton, F. A., & Strick, P. L. (2000). Basal ganglia and cerebellar loops: Motor and cognitive circuits. *Brain Research Reviews, 31*(2–3), 236–250.

Miller, E. K., & Cohen, J. D. (2001). An integrative theory of prefrontal cortex function. *Annu Rev Neurosci, 24*, 167–202.

Miller, E. M., Shankar, M. U., Knutson, B., & McClure, S. M. (2014). Dissociating motivation from reward in human striatal activity. *J Cogn Neurosci, 26*(5), 1075–1084.

Montague, P. R., & Berns, G. S. (2002). Neural economics and the biological substrates of valuation. *Neuron, 36*(2), 265–284.

Moussavi, S., Chatterji, S., Verdes, E., Tandon, A., Patel, V., & Ustun, B. (2007). Depression, chronic diseases, and decrements in health: Results from the World Health Surveys. *Lancet, 370*(9590), 851–858.

Muller, J., Dreisbach, G., Goschke, T., Hensch, T., Lesch, K. P., & Brocke, B. (2007). Dopamine and cognitive control: The prospect of monetary gains influences the balance between flexibility and stability in a set-shifting paradigm. *Eur J Neurosci, 26*(12), 3661–3668.

Murayama, K., Matsumoto, M., Izuma, K., & Matsumoto, K. (2010). Neural basis of the undermining effect of monetary reward on intrinsic motivation. *Proc Natl Acad Sci USA, 107*(49), 20911–20916.

Ochsner, K. N., & Gross, J. J. (2005). The cognitive control of emotion. *Trends Cogn Sci, 9*(5), 242–249.

O'Doherty, J., Dayan, P., Schultz, J., Deichmann, R., Friston, K., & Dolan, R. J. (2004). Dissociable roles of ventral and dorsal striatum in instrumental conditioning. *Science, 304*(5669), 452–454.

O'Doherty, J., Deichmann, R., Critchley, H. D., & Dolan, R. J. (2002). Neural responses during anticipation of a primary taste reward. *Neuron, 33*(5), 815–826.

Oei, N. Y., Everaerd, W. T., Elzinga, B. M., van Well, S., & Bermond, B. (2006). Psychosocial stress impairs working memory at high loads: An association with cortisol levels and memory retrieval. *Stress, 9*(3), 133–141.

Olds, J., & Milner, P. (1954). Positive reinforcement produced by electrical stimulation of septal area and other regions of rat brain. *J Comp Physiol Psychol, 47*(6), 419–427.

Osman, M. (2004). An evaluation of dual-process theories of reasoning. *Psychon Bull Rev, 11*(6), 988–1010.

Ossewaarde, L., Qin, S., Van Marle, H. J., van Wingen, G. A., Fernandez, G., & Hermans, E. J. (2011). Stress-induced reduction in reward-related prefrontal cortex function. *Neuro-*

image, 55(1), 345–352.

Patel, P. D., Lopez, J. F., Lyons, D. M., Burke, S., Wallace, M., & Schatzberg, A. F. (2000). Glucocorticoid and mineralocorticoid receptor mRNA expression in squirrel monkey brain. *J Psychiatr Res, 34*(6), 383–392.

Payne, J. D., Jackson, E. D., Hoscheidt, S., Ryan, L., Jacobs, W. J., & Nadel, L. (2007). Stress administered prior to encoding impairs neutral but enhances emotional long-term episodic memories. *Learn Mem, 14*(12), 861–868.

Pessoa, L. (2009). How do emotion and motivation direct executive control? *Trends Cogn Sci, 13*(4), 160–166.

Pittenger, C., & Duman, R. S. (2008). Stress, depression, and neuroplasticity: A convergence of mechanisms. *Neuropsychopharmacology, 33*(1), 88–109.

Pizzagalli, D. A., Holmes, A. J., Dillon, D. G., Goetz, E. L., Birk, J. L., Bogdan, R., . . . Fava, M. (2009). Reduced caudate and nucleus accumbens response to rewards in unmedicated individuals with major depressive disorder. *Am J Psychiatry, 166*(6), 702–710.

Pizzagalli, D. A., Jahn, A. L., & O'Shea, J. P. (2005). Toward an objective characterization of an anhedonic phenotype: A signal-detection approach. *Biol Psychiatry, 57*(4), 319–327.

Porcelli, A. J. (2014). An alternative to the traditional cold pressor test: The cold pressor arm wrap. *Journal of Visualized Experiments,* 83, e50849.

Porcelli, A. J., & Delgado, M. R. (2009). Acute stress modulates risk taking in financial decision making. *Psychol Sci, 20*(3), 278–283.

Porcelli, A. J., Lewis, A. H., & Delgado, M. R. (2012). Acute stress influences neural circuits of reward processing. *Front Neurosci, 6*, 157.

Pruessner, J. C., Dedovic, K., Khalili-Mahani, N., Engert, V., Pruessner, M., Buss, C., . . . Lupien, S. (2008). Deactivation of the limbic system during acute psychosocial stress: Evidence from positron emission tomography and functional magnetic resonance imaging studies. *Biol Psychiatry, 63*(2), 234–240.

Rangel, A., Camerer, C., & Montague, P. R. (2008). A framework for studying the neurobiology of value-based decision making. *Nat Rev Neurosci, 9*(7), 545–556.

Ravizza, S. M., & Delgado, M. R. (2014). Motivational enhancement of cognitive control depends on depressive symptoms. *Emotion, 14*(4), 646–650.

Ravizza, S. M., Goudreau, J., Delgado, M. R., & Ruiz, S. (2012). Executive function in Parkinson's disease: Contributions of the dorsal frontostriatal pathways to action and motivation. *Cogn Affect Behav Neurosci, 12*(1), 193–206.

Reul, J. M., & de Kloet, E. R. (1985). Two receptor systems for corticosterone in rat brain: Microdistribution and differential occupation. *Endocrinology, 117*(6), 2505–2511.

Robbins, T. W., & Everitt, B. J. (1996). Neurobehavioural mechanisms of reward and motivation. *Curr Opin Neurobiol, 6*(2), 228–236.

Robinson, O. J., Overstreet, C., Charney, D. R., Vytal, K., & Grillon, C. (2013). Stress increases aversive prediction error signal in the ventral striatum. *Proc Natl Acad Sci USA, 110*(10), 4129–4133.

Roozendaal, B. (2002). Stress and memory: Opposing effects of glucocorticoids on memory consolidation and memory retrieval. *Neurobiol Learn Mem, 78*(3), 578–595.

Roozendaal, B., McReynolds, J. R., & McGaugh, J. L. (2004). The basolateral amygdala interacts with the medial prefrontal cortex in regulating glucocorticoid effects on working memory impairment. *J Neurosci, 24*(6), 1385–1392.

Roozendaal, B., Okuda, S., Van der Zee, E. A., & McGaugh, J. L. (2006). Glucocorticoid enhancement of memory requires arousal-induced noradrenergic activation in the basolateral amygdala. *Proc Natl Acad Sci USA, 103*(17), 6741–6746.

Russo, S. J., & Nestler, E. J. (2013). The brain reward circuitry in mood disorders. *Nat Rev Neurosci, 14*(9), 609–625.
Savin, C., & Triesch, J. (2014). Emergence of task-dependent representations in working memory circuits. *Front Comput Neurosci, 8*, 57.
Schoofs, D., Preuss, D., & Wolf, O. T. (2008). Psychosocial stress induces working memory impairments in an n-back paradigm. *Psychoneuroendocrinology, 33*(5), 643–653.
Schroder, H. S., Moran, T. P., Infantolino, Z. P., & Moser, J. S. (2013). The relationship between depressive symptoms and error monitoring during response switching. *Cogn Affect Behav Neurosci, 13*(4), 790–802.
Schultz, W. (2007). Behavioral dopamine signals. *Trends in Neurosciences, 30*(5), 203–210.
Schultz, W., Dayan, P., & Montague, P. R. (1997). A neural substrate of prediction and reward. *Science, 275*(5306), 1593–1599.
Schultz, W., Tremblay, L., & Hollerman, J. R. (2000). Reward processing in primate orbitofrontal cortex and basal ganglia. *Cereb Cortex, 10*(3), 272–284.
Schwabe, L., Bohringer, A., Chatterjee, M., & Schachinger, H. (2008). Effects of prelearning stress on memory for neutral, positive and negative words: Different roles of cortisol and autonomic arousal. *Neurobiol Learn Mem, 90*(1), 44–53.
Schwabe, L., Haddad, L., & Schachinger, H. (2008). HPA axis activation by a socially evaluated cold-pressor test. *Psychoneuroendocrinology, 33*(6), 890–895.
Schwabe, L., Joels, M., Roozendaal, B., Wolf, O. T., & Oitzl, M. S. (2012). Stress effects on memory: An update and integration. *Neurosci Biobehav Rev, 36*(7), 1740–1749.
Schwabe, L., & Wolf, O. T. (2009). Stress prompts habit behavior in humans. *J Neurosci, 29*(22), 7191–7198.
Schwabe, L., & Wolf, O. T. (2010). Socially evaluated cold pressor stress after instrumental learning favors habits over goal-directed action. *Psychoneuroendocrinology, 35*(7), 977–986.
Schwabe, L., & Wolf, O. T. (2011). Stress-induced modulation of instrumental behavior: From goal-directed to habitual control of action. *Behav Brain Res, 219*(2), 321–328.
Selye, H. (1936). A syndrome produced by diverse nocuous agents. *Nature, 138*, 32.
Shors, T. J., Weiss, C., & Thompson, R. F. (1992). Stress-induced facilitation of classical conditioning. *Science, 257*(5069), 537–539.
Sloman, S. (1996). The empirical case for two systems of reasoning. *Psychological Bulletin, 119*(1), 3–22.
Smeets, T., Giesbrecht, T., Jelicic, M., & Merckelbach, H. (2007). Context-dependent enhancement of declarative memory performance following acute psychosocial stress. *Biol Psychol, 76*(1–2), 116–123.
Smeets, T., Otgaar, H., Candel, I., & Wolf, O. T. (2008). True or false? Memory is differentially affected by stress-induced cortisol elevations and sympathetic activity at consolidation and retrieval. *Psychoneuroendocrinology, 33*(10), 1378–1386.
Speer, M. E., Bhanji, J. P., & Delgado, M. R. (2014). Savoring the past: Positive memories evoke value representations in the striatum. *Neuron, 84*(4), 847–856.
Starcke, K., & Brand, M. (2012). Decision making under stress: A selective review. *Neurosci Biobehav Rev, 36*(4), 1228–1248.
Starcke, K., Wolf, O. T., Markowitsch, H. J., & Brand, M. (2008). Anticipatory stress influences decision making under explicit risk conditions. *Behav Neurosci, 122*(6), 1352–1360.
Tamir, D. I., & Mitchell, J. P. (2012). Disclosing information about the self is intrinsically rewarding. *Proc Natl Acad Sci USA, 109*(21), 8038–8043.

Taylor, S. F., Welsh, R. C., Wager, T. D., Phan, K. L., Fitzgerald, K. D., & Gehring, W. J. (2004). A functional neuroimaging study of motivation and executive function. *Neuroimage, 21*(3), 1045–1054.

Tobler, P. N., Fletcher, P. C., Bullmore, E. T., & Schultz, W. (2007). Learning-related human brain activations reflecting individual finances. *Neuron, 54*(1), 167–175.

Tollenaar, M. S., Elzinga, B. M., Spinhoven, P., & Everaerd, W. (2009). Immediate and prolonged effects of cortisol, but not propranolol, on memory retrieval in healthy young men. *Neurobiol Learn Mem, 91*(1), 23–31.

Tricomi, E. M., Delgado, M. R., & Fiez, J. A. (2004). Modulation of caudate activity by action contingency. *Neuron, 41*(2), 281–292.

Ulrich-Lai, Y. M., & Herman, J. P. (2009). Neural regulation of endocrine and autonomic stress responses. *Nat Rev Neurosci, 10*(6), 397–409.

Valentin, V. V., Dickinson, A., & O'Doherty, J. P. (2007). Determining the neural substrates of goal-directed learning in the human brain. *J Neurosci, 27*(15), 4019–4026.

Valentin, V. V., & O'Doherty, J. P. (2009). Overlapping prediction errors in dorsal striatum during instrumental learning with juice and money reward in the human brain. *J Neurophysiol, 102*(6), 3384–3391.

Vijayraghavan, S., Wang, M., Birnbaum, S. G., Williams, G. V., & Arnsten, A. F. (2007). Inverted-U dopamine D1 receptor actions on prefrontal neurons engaged in working memory. *Nat Neurosci, 10*(3), 376–384.

Voorn, P., Vanderschuren, L. J., Groenewegen, H. J., Robbins, T. W., & Pennartz, C. M. (2004). Putting a spin on the dorsal-ventral divide of the striatum. *Trends Neurosci, 27*(8), 468–474.

Wachter, T., Lungu, O. V., Liu, T., Willingham, D. T., & Ashe, J. (2009). Differential effect of reward and punishment on procedural learning. *J Neurosci, 29*(2), 436–443.

Wood, G. E., & Shors, T. J. (1998). Stress facilitates classical conditioning in males, but impairs classical conditioning in females through activational effects of ovarian hormones. *Proc Natl Acad Sci USA, 95*(7), 4066–4071.

Young, K. D., Bellgowan, P. S., Bodurka, J., & Drevets, W. C. (2013). Behavioral and neurophysiological correlates of autobiographical memory deficits in patients with depression and individuals at high risk for depression. *JAMA Psychiatry, 70*(7), 698–708.

Zorawski, M., Blanding, N. Q., Kuhn, C. M., & LaBar, K. S. (2006). Effects of stress and sex on acquisition and consolidation of human fear conditioning. *Learn Mem, 13*(4), 441–450.

6章

Aarts, E., Wallace, D. L., Dang, L. C., Jagust, W. J., Cools, R., & D'Esposito, M. (2014). Dopamine and the cognitive downside of a promised bonus. *Psychological Science, 25*, 1003–1009.

Alessandri, J., Darcheville, J. C., Delevoye-Turrell, Y., & Zentall, T. R. (2008). Preference for rewards that follow greater effort and greater delay. *Learning & Behavior, 36*(4), 352–358.

Alexander, W. H., & Brown, J. W. (2011). Medial prefrontal cortex as an action-outcome predictor. *Nature Neuroscience, 14*(10), 1338–1344.

Ashby, F. G., Isen, A. M., & Turken, A. U. (1999). A neuropsychological theory of positive affect and its influence on cognition. *Psychological Review, 106*, 529–550.

Aston-Jones, G., & Cohen, J. D. (2005). An integrative theory of locus coeruleus-norepinephrine function: Adaptive gain and optimal performance. *Annual Review of Neuroscience, 28*, 403–450.

Baddeley, A. D., & Hitch, G. (1974). Working memory. *Psychology of Learning and Motivation, 8*, 47–89.

Berridge, K. C. (2007). The debate over dopamine's role in reward: The case for incentive salience. *Psychopharmacology, 191*(3), 391–431.

Berridge, K. C., & Robinson, T. E. (2003). Parsing reward. *Trends in Neuroscience, 26*, 507–513.

Bijleveld, E., Custers, R., & Aarts, H. (2012). Adaptive reward pursuit: How effort requirements affect unconscious reward responses and conscious reward decisions. *Journal of Experimental Psychology: General, 141*(4), 728.

Braem, S., Coenen, E., Bombeke, K., van Bochove, M. E., & Notebaert, W. (2015). Open your eyes for prediction errors. *Cognitive, Affective, & Behavioral Neuroscience, 15*(2), 374–380.

Braem, S., Duthoo, W., & Notebaert, W. (2013). Punishment sensitivity predicts the impact of punishment on cognitive control. *PloS ONE, 8*(9), e74106.

Braem, S., Hickey, C., Duthoo, W., & Notebaert, W. (2014). Reward determines the context sensitivity of cognitive control. *Journal of Experimental Psychology: Human Perception and Performance.*

Braem, S., King, J. A., Korb, F. M., Krebs, R. M., Notebaert, W., & Egner, T. (2013). Affective modulation of cognitive control is determined by performance-contingency and mediated by ventromedial prefrontal and cingulate cortex. *Journal of Neuroscience, 33*(43), 16961–16970.

Braem, S., Verguts, T., Roggeman, C., & Notebaert, W. (2012). Reward modulates adaptations to conflict. *Cognition, 125*, 324–332.

Braver, T. S. (2012). The variable nature of cognitive control: A dual mechanisms framework. *Trends in Cognitive Sciences, 16*(2), 106–113.

Braver, T. S., Krug, M. K., Chiew, K. S., Kool, W., Westbrook, J. A., Clement, N. J., & Somerville, L. H. (2014). Mechanisms of motivation–cognition interaction: Challenges and opportunities. *Cognitive, Affective, & Behavioral Neuroscience, 14*(2), 443–472.

Brown, J. W., Reynolds, J. R., & Braver, T. S. (2007). A computational model of fractionated conflict-control mechanisms in task-switching. *Cognitive Psychology, 55*(1), 37–85.

Carver, C. (2003). Pleasure as a sign you can attend to something else: Placing positive feelings within a general model of affect. *Cognition & Emotion, 17*(2), 241–261.

Chiew, K. S., & Braver, T. S. (2011). Positive affect versus reward: Emotional and motivational influences on cognitive control. *Frontiers in Psychology, 2*, 279.

Chiew, K. S., & Braver, T. S. (2013). Temporal dynamics of motivation-cognitive control interactions revealed by high-resolution pupillometry. *Frontiers in Psychology, 4*, 15.

Chiew, K. S., & Braver, T. S. (2014). Dissociable influences of reward motivation and positive emotion on cognitive control. *Cognitive, Affective, & Behavioral Neuroscience, 14*(2), 509–529.

Cohen, J. D., McClure, S. M., & Yu, A. J. (2007). Should I stay or should I go? How the human brain manages the trade-off between exploitation and exploration. *Philosophical Transactions of the Royal Society B: Biological Sciences, 362*(1481), 933–942.

Cools, R., & D'Esposito, M. (2011). Inverted-U–shaped dopamine actions on human working memory and cognitive control. *Biological Psychiatry, 69*(12), e113–e125.

Dreisbach, G. (2006). How positive affect modulates cognitive control: The costs and benefits of reduced maintenance capability. *Brain and Cognition, 60*(1), 11–19.

Dreisbach, G., & Fischer, R. (2012). Conflicts as aversive signals. *Brain and Cognition, 78*(2), 94–98.

Dreisbach, G., & Goschke, T. (2004). How positive affect modulates cognitive control:

Reduced perseveration at the cost of increased distractibility. *Journal of Experimental Psychology: Learning, Memory, & Cognition, 30*, 343–353.

Duthoo, W., Abrahamse, E. L., Braem, S., & Notebaert, W. (2014). Going, going, gone? Proactive control prevents the congruency sequence effect from rapid decay. *Psychological Research, 78*(4), 483–493.

Duthoo, W., Braem, S., Houtman, F., Schouppe, N., Santens, P., & Notebaert, W. (2013). Dopaminergic medication counteracts conflict adaptation in patients with Parkinson's disease. *Neuropsychology, 27*(5), 556.

Duthoo, W., De Baene, W., Wühr, P., & Notebaert, W. (2012). When predictions take control: The effect of task predictions on task switching performance. *Frontiers in Psychology, 3*, 282.

Eriksen, B. A., & Eriksen, C. W. (1974). Effects of noise letters upon identification of a target letter in a nonsearch task. *Perception & Psychophysics, 16*, 143–149.

Fröber, K. & Dreisbach, G. (2014). The differential influence of positive affect, random reward, and performance-contingent reward on cognitive control. *Cognitive, Affective, and Behavioral Neuroscience, 14*(2), 530–547.

Gable, P. A., & Harmon-Jones, E. (2011). Attentional consequences of pregoal and postgoal positive affects. *Emotion, 11*(6), 1358.

Gilzenrat, M. S., Nieuwenhuis, S., Jepma, M., & Cohen, J. D. (2010). Pupil diameter tracks changes in control state predicted by the adaptive gain theory of locus coeruleus function. *Cognitive, Affective, & Behavioral Neuroscience, 10*(2), 252–269.

Goschke, T. (2000). Intentional reconfiguration and involuntary persistence in task set switching. In S. Monsell & J. Driver (Ed.), *Attention and performance: Vol. 18. Control of cognitive processes* (pp. 331–356). Cambridge, MA: MIT Press.

Gratton, G., Coles, M. G., & Donchin, E. (1992). Optimizing the use of information: Strategic control of activation of responses. *Journal of Experimental Psychology General, 121*, 480–506.

Hickey, C., Chelazzi, L., & Theeuwes, J. (2010). Reward changes salience in human vision via the anterior cingulate. *Journal of Neuroscience, 30*, 11096–11103.

Jepma, M., & Nieuwenhuis, S. (2011). Pupil diameter predicts changes in the exploration–exploitation trade-off: Evidence for the adaptive gain theory. *Journal of Cognitive Neuroscience, 23*(7), 1587–1596.

Jiang, H., & Xu, B. (2014). Reward enhances backward inhibition in task switching. *Journal of Cognitive Psychology, 26*(2), 178–186.

Kleinsorge, T., & Rinkenauer, G. (2012). Effects of monetary incentives on task switching. *Experimental Psychology, 59*(4), 216.

Krebs, R. M., Boehler, C. N., & Woldorff, M. G. (2010). The influence of reward associations on conflict processing in the Stroop task. *Cognition, 117*(3), 341–347.

Kuhbandner, C., & Zehetleitner, M. (2011). Dissociable effects of valence and arousal in adaptive executive control. *PloS ONE, 6*(12), e29287.

Locke, H. S., & Braver, T. S. (2008). Motivational influences on cognitive control: Behavior, brain activation, and individual differences. *Cognitive, Affective, & Behavioral Neuroscience, 8*(1), 99–112.

Lyubomirsky, S., King, L., & Diener, E. (2005). The benefits of frequent positive affect: Does happiness lead to success? *Psychological Bulletin, 131*(6), 803–855.

Miyake, A., Friedman, N. P., Emerson, M. J., Witzki, A. H., Howerter, A., & Wager, T. D. (2000). The unity and diversity of executive functions and their contributions to complex "frontal lobe" tasks: A latent variable analysis. *Cognitive Psychology, 41*(1), 49–100.

Muhle-Karbe, P. S., & Krebs, R. M. (2012). On the influence of reward on action-effect binding. *Frontiers in Psychology, 3*, 450.

Notebaert, W., & Verguts, T. (2011). Conflict and error adaptation in the Simon task. *Acta Psychologica, 136*(2), 212–216.

Padmala, S., & Pessoa, L. (2011). Reward reduces conflict by enhancing attentional control and biasing visual cortical processing. *Journal of Cognitive Neuroscience, 23*(11), 3419–3432.

Peciña, S., & Berridge, K. C. (2005). Hedonic hot spot in nucleus accumbens shell: Where do μ-opioids cause increased hedonic impact of sweetness? *Journal of Neuroscience, 25*(50), 11777–11786.

Robinson, T. E., & Berridge, K. C. (2008). The incentive sensitization theory of addiction: Some current issues. *Philosophical Transactions of the Royal Society B: Biological Sciences, 363*(1507), 3137–3146.

Satterthwaite, T. D., Ruparel, K., Loughead, J., Elliott, M. A., Gerraty, R. T., Calkins, M. E., . . . Wolf, D. H. (2012). Being right is its own reward: Load and performance related ventral striatum activation to correct responses during a working memory task in youth. *Neuroimage, 61*(3), 723–729.

Schouppe, N., Braem, S., De Houwer, J., Silvetti, M., Verguts, T., Ridderinkhof, K. R., & Notebaert, W. (in press). No pain, no gain: The affective valence of congruency conditions changes following a successful response. *Cognitive, Affective, & Behavioral Neuroscience.*

Seibert, P. S., & Ellis, H. C. (1991). Irrelevant thoughts, emotional mood states, and cognitive task performance. *Memory & Cognition, 19*(5), 507–513.

Silvetti, M., Alexander, W., Verguts, T., & Brown, J. W. (2014). From conflict management to reward-based decision making: Actors and critics in primate medial frontal cortex. *Neuroscience & Biobehavioral Reviews, 46*, 44–57.

Silvetti, M., Seurinck, R., & Verguts, T. (2013). Value and prediction error estimation account for volatility effects in ACC: A model-based fMRI study. *Cortex, 49*(6), 1627–1635.

Simon, J. R., & Rudell, A. P. (1967). Auditory SR compatibility: The effect of an irrelevant cue on information processing. *Journal of Applied Psychology, 51*(3), 300–304.

Stroop, J. R. (1935). Studies of interference in serial verbal reactions. *Journal of Experimental Psychology, 18*, 643–661.

Stürmer, B., Nigbur, R., Schacht, A., & Sommer, W. (2011). Reward and punishment effects on error processing and conflict control. *Frontiers in Psychology, 2*, 335.

Sutton, R. S., & Barto, A. G. (1998). *Introduction to reinforcement learning.* Cambridge, MA: MIT Press.

Thorndike, E. L. (1911). *Animal intelligence.* New York: Macmillan.

Van der Borght, L., Braem, S., & Notebaert, W. (2014). Disentangling posterror and post-conflict reduction of interference. *Psychonomic Bulletin & Review, 21*(6), 1530–1536.

Van Steenbergen, H., Band, G.P.H., & Hommel, B. (2009). Reward counteracts conflict adaptation: Evidence for a role of affect in executive control. *Psychological Science, 20*, 1473–1477.

Van Steenbergen, H., Band, G. P., & Hommel, B. (2010). In the mood for adaptation: How affect regulates conflict-driven control. *Psychological Science, 21*(11), 1629–1634.

Van Steenbergen, H., Band, G.P.H., & Hommel, B. (2012). Reward valence modulates conflict-driven attentional adaptation: Electrophysiological evidence. *Biological Psychology, 90*, 234–241.

Van Steenbergen, H., Band, G. P., Hommel, B., Rombouts, S. A., & Nieuwenhuis, S. (2015). Hedonic hotspots regulate cingulate-driven adaptation to cognitive demands. *Cerebral*

Cortex, 25(7), 1746–1756.
Verguts, T., & Notebaert, W. (2008). Hebbian learning of cognitive control: Dealing with specific and nonspecific adaptation. *Psychological Review, 115*, 518–525.
Verguts, T., & Notebaert, W. (2009). Adaptation by binding: A learning account of cognitive control. *Trends in Cognitive Sciences, 13*, 252–257.
Wyvell, C. L., & Berridge, K. C. (2000). Intra-accumbens amphetamine increases the conditioned incentive salience of sucrose reward: Enhancement of reward "wanting" without enhanced "liking" or response reinforcement. *Journal of Neuroscience, 20*(21), 8122–8130.

◆7章

Adams, C. D. (1982). Variations in the sensitivity of instrumental responding to reinforcer devaluation. *Quarterly Journal of Experimental Psychology: Comparative and Physiological Psychology, 34B*(2), 77–98.
Adams, C. D., & Dickinson, A. (1981). Instrumental responding following reinforcer devaluation. *Quarterly Journal of Experimental Psychology, 33B*, 109–122.
Allman, M. J., DeLeon, I. G., Cataldo, M. F., Holland, P. C., & Johnson, A. W. (2010). Learning processes affecting human decision making: An assessment of reinforcer-selective Pavlovian-to-instrumental transfer following reinforcer devaluation. *Journal of Experimental Psychology: Animal Behavior Processes, 38*(3), 402–408.
Anderson, J. R., Bothell, D., Byrne, M. D., Douglas, S., Lebiere, C., & Qin, Y. (2004). An integrated theory of mind. *Psychological Review, 111*, 1036–1060.
Asratyan, E. A. (1974). Conditioned reflex theory and motivational behaviour. *Acta Neurobiologiae Experimentalis, 43*, 15–31.
Balleine, B. (1992). Instrumental performance following a shift in primary motivation depends upon incentive learning. *Journal of Experimental Psychology: Animal Behavior Processes, 18*, 236–250.
Balleine, B. W., & Dickinson, A. (1998). Goal-directed instrumental action: Contingency and incentive learning and their cortical substrates. *Neuropharmacology, 37*, 407–419.
Balleine, B. W., & O'Doherty, J. P. (2010). Human and rodent homologies in action control: Corticostriatal determinants of goal-directed and habitual action. *Neuropsychopharmacology, 35*, 48–69.
Cooper, R., & Shallice, T. (2000). Contention scheduling and the control of routine activities. *Cognitive Neuropsychology, 17*, 298–338.
Cooper, R. P., & Shallice, T. (2006). Hierarchical schemas and goals in the control of sequential behavior. *Psychological Review, 113*, 887–916.
Daw, N. D., Niv, Y., & Dayan, P. (2005). Uncertainty-based competition between prefrontal and dorsolateral striatal systems for behavioral control. *Nature Neuroscience, 8*, 1704–1711.
de Wit, S., Corlett, P. R., Aitken, M. R., Dickinson, A., & Fletcher, P. C. (2009). Differential engagement of the ventromedial prefrontal cortex by goal-directed and habitual behavior toward food pictures in humans. *Journal of Neuroscience, 29*(36), 11330–11338.
de Wit, S., & Dickinson, A. (2009). Associative theories of goal-directed behaviour: A case for animal–human translational models. *Psychological Research, 73*(4), 463–476.
de Wit, S., Niry, D., Wariyar, R., Aitken, M.R.F., & Dickinson, A. (2007). Stimulus–outcome interactions during instrumental discrimination learning by rats and humans. *Journal of Experimental Psychology: Animal Behavior Processes, 33*, 1–11.
de Wit, S., Ridderinkhof, K. R., Fletcher, P. C., & Dickinson, A. (2013). Resolution of outcome-induced response conflict by humans after extended training. *Psychological*

Research, 77, 780–793.

de Wit, S., Watson, P., Harsay, H. A., Cohen, M. X., van de Vijver, I., & Ridderinkhof, K. R. (2012). Corticostriatal connectivity underlies individual differences in the balance between habitual and goal-directed action control. *Journal of Neuroscience, 32*(35), 12066–12075.

Dickinson, A. (1985). Actions and habits: The development of behavioural autonomy. *Philosophical Transactions of the Royal Society (London), B, 308*, 67–78.

Dickinson, A. (1994). Instrumental conditioning. In N. J. Mackintosh (Ed.), *Animal learning and cognition* (pp. 45–79). San Diego, CA: Academic Press.

Dickinson, A. (1997). Bolle's psychological syllogism. In M. E. Bouton & M. S. Fanselow (Eds.), *Learning, motivation, and cognition* (pp. 345–367). Washington, DC: American Psychological Association.

Dickinson, A. (2011). Goal-directed behavior and future planning in animals. In R. Menzel & J. Fischer (Eds.), *Animal thinking: Contemporary issues in comparative cognition* (pp. 79–91). Cambridge, MA: MIT Press.

Dickinson, A. (2012). Associative learning and animal cognition. *Philosophical Transactions of the Royal Society B, 367*, 2733–2742.

Dickinson, A., & Balleine, B. (1994). Motivational control of goal-directed action. *Animal Learning and Behavior, 22*, 1–18.

Dickinson, A., & Balleine, B. (1995). Motivational control of instrumental action. *Current Directions in Psychological Science, 4*, 162–167.

Dickinson, A., & Balleine, B. (2008). Hedonics: The cognitive-motivational interface. In M. L. Kringelbach & K. C. Berridge (Eds.), *Pleasures of the brain: The neural basis of taste, smell and other rewards* (pp. 74–84). Oxford: Oxford University Press.

Dickinson, A., Balleine, B., Watt, A., Gonzalez, F., & Boakes, R. A. (1995). Motivational control after extended instrumental training. *Animal Learning and Behavior, 23*, 197–206.

Dickinson, A., & de Wit, S. (2003). The interaction between discriminative stimuli and outcomes during instrumental learning. *Quarterly Journal of Experimental Psychology, 56B*, 127–139.

Elsner, B., & Hommel, B. (2001). Effect anticipation and action control. *Journal of Experimental Psychology: Human Perception and Performance, 27*, 229–240.

Hogarth, L. (2012). Goal-directed and transfer-cue-elicited drug-seeking are dissociated by pharmacotherapy: Evidence for independent additive controllers. *Journal of Experimental Psychology: Animal Behavior Processes, 38*(3), 268–278.

Ishai, A., Ungerleider, L. G., & Haxby, J. V. (2000). Distributed neural systems for the generation of visual images. *Neuron, 28*, 979–990.

Klossek, U.M.H., & Dickinson, A. (2012). Rational action selection in 1 1/2- to 3-year-olds following an extended training experience. *Journal of Experimental Child Psychology, 111*, 197–211.

Klossek, U.M.H., Russell, J., & Dickinson, A. (2008). The control of instrumental action following outcome devaluation in young children aged between 1 and 4 years. *Journal of Experimental Psychology: General, 137*, 39–51.

Klossek, U.M.H., Yu, S., & Dickinson, A. (2011). Choice and goal-directed behavior in preschool children. *Learning and Behavior, 39*, 350–357.

Kosaki, Y., & Dickinson, A. (2010). Choice and contingency in the development of behavioral autonomy during instrumental conditioning. *Journal of Experimental Psychology: Animal Behavior Processes, 36*(3), 334–342.

Pavlov, I. P. (1932). The reply of a physiologist to psychologist. *Psychological Review, 39*, 91–127.

Rescorla, R. A. (1994). Transfer of instrumental control mediated by a devalued outcome. *Animal Learning and Behavior, 22*, 27–33.

Shin, Y. K., Proctor, R. W., & Capaldi, E. J. (2010). A review of contemporary ideomotor theory. *Psychological Bulletin, 136*(6), 943–947.

Sjoerds, Z., de Wit, S., van den Brink, W., Robbins, T. W., Beekman, A.T.F., Penninx, B.W.J.H., & Veltman, D. J. (2013). Behavioral and neuroimaging evidence for overreliance on habit learning in alcohol-dependent patients. *Translational Psychiatry, 3*, e337.

Solway, A., & Botvinick, M. M. (2012). Goal-directed decision making as probabilistic inference: A computational framework and potential neural correlates. *Psychological Review, 119*(1), 120–154.

Stock, A., & Stock, C. (2004). A short history of ideo-motor action. *Psychological Research, 68*, 176–188.

＊3 Sutton, R. S., & Barto, A. G. (1998). *Reinforcement learning.* Cambridge, MA: MIT Press.

Thorndike, E. L. (1911). *Animal intelligence: Experimental studies.* New York: Macmillan.

Thorndike, E. L. (1931). *Human learning.* New York: Century.

Trapold, M. A. (1970). Are expectancies based upon different positive reinforcing events discriminably different? *Learning and Motivation, 1*, 129–140.

Tricomi, E., Balleine, B. W., & O'Doherty, J. P. (2009). A specific role for posterior dorsolateral striatum in human habit learning. *European Journal of Neuroscience, 29*, 2225–2232.

Valentin, V. V., Dickinson, A., & O'Doherty, J. P. (2007). Determining the neural substrates of goal-directed learning in the human brain. *Journal of Neuroscience, 27*, 4019–4026.

Watson, P., Wiers, R. W., Hommel, B., & de Wit, S. (2014). Working for food you don't desire: Cues interfere with goal-directed food-seeking. *Appetite, 79*, 139–148.

Yin, H. H., Knowlton, B. J., & Balleine, B. W. (2004). Lesions of dorsolateral striatum preserve outcome expectancy but disrupt habit formation in instrumental learning. *European Journal of Neuroscience, 19*, 181–189.

Yin, H. H., Knowlton, B. J., & Balleine, B. W. (2006). Inactivation of dorsolateral striatum enhances sensitivity to changes in the action–outcome contingency in instrumental conditioning. *Behavioural Brain Research, 166*, 189–196.

Yin, H. H., Ostlund, S. B., Knowlton, B. J., & Balleine, B. W. (2005). The role of the dorsomedial striatum in instrumental conditioning. *European Journal of Neuroscience, 22*, 513–523.

◆8章

Aarts, E., van Holstein, M., & Cools, R. (2011). Striatal dopamine and the interface between motivation and cognition. *Frontiers in Psychology, 2*, 163.

Aarts, H., Custers, R., & Marien, H. (2008). Preparing and motivating behavior outside of awareness. *Science, 319*, 1639.

Aarts, H., & Veling, H. (2009). Do resonance mechanisms in language and action depend on intentional processes? *European Journal of Social Psychology, 39*, 1188–1190.

Adams, J. A. (1971). A closed-loop theory of motor learning. *Journal of Motor Behavior, 3*, 111–150.

Ashby, F. G., Isen, A. M., & Turken, A. U. (1999). A neuropsychological theory of positive affect and its influence on cognition. *Psychological Review, 106*, 529–550.

Aston-Jones, G., & Cohen, J. D. (2005). An integrative theory of locus coeruleus-norepinephrine function: Adaptive gain and optimal performance. *Annual Review of Neuroscience, 28*, 403–450.

Baas, M., De Dreu, C. K., & Nijstad, B. A. (2008). A meta-analysis of 25 years of mood-creativity research: Hedonic tone, activation, or regulatory focus? *Psychological Bulletin,*

134, 779–806.

Bargh, J. A., & Huang, J. Y. (2009). The selfish goal. In G. B. Moskowitz & H. Grant (Eds.), *The psychology of goals* (pp. 127–150). New York: Guilford Press.

Beckers, T., De Houwer, J., & Eelen, P. (2002). Automatic integration of non-perceptual action effect features: The case of the associative affective Simon effect. *Psychological Research, 66*, 166–173.

Bijleveld, E., Custers, R., & Aarts, H. (2009). The unconscious eye opener pupil dilation reveals strategic recruitment of resources upon presentation of subliminal reward cues. *Psychological Science, 20,* 1313–1315.

Bijleveld, E., Custers, R., & Aarts, H. (2012). Adaptive reward pursuit: How effort requirements affect unconscious reward responses and conscious reward decisions. *Journal of Experimental Psychology: General, 141*, 728–742.

Botvinick, M. M. (2008). Hierarchical models of behavior and prefrontal function. *Trends in Cognitive Sciences, 12,* 201–208.

Botvinick, M., & Braver, T. (2015). Motivation and cognitive control: From behavior to neural mechanisms. *Annual Review of Psychology, 66*, 83–113.

Botvinick, M. M., Braver, T. S., Barch, D. M., Carter, C. S., & Cohen, J. D. (2001). Conflict monitoring and cognitive control. *Psychological Review, 108*, 624–652.

Braver, T. S. (2012). The variable nature of cognitive control: A dual mechanisms framework. *Trends in Cognitive Sciences, 16*, 106–113.

Braver, T. S., Krug, M. K., Chiew, K. S., Kool, W., Westbrook, J. A., Clement, N. J., . . . Somerville, L. H. (2014). Mechanisms of motivation–cognition interaction: Challenges and opportunities. *Cognitive, Affective, & Behavioral Neuroscience, 14*, 443–472.

Brehm, J. W., & Self, E. A. (1989). The intensity of motivation. *Annual Review of Psychology, 40*, 109–131.

Capa, R. L., Cleeremans, A., Bustin, G. M., Bouquet, C., & Hansenne, M. (2011). Effects of subliminal priming on nonconscious goal pursuit and effort-related cardiovascular response. *Social Cognition, 29*, 430–444.

Capa, R. L., Cleeremans, A., Bustin, G. M., & Hansenne, M. (2011). Long-lasting effect of subliminal processes on cardiovascular responses and performance. *International Journal of Psychophysiology, 81*, 22–30.

Carter, C. S., Braver, T. S., Barch, D. M., Botvinick, M. M., Noll, D., & Cohen, J. D. (1998). Anterior cingulate cortex, error detection, and the online monitoring of performance. *Science, 280*, 747–749.

Chelazzi, L., Perlato, A., Santandrea, E., & Della Libera, C. (2013). Rewards teach visual selective attention. *Vision Research, 85*, 58–72.

Chiew, K. S., & Braver, T. S. (2011). Positive affect versus reward: emotional and motivational influences on cognitive control. *Frontiers in Psychology, 2,* 279.

Critchley, H. D., Corfield, D. R., Chandler, M. P., Mathias, C. J., & Dolan, R. J. (2000). Cerebral correlates of autonomic cardiovascular arousal: A functional neuroimaging investigation in humans. *Journal of Physiology, 523*, 259–270.

Custers, R., & Aarts, H. (2005). Positive affect as implicit motivator: On the nonconscious operation of behavioral goals. *Journal of Personality and Social Psychology, 89*, 129–142.

Custers, R., & Aarts, H. (2007). In search of the nonconscious sources of goal pursuit: Accessibility and positive affective valence of the goal state. *Journal of Experimental Social Psychology, 43*, 312–318.

Custers, R., & Aarts, H. (2010). The unconscious will: How the pursuit of goals operates outside of conscious awareness. *Science, 329*, 47–50.

Deci, E. L., & Ryan, R. M. (1980). The empirical exploration of intrinsic motivational processes. *Advances in Experimental Social Psychology, 13*, 39–80.

de Wit, S., & Dickinson, A. (2009). Associative theories of goal-directed behaviour: A case for animal–human translational models. *Psychological Research PRPF, 73*, 463–476.

Dickinson, A., & Balleine, B. W. (1994). Motivational control of goal-directed action. *Animal Learning & Behavior, 22*, 1–18.

Dijksterhuis, A., & Aarts, H. (2010). Goals, attention, and (un)consciousness. *Annual Review of Psychology, 16,* 467–490.

Dolan, R. J. (2002). Emotion, cognition, and behavior. *Science, 298*, 1191–1194.

Dreisbach, G., & Goschke, T. (2004). How positive affect modulates cognitive control: Reduced perseveration at the cost of increased distractibility. *Journal of Experimental Psychology: Learning, Memory, and Cognition, 30*, 343–353.

Elsner, B., & Hommel, B. (2001). Effect anticipation and action control. *Journal of Experimental Psychology: Human Perception and Performance, 27*, 229–240.

Fishbein, M., & Ajzen, I. (1975). *Belief, attitude, intention and behavior: An introduction to theory and research*. Reading, MA: Addison-Wesley.

Frank, M. J. (2011). Computational models of motivated action selection in corticostriatal circuits. *Current Opinion in Neurobiology, 21*, 381–386.

Fredrickson, B. L. (2004). The broaden-and-build theory of positive emotions. *Philosophical Transactions-Royal Society of London Series B Biological Sciences, 359,* 1367–1378.

Gable, P. A., & Harmon-Jones, E. (2008). Approach-motivated positive affect reduces breadth of attention. *Psychological Science, 19*, 476–482.

Gehring, W. J., Coles, M.G.H., Meyer, D. E., & Donchin, E. (1990). The error-related negativity: An event-related brain potential accompanying errors. *Psychophysiology, 27*, S34.

Gendolla, G.H.E., Wright, R. A., & Richter, M. (2011). Effort intensity: Some insights from the cardiovascular system. In R. Ryan (Ed.), *The Oxford handbook of motivation* (pp. 420–440). New York: Oxford University Press.

Gopher, D., & Navon, D. (1980). How is performance limited: Testing the notion of central capacity. *Acta Psychologica, 46*, 161–180.

Goschke, T., & Bolte, A. (2014). Emotional modulation of control dilemmas: The role of positive affect, reward, and dopamine in cognitive stability and flexibility. *Neuropsychologia, 62*, 403–423.

Haazebroek, P., Van Dantzig, S., & Hommel, B. (2013). How task goals mediate the interplay between perception and action. *Frontiers in Psychology, 4*, 247.

Harmon-Jones, E., Price, T. F., & Gable, P. A. (2012). The influence of affective states on cognitive broadening/narrowing: Considering the importance of motivational intensity. *Social and Personality Psychology Compass, 6*, 314–327.

Hofmann, W., Schmeichel, B. J., & Baddeley, A. D. (2012). Executive functions and self-regulation. *Trends in Cognitive Sciences, 16*, 174–180.

Holland, R. W., Wennekers, A. M., Bijlstra, G., Jongenelen, M. M., & Van Knippenberg, A. (2009). Self-symbols as implicit motivators. *Social Cognition, 27*, 581–602.

Hommel, B. (1996). The cognitive representation of action: Automatic integration of perceived action effects. *Psychological Research, 59*, 176–186.

Hommel, B. (2013). Ideomotor action control: On the perceptual grounding of voluntary actions and agents. In W. Prinz, M. Beisert, & A. Herwig (Eds.), *Action science: Foundations of an emerging discipline* (pp. 113–136). Cambridge, MA: MIT Press.

Hommel, B., Müsseler, J., Aschersleben, G., & Prinz, W. (2001). The theory of event coding (TEC): A framework for perception and action planning. *Behavioral and Brain Sciences,*

24, 849–937.

Klein-Flügge, M. C., Barron, H. C., Brodersen, K. H., Dolan, R. J., & Behrens, T.E. J. (2013). Segregated encoding of reward–identity and stimulus–reward associations in human orbitofrontal cortex. *The Journal of Neuroscience, 33*, 3202–3211.

Kool, W., & Botvinick, M. (2014). A labor/leisure tradeoff in cognitive control. *Journal of Experimental Psychology: General, 143*, 131–141.

Köpetz, C., Faber, T., Fishbach, A., & Kruglanski, A. W. (2011). The multifinality constraints effect: How goal multiplicity narrows the means set to a focal end. *Journal of Personality and Social Psychology, 100*, 810–826.

Kray, J., Eenshuistra, R., Kerstner, H., Weidema, M., & Hommel, B. (2006). Language and action control: The acquisition of action goals in early childhood. *Psychological Science, 17*, 737–741.

Kruglanski, A. W., Shah, J. Y., Fishbach, A., Friedman, R., Chun, W. Y., & Sleeth-Keppler, D. (2002). A theory of goal-systems. In M. P. Zanna (Ed.), *Advances in experimental social psychology* (Vol. 34, pp. 331–378). New York: Academic Press.

Kunde, W., Hoffmann, J., & Zellmann, P. (2002). The impact of anticipated action effects on action planning. *Acta Psychologica, 109*, 137–155.

Lau, H. C., & Passingham, R. E. (2007). Unconscious activation of the cognitive control system in the human prefrontal cortex. *The Journal of Neuroscience, 27*, 5805–5811.

Lindemann, O., Stenneken, P., Van Schie, H. T., & Bekkering, H. (2006). Semantic activation in action planning. *Journal of Experimental Psychology: Human Perception and Performance, 32*, 633–643.

Liu, Y., & Wang, Z. (2014). Positive affect and cognitive control approach-motivation intensity influences the balance between cognitive flexibility and stability. *Psychological Science, 25*, 1116–1123.

Locke, H. S., & Braver, T. S. (2010). Motivational influences on cognitive control: A cognitive neuroscience perspective. In R. R. Hassin, K. N. Ochsener, & Y. Trope (Eds.), *Self control in society, mind, and brain* (pp. 114–140). Oxford: Oxford University Press.

Marien, H., Aarts, H., & Custers, R. (2012). Being flexible or rigid in goal-directed behavior: When positive affect implicitly motivates the pursuit of goals or means. *Journal of Experimental Social Psychology, 48*, 277–283.

Marien, H., Aarts, H., & Custers, R. (2013). Adaptive control of human action: The role of outcome representations and reward signals. *Frontiers in Psychology, 4*, 602.

Marien, H., Aarts, H., & Custers, R. (2014). Reward-driven modulation of adaptive control: How prospective monetary gains interact with unpredictable control demands. *Motivation and Emotion, 38*, 771–778.

Marien, H., Aarts, H., & Custers, R. (in press). The interactive role of action-outcome learning and positive affective information in motivating human goal-directed behavior. *Motivation Science.*

Maturana, H. R., & Varela, F. G. (1987). *The tree of knowledge.* Boston: Shambhala.

Miller, E. K., & Cohen, J. D. (2001). An integrative theory of prefrontal cortex function. *Annual Review of Neuroscience, 24*(1), 167–202.

Mischel, W. (1996). From good intentions to willpower. In P. M. Gollwitzer & J. A. Bargh (Eds.), *The psychology of action: Linking cognition and motivation to behavior* (pp. 197–218). New York: Guilford Press.

Miyake, A., & Shah, P. (1999). *Models of working memory: Mechanisms of active maintenance and executive control.* New York: Cambridge University Press.

Muhle-Karbe, P. S., & Krebs, R. M. (2012). On the influence of reward on action-effect binding. *Frontiers in Psychology, 3*, 450.

Nattkemper, D., Ziessler, M., & Frensch, P. A. (2010). Binding in voluntary action control. *Neuroscience & Biobehavioral Reviews, 34*, 1092–1101.

Navon, D. (1984). Resources—a theoretical soup stone? *Psychological Review, 91,* 216–234.

Padmala, S., & Pessoa, L. (2011). Reward reduces conflict by enhancing attentional control and biasing visual cortical processing. *Journal of Cognitive Neuroscience, 23*, 3419–3432.

Payne, J. W. (1982). Contingent decision behavior. *Psychological Bulletin, 92*, 382–402.

Pessoa, L. (2009). How do emotion and motivation direct executive control? *Trends in Cognitive Sciences, 13,* 160–166.

Powers, W. T. (1973). *Behavior: The control of perception.* Chicago, IL: Aldine.

Prinz, W. (1997). Perception and action planning. *European Journal of Cognitive Psychology, 9*, 129–154.

Pulvermüller, F. (2005). Brain mechanisms linking language and action. *Nature Reviews Neuroscience, 6,* 576–582.

Shin, Y. K., Proctor, R. W., & Capaldi, E. J. (2010). A review of contemporary ideomotor theory. *Psychological Bulletin, 136*, 943–974.

Shizgal, P. (1999). On the neural computation of utility: Implications from studies of brain stimulation reward. In D. Kahneman, E. Diener, & N. Schwarz (Eds.), *Well-being: The foundations of hedonic psychology* (pp. 500–524). New York: Russell Sage Foundation.

Shizgal, P., & Conover, K. (1996). On the neural computation of utility. *Current Directions in Psychological Science, 5*, 37–43.

Silvestrini, N., & Gendolla, G. H. (2013). Automatic effort mobilization and the principle of resource conservation: One can only prime the possible and justified. *Journal of Personality and Social Psychology, 104*, 803–816.

Smith, E. E., & Jonides, J. (1999). Storage and executive processes in the frontal lobes. *Science, 283*, 1657–1661.

Suddendorf, T., & Corballis, M. C. (2007). The evolution of foresight: What is mental time travel, and is it unique to humans? *Behavioral and Brain Sciences, 30*, 299–312.

Tachibana, Y., & Hikosaka, O. (2012). The primate ventral pallidum encodes expected reward value and regulates motor action. *Neuron, 76*, 826–837.

Takarada, Y., & Nozaki, D. (2014). Maximal voluntary force strengthened by the enhancement of motor system state through barely visible priming words with reward. *PloS ONE, 9*, e109422.

Treadway, M. T., Buckholtz, J. W., Cowan, R. L., Woodward, N. D., Li, R., Ansari, M. S., . . . Zald, D. H. (2012). Dopaminergic mechanisms of individual differences in human effort-based decision-making. *The Journal of Neuroscience, 32*, 6170–6176.

Turatto, M., Benso, F., Galfano, G., & Umiltà, C. (2002). Nonspatial attentional shifts between audition and vision. *Journal of Experimental Psychology: Human Perception and Performance, 28*, 628–639.

Vallacher, R. R., & Wegner, D. M. (1989). Levels of personal agency: Individual variation in action identification. *Journal of Personality and Social Psychology, 57*, 660–671.

Van Gaal, S., Lamme, V. A., & Ridderinkhof, K. R. (2010). Unconsciously triggered conflict adaptation. *PLoS ONE, 5*, e11508.

Veling, H., & Aarts, H. (2010). Cueing task goals and earning money: Relatively high monetary rewards reduce failures to act on goals in a Stroop task. *Motivation and Emotion, 34*, 184–190.

Veltkamp, M., Custers, R., & Aarts, H. (2011). Motivating consumer behavior by subliminal conditioning in the absence of basic needs: Striking even while the iron is cold. *Journal*

of Consumer Psychology, 21, 49–56.
Waszak, F., & Herwig, A. (2007). Effect anticipation modulates deviance processing in the brain. *Brain Research, 1183*, 74–82.
Wright, R. A. (2008). Refining the prediction of effort: Brehm's distinction between potential motivation and motivation intensity. *Social and Personality Psychology Compass, 2*, 682–701.
Zedelius, C. M., Veling, H., & Aarts, H. (2011). Boosting or choking—How conscious and unconscious reward processing modulate the active maintenance of goal-relevant information. *Consciousness and Cognition, 20*, 355–362.

◆9章

Aarts, H., Custers, R., & Holland, R. W. (2007). The nonconscious cessation of goal pursuit: When goals and negative affect are coactivated. *Journal of Personality and Social Psychology, 92*, 165–178.
Aarts, H., Custers, R., & Marien, H. (2008). Preparing and motivating behavior outside of awareness. *Science, 319*, 1639.
Albarracín, D., Handley, I., Noguchi, K., McCulloch, K., Li, H., Leeper, J., . . . Hart, W. P. (2008). Increasing and decreasing motor and cognitive output: A model of general action and inaction goals. *Journal of Personality and Social Psychology, 95*, 510–523.
Albarracín, D., & Hart, W. (2011). Positive mood + action = negative mood + inaction: Effects of general action and inaction concepts on decisions and performance as a function of affect. *Emotion, 11*(4), 951.
Allen, J. J.B., Harmon-Jones, E., & Cavender, J. (2001). Manipulation of frontal EEG asymmetry through biofeedback alters self-reported emotional responses and facial EMG. *Psychophysiology, 38*, 685–693.
Amodio, D. M., Master, S. L., Yee, C. M., & Taylor, S. E. (2008). Neurocognitive components of the behavioral inhibition and activation systems: Implications for theories of self-regulation. *Psychophysiology, 45*, 11–19.
Angrilli, A., Cherubini, P., Pavese, A., & Manfredini, S. (1997). The influence of affective factors on time perception. *Perception & Psychophysics, 59*, 972–982.
Balconi, M., Falbo, L., & Conte, V. A. (2012). BIS and BAS correlates with psychophysiological and cortical response systems during aversive and appetitive emotional stimuli processing. *Motivation and Emotion, 36*(2), 218–231.
Boksem, M. A., Kostermans, E., Tops, M., & De Cremer, D. (2012). Individual differences in asymmetric resting-state frontal cortical activity modulate ERPs and performance in a global-local attention task. *Journal of Psychophysiology, 26*(2), 51.
Bradley, M. M. (2009). Natural selective attention: orienting and emotion. *Psychophysiology, 46*, 1–11.
Bradley, M. M., & Lang, P. J. (2007). Emotion and motivation. In J. T. Cacioppo, L. G. Tassinary, & G. Berntson (Eds.), *Handbook of psychophysiology* (3rd ed., pp. 581–607). New York: Cambridge University Press.
Carver, C. S. (2004). Negative affects deriving from the behavioral approach system. *Emotion, 4*(1), 3–22.
Carver, C. S., & Harmon-Jones, E. (2009). Anger is an approach-related affect: Evidence and implications. *Psychological Bulletin, 135*(2), 183–204.
Carver, C. S., & Scheier, M. F. (1998). *On the self-regulation of behavior.* New York: Cambridge University Press.
Carver, C. S., & Scheier, M. F. (2008). Feedback processes in the simultaneous regulation of

action and affect. In J.Y. Shah & W.L. Gardner (Eds.), *Handbook of motivation science* (pp. 308–324). New York: Guilford Press.

Carver, C.S., & White, T.L. (1994). Behavioral inhibition, behavioral activation, and affective responses to impending reward and punishment: The BIS/BAS scales. *Journal of Personality and Social Psychology, 67*, 319–333.

Coan, J.A., Allen, J.J.B., & Harmon-Jones, E. (2001). Voluntary facial expression and hemispheric asymmetry over the frontal cortex. *Psychophysiology, 38*, 912–925.

Codispoti, M., Ferrari, V., & Bradley, M.M. (2006). Repetitive picture processing: Autonomic and cortical correlates. *Brain Research, 1068*(1), 213–220.

Cook, I.A., O'Hara, R., Uijtdehaage, S.H.J., Mandelkern, M., & Leuchter, A.F. (1998). Assessing the accuracy of topographic EEG mapping for determining local brain function. *Electroencephalography and Clinical Neurophysiology, 107*, 408–414.

Cooper, J.C., Hollon, N.G., Wimmer, G.E., & Knutson, B. (2009). Available alternative incentives modulate anticipatory nucleus accumbens activation. *Social Cognitive and Affective Neuroscience, 4*, 409–416.

Cunningham, W.A., Espinet, S.D., DeYoung, C.G., & Zelazo, P.D. (2005). Attitudes to the right- and left: Frontal ERP asymmetries associated with stimulus valence and processing goals. *Neuroimage, 28*, 827–834.

Custers, R., & Aarts, H. (2010). The unconscious will: How the pursuit of goals operates outside of conscious awareness. *Science, 329*, 47–50.

Cuthbert, B.N., Schupp, H.T., Bradley, M.M., Birbaumer, N., & Lang, P.J. (2000). Brain potentials in affective picture processing: Covariation with autonomic arousal and affective report. *Biological Psychology, 52*(2), 95–111.

Cuthbert, B.N., Schupp, H.T., Bradley, M.M., McManis, M., & Lang, P.J. (1998). Probing affective pictures: Attended startle and tone probes. *Psychophysiology, 35*, 344–347.

d'Alfonso, A.A.L., van Honk, J., Hermans, E., Postma, A., & de Haan, E.H.F. (2000). Laterality effects in selective attention to threat after repetitive transcranial magnetic stimulation at the prefrontal cortex in female subjects. *Neuroscience Letters, 280*, 195–198.

Davidson, R.J., Chapman, J.P., Chapman, L.J., & Henriques, J.B. (1990). Asymmetric brain electrical-activity discriminates between psychometrically-matched verbal and spatial cognitive tasks. *Psychophysiology, 27*, 528–543.

Davidson, R.J., Ekman, P., Saron, C.D., Senulis, J.A., & Friesen, W.V. (1990). Approach–withdrawal and cerebral asymmetry: Emotional expression and brain physiology I. *Journal of Personality and Social Psychology, 58*, 330–341.

Davidson, R.J., & Fox, N.A. (1982). Asymmetrical brain activity discriminates between positive and negative affective stimuli in human infants. *Science, 218*, 1235–1237.

Droit-Volet, S., Brunot, S., & Niedenthal, P.M. (2004). Perception of the duration of emotional events. *Cognition & Emotion, 18*, 849–858.

Droit-Volet, S., & Gil, S. (2009). The time-emotion paradox. *Philosophical Transactions of the Royal Society B, 364*, 1943–1953.

Easterbrook, J.A. (1959). The effect of emotion on cue utilization and the organization of behavior. *Psychological Review, 66*, 183–201.

Feige, B., Scheffler, K., Esposito, F., Di Salle, F., Hennig, J., & Seifritz, E. (2005). Cortical and subcortical correlates of electroencephalographic alpha rhythm modulation. *Journal of Neurophysiology, 93*(5), 2864–2872.

Fischer, A.H., & Roseman, I.J. (2007). Beat them or ban them: The characteristics and social functions of anger and contempt. *Journal of Personality and Social Psychology, 93*(1), 103–115.

Foti, D., Hajcak, D., & Dien, J. (2009). Differentiating neural responses to emotional pictures: Evidence from temporal-spatial PCA. *Psychophysiology, 46*, 521–530.

Fredrickson, B. L., & Branigan, C. (2005). Positive emotions broaden the scope of attention and thought-action repertoires. *Cognition and Emotion, 19*(3), 313–332.

Friedman, R. S., & Förster, J. (2010). Implicit affective cues and attentional tuning: An integrative review. *Psychological Bulletin, 136*(5), 875.

Frijda, N. H. (1986). *The emotions*. New York: Cambridge University Press.

Gable, P. A., Neal, L. B., and Poole, B. D. (2015). *The influence of motivational direction on time perception in negative affect*. Manuscript in preparation.

Gable, P. A., & Harmon-Jones, E. (2008a). Approach-motivated positive affect reduces breadth of attention. *Psychological Science, 19*, 476–482.

Gable, P. A., & Harmon-Jones, E. (2008b). Relative left frontal activation to appetitive stimuli: Considering the role of individual differences. *Psychophysiology, 45*, 275–278.

Gable, P. A., & Harmon-Jones, E. (2009). Postauricular reflex responses to pictures varying in valence and arousal. *Psychophysiology, 46*, 487–490.

Gable, P. A., & Harmon-Jones, E. (2010a). The blues broaden, but the nasty narrows: Attentional consequences of negative affects low and high in motivational intensity. *Psychological Science, 21*, 211–215.

Gable, P. A., & Harmon-Jones, E. (2010b). The effect of low vs. high approach-motivated positive affect on memory for peripherally vs. centrally presented information. *Emotion, 10*, 599–603.

Gable, P. A., & Harmon-Jones, E. (2010c). Late positive potential to appetitive stimuli and local attentional bias. *Emotion, 10*, 441–446.

Gable, P. A., & Harmon-Jones, E. (2010d). The motivational dimensional model of affect: Implications for breadth of attention, memory, and cognitive categorization. *Cognition and Emotion, 24*, 322–337.

Gable, P. A., & Harmon-Jones, E. (2011a). Attentional consequences of pre-goal and post-goal positive affects. *Emotion, 11*, 1358–1367.

Gable, P. A., & Harmon-Jones, E. (2011b). Attentional states influence early neural responses associated with motivational processes: Local vs. global attentional scope and N1 amplitude to appetitive stimuli. *Biological Psychology, 87*, 303–305.

Gable, P. A., & Harmon-Jones, E. (2012). Reducing attentional capture of emotion by broadening attention: Increased global attention reduces early electrophysiological responses to negative stimuli. *Biological Psychology, 90*, 150–153.

Gable, P. A. & Harmon-Jones, E. (2013). Does arousal per se account for the influence of appetitive stimuli on attentional scope and the late positive potential? *Psychophysiology, 50*, 344–350.

Gable, P. A., Hart, W., Threadgill, A. H., & Adams, D. L. (2015). *High approach-motivated positive affect enhances goal performance*. Manuscript in preparation.

Gable, P. A., Mechin, N. C., Neal, L.B. (in press). Booze cues and attentional narrowing: neural correlates of virtual alcohol myopia. *Psychology of Addictive Behaviors*.

Gable, P. A., & Poole, B. D. (2012). Time flies when you're having approach-motivated fun: Effects of motivational intensity on time perception. *Psychological Science, 23*(8), 879–886.

Gable, P. A., & Poole, B. D. (2014). Influence of trait behavioral inhibition and behavioral approach motivation systems on the LPP and frontal asymmetry to anger pictures. *Social Cognitive and Affective Neuroscience, 9*(2), 182–190.

Gable, P. A., Poole, B. D., & Cook, M. S. (2013). Asymmetrical hemisphere activation enhances global–local processing. *Brain and Cognition, 83*(3), 337–341.

Gable, P. A., Poole, B. D., & Harmon-Jones, E. (2015). Anger perceptually and conceptually narrows cognitive scope. *Journal of Personality and Social Psychology, 109*(1), 163–174.
Gable, P. A., Threadgill, H., & Adams, D. L. (in press). Neural activity underlying motor-action preparation and cognitive narrowing in approach-motivated goal states. *Cognitive, Affective, and Behavioral Neuroscience.*
Gainotti, G. (1972). Emotional behavior and hemispheric side of the lesion. *Cortex, 8,* 41–55.
Gil, S., & Droit-Volet, S. (2009). Time perception, depression and sadness. *Behavioural Processes, 80,* 169–176.
Goldman, R. I., Stern, J. M., Engel, J., Jr., & Cohen, M. S. (2002). Simultaneous EEG and fMRI of the alpha rhythm. *Neuroreport, 13*(18), 2487.
Goldstein, K. (1939). *The organism: An holistic approach to biology, derived from pathological data in man.* New York: American Book.
Hagemann, D., Naumann, E., Thayer, J. F., & Bartussek, D. (2002). Does resting EEG asymmetry reflect a trait? An application of latent state-trait theory. *Journal of Personality and Social Psychology, 82,* 619–641.
Harmon-Jones, E. (2003). Anger and the behavioral approach system. *Personality and Individual Differences, 35,* 995–1005.
Harmon-Jones, E. (2004). On the relationship of anterior brain activity and anger: Examining the role of attitude toward anger. *Cognition and Emotion, 18,* 337–361.
Harmon-Jones, E. (2006). Unilateral right-hand contractions cause contralateral alpha power suppression and approach motivational affective experience. *Psychophysiology, 43,* 598–603.
Harmon-Jones, E., & Allen, J. J. B. (1997). Behavioral activation sensitivity and resting frontal EEG asymmetry: Covariation of putative indicators related to risk for mood disorders. *Journal of Abnormal Psychology, 106,* 159–163.
Harmon-Jones, E., & Allen, J. J. B. (1998). Anger and prefrontal brain activity: EEG asymmetry consistent with approach motivation despite negative affective valence. *Journal of Personality and Social Psychology, 74,* 1310–1316.
Harmon-Jones, E., & Gable, P. A. (2009). Neural activity underlying the effect of approach-motivated positive affect on narrowed attention. *Psychological Science, 20,* 406–409.
Harmon-Jones, E., Gable, P. A., & Peterson, C. K. (2010). The role of asymmetric frontal cortical activity in emotion-related phenomena: A review and update. *Biological Psychology, 84,* 451–462. doi:10.1016/j.biopsycho.2009.08.010
Harmon-Jones, E., Gable, P. A., & Price, T. (2011). Toward an understanding of the influence of affective states on attentional tuning: Comment on Friedman and Forster (2010). *Psychological Bulletin, 137*(3), 508–512.
Harmon-Jones, E., Gable, P. A., & Price, T. (2013). Does negative affect always narrow and positive affect always broaden the mind? Considering the influence of motivational intensity on cognitive scope. *Current Directions in Psychological Science, 22*(4), 301–307.
Harmon-Jones, E., Harmon-Jones, C., Amodio, D. M., & Gable, P. A. (2011). Attitudes toward emotions. *Journal of Personality and Social Psychology, 101,* 1332–1350.
Harmon-Jones, E., Harmon-Jones, C., Fearn, M., Sigelman, J. D., & Johnson, P. (2008). Action orientation, relative left frontal cortical activation, and spreading of alternatives: A test of the action-based model of dissonance. *Journal of Personality and Social Psychology, 94,* 1–15.
Harmon-Jones, E., Harmon-Jones, C., & Price, T. F. (2013). What is approach motivation? *Emotion Review, 5*(3), 291–295.

Harmon-Jones, E., Lueck, L., Fearn, M., & Harmon-Jones, C. (2006). The effect of personal relevance and approach-related action expectation on relative left frontal cortical activity. *Psychological Science, 17,* 434–440.

Harmon-Jones, E., Peterson, C. K., & Harris, C. R. (2009). Jealousy: Novel methods and neural correlates. *Emotion, 9,* 113–117.

Harmon-Jones, E., Price, T., & Gable, P. A. (2012). The influence of affective states on cognitive broadening/narrowing: Considering the importance of motivational intensity. *Social and Personality Psychology Compass, 6,* 314–327.

Harmon-Jones, E., & Sigelman, J. (2001). State anger and prefrontal brain activity: Evidence that insult-related relative left prefrontal activation is associated with experienced anger and aggression. *Journal of Personality and Social Psychology, 80,* 797–803.

Hart, W., & Gable, P. A. (2013). Motivating goal pursuit: The role of affect motivational intensity and activated goals. *Journal of Experimental and Social Psychology, 49*(5), 922–926.

Hortensius, R., Schutter, D. J. L. G., & Harmon-Jones, E. (2012). When anger leads to aggression: Induction of relative left frontal cortical activity with transcranial direct current stimulation increases the anger-aggression relationship. *Social Cognitive Affective Neuroscience, 7,* 342–347. doi:10.1093/scan/nsr012

Isen, A. M., & Daubman, K. A. (1984). The influence of affect on categorization. *Journal of Personality and Social Psychology, 47,* 1206–1217.

Izard, C. E. (2011). The many meanings/aspects of emotion: Definitions, functions, activation, and regulation. *Emotion Review, 2,* 363–370.

Jauk, E., Benedek, M., & Neubauer, A. C. (2012). Tackling creativity at its roots: Evidence for different patterns of EEG alpha activity related to convergent and divergent modes of task processing. *International Journal of Psychophysiology, 84*(2), 219–225.

Jones, N. A., & Fox, N. A. (1992). Electroencephalogram asymmetry during emotionally evocative films and its relation to positive and negative affectivity. *Brain and Cognition, 20*(2), 280–299.

Kaplan, R. L., Van Damme, I., & Levine, L. J. (2012). Motivation matters: Differing effects of pre-goal and post-goal emotions on attention and memory. *Frontiers in Psychology, 3,* 404.

Kelley, N. J., Hortensius, R., & Harmon-Jones, E. (2013). When anger leads to rumination: Induction of relative right frontal cortical activity with transcranial direct current stimulation increases anger-related rumination. *Psychological Science, 24,* 475–481.

Kimchi, R., & Palmer, S. E. (1982). Form and texture in hierarchically constructed patterns. *Journal of Experimental Psychology: Human Perception and Performance, 8,* 521–535.

Klinger, E. (1975). Consequences of commitment to and disengagement from incentives. *Psychological Review, 82,* 1–25.

Knutson, B., & Greer, S. M. (2008). Anticipatory affect: Neural correlates and consequences for choice. *Philosophical Transactions of the Royal Society B: Biological Sciences, 363*(1511), 3771–3786.

Knutson, B., Westdorp, A., Kaiser, E., & Hommer, D. (2000). FMRI visualization of brain activity during a monetary incentive delay task. *Neuroimage, 12*(1), 20–27.

Knutson, B., & Wimmer, G. E. (2007). Reward: Neural circuitry for social valuation. In E. Harmon-Jones & P. Winkielman (Eds.), *Social neuroscience: Integrating biological and psychological explanations of social behavior* (pp. 157–175). New York: Guilford.

Lamb, M. R., Robertson, L. C., & Knight, R. T. (1990). Component mechanisms underlying the processing of hierarchically organized patterns: Inferences from patients with unilateral cortical lesions. *Journal of Experimental Psychology: Learning, Memory, and Cognition, 16*(3), 471.

Lang, P. J. (1995). The emotion probe. *American Psychologist, 50*, 372–385.

Lazarus, R. S. (1991). *Emotion and adaptation.* New York: Oxford University Press.

Lindsley, D. B., & Wicke, J. D. (1974). The electroencephalogram: Autonomous electrical activity in man and animals. *Bioelectric Recording Techniques, 1*(Pt. B), 3–83.

Lux, S., Marshall, J. C., Ritzl, A., Weiss, P. H., Pietrzyk, U., Shah, N. J., . . . Fink, G. R. (2003). A functional magnetic resonance imaging study of local/global processing with stimuli presentation in the peripheral visual hemifields. *Neuroscience, 124*, 113–120.

McFarland, D. J., Miner, L. A., Vaughan, T. M., & Wolpaw, J. R. (2000). Mu and beta rhythm topographies during motor imagery and actual movements. *Brain Topography, 12*(3), 177–186.

Navon, D. (1977). Forest before trees: The precedence of global features in visual perception. *Cognitive Psychology, 9*, 353–383.

Nusslock, R., Harmon-Jones, E., Alloy, L. B., Urosevic, S., Goldstein, K., & Abramson, L. Y. (2012). Elevated left mid-frontal cortical activity prospectively predicts conversion to bipolar I disorder. *Journal of Abnormal Psychology, 121*(3), 592–601.

Peterson, C. K., Gable, P., & Harmon-Jones, E. (2008). Asymmetrical frontal ERPs, emotion, and behavioral approach/inhibition sensitivity. *Social Neuroscience, 3*, 113–124.

Peterson, C. K., Gravens, L., & Harmon-Jones, E. (2011). Asymmetric frontal cortical activity and negative affective responses to ostracism. *Social Cognitive Affective Neuroscience, 6*, 277–285.

Peterson, C. K., Shackman, A. J., & Harmon-Jones, E. (2008). The role of asymmetrical frontal cortical activity in aggression. *Psychophysiology, 45*, 86–92.

Pfurtscheller, G., Neuper, C., Brunner, C., & da Silva, F. L. (2005). Beta rebound after different types of motor imagery in man. *Neuroscience Letters, 378*(3), 156–159.

Pfurtscheller, G., Stancak, A., Jr., & Neuper, C. (1996). Post-movement beta synchronization: A correlate of an idling motor area? *Electroencephalography and Clinical Neurophysiology, 98*(4), 281–293.

Pogosyan, A., Gaynor, L. D., Eusebio, A., & Brown, P. (2009). Boosting cortical activity at beta-band frequencies slows movement in humans. *Current Biology, 19*(19), 1637–1641.

Poole, B. D., & Gable, P. A. (2014). Affective motivational direction drives asymmetric frontal hemisphere activation. *Experimental Brain Research, 232*(7), 2121–2130.

Price, T. F., & Harmon-Jones, E. (2010). The effect of embodied emotive states on cognitive categorization. *Emotion, 10*(6), 934–938.

Price, T. F., Hortensius, R., & Harmon-Jones, E. (2013). Neural and behavioral associations of manipulated determination facial expressions. *Biological Psychology, 94*, 221–227. http://dx.doi.org/10.1016/j.biopsycho.2013.06.001

Proverbio, A. M., Minniti, A., & Zani, A. (1998). Electrophysiological evidence of a perceptual precedence of global vs. local visual information. *Cognitive Brain Research, 6*(4), 321–334.

Robertson, L. C., Lamb, M. R., & Knight, R. T. (1988). Effects of lesions of temporal-parietal junction on perceptual and attentional processing in humans. *The Journal of Neuroscience, 8*(10), 3757–3769.

Robinson, R. G., & Price, T. R. (1982). Post-stroke depressive disorders: A follow-up study of 103 patients. *Stroke, 13*, 635–641.

Rolls, E. T. (2005). *Emotion explained.* Oxford: Oxford University Press.

Sabatinelli, D., Lang, P. J., Keil, A., & Bradley, M. M. (2007). Emotional perception: Correlation of functional MRI and event-related potentials. *Cerebral Cortex, 17*, 1085–1091.

Schiff, B. B., & Lamon, M. (1994). Inducing emotion by unilateral contraction of hand muscles. *Cortex, 30*(2), 247–254.

Silberman, E. K., & Weingartner, H. (1986). Hemispheric lateralization of functions related to emotion. *Brain and Cognition, 5*(3), 322–353.

Sutton, S. K., & Davidson, R. J. (1997). Prefrontal brain asymmetry: A biological substrate of the behavioral approach and inhibition systems. *Psychological Science, 8*, 204–210.

Terzian, H., & Cecotto, C. (1959). Determination and study of hemisphere dominance by means of intracarotid sodium amytal injection in man: II. Electroencephalographic effects. *Bolletino della Societa Ztaliana Sperimentale, 35*, 1626–1630.

Thibodeau, R., Jorgensen, R. S., & Kim, S. (2006). Depression, anxiety, and resting frontal EEG asymmetry: A meta-analytic review. *Journal of Abnormal Psychology, 115*, 715–729.

Volberg, G., & Hübner, R. (2004). On the role of response conflicts and stimulus position for hemispheric differences in global/local processing: An ERP study. *Neuropsychologia, 42*(13), 1805–1813.

Volberg, G., Kliegl, K., Hanslmayr, S., & Greenlee, M. W. (2009). EEG alpha oscillations in the preparation for global and local processing predict behavioral performance. *Human Brain Mapping, 30*(7), 2173–2183.

Yamaguchi, S., Yamagata, S., & Kobayashi, S. (2000). Cerebral asymmetry of the top-down allocation of attention to global and local features. *Journal of Neuroscience, 20*(9), RC72.

◆10章

Ach, N. (1935). Analyse des Willens [Analysis of the will]. In E. Abderhalden (Ed.), *Handbuch der biologischen Arbeitsmethoden* [Handbook of biological methods] (Vol. 6, Part E). Berlin: Urban & Schwarzenberg.

Akcay, C., & Hazeltine, E. (2008). Conflict adaptation depends on task structure. *Journal of Experimental Psychology: Human Perception and Performance, 34*(4), 958–973. doi:2008–09670–014 [pii]10.1037/0096–1523.34.4.958

Alloy, L. B., & Tabachnik, N. (1984). Assessment of covariation by humans and animals: The joint influence of prior expectations and current situational information. *Psychological Review, 91*(1), 112–149.

Ansorge, U., Fuchs, I., Khalid, S., & Kunde, W. (2011). No conflict control in the absence of awareness. *Psychological Research, 75*(5), 351–365.

Atkinson, J. W. (1957). Motivational determinants of risk-taking behavior. *Psychological Review, 64*(6, Pt. 1), 359–372.

Bach, D. R., & Dolan, R. J. (2012). Knowing how much you don't know: A neural organization of uncertainty estimates. *Nature Reviews Neuroscience, 13*(8), 572–586.

Bar-Anan, Y., Wilson, T. D., & Gilbert, D. T. (2009). The feeling of uncertainty intensifies affective reactions. *Emotion, 9*(1), 123–127.

Bijleveld, E., Custers, R., & Aarts, H. (2012a). Adaptive reward pursuit: How effort requirements affect unconscious reward responses and conscious reward decisions. *J Exp Psychol Gen, 141*(4), 728–742. doi:10.1037/a0027615

Bijleveld, E., Custers, R., & Aarts, H. (2012b). Human reward pursuit: From rudimentary to higher-level functions. *Current Directions in Psychological Science, 21*(4), 273–273.

Boehler, C. N., Hopf, J. M., Krebs, R. M., Stoppel, C. M., Schoenfeld, M. A., Heinze, H. J., & Noesselt, T. (2011). Task-load-dependent activation of dopaminergic midbrain areas in the absence of reward. *J Neurosci, 31*(13), 4955–4961. doi:10.1523/JNEUROSCI.4845–10.2011

Botvinick, M. (2007). Conflict monitoring and decision making: Reconciling two perspectives on anterior cingulate function. *Cognitive, Affective and Behavioral Neuroscience, 7*(4), 356–366.

Botvinick, M., Braver, T. S., Barch, D. M., Carter, C. S., & Cohen, J. D. (2001). Conflict monitoring and cognitive control. *Psychological Review, 108*(3), 624–652.

Botvinick, M., Cohen, J. D., & Carter, C. S. (2004). Conflict monitoring and anterior cingulate cortex: An update. *Trends in Cognitive Science, 8*(12), 539–546. doi:S1364-6613(04)00265-7 [pii]10.1016/j.tics.2004.10.003

Botvinick, M., Huffstetler, S., & McGuire, J. T. (2009). Effort discounting in human nucleus accumbens. *Cogn Affect Behav Neurosci, 9*(1), 16–27. doi:10.3758/CABN.9.1.16

Braem, S., Verguts, T., Roggeman, C., & Notebaert, W. (2012). Reward modulates adaptations to conflict. *Cognition, 125*(2), 324–332. doi:S0010-0277(12)00165-5 [pii]10.1016/j.cognition.2012.07.015

Brehm, J. W., & Self, E. A. (1989). The intensity of motivation. *Annual Review of Psychology, 40*, 109–131.

Bugg, J. M., & Crump, M. J. (2012). In support of a distinction between voluntary and stimulus-driven control: A review of the literature on proportion congruent effects. *Frontiers in Psychology, 3*, 367. doi:10.3389/fpsyg.2012.00367

Carter, C. S., Braver, T. S., Barch, D. M., Botvinick, M. M., Noll, D., & Cohen, J. D. (1998). Anterior cingulate cortex, error detection, and the online monitoring of performance. *Science, 280*(5364), 747–749.

Carter, C. S., & van Veen, V. (2007). Anterior cingulate cortex and conflict detection: An update of theory and data. *Cognitive, Affective, & Behavioral Neuroscience, 7*(4), 367–379.

Chiew, K. S., & Braver, T. S. (2014). Dissociable influences of reward motivation and positive emotion on cognitive control. *Cogn Affect Behav Neurosci, 14*(2), 509–529. doi:10.3758/s13415-014-0280-0

Craig, A. D. (2009). How do you feel—now? The anterior insula and human awareness. *Nature Reviews Neuroscience, 10*(1), 59–70.

Croyle, R. T., & Cooper, J. (1983). Dissonance arousal—physiological evidence. *Journal of Personality and Social Psychology, 45*(4), 782–791. doi:10.1037/0022-3514.45.4.782

Damasio, A. R. (1996). The somatic marker hypothesis and the possible functions of the prefrontal cortex. *Philosophical Transactions of the Royal Society of London—Series B: Biological Sciences, 351*(1346), 1413–1420.

Desender, K., Van Opstal, F., & Van den Bussche, E. (2014). Feeling the conflict: The crucial role of conflict experience in adaptation. *Psychological Science, 25*(3), 675–683. doi:10.1177/0956797613511468

Dreisbach, G. (2012). Mechanisms of cognitive control: The functional role of task rules. *Current Directions in Psychological Science, 21*(4), 227–231.

Dreisbach, G., & Fischer, R. (2011). If it's hard to read . . . try harder! Processing fluency as signal for effort adjustments. *Psychological Research, 75*(5), 376–383. doi:10.1007/s00426-010-0319-y

Dreisbach, G., & Fischer, R. (2012a). Conflicts as aversive signals. *Brain and Cognition, 78*(2), 94–98. doi:S0278-2626(11)00230-2 [pii]10.1016/j.bandc.2011.12.003

Dreisbach, G., & Fischer, R. (2012b). The role of affect and reward in the conflict-triggered adjustment of cognitive control. *Frontiers in Human Neuroscience, 6*, 342. doi:10.3389/fnhum.2012.00342

Dreisbach, G. & Fischer, R. (2015). Conflicts as aversive signals for control adaptation. *Current Directions in Psychological Science, 24*(4), 255–260. doi: 10.1177/0963721415569569

Dreisbach, G., & Haider, H. (2006). Preparatory adjustment of cognitive control in the task switching paradigm. *Psychonomic Bulletin & Review, 13*(2), 334–338.

Dugas, M. J., Gagnon, F., Ladouceur, R., & Freeston, M. H. (1998). Generalized anxiety disorder: A preliminary test of a conceptual model. *Behaviour Research & Therapy, 36*(2), 215–226.

Easterbrook, J. A. (1959). The effect of emotion on cue utilization and the organization of behavior. *Psychological Review, 66*(3), 183–201.

Egner, T. (2007). Congruency sequence effects and cognitive control. *Cognitive, Affective & Behavioral Neuroscience,* 7(4), 380–390.

Egner, T., & Hirsch, J. (2005). Cognitive control mechanisms resolve conflict through cortical amplification of task-relevant information. *Nature Neuroscience, 8*(12), 1784–1790. doi:nn1594 [pii]10.1038/nn1594

Elkin, R. A., & Leippe, M. R. (1986). Physiological arousal, dissonance, and attitude-change—evidence for a dissonance-arousal link and a don't remind me effect. *Journal of Personality and Social Psychology, 51*(1), 55–65. doi:10.1037/0022–3514.51.1.55

Elliot, A. J., & Devine, P. G. (1994). On the motivational nature of cognitive-dissonance—dissonance as psychological discomfort. *Journal of Personality and Social Psychology, 67*(3), 382–394. doi:10.1037//0022–3514.67.3.382

Eriksen, C. W. (1995). The flankers task and response competition: A useful tool for investigating a variety of cognitive problems. *Visual Cognition, 2,* 101–118.

Falkenstein, M., Hohnsbein, J., Hoormann, J., & Blanke, L. (1991). Effects of crossmodal divided attention on late ERP components. II. Error processing in choice reaction tasks. *Electroencephalography & Clinical Neurophysiology, 78*(6), 447–455.

Fazio, R. H. (2001). On the automatic activation of associated evaluations: An overview. *Cognition and Emotion, 15*(2), 115–141.

Fazio, R. H., Sanbonmatsu, D. M., Powell, M. C., & Kardes, F. R. (1986). On the automatic activation of attitudes. *Journal of Personality and Social Psychology, 50*(2), 229–238.

＊4 Festinger, L. (1957). *A theory of cognitive dissonance.* Stanford, CA: Stanford University Press.

Fischer, R., Dreisbach, G., & Goschke, T. (2008). Context-sensitive adjustments of cognitive control: Conflict-adaptation effects are modulated by processing demands of the ongoing task. *Journal of Experimental Psychology: Learning, Memory and Cognition, 34*(3), 712–718. doi:2008–04973–021 [pii]10.1037/0278–7393.34.3.712

Fischer, R., Gottschalk, C., & Dreisbach, G. (2014). Context-sensitive adjustment of cognitive control in dual-task performance. *Journal of Experimental Psychology: Learning, Memory & Cognition, 40*(2), 399–416. doi:10.1037/a0034310

Fischer, R., Plessow, F., Dreisbach, G., & Goschke, T. (2015). Individual differences in the utilization of conflict signals: Evidence from action- vs. state orientation. *Journal of Personality, 83*(5), 575–583. doi:10.1111/jopy.12140.

＊5 Freud, A. (1936). *Das ICH und die Abwehrmechanismen* [The EGO and the defense mechanisms]. Vienna: Internationaler Psychoanalytischer Verlag.

＊6 Freud, S. (1923). *Das ICH und das ES* [The EGO and the ID]. In *Gesammelte Werke* (Vol. 13, pp. 237–289). Frankfurt, Germany: Fischer.

Fritz, J., & Dreisbach, G. (2013). Conflicts as aversive signals: Conflict priming increases negative judgments for neutral stimuli. *Cogn Affect Behav Neurosci, 13*(2), 311–317. doi:10.3758/s13415–012–0147–1

Fritz, J., & Dreisbach, G. (2015). The time course of the aversive conflict signal. *Experimental Psychology, 62*(1), 30–39. doi: 10.1027/1618-3169/a000271

Fröber, K., & Dreisbach, G. (2014). The differential influences of positive affect, random reward, and performance-contingent reward on cognitive control. *Cogn Affect Behav Neurosci, 14*(2), 530–547. doi:10.3758/s13415–014–0259-x

Gehring, W. J., & Willoughby, A. R. (2002). The medial frontal cortex and the rapid processing of monetary gains and losses. *Science, 295*(5563), 2279–2282.

Goschke, T. (2000). Intentional reconfiguration and involuntary persistence in task set switching. In S. Monsell & J. Driver (Eds.), *Attention and Performance: Vol. 18. Control of cognitive processes* (pp. 331–355). Cambridge, MA: MIT Press.

Gratton, G., Coles, M. G., & Donchin, E. (1992). Optimizing the use of information: Strategic control of activation of responses. *Journal of Experimental Psychology: General, 121*(4), 480–506.

Hajcak, G., & Foti, D. (2008). Errors are aversive: Defensive motivation and the error-related negativity. *Psychol Sci, 19*(2), 103–108. doi:10.1111/j.1467–9280.2008.02053.x

Heller, A. S., Lapate, R. C., Mayer, K. E., & Davidson, R. J. (2014). The face of negative affect: Trial-by-trial corrugator responses to negative pictures are positively associated with amygdala and negatively associated with ventromedial prefrontal cortex activity. *J Cogn Neurosci, 26*(9), 2102–2110. doi:10.1162/jocn_a_00622

Hillgruber, A. (1912). Fortlaufende Arbeit und Willensbetätigung [Continuous work and will performance]. *Untersuchungen zur Psychologie und Philosophie* [Studies on the Psychology and Philosophy], *1*(6).

Hirsh, J. B., Mar, R. A., & Peterson, J. B. (2012). Psychological entropy: A framework for understanding uncertainty-related anxiety. *Psychological Review, 119*(2), 304–320.

Hogg, M. A. (2000). Subjective uncertainty reduction through self categorization: A motivational theory of social identity processes. In W. Stroebe & M. Hewstone (Eds.), *European review of social psychology* (Vol. 11, pp. 223–255). Chichester, UK: Wiley.

Holmes, A. J., & Pizzagalli, D. A. (2007). Task feedback effects on conflict monitoring and executive control: Relationship to subclinical measures of depression. *Emotion, 7*(1), 68–76. doi:10.1037/1528–3542.7.1.68

Holroyd, C. B., & Coles, M. G. (2002). The neural basis of human error processing: Reinforcement learning, dopamine, and the error-related negativity. *Psychological Review, 109*(4), 679–709.

Hommel, B., Fischer, R., Colzato, L. S., van den Wildenberg, W. P., & Cellini, C. (2012). The effect of fMRI (noise) on cognitive control. *Journal of Experimental Psychology: Human Perception and Performance, 38*(2), 290–301. doi:2011–29714–001 [pii]10.1037/a0026353

Hommel, B., Proctor, R. W., & Vu, K. P. (2004). A feature-integration account of sequential effects in the Simon task. *Psychological Research, 68*(1), 1–17. doi:10.1007/s00426–003–0132-y

＊1 Hull, C. L. (1943). *Principles of behavior.* New York: Appleton-Century.

James, W. (1890). *The principles of psychology.* New York: Dover.

Kagan, J. (1972). Motives and development. *Journal of Personality & Social Psychology, 22*(1), 51–66.

Kerns, J. G., Cohen, J. D., MacDonald, A. W., III, Cho, R. Y., Stenger, V. A., & Carter, C. S. (2004). Anterior cingulate conflict monitoring and adjustments in control. *Science, 303*(5660), 1023–1026. doi:10.1126/science.1089910303/5660/1023

Knight, F. H. (1921). *Risk, uncertainty, and profit.* Boston, MA: Houghton Mifflin.

Kobayashi, N., Yoshino, A., Takahashi, Y., & Nomura, S. (2007). Autonomic arousal in cognitive conflict resolution. *Autonomic Neuroscience-Basic & Clinical, 132*(1–2), 70–75.

Kofman, O., Meiran, N., Greenberg, E., Balas, M., & Cohen, H. (2006). Enhanced performance on executive functions associated with examination stress: Evidence from task-switching and Stroop paradigms. *Cognition & Emotion, 20*(5), 577–595. doi:10.1080/02699930500270913

Kool, W., McGuire, J. T., Rosen, Z. B., & Botvinick, M. M. (2010). Decision making and the avoidance of cognitive demand. *Journal of Experimental Psychology: General, 139*(4), 665–682. doi:2010–19536–001 [pii]10.1037/a0020198

Kunde, W. (2003). Sequential modulations of stimulus-response correspondence effects depend on awareness of response conflict. *Psychonomic Bulletin & Review, 10*(1), 198–205.

Kunde, W., & Wühr, P. (2006). Sequential modulations of correspondence effects across spatial dimensions and tasks. *Memory & Cognition, 34*(2), 356–367.

Lewin, K. (1936). *Principles of topological psychology*. New York: McGraw-Hill.

Logan, G. D., & Gordon, R. D. (2001). Executive control of visual attention in dual-task situations. *Psychological Review, 108*(2), 393–434.

MacDonald, A. W., III, Cohen, J. D., Stenger, V. A., & Carter, C. S. (2000). Dissociating the role of the dorsolateral prefrontal and anterior cingulate cortex in cognitive control. *Science, 288*(5472), 1835–1838.

Mackie, M. A., Van Dam, N. T., & Fan, J. (2013). Cognitive control and attentional functions. *Brain & Cognition, 82*(3), 301–312.

Mayr, U., Awh, E., & Laurey, P. (2003). Conflict adaptation effects in the absence of executive control. *Nature Neuroscience, 6*(5), 450–452. doi:10.1038/nn1051nn1051 [pii]

Meiran, N., Diamond, G. M., Toder, D., & Nemets, B. (2011). Cognitive rigidity in unipolar depression and obsessive compulsive disorder: examination of task switching, Stroop, working memory updating and post-conflict adaptation. *Psychiatry Res, 185*(1–2), 149–156. doi:10.1016/j.psychres.2010.04.044

Miller, E. K., & Cohen, J. D. (2001). An integrative theory of prefrontal cortex function. *Annual Review: Neuroscience, 24*, 167–202. doi:10.1146/annurev.neuro.24.1.16724/1/167

Miller, N. E., & Murray, E. J. (1952). Displacement and conflict: Learnable drive as a basis for the steeper gradient of avoidance than of approach. *J Exp Psychol, 43*(3), 227–231.

Miyake, A., Friedman, N. P., Emerson, M. J., Witzki, A. H., Howerter, A., & Wager, T. D. (2000). The unity and diversity of executive functions and their contributions to complex "frontal lobe" tasks: A latent variable analysis. *Cognitive Psychology, 41*(1), 49–100. doi:10.1006/cogp.1999.0734

Morsella, E., Zarolia, P., & Gazzaley, A. (2012). Cognitive conflict and consciousness. In B. Gawronski & F. Strack (Eds.), *Cognitive consistency: A unifying concept in social psychology* (pp. 19–46). New York: Guilford Press.

Mushtaq, F., Bland, A. R., & Schaefer, A. (2011). Uncertainty and cognitive control. *Front Psychol, 2*, 249. doi:10.3389/fpsyg.2011.00249

Nelson, B. D., Shankman, S. A., & Proudfit, G. H. (2014). Intolerance of uncertainty mediates reduced reward anticipation in major depressive disorder. *J Affect Disord, 158*, 108–113. doi:10.1016/j.jad.2014.02.014

Nieuwenhuis, S., Yeung, N., Holroyd, C. B., Schurger, A., & Cohen, J. D. (2004). Sensitivity of electrophysiological activity from medial frontal cortex to utilitarian and performance feedback. *Cerebral Cortex, 14*(7), 741–747. doi:10.1093/cercor/bhh034bhh034 [pii]

Norman, D. A., & Shallice, T. (1986). Attention to action: Willed and automatic control of behavior. In R. J. Davidson, G. E. Schwartz, & D. Shapiro (Eds.), *Consciousness and self-regulation: Advances in research* (pp. 1–18). New York: Plenum Press.

Osinsky, R., Alexander, N., Gebhardt, H., & Hennig, J. (2010). Trait anxiety and dynamic adjustments in conflict processing. *Cognitive, Affective & Behavioral Neuroscience, 10*(3),

Plessow, F., Fischer, R., Kirschbaum, C., & Goschke, T. (2011). Inflexibly focused under stress: Acute psychosocial stress increases shielding of action goals at the expense of reduced cognitive flexibility with increasing time lag to the stressor. *Journal of Cognitive Neuroscience, 23*(11), 3218–3227. doi:10.1162/jocn_a_00024

Renaud, P., & Blondin, J. P. (1997). The stress of Stroop performance: Physiological and emotional responses to color-word interference, task pacing, and pacing speed. *International Journal of Psychophysiology, 27*(2), 87–97.

Rothermund, K. (2003). Motivation and attention: Incongruent effects of feedback on the processing of valence. *Emotion, 3*(3), 223–238.

Rothermund, K. (2011). Counter-regulation and control-dependency: Affective processing biases in the service of action regulation. *Social Psychology, 42*, 55–66.

Satterthwaite, T. D., Ruparel, K., Loughead, J., Elliott, M. A., Gerraty, R. T., Calkins, M. E., . . . Wolf, D. H. (2012). Being right is its own reward: Load and performance related ventral striatum. *NeuroImage, 61*, 723–729. doi:10.1016/j.neuroimage.2012.03.060

Schacht, A., Dimigen, O., & Sommer, W. (2010). Emotions in cognitive conflicts are not aversive but are task specific. *Cognitive Affective & Behavioral Neuroscience, 10*(3), 349–356. doi:10.3758/Cabn.10.3.349

Schouppe, N., Braem, S., De Houwer, J., Silvetti, M., Verguts, T., Ridderinkhof, K. R., & Notebaert, W. (2015). No pain, no gain: The affective valence of congruency conditions changes following a successful response. *Cognitive Affective & Behavioral Neuroscience, 15*(1), 251–261. doi: 10.3758/s13415-014-0318-3

Schouppe, N., De Houwer, J., Ridderinkhof, K. R., & Notebaert, W. (2012). Conflict: Run! Reduced Stroop interference with avoidance responses. *Quarterly Journal of Experimental Psychology, 65*(6), 1052–1058. doi:10.1080/17470218.2012.685080

Shenhav, A., Botvinick, M. M., & Cohen, J. D. (2013). The expected value of control: An integrative theory of anterior cingulate cortex function. *Neuron, 79*(2), 217–240.

Simon, J. R. (1990). The effects of an irrelevant directional cue on human information processing. In R. W. Proctor & T. G. Reeve (Eds.), *Stimulus-response compatibility* (pp. 31–86). Amsterdam: Elsevier.

Sohn, M. H., Albert, M. V., Jung, K., Carter, C. S., & Anderson, J. R. (2007). Anticipation of conflict monitoring in the anterior cingulate cortex and the prefrontal cortex. *Proceedings of the National Academy of Science USA, 104*(25), 10330–10334. doi:0703225104 [pii]10.1073/pnas.0703225104

Song, H., & Schwarz, N. (2008). If it's hard to read, it's hard to do: Processing fluency affects effort prediction and motivation. *Psychological Science, 19*(10), 986–988. doi:PSCI2189 [pii]10.1111/j.1467–9280.2008.02189.x

Steudte-Schmiedgen, S., Stalder, T., Kirschbaum, C., Weber, F., Hoyer, J., & Plessow, F. (2014). Trauma exposure is associated with increased context-dependent adjustments of cognitive control in patients with posttraumatic stress disorder and healthy controls. *Cogn Affect Behav Neurosci.* doi:10.3758/s13415–014–0299–2

Stroop, J. R. (1935). Studies of interference in serial verbal reactions. *Journal of Experimental Psychology, 18*, 643–662.

Stürmer, B., Leuthold, H., Soetens, E., Schröter, H., & Sommer, W. (2002). Control over location-based response activation in the Simon task: Behavioral and electrophysiological evidence. *Journal of Experimental Psychology: Human Perception and Performance, 28*(6), 1345–1363.

Stürmer, B., Sommer, W., & Frensch, P. (2009). Conflicts as signals: Bridging the gap based response activation in the Simon task: Behavioral and electrophysiological evidence. *Journal of Experimental Psychology: Human Perception and Performance, 28*(6), 1345–1363.

Stürmer, B., Sommer, W., & Frensch, P. (2009). Conflicts as signals: Bridging the gap between conflict detection and cognitive control. *Psychological Research, 73*(6), 741–743. doi:10.1007/s00426–008–0222-y

Thorndike, E. L. (1927). The law of effect. *The American Journal of Psychology, 39*(1/4), 212–222.

Tolin, D. F., Abramowitz, J. S., Brigidi, B. D., & Foa, E. B. (2003). Intolerance of uncertainty in obsessive-compulsive disorder. *Journal of Anxiety Disorders, 17*(2), 233–242.

Ullsperger, M., Bylsma, L. M., & Botvinick, M. M. (2005). The conflict adaptation effect: It's not just priming. *Cognitive, Affective & Behavioral Neuroscience, 5*(4), 467–472.

van Steenbergen, H., & Band, G. P. (2013). Pupil dilation in the Simon task as a marker of conflict processing. *Front Hum Neurosci, 7*, 215. doi:10.3389/fnhum.2013.00215

van Steenbergen, H., Band, G. P., & Hommel, B. (2009). Reward counteracts conflict adaptation: Evidence for a role of affect in executive control. *Psychological Science, 20*(12), 1473–1477. doi:PSCI2470 [pii]10.1111/j.1467–9280.2009.02470.x

van Steenbergen, H., Band, G. P., & Hommel, B. (2010). In the mood for adaptation: How affect regulates conflict-driven control. *Psychological Science, 21*(11), 1629–1634. doi:0956797610385951 [pii]10.1177/0956797610385951

van Steenbergen, H., Booij, L., Band, G. P., Hommel, B., & van der Does, A. J. (2012). Affective regulation of cognitive-control adjustments in remitted depressive patients after acute tryptophan depletion. *Cognitive Affective & Behavioral Neuroscience, 12*(2), 280–286. doi:10.3758/s13415–011–0078–2

Verguts, T., & Notebaert, W. (2008). Hebbian learning of cognitive control: Dealing with specific and nonspecific adaptation. *Psychological Review, 115*(2), 518–525. doi:10.1037/0033–295x.115.2.518

Verguts, T., & Notebaert, W. (2009). Adaptation by binding: A learning account of cognitive control. *Trends in Cognitive Science, 13*(6), 252–257. doi:S1364–6613(09)00088–6 [pii]10.1016/j.tics.2009.02.007

Weary, G., & Edwards, J. A. (1996). Causal-uncertainty beliefs and related goal structures. In R. M. Sorrentino & E. T. Higgins (Eds.), *Handbook of motivation and cognition: The interpersonal context* (Vol. 3, pp. 148–181). New York: Guilford Press.

Wendt, M., Kiesel, A., Geringswald, F., Purmann, S., & Fischer, R. (2014). Attentional adjustment to conflict strength: Evidence from the effects of manipulating flanker-target SOA on response times and prestimulus pupil size. *Experimental Psychology, 61*(1), 55–67.

Wendt, M., Kluwe, R. H., & Peters, A. (2006). Sequential modulations of interference evoked by processing task-irrelevant stimulus features. *Journal of Experimental Psychology: Human Perception and Performance, 32*(3), 644–667. doi:2006–08586–010 [pii]10.1037/0096–1523.32.3.644

Winkielman, P., Schwarz, N., Fazendeiro, T. A., & Reber, R. (2003). The hedonic marking of processing fluency: Implications for evaluative judgements. In J. Musch & K. C. Klauer (Eds.), *The psychology of evaluation: Affective processes in cognition and emotion* (pp. 189–217). Mahwah: Erlbaum.

Yeung, N., Botvinick, M. M., & Cohen, J. D. (2004). The neural basis of error detection: Conflict monitoring and the error-related negativity. *Psychological Review, 111*(4), 931–959. doi:2004–19012–005 [pii]10.1037/0033–295X.111.4.939

◆11章

Aarts, K., De Houwer, J., & Pourtois, G. (2012). Evidence for the automatic evaluation of self-generated actions. *Cognition, 124,* 117–127.

Aarts, K., De Houwer, J., & Pourtois, G. (2013). Erroneous and correct actions have a different affective valence: Evidence from ERPs. *Emotion, 13,* 960–973.

Banich, M. T. (2009). Executive function: The search for an integrated account. *Current Directions in Psychological Science, 18,* 89–94.

Barrett, L. F. (2006). Solving the emotion paradox: Categorization and the experience of emotion. *Personality and Social Psychology Review, 10,* 20–46.

Bartholow, B. D., Henry, E. A., Lust, S. A., Saults, J. S., & Wood, P. K. (2012). Alcohol effects on performance monitoring and adjustment: Affect modulation and impairment of evaluative cognitive control. *Journal of Abnormal Psychology, 121,* 173–186.

Baumeister, R. F. (2002). Yielding to temptation: Self-control failure, impulsive purchasing, and consumer behaviour. *Journal of Consumer Research, 28,* 670–676.

Baumeister, R. F., Bratslavsky, E., Muraven, M., & Tice, D. M. (1998). Ego depletion: Is the active self a limited resource? *Journal of Personality and Social Psychology, 74,* 1252–1265.

Baumeister, R. F., Vohs, K. D., & Tice, D. M. (2007). The strength model of self-control. *Current Directions in Psychological Science, 16,* 351–355.

Beats, B. C., Sahakian, B. J., & Levy, R. (1996). Cognitive performance in tests sensitive to frontal lobe dysfunction in the elderly depressed. *Psychological Medicine, 26,* 591–603.

Boksem, M.A.S., Meijman, T. F., & Lorist, M. M. (2006). Mental fatigue, motivation and action monitoring. *Biological Psychology, 72,* 123–132.

Boksem, M.A.S., & Tops, M. (2008). Mental fatigue: Cost and benefits. *Brain Research, 59,* 125–139.

Botvinick, M. M. (2007). Conflict monitoring and decision making: Reconciling two perspectives on anterior cingulate function. *Cognitive Affective & Behavioral Neuroscience, 7,* 356–366.

Botvinick, M. M., Braver, T. S., Barch, D. M., Carter, C. S., & Cohen, J. D. (2001). Conflict monitoring and cognitive control. *Psychological Review, 108,* 624–652.

Bradley, M. M. (2009). Natural selective attention: Orienting and emotion. *Psychophysiology, 46,* 1–11.

Braver, T. S. (2012). The variable nature of cognitive control: A dual mechanisms framework. *Trends in Cognitive Sciences, 16,* 106–113.

Brown, I. D. (1994). Driver fatigue. *Human Factors: The Journal of the Human Factors and Ergonomics Society, 36,* 298–314.

Bush, G., Luu, P., & Posner, M. I. (2000). Cognitive and emotional influences in anterior cingulate cortex. *Trends in Cognitive Sciences, 4,* 215–222.

Bushman, B. J., DeWall, C. N., Pond, R. S., & Hanus, M. D. (2014). Low glucose relates to greater aggression in married couples. *Proceedings of the National Academy of Sciences, 111,* 6254–6257.

Cavanagh, J. F., & Shackman, A. J. (in press). Frontal midline theta reflects anxiety and cognitive control: Meta-analytic evidence. *Journal of Physiology—Paris.*

Chiew, K. S., & Braver, T. S. (2011). Positive affect versus reward: Emotional and motivational influences on cognitive control. *Frontiers in Psychology, 2,* 1–10.

Cohen, J. D., McClure, S. M., & Yu, A. J. (2007). Should I stay or should I go? How the human brain manages the trade-off between exploitation and exploitation. *Philosophical Transactions of the Royal Society: Biological Sciences, 362,* 933–942.

Compton, R. J., Robinson, M. D., Ode, S., Quandt, L. C., Fineman, S. L., & Carp, J. (2008). Error-monitoring ability predicts daily stress regulation. *Psychological Science, 19*, 702–708.

Critchley, H. D., Tang, J., Glaser, D., Butterworth, B., & Dolan, R. J. (2005). Anterior cingulate activity during error and autonomic response. *Neuroimage, 27*, 885–895.

Danev, S. Q., & De Winter, C. R. (1971). Heart rate deceleration after erroneous responses. *Psychologische Forschung, 35*, 27–34.

Davidson, R. J. (1995). Cerebral asymmetry, emotion, and affective style. In R. J. Davidson & K. Hudgahl (Eds.), *Brain asymmetry* (pp. 361–387). Cambridge, MA: MIT Press.

Deci, E. L., & Ryan, R. M. (1985). *Intrinsic motivation and self-determination in human behaviour.* New York: Plenum.

Dehaene, S., Posner, M. I., & Tucker, D. M. (1994). Localization of a neural system for error detection and compensation. *Psychological Science, 5*, 303–305.

Derrick, J. L. (2013). Energized by television familiar fictional worlds restore self-control. *Social Psychological and Personality Science, 4*, 299–307.

Dreisbach, G., & Fischer, R. (2012). Conflicts as aversive signals. *Brain & Cognition, 78*, 94–98.

Dutilh, G., Vandekerckhove, J., Forstmann, B. U., Keuleers, E., Brysbaert, M., & Wagenmakers, E. J. (2012). Testing theories of post-error slowing. *Attention Perception & Psychophysics, 74*, 454–465.

Egner, T. (2007). Congruency sequence effects and cognitive control. *Cognitive Affective & Behavioral Neuroscience, 7*, 380–390.

Elliott, A. J., & Thrash, T. M. (2002). Approach-avoidance motivation in personality: Approach and avoidance temperaments and goals. *Journal of Personality and Social Psychology, 82*, 804–818.

Etkin, A., Egner, T., & Kalisch, R. (2011). Emotional processing in anterior cingulate and medial prefrontal cortex. *Trends in Cognitive Sciences, 15*, 85–93.

Falkenstein, M., Hohnsbein, J., Hoormann, J., & Blanke, L. (1991). Effects of crossmodal divided attention on late ERP components. II: Error processing in choice reaction tasks. *Electroencephalography and Clinical Neurophysiology, 78*, 447–455.

Fazio, R. H., Sanbonmatsu, D. M., Powell, M. C., & Kardes, F. R. (1986). On the automatic activation of attitudes. *Journal of Personality and Social Psychology, 50*, 229–238.

＊4 Festinger, L. (1957). *A theory of dissonance cognitive.* Evanston: Row.

Friese, M., & Wänke, M. (2014). Personal prayer buffers self-control depletion. *Journal of Experimental Social Psychology, 51*, 56–59.

Frijda, N. H. (1988). The laws of emotion. *The American Psychologist, 43*(5), 349–358.

Gailliot, M. T., & Baumeister, R. F. (2007). The physiology of willpower: Linking blood glucose to self-control. *Personality and Social Psychology Review, 11*, 303–327.

Galliott, M. T., Baumeister, R. F., Schmeichel, B. J., DeWall, C. N., Maner, J. K., Plant, E. A., . . . Brewer, L. E. (2007). Self-control relies on glucose as a limited energy source: Willpower is more than a metaphor. *Journal of Personality and Social Psychology, 92*, 325–336.

Gawronski, B. (2012). Back to the future of cognitive dissonance theory: Cognitive consistency as a core motive. *Social Cognition, 30*, 652–668.

Gehring, W. J., Goss, B., Coles, M.G.H., Meyer, D. E., & Donchin, E. (1993). A neural system for error-detection and compensation. *Psychological Science, 4*, 385–390.

Gratton, G., Coles, M. G., & Donchin, E. (1992). Optimizing the use of information: Strategic control of activation of responses. *Journal of Experimental Psychology: General, 121*, 480–506.

Gray, J. A. (2004). Integration of emotion and cognitive control. *Current Directions in Psychological Science, 13,* 46–48.

Gray, J. A., & McNaughton, N. (2000). *The neuropsychology of anxiety: An enquiry into the function of the septal-hippocampal system* (2nd ed.). New York: Oxford University Press.

Gross, J. J. (1998). The emerging field of emotion regulation: An integrative review. *Review of General Psychology, 3,* 271–299.

Gross, J. J. (2015). Emotion regulation: Current status and future prospects. *Psychological Inquiry, 26,* 1–26.

Hagger, M. S., Wood, C., Stiff, C., & Chatzisarantis, N. L. (2010). Ego depletion and the strength model of self-control: A meta-analysis. *Psychological Bulletin, 136,* 495–525.

Hajcak, G. (2012). What we've learned from mistakes: Insights from error-related brain activity. *Current Directions in Psychological Science, 21,* 101–106.

Hajcak, G., McDonald, N., & Simons, R. (2003). To err is autonomic: Error-related brain potentials, ANS activity, and post-error compensatory behavior. *Psychophysiology, 40,* 895–903.

Hajcak, G., Moser, J. S., Yeung, N., & Simons, R. F. (2005). On the ERN and the significance of errors. *Psychophysiology, 42,* 151–160.

Harmon-Jones, E. (2004). Contributions from research and cognitive dissonance to understanding the motivational functions of asymmetric frontal brain activity. *Biological Psychology, 67,* 51–76.

Heckman, B. W., Ditre, J. W., & Brandon, T. H. (2012). The restorative effects of smoking upon self-control resources: A negative reinforcement pathway. *Journal of Abnormal Psychology, 121,* 244–249.

Hengstler, M., Holland, R. W., van Steenbergen, H., & van Knippenberg, A. (2014). The influence of approach-avoidance motivational orientation on conflict adaptation. *Cognitive, Affective, & Behavioral Neuroscience, 14,* 548–560.

Hirsh, J. B., & Inzlicht, M. (2010). Error-related negativity predicts academic performance. *Psychophysiology, 47,* 192–196.

Hobson, N. M., Saunders, B., Al-Khindi, T., & Inzlicht, M. (2014). Emotion down-regulation diminished cognitive control: A neurophysiological investigation. *Emotion, 14,* 1014–1026.

Hockey, R. (2013). *The psychology of fatigue: Work, effort and control.* New York: Cambridge University Press.

Hodsoll, S., Viding, E., & Lavie, N. (2011). Attentional capture by irrelevant emotional distractor faces. *Emotion, 11,* 346–353.

Holroyd, C. B., & Coles, M.G.H. (2002). The neural basis of human error processing: Reinforcement learning, dopamine, and the error-related negativity. *Psychological Review, 109,* 679–709.

Inzlicht, M., & Al-Khindi, T. (2012). ERN and the placebo: A misattribution approach to studying the arousal properties of the error-related negativity. *Journal of Experimental Psychology: General, 141,* 799–807.

Inzlicht, M., & Gutsell, J. N. (2007). Running on empty: Neural signals for self-control failure. *Psychological Science, 18,* 933–937.

Inzlicht, M., & Legault, L. (2014). No pain, no gain: How distress underlies effective self-control (and unites diverse social psychological phenomena). In J. Forgas & E. Harmon-Jones (Eds.), *The control within: Motivation and its regulation* (pp. 115–132). New York: Psychology Press.

Inzlicht, M., Legault, L., & Teper, R. (2014). Exploring the mechanisms of self-control improvement. *Current Directions in Psychological Science, 23,* 302–307.

Inzlicht, M., & Schmeichel, B. J. (2012). What is ego depletion? Toward a mechanistic revision of the resource model of self-control. *Perspectives on Psychological Science, 7*, 450–463.

Inzlicht, M., & Schmeichel, B. J. (2013). Beyond simple utility in predicting self-control fatigue: A proximate alternative to the opportunity cost model. *Behavioral and Brain Sciences, 36*, 695–6.

Inzlicht, M., Schmeichel, B. J., & Macrae, C. N. (2014). Why self-control seems (but may not be) limited. *Trends in Cognitive Sciences, 18*, 127–133.

Job, V., Dweck, C. S., & Walton, G. M. (2010). Ego depletion—is it all in your head?: Implicit theories about willpower affect self-regulation. *Psychological Science, 21*, 1686–1693.

Kerns, J. G., Cohen, J. D., MacDonald, A. W., Cho, R. Y., Stenger, V. A., & Carter, C. S. (2004). Anterior cingulate conflict monitoring and adjustments in control. *Science, 303*, 1023–1026.

Kool, W., & Botvinick, M. (2013). The intrinsic cost of cognitive control. *Behavioral and Brain Sciences, 36*, 697–698.

Kool, W., McGuire, J. T., Rosen, Z. B., & Botvinick, M. M. (2010). Decision making and the avoidance of cognitive demand. *Journal of Experimental Psychology: General, 139*, 665–682.

Kurzban, R. (2010). Does the brain consume additional glucose during self-control tasks? *Evolutionary Psychology, 8*, 244–259.

Kurzban, R., Duckworth, A., Kable, J. W., & Myers, J. (2013). An opportunity cost model of subjective effort and task performance. *Behavioural and Brain Sciences, 36*, 661–726.

Lal, S. K., & Craig, A. (2001). A critical review of the psychophysiology of driver fatigue. *Biological Psychology, 55*(3), 173–194.

Laming, D.R.J. (1968). *Information theory of choice reaction times*. London: Academic Press.

Larsen, J. T., Norris, J. N., & Cacioppo, J. T. (2003). Effects of positive and negative affect on electromyographic activity over *zygomaticus major* and *corrugator supercilii*. *Psychophysiology, 40*, 776–785.

Legault, L., Al-Khindi, T., & Inzlicht, M. (2012). Preserving integrity in the face of performance threat: Self-affirmation enhances neurophysiological responsiveness to errors. *Psychological Science, 23*, 1455–1460.

Legault, L., & Inzlicht, M. (2013). Self-determination, self-regulation, and the brain: Autonomy improves performance by enhancing neuroaffective responsiveness to self-regulation failure. *Journal of Personality and Social Psychology, 105*, 123–138

Lindström, B. R., Mattson-Mårn, I. B., Golkar, A., & Olsson, A. (2013). In your face: Risk of punishment enhances cognitive control and error-related activity in the corrugator supercilii muscle. *PloS ONE, 8*, 1–13.

Luu, P., Tucker, D. M., Derryberry, D., Reed, M., & Poulsen, C. (2003). Electrophysiological responses to errors and feedback in the process of action regulation. *Psychological Science, 10*, 47–53.

Miyake, A., Friedman, N. P., Emerson, M. J., Witzki, A. H., Howerter, A., & Wager, T. D. (2000). The unity and diversity of executive functions and their contributions to complex "frontal lobe" tasks: A latent variable analysis. *Cognitive Psychology, 41*, 49–100.

Molden, D. C., Hui, C. M., Scholer, A. A., Meier, B. P., Noreen, E. E., D'Agostino, P. R., & Martin, V. (2012). Motivational versus metabolic effects of carbohydrates on self-control. *Psychological Science, 23*, 1137–1144.

Moller, A. C., Deci, E. L., & Ryan, R. M. (2006). Choice and ego depletion: The moderating role of autonomy. *Personality and Social Psychology Bulletin, 32*, 1024–1036.

Muraven, M., & Baumeister, R. F. (2000). Self-regulation and depletion of limited resources: Does self-control resemble a muscle? *Psychological Bulletin, 126,* 247–259.

Muraven, M., Gagné, M., & Rosman, H. (2008). Helpful self-control: Autonomy support, vitality, and depletion. *Journal of Experimental Social Psychology, 44,* 573–585.

Muraven, M., & Slessareva, E. (2003). Mechanisms of self-control failure: Motivation and limited resources. *Personality and Social Psychology Bulletin, 29,* 894–906.

Muraven, M., Tice, D. M., & Baumeister, R. F. (1998). Self-control as a limited resource: Regulatory depletion patterns. *Journal of Personality and Social Psychology, 74,* 774–789.

Notebaert, W., Houtman, F., Van Opstal, F., Gevers, W., Fias, W., & Verguts, T. (2009). Post-error slowing: An orienting account. *Cognition, 111,* 275–279.

O'Connell, R. G., Dockree, P. M., Bellgrove, M. A., Kelly, S. P., Hester, R., Garavan, H., . . . Foxe, J. J. (2007). The role of cingulate cortex in the detection of errors with and without awareness: A high-density electrical mapping study. *European Journal of Neuroscience, 25,* 2571–2579.

Panksepp, J. (2008). The affective brain and core consciousness: How does neural activity generate emotional feelings? In M. Lewis, J. M. Haviland-Jones, & L. F. Barrett (Eds.), *Handbook of emotions* (pp. 47–67). New York: Guilford Press.

Papez, J. W. (1937). A proposed mechanism of emotion. *Archives of Neurology and Psychiatry, 38,* 725–743.

Payne, B. K. (2005). Conceptualizing control in social cognition: How executive control modulates the expression of automatic stereotyping. *Journal of Personality and Social Psychology, 89,* 488–503.

Pessoa, L. (2009). How do emotion and motivation direct executive control? *Trends in Cognitive Sciences, 13,* 160–166.

Proudfit, G. H. (2014). The reward positivity: From basic research on reward to a biomarker for depression. *Psychophysiology, 52,* 449–459. doi:10.1111/psyp.12370

Proudfit, G. H., Inzlicht, M., & Mennin, D. (2013). Anxiety and error monitoring: The importance of motivation and emotion. *Frontiers in Human Neuroscience, 7,* 636.

Proulx, T., & Inzlicht, M. (2012). The five "A"s of meaning maintenance: Finding meaning of the theories of sense-making. *Psychological Inquiry, 23,* 317–335.

Proulx, T., Inzlicht, M., & Harmon-Jones, E. (2012). Understanding all inconsistency compensation as a palliative response to violated expectations. *Trends in Cognitive Sciences, 16,* 285–291.

Rabbitt, P.M.A., & Rodgers, B. (1977). What does man do after he makes an error? An analysis of response programming. *Quarterly Journal of Experimental Psychology, 29,* 727–743.

Reeck, C., & Egner, T. (2011). Affective privilege: Asymmetric interference by emotional distracters. *Frontiers in Psychology, 2,* 232.

Ridderinkhof, K. R., Ullsperger, M., Crone, E. A., & Nieuwenhuiss, S. (2004). The role of the medial frontal cortex in cognitive control. *Science, 306,* 443–447.

Riesel, A., Weinberg, A., Endrass, T., Kathmann, N., & Hajcak, G. (2012). Punishment has a lasting impact on error-related brain activity. *Psychophysiology, 49,* 239–247.

Russell, J. A. (2003). Core affect and the psychological construction of emotion. *Psychological Review, 110,* 145–172.

Russell, J. A. (2009). Emotion, core affect, and psychological construction. *Cognition and Emotion, 23,* 1259–1283.

Russell, J. A., & Barrett, L. F. (1999). Core affect, prototypical emotional episodes, and other things called emotion: Dissecting the elephant. *Journal of Personality and Social Psychology,*

Saunders, B., & Jentzsch, I. (2012). False external feedback modulates posterror slowing and the f-P300: Implications for theories of posterror adjustment. *Psychonomic Bulletin & Review, 19,* 1210–1216.

Saunders, B., & Jentzsch, I. (2014). Reactive and proactive control adjustments under increased depressive symptoms: Insights from the classic and emotional-face Stroop task. *Quarterly Journal of Experimental Psychology, 67,* 884–898.

Saunders, B., Milyavskaya, M., & Inzlicht, M. (2015). Variation in cognitive control as emotion regulation. *Psychological Inquiry, 26,* 108–115.

Schachter, S., & Singer, J. E. (1962). Cognitive, social, and physiological determinants of emotional state. *Psychological Review, 69,* 379–399.

Schmeichel, B. J., Harmon-Jones, C., & Harmon-Jones, E. (2010). Exercising self-control increases approach motivation. *Journal of Personality and Social Psychology, 99,* 162–163.

Schmeichel, B. J., & Inzlicht, M. (2013). Incidental and integral effects of emotions on self-control. In M. D. Robinson, E. R. Watkins, & E. Harmon-Jones (Eds.), *Handbook of cognition and emotion* (pp. 272–290). New York: Guilford Press.

Schmeichel, B. J., & Vohs, K. (2009). Self-affirmation and self-control: Affirming core values counteracts ego depletion. *Journal of Personality and Social Psychology, 96*(4), 770.

Schmeichel, B. J., Vohs, K. D., & Baumeister, R. F. (2003). Intellectual performance and ego depletion: Role of the self in logical reasoning and other information processing. *Journal of Personality and Social Psychology, 85,* 33–46.

Schouppe, N., De Houwer, J., Ridderinkhof, K. R., & Notebaert, W. (2015). Conflict: run! Reduced Stroop interference with avoidance responses. *Quarterly Journal of Experimental Psychology, 65,* 1052–1058.

Shackman, A. J., Salomons, T. V., Slagter, H. A., Fox, A. S., Winter, J. J., & Davidson, R. J. (2011). The integration of negative affect, pain and cognitive control in the cingulate cortex. *Nature Reviews Neuroscience, 12,* 154–167.

Sherman, D.A.K., Nelson, L. D., & Steele, C. M. (2000). Do messages about health risks threaten the self? Increasing the acceptance of threatening health messages via self-affirmation. *Personality and Social Psychology Bulletin, 26,* 1046–1058.

Shevnav, A., Botvinick, M. M., & Cohen, J. D. (2013). The expected value of control: An integrative theory of anterior cingulate cortex function. *Neuron, 79,* 217–240.

Spunt, R. P., Lieberman, M. D., Cohen, J. R., & Eisenberger, N. I. (2012). The phenomenology of error processing: The dorsal ACC response to stop-signal errors tracks reports of negative affect. *Journal of Cognitive Neuroscience, 24*(8), 1753–1765.

Stewart, C. C., Wright, R. A., Azor Hui, S. K., & Simmons, A. (2009). Outcome expectancy as a moderator of mental fatigue influence on cardiovascular response. *Psychophysiology, 46,* 1141–1149.

Stürmer, B., Nigbur, R., Schacht, A., & Sommer, W. (2011). Reward and punishment effects on error processing and conflict control. *Frontiers in Psychology, 2,* 1–9.

Teper, R., Segal, Z., & Inzlicht, M. (2013). Inside the mindful mind: How mindfulness enhances emotion regulation through improvements in executive control. *Current Directions in Psychological Science, 22,* 449–454.

Tice, D. M., Baumeister, R. F., Shmueli, D., & Muraven, M. (2007). Restoring the self: Positive affect helps improve self-regulation following ego depletion. *Journal of Experimental Social Psychology, 43,* 379–384.

Tullett, A. M., Harmon-Jones, E., & Inzlicht, M. (2012). Right frontal cortical asymmetry predicts empathic reactions: Support for a link between withdrawal motivation and empathy. *Psychophysiology, 49,* 1145–1153.

van Steenbergen, H., Band, G.P.H., & Hommel, B. (2009). Reward counteracts conflict adaptation: Evidence for a role of affect in executive control. *Psychological Science, 20,* 1473–1477.

van Steenbergen, H., Band, G.P.H., & Hommel, B. (2010). In the mood for adaptation: How affect regulates conflict-driven control. *Psychological Science, 21,* 1629–1634.

van Steenbergen, H., Band, G.P.H., & Hommel, B. (2012). Reward valence modulates conflict-driven attentional adaptation: Electrophysiological evidence. *Biological Psychology, 90,* 234–241.

van Veen, V., & Carter, C.S. (2002). The timing of action-monitoring processes in the anterior cingulate cortex. *Journal of Cognitive Neuroscience, 14,* 593–602.

Vohs, K. D., & Baumeister, R. F. (2002). Escaping the self consumes regulatory resources: A self-regulatory model of suicide. In T. Joiner & M. D. Rudd (Eds.), *Suicide science* (pp. 33–41). New York: Springer.

Wang, Y., Yang, L., & Wang, Y. (2014). Suppression (but not reappraisal) impairs subsequent error detection: An ERP study of emotion regulation's resource-depleting effect. *PloS ONE, 9,* 1–9.

Webb, T. L., & Sheeran, P. (2003). Can implementation intentions help to overcome ego depletion? *Journal of Experimental Social Psychology, 39,* 279–286.

Wiswede, D., Münte, T. F., Krämer, U. M., & Rüsseler, J. (2009). Embodied emotion modulates neural signature of performance monitoring. *PloS ONE, 4,* 5754–5754.

Wiswede, D., Münte, T. F., & Rüsseler, J. (2009). Negative affect induced by derogatory verbal feedback modulates the neural signature of error detection. *Social Cognitive and Affective Neuroscience, 4,* 227–237.

Yeung, N., & Sanfey, A. G. (2004). Independent coding of reward magnitude and valence in the human brain. *The Journal of Neuroscience, 24*(28), 6258–6264.

◆12章

Akam, T., & Kullmann, D. M. (2014). Oscillatory multiplexing of population codes for selective communication in the mammalian brain. *Nature Reviews Neuroscience, 15,* 111–122. doi:10.1038/nrn3668

Anderson, K. L., Rajagovindan, R., Ghacibeh, G. A., Meador, K. J., & Ding, M. (2010). Theta oscillations mediate interaction between prefrontal cortex and medial temporal lobe in human memory. *Cerebral Cortex, 20,* 1604–1612. doi:10.1093/cercor/bhp223

Asada, H., Fukuda, Y., Tsunoda, S., Yamaguchi, M., & Tonoike, M. (1999). Frontal midline theta rhythms reflect alternative activation of prefrontal cortex and anterior cingulate cortex in humans. *Neuroscience Letters, 274,* 29–32. doi:10.1016/S0304–3940(99)00679–5

Aston-Jones, G., & Bloom, F. E. (1981a). Activity of norepinephrine-containing locus coeruleus neurons in behaving rats anticipates fluctuations in the sleep-waking cycle. *The Journal of Neuroscience, 1,* 876–886. Retrieved from http://www.jneurosci.org/

Aston-Jones, G., & Bloom, F. E. (1981b). Nonrepinephrine-containing locus coeruleus neurons in behaving rats exhibit pronounced responses to non-noxious environmental stimuli. *The Journal of Neuroscience, 1,* 887–900. Retrieved from http://www.jneurosci.org/

Aston-Jones, G., & Cohen, J. D. (2005). Adaptive gain and the role of the locus coeruleus–norepinephrine system in optimal performance. *Journal of Comparative Neurology, 493,*

99–110. doi:10.1002/cne.20723

Bari, A., & Aston-Jones, G. (2013). Atomoxetine modulates spontaneous and sensory-evoked discharge of locus coeruleus noradrenergic neurons. *Neuropharmacology, 64*, 53–64. doi:10.1016/j.neuropharm.2012.07.020

Bateman, R. J., Munsell, L. Y., Morris, J. C., Swarm, R., Yarasheski, K. E., & Holtzman, D. M. (2006). Human amyloid-β synthesis and clearance rates as measured in cerebrospinal fluid in vivo. *Nature Medicine, 12*, 856–861. doi:10.1038/nm1438

Bateman, R. J., Wen, G., Morris, J. C., & Holtzman, D. M. (2007). Fluctuations of CSF amyloid-β levels: Implications for a diagnostic and therapeutic biomarker. *Neurology, 68*, 666–669. doi:10.1212/01.wnl.0000256043.50901.e3

Baumeister, R. F., Bratslavsky, E., Muraven, M., & Tice, D. M. (1998). Ego depletion: Is the active self a limited resource? *Journal of Personality and Social Psychology*, *74*, 1252–1265. doi:10.1037/0022–3514.74.5.1252

Baumeister, R. F., & Heatherton, T. F. (1996). Self-regulation failure: An overview. *Psychological Inquiry*, 7, 1–15. doi:10.1207/s15327965pli0701_1

Beedie, C. J., & Lane, A. M. (2012). The role of glucose in self-control: Another look at the evidence and an alternative conceptualization. *Personality and Social Psychology Review, 16*, 143–153. doi:10.1177/1088868311419817

Bekar, L. K., Wei, H. S., & Nedergaard, M. (2012). The locus coeruleus-norepinephrine network optimizes coupling of cerebral blood volume with oxygen demand. *Journal of Cerebral Blood Flow & Metabolism, 32,* 2135–2145. doi:10.1038/jcbfm.2012.115

Benchenane, K., Peyrache, A., Khamassi, M., Tierney, P. L., Gioanni, Y., Battaglia, F. P., & Wiener, S. I. (2010). Coherent theta oscillations and reorganization of spike timing in the hippocampal-prefrontal network upon learning. *Neuron, 66*, 921–936. doi:10.1016/j.neuron.2010.05.013

Bero, A. W., Yan, P., Roh, J. H., Cirrito, J. R., Stewart, F. R., Raichle, M. E., . . . Holtzman, D. M. (2011). Neuronal activity regulates the regional vulnerability to amyloid-β deposition. *Nature Neuroscience, 14*, 750–756. doi:10.1038/nn.2801

Berridge, C. W., & Foote, S. L. (1994). Locus coeruleus-induced modulation of forebrain electroencephalographic (EEG) state in halothane-anesthetized rat. *Brain Research Bulletin, 35*, 597–605. doi:10.1016/0361–9230(94)90174–0

Boksem, M. A., Meijman, T. F., & Lorist, M. M. (2006). Mental fatigue, motivation and action monitoring. *Biological Psychology*, *72*, 123–132. doi:10.1016/j.biopsycho.2005.08.007

Bouret, S., & Sara, S. J. (2005). Network reset: A simplified overarching theory of locus coeruleus noradrenaline function. *Trends in Neurosciences*, *28*, 574–582. doi:10.1016/j.tins.2005.09.002

Boyle, P. J., Scott, J. C., Krentz, A. J., Nagy, R. J., Comstock, E., & Hoffman, C. (1994). Diminished brain glucose metabolism is a significant determinant for falling rates of systemic glucose utilization during sleep in normal humans. *Journal of Clinical Investigation*, *93*, 529–535. doi:10.1172/JCI117003

Brown, R. A., Walling, S. G., Milway, J. S., & Harley, C. W. (2005). Locus ceruleus activation suppresses feedforward interneurons and reduces β-γ electroencephalogram frequencies while it enhances θ frequencies in rat dentate gyrus. *The Journal of Neuroscience*, *25*, 1985–1991. doi:10.1523/JNEUROSCI.4307–04.2005

Buckner, R. L., Andrews-Hanna, J. R., & Schacter, D. L. (2008). The brain's default network. *Annals of the New York Academy of Sciences*, *1124*, 1–38. doi:10.1196/annals.1440.011

Buckner, R. L., Sepulcre, J., Talukdar, T., Krienen, F. M., Liu, H., Hedden, T., . . . Johnson, K. A. (2009). Cortical hubs revealed by intrinsic functional connectivity: Mapping, assessment of stability, and relation to Alzheimer's disease. *The Journal of Neuroscience, 29*, 1860–1873. doi:10.1523/JNEUROSCI.5062–08.2009

Canolty, R. T., & Knight, R. T. (2010). The functional role of cross-frequency coupling. *Trends in Cognitive Sciences, 14*, 506–515. doi:10.1016/j.tics.2010.09.001

Carter, E. C., & McCullough, M. E. (2013). Is ego depletion too incredible? Evidence for the overestimation of the depletion effect. *Behavioral and Brain Sciences, 36*, 683–684. doi:10.1017/S0140525X13000952

Carter, M. E., Yizhar, O., Chikahisa, S., Nguyen, H., Adamantidis, A., Nishino, S., . . . de Lecea, L. (2010). Tuning arousal with optogenetic modulation of locus coeruleus neurons. *Nature Neuroscience, 13*, 1526–1533. doi:10.1038/nn.2682

Cirelli, C., Pompeiano, M., & Tononi, G. (1996). Neuronal gene expression in the waking state: A role for the locus coeruleus. *Science, 274*, 1211–1215. doi:10.1126/science.274.5290.1211

Cirelli, C., & Tononi, G. (2000). Differential expression of plasticity-related genes in waking and sleep and their regulation by the noradrenergic system. *The Journal of Neuroscience, 20*, 9187–9194. Retrieved from http://www.jneurosci.org/

Cirrito, J. R., Kang, J. E., Lee, J., Stewart, F. R., Verges, D. K., Silverio, L. M., . . . Holtzman, D. M. (2008). Endocytosis is required for synaptic activity-dependent release of amyloid-β in vivo. *Neuron, 58*, 42–51. doi:10.1016/j.neuron.2008.02.003

Cirrito, J. R., May, P. C., O'Dell, M. A., Taylor, J. W., Parsadanian, M., Cramer, J. W., . . . Holtzman, D. M. (2003). In vivo assessment of brain interstitial fluid with microdialysis reveals plaque-associated changes in amyloid-β metabolism and half-life. *The Journal of Neuroscience, 23*, 8844–8853. Retrieved from http://www.jneurosci.org/

Cirrito, J. R., Yamada, K. A., Finn, M. B., Sloviter, R. S., Bales, K. R., May, P. C., . . . Holtzman, D. M. (2005). Synaptic activity regulates interstitial fluid amyloid-β levels in vivo. *Neuron, 48*, 913–922. doi:10.1016/j.neuron.2005.10.028

Cohen, J. D., Dunbar, K., & McClelland, J. L. (1990). On the control of automatic processes: A parallel distributed processing account of the Stroop effect. *Psychological Review, 97*, 332–361. doi:10.1037/0033–295X.97.3.332

Cohen, J. D., Perlstein, W. M., Braver, T. S., Nystrom, L. E., Noll, D. C., Jonides, J., & Smith, E. E. (1997). Temporal dynamics of brain activation during a working memory task. *Nature, 386*, 604–608. doi:10.1038/386604a0

Cohen, M. X. (2011). Error-related medial frontal theta activity predicts cingulate-related structural connectivity. *NeuroImage, 55*, 1373–1383. doi:10.1016/j.neuroimage.2010.12.072

Cohen, M. X., Ridderinkhof, K. R., Haupt, S., Elger, C. E., & Fell, J. (2008). Medial frontal cortex and response conflict: Evidence from human intracranial EEG and medial frontal cortex lesion. *Brain Research, 1238*, 127–142. doi:10.1016/j.brainres.2008.07.114

Constantinople, C. M., & Bruno, R. M. (2011). Effects and mechanisms of wakefulness on local cortical networks. *Neuron, 69*, 1061–1068. doi:10.1016/j.neuron.2011.02.040

Daitch, A. L., Sharma, M., Roland, J. L., Astafiev, S. V., Bundy, D. T., Gaona, C. M., . . . Corbetta, M. (2013). Frequency-specific mechanism links human brain networks for spatial attention. *Proceedings of the National Academy of Sciences of the United States of America, 110*, 19585–19590. doi:10.1073/pnas.1307947110

Dayan, P., & Yu, A. J. (2006). Phasic norepinephrine: A neural interrupt signal for unexpected events. *Network: Computation in Neural Systems, 17*, 335–350. doi:10.1080/09548980601004024

Delagrange, P., Canu, M. H., Rougeul, A., Buser, P., & Bouyer, J. J. (1993). Effects of locus coeruleus lesions on vigilance and attentive behaviour in cat. *Behavioural Brain Research, 53,* 155–165. doi:10.1016/S0166–4328(05)80275-X

Donner, T. H., & Nieuwenhuis, S. (2013). Brain-wide gain modulation: The rich get richer. *Nature Neuroscience, 16,* 989–990. doi:10.1038/nn.3471

Dreisbach, G., & Fischer, R. (2012). Conflicts as aversive signals. *Brain and Cognition, 78,* 94–98. doi:10.1016/j.bandc.2011.12.003

Dzirasa, K., Phillips, H. W., Sotnikova, T. D., Salahpour, A., Kumar, S., Gainetdinov, R. R., . . . Nicolelis, M. A. (2010). Noradrenergic control of cortico-striato-thalamic and meso-limbic cross-structural synchrony. *The Journal of Neuroscience, 30,* 6387–6397. doi:10.1523/JNEUROSCI.0764–10.2010

Eldar, E., Cohen, J. D., & Niv, Y. (2013). The effects of neural gain on attention and learning. *Nature Neuroscience, 16,* 1146–1153. doi:10.1038/nn.3428

Engel, A. K., Fries, P., & Singer, W. (2001). Dynamic predictions: Oscillations and synchrony in top–down processing. *Nature Reviews Neuroscience, 2,* 704–716. doi:10.1038/35094565

Eschenko, O., Magri, C., Panzeri, S., & Sara, S. J. (2012). Noradrenergic neurons of the locus coeruleus are phase locked to cortical up-down states during sleep. *Cerebral Cortex, 22,* 426–435. doi:10.1093/cercor/bhr121

Feenstra, B.W.A., & Holsheimer, J. (1979). Dipole-like neuronal sources of theta rhythm in dorsal hippocampus, dendate gyrus and cingulate cortex of the urethane-anesthetized rat. *Electroencephalography and Clinical Neurophysiology, 47,* 532–538. doi:10.1016/0013–4694(79)90254–2

Fox, P. T., Raichle, M. E., Mintun, M. A., & Dence, C. (1988). Nonoxidative glucose consumption during focal physiologic neural activity. *Science, 241,* 462–464. doi:10.1126/science.3260686

Fries, P. (2005). A mechanism for cognitive dynamics: Neuronal communication through neuronal coherence. *Trends in Cognitive Sciences, 9,* 474–480. doi:10.1016/j.tics.2005.08.011

Gailliot, M. T., & Baumeister, R. F. (2007). The physiology of willpower: Linking blood glucose to self-control. *Personality and Social Psychology Review, 11,* 303–327. doi:10.1177/1088868307303030

Gailliot, M. T., Baumeister, R. F., DeWall, C. N., Maner, J. K., Plant, E. A., Tice, D. M., . . . Schmeichel, B. J. (2007). Self-control relies on glucose as a limited energy source: Willpower is more than a metaphor. *Journal of Personality and Social Psychology, 92,* 325–336. doi:10.1037/0022–3514.92.2.325

Gehring, W. J., Liu, Y., Orr, J. M., & Carp, J. (2012). The error-related negativity (ERN/Ne). In S. J. Luck & E. S. Kappenman (Eds.), *The Oxford handbook of event-related potential components* (pp. 231–291). Oxford: Oxford University Press.

Gevins, A., Smith, M. E., McEvoy, L., & Yu, D. (1997). High-resolution EEG mapping of cortical activation related to working memory: Effects of task difficulty, type of processing, and practice. *Cerebral Cortex, 7,* 374–385. doi:10.1093/cercor/7.4.374

Gilestro, G. F., Tononi, G., & Cirelli, C. (2009). Widespread changes in synaptic markers as a function of sleep and wakefulness in Drosophila. *Science, 324,* 109–112. doi:10.1126/science.1166673

Gompf, H. S., Mathai, C., Fuller, P. M., Wood, D. A., Pedersen, N. P., Saper, C. B., & Lu, J. (2010). Locus ceruleus and anterior cingulate cortex sustain wakefulness in a novel environment. *The Journal of Neuroscience, 30,* 14543–14551. doi:10.1523/JNEUROSCI.3037–10.2010

Griesmayr, B., Gruber, W. R., Klimesch, W., & Sauseng, P. (2010). Human frontal midline theta and its synchronization to gamma during a verbal delayed match to sample task.

Neurobiology of Learning and Memory, 93, 208–215. doi:10.1016/j.nlm.2009.09.013

Haass, C., & Selkoe, D. J. (2007). Soluble protein oligomers in neurodegeneration: Lessons from the Alzheimer's amyloid-β peptide. *Nature Reviews Molecular Cell Biology, 8,* 101–112. doi:10.1038/nrm2101

Hagger, M. S., & Chatzisarantis, N. L. (2014). It is premature to regard the ego-depletion effect as "too incredible." *Frontiers in Psychology, 5,* 298. doi:10.3389/fpsyg.2014.00298

Hagger, M. S., Wood, C., Stiff, C., & Chatzisarantis, N. L. (2010). Ego depletion and the strength model of self-control: A meta-analysis. *Psychological Bulletin, 136,* 495–525. doi:10.1037/a0019486

Harley, C. W. (2004). Norepinephrine and dopamine as learning signals. *Neural Plasticity, 11,* 191–204. doi:10.1155/NP.2004.191

Hasselmo, M. E. (2012). *How we remember.* Cambridge, MA: MIT Press.

Hedden, T., Van Dijk, K. R., Becker, J. A., Mehta, A., Sperling, R. A., Johnson, K. A., & Buckner, R. L. (2009). Disruption of functional connectivity in clinically normal older adults harboring amyloid burden. *The Journal of Neuroscience, 29,* 12686–12694. doi:10.1523/JNEUROSCI.3189–09.2009

Hohenemser, C., Kasperson, R., & Kates, R. (1977). The distrust of nuclear power. *Science, 196,* 25–34. doi:10.1126/science.841337

Holroyd, C. B. (2013). Theories of anterior cingulate cortex function: Opportunity cost. *Behavioral and Brain Sciences, 36,* 693–694. doi:10.1017/S0140525X13001052

Holroyd, C. B., & McClure, S. M. (2015). Hierarchical control over effortful behavior by rodent medial frontal cortex: A computational model. *Psychological Review, 122,* 54–83. doi:10.1037/a0038339

Holroyd, C. B., & Yeung, N. (2011). An integrative theory of anterior cingulate cortex function: Option selection in hierarchical reinforcement learning. In R. B. Mars, J. Sallet, M.F.S. Rushworth, & N. Yeung (Eds.), *Neural basis of motivational and cognitive control* (pp. 333–349). Cambridge, MA: MIT Press.

Holroyd, C. B., & Yeung, N. (2012). Motivation of extended behaviors by anterior cingulate cortex. *Trends in Cognitive Sciences, 16,* 122–128. doi:10.1016/j.tics.2011.12.008

Holsheimer, J. (1982). Generation of theta activity (RSA) in the cingulate cortex of the rat. *Experimental Brain Research, 47,* 309–312. doi:10.1007/BF00239391

Horn, A., Ostwald, D., Reisert, M., & Blankenburg, F. (2013). The structural-functional connectome and the default mode network of the human brain. *NeuroImage, 67,* 735–748. doi:10.1016/j.neuroimage.2013.09.069

Howells, F. M., Stein, D. J., & Russell, V. A. (2010). Perceived mental effort correlates with changes in tonic arousal during attentional tasks. *Behavioral and Brain Functions, 6,* 39. Retrieved from http://www.behavioralandbrainfunctions.com

Hsieh, L. T., & Ranganath, C. (2014). Frontal midline theta oscillations during working memory maintenance and episodic encoding and retrieval. *NeuroImage, 85,* 721–729. doi:10.1016/j.neuroimage.2013.08.003

Huang, Y., Potter, R., Sigurdson, W., Santacruz, A., Shih, S., Ju, Y. E., . . . Bateman, R. J. (2012). Effects of age and amyloid deposition on Aβ dynamics in the human central nervous system. *Archives of Neurology, 69,* 51–58. doi:10.1001/archneurol.2011.235

Hurko, O., Boudonck, K., Gonzales, C., Hughes, Z. A., Jacobsen, J. S., Reinhart, P. H., & Crowther, D. (2010). Ablation of the locus coeruleus increases oxidative stress in Tg-2576 transgenic mice but not wild-type mice. *International Journal of Alzheimer's Disease, 2010,* 864625. doi:10.4061/2010/864625

Iliff, J. J., Lee, H., Yu, M., Feng, T., Logan, J., Nedergaard, M., & Benveniste, H. (2013).

Brain-wide pathway for waste clearance captured by contrast-enhanced MRI. *The Journal of Clinical Investigation, 123*, 1299–1309. doi:10.1172/JCI67677.

Iliff, J. J., Wang, M., Liao, Y., Plogg, B. A., Peng, W., Gundersen, G. A., . . . Nedergaard, M. (2012). A paravascular pathway facilitates CSF flow through the brain parenchyma and the clearance of interstitial solutes, including amyloid β. *Science Translational Medicine, 4*, 147ra111. doi:10.1126/scitranslmed.3003748

Ingiosi, A. M., Opp, M. R., & Krueger, J. M. (2013). Sleep and immune function: Glial contributions and consequences of aging. *Current Opinion in Neurobiology, 23*, 806–811. doi:10.1016/j.conb.2013.02.003

Inzlicht, M., & Gutsell, J. N. (2007). Running on empty: Neural signals for self-control failure. *Psychological Science, 18*, 933–937. doi:10.1111/j.1467–9280.2007.02004.x

Inzlicht, M., & Schmeichel, B. J. (2012). What is ego depletion? Toward a mechanistic revision of the resource model of self-control. *Perspectives on Psychological Science, 7*, 450–463. doi:10.1177/1745691612454134

Inzlicht, M., Schmeichel, B. J., & Macrae, C. N. (2014). Why self-control seems (but may not be) limited. *Trends in Cognitive Sciences, 18*, 127–133. doi:10.1016/j.tics.2013.12.009

Ishihara, T., & Yoshii, N. (1972). Multivariate analytic study of EEG and mental activity in juvenile delinquents. *Electroencephalography and Clinical Neurophysiology, 33*, 71–80. doi:10.1016/0013–4694(72)90026–0

Ishii, R., Shinosaki, K., Ukai, S., Inouye, T., Ishihara, T., Yoshimine, T., . . . Takeda, M. (1999). Medial prefrontal cortex generates frontal midline theta rhythm. *NeuroReport, 10*, 675–679. Retrieved from http://journals.lww.com/neuroreport

Jones, M. W., & Wilson, M. A. (2005). Theta rhythms coordinate hippocampal–prefrontal interactions in a spatial memory task. *PLoS Biology, 3*, e402. doi:10.1371/journal.pbio.0030402

Kalauzi, A., Kesic, S., & Saponjic, J. (2009). Cortico-pontine theta synchronization phase shift following monoaminergic lesion in rat. *Journal of Physiology and Pharmacology, 60*, 79–84. Retrieved from http://www.jpp.krakow.pl/

Kamenetz, F., Tomita, T., Hsieh, H., Seabrook, G., Borchelt, D., Iwatsubo, T., . . . Malinow, R. (2003). APP processing and synaptic function. *Neuron, 37*, 925–937. doi:10.1016/S0896–6273(03)00124–7

Kang, J. E., Lim, M. M., Bateman, R. J., Lee, J. J., Smyth, L. P., Cirrito, J. R., . . . Holtzman, D. M. (2009). Amyloid-β dynamics are regulated by orexin and the sleep-wake cycle. *Science, 326*, 1005–1007. doi:10.1126/science.1180962

King, D. (1997). *Kasparov v. Deeper Blue.* London, Batsford.

Kitzbichler, M. G., Henson, R. N., Smith, M. L., Nathan, P. J., & Bullmore, E. T. (2011). Cognitive effort drives workspace configuration of human brain functional networks. *The Journal of Neuroscience, 31*, 8259–8270. doi:10.1523/JNEUROSCI.0440–11.2011

Klimesch, W., Freunberger, R., Sauseng, P., & Gruber, W. (2008). A short review of slow phase synchronization and memory: Evidence for control processes in different memory systems? *Brain Research, 1235*, 31–44. doi:10.1016/j.brainres.2008.06.049

Kool, W., McGuire, J. T., Rosen, Z. B., & Botvinick, M. M. (2010). Decision making and the avoidance of cognitive demand. *Journal of Experimental Psychology: General, 139*, 665–682. doi:10.1037/a0020198

Kool, W., McGuire, J. T., Wang, G. J., & Botvinick, M. M. (2013). Neural and behavioral evidence for an intrinsic cost of self-control. *PLoS ONE, 8*, e72626. doi:10.1371/journal.pone.0072626

Kornhuber, A. W., Lang, M., Kure, W., & Kornhuber, H. H. (1990). Will and frontal theta activity. In C.H.M. Brunia, A.W.K. Gaillard, & A. Kok (Eds.), *Physiological brain research* (Vol. 1, pp. 55–58). Tilburg, Germany: Tilburg University Press.

Kuchibhotla, K. V., Goldman, S. T., Lattarulo, C. R., Wu, H. Y., Hyman, B. T., & Bacskai, B. J. (2008). Aβ plaques lead to aberrant regulation of calcium homeostasis in vivo resulting in structural and functional disruption of neuronal networks. *Neuron, 59,* 214–225. doi:10.1016/j.neuron.2008.06.008

Kurniawan, I. T., Seymour, B., Talmi, D., Yoshida, W., Chater, N., & Dolan, R. J. (2010). Choosing to make an effort: The role of striatum in signaling physical effort of a chosen action. *Journal of Neurophysiology, 104,* 313–321. doi:10.1152/jn.00027.2010

Kurzban, R. (2010). Does the brain consume additional glucose during self-control tasks? *Evolutionary Psychology, 8,* 244–259. Retrieved from http://www.epjournal.net/

Kurzban, R., Duckworth, A., Kable, J. W., & Myers, J. (2013). An opportunity cost model of subjective effort and task performance. *Behavioral and Brain Sciences, 36,* 661–679. doi:10.1017/S0140525X12003196

Lang, M., Lang, W., Diekmann, V., & Kornhuber, H. H. (1987). The frontal theta rhythm indicating motor and cognitive learning. In R. Johnson, J. W. Rohrbaugh, & R. Parasuraman (Eds.), *Supplements to electroenphalography and clinical neurophysiology: Vol. 40. Current trends in event-related potential research* (pp. 322–327). Amsterdam: Elsevier/North Holland.

Lang, W., Lang, M., Kornhuber, A., Diekmann, V., & Kornhuber, H. H. (1988). Event-related EEG-spectra in a concept formation task. *Human Neurobiology, 6,* 295–301. Retrieved from http://europepmc.org/abstract/MED/3350710

Laughlin, S., de Ruyter van Steveninck, R. R., & Anderson, J. C. (1998). The metabolic cost of neural information. *Nature Neuroscience, 1,* 36–41.

Laughlin, S. B., & Sejnowski, T. J. (2003). Communication in neuronal networks. *Science, 301,* 1870–1874. doi:10.1126/science.1089662

Libedinsky, C., Massar, S.A.A., Ling, A., Chee, W., Huettel, S. A., & Chee, M.W.L. (2013). Sleep deprivation alters effort discounting but not delay discounting of monetary rewards. *Sleep, 36,* 899–904. Retrieved from http://dx.doi.org/10.5665/sleep.2720

Likhtik, E., Stujenske, J. M., Topiwala, M. A., Harris, A. Z., & Gordon, J. A. (2014). Prefrontal entrainment of amygdala activity signals safety in learned fear and innate anxiety. *Nature Neuroscience, 17,* 106–113. doi:10.1038/nn.3582

Lisman, J. E., & Jensen, O. (2013). The theta-gamma neural code. *Neuron, 77,* 1002–1016. doi:10.1016/j.neuron.2013.03.007

Lorist, M. M., Boksem, M. A., & Ridderinkhof, K. R. (2005). Impaired cognitive control and reduced cingulate activity during mental fatigue. *Cognitive Brain Research, 24,* 199–205. doi:10.1016/j.cogbrainres.2005.01.018

Luu, P., & Tucker, D. M. (2001). Regulating action: Alternating activation of midline frontal and motor cortical networks. *Clinical Neurophysiology, 112,* 1295–1306. doi:10.1016/S1388–2457(01)00559–4

Madsen, P. L., Hasselbalch, S. G., Hagemann, L. P., Olsen, K. S., Bülow, J., Holm, S., . . . Lassen, N. A. (1995). Persistent resetting of the cerebral oxygen/glucose uptake ratio by brain activation: Evidence obtained with the Kety–Schmidt technique. *Journal of Cerebral Blood Flow and Metabolism, 15,* 485–491. doi:10.1038/jcbfm.1995.60

Marcora, S. M., Staiano, W., & Manning, V. (2009). Mental fatigue impairs physical performance in humans. *Journal of Applied Physiology, 106,* 857–864. doi:10.1152/japplphysiol.91324.2008

Masicampo, E. J., & Baumeister, R. F. (2008). Toward a physiology of dual-process reasoning and judgment: Lemonade, willpower, and expensive rule-based analysis. *Psychological*

Science, 19, 255–260. doi:10.1111/j.1467–9280.2008.02077.x

Mawuenyega, K. G., Sigurdson, W., Ovod, V., Munsell, L., Kasten, T., Morris, J. C., . . . Bateman, R. J. (2010). Decreased clearance of CNS β-amyloid in Alzheimer's disease. *Science, 330,* 1774. doi:10.1126/science.1197623

Mednick, S. C., Nakayama, K., Cantero, J. L., Atienza, M., Levin, A. A., Pathak, N., & Stickgold, R. (2002). The restorative effect of naps on perceptual deterioration. *Nature Neuroscience, 5,* 677–681. doi:10.1038/nn864

Meyer-Luehmann, M., Spires-Jones, T. L., Prada, C., Garcia-Alloza, M., de Calignon, A., Rozkalne, A., . . . Hyman, B. T. (2008). Rapid appearance and local toxicity of amyloid-β plaques in a mouse model of Alzheimer's disease. *Nature, 451,* 720–724. doi:10.1038/nature06616

Miller, R. (1991). *Studies in brain function: Vol. 17. Cortico-hippocampal interplay.* New York: Springer-Verlag.

Minzenberg, M. J., Yoon, J. H., & Carter, C. S. (2011). Modafinil modulation of the default mode network. *Psychopharmacology, 215,* 23–31. doi:10.1007/s00213–010–2111–5

Mitchell, D. J., McNaughton, N., Flanagan, D., & Kirk, I. J. (2008). Frontal-midline theta from the perspective of hippocampal "theta." *Progress in Neurobiology, 86,* 156–185. doi:10.1016/j.pneurobio.2008.09.005

Mizuhara, H., & Yamaguchi, Y. (2007). Human cortical circuits for central executive function emerge by theta phase synchronization. *NeuroImage, 36,* 232–244. doi:10.1016/j.neuroimage.2007.02.026

Mizuki, Y., Tanaka, M., Isozaki, H., Nishijima, H., & Inanaga, K. (1980). Periodic appearance of theta rhythm in the frontal midline area during performance of a mental task. *Electroencephalography and Clinical Neurophysiology, 49,* 345–351. doi:10.1016/0013–4694(80)90229–1

Molden, D. C., Hui, C. M., Scholer, A. A., Meier, B. P., Noreen, E. E., D'Agostino, P. R., & Martin, V. (2012). Motivational versus metabolic effects of carbohydrates on self-control. *Psychological Science, 23,* 1137–1144. doi:10.1177/0956797612439069

Mucke, L. & Selkoe, D. J. (2012). Neurotoxicity of amyloid β-protein: Synaptic and network dysfunction. *Cold Spring Harbor Perspectives in Medicine, 2,* a006338. doi:10.1101/cshperspect.a006338

Muraven, M., & Slessareva, E. (2003). Mechanisms of self-control failure: Motivation and limited resources. *Personality and Social Psychology Bulletin, 29,* 894–906. doi:10.1177/0146167203029007008

Muraven, M., Tice, D. M., & Baumeister, R. F. (1998). Self-control as a limited resource: Regulatory depletion patterns. *Journal of Personality and Social Psychology, 74,* 774–789. doi:10.1037/0022–3514.74.3.774

Nakagawa, Y. (1988). Continuous observations of daytime EEG patterns in normal subjects under restrained conditions while sitting in armchair or on stool. Part 2. Awake state. *Psychiatry and Clinical Neurosciences, 42,* 247–264. doi:10.1111/j.1440–1819.1988.tb01976.x

Navon, D. (1984). Resources—a theoretical soup stone? *Psychological Review, 91,* 216–234. doi:10.1037/0033–295X.91.2.216

Newborn, M. (2003). *Deep Blue: An artificial intelligence milestone.* New York: Springer-Verlag.

Nigbur, R., Ivanova, G., & Stürmer, B. (2011). Theta power as a marker for cognitive interference. *Clinical Neurophysiology, 122,* 2185–2194. doi:10.1016/j.clinph.2011.03.030

Nitsch, R. M., Farber, S. A., Growdon, J. H., & Wurtman, R. J. (1993). Release of amyloid β-protein precursor derivatives by electrical depolarization of rat hippocampal slices.

Proceedings of the National Academy of Sciences of the United States of America, 90, 5191–5193. Retrieved from http://www.pnas.org

Norman, D. A., & Shallice, T. (1986). Attention to action. In G. E. Schwartz, R. J. Davidson, & D. Shapiro (Eds.), *Consciousness and self regulation* (pp. 1–18). New York: Plenum Press.

O'Donnell, J., Zeppenfeld, D., McConnell, E., Pena, S., & Nedergaard, M. (2012). Norepinephrine: A neuromodulator that boosts the function of multiple cell types to optimize CNS performance. *Neurochemical Research, 37,* 2496–2512. doi:10.1007/s11064-012-0818-x

Onton, J., Delorme, A., & Makeig, S. (2005). Frontal midline EEG dynamics during working memory. *NeuroImage, 27,* 341–356. doi:10.1016/j.neuroimage.2005.04.014

Ooms, S., Overeem, S., Besse, K., Rikkert, M. O., Verbeek, M., & Classen, J.A.H.R. (2014). Effect of 1 night of total sleep deprivation on cerebrospinal fluid β-Amyloid 42 in healthy middle-aged men: A randomized clinical trial. *Journal of the American Medical Association Neurology, 71*(8), 971–977. doi:10.1001/jamaneurol.2014.1173

Pageaux, B., Marcora, S. M., & Lepers, R. (2013). Prolonged mental exertion does not alter neuromuscular function of the knee extensors. *Medicine & Science in Sports & Exercise, 45,* 2254–2264. doi:10.1249/MSS.0b013e31829b504a

Parvizi, J., Rangarajan, V., Shirer, W. R., Desai, N., & Greicius, M. D. (2013). The will to persevere induced by electrical stimulation of the human cingulate gyrus. *Neuron, 80,* 1359–1367. doi:10.1016/j.neuron.2013.10.057

Pizzagalli, D. A., Oakes, T. R., & Davidson, R. J. (2003). Coupling of theta activity and glucose metabolism in the human rostral anterior cingulate cortex: An EEG/PET study of normal and depressed subjects. *Psychophysiology, 40,* 939–949. doi:10.1111/1469-8986.00112

Prescott, J. W., Guidon, A., Doraiswamy, P. M., Choudhury, K. R., Liu, C., & Petrella, J. (2014). The Alzheimer structural connectome: Changes in cortical network topology with increased amyloid plaque burden. *Radiology.* Epub. ahead of print.

Raichle, M. E., MacLeod, A. M., Snyder, A. Z., Powers, W. J., Gusnard, D. A., & Shulman, G. L. (2001). A default mode of brain function. *Proceedings of the National Academy of Sciences of the United States of America, 98,* 676–682. doi:10.1073/pnas.98.2.676

Raizada, R. D., & Poldrack, R. A. (2008). Challenge-driven attention: Interacting frontal and brainstem systems. *Frontiers in Human Neuroscience, 1,* 3. doi:10.3389/neuro.09.003.2007

Salinas, E., & Sejnowski, T. J. (2001). Correlated neuronal activity and the flow of neural information. *Nature Reviews Neuroscience, 2,* 539–550. doi:10.1038/35086012

Sara, S. J., & Bouret, S. (2012). Orienting and reorienting: The locus coeruleus mediates cognition through arousal. *Neuron, 76,* 130–141. doi:10.1016/j.neuron.2012.09.011

Sarnthein, J., Petsche, H., Rappelsberger, P., Shaw, G. L., & von Stein, A. (1998). Synchronization between prefrontal and posterior association cortex during human working memory. *Proceedings of the National Academy of Sciences of the United States of America, 95,* 7092–7096. Retrieved from http://www.pnas.org/

Sato, N., & Yamaguchi, Y. (2007). Theta synchronization networks emerge during human object-place memory encoding. *NeuroReport, 18,* 419–424. doi:10.1097/WNR.0b013e3280586760

Sauseng, P., Hoppe, J., Klimesch, W., Gerloff, C., & Hummel, F. C. (2007). Dissociation of sustained attention from central executive functions: Local activity and interregional connectivity in the theta range. *European Journal of Neuroscience, 25,* 587–593. doi:10.1111/j.1460-9568.2006.05286.x

Schack, B., Vath, N., Petsche, H., Geissler, H. G., & Möller, E. (2002). Phase-coupling of theta–gamma EEG rhythms during short-term memory processing. *International Journal of Psychophysiology, 44*, 143–163. doi:10.1016/S0167–8760(01)00199–4

Scheeringa, R., Bastiaansen, M., Petersson, K. M., Oostenveld, R., Norris, D. G., & Hagoort, P. (2008). Frontal theta EEG activity correlates negatively with the default mode network in resting state. *International Journal of Psychophysiology, 67*, 242–251. doi:10.1016/j.ijpsycho.2007.05.017

Scheffers, M. K., Humphrey, D. G., Stanny, R. R., Kramer, A. F., & Coles, M. G. (1999). Error-related processing during a period of extended wakefulness. *Psychophysiology, 36*, 149–157. doi:10.1111/1469–8986.3620149

Schimmack, U. (2012). The ironic effect of significant results on the credibility of multiple-study articles. *Psychological Methods, 17*, 551–566. doi:10.1037/a0029487

Sejnowski, T. J., & Destexhe, A. (2000). Why do we sleep? *Brain Research, 886*, 208–223. doi:10.1016/S0006–8993(00)03007–9

Sejnowski, T. J., & Paulsen, O. (2006). Network oscillations: Emerging computational principles. *The Journal of Neuroscience, 26*, 1673–1676. doi:10.1523/JNEUROSCI.3737–05d.2006

Selkoe, D. J. (1993). Physiological production of the β-amyloid protein and the mechanism of Alzheimer's disease. *Trends in Neurosciences, 16*, 403–409. doi:10.1016/0166–2236(93)90008-A

Selkoe, D. J. (2002). Alzheimer's disease is a synaptic failure. *Science Magazine, 298*, 789–791. doi:10.1126/science.1074069

Shenhav, A., Botvinick, M. M., & Cohen, J. D. (2013). The expected value of control: An integrative theory of anterior cingulate cortex function. *Neuron, 79*, 217–240. doi:10.1016/j.neuron.2013.07.007

Shiffrin, R. M., & Schneider, W. (1977). Controlled and automatic human information processing: II. Perceptual learning, automatic attending and a general theory. *Psychological Review, 84*, 127–190. doi:10.1037/0033–295X.84.2.127

Siegel, J. M., & Rogawski, M. A. (1988). A function for REM sleep: Regulation of noradrenergic receptor sensitivity. *Brain Research Reviews, 13*, 213–233. doi:10.1016/0165–0173(88)90007–0

Sperling, R. A., LaViolette, P. S., O'Keefe, K., O'Brien, J., Rentz, D. M., Pihlajamaki, M., . . . Johnson, K. A. (2009). Amyloid deposition is associated with impaired default network function in older persons without dementia. *Neuron, 63*, 178–188. doi:10.1016/j.neuron.2009.07.003

Spires-Jones, T. L., & Hyman, B. T. (2014). The intersection of amyloid beta and tau at synapses in Alzheimer's disease. *Neuron, 82*, 756–771. Retrieved from http://dx.doi.org/10.1016/j.neuron.2014.05.004

Spruit, E. (2011, December 6). Mental fatigue, pupil responses and performance. In *Identity is dynamic*. Retrieved June 5, 2014, from http://identityisdynamic.com/2011/12/06/mental-fatigue-pupil-responses-and-performance/

Stuss, D. T., & Knight, R. T. (2002). *Principles of frontal lobe function*. Oxford: Oxford University Press.

Talairach, J., Bancaud, J., Geier, S., Bordas-Ferrer, M., Bonis, A., Szikla, G., & Rusu, M. (1973). The cingulate gyrus and human behaviour. *Electroencephalography and Clinical Neurophysiology, 34*, 45–52. doi:10.1016/0013–4694(73)90149–1

Tanaka, M., Ishii, A., & Watanabe, Y. (2014). Neural effect of mental fatigue on physical fatigue: A magnetoencephalography study. *Brain Research, 1542*, 49–55. doi:10.1016/j.brainres.2013.10.018

Tononi, G., & Cirelli, C. (2006). Sleep function and synaptic homeostasis. *Sleep Medicine*

Reviews, 10, 49–62. doi:10.1016/j.smrv.2005.05.002

Tsujimoto, T., Shimazu, H., & Isomura, Y. (2006). Direct recording of theta oscillations in primate prefrontal and anterior cingulate cortices. *Journal of Neurophysiology, 95*, 2987–3000. doi:10.1152/jn.00730.2005

Tsujimoto, T., Shimazu, H., Isomura, Y., & Sasaki, K. (2010). Theta oscillations in primate prefrontal and anterior cingulate cortices in forewarned reaction time tasks. *Journal of Neurophysiology, 103*, 827–843. doi:10.1152/jn.00358.2009

Usher, M., Cohen, J. D., Servan-Schreiber, D., Rajkowski, J., & Aston-Jones, G. (1999). The role of locus coeruleus in the regulation of cognitive performance. *Science, 283*, 549–554. doi:10.1126/science.283.5401.549

Vaishnavi, S. N., Vlassenko, A. G., Rundle, M. M., Snyder, A. Z., Mintun, M. A., & Raichle, M. E. (2010). Regional aerobic glycolysis in the human brain. *Proceedings of the National Academy of Sciences of the United States of America, 107*, 17757–17762. doi:10.1073/pnas.1010459107

van der Linden, D. (2011). The urge to stop: The cognitive and biological nature of acute mental fatigue. In P. L. Acherman (Ed.), *Cognitive fatigue: Multidisciplinary perspectives on current research and future applications* (pp. 149–164). Washington, DC: American Psychological Association.

van der Linden, D., Frese, M., & Meijman, T. F. (2003). Mental fatigue and the control of cognitive processes: Effects on perseveration and planning. *Acta Psychologica, 113*, 45–65. doi:10.1016/S0001–6918(02)00150–6

Varela, F., Lachaux, J. P., Rodriguez, E., & Martinerie, J. (2001). The brainweb: Phase synchronization and large-scale integration. *Nature Reviews Neuroscience, 2*, 229–239. doi:10.1038/35067550

Verguts, T., & Notebaert, W. (2009). Adaptation by binding: A learning account of cognitive control. *Trends in Cognitive Sciences, 13*, 252–257. doi:10.1016/j.tics.2009.02.007

Vlassenko, A. G., Vaishnavi, S. N., Couture, L., Sacco, D., Shannon, B. J., Mach, R. H., . . . Mintun, M. A. (2010). Spatial correlation between brain aerobic glycolysis and amyloid-β (Aβ) deposition. *Proceedings of the National Academy of Sciences of the United States of America, 107*, 17763–17767. doi:10.1073/pnas.1010461107

Vohs, K. D., Baumeister, R. F., Schmeichel, B. J., Twenge, J. M., Nelson, N. M., & Tice, D. M. (2008). Making choices impairs subsequent self-control: A limited-resource account of decision making, self-regulation, and active initiative. *Journal of Personality and Social Psychology, 94*, 883–898. doi:10.1037/0022–3514.94.5.883

Vyazovskiy, V. V., Cirelli, C., Pfister-Genskow, M., Faraguna, U., & Tononi, G. (2008). Molecular and electrophysiological evidence for net synaptic potentiation in wake and depression in sleep. *Nature Neuroscience, 11*, 200–208. doi:10.1038/nn2035

Walling, S. G., Brown, R. A., Milway, J. S., Earle, A. G., & Harley, C. W. (2011). Selective tuning of hippocampal oscillations by phasic locus coeruleus activation in awake male rats. *Hippocampus, 21*, 1250–1262. doi:10.1002/hipo.20816

Walling, S. G., & Harley, C. W. (2004). Locus ceruleus activation initiates delayed synaptic potentiation of perforant path input to the dentate gyrus in awake rats: A novel β-adrenergic-and protein synthesis-dependent mammalian plasticity mechanism. *The Journal of Neuroscience, 24*, 598–604. doi:10.1523/JNEUROSCI.4426–03.2004

Walton, M. E., Bannerman, D. M., & Rushworth, M. F. (2002). The role of rat medial frontal cortex in effort-based decision making. *The Journal of Neuroscience, 22*, 10996–11003. Retrieved from http://www.jneurosci.org/

Watrous, A. J., Tandon, N., Conner, C. R., Pieters, T., & Ekstrom, A. D. (2013). Frequency-specific network connectivity increases underlie accurate spatiotemporal memory retrieval. *Nature Neuroscience, 16,* 349–356. doi:10.1038/nn.3315

Wang, C., Ulbert, I., Schomer, D. L., Marinkovic, K., & Halgren, E. (2005). Responses of human anterior cingulate cortex microdomains to error detection, conflict monitoring, stimulus-response mapping, familiarity, and orienting. *The Journal of Neuroscience, 25,* 604–613. doi:10.1523/JNEUROSCI.4151–04.2005

Wei, W., Nguyen, L. N., Kessels, H. W., Hagiwara, H., Sisodia, S., & Malinow, R. (2010). Amyloid beta from axons and dendrites reduces local spine number and plasticity. *Nature Neuroscience, 13,* 190–196. doi:10.1038/nn.2476

Westbrook, A., Kester, D., & Braver, T. S. (2013). What is the subjective cost of cognitive effort? Load, trait, and aging effects revealed by economic preference. *PLoS ONE, 8,* e68210, 1–8. doi:10.1371/journal.pone.0068210

Womelsdorf, T., Johnston, K., Vinck, M., & Everling, S. (2010). Theta-activity in anterior cingulate cortex predicts task rules and their adjustments following errors. *Proceedings of the National Academy of Sciences of the United States of America, 107,* 5248–5253. doi:10.1073/pnas.0906194107

Womelsdorf, T., Vinck, M., Leung, S. L., & Everling, S. (2010). Selective theta-synchronization of choice-relevant information subserves goal-directed behavior. *Frontiers in Human Neuroscience, 4,* 210. doi:10.3389/fnhum.2010.00210

Xie, L., Kang, H., Xu, Q., Chen, M. J., Liao, Y., Thiyagarajan, M., . . . Nedergaard, M. (2013). Sleep drives metabolite clearance from the adult brain. *Science Magazine, 342,* 373–377. doi:10.1126/science.1241224

Yamaguchi, Y. (1981). Frontal midline theta activity. In M. Yamaguchi & K. Fujisawa (Eds.), *Recent advances in EEG and EMG data processing* (pp. 391–396). Amsterdam: Elsevier.

Yamamoto, S., & Matsuoka, S. (1990). Topographic EEG study of visual display terminal (VDT) performance with special reference to frontal midline theta waves. *Brain Topography, 2,* 257–267. doi:10.1007/BF01129654

Yan, P., Bero, A. W., Cirrito, J. R., Xiao, Q., Hu, X., Wang, Y., . . . Lee, J. M. (2009). Characterizing the appearance and growth of amyloid plaques in APP/PS1 mice. *The Journal of Neuroscience, 29,* 10706–10714. doi:10.1523/JNEUROSCI.2637–09.2009

Yang, G., Lai, C.S.W., Cichon, J., Ma, L., Li, W., & Gan, W.-B. (2014). Sleep promotes branch-specific formation of dendritic spines after learning. *Science, 344,* 1173–1178. doi:10.1126/science.1249098

Young, C. K., & McNaughton, N. (2009). Coupling of theta oscillations between anterior and posterior midline cortex and with the hippocampus in freely behaving rats. *Cerebral Cortex, 19,* 24–40. doi:10.1093/cercor/bhn055

Zeman, S. C. (2012). "To see . . . things dangerous to come to": Life magazine and the atomic age in the United States, 1945–1965. In D. van Lente (Ed.), *The nuclear age in popular media* (pp. 53–78). New York: Palgrave Macmillan.

Zhang, J., Zhu, Y., Zhan, G., Fenik, P., Panossian, L., Wang, M. M., . . . Veasey, S. (2014). Extended wakefulness: Compromised metabolics in and degeneration of locus ceruleus neurons. *The Journal of Neuroscience, 34,* 4418–4431. doi:10.1523/JNEUROSCI.5025–12.2014

◆13章

Andersen, S., Dumont, N., & Teicher, M. (1997). Developmental differences in dopamine synthesis inhibition by (+/-)-7-OH-DPAT. *Naunyn-Schmiedebergs Archives of Pharmacology, 356*, 173–181.

Andersen, S., & Gazzara, R. (1993). The ontogeny of apomorphine-induced alterations of neostriatal dopamine release: Effects of spontaneous release. *Journal of Neurochemistry, 61*, 2247–2255.

Andersen, S., Thompson, A., Rutstein, M., Hostetter, J., & Teicher, M. (2000). Dopamine receptor pruning in prefrontal cortex during the periadolescent period in rats. *Synapse, 37*, 167–169.

Barkley-Levenson, E., & Galván A. (2014). Neural representation of expected value in the adolescent brain. *Proceedings of the National Academy of Science, 111*(4), 1646–1651.

Bell, C. C., & McBride, D. F. (2010). Affect regulation and prevention of risky behaviors. *Journal of American Medical Association, 304*(5), 565–566.

Benes, F. M., Taylor, J. B., & Cunningham, M. C. (2000). Convergence and plasticity of monoaminergic systems in the medial prefrontal cortex during the postnatal period: Implications for the development of psychopathology. *Cerebral Cortex, 10*(10), 1014–1027.

Bjork, J., Knutson, B., Fong, G., Caggiano, D., Bennett, S., & Hommer, D. (2004). Incentive-elicited brain activation in adolescents: similarities and differences from young adults. *Journal Neuroscience, 24*(8), 1793–1802.

Bjork, J., Smith, A., Chen, G., & Hommer, D. (2010). Adolescents, adults and rewards: Comparing motivational neurocircuitry recruitment using fMRI. *PLoS ONE, 5*, e11440.

Blum, K., Braverman, E., Holder, J., Lubar, J., Monastra, V., Miller, D., . . . Comings, D. (2000). Reward deficiency syndrome: A biogenetic model for the diagnosis and treatment of impulsive, addictive and compulsive behaviors. *Journal of Psychoactive Drugs, 2*, 1–112.

Bolanos, C., Glatt, S., & Jackson, D. (1998). Subsensitivity to dopaminergic drugs in periadolescent rats: A behavioral and neurochemical analysis. *Developmental Brain Research, 111*, 25–33.

Bourgeois, J. P., Goldman-Rakic, P. S., & Rakic, P. (1994). Synaptogenesis in the prefrontal cortex of rhesus monkeys. *Cerebral Cortex, 4*(1), 78–96.

Brenhouse, H., & Andersen, S. (2008). Delayed extinction and stronger reinstatement of cocaine conditioned place preference in adolescent rats, compared to adults. *Behavioral Neuroscience, 122*, 460–465.

Brenhouse, H., Sonntag, K., & Andersen, S. (2008). Transient D1 dopamine receptor expression on prefrontal cortex projection neurons: Relationship to enhanced motivational salience of drug cues in adolescence. *Journal of Neuroscience, 28*, 2375–2382.

Brown, T. T., Lugar, H. M., Coalson, R. S., Miezin, F. M., Petersen, S. E., & Schlaggar, B. L. (2005). Developmental changes in human cerebral functional organization for word generation. *Cerebral Cortex, 15*(3), 275–290.

Bunge, S. A., Dudukovic, N. M., Thomason, M. E., Vaidya, C. J., & Gabrieli, J. D. (2002). Immature frontal lobe contributions to cognitive control in children: Evidence from fMRI. *Neuron, 33*(2), 301–311.

Case, R. (1972). Validation of a neo-Piagetian capacity construct. *Journal of Experimental Child Psychology, 14*, 287–302.

Casey, B. J. (2005). Frontostriatal and frontocerebellar circuitry underlying cognitive control. In U. Mayr, E. Awh, & S. W. Keele (Eds.), *Decade of behavior: Developing individuality in the human brain: A tribute to Michael I. Posner* (pp. 141–166). Washington, DC: American Psychological Association.

Casey, B. J. (2013). The teen brain: An overview. *Current Directions in Psychological Science, 22*(2), 80–81.

Casey, B. J. (2015). Beyond simple models of self-control to circuit-based accounts of adolescent behavior. *Annual Review of Psychology, 66*, 295–319.

Casey, B. J., & Caudle, K. (2013). Self control: The teen brain. *Current Directions in Psychological Science, 22*(2), 82–87.

Casey, B. J., Cohen, J. D., Jezzard, P., Turner, R., Noll, D., Trainor, R., . . . Rapoport, J. L. (1995). Activation of PFC in children during a non-spatial working memory task with functional MRI. *Neuroimage, 2*, 221–229.

Casey, B. J., Galván, A., & Hare, T. (2005). Changes in cerebral functional organization during cognitive development. *Current Opinions in Neurobiology, 15*, 239–244.

Casey, B. J., Getz, S., & Gálvan, A. (2008). The adolescent brain. *Developmental Review, 28*(1), 62–77.

Casey, B. J., Giedd, J. N., & Thomas, K. M. (2000). Structural and functional brain development and its relation to cognitive development. *Biological Psychology, 54*, 241–257.

Casey, B. J., Somerville, L. H., Gotlib, I. H., Ayduk, O., Franklin, N. T., Askren, M. K., . . . Shoda, Y. (2011). Behavioral and neural correlates of delay of gratification 40 years later. *Proceedings of the National Academy of Sciences of the United States of America, 108*(36), 14998–15003.

Casey, B. J., Thomas, K. M., Davidson, M. C., Kunz, K., & Franzen, P. L. (2002). Dissociating striatal and hippocampal function developmentally with a stimulus-response compatibility task. *Journal of Neuroscience, 22*(19), 8647–8652.

Casey, B. J., Tottenham, N., & Fossella, J. (2002). Clinical, lesion, imaging and genetic approaches to the study of inhibitory mechanisms of attention. *Developmental Psychobiology, 40*, 237–254.

Casey, B. J., Tottenham, N., Liston, C., & Durston, S. (2005). Imaging the developing brain: What have we learned about cognitive development? *Trends in Cognitive Sciences, 9*(3), 104–110.

Casey, B. J., Trainor, R. J., Orendi, J. L., Schubert, A. B., Nystrom, L. E., Giedd, J. N., . . . Rapoport, J. L. (1997). A developmental functional MRI study of prefrontal activation during performance of a go-no-go task. *Journal of Cognitive Neuroscience, 9*, 835–847.

Chambers, R., Taylor, J., & Potenza, M. (2003). Developmental neurocircuitry of motivation in adolescence: A critical period of addiction vulnerability. *American Journal of Psychiatry, 160*, 1041–1052.

Chein, J., Albert, D., O'Brien, L., Uckert, K., & Steinberg, L. (2011). Peers increase adolescent risk taking by enhancing activity in the brain's reward circuitry. *Developmental Science, 14*, F1–F10.

Cho, Y., Fromm, S., Guyer, A., Detloff, A., Pine, D., Fudge, J., & Ernst, M. (2012). Nucleus accumbens, thalamus and insula connectivity during incentive anticipation in typical adults and adolescents. *Neuroimage, 66C*, 508–521.

Christakou, A., Brammer, M., & Rubia, K. (2011). Maturation of limbic corticostriatal activation and connectivity associated with developmental changes in temporal discounting. *Neuroimage, 54*(2), 1344–1354.

Cohen, J. R., Asarnow, R. F., Sabb, F. W., Bilder, R. M., Bookheimer, S. Y., Knowlton, B. J., & Poldrack, R. A. (2010). A unique adolescent response to reward prediction errors. *Nature Neuroscience, 13*(6), 669–671.

Crone, E. A., Donohue, S. E., Honomichl, R., Wendelken, C., & Bunge, S. A. (2006). Brain regions mediating flexible rule use during development. *Journal of Neuroscience, 26*(43), 11239–11247.

Cunningham, M. G., Bhattacharyya, S., & Benes, F. M. (2008). Increasing interaction of amygdalar afferents with GABAergic interneurons between birth and adulthood. *Cerebral Cortex, 18*(7), 1529–1535.

Davidson, M. C., Amso, D., Anderson, L. C., & Diamond, A. (2006). Development of cognitive control and executive functions from 4 to 13 years: Evidence from manipulations of memory, inhibition, and task switching. *Neuropsychologia, 44*(11), 2037–2078.

Diamond, A. (1985). Development of the ability to use recall to guide action, as indicated by infants' performance on AB. *Child Development, 56*(4), 868–883.

Doremus-Fitzwater, T. L., Varlinskaya, E. I., & Spear, L. P. (2010). Motivational systems in adolescence: Possible implications for age differences in substance abuse and other risk-taking behaviors. *Brain Cognition, 72*, 114–123.

Douglas, L., Varlinskaya, E., & Spear, L. (2003). Novel-object place conditioning in adolescent and adult male and female rats: Effects of social isolation. *Physiology and Behavior, 80*, 317–325.

Douglas, L., Varlinskaya, E., & Spear, L. (2004). Rewarding properties of social interactions in adolescent and adult male and female rats: Impact of social versus isolate housing of subjects and partners. *Developmental Psychobiology, 45*, 153–162.

Dreyfuss, M. D., Caudle, K., Drysdale, A. T., Johnston, N. E., Cohen, A. O., Somerville, L. H., . . . Casey, B. J. (2014). Teens impulsively react rather than retreat from threat. *Developmental Neuroscience, 36*, 220–227.

Durston, S., Davidson, M. C., Thomas, K. M., Worden, M. S., Tottenham, N., Martinez, A., . . . Casey, B. J. (2003). Parametric manipulation of conflict and response competition using rapid mixed-trial event-related fMRI. *Neuroimage, 20*(4), 2135–2141.

Durston, S., Davidson, M. C., Tottenham, N., Galván, A., Spicer, J., Fossella, J. A., & Casey, B. J. (2006). A shift from diffuse to focal cortical activity with development. *Developmental Science, 9*(1), 1–8.

Ernst, M., Nelson, E., Jazbec, S., McClure, E., Monk, C. S., Leibenluft, E., . . . Pine, D. S. (2005). Amygdala and nucleus accumbens in responses to receipt and omission of gains in adults and adolescents. *Neuroimage, 25*, 1279–1291.

Ernst, M., Pine, D. S., & Hardin, M. (2006). Triadic model of the neurobiology of motivated behavior in adolescence. *Psychological Medicine, 36*(3), 299–312.

Fiorillo, C., Tobler, P., & Schultz, W. (2003). Discrete coding of reward probability and uncertainty by dopamine neurons. *Science, 299*, 1898–1902.

Flavell, J. H., Beach, D. R., & Chinsky, J. M. (1966). Spontaneous verbal rehearsal in a memory task as a function of age. *Child Development, 37*(2), 283–299.

Friemel, C., Spanagel, R., & Schneider, M. (2010). Reward sensitivity for a palatable food reward peaks during pubertal developmental in rats. *Frontiers in Behavioral Neuroscience, 4*, 1–10.

Galván, A., Hare, T. A., Davidson, M. C., Spicer, J., Glover, G., & Casey, B. J. (2005). The role of ventral frontostriatal circuitry in reward-based learning in humans. *Journal of Neuroscience, 25*, 8650–8656.

Galván, A., Hare, T., Parra, C., Penn, J., Voss, H., Glover, G., & Casey, B. J. (2006). Earlier development of the accumbens relative to orbitofrontal cortex might underlie risk-taking behavior in adolescents. *Journal of Neuroscience, 26*(25), 6885–6892.

Galván, A., & McGlennen, K. (2013). Enhanced striatal sensitivity to aversive reinforcement in adolescents versus adults. *Journal of Cognitive Neuroscience, 25*, 284–296.

Geier, C., Terwilliger, R., Teslovich, T., Velanova, K., & Luna, B. (2010). Immaturities in reward processing and its influence on inhibitory control in adolescence. *Cerebral Cortex, 20,* 1613–1629.

Gogtay, N., Giedd, J. N., Lusk, L., Hayashi, K. M., Greenstein, D., Vaituzis, A. C., . . . Thompson, P. M. (2004). Dynamic mapping of human cortical development during childhood through early adulthood. *Proceedings of the National Academy of Sciences of the United States of America, 101,* 8174–8179.

Hardin, M. G., Mandell, D., Mueller, S. C., Dahl, R. E., Pine, D. S., & Ernst, M. (2009). Inhibitory control in anxious and healthy adolescents is modulated by incentive and incidental affective stimuli. *Journal of Child Psychology and Psychiatry, 50*(12), 1550–1558.

Hare, T. A., Tottenham, N., Galván, A., Voss, H. U., Glover, G. H., & Casey, B. J. (2008). Biological substrates of emotional reactivity and regulation in adolescence during an emotional go-nogo task. *Biological Psychiatry, 63*(10), 927–934.

Helfinstein, S. M., & Casey, B. J. (2014). Commentary on Spielberg et al., "Exciting fear in adolescence: Does pubertal development alter threat processing?" *Developmental Cognitive Neuroscience, 8,* 96–97.

Huttenlocher, P. R., & Dabholkar, A. S. (1997). Regional differences in synaptogenesis in human cerebral cortex. *Journal of Comparative Neurology, 387*(2), 167–178.

Jarcho, J., Benson, B., Plate, R., Guyer, A., Detloff, A., Pine, D., . . . Ernst, M. (2012). Developmental effects of decision-making on sensitivity to reward: An fMRI study. *Developmental Cognitive Neuroscience, 2,* 437–447.

Katoh-Semba, R., Takeuchi, I. K., Semba, R., & Kato, K. (1997). Distribution of brain-derived neurotrophic factor in rats and its changes with development in the brain. *Journal of Neurochemistry, 69*(1), 34–42.

Keating, D. P., & Bobbitt, B. L. (1978). Individual and developmental differences in cognitive-processing components of mental ability. *Child Development, 49*(1), 155–167.

Lamm, C., Benson, B. E., Guyer, A. E., Perez-Edgar, K., Fox, N. A., Pine, D. S., & Ernst, M. (2014). Longitudinal study of striatal activation to reward and loss anticipation from mid-adolescence into late adolescence/early adulthood. *Brain and Cognition, S0278–2626*(13), 00180–00182.

Laviola, G., Pasucci, T., & Pieretti, S. (2001). Striatal dopamine sensitization to D-amphetamine in periadolescent but not in adult rats. *Pharmacology Biochemistry and Behavior, 68,* 115–124.

LeDoux, J. (2002). Cognitive-emotional interactions: Listen to the brain. In R. D. Land & L. Nadel (Eds.), *Cognitive neuroscience of emotion* (pp. 129–155). Oxford: Oxford University Press.

Lee, F. S., Heimer, H., Giedd, J. N., Leim, E. S., Sestan, N., Weinberger, D. R., & Casey, B. J. (2014). Adolescent mental health-opportunity and obligation. *Science, 346*(6209), 547–549.

Liston, C., Miller, M. M., Goldwater, D. S., Radley, J. J., Rocher, A. B., Hof, P. R., & McEwen, B. S. (2006). Stress-induced alterations in prefrontal cortical dendritic morphology predict selective impairments in perceptual attentional set-shifting. *The Journal of Neuroscience, 26*(30), 7870–7874.

Logue, S., Chein, J., Gould, T., Holliday, E., & Steinberg, L. (2014). Adolescent mice, unlike adults, consume more alcohol in the presence of peers than alone. *Developmental Science, 17*(1), 79–85.

Lourenco, F., & Casey, B. J. (2013). Adjusting behavior to changing environmental demands

with development. *Neuroscience & Behavioral Reviews, 37*(9, Pt. B), 2233–2242.
Luna, B., Thulborn, K. R., Munoz, D. P., Merriam, E. P., Garver, K. E., Minshew, N. J., . . . Sweeney, J. A. (2001). Maturation of widely distributed brain function subserves cognitive development. *Neuroimage, 13*(5), 786–793.
Luria, A. R. (1961). The role of speech in the regulation of normal and abnormal behavior. New York: Pergamon.
McClure, S. M., Laibson, D. I., Loewenstein, G., & Cohen, J. D. (2004). Separate neural systems value immediate and delayed monetary rewards. *Science, 306*(5695), 503–507.
McCutcheon, J., & Marinelli, M. (2009). Technical spotlight: Age matters. *European Journal of Neuroscience, 29*, 997–1014.
Metcalfe, J., & Mischel, W. (1999). A hot/cool-system analysis of delay of gratification: Dynamics of willpower. *Psychological Review, 106*(1), 3–19.
Mills, K. L., Goddings, A. L., Clasen, L. S., Giedd, J. D., & Blakemore, S. J. (2014). The developmental mismatch in structural brain maturation during adolescence. *Developmental Neuroscience, 36*(3–4), 147–160.
Mischel, W. (1961). Preference for delayed reinforcement and social responsibility. *Journal of Abnormal and Social Psychology, 62*(1), 1–7.
Moses, P., Roe, K., Buxton, R. B., Wong, E. C., Frank, L. R., & Stiles, J. (2002). Functional MRI of global and local processing in children. *Neuroimage, 16*, 415–424.
Munakata, Y., & Yerys, B. E. (2001). All together now: When dissociations between knowledge and action disappear. *Psychological Science, 12*(4), 335–337.
Nelson, E., Herman, K., Barrett, C., Noble, P., Wojteczko, K., Chisholm, K., . . . Pine, D. S. (2009). Adverse rearing experiences enhance responding to both aversive and rewarding stimuli in juvenile rhesus monkeys. *Biological Psychiatry, 66*, 702–704.
Panksepp, J. (1998). *Affective neuroscience*. New York: Oxford University Press.
Pascual-Leone, J. (1970). A mathematical model for the transition rule in Piaget's developmental stages. *Acta Psychologica, 32*, 301–345.
Passler, M. A., Isaac, W., & Hynd, G. W. (1985). Neuropsychological development of behavior attributed to frontal lobe functioning in children. *Developmental Neuropsychology, 1*(4), 349–370.
Pattwell, S. S., Bath, K. G., Casey, B. J., Ninan, I., & Lee, F. S. (2011). Selective early-acquired fear memories undergo temporary suppression during adolescence. *Proceedings of the National Academy of Sciences USA, 108*(3), 1182–1187.
Pattwell, S. S., Duhoux, S., Hartley, C. A., Johnson, D. C., Jing, D., Elliott, M. D., . . . Lee, F. S. (2012). Altered fear learning across development in both mouse and human. *Proceedings of the National Academy of Sciences USA, 109*, 16319–16323.
Phelps, E. A., Delgado, M. R., Nearing, K. I., & LeDoux, J. E. (2004). Extinction learning in humans: Role of the amygdala and vmPFC. *Neuron, 43*(6), 897–905.
Piaget, J. (1954). *The construction of reality in the child*. New York: Ballantine.
Post, G., & Kemper, H. (1993). Nutritional intake and biological maturation during adolescence: The Amsterdam growth and health longitudinal study. *European Journal of Clinical Nutrition, 47*, 400–408.
Robinson, D., Zitzman, D., Smith, K., & Spear, L. (2011). Fast dopamine release events in the nucleus accumbens of early adolescent rats. *Neuroscience, 176*, 296–307.
Schlagger, B. L., Brown, T. T., Lugar, H. M., Visscher, K. M., Miezen, F. M., & Petersen, S. E. (2002). Functional neuroanatomical differences between adults and school-age children in the processing of single words. *Science, 296*(5572), 1476–1479.
Schultz, W., Dayan, P., & Montague, P. R. (1997). A neural substrate of prediction and

reward. *Science, 275*(5306), 1593–1599.

Skinner, B. F. (1938). *The behavior of organisms: An experimental analysis.* Cambridge, MA: Skinner Foundation.

Smith, D., Xiao, L., & Bechara, A. (2011). Decision making in children and adolescents: Impaired Iowa Gambling Task performance in early adolescence. *Developmental Psychology, 48*(4), 1180–1187.

Somerville, L., Hare, T., & Casey, B. (2011). Frontostriatal maturation predicts cognitive control failure to appetitive cues in adolescents. *Journal of Cognitive Neuroscience, 23,* 2123–2134.

Somerville, L. H., van den Bulk, B. G., & Skwara, A. C. (in press). Response to: The triadic model perspective for the study of adolescent motivated behavior. *Brain and Cognition.*

Sowell, E., Thompson, P., Holmes, C., Jernigan, T., & Toga, A. (1999). In vivo evidence for post-adolescent brain maturation in frontal and striatal regions. *Nature Neuroscience, 2,* 859–861.

Sowell, E. R., Thompson, P. M., Leonard, C. M., Welcome, S. E., Kan, E., & Toga, A. W. (2004). Longitudinal mapping of cortical thickness and brain growth in normal children. *The Journal of Neuroscience, 24*(38), 8223–8231.

Spear, L. (2000). The adolescent brain and age-related behavioral manifestations. *Neuroscience & Biobehavioral Reviews, 24*(4), 417–463.

Spear, L. (2010). *The behavioral neuroscience of adolescence.* New York: Norton.

Spear, L. (2011). Rewards, aversions and affect in adolescence: Emerging convergences across laboratory animal and human data. *Developmental Cognitive Neuroscience, 1*(4), 390–403.

Steinberg, L. (2012). Should the science of adolescent brain development inform public policy? *Issues in Science and Technology, 28*(3).

Steinberg, L., Albert, D., Cauffman, E., Banich, M., Graham, S., & Woolard, J. (2008). Age differences in sensation seeking and impulsivity as indexed by behavior and self-report: Evidence for a dual systems model. *Developmental Psychology, 44*(6), 1764–1778.

Steinberg, L., Graham, S., O'Brien, L., Woolard, J., Cauffman, E., & Banich, M. (2009). Age differences in future orientation and delay discounting. *Child Development, 80,* 28–44.

Sturman, D., & Moghaddam, B. (2012). Striatum processes reward differently in adolescents versus adults. *Proceedings of the National Academy of Sciences, 109,* 1719–1724.

Tamm, L., Menon, V., & Reiss, A. L. (2002). Maturation of brain function associated with response inhibition. *Journal of the American Academy of Child and Adolescent Psychiatry, 41,* 1231–1238.

Tarazi, F., Tomasini, E., & Baldessarini, R. (1999). Postnatal development of dopamine D1-like receptors in rat cortical and striatolimbic brain regions: An autoradiographic study. *Developmental Neuroscience, 21,* 43–49.

Teicher, M. H., Andersen, S. L., & Hostetter, J. C. (1995). Evidence for dopamine receptor pruning between adolescence and adulthood in striatum but not nucleus accumbens. *Developmental Brain Research, 89,* 167–172.

Teslovich, T., Mulder, M., Franklin, N. T., Ruberry, E. J., Millner, A., Somerville, L. H., . . . Casey, B. J. (2014). Adolescents let sufficient evidence accumulate before making a decision when large incentives are at stake. *Developmental Science, 17,* 59–70.

Thomas, K. M., Hunt, R. H., Vizueta, N., Sommer, T., Durston, S., Yang, Y., & Worden, M. S. (2004). Evidence of developmental differences in implicit sequence learning: An fMRI study of children and adults. *Journal of Cognitive Neuroscience, 16,* 1339–1351.

Tipper, S. P., Bourque, T. A., Anderson, S. H., & Brehaut, J. C. (1989). Mechanisms of attention: A developmental study. *Journal of Experimental Child Psychology, 48*(3), 353–378.

Torres, O., Tejeda, H., Natividad, L., & O'Dell, L. (2008). Enhanced vulnerability to the rewarding effects of nicotine during the adolescent period of development. *Pharmacology Biochemistry and Behavior, 90*, 658–663.

Tseng, K. Y., & O'Donnell, P. (2007). Dopamine modulation of prefrontal cortical interneurons changes during adolescence. *Cerebral Cortex, 17*(5), 1235–1240.

Turkeltaub, E., Gareau, L., Flowers, L., Zeffiro, T., & Eden, G. (2003). Development of neural mechanisms for reading. *Nature Neuroscience, 6*, 767–773.

van den Bos, W., Cohen, M. X., Kahnt, T., & Crone, E. A. (2012). Striatum-medial prefrontal cortex connectivity predicts developmental changes in reinforcement learning. *Cerebral Cortex, 22*, 1247–1255.

van den Bos, W., Guroglu, B., van den Bulk, B. G., Rombouts, S. A., & Crone, E. A. (2009). Better than expected or as bad as you thought? The neurocognitive development of probabilistic feedback processing. *Frontiers in Human Neuroscience, 3*, 52.

van Leijenhorst, L., Zanolie, K., van Meel, C., Westenberg, P., Rombouts, S., & Crone, E. (2010). What motivates the adolescent? Brain regions mediating reward sensitivity across adolescents. *Cerebral Cortex, 20*(1), 61–69.

Varlinskaya, E., & Spear, L. (2008). Social interactions in adolescent and adult Sprague-Dawley rats: Impact of social deprivation and test context familiarity. *Behavioral Brain Research, 188*, 398–405.

Wilmouth, C., & Spear, L. (2009). Hedonic sensitivity in adolescent and adult rats: Taste reactivity and voluntary sucrose consumption. *Pharmacology Biochemistry and Behavior, 92*, 566–573.

Zelazo, P. D., Frye, D., & Rapus, T. (1996). An age-related dissociation between knowing rules and using them. *Cognitive Development, 11*(1), 37–63.

◆14章

Aarts, E., van Holstein, M., & Cools, R. (2011). Striatal dopamine and the interface between motivation and cognition. *Frontiers in Psychology, 2*, 1–11.

Adcock, R. A., Thangavel, A., Whitfield-Gabrieli, S., Knutson, B., & Gabrieli, J.D.E. (2006). Reward-motivated learning: Mesolimbic activation precedes memory formation. *Neuron, 50*, 507–517.

Andersen, S. L. (2003). Trajectories of brain development: Point of vulnerability or window of opportunity. *Neuroscience and Biobehavioral Reviews, 27*, 3–18.

Anderson, B. A., Laurent, P. A., & Yantis, S. (2011). Value-driven attentional capture. *Proceedings of National Academy of Sciences USA, 108*, 10367–10371.

Arnsten, A.F.T., & Shansky, R. M. (2004). Adolescence: Vulnerable period for stress-induced prefrontal cortical function? *Annals of the New York Academy of Sciences, 1021*, 143–147.

Bäckman, L., & Farde, L. (2005). The role of dopamine functions in cognitive aging. In R. Cabeza, L. Nyberg, & D. C. Park (Eds.), *Cognitive neuroscience of aging* (pp. 58–84). New York: Oxford University Press.

Bäckman, L., Nyberg, L., Lindenberger, U., Li, S.-C., & Farde, L. (2006). The correlative triad among aging, dopamine, and cognition: Status and future prospects. *Neuroscience and Biobehavioral Reviews, 30*, 791–807.

Badre, D. (2008). Cognitive control, hierarchy, and the rostro–caudal organization of the frontal lobes. *Trends in Cognitive Sciences, 12*, 193–200.

Balleine, B. W., & O'Doherty, J. P. (2010). Human and rodent homologies in action control:

Cortico-striatal determinants of goal-directed and habitual action. *Neuropsychopharmacology, 35*, 48–69.

Baltes, P. B. (1997). On the incomplete architecture of human ontogeny: Selection, optimization, and compensation as a foundation for developmental theory. *American Psychologist, 52*, 366–380.

Baltes, P. B., & Baltes, M. M. (1990). Psychological perspective on successful aging: The model of selective optimization with compensation. In P. B. Baltes & M. M. Baltes (Eds.), *Successful aging: Perspectives from the behavioral sciences* (pp. 1–34). New York: Cambridge University Press.

Bandura, A. (1977). Self-efficacy: Toward a unifying theory of behavioral change. *Psychological Review, 84*, 191–215.

Berridge, K. C., & Robinson, T. E. (2003). Parsing reward. *Trends in Neuroscience, 26*, 507–513.

Bjork, J. M., Knutson, B., Fong, G. W., Caggiano, D. M., Bennett, S. M., & Hommer, D. W. (2004). Incentive-elicited brain activation in adolescents: Similarities and differences from young adults. *Journal of Neuroscience, 24*, 1793–1802.

Brandstädter, J. (1989). Personal self-regulation of development: Cross-sequential analyses of development-related control beliefs and emotion. *Developmental Psychology, 25*, 96–108.

Buckner, R. L. (2004). Memory and executive function in aging and AD: Multiple factors that cause decline and reserve factors that compensate. *Neuron, 44*, 195–208.

Bunge, S. A., Dudukovic, N. M., Thomason, M. E., Vaidya, C. J., & Gabrieli, J.D.E. (2002). Immature frontal lobe contributions to cognitive control in children: Evidence from fMRI. *Neuron, 33*, 301–311.

Bunge, S. A., & Wright, S. B. (2007). Neurodevelopmental changes in working memory and cognitive control. *Current Opinion in Neurobiology, 17*, 243–250.

Carstensen, L. L., Isaacowitz, D. M., & Charles, S. T. (1999). Taking time seriously: A theory of socioemotional selectivity. *American Psychologist, 54*, 165–181.

Casey, B. J., Jones, R. M., & Hare, T. A. (2008). The adolescent brain. *Annals of the New York Academy of Sciences, 1124*, 111–126.

Casey, B. J., Thomas, K. M., Davidson, M. C., Kunz, K., & Franzen, P. L. (2002). Dissociating striatal and hippocampal function developmentally with a stimulus–response compatibility task. *Journal of Neuroscience, 22*, 8647–8652.

Castel, A. D., Humphreys, K. L., Lee, S. S., Galván, A., Balota, D. A., & McCabe, D. P. (2011). The development of memory efficiency and value-directed remembering across the lifespan: A cross-sectional study of memory and selectivity. *Developmental Psychology*, 47, 1553–1563.

Castel, A. D., Murayama, K., Friedman, M. C., McGillivray, S., & Link, I. (2013). Selecting valuable information to remember: Age-related differences and similarities in self-regulated learning. *Psychology and Aging, 28*, 232–242.

Chinta, S. J., & Andersen, J. K. (2005). Dopaminergic neurons. *The International Journal of Biochemistry & Cell Biology, 37*, 942–946.

Chowdhury, R., Guitart-Masip, M., Bunzeck, N., Dolan, R. J., & Düzel, E. (2012). Dopamine modulates episodic memory persistence in old age. *Journal of Neuroscience, 32*, 14193–14204.

Chowdury, R., Guitart-Masip, M., Lambert, C., Dayan, P., Huys, Q., Duezel, E., & Dolan, R. J. (2013). Dopamine restores reward prediction errors in old age. *Nature Neuroscience, 16*, 648–653.

Christakou, A., Gershman, S. J., Niv, Y., Simmons, A., Brammer, M., & Rubia, K. (2013). Neural and psychological maturation of decision-making in adolescence and young adulthood. *Journal of Cognitive Neuroscience, 25*, 1807–1823.

Clark, A. (2001). Where brain, body, and world collide. In G. M. Edelman & J.-P. Changuex (Eds.), *The brain* (pp. 250–278). London: Transaction.

Cohen, J. R., Asarnow, R. F., Sabb, F. W., Bilder, R. M., Bookheimer, S. Y., Knowlton, B. J., & Poldrack, R. A. (2010). A unique adolescent response to reward prediction errors. *Nature Neuroscience, 13*, 669–671.

Cohen, M. X., Wilmes, K. A., & van de Vijver, I. (2011). Cortical electrophysiological network dynamics of feedback learning. *Trends in Cognitive Sciences, 15*, 558–566.

Cools, R. (2011). Dopaminergic control of the striatum for high-level cognition. *Current Opinion in Neurobiology, 21*, 402–407.

Cools, R., Clark, L., & Robbins, T. W. (2004). Differential responses in human striatum and prefrontal cortex to changes in object- and rule-relevance. *Journal of Neuroscience, 24*, 1124–1135.

Crews, F., He, J., & Hodge, C. (2007). Adolescent cortical development: A critical period of vulnerability for addiction. *Pharmacol. Biochemi. Behav. 86*, 189–199.

Crone, E., & Dahl, R. E. (2012). Understanding adolescence as a period of social-affective engagement and goal flexibility. *Nature Reviews Neuroscience, 13*, 636–650.

Crone, E., Zanolie, K., Van Leijenhorst, L., Westenberg, M., & Rombouts, S.A.R.B. (2008). Neural mechanisms supporting flexible performance adjustment during development. *Cognitive, Affective and Behavioral Neuroscience, 8*, 165–177.

Crone, E. A., Donohue, S. E., Honomichl, R., Wendelken, C., & Bunge, S. A. (2006). Brain regions mediating flexible rule use during development. *Journal of Neuroscience, 25*, 11239–11247.

Crone, E. A., & van der Molen, M. W. (2004). Developmental changes in real life decision making: Performance on a gambling task previously shown to depend on the ventromedial prefrontal cortex. *Developmental Neuropsychology, 25*, 251–279.

D'Ardenne, K., Eshel, N., Luka, J., Lenartowicz, A., Nystrom, L. E. & Cohen, J. D. (2012). Role of prefrontal cortex and the midbrain dopamine system in working memory updating. *Proceedings of the National Academy of Sciences, USA, 109*, 19900–19909.

D'Ardenne, K., McClure, S. M., Nystrom, L., & Cohen, J. D. (2008). BOLD responses reflecting dopaminergic signals in the human ventral tegmental area. *Science, 319*, 1264–1267.

Daw, N. D., Gershman, S. J., Seymour, B., Dayan, P., & Dolan, R. J. (2011). Model-based influences on humans' choices and striatal prediction errors. *Neuron, 69*, 1204–1215.

Daw, N. D., Niv, Y., & Dayan, P. (2005). Human and rodent homologies in action control: Cortico-striatal determinants of goal-directed and habitual action. *Nature Neuroscience, 8*, 1704–1711.

de Wit, S., van de Vijver, I., & Ridderinkhof, K. R. (2014). Impaired acquisition of goal-directed action in healthy aging. *Cognitive, Affective and Behavioral Neuroscience, 14*, 647–658.

Diamond, A., Briand, L., Fossella, J., & Gehlbach, L. (2004). Genetic and neurochemical modulation of prefrontal cognitive function in children. *American Journal of Psychiatry, 161*, 125–132.

Dodson, C. S., Bawa, S., & Krueger, L. E. (2007). Aging, metamemory and high-confidence errors: A misrecollection account. *Psychology and Aging, 22*, 122–133.

Düzel, E., Bunzeck, N., Guitart-Masip, M., & Düzel, S. (2010). Novelty-related motivation of anticipation and exploration by dopamine (NOMAD): Implications for healthy aging. *Neuroscience & Biobehavioral Reviews, 34*, 660–669.

Eppinger, B., Heekeren, H. R., & Li, S.-C. (2015). *Lost in state transition: Age-related prefrontal impairments implicate deficient prediction of future reward.* Manuscript submitted for publication.

Eppinger, B., & Kray, J. (2011). To choose or to avoid: Age differences in learning form positive and negative feedback. *Journal of Cognitive Neuroscience, 23*, 41–52.

Eppinger, B., Kray, J., Mock, B., & Mecklinger, A. (2008). Better or worse than expected? Aging, learning, and the ERN. *Neuropsychologia, 46*, 521–539.

Eppinger, B., Nystrom, L., & Cohen, J. D. (2012). Reduced sensitivity to immediate reward during decision-making in older than younger adults. *PLoS ONE,* 7(5), 1–10.

Eppinger, B., Schuck, N. W., Nystrom, L. E., & Cohen, J. D. (2013). Reduced striatal responses to reward prediction errors in older compared to younger adults. *Journal of Neuroscience, 33*, 9905–9912. doi:10.1523/JNEUROSCI.2942–12.2013

Eppinger, B., Walter, M., Heekeren, H. R., & Li, S.-C. (2013). Of goals and habits: Age-related and individual differences in goal-directed decision-making [Original research]. *Frontiers in Neuroscience,* 7, 1–14. doi:10.3389/fnins.2013.00253

Erixon-Lindroth, N., Farde, L., Robins Wahlin, T. B., Sovago, J., Halldin, C., & Bäckman, L. (2005). The role of the striatal dopamine transporter in cognitive aging. *Psychiatry Research Neuroimaging, 138*, 1–12.

Freund, A. M. (2008). Successful aging as management of resources: The role of selection, optimization, and compensation. *Research in Human Development, 5*, 94–106.

Friston, K. J., & Kiebel, S. J. (2009). Predictive coding under the free-energy principle. *Philosophical Transactions of the Royal Society B-Biological Sciences, 362*, 1211–1221.

Friston, K. J., Tononi, G., Reeke, G. N., Sporns, O., & Edelman, G. M. (1994). Value-dependent selection in the brain: Simulation in a synthetic neural model. *Neuroscience, 59*, 229–243.

Galván, A., Hare, T., Voss, H., Glover, G., & Casey, B. J. (2007). Risk-taking and the adolescent brain: Who is at risk? *Developmental Science, 10*, F8–F14.

Gehring, W. J., & Willoughby, A. R. (2002). The medial frontal cortex and the rapid processing of monetary gains and losses. *Science, 295*, 2279–2282.

Geier, C. F., Terwilliger, R., Teslovich, T., Velanova, K., & Luna, B. (2010). Immaturities in reward processing and its influence on inhibitory control in adolescence. *Cerebral Cortex, 20*, 1613–1629.

Gershman, S. J., Markman, A. B., & Otto, A. R. (2013). Retrospective revaluation in sequential decision making: A tale of two systems. *Journal of Experimental Psychology: General, 143*, 182–194. doi:10.1037/a0030844

Giedd, J. N., Snell, J. W., Lange, N., Rajapakse, J. C., Casey, B. J., Kozuch, P. L., . . . Rapoport, J. L. (1996). Quantitative magnetic resonance imaging of human brain development: Age 4–18. *Cerebral Cortex, 6*, 551–560.

Gläscher, J., Daw, N. D., Dayan, P., & O'Doherty, J. P. (2010). States versus rewards: Dissociable neural prediction error signals underlying model-based and model-free reinforcement learning. *Neuron, 66*, 585–595.

Gogtay, N., Giedd, J. N., Lusk, L., Hayashi, K. M., Greenstein, D., Vaituzis, C., . . . Thompson, P. M. (2004). Dynamic mapping of human cortical development during childhood through early adulthood. *Proceedings of the National Academy of Sciences, 101*(21), 8174–8178.

Gollwitzer, P. M., & Moskowitz, G. B. (1996). Goal effects on action and cognition. In E. T. Higgins & A. W. Kruglanski (Eds.), *Social psychology: Handbook of basic principles* (pp. 361–399). New York: Guilford Press.

Guitart-Masip, M., Duzel, E., Dolan, R., & Dayan, P. (2014). Action versus valence in decision making. *Trends in Cognitive Sciences, 18*, 194–202.

Hämmerer, D., Biele, G., Müller, V., Thiele, H., Nürnberg, P., Heekeren, H. R., & Li, S.-C. (2013). Effects of *PPP1R1B* (*DARPP-32*) polymorphism on feedback-related brain potentials across the lifespan. *Frontiers in Psychology, 4,* 1–8.

Hämmerer, D., & Eppinger, B. (2012). Dopaminergic and prefrontal contributions to reward-based learning and outcome monitoring during child development and aging. *Developmental Psychology, 48*, 862–874.

Hämmerer, D., Li, S.-C., Mueller, V., & Lindenberger, U. (2011). Lifespan differences in electrophysiological correlates of monitoring gains and losses during probabilistic reinforcement learning. *Journal of Cognitive Neuroscience, 23*, 579–592.

Hauser, T. U., Hunt, L. T., Iannaccone, R., Walitza, S., Brandeis, D., Brem, S., & Dolan, R. J. (2015). Temporally dissociable contributions of human medial prefrontal subregions to reward-guided learning. *Journal of Neuroscience, 36*, 11209–11220.

Haycock, J. W., Becker, L., Ang, L., Furukawa, Y., Homykiewicz, O., & Kish, S. J. (2003). Marked disparity between age-related changes in dopamine and other presynaptic dopaminergic markers in human striatum. *Journal of Neurochemistry, 87*, 574–585.

Heckhausen, J., Wrosch, C., & Schulz, R. (2010). A motivational theory of life-span development. *Psychological Review, 117*, 32–60.

Heitland, I., Oosting, R. S., Baas, J.M.P., Massar, S.A.A., Kenemans, J. L., & Böcker, K.E.B. (2012). Genetic polymorphisms of the dopamine and serotonin systems modulate neurophysiological response to feedback and risk-tasking in healthy humans. *Cognitive Affective and Behavioral Neuroscience, 12*, 678–691.

Hess, T. M. (2014). Selective engagement of cognitive resources: Motivational influences on older adults' cognitive functioning. *Perspectives on Psychological Science, 9*, 388–407.

Holroyd, C. B., & Coles, M. G. (2002). The neural basis of human error processing: Reinforcement learning, dopamine, and the error-related negativity. *Psychological Review, 109*, 679–709.

Hughes, G., Mathan, S., & Yeung, N. (2013). EEG indices of reward motivation and target detectability in a rapid visual detection task. *NeuroImage, 64*, 590–600.

Inoue, M., Suhara, T., Sudo, Y., Okubo, Y., Yasuno, F., Kishimoto, T., . . . Tanada, S. (2001). Age-related reduction of extrastriatal dopamine D_2 receptor measured by PET. *Life Sciences, 69*, 1079–1084.

Ito, S., Stuphorn, V., Brown, J. W., & Schall, J. D. (2003). Performance monitoring by the anterior cingulate cortex during saccade countermanding. *Science, 302*, 20–22.

Jocham, G., Hunt, L. T., Near, J., & Behrens, T. E. (2012). A mechanism for value-guided choice based on the excitation-inhibition balance in the prefrontal cortex. *Nature Neuroscience, 15*, 960–961.

Jocham, G., & Ullsperger, M. (2009). Neuropharmacology of performance monitoring. *Neuroscience and Biobehavioral Reviews, 33*, 48–60.

Jucaite, A., Forssberg, H., Karlsson, P., Halldin, C., & Farde, L. (2010). Age-related reduction in dopamine D1 receptors in the human brain: From late childhood to adulthood: A positron emission tomography study. *Neuroscience, 167*, 104–110.

Kaasinen, V., Vilkman, H., Hietala, J., Någren, J., Helenius, H., & Olsson, H. (2000). Age-related dopamine D2/D3 receptor loss in extrastriatal regions of the human brain. *Neurobiology of Aging, 21,* 683–688.

＊7 Kahneman, D. (2011). *Thinking, fast and slow.* New York: Farrar, Strauss, Giroux.

Kennerley, S. W., & Wallis, J. D. (2009). Reward-dependent modulation of working memory in lateral prefrontal cortex. *Journal of Neuroscience, 29*, 3259–3270.

Kobayashi, S., & Schultz, W. (2014). Reward contexts extend dopamine signals to unre-

warded stimuli. *Current Biology, 24*, 56–62.
Koechlin, E., & Hyafil, A. (2007). Anterior prefrontal function and the limits of human decision-making. *Science, 318*, 594–598.
Koechlin, E., Ody, C., & Kouneiher, F. (2003). The architecture of cognitive control in the human prefrontal cortex. *Science, 302*, 1181–1185.
Krämer, U. M., Cunillera, T., Càmara, E., Marco-Pallaré, J., Cucurell, D., Nager, W., . . . Münte, T. F. (2007). The impact of catecholamine-O-methyltransferase and dopamine D4 receptor genotypes on neurophysiological markers of performance monitoring. *Journal of Neuroscience, 27*, 14190–14198.
Krawczyk, D. C., Gazzaley, A., & D'Esposito, M. (2007). Reward modulation of prefrontal and association cortex during an incentive working memory task. *Brain Research, 1141*, 168–177.
Krebs, R. M., Boehler, C. N., Appelbaum, L. G., & Woldorff, M. G. (2013). Reward associations reduce behavioral interference by changing the temporal dynamics of conflict processing. *PLoS ONE, 8*(1), e53894.
Kurniawan, I. T., Guitart-Masip, M., & Dolan, R. J. (2011). Dopamine and effort-based decision making. *Frontiers in Neuroscience, 5*, 1–10.
Landau, S. M., Lal, R., O'Neil, J. P., Baker, S., & Jagust, W. J. (2009). Striatal dopamine and working memory. *Cerebral Cortex, 19*, 445–454.
Lee, S. W., Shimojo, S., & O'Doherty, J. P. (2014). Neural computations underlying arbitration between model-based and model-free learning. *Neuron, 81*, 687–699.
Li, S.-C. (2003). Biocultural orchestration of developmental plasticity across levels: The interplay of biology and culture in shaping the mind and behavior across the lifespan. *Psychological Bulletin, 129*, 171–194.
Li, S.-C. (2013). Neuromodulation and developmental contextual influences on neural and cognitive plasticity across the lifespan. *Neuroscience & Biobehavioral Reviews, 37*, 2201–2208.
Li, S., Lindenberger, U., & Sikström, S. (2001). Aging cognition: From neuromodulation to representation. *Trends in Cognitive Sciences, 5*, 479–486.
Li, S.-C., Naveh-Benjamin, M., & Lindenberger, U. (2005). Aging neuromodulation impairs associative binding: A neurocomputational account. *Psychological Science, 16*, 445–450.
Li, S.-C., Passow, S., Nietfeld, W., Schröder, J., Bertram, L., Heekeren, H. R., & Lindenberger, U. (2013). Dopamine modulates attentional control of auditory perception: DARPP-32 (PPP1R1B) genotype effects on behavior and cortical evoked potentials. *Neuropsychologia, 51*, 1649–1661.
Li, S.-C., & Rieckmann, A. (2014). Neuromodulation and aging: Implications of aging neuronal gain control on cognition. *Current Opinion in Neurobiology, 29*, 148–158.
Li, S.-C., & Sikström, S. (2002). Integrative neurocomputational perspective on cognitive aging, neuromodulation, and representation. *Neuroscience and Biobehavioral Reviews, 26*, 795–808.
Lindenberger, U., Nagel, I. E., Chicherio, C., Li, S.-C., Heekeren, H. R., & Bäckman, L. (2008). Age-related decline in brain resources modulates genetic effects on cognitive functioning. *Frontiers in Neuroscience, 2*, 234–244.
Liotti, M., Pliszka, S. R., Perez, R., Kothmann, D., & Woldorff, M. G. (2005). Abnormal brain activity related to performance monitoring and error detection in children with ADHD. *Cortex, 41*, 377–388.
Lisman, J., Grace, A. A., & Duzel, E. (2011). A neoHebbian framework for episodic memory; role of dopamine-dependent LTP. *Trends in Neuroscience, 34*, 536–547.
Luciana, M., Wahlstrom, D., Porter, J. N., & Collins, P. F. (2012). Dopaminergic modulation of incentive motivation in adolescence: Age-related changes in signaling, individual dif-

ferences, and implications for the development of self-regulation. *Developmental Psychology, 48*, 844–861.

Manitt, C., Eng, C., Pokinko, M., Ryan, R. T., Torres-Berrio, A., Liopez, J. P., . . . Flores, C. (2013). Dcc orchestrates the development of the prefrontal cortex during adolescence and is altered in psychiatric patients. *Translational Psychiatry, e338*, 1–12.

Manitt, C., Mimee, A., Eng, C., Pokinko, M., Stroh, T., Cooper, H. M., . . . Flores, C. (2011). The netrin receptor DCC is required in the pubertal organization of mesocortical dopamine circuitry. *Journal of Neuroscience, 31*, 8381–8394.

Marcovitch, S., & Zelazo, P. D. (2009). A hierarchical competing systems model of the emergence and early development of executive function. *Developmental Science, 12*, 1–18.

Marcovitch, S., Zelazo, P. D., & Schmuckler, M. A. (2002). The effect of the number of A trials on performance on the A-not-B task. *Infancy, 3*, 519–529.

Mata, R., Josef, A. K., Samanez-Larkin, G. R., & Hertwig, R. (2011). Age differences in risky choice: A meta-analysis. *Annals of the New York Academy of Sciences, 1235*, 18–29.

McClure, S. M., Daw, N. D., & Montague, R. (2003). A computational substrate for incentive salience. *Trends in Neurosciences, 26*, 423–428.

McNab, F., Varrone, A., Farde, L., Jucaite, A., Bystritsky, P., Forssberg, H., & Klingberg, T. (2009). Changes in cortical dopamine D1 receptor binding associated with cognitive training. *Science, 323*, 800–802.

Mell, T., Heekeren, H. R., Marschner, A., Wartenburger, I., Villringer, A., & Reischies, F. M. (2005). Effect of aging on stimulus-reward association learning. *Neuropsychologia, 43*, 554–563.

Mell, T., Wartenburger, I., Marschner, A., Villringer, A., Reischies, F. M., & Heekeren, H. R. (2009). Altered function of ventral striatum during reward-based decision-making in old age. *Frontiers in Human Neuroscience, 3*, 1–10.

Millar, W. S. (1990). Span of integration for delayed-reward contingency learning in 6- to 8-month-old infants. *Annals of the New York Academy of Sciences, 608*, 239–266.

Miller, E. K., & Cohen, J. D. (2001). An integrative theory of prefrontal cortex function. *Annual Review Neuroscience, 24*, 167–202.

Montague, R., Hyman, S. E., & Cohen, J. D. (2004). Computational roles for dopamine in behavioral control. *Nature, 431*, 760–767.

Munakata, Y., Snyder, H. R., & Chatham, C. H. (2012). Developing cognitive control: Three key transitions. *Current Directions in Psychological Science, 21*, 71–77.

Nagano-Saito, A., Leyton, M., Monchi, O., Goldberg, Y. K., He, Y., & Dagher, A. (2008). Dopamine depletion impairs frontostriatal functional connectivity during a set-shifting task. *Journal of Neuroscience, 28*, 3697–3706.

Niv, Y., Daw, N. D., Joel, D., & Dayan, P. (2007). Tonic dopamine: Opportunity costs and the control of response vigor. *Psychopharmacology, 191*, 507–520.

Niv, Y., Edlund, J. A., Dayan, P., & O'Doherty, P. (2012). Neural prediction errors reveal a risk-sensitive reinforcement-learning process in the human brain. *Journal of Neuroscience, 32*, 551–562.

Nyberg, L., Salami, A., Andersson, M., Eriksson, J., Kalpouzos, G., Kauppi, K., . . . Nilsson, L.-G. (2010). Longitudinal evidence for diminished frontal cortex function in aging. *Proceedings of the National Academy of Sciences, 107*, 22682–22686.

Otto, A. R., Gershman, S. J., Markman, A. B., & Daw, N. D. (2013). The curse of planning: Dissecting multiple reinforcement learning systems by taxing the central executive. *Psychological Science, 24*, 751–761.

Padmala, S., & Pessoa, L. (2011). Reward reduces conflict by enhancing attentional control and biasing visual cortical processing. *Journal of Cognitive Neuroscience, 23*, 3419–3432.

Papenberg, G., Li, S.-C., Nagel, I. E., Nietfeld, W., Schjeide, B.-M., Schröder, J., . . . Bäckman, L. (2014). Dopamine and glutamate receptor genes interactively influence episodic memory in old age. *Neurobiology of Aging, 35*, 1213.e3–1213.e8.

Passow, S., Müller, M., Westerhausen, R., Hugdahl, K., Wartenburger, I., Heekeren, H. R., . . . Li, S.-C. (2013). Development of attentional control of verbal auditory processing from middle to late childhood: Comparison to healthy aging. *Developmental Psychology, 49*, 1982–1993.

Pietschmann, M., Endrass, T., Czerwon, B., & Kathmann, N. (2011). Aging, probabilistic learning and performance monitoring. *Biological Psychology, 86*, 74–82.

Posner, M. I., Rothbart, M. K., Sheese, B. E., & Voelker, P. (2012). Control networks and neuromodulators of early development. *Developmental Psychology, 48*, 827–835,

Ratcliff, R. (2002). A diffusion model account of reaction time and accuracy in a 2-choice brightness discrimination task: Fitting real data and failing to fit fake but plausible data. *Psychonomic Bulletin and Review, 9*, 278–291.

Raz, N., Lindenberger, U., Rodrigue, K. M., Kennedy, K. M., Head, D., Williamson, A., . . . Acker, J. D. (2005). Regional brain changes in aging healthy adults: General trends, individual differences and modifiers. *Cerebral Cortex, 15*, 1676–1689.

Raznahan, A., Shaw, P. W., Lerch, J. P., Clasen, L. S., Greenstein, D., Berman, R., . . . Giedd, J. N. (2014). Longitudinal four-dimensional mapping of subcortical anatomy in human development. *Proceedings of the National Academy of Sciences, 111*, 1592–1597.

Resnick, S. M., Pham, D. L., Kraut, M. A., Zonderman, A. B., & Davatzikos, C. (2003). Longitudinal magnetic resonance imaging studies of older adults: A shrinking brain. *Journal of Neuroscience, 23*, 3295–3301.

Ridderinkhof, K. R., Ullsperger, M., Crone, E. A., & Nieuwenhuis, S. (2004). The role of the medial frontal cortex in cognitive control. *Science, 306*, 443–447.

Robbins, P., & Aydede, M. (2008). *The Cambridge handbook of situated cognition.* Cambridge, UK: Cambridge University Press.

Rudebeck, P. H., Saunders, R. C., Prescott, A. T., Chau, L. S., & Murray, E. A. (2013). Prefrontal mechanisms of behavioral flexibility, emotion regulation and value updating. *Nature Neuroscience, 16*, 1140–1145.

Samanez-Larkin, G. R. (2013). Financial decision making and the aging brain. *APS Observer, 26*, 30–33.

Samanez-Larkin, G. R., Worthy, D. A., Mata, R., McClure, S. M., & Knutson, B. (in press). Adult age differences in frontostriatal representation of prediction error but not reward outcome. *Cognitive Affective and Behavioral Neuroscience.*

Sánchez-González, M. A., García-Cabezas, M. A., Rico, B., & Cavada, C. (2005). The primate thalamus is a key target for brain dopamine. *Journal of Neuroscience, 25*, 6076–6083.

Sander, M., Lindenberger, U., & Werkle-Bergner, M. (2012). Lifespan age differences in working memory: A two-component framework. *Neuroscience and Biobehavioral Reviews, 36*, 2007–2033.

Santesso, D. L., Evins, A. E., Frank, M. J., Schetter, E. C., Bogdan, R., & Pizzagalli, D. A. (2009). Single dose of a dopamine agonist impairs reinforcement learning in humans: Evidence from event-related potentials and computational modeling of striatal-cortical function. *Human Brain Mapping, 30*, 1963–1976.

Schuck, N. W., Doeller, C. F., Schjeide, J. S., Frensch, P. A., Bertram, L., & Li, S.-C. (2013). Aging and KIBRA/WWC1 genotype affect spatial memory processes in a virtual navigation task. *Hippocampus, 23*, 919–930.

Schultz, W. (2013). Updating dopamine reward signals. *Current Opinion in Neurobiology, 23*,

229–238.
Schultz, W., Dayan, P., & Montague, P. R. (1997). A neural substrate of prediction and reward. *Science, 275*, 1593–1599.
Shaw, P., Greenstein, D., Lerch, J., Clasen, L., Lenroot, R., Gogtay, N., . . . Giedd, J. N. (2006). Intellectual ability and cortical development in children and adolescents. *Nature, 440*, 676–679.
Shing, Y. L., Werkle-Bergner, M., Li, S.-C., & Lindenberger, U. (2009). Committing memory errors with high confidence: Older adults do but children don't. *Memory, 17*, 169–179.
Shohamy, D., & Adcock, R. A. (2010). Dopamine and adaptive memory. *Trends in Cognitive Sciences, 14*, 464–472.
Shohamy, D., & Wagner, A. D. (2008). Integrating memories in the human brain: Hippocampal-midbrain encoding of overlapping events. *Neuron, 23*, 378–389.
Smittenaar, P., FitzGerald, T.H.B., Romei, V., Wright, N., & Dolan, R. J. (2013). Disruption of dorsolateral prefrontal cortex decreases model-based in favor of model-free control in humans. *Neuron, 80*, 1–6.
Snyder, H. R., & Munakata, Y. (2010). Becoming self-directed: Abstract representations support endogenous flexibility in children. *Cognition, 116*, 155–167.
Somerville, L. H., & Casey, B. J. (2010). Developmental neurobiology of cognitive control and motivational systems. *Current Opinion in Neurobiology, 20*, 236–241.
Somsen, R.J.M. (2007). The development of attention regulation in the Wisconsin Card Sorting Test. *Developmental Science, 10*, 664–680.
Sowell, E. R., Thompson, P. M., Leonard, C. M., Welcome, S. E., Kan, E., & Toga, A. W. (2004). Longitudinal mapping of cortical thickness and brain growth in normal children. *Journal of Neuroscience, 24*(38), 8223–8231.
Spaniol, J., Schain, C., & Bowen, H. J. (2013). Reward-enhanced memory in younger and older adults. *Journal of Gerontology B: Psychological Sciences and Social Sciences* [Epub ahead of print].
Spaniol, J., Voss, A., Bowen, H. J., & Grady, C. L. (2011). Motivational incentives modulate age differences in visual perception. *Psychology and Aging, 26*, 932–939.
Steinberg, L. A. (2008). Social neuroscience perspective on adolescent risk-taking. *Developmental Review, 28*, 78–106.
Störmer, V. S., Eppinger, B., & Li, S.-C. (2014). Reward speeds up and increases consistency of visual selective attention: A lifespan comparison. *Cognitive, Affective & Behavioral Neuroscience, 14*, 659–671.
Störmer, V. S., Passow, S., Biesenack, J., & Li, S.-C. (2012). Dopaminergic and cholinergic modulation of visual-spatial attention and working memory: Insights from molecular genetic research and implications for adult cognitive development. *Developmental Psychology, 48*, 875–889.
Strafella, A. P., Paus, T., Barrett, J., & Dagher, A. (2001). Repetitive transcranial magnetic stimulation of the human prefrontal cortex induces dopamine release in the caudate nucleus. *Journal of Neuroscience, 21, RC157*, 1–4.
Sul, J. H., Kim, H., Huh, N., Lee, D., & Jung, M. W. (2010). Distinct roles of rodent orbitofrontal and medial prefrontal cortex in decision making. *Neuron, 66*, 449–460.
＊3 Sutton, R. S., & Barto, A. G. (1998). *Reinforcement learning: An introduction (adaptive computation and machine learning)*. Cambridge, MA: MIT Press.
Tarazi, F. I., & Baldessarini, R. J. (2000). Comparative postnatal development of dopamine D(1), D(2), and D(4) receptors in rat forebrain. *International Journal of Developmental Neuroscience, 18*, 29–37.
Thorndike, E. L. (1911). *Animal intelligence: Experimental studies.* New York: MacMillan.

Tobler, P. N., Fiorillo, C. D., & Schultz, W. (2005). Adaptive coding of reward value by dopamine neurons. *Science, 307*, 1642–1645.

Tolman, E. C. (1948). Cognitive maps in rats and men. *Psychological Review, 55*, 189–208.

Trezza, V., Baarendse, P. J. J., & Vanderschuren, L. J. M. J. (2010). The pleasures of play: Pharmacological insights into social reward mechanisms. *Trends in Pharmacological Sciences, 31*, 463–469.

Tunbridge, E. M., Weickert, C. S., Kleinman, J. E., Herman, M. M., Chen, J., Kolachana, B. S., . . . Weinberger, D. R. (2007). Catechol-o-methyltransferase enzyme activity and protein expression in human prefrontal cortex across the postnatal lifespan. *Cerebral Cortex, 17*, 1206–1212.

Urošević, S., Collins, P., Muetzel, R., Lim, K., & Luciana, M. (2012). Longitudinal changes in behavioral approach system sensitivity and brain structures involved in reward processing during adolescence. *Developmental Psychology, 48*, 1488–1500.

van Schouwenburg, M. R., O'Shea, J., Mars, R. B., Rushworth, M. F. S., & Cools, R. (2012). Controlling human striatal cognitive function via the frontal cortex. *Journal of Neuroscience, 32*, 5631–5637.

Velanova, K., Wheeler, M. E., & Luna, B. (2008). Maturational changes in anterior cingulate and frontoparietal recruitment support the development of error processing and inhibitory control. *Cerebral Cortex, 18*, 2505–2522.

Ventura, A. K., & Worobey, J. (2013). Early influences on the development of food preferences. *Current Biology, 23*, 401–408.

Vizi, S. E., & Lajtha, A. (Eds.). (2008). *Handbook of neurochemistry and molecular neurobiology: Neurotransmitter systems* (3rd ed.). New York: Springer.

Volkow, N. D., Wang, G.-J., & Baler, R. D. (2011). Reward, dopamine and the control of food intake: Implications for obesity. *Trends in Cognitive Sciences, 15*, 37–46.

Waelti, P., Dickinson, A., & Schultz, W. (2001). Dopamine responses comply with basic assumptions of formal learning theory. *Nature, 412*, 43–48.

Wallace, D. L., Vytlacil, J. J., Nomura, E. M., Gibbs, S. E., & D'Esposito, M. (2011). The dopamine agonist bromocriptine differentially affects fronto-striatal functional connectivity during working memory. *Frontiers in Human Neuroscience, 5*, 1–6.

Weiler, J. A., Bellebaum, C., & Daum, I. (2008). Aging affects acquisition and reversal of reward-based associative learning. *Learning and Memory, 15*, 190–197.

Weiner, B. (1985). An attributional theory of achievement motivation and emotion. *Psychological Review, 92*, 548–573.

White, R. W. (1959). Motivation reconsidered: The concept of competence. *Psychological Review, 66*, 297–333.

Wigfeld, A., & Eccles, J. (2000). Expectancy-value theory of achievement motivation. *Contemporary Educational Psychology, 25*, 68–81.

Wilson, R. C., Takahashi, Y. K., Schoenbaum, G., & Niv, Y. (2014). Orbitofrontal cortex as a cognitive map of task space. *Neuron, 81*, 267–279.

Wittmann, B. C., Schiltz, K., Boehler, C. N., & Düzel, E. (2008). Mesolimbic interaction of emotional valuence and reward improves memory formation. *Neuropsychologia, 46*, 1000–1008.

Wittmann, B. C., Schott, B. H., Guderian, S., Frey, J. U., Heinze, H.-J., & Düzel, E. (2005). Reward-related fMRI activation of dopaminergic midbrain is associated with enhanced hippocampus-dependent long-term memory formation. *Neuron, 45*, 459–467.

Wolosin, S. M., Zeithamova, D., & Preston, A. R. (2012). Reward modulation of hippocampal subfield activation during successful associative encoding and retrieval. *Journal of*

Cognitive Neuroscience, 24, 1532–1547.
Worthy, D. A., Cooper, J. A., Byrne, K. A., Gorlick, M. A., & Maddox, W. T. (2014). State-based versus reward-based motivation in younger and older adults. *Cognitive, Affective and Behavioral Neuroscience, 14*(4), 1208–1220.
Wunderlich, K., Smittenaar, P., & Dolan, R. J. (2012). Dopamine enhances model-based over model-free behavior. *Neuron, 75*, 418–424.
Yeung, N., Botvinick, M. M., & Cohen, J. D. (2004). The neural basis for error detection: Conflict monitoring and error-related negativity. *Psychological Review, 111*, 931–959.
Yoshida, W., & Seymour, B. (2014). Decisions about decisions. *Neuron, 81*, 468–469.
Yuan, P., & Raz, N. (2014). Prefrontal cortex and executive functions in healthy older adults: A meta-analysis of structural imaging data. *Neuroscience and Biobehavioral Reviews, 42*, 180–192.
Zelazo, P. D., Frye, D., & Rapus, T. (1996). An age-related dissociation between knowing rules and using them. *Child Development, 11*, 37–63.

◆15章

Aarts, H., Gollwitzer, P. M., & Hassin, R. R. (2004). Goal contagion: Perceiving is for pursuing. *J Pers Soc Psychol, 87*(1), 23–37.
Ashby, F. G., Alfonso-Reese, L. A., Turken, A. U., & Waldron, E. M. (1998). A neuropsychological theory of multiple systems in category learning. *Psychological Review, 105*, 442–481.
Ashby, F. G., & Crossley, M. J. (2011). A computational model of how cholinergic interneurons protect striatal-dependent learning. *J Cogn Neurosci, 23*(6), 1549–1566.
Ashby, F. G., Isen, A. M., & Turken, A. U. (1999). A neuropsychological theory of positive affect and its influence on cognition. *Psychological Review, 106*, 529–550.
Ashby, F. G., Paul, E., & Maddox, W. T. (2011). COVIS 2.0. In E.P.A. Wills (Ed.), *Formal approaches in categorization* (pp. 65–87). New York: Cambridge University Press.
Avnet, T., & Higgins, E. T. (2003). Locomotion, assessment, and regulatory fit: Value transfer from "how" to "what." *Journal of Experimental Social Psychology, 39*, 525–530.
Backman, L., Ginovart, N., Dixon, R. A., Wahlin, T. B., Wahlin, A., Halldin, C., & Farde, L. (2000). Age-related cognitive deficits mediated by changes in the striatal dopamine system. *Am J Psychiatry, 157*(4), 635–637.
Baldo, B. A., & Kelley, A. E. (2007). Discrete neurochemical coding of distinguishable motivational processes: Insights from nucleus accumbens control of feeding. *Psychopharmacology (Berl), 191*(3), 439–459.
Barber, S. J., & Mather, M. (2013a). Stereotype threat can both enhance and impair older adults' memory. *Psychol Sci, 24*(12), 2522–2529.
Barber, S. J., & Mather, M. (2013b). Stereotype threat can reduce older adults' memory errors. *Q J Exp Psychol (Hove), 66*(10), 1888–1895.
Bechara, A., Damasio, H., & Damasio, A. R. (2000). Emotion, decision making and the orbitofrontal cortex. *Cereb Cortex, 10*(3), 295–307.
Bechara, A., Dolan, S., Denburg, N., Hindes, A., Anderson, S. W., & Nathan, P. E. (2001). Decision-making deficits, linked to a dysfunctional ventromedial prefrontal cortex, revealed in alcohol and stimulant abusers. *Neuropsychologia, 39*(4), 376–389.
Beevers, C. G., Worthy, D. A., Gorlick, M. A., Nix, B., Chotibut, T., & Maddox, W. T. (2012). Influence of depression symptoms on history independent reward and punishment processing. *Psychiatry Res, 207*, 53–60.
Belin, D., Jonkman, S., Dickinson, A., Robbins, T. W., & Everitt, B. J. (2009). Parallel and interactive learning processes within the basal ganglia: Relevance for the understanding

of addiction. *Behav Brain Res, 199*(1), 89–102.
Berridge, K. C. (2003). Pleasures of the brain. *Brain Cogn, 52*(1), 106–128.
Berridge, K. C. (2007). The debate over dopamine's role in reward: The case for incentive salience. *Psychopharmacology (Berl), 191*(3), 391–431.
Blanchard-Fields, F. (2009). Flexible and adaptive socio-emotional problem solving in adult development and aging. *Restor Neurol Neurosci, 27*(5), 539–550.
Blanchard-Fields, F., Jahnke, H. C., & Camp, C. (1995). Age differences in problem-solving style: The role of emotional salience. *Psychol Aging, 10*(2), 173–180.
Blanco, N. J., Otto, A. R., Maddox, W. T., Beevers, C. G., & Love, B. C. (2013). The influence of depression symptoms on exploratory decision-making. *Cognition, 129*(3), 563–568.
Bopp, K. L., & Verhaeghen, P. (2005). Aging and verbal memory span: A meta-analysis. *J Gerontol B Psychol Sci Soc Sci, 60*(5), P223–P233.
Braver, T. S. (2012). The variable nature of cognitive control: A dual mechanisms framework. *Trends Cogn Sci, 16*(2), 106–113.
Braver, T. S., & Barch, D. M. (2002). A theory of cognitive control, aging cognition, and neuromodulation. *Neurosci Biobehav Rev, 26*(7), 809–817.
Braver, T. S., Barch, D. M., Keys, B. A., Carter, C. S., Cohen, J. D., Kaye, J. A., . . . Reed, B. R. (2001). Context processing in older adults: Evidence for a theory relating cognitive control to neurobiology in healthy aging. *J Exp Psychol Gen, 130*(4), 746–763.
Carver, C. S., & Scheier, M. F. (1998). *On the self-regulation of behavior.* New York: Cambridge University Press.
Castel, A. D., Humphreys, K. L., Lee, S. S., Galvan, A., Balota, D. A., & McCabe, D. P. (2011). The development of memory efficiency and value-directed remembering across the life span: A cross-sectional study of memory and selectivity. *Dev Psychol, 47*(6), 1553–1564.
Chiew, K. S., & Braver, T. S. (2011). Positive affect versus reward: Emotional and motivational influences on cognitive control. *Front Psychol, 2*, 279.
Cooper, J. A., Worthy, D. A., Gorlick, M. A., & Maddox, W. T. (2013). Scaffolding across the lifespan in history-dependent decision-making. *Psychol Aging, 28*(2), 505–514.
Crossley, M. J., Ashby, F. G., & Maddox, W. T. (2012). Erasing the engram: The unlearning of procedural skills. *J Exp Psychol Gen, 142*(3), 710–741.
Daw, N. D., Gershman, S. J., Seymour, B., Dayan, P., & Dolan, R. J. (2011). Model-based influences on humans' choices and striatal prediction errors. *Neuron, 69*(6), 1204–1215.
Denburg, N. L., Tranel, D., & Bechara, A. (2005). The ability to decide advantageously declines prematurely in some normal older persons. *Neuropsychologia, 43*(7), 1099–1106.
Denburg, N. L., Weller, J. A., Yamada, T. H., Shivapour, D. M., Kaup, A. R., LaLoggia, A., . . . Bechara, A. (2009). Poor decision making among older adults is related to elevated levels of neuroticism. *Annals of Behavioral Medicine, 37*(2), 164–172.
Eichenbaum, H. (1997a). Declarative memory: Insights from cognitive neurobiology. *Annu Rev Psychol, 48*, 547–572.
Eichenbaum, H. (1997b). How does the brain organize memories? *Science, 277*(5324), 330–332.
Ennis, G. E., Hess, T. M., & Smith, B. T. (2013). The impact of age and motivation on cognitive effort: Implications for cognitive engagement in older adulthood. *Psychol Aging, 28*(2), 495–504.
Eppinger, B., Walter, M., Heekeren, H. R., & Li, S. C. (2013). Of goals and habits: Age-related and individual differences in goal-directed decision-making. *Front Neurosci, 7*, 253.

Ferguson, M. J., & Bargh, J. A. (2004). Liking is for doing: The effects of goal pursuit on automatic evaluation. *J Pers Soc Psychol, 87*(5), 557–572.

Filoteo, J. V., Lauritzen, J. S., & Maddox, W. T. (2010). Removing the frontal lobes: The effects of engaging executive functions on perceptual category learning. *Psychological Science, 21*(3), 415–423.

Filoteo, J. V., & Maddox, W. T. (2004). A quantitative model-based approach to examining aging effects on information-integration category learning. *Psychology & Aging, 19*(1), 171–182.

Fishbach, A., Friedman, R. S., & Kruglanski, A. W. (2003). Leading us not unto temptation: Momentary allurements elicit overriding goal activation. *J Pers Soc Psychol, 84*(2), 296–309.

Frank, M. J., & Kong, L. (2008). Learning to avoid in older age. *Psychol Aging, 23*(2), 392–398.

Freund, A. M. (2006). Age-differential motivational consequences of optimization versus compensation focus in younger and older adults. *Psychol Aging, 21*(2), 240–252.

Gabrieli, J. (1995). Contribution of the basal ganglia to skill learning and working memory in humans. In J. C. Houk & D. G. Beiser (Ed.), *Models of information processing in the basal ganglia* (pp. 277–294). Cambridge, UK: Bradford.

Glascher, J., Daw, N. D., Dayan, P., & O'Doherty, J. P. (2010). States versus rewards: Dissociable neural prediction error signals underlying model-based and model-free reinforcement learning. *Neuron, 66*(4), 585–595.

Glass, B. D., Chotibut, T., Pacheco, J., Schnyer, D. M., & Maddox, W. T. (2011). Normal aging and the dissociable prototype learning systems. *Psychology and Aging, 27*(1), 120–128.

Glass, B. D., Maddox, W. T., & Markman, A. B. (2011). Regulatory fit effects on stimulus identification. *Atten Percept Psychophys, 73*(3), 927–937.

Gray, J. A. (1970). The psychophysiological basis of introversion-extraversion. *Behav Res Ther, 8*(3), 249–266.

Gray, J. A. (1985). The neuropsychology of anxiety. *Issues Ment Health Nurs, 7*(1–4), 201–228.

Grimm, L. R., Markman, A. B., & Maddox, W. T. (2012). End-of-semester syndrome: How situational regulatory fit affects test performance over an academic semester. *Basic Appl Soc Psych, 34*(4), 376–385.

Grimm, L. R., Markman, A. B., Maddox, W. T., & Baldwin, G. C. (2007). Differential effects of regulatory fit on category learning. *Journal of Experimental Social Psychology, 44*, 920–927.

Grossmann, I., Na, J., Varnum, M. E., Park, D. C., Kitayama, S., & Nisbett, R. E. (2010). Reasoning about social conflicts improves into old age. *Proc Natl Acad Sci USA, 107*(16), 7246–7250.

Gunning-Dixon, F. M., & Raz, N. (2003). Neuroanatomical correlates of selected executive functions in middle-aged and older adults: A prospective MRI study. *Neuropsychologia, 41*(14), 1929–1941.

Hare, T. A., O'Doherty, J., Camerer, C. F., Schultz, W., & Rangel, A. (2008). Dissociating the role of the orbitofrontal cortex and the striatum in the computation of goal values and prediction errors. *The Journal of Neuroscience, 28*(22), 5623–5630.

Hartley, C., Decker, J., Otto, A. R., Daw, N., & Casey, B. (2013). *Model-based reinforcement learning emerges over development.* Paper presented at the Reinforcement Learning and Decision Making, Princeton University, Princeton, NJ.

Hayes, N. A., & Broadbent, D. E. (1988). Two modes of learning for interactive tasks. *Cognition, 28*(3), 249–276.

Head, D., Kennedy, K. M., Rodrigue, K. M., & Raz, N. (2009). Age differences in perseveration: Cognitive and neuroanatomical mediators of performance on the Wisconsin Card Sorting Test. *Neuropsychologia, 47*(4), 1200–1203.

Hess, T. M. (2014). Selective engagement of cognitive resources: Motivational influences on older adults' cognitive functioning. *Perspectives in Psychological Science, 9*(4), 388–407.

Hess, T. M., Auman, C., Colcombe, S. J., & Rahhal, T. A. (2003). The impact of stereotype threat on age differences in memory performance. *J Gerontol B Psychol Sci Soc Sci, 58*(1), P3–11.

Hess, T. M., & Ennis, G. E. (2013). Age differences in the effort and costs associated with cognitive activity. *J Gerontol B Psychol Sci Soc Sci, 67*(4), 447–455.

Hess, T. M., Leclerc, C. M., Swaim, E., & Weatherbee, S. R. (2009). Aging and everyday judgments: The impact of motivational and processing resource factors. *Psychol Aging, 24*(3), 735–740.

Hess, T. M., Osowski, N. L., & Leclerc, C. M. (2005). Age and experience influences on the complexity of social inferences. *Psychol Aging, 20*(3), 447–459.

Hess, T. M., Popham, L. E., Dennis, P. A., & Emery, L. (2013). Information content moderates positivity and negativity biases in memory. *Psychol Aging, 28*(3), 853–863.

Hess, T. M., Popham, L. E., Emery, L., & Elliott, T. (2013). Mood, motivation, and misinformation: Aging and affective state influences on memory. *Neuropsychol Dev Cogn B Aging Neuropsychol Cogn, 19*(1–2), 13–34.

Higgins, E. T. (2000). Making a good decision: Value from fit. *American Psychologist, 55*, 1217–1230.

Higgins, E. T., Chen Idson, L., Freitas, A. L., Spiegel, S., & Molden, D. C. (2003). Transfer of value from fit. *Journal of Personality and Social Psychology, 84*(6), 1140–1153.

Howard, D. V., & Howard, J. H. (2001). When it does hurt to try: Adult age differences in the effects of instructions on implicit pattern learning. *Psychon Bull Rev, 8*(4), 798–805.

Howard, D. V., Howard, J. H., Jr., Japikse, K., DiYanni, C., Thompson, A., & Somberg, R. (2004). Implicit sequence learning: Effects of level of structure, adult age, and extended practice. *Psychol Aging, 19*(1), 79–92.

Howard, J. H., & Howard, D. V. (1997). Age differences in implicit learning of higher order dependencies in serial patterns. *Psychology and Aging, 12*, 634–656.

Howard, J. H., & Howard, D. V. (2001). When it does hurt to try: Adult age difference in the effects of implicit pattern learning. *Psychonomic Bulletin and Review, 8*, 798–805.

Hull, C. (1943). *Principles of behavior.* New York: Appleton-Century-Crofts.

Isen, A. M. (1993). Positive affect and decision making. In M. Lewis & J. Haviland (Eds.), *Handbook of emotion* (pp. 261–277). New York: Guilford Press.

Isen, A. M. (1999). Positive affect. In T. Dalgleish & M. Power (Eds.), *The handbook of cognition and emotion* (pp. 521–539). New York: Wiley.

Jimura, K., & Braver, T. S. (2010). Age-related shifts in brain activity dynamics during task switching. *Cereb Cortex, 20*(6), 1420–1431.

Jimura, K., Locke, H. S., & Braver, T. S. (2010). Prefrontal cortex mediation of cognitive enhancement in rewarding motivational contexts. *Proc Natl Acad Sci USA, 107*(19), 8871–8876.

Jimura, K., Myerson, J., Hilgard, J., Keighley, J., Braver, T. S., & Green, L. (2011). Domain independence and stability in young and older adults' discounting of delayed rewards. *Behav Processes, 87*(3), 253–259.

Kendler, H. H., & Kendler, T. S. (1970). Developmental processes in discrimination learning. *Human Development, 13*, 65–89.

Kuhnen, C. M., & Knutson, B. (2005). The neural basis of financial risk taking. *Neuron, 47*(5), 763–770.

Lee, A. Y., & Aaker, J. L. (2004). Bringing the frame into focus: The influence of regulatory fit on processing fluency and persuasion. *Journal of Personality and Social Psychology, 86*(2), 205–218.

Lewin, K. (1935). *A dynamic theory of personality.* New York: McGraw-Hill.

Li, S. C., Lindenberger, U., & Sikstrom, S. (2001). Aging cognition: From neuromodulation to representation. *Trends Cogn Sci, 5*(11), 479–486.

Light, L. L., Patterson, M. M., Chung, C., & Healy, M. R. (2004). Effects of repetition and response deadline on associative recognition in young and older adults. *Mem Cognit, 32*(7), 1182–1193.

Lighthall, N. R., Gorlick, M. A., Schoeke, A., Frank, M. J., & Mather, M. (2013). Stress modulates reinforcement learning in younger and older adults. *Psychol Aging, 28*(1), 35–46.

Luking, K. R., & Barch, D. M. (2013). Candy and the brain: Neural response to candy gains and losses. *Cogn Affect Behav Neurosci, 13*(3), 437–451.

MacPherson, S. E., Phillips, L. H., & Della Sala, S. (2002). Age, executive function, and social decision making: A dorsolateral prefrontal theory of cognitive aging. *Psychol Aging, 17*(4), 598–609.

Maddox, W. T., Ashby, F. G., Ing, A. D., & Pickering, A. D. (2004). Disrupting feedback processing interferes with rule-based but not information-integration category learning. *Memory & Cognition, 32*(4), 582–591.

Maddox, W. T., Baldwin, G. C., & Markman, A. B. (2006). A test of the regulatory fit hypothesis in perceptual classification learning. *Memory and Cognition, 34*(7), 1377–1397.

Maddox, W. T., & Bohil, C. J. (1998). Base-rate and payoff effects in multidimensional perceptual categorization. *Journal of Experimental Psychology: Learning, Memory, and Cognition, 24,* 1459–1482.

Maddox, W. T., Chandrasekaran, B., Smayda, K., & Yi, H. G. (2013). Dual systems of speech category learning across the lifespan. *Psychol Aging, 28*(4), 1042–1056.

Maddox, W. T., Filoteo, J. V., Glass, B. D., & Markman, A. B. (2010). Regulatory match effects on a modified Wisconsin Card Sort Task. *J Int Neuropsychol Soc, 16*(2), 352–359.

Maddox, W. T., Filoteo, J. V., & Huntington, J. R. (1998). Effects of stimulus integrality on visual attention in older and younger adults: A quantitative model-based analysis. *Psychology & Aging, 13*(3), 472–485.

Maddox, W. T., Gorlick, M. A., Worthy, D. A., & Beevers, C. G. (2012). Depressive symptoms enhance loss-minimization, but attenuate gain-maximization in history-dependent decision-making. *Cognition, 125*(1), 118–124.

Maddox, W. T., & Markman, A. B. (2010). The motivation-cognition interface in learning and decision-making. *Current Directions in Psychological Science, 19,* 106–110.

Maddox, W. T., Markman, A. B., & Baldwin, G. C. (2006). Using classification to understand the motivation-learning interface. *Psychology of Learning and Motivation, 47,* 213–250.

Maddox, W. T., Pacheco, J., Reeves, M., Zhu, B., & Schnyer, D. M. (2010). Rule-based and information-integration category learning in normal aging. *Neuropsychologia, 48*(10), 2998–3008.

Markman, A. B., Baldwin, G. C., & Maddox, W. T. (2005). The interaction of payoff structure and regulatory focus in classification. *Psychological Science, 16*(11), 852–855.

Markman, A. B., & Brendl, C. M. (2000). The influence of goals on value and choice. In D. Medin (Series Ed.), *The Psychology of Learning and Motivation: Vol. 39* (pp. 97–129).

San Diego: Academic Press.

Markman, A. B., Maddox, W. T., & Worthy, D. A. (2006). Choking and excelling under pressure. *Psychol Sci, 17*(11), 944–948.

Marschner, A., Mell, T., Wartenburger, I., Villringer, A., Reischies, F. M., & Heekeren, H. R. (2005). Reward-based decision-making and aging. *Brain Res Bull, 67*(5), 382–390.

McArdle, J. J., Ferrer-Caja, E., Hamagami, F., & Woodcock, R. W. (2002). Comparative longitudinal structural analyses of the growth and decline of multiple intellectual abilities over the life span. *Dev Psychol, 38*(1), 115–142.

McGillivray, S., & Castel, A. D. (2011). Betting on memory leads to metacognitive improvement by younger and older adults. *Psychol Aging, 26*(1), 137–142.

Mell, T., Heekeren, H. R., Marschner, A., Wartenburger, I., Villringer, A., & Reischies, F. M. (2005). Effect of aging on stimulus-reward association learning. *Neuropsychologia, 43*(4), 554–563.

Mell, T., Wartenburger, I., Marschner, A., Villringer, A., Reischies, F. M., & Heekeren, H. R. (2009). Altered function of ventral striatum during reward-based decision making in old age. *Front Hum Neurosci, 3*, 34.

Miller, N. E. (1957). Experiments on motivation. *Science, 126*, 1271–1278.

Miller, N. E. (1959). Liberalization of basic S-R concepts: Extensions to conflict behavior, motivation, and social learning. In S. Koch (Ed.), *Psychology: A study of a science. General and systematic formulations, learning, and special processes* (pp. 196–292). New York: McGraw Hill.

Mowrer, O. H. (1960). Basic research methods, statistics and decision theory. *Am J Occup Ther, 14*, 199–205.

Murty, V. P., Labar, K. S., & Adcock, R. A. (2012). Threat of punishment motivates memory encoding via amygdala, not midbrain, interactions with the medial temporal lobe. *J Neurosci, 32*(26), 8969–8976.

Murty, V. P., LaBar, K. S., Hamilton, D. A., & Adcock, R. A. (2011). Is all motivation good for learning? Dissociable influences of approach and avoidance motivation in declarative memory. *Learn Mem, 18*(11), 712–717.

O'Doherty, J. P. (2004). Reward representations and reward-related learning in the human brain: Insights from neuroimaging. *Current Opinion in Neurobiology, 14*(6), 769–776.

Pagliaccio, D., Luby, J. L., Gaffrey, M. S., Belden, A. C., Botteron, K. N., Harms, M. P., & Barch, D. M. (2013). Functional brain activation to emotional and nonemotional faces in healthy children: Evidence for developmentally undifferentiated amygdala function during the school-age period. *Cogn Affect Behav Neurosci, 13*(4), 771–789.

Park, D. C., Lautenschlager, G., Hedden, T., Davidson, N. S., Smith, A. D., & Smith, P. K. (2002). Models of visuospatial and verbal memory across the adult life span. *Psychol Aging, 17*(2), 299–320.

Peters, E., Hess, T. M., Vastfjall, D., & Auman, C. (2007). Adult age differences in dual information processes: Implications for the role of affective and deliberative processes in older adults' decision making. *Perspectives in Psychological Science, 2*(1), 1–24.

Pickering, A. D. (2004). The neuropsychology of impulsive antisocial sensation seeking: From dopamine to hippocampal function? In R. M. Stelmack (Ed.), *On the psychobiology of personality: Essays in honor of Marvin Zuckerman* (pp. 453–477). Oxford: Elsevier.

Pietschmann, M., Endrass, T., Czerwon, B., & Kathmann, N. (2011). Aging, probabilistic learning and performance monitoring. *Biol Psychol, 86*(1), 74–82.

Popham, L. E., & Hess, T. M. (2013). Age differences in the underlying mechanisms of stereotype threat effects. *J Gerontol B Psychol Sci Soc Sci, 70*(2), 225–234.

Racine, C. A., Barch, D. M., Braver, T. S., & Noelle, D. C. (2006). The effect of age on rule-based category learning. *Neuropsychol Dev Cogn B Aging Neuropsychol Cogn, 13*(3–4), 411–434.

Raz, N. (2000). Aging of the brain and its impact on cognitive performance: Integration of structural and functional findings. In F.I.M. Craik & T. A. Salthouse (Ed.), *Handbook of aging and cognition* (pp. 1–90). Mahwah, NJ: Erlbaum.

Raz, N., Lindenberger, U., Rodrigue, K. M., Kennedy, K. M., Head, D., Williamson, A., . . . Acker, J. D. (2005). Regional brain changes in aging healthy adults: General trends, individual differences and modifiers. *Cereb Cortex, 15*(11), 1676–1689.

Raz, N., Rodrigue, K. M., Kennedy, K. M., Head, D., Gunning-Dixon, F., & Acker, J. D. (2003). Differential aging of the human striatum: Longitudinal evidence. *AJNR Am J Neuroradiol, 24*(9), 1849–1856.

Raz, N., Williamson, A., Gunning-Dixon, F., Head, D., & Acker, J. D. (2000). Neuroanatomical and cognitive correlates of adult age differences in acquisition of a perceptual-motor skill. *Microsc Res Tech, 51*(1), 85–93.

Salthouse, T. A. (1991). *Theoretical perspectives on cognitive aging.* Hillsdale, NJ: Erlbaum.

Salthouse, T. A. (1994). The aging of working memory. *Neuropsychology, 8*, 535–543.

Salthouse, T. A., Atkinson, T. M., & Berish, D. E. (2003). Executive functioning as a potential mediator of age-related cognitive decline in normal adults. *J Exp Psychol Gen, 132*(4), 566–594.

Samanez-Larkin, G. R., Gibbs, S. E., Khanna, K., Nielsen, L., Carstensen, L. L., & Knutson, B. (2007). Anticipation of monetary gain but not loss in healthy older adults. *Nat Neurosci, 10*(6), 787–791.

Samanez-Larkin, G. R., Kuhnen, C. M., Yoo, D. J., & Knutson, B. (2010). Variability in nucleus accumbens activity mediates age-related suboptimal financial risk taking. *The Journal of Neuroscience, 30*(4), 1426–1434.

Samanez-Larkin, G. R., Mata, R., Radu, P. T., Ballard, I. C., Carstensen, L. L., & McClure, S. M. (2011). Age differences in striatal delay sensitivity during intertemporal choice in healthy adults. *Front Neurosci, 5*, 126.

Schacter, D. L. (1987). Implicit memory: History and current status. *Journal of Experimental Psychology: Learning, Memory, and Cognition, 13*, 501–518.

Schnyer, D. M., Maddox, W. T., Ell, S., Davis, S., Pacheco, J., & Verfaellie, M. (2009). Prefrontal contributions to rule-based and information-integration category learning. *Neuropsychologia, 47*(13), 2995–3006.

Shah, J., Higgins, E. T., & Friedman, R. S. (1998). Performance incentives and means: How regulatory focus influences goal attainment. *Journal of Personality and Social Psychology, 74*, 285–293.

Simon, J. R., Howard, J. H., & Howard, D. V. (2010). Adult age differences in learning from positive and negative probabilistic feedback. *Neuropsychology, 24*(4), 534–541.

Sloman, S. A. (1996). The empirical case for two systems of reasoning. *Psychological Bulletin, 119*, 3–22.

Smittenaar, P., FitzGerald, T.H.B., Romei, V., Wright, N. D., & Dolan, R. J. (2013). Disruption of dorsolateral prefrontal cortex decreases model-based in favor of model-free control in humans. *Neuron, 80*(4), 914–919.

Spielberg, J. M., Miller, G. A., Engels, A. S., Herrington, J. D., Sutton, B. P., Banich, M. T., & Heller, W. (2011). Trait approach and avoidance motivation: Lateralized neural activity associated with executive function. *Neuroimage, 54*(1), 661–670.

Spielberg, J. M., Miller, G. A., Warren, S. L., Engels, A. S., Crocker, L. D., Banich, M. T., . . .

Heller, W. (2012). A brain network instantiating approach and avoidance motivation. *Psychophysiology, 49*(9), 1200–1214.

Squire, L. R. (1992). Memory and the hippocampus: A synthesis from findings with rats, monkeys and humans. *Psychological Review, 99*, 195–231.

Squire, L. R., Knowlton, B., & Musen, G. (1993). The structure and organization of memory. *Annual Review of Psychology, 44*, 453–495.

Titz, C., & Verhaeghen, P. (2010). Aging and directed forgetting in episodic memory: A meta-analysis. *Psychol Aging, 25*(2), 405–411.

Tulving, E. (2002). Episodic memory: From mind to brain. *Annu Rev Psychol, 53*, 1–25.

Waldron, E. M., & Ashby, F. G. (2001). The effects of concurrent task interference on category learning: Evidence for multiple category learning systems. *Psychonomic Bulletin & Review, 8*(1), 168–176.

Wasylyshyn, C., Verhaeghen, P., & Sliwinski, M. J. (2011). Aging and task switching: A meta-analysis. *Psychol Aging, 26*(1), 15–20.

Westbrook, A., Kester, D., & Braver, T. S. (2013). What is the subjective cost of cognitive effort? Load, trait, and aging effects revealed by economic preference. *PLoS ONE, 8*(7), e68210.

Westbrook, A., Martins, B. S., Yarkoni, T., & Braver, T. S. (2012). Strategic insight and age-related goal-neglect influence risky decision-making. *Front Neurosci, 6*, 68.

Willingham, D. B., Nissen, M. J., & Bullemer, P. (1989). On the development of procedural knowledge. *J Exp Psychol Learn Mem Cogn, 15*(6), 1047–1060.

Worthy, D. A., Brez, C. C., Markman, A. B., & Maddox, W. T. (2010). Motivational influences on cognitive performance in children: Focus over fit. *Journal of Cognition and Development, 12*(1), 103–119.

Worthy, D. A., Cooper, J. A., Byrne, K. A., Gorlick, M. A., & Maddox, W. T. (2014). State-based versus reward-based motivation in younger and older adults. *Cogn Affect Behav Neurosci, 14*(4), 1208–1220.

Worthy, D. A., Gorlick, M. A., Pacheco, J., Schnyer, D. M., & Maddox, W. T. (2011). With age comes wisdom: Decision-making in younger and older adults. *Psychological Science, 22*, 1375–1380.

Worthy, D. A., & Maddox, W. T. (2012). Age-based differences in strategy use in choice tasks. *Frontiers in Neuroscience, 5*(145), 1–10.

Worthy, D. A., Maddox, W. T., & Markman, A. B. (2007). Regulatory fit effects in a choice task. *Psychonomic Bulletin and Review, 14*(6), 1125–1132.

Worthy, D. A., Markman, A. B., & Maddox, W. T. (2009). What is pressure? Evidence for social pressure as a type of regulatory focus. *Psychon Bull Rev, 16*(2), 344–349.

Worthy, D. A., Otto, A. R., Doll, B. B., Byrne, K. A., & Maddox, W. T. (in press). Older adults are highly responsive to recent events during decision-making. *Decisions*.

Worthy, D. A., Otto, A. R., & Maddox, W. T. (2012). Working-memory load and temporal myopia in dynamic decision making. *J Exp Psychol Learn Mem Cogn, 38*(6), 1640–1658.

Young, P. T. (1959). The role of affective processes in learning and motivation. *Psychological Review, 66*, 104–125.

Zeithamova, D., & Maddox, W. T. (2006). Dual task interference in perceptual category learning. *Memory and Cognition, 34*, 387–398.

Zeithamova, D., & Maddox, W. T. (2007). The role of visuo-spatial and verbal working memory in perceptual category learning. *Memory & Cognition, 35*(6), 1380–1398.

◆16章

Adams, C., Smith, M. C., Pasupathi, M., & Vitolo, L. (2002). Social context effects on story recall in older and younger women: Does the listener make a difference? *The Journals of Gerontology, Series B: Psychological Sciences and Social Sciences, 57B,* P28–P40. doi:10.1093/geronb/57.1.P28

Allaire, J. C. (2012). Everyday cognition. In S. K. Whitbourne & M. J. Sliwinski (Eds.), *The Wiley-Blackwell handbook of adulthood and aging* (pp. 190–207). Hoboken, NJ: Wiley-Blackwell.

Bäckman, L., & Dixon, R. A. (1992). Psychological compensation: A theoretical framework. *Psychological Bulletin, 112,* 259–283. doi:10.1037/00332909.112.2.259

Baltes, M. M., & Lang, F. R. (1997). Everyday functioning and successful aging: The impact of resources. *Psychology and Aging, 12,* 433–443. doi:10.1037/0882 7974.12.3.433

Baltes, P. B. (1997). On the incomplete architecture of human ontogeny: Selection, optimization, and compensation as foundation of developmental theory. *American Psychologist, 52,* 366–380. doi:10.1037/0003–066X.52.4.366

Beatty, J. (1982). Task-evoked pupillary responses, processing load, and the structure of processing resources. *Psychological Bulletin, 91,* 276–292. doi:10.1037/0033-2909.91.2.276

Beaudoin, M., & Desrichard, O. (2011). Are memory self-efficacy and memory performance related? A meta-analysis. *Psychological Bulletin, 137,* 211–241. doi:10.1037/a0022106

Berg, C. A. (2008). Everyday problem solving in context. In S. M. Hofer & D. F. Alwin (Eds.), *Handbook of cognitive aging: Interdisciplinary perspectives* (pp. 207–223). Los Angeles: SAGE.

Berntson, G. G., Quigley, K. S., & Lozano, D. (2007). Cardiovascular psychophysiology. In J. T. Cacioppo, L. G. Tassinary, & G. G. Berntson (Eds.), *Handbook of psychophysiology* (3rd ed., pp. 182–210). Cambridge, UK: Cambridge University Press.

Bielak, A.A.M., Christensen, H., & Windsor, T. D. (2012). Activity engagement is related to level, but not change in cognitive ability across adulthood. *Psychology and Aging, 27,* 219–228. doi:10.1037/a0024667

Bielak, A.A.M., Hughes, T. F., Small, B. J., & Dixon, R. A. (2007). It's never too late to engage in lifestyle activities: Significant concurrent but not change relationships between lifestyle activities and cognitive speed. *The Journals of Gerontology: Series B: Psychological Sciences and Social Sciences, 62B,* P331–P339, doi:10.1093/geronb/62.6.P331

Brandstädter, J., & Rothermund. (2002). The life-course dynamics of goal pursuit and goal adjustment: A two process framework. *Developmental Review, 22,* 117–150. doi:10.1006/drev.2001.0539

Braver, T. S., & West, R. (2008). Working memory, executive control, and aging. In F.I.M. Craik & T. A. Salthouse (Eds.), *The handbook of aging and cognition* (3rd ed., pp. 311–372). New York: Psychology Press.

Bunce, D., & Sisa, L. (2002). Age differences in perceived workload across a short vigil. *Ergonomics, 45,* 949–960. doi:10.1080/00140130210166483

Cabeza, R. (2002). Hemispheric asymmetry reduction in old adults: The HAROLD model. *Psychology and Aging, 17,* 85–100. doi:10.1037/0882–7974.17.1.85

Cabeza, R., Daselaar, S. M., Dolcos, F., Prince, S. E., Budde, M., & Nyberg, L. (2004). Task-independent and task-specific age effects on brain activity during working memory, visual attention and episodic retrieval. *Cerebral Cortex, 14,* 364–375. doi:10.1093/cercor/bhg133

Cacioppo, J. T., Petty, R. E., Feinstein, J, A., & Jarvis, W.B.G. (1996). Dispositional differences in cognitive motivation: The life and times of individuals varying in need for cognition. *Psychological Bulletin, 119*, 197–253. doi:10.1037//0033 2909.119.2.197

Cappell, K. A., Gmeindl, L., & Reuter-Lorenz, P. A. (2010). Age differences in prefrontal recruitment during verbal working memory maintenance depend on memory load. *Cortex: A Journal Devoted to the Study of the Nervous System and Behavior,* 46, 462–473. doi:10.1016/j.cortex.2009.11.009

Carstensen, L. L., Isaacowitz, D. M., & Charles, S. T. (1999). Taking time seriously: A theory of socioemotional selectivity. *American Psychologist, 54*, 165–181. doi:10.1037/0003–066X.54.3.165

Cavazos, J. T., & Campbell, N. J. (2008). Cognitive style revisited: The structure X cognition interaction. *Personality and Individual Differences, 45,* 498–502. doi:10.1016/j.paid.2008.06.001

Craik, F. I. (1986). A functional account of age differences in memory. In F. Klix & H. Hagendorf (Eds.), *Human memory and cognitive capabilities, mechanisms, and performances* (pp. 409–422). Amsterdam: Elsevier.

Deaton, J. E., & Parasuraman, R. (1993). Sensory and cognitive vigilance: Effects of age on performance and subjective workload. *Human Performance, 6,* 71–97. doi:10.1207/s15327043hup0601

Dodge, H. H., Kita, Y., Takechi, H., Hayakawa, T., Ganguli, M., & Ueshima, H. (2008). Healthy cognitive aging and leisure activities among the oldest old in Japan: Takashima Study. *Journals of Gerontology Series A: Biological Sciences and Medical Sciences, 63A*, 1193–1200.

Ennis, G. E., Hess, T. M., & Smith, B. T. (2013). The impact of age and motivation on cognitive effort: Implications for cognitive engagement in older adulthood. *Psychology and Aging, 28*, 495–504. doi:10.1037/a0031255

Fairclough, S. H., & Mulder, L.J.M. (2012). Psychophysiological processes of mental effort investment. In R. A. Wright & G.H.E. Gendolla (Eds.), *How motivation affects cardiovascular response: Mechanisms and applications* (pp. 61–76). Washington, DC: American Psychological Association.

Fredrickson, B. L., & Carstensen, L. L. (1990). Choosing social partners: How old age and anticipated endings make us more selective. *Psychology and Aging, 5*, 335–347. doi:10.1037/0882–7974.5.3.335

Freund, A. M., & Ebner, N. C. (2005). The aging self: Shifting from promoting gains to balancing losses. In W. Greve, K. Rothermund, & D. Wentura (Eds.), *The adaptive self: Personal continuity and intentional self-development* (pp. 185–202). Ashland, OH: Hogrefe & Huber.

Gendolla, G.H.E., & Krüsken, J. (2001). The joint impact of mood state and task difficulty on cardiovascular and electrodermal reactivity in active coping. *Psychophysiology, 38*, 548–556. doi:10.1017/S0048577201000622

Gendolla, G.H.E., & Wright, R. A. (2005). Motivation in social settings: Studies of effort related cardiovascular arousal. In J. P. Forgas, K. Williams, & B. von Hippel (Eds.), *Social motivation: Conscious and nonconscious processes* (pp. 71–90). New York: Cambridge University Press.

Germain, C. M., & Hess, T. M. (2007). Motivational influences on controlled processing: Moderating distractibility in older adults. *Aging, Neuropsychology, and Cognition, 14,* 462–486. doi:10.1080/13825580600611302

Gold, P. E. (2005). Glucose and age-related changes in memory. *Neurobiology of Aging, 26S,*

S60–S64. doi:10.1016/j.neurobiolaging.2005.09.002

Hastie, R. (1984). Causes and effects of causal attribution. *Journal of Personality and Social Psychology, 46*, 44–56. doi:10.1037/0022–3514.46.1.44

Hertzog, C., Kramer, A. F., Wilson, R. S., & Lindenberger, U. (2009). Enrichment effects on adult cognitive development: Can the functional capacity of older adults be preserved and enhanced? *Psychological Science in the Public Interest, 9,* 1–65. doi:10.1111/j. 1539–6053.2009.01034.x

Hess, T. M. (2001). Aging-related influences on personal need for structure. *International Journal of Behavioral Development, 25*, 482–490. doi:10.1080/01650250042000429

Hess, T. M. (2014). Selective engagement of cognitive resources: Motivational influences on older adults' cognitive functioning. *Perspectives on Psychological Science, 9*, 388–407. doi: 10.1177/1745691614527465

Hess, T. M., Auman, C., Colcombe, S. J., & Rahhal, T. A. (2003). The impact of stereotype threat on age differences in memory performance. *Journal of Gerontology: Psychological Sciences, 58B*, P3–P11. doi:10.1093/geronb/58.1.P3

Hess, T. M., Emery, L., & Neupert, S. D. (2011). Longitudinal relationships between resources, motivation, and functioning. *The Journals of Gerontology, Series B: Psychological Sciences and Social Sciences, 67*, 299–308. doi:10.1093/geronb/gbr100

Hess, T. M., & Ennis, G. E. (2012). Age differences in the effort and cost associated with cognitive activity. *The Journals of Gerontology, Series B: Psychological Sciences and Social Sciences, 67*, 447–455. doi:10.1093/geronb/gbr129

Hess, T. M., & Ennis, G. E. (2014). Assessment of adult age differences in task engagement: The utility of systolic blood pressure. *Motivation and Emotion, 38*, 844–854. doi: 10.1007/ s11031-014-9433-2

Hess, T. M., Germain, C. M., Rosenberg, D. C., Leclerc, C. M., & Hodges, E. A. (2005). Aging related selectivity and susceptibility to irrelevant affective information in the construction of attitudes. *Aging, Neuropsychology, and Cognition, 12,* 149–174. doi:10.1080/ 13825580590925170

Hess, T. M., Germain, C. M., Swaim, E. L., & Osowski, N. L. (2009). Aging and selective engagement: The moderating impact of motivation on older adults' resource utilization. *The Journals of Gerontology, Series B: Psychological Sciences and Social Sciences, 64B*, 447–456. doi:10.1093/geronb/gbp020

Hess, T. M., Leclerc, C. M., Swaim, E., & Weatherbee, S. R. (2009). Aging and everyday judgments: The impact of motivational and processing resource factors. *Psychology and Aging, 24*, 735–740. doi:10.1037/a0016340

Hess, T. M., & Queen, T. L. (2014). Aging influences on judgment and decision processes: Interactions between ability and experience. In P. Verhaeghen & C. Hertzog (Eds.), *The Oxford handbook of emotion, social cognition, and problem solving in adulthood* (pp. 238–255). New York: Oxford University Press.

Hess, T. M., Rosenberg, D. C., & Waters, S. J. (2001). Motivation and representational processes in adulthood: The effects of social accountability and information relevance. *Psychology and Aging, 16,* 629–642. doi:10.1037//0882–7974.16.4.629

Hess, T. M., & Tate, C. S. (1991). Adult age differences in explanations and memory for behavioral information. *Psychology and Aging, 6*, 86–92. doi:10.1037/08827974.6.1.86

Hess, T. M., Waters, S. J., & Bolstad, S. A. (2000). Motivational and cognitive influences on affective priming in adulthood. *The Journals of Gerontology, Series B: Psychological Sciences and Social Sciences, 55B,* P193–P204. doi:10.1093/geronb/55.4.P193

Hultsch, D., Hertzog, C., Small, B., & Dixon, R. (1999). Use it or lose it: Engaged lifestyle as a buffer of cognitive decline in aging? *Psychology and Aging, 14,* 245–263. doi:10.1037/0882–7974.14.2.245

Jackson, J. J., Hill, P. L., Payne, B. R., Roberts, B. W., & Stine-Morrow, E.A.L. (2012). Can an old dog learn (and want to experience) new tricks? Cognitive training increases openness to experience in older adults. *Psychology and Aging, 27*(2), 286–292. doi:10.1037/a0025918

Jacoby, L. L. (1998). Invariance in automatic influences of memory: Toward a user's guide for the process-dissociation procedure. *Journal of Experimental Psychology: Learning, Memory, & Cognition, 24,* 3–26. doi:10.1037/0278–7393.24.1.3

Job, V., Dweck, C. S., & Walton, G. M. (2010). Ego depletion—Is it all in your head? Implicit theories about willpower affect self-regulation. *Psychological Science, 21,* 1686–1693. doi:10.1177/0956797610384745

Jopp, D., & Hertzog, C. (2007). Activities, self-referent memory beliefs, and cognitive performance: Evidence for direct and mediated relations. *Psychology and Aging, 22,* 811–825. doi:10.1037/0882–7974.22.4.811

Kelsey, R. M. (2012). Beta-adrenergic cardiovascular reactivity and adaptation to stress: The cardiac pre-ejection period as an index of effort. In R. A. Wright & G.H.E. Gendolla (Eds.), *How motivation affects cardiovascular response: Mechanisms and applications* (pp. 43–60). Washington, DC: American Psychological Association.

Kim, M., Beversdorf, D. Q., & Heilman, K. M. (2000). Arousal response with aging: Pupillographic study. *Journal of the International Neuropsychological Society, 6,* 348–350. doi:10.1017/S135561770000309X

Kuchinsky, S. E., Ahlstrom, J. B., Vaden, K. I., Jr., Cute, S. L., Humes, L. E., Dubno, J. R., & Eckert, M. A. (2013). Pupil size varies with word listening and response selection difficulty in older adults with hearing loss. *Psychophysiology, 50,* 23–34. doi:10.1111/j.1469–8986.2012.01477.x

Lachman, M. E. (2006). Perceived control over aging-related declines: Adaptive beliefs and behaviors. *Current Directions in Psychological Science, 15,* 282–286. doi:10.1111/j.1467–8721.2006.00453.x

Lang, F. R., Rieckmann, N., & Baltes, M. M. (2002). Adapting to aging losses: Do resources facilitate strategies of selection, compensation, and optimization in everyday functioning? *The Journals of Gerontology, Series B: Psychological Sciences and Social Sciences, 57B,* 501–509. doi:10.1093/geronb/57.6.P501

Lerner, J. S., & Tetlock, P. E. (1999). Accounting for the effects of accountability. *Psychological Bulletin, 125,* 255–275. doi:1999–10106–00610.1037/00332909.125.2.255

Levy, B. R., Zonderman, A. B., Slade, M. D., & Ferrucci, L. (2012). Memory shaped by age stereotypes over time. *The Journals of Gerontology, Series B: Psychological Sciences and Social Sciences, 67,* 432–436. doi:10.1093/geronb/gbr120

Luszcz, M. (2011). Executive function and cognitive aging. In K. W. Schaie & S. L. Willis (Eds.), *Handbook of the psychology of aging* (7th ed., pp. 59–72). San Diego: Elsevier.

McEvoy, G. M., & Cascio, W. F. (1989). Cumulative evidence of the relationship between employee age and job performance. *Journal of Applied Psychology, 74,* 11–17. doi:10.1037/0021–9010.74.1.11

Mitchell, M. B., Cimino, C. R., Benitez, A., Brown, C. L., Gibbons, L. E., . . . Piccinin, A. M. (2012). Cognitively stimulating activities: Effects on cognition across four studies with up to 21 years of longitudinal data. *Journal of Aging Research, 12,* 1–12. doi:10.1155/2012/461592.

Mühlig-Versen, A., Bowen, C. E., & Staudinger, U. M. (2012). Personality plasticity in later adulthood: Contextual and personal resources are needed to increase openness to new experiences. *Psychology and Aging, 27*, 855–866. doi:10.1037/a0029357

Murphy, D. R., Craik, F.I.M., Li, K.Z.H., & Schneider, B. A. (2000). Comparing the effects of aging and background noise on short-term memory performance. *Psychology and Aging, 15*, 323–334. doi:10.1037//0882–7974.15.2.323

Neuberg, S. L., & Newsom, J. (1993). Individual differences in chronic motivation to simplify: Personal need for structure and social-cognitive processing. *Journal of Personality and Social Psychology, 65*, 113–131. doi:10.1037/00223514.65.1.113

Neupert, S. D., Lachman, M. E., & Whitbourne, S. B. (2009). Exercise self-efficacy and control beliefs: Effects on exercise behavior after an exercise intervention for older adults. *Journal of Aging and Physical Activity, 17*, 1–16. doi:2009–00009001

Neupert, S. D., Miller, L.M.S., & Lachman, M. E. (2006). Physiological reactivity to cognitive stressors: Variations by age and socioeconomic status. *International Journal of Aging and Human Development, 62*, 221–235. doi:10.2190/17DU21AA 5HUK-7UFG

Ng, T.W.H., & Feldman, D. C. (2008), The relationship of age to ten dimensions of job performance. *Journal of Applied Psychology, 93*, 392–423. doi:10.1037/0021–9010.93.2.392

Obrist, P. A. (1981). *Cardiovascular psychophysiology: A perspective.* New York: Plenum.

Park, D. C., & Reuter-Lorenz, P. (2009). The adaptative brain: Aging and neurocognitive scaffolding. *Annual Review of Psychology, 60,* 173–196. doi:10.1146/annurev.psych.59.103006.093656

Piquado, T., Isaacowitz, D., & Wingfield, A. (2010). Pupillometry as a measure of cognitive effort in younger and older adults. *Psychophysiology, 47,* 560–569. doi:10.111/j.1469–8986.2009.00947.x

Reed, A. E., & Carstensen, L. L. (2012). The theory behind the age-related positivity effect. *Frontiers in Psychology, 3*, 339. doi:10.3389/fpsyg.2012.00339

Rousseau, E., Pushkar, D., & Reis, M. (2005). Dimensions and predictors of activity engagement: A short-term longitudinal study. *Activities, Adaptation & Aging, 29*, 11–33. doi:10.1300/J016v29n02

Salthouse, T. (2012). Consequences of age-related cognitive declines. *Annual Review of Psychology, 63*, 201–226. doi:10.1146/annurev-psych-120710–100328

Salthouse, T. A., Berish, D. E., & Miles, J. D. (2002). The role of cognitive stimulation on the relations between age and cognitive functioning. *Psychology and Aging, 17,* 548–557. doi:10.1037/0882–7974.17.4.548

Saravini, F. (1999). Energy and the brain: Facts and fantasies. In E. Della Salla (Ed.), *Mind myths* (pp. 43–58). Chichester, UK: Wiley.

Schapkin, S. A., Freude, G., Gajewski, P. D., Wild-Wall, N., & Falkenstein, M. (2012). Effects of working memory load on performance and cardiovascular activity in younger and older workers. *International Journal of Behavioral Medicine, 19,* 359–371. doi:10.1007/s12529–011–9181–6

Schmidt, F. L., & Hunter, J. E. (1998). The validity and utility of selection methods in personnel psychology: Practical and theoretical implications of 85 years of research findings. *Psychological Bulletin, 124*, 262–274. doi:10.1037/0033–2909.124.2.262

Schooler, C., & Mulatu, M. S. (2001). The reciprocal effects of leisure time activities and intellectual functioning in older people: A longitudinal analysis. *Psychology and Aging, 16,* 466–482. doi:10.1037/0882–7974.16.3.466

Seeman, T. E., & Robbins, R. J. (1994). Aging and hypothalamic-pituitary-adrenal response to challenge in humans. *Endocrinology Review, 15*, 233–260. doi:10.1210/edrv-15–

2–233
Soubelet, A., & Salthouse, T. (2010). The role of activity engagement in the relations between openness/intellect and cognition. *Personality and Individual Differences, 49,* 896–901. doi:10.1016/j.paid.2010.07.026
Srull, T. K., & Wyer, R. S. (1989). Person memory and judgment. *Psychological Review, 96,* 58–83. doi:10.1037/0033–295X.96.1.58
Stanley, D., & Freysinger, V. J. (1995). The impact of age, health, and sex on the frequency of older adults' leisure activity participation: A longitudinal study. *Activities, Adaptation & Aging, 19,* 31–42. doi:10.1300/J016v19n03_03
Steptoe, A., Kunz-Ebrecht, S. R., Wright, C., & Feldman, P. J. (2005). Socioeconomic position and cardiovascular and neuroendocrine responses following cognitive challenge in old age. *Biological Psychology, 69,* 149–166. doi:10.1016/j.biopsycho.2004.07.008
Touron, D. R., & Hertzog, C. (2009). Age differences in strategic behavior during a computation based skill acquisition task. *Psychology and Aging, 24,* 574–585. doi:10.1037/a0015966
Touron, D. R., Swaim, E., & Hertzog, C. (2007). Moderation of older adults' retrieval reluctance through task instructions and monetary incentives. *Journal of Gerontology, Series B: Psychological Sciences and Social Sciences, 62B,* 149–155. doi:10.1093/geronb/62.3.P149
Tun, P. A., McCoy, S., & Wingfield, A. (2009). Aging, hearing acuity, and the attentional costs of effortful listening. *Psychology and Aging, 24,* 761–766. doi:10.1037/a0014802
Uchino, B. N., Birmingham, W., & Berg, C. A. (2010). Are older adults less or more physiologically reactive? A meta-analysis of age-related differences in cardiovascular reactivity to laboratory tasks. *Journal of Gerontology: Psychological Sciences, 65B,* 154–162. doi:10.1093/geronb/gbp127
Van Gerven, P.W.M., Paas, F., Van Merriënboer, J.J.G., & Schmidt, H.G. (2004). Memory load and the cognitive pupillary response in aging. *Psychophysiology, 41,* 167–174. doi:10.1111/j.1469–8986.2003.00148.x
West, R. L., Bagwell, D. K., & Dark-Freudeman, A. (2008). Self-efficacy and memory aging: The impact of a memory intervention based on self-efficacy. *Aging, Neuropsychology, and Cognition, 15,* 302–329. doi:10.1080/13825580701440510
Westbrook, A., Kester D., & Braver T. S. (2013). What is the subjective cost of cognitive effort? Load, trait, and aging effects revealed by economic preference. *PLoS ONE, 8,* e68210. doi:10.1371/journal.pone.0068210
Wright, R. A., & Dill, J. C. (1993). Blood pressure responses and incentive appraisals as a function of perceived ability and objective task demand. *Psychophysiology, 30,* 152–160. doi:10.1111/j.1469–8986.1993.tb01728.x
Wright, R. A., & Gendolla, G.H.E. (2012). *How motivation affects cardiovascular response: Mechanisms and applications.* Washington, DC: American Psychological Association.
Zhang, X., Fung, H. H., Stanley, J. T., Isaacowitz, D. M., & Ho, M. Y. (2013). Perspective taking in older age revisited: A motivational perspective. *Developmental Psychology, 49,* 1848–1858. doi:10.1037/a0031211

◆17章

Baltes, P. B., & Baltes, M. M. (1990). Psychological perspectives on successful aging: The model of selective optimization with compensation. In P. B. Baltes & M. M. Baltes (Eds.), *Successful aging: Perspectives from the behavioral sciences* (pp. 1–33). New York, NY: Cambridge University Press.

Blanchard-Fields, F. (2007). Everyday problem solving and emotion: An adult developmental perspective. *Current Directions in Psychological Science, 16,* 26–31.

Bonanno, G. A., & Burton, C. L. (2013). Regulatory flexibility: An individual differences perspective on coping and emotion regulation. *Perspectives on Psychological Science, 8*(6), 591–612.

Cacioppo, J. T., Bernston, G. G., Bechara, A., Tranel, D., & Hawkley, L. C. (2011). Could an aging brain contribute to subjective well-being: The value added by a social neuroscience perspective. In A. Todorov, S. T. Fiske, & D. Prentice (Eds.), *Social neuroscience: Toward understanding the underpinnings of the social mind* (pp. 249–262). New York, NY: Oxford University Press.

Carstensen, L. L. (2006). The influence of a sense of time on human development. *Science, 312,* 1913–1915.

Carstensen, L. L., Fung, H., & Charles, S. (2003). Socioemotional selectivity theory and the regulation of emotion in the second half of life. *Motivation and Emotion, 27,* 103–123.

Carstensen, L. L., Isaacowitz, D. M., & Charles, S. T. (1999). Taking time seriously: A theory of socioemotional selectivity. *American Psychologist, 54,* 165–181.

Carstensen, L. L., Turan, B., Scheibe, S., Ram, N., Ersner-Hershfield, H., Samanez-Larkin, G. R., . . . Nesselroade, J. R. (2011). Emotional experience improves with age: Evidence based on over 10 years of experience sampling. *Psychology and Aging, 26,* 21–33.

Carstensen, L. L., & Turk-Charles, S. (1994). The salience of emotion across the adult life span. *Psychology and Aging, 9,* 259–264.

Charles, S. T., Mather, M., & Carstensen, L. L. (2003). Aging and emotional memory: The forgettable nature of negative images for older adults. *Journal of Experimental Psychology: General, 132,* 310–324.

Charles, S. T., Reynolds, C. A., & Gatz, M. (2001). Age-related differences and change in positive and negative affect over 23 years. *Journal of Personality and Social Psychology, 80,* 136–151.

Cornwell, B. (2011). Age trends in daily social contact patterns. *Research on Aging, 33,* 598–631.

＊8 Dweck, C. S. (2012). *Mindset: How you can fulfill your potential.* London: Constable and Robinson.

Ehring, T., Tuschen-Caffier, B., Schnulle, J., Fischer, S., & Gross, J. J. (2010). Emotion regulation and vulnerability to depression: Spontaneous versus instructed use of emotion suppression and reappraisal. *Emotion, 10*(4), 563–572.

Foster, S. M., Davis, H. P., & Kisley, M. A. (2013). Brain responses to emotional images related to cognitive ability in older adults. *Psychology and Aging, 28,* 179–190.

Fredrickson, B. L., & Carstensen, L. L. (1990). Choosing social partners: How old age and anticipated endings make us more selective. *Psychology and Aging, 5,* 335–347.

Fung, H. H., & Carstensen, L. L. (2003). Sending memorable messages to the old: Age differences in preferences and memory for advertisements, *Journal of Personality and Social Psychology, 85,* 163–178.

Gross, J. J. (1998). The emerging field of emotion regulation: An integrative review. *Review of General Psychology, 2,* 271–299.

Gross, J. J. (2002). Emotion regulation: Affective, cognitive, and social consequences. *Psychophysiology, 39,* 281–291.

Heckhausen, J., & Schulz, R. (1995). A life-span theory of control. *Psychological Review, 102,* 284–304.

Heckhausen, J., Wrosch, C., & Schulz, R. (2010). A Motivational Theory of Life-Span Development. *Psychological Review, 117,* 32–60.

Hess, T. M. (2006). Adaptive aspects of social cognitive functioning in adulthood: Age-related goal and knowledge influences. *Social Cognition, 24,* 279–309.

Hess, T. M., Germain, C. M., Swaim, E. L., & Osowski, N. L. (2009). Aging and selective engagement: The moderating impact of motivation on older adults' resource utilization. *Journals of Gerontology: Psychological Sciences, 64B,* 447–456.

Holmes, A., Vuilleumier, P., & Eimer, M. (2003). The processing of emotional facial expression is gated by spatial attention: Evidence from event-related brain potentials. *Cognitive Brain Research, 16*(2), 174–184.

Isaacowitz, D. M. (2012). Mood regulation in real time: Age differences in the role of looking. *Current Directions in Psychological Science, 21,* 237–242.

Isaacowitz, D. M., Allard, E. S., Murphy, F. C., & Schlangel, M. (2009). The time course of age-related preferences toward positive and negative stimuli. *Journal of Gerontology: Psychological Sciences, 64B,* 188–192.

Isaacowitz, D. M., & Blanchard-Fields, F. (2012). Linking process and outcome in the study of emotion and aging. *Perspectives on Psychological Science, 7,* 3–17.

Isaacowitz, D. M., & Choi, Y. (2012). Looking, feeling, and doing: Are there age differences in responses to attention, mood, and behavioral responses to skin cancer information? *Health Psychology, 31*(5), 650–659.

Isaacowitz, D. M., Toner, K., Goren, D., & Wilson, H. (2008). Looking while unhappy: Mood-congruent gaze in younger adults, positive gaze in older adults. *Psychological Science, 19,* 848–853.

Isaacowitz, D. M., Toner, K., & Neupert, S. D. (2009). Use of gaze for real-time mood regulation: Effects of age and attentional functioning. *Psychology and Aging, 24,* 989–994.

Isaacowitz, D. M., Wadlinger, H. A., Goren, D., & Wilson, H. R. (2006a). Is there an age-related positivity effect in visual attention? A comparison of two methodologies. *Emotion, 6,* 511–516.

Isaacowitz, D. M., Wadlinger, H. A., Goren, D., & Wilson, H. R. (2006b). Selective preference in visual fixation away from negative images in old age? An eye-tracking study. *Psychology and Aging, 21,* 40–48.

John, O. P., & Gross, J. J. (2004). Healthy and unhealthy emotion regulation: Personality processes, individual differences, and lifespan development. *Journal of Personality, 72,* 1301–1334.

Kisley, M. A., Wood, S., & Burrows, C. L. (2007). Looking at the sunny side of life: Age-related change in an event-related potential measure of the negativity bias. *Psychological Science, 18,* 838–843.

Kool, W., McGuire, J. T., Rosen, Z. B., & Botvinick, M. M. (2010). Decision making and the avoidance of cognitive demand. *Journal of Experimental Psychology: General, 139,* 665–682.

Kunzmann, U., Richter, D., & Schmukle, S. C. (2013). Stability and change in affective experience across the adult life span: Analyses with a national sample from Germany. *Emotion, 13,* 1086–1095.

Labouvie-Vief, G. (1998). Cognitive-emotional integration in adulthood. In K. W. Schaie & M. P. Lawton (Eds.), *Annual Review of Gerontology and Geriatrics: Vol 17. Focus on emotion and adult development* (pp. 206–237). New York, NY: Springer.

Labouvie-Vief, G., Grühn, D., & Studer, J. (2010). Dynamic integration of emotion and cognition: Equilibrium regulation in development and aging. In R. M. Lerner, M. E. Lamb, & A. M. Freund (Eds.), *The handbook of life-span development: Social and emotional development* (Vol. 2, pp. 79–115). Hoboken, NJ: Wiley.

Labouvie-Vief, G., & Medler, M. (2002). Affect optimization and affect complexity: Modes and styles of regulation in adulthood. *Psychology and Aging, 17,* 571–587.

Lang, F. R., & Carstensen, L. L. (2002). Time counts: Future perspectives, goals and social relationships. *Psychology and Aging, 17,* 125–139.

Lansford, J. E., Sherman, A. M., & Antonucci, T. C. (1998). Satisfaction with social networks: An examination of socioemotional selectivity theory of cohorts. *Psychology and Aging, 13,* 544–552.

Mather, M., & Carstensen, L. L. (2003). Aging and attentional biases for emotional faces. *Psychological Science, 14,* 409–415.

Mather, M., & Knight, M. (2005). Goal-directed memory: The role of cognitive control in older adults' emotional memory. *Psychology and Aging, 20,* 554–570.

Mroczek, D. K., & Kolarz, C. M. (1998). The effect of age on positive and negative affect: A developmental perspective on happiness. *Journal of Personality and Social Psychology, 75,* 1333–1349.

Nashiro, K., Sakaki, M., & Mather, M. (2011). Age differences in brain activity during emotion processing: Reflections of age-related decline or increased emotion regulation? *Gerontology, 58,* 156–163.

Nikitin, J., & Freund, A. M. (2011). Age and motivation predict gaze behavior for facial expressions. *Psychology and Aging, 26*(3), 695–700.

Noh, S. R., Lohani, M., & Isaacowitz, D. M. (2011). Deliberate real-time mood regulation in adulthood: The importance of age, fixation and attentional functioning. *Cognition and Emotion, 25,* 998–1013.

Opitz, P. C., Rauch, L. C., Terry, D. P., & Urry, H. L. (2012). Prefrontal mediation of age differences in cognitive reappraisal. *Neurobiology of Aging, 33,* 645–655.

Reed, A. E., & Carstensen, L. L. (2012). The theory behind the age-related positivity effect. *Frontiers in Psychology, 3,* 339.

Reed, A. E., Chan, L., & Mikels, J. A. (2014). Meta-analysis of the age-related positivity effect: Age differences in preferences for positive over negative information. *Psychology and Aging, 29*(1), 1–15.

Rovenpor, D. R., Skogsberg, N. J., & Isaacowitz, D. M. (2013). The choices we make: An examination of situation selection in younger and older adults. *Psychology and Aging, 28,* 365–376.

Urry, H. L., & Gross, J. J. (2010). Emotion regulation in older age. *Current Directions in Psychological Science, 19,* 352–357.

Webb, T. L., Miles, E., & Sheeran, P. (2012). Dealing with feeling: A meta-analysis of the effectiveness of strategies derived from the process model of emotion regulation. *Psychological Bulletin, 138,* 775–808.

Zajonc, R. (1997). Emotions. In D. Gilbert, S. T. Fiske, & G. Lindzey (Eds.), *Handbook of social psychology* (4th ed., pp. 591–631). Cambridge, MA: McGraw-Hill.

邦訳文献

※文献で＊がついているものは，邦訳がある。

＊1　C. L. ハル（能見義博・岡本栄一 訳）1960　行動の原理　誠信書房
＊2　D. C. マクレランド（梅津祐良・横山哲夫・薗部明史 訳）2005　モチベーション―「達成・パワー・親和・回避」動機の理論と実際　生産性出版
＊3　R. S. サットン・A. G. バルト（三上貞芳・皆川雅章 訳）2000　強化学習　森北出版
＊4　L. フェスティンガー（末永俊郎 訳）1965　認知的不協和の理論―社会心理学序説　誠信書房
＊5　A. フロイト（黒丸正四郎・中野良平 訳）1998　アンナ・フロイト著作集 2　自我と防衛機制　岩崎学術出版社
＊6　S. フロイト（本間直樹ほか 訳）2007　フロイト全集18　自我とエス　岩波書店
＊7　D. カーネマン（村井章子 訳）2012　ファスト＆スロー―あなたの意思はどのように決まるか？　早川書房
＊8　C. S. ドゥエック（今西康子 訳）2016　マインドセット―「やればできる！」の研究　草思社

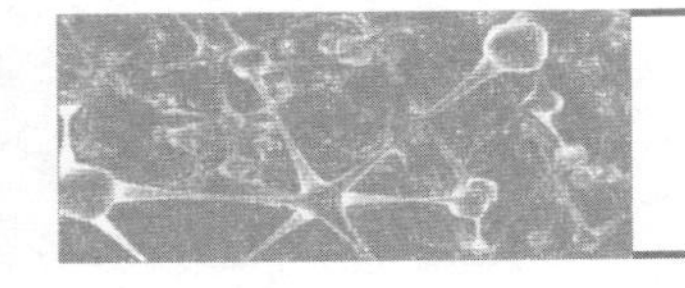

索　引

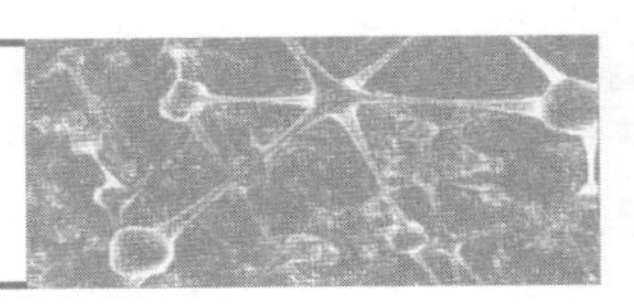

●さ

●し

●す

●せ

●そ

●た

●ち

●て

●と

●な

◆人名

訳者あとがき

本書は，Braver, T. S. (Ed.) (2016). “*Motivation and cognitive control*” の全訳である。原著は，Nelson Cowan & David A. Balota の編集によるシリーズ「認知心理学のフロンティア（Frontiers of Cognitive Psychology）」の 3 巻目にあたる。本シリーズの 1 巻目である Alloway, T. P., & Alloway, R. G. (Eds.) (2013). “*Working memory: The connected intelligence*” は，すでに湯澤正通氏と湯澤美紀氏の監訳で2015年に北大路書房から『ワーキングメモリと日常――人生を切り拓く新しい知性』という書名で翻訳が刊行されている。

本書と本シリーズの概要については，iii－v ページに記載されたとおりである。原著には 4 名の著名な研究者から推薦文が寄せられている（ii ページ参照）。これらの推薦文を書いた研究者も含め，本書の執筆者はいずれも心理学と神経科学の融合分野に関するすぐれた専門家であり，それぞれにふさわしい研究機関で活躍している。

このことからもわかるように，現在，心理学と神経科学とは，以前のように，接点や接合面といった表現では捉えきれず，まさしく融合分野を形成しているといえる。とりわけ，注意や学習，記憶といった認知プロセスと，感情や欲求を含む動機づけのプロセスとの関係を探る研究領域は，近年，めざましい発展を遂げている。認知が動機づけを支え，動機づけが認知を支えるという図式自体はだれもが直観的には理解できるが，詳細な実証的研究が本格化し始めたのは，ここ20年ほどのことである。しかしながら，その間の研究の進展は著しく，これまでの研究の動向をまとめ，最新の研究状況を俯瞰し，さらに今後の研究のあり方を予測するような研究書が待望されていた。

本書は，そうした期待に十分こたえられる内容をもっている。全17章は，それぞれの章が独立した総説論文の様式で記述されており，最先端の研究に携わる人たちにも有用な解説書になるであろう。そのぶん，心理学の初学者にはわかりづらい部分があり，本書の内容を理解するために基本的な用語や研究方法を調べる必要があるかもしれない。いずれにしても，本書との出会いを通じて，動機づけや認知，脳神経などに関する基礎的な理解を深め，さまざまな精神機能の間の複雑な関係がしだいに明らかになってきたことを知っていただければと願っている。

本書の原著は2016年に出版された。北大路書房はそれまでに，シリーズ「認知心理学のフロンティア」の翻訳の定期刊行を計画しており，2014年くらいから，原著が出版されたら早い時期に日本語訳を刊行したいので翻訳を頼みたいという要請が清水にあった。専門分野から少し離れているものの，共同研究者である２人のお力を借りればなんとかなるのではないかと安易に考え，浅学を顧みずお引き受けした次第である。第１，４，７，10，13，16章を清水が，第２，５，８，11，14，17章を金城が，第３，６，９，12，15章を松田が下訳を作り，それぞれを別の２人が点検して加筆修正を行った。翻訳は「労多くして功少なし」と言われるが，信頼できる共同研究者と一緒に同じ研究テーマについて勉強する機会を得たことは，何物にも代えがたい楽しく貴重な経験であった。研究の進展が著しい分野であるだけに，できるだけ早い時期に日本の読者にお届けしたいという思いを共有し，幸いにも原著が出版されてからさほど長い時間をおかずに翻訳を刊行することができた。

翻訳にあたって，注意深く推敲を重ねたつもりではあるが，誤解やミスが残っているかと思われる。読者の方々のご批判・ご叱正を賜れば幸いです。

最後になりましたが，本書の出版を担当してくださった北大路書房編集部の薄木敏之氏に心からお礼を申し上げます。

2018年３月

訳者を代表して

清水寛之

【訳者紹介】

清水寛之（しみず・ひろゆき）

1959年　大阪府に生まれる
1989年　大阪市立大学大学院文学研究科後期博士課程単位取得退学
現在　神戸学院大学心理学部教授　博士（文学）

〈主著・論文〉
記憶におけるリハーサルの機能に関する実験的研究（単著）　風間書房　1998年
メタ記憶―記憶のモニタリングとコントロール―（編著）　北大路書房　2009年
現代の認知心理学　第2巻　記憶と日常（分担執筆）　北大路書房　2011年
認知発達研究の理論と方法―「私」の研究テーマとそのデザイン―（分担執筆）　金子書房　2016年

金城　光（きんじょう・ひかり）

1998年　ニューヨーク大学大学院心理学研究科博士課程修了
現在　明治学院大学心理学部教授　Ph. D.（心理学）

〈主著・論文〉
メタ認知―基礎と応用―（共訳）　北大路書房　2009年
発達科学ハンドブック　4　発達の基盤―身体，認知，情動―（分担執筆）　新曜社　2012年
記憶の生涯発達の一般的信念――般的記憶信念尺度GBMIによる検討―（共著）　心理学研究，**83**，419-429．2012年
日本版成人メタ記憶尺度（日本版MIA）の構造と短縮版の開発（共著）認知心理学研究，**11**，31-41．2013年
How Japanese adults perceive memory change with age: Middle-aged adults with memory performance as high as young adults evaluate their memory abilities as low as older adults.（共著）*International Journal of Aging and Human Development*, **78**, 69-86.　2014年

松田崇志（まつだ・たかし）

1982年　静岡県に生まれる
2010年　金沢大学大学院人間社会環境研究科博士課程
現在　ルーテル学院大学総合人間学部助教　博士（文学）

〈主著・論文〉
検索誘導性忘却における抑制と解除への加齢の影響（共著）　心理学研究，81巻１号，50-55．2010年
連想構造を持つリストにおける検索誘導性忘却への加齢の影響（共著）　心理学研究，81巻５号，517-522．2010年
呈示時間が検索誘導性忘却の解除に及ぼす影響―若年者と高齢者からの検討―（共著）　認知心理学研究，11巻２号，97-104．2014年

認知心理学のフロンティア

動機づけと認知コントロール

——報酬・感情・生涯発達の視点から——

2018年 4 月10日 初版第 1 刷印刷
2018年 4 月20日 初版第 1 刷発行

定価はカバーに表示してあります。

編著者 T. S. ブレイバー
訳 者 清 水 寛 之
金 城 光
松 田 崇 志
発行所 ㈱ 北 大 路 書 房
〒603-8303 京都市北区紫野十二坊町12-8
電 話 (075) 431-0361㈹
FAX (075) 431-9393
振 替 01050-4-2083

印刷・製本/創栄図書印刷㈱
検印省略 落丁・乱丁本はお取り替えいたします。
ISBN978-4-7628-3018-1 Printed in Japan